Ausbildungsliteratur

Geldanlage und Investmentvermögen

Kaufmann für Versicherungen und Finanzen
Kauffrau für Versicherungen und Finanzen

Geprüfter Finanzanlagenfachmann IHK
Geprüfte Finanzanlagenfachfrau IHK

Ausbildungsliteratur

Geldanlage und Investmentvermögen

Kaufmann für Versicherungen und Finanzen
Kauffrau für Versicherungen und Finanzen

Geprüfter Finanzanlagenfachmann IHK
Geprüfte Finanzanlagenfachfrau IHK

2. Auflage

Herausgegeben vom Berufsbildungswerk
der Deutschen Versicherungswirtschaft (BWV) e.V.

vvw.de

Bibliografische Information der Deutschen Nationalbibliothek

Die Deutsche Nationalbibliothek verzeichnet diese Publikation
in der Deutschen Nationalbibliografie;
detaillierte bibliografische Daten sind im Internet über
http://dnb.d-nb.de abrufbar.

Herausgegeben vom Berufsbildungswerk
der Deutschen Versicherungswirtschaft (BWV) e.V.

Autorin
Ulrike Götz Dasing

Anregungen und Kritik bitte an: Ausbildungsliteratur@vvw.de

Gleichstellungshinweis:

Ist zur besseren Lesbarkeit im folgenden Text nur auf die weibliche
oder männliche Person Bezug genommen, sind damit immer beide
Geschlechter gemeint.

Quellenangabenhinweis:

Bei Darstellungen ohne ausdrückliche Quellenangabe handelt es sich um
eigene Grafiken der Autorin.

ISBN 978-3-89952-772-8

Vorwort zur 2. Auflage

Mit Umsetzung der europäischen AIFM-Richtlinie wurde in Deutschland unter Aufhebung des Investmentgesetzes ein Kapitalanlagegesetzbuch (KAGB) erlassen. Das KAGB regelt offene und geschlossene Investmentvermögen sowie deren Verwalter erstmals in einem Gesetz. Damit gilt es auch für Investmentvermögen nach der OGAW-Richtlinie.

Der Gesetzgeber hat mit der Einführung des KAGB die erst seit Mai 2012 existierende Finanzanlagenvermittlungsverordnung (FinVermV) den neuen gesetzlichen Grundlagen angepasst. Dies wiederum führte zu Modifikationen des DIHK-Rahmenplans zur Sachkundeprüfung „Geprüfte/r Finanzanlagenfachmann/-frau IHK", der seit 1. Januar 2014 in überarbeiteter Form prüfungsrelevant ist und zum Download beim BWV unter www.bwv.de zur Verfügung steht.

Die aufgrund gravierender Gesetzesänderungen bereits in kurzer Zeit fällig gewordene Neuauflage bringt die Thematik wieder auf den aktuellen Stand. Neben der Einarbeitung der gesetzlichen Neuregelungen durch das KAGB bietet das Werk nunmehr, durch die Einführung von Verweisen am Seitenrand auf das entsprechende Sachgebiet (SG) im DIHK-Rahmenplan, allen für die Sachkundeprüfung Lernenden einen deutlichen Mehrwert in der Vorbereitung auf die Prüfung.

Durch die Aktualisierung der Lernfeldzuordnung am Seitenrand mit Bezug auf den Rahmenlehrplan für die Ausbildung der Kaufleute für Versicherungen und Finanzen ist dieses Lehrbuch ebenso für diesen Ausbildungsberuf konzipiert worden. Zu den Auswirkungen der Erweiterung der Gewerbeordnung über den Honorar-Finanzanlagenberater (§ 34h GewO) und die Änderung der Finanzanlagenvermittlungsverordnung (FinVermV) zu einer Finanzanlagenvermittlungs- und Honorar-Finanzanlagenberatungsverordnung (FinHonV), die am 1. August 2014 in Kraft treten soll, werden über den in diesem Buch abgedruckten QR-Code ergänzende Informationen online zur Verfügung gestellt. Zudem eignet es sich für alle Vermittler in der Versicherungswirtschaft und Interessierten als Nachschlage- und Grundlagenwerk über den Horizont der reinen Versicherungswelt hinaus.

Unser Dank gilt all denen, die durch konstruktive Anregungen zur vorliegenden 2. Auflage und der gelungenen Mischung aus fachlicher Prägnanz und Praxisrelevanz beigetragen haben.

Den Lesern wünschen wir viel Erfolg bei ihrer Ausbildung, Prüfung und der Umsetzung in den täglichen Geschäftserfolg.

München, im Mai 2014

Inhaltsverzeichnis

Leider ist es kaum vermeidbar, dass Buchinhalte aufgrund von Gesetzesänderungen in immer kürzer werdenden Abständen schon bald nach Druckle-
gung nicht mehr dem neuesten Stand entsprechen.

Beachten Sie bitte daher stets unseren Aktualisierungsservice auf unserer
Homepage unter www.vvw.de→Service→Ergänzungen/Aktualisierungen.
Dort halten wir für Sie wichtige und relevante Änderungen und Ergänzungen
zum Download bereit.

Abbildungsverzeichnis

Literaturverzeichnis

Basisinformationen über Wertpapiere und weitere Kapitalanlagen, Bank-Verlag Medien GmbH, Köln 2012

Beike, Rolf / Schlütz, Johannes: Finanznachrichten lesen – verstehen – nutzen, 5. Auflage, Schäffer-Poeschel Verlag Stuttgart 2010

Flick, Katharina / Lemberg, Jörg: Bausparwissen für Versicherungsvermittler – Für Prüfung und Praxis, 6. Auflage, Verlag Versicherungswirtschaft GmbH Karlsruhe 2012

Foitzik, Rainer / Schmidt, Wolfgang / Schwarz, Hans-Joachim: Finanzdienstleistungen für Privat- und Gewerbekunden, Fach- und Führungskompetenz für die Assekuranz, Geprüfter Fachwirt für Versicherungen und Finanzen / Geprüfte Fachwirtin für Versicherungen und Finanzen, 1. Auflage, Verlag Versicherungswirtschaft GmbH Karlsruhe 2011

Foitzik, Rainer: Konsumenten- und Realkredite, Ausbildungsliteratur, Verlag Versicherungswirtschaft GmbH Karlsruhe 2011

Grill, Wolfgang / Percynski, Hans: Wirtschaftslehre des Kreditwesens, 46. Auflage, Bildungsverlag EINS GmbH, Köln 2012

Lindmayer, Karl H.: Geldanlage und Steuer 2014, 1. Auflage, Gabler Verlag / Springer Fachmedien Wiesbaden GmbH 2014

Englische Fachbegriffe

Assets	Vermögen	Growth Fund	Wachstumsfonds
Asset Management	Vermögensverwaltung	High Yield Bonds	Anleihen mit hoher Rendite
Assets under Management	verwaltetes Vermögen	Investment	(Kapital-) Anlage
		Leasing	mieten/pachten
Balanced Funds	gemischte Fonds/Mischfonds	Management Fee	Verwaltungsvergütung
Basket	Korb	Mid Cap	Aktienwert mit mittelgroßer Marktkapitalisierung
Benchmark	Vergleichsmaßstab/-wert	Money Market Funds	Geldmarktfonds
Best Execution	bestmögliche	Net-asset-value	Nettoinventarwert

Assets — Vermögen
Asset Management — Vermögensverwaltung
Assets under Management — verwaltetes Vermögen
Balanced Funds — gemischte Fonds/Mischfonds
Basket — Korb
Benchmark — Vergleichsmaßstab/-wert
Best Execution — bestmögliche Ausführung (eines Wertpapierkauf- oder -verkaufsauftrages an einer Börse)
Blue Chip/ Large Cap — Standardwert (Aktie mit großer Marktkapitalisierung)
Bond — Anleihe
Bond Market — Rentenmarkt
Broker — Makler
Brokerage — Maklergebühr
Bull & Bear — Bulle und Bär (Symbolfiguren der deutschen Börse)
Buyout — Aufkauf
Closed-end-funds — geschlossene (Investment-) Fonds
Commodities — Waren
Convertible bonds — Wandelanleihe
Corporate Bonds — Unternehmensanleihen
Cost Average — Durchschnitts-Kosten
Currency — Währung
Discount — Abschlag
Emerging Markets — Schwellenländer
Equity — Aktie
Equity Fund — Aktienfonds
Exchange Traded Funds — börsengehandelte Fonds
Fee — Gebühr
Fixed Income Funds — Rentenfonds
Floating Rate Notes — Anleihen mit variablem Zinssatz
Fund — Fonds
Fund of funds — Dachfonds
Grade — Güteklasse
Government bond — Staatsanleihe

Growth Fund — Wachstumsfonds
High Yield Bonds — Anleihen mit hoher Rendite
Investment — (Kapital-) Anlage
Leasing — mieten/pachten
Management Fee — Verwaltungsvergütung
Mid Cap — Aktienwert mit mittelgroßer Marktkapitalisierung
Money Market Funds — Geldmarktfonds
Net-asset-value — Nettoinventarwert (Rücknahmepreis bei Investmentvermögen)
No-load-Funds — Fonds ohne Ausgabeaufschlag
Open-end-Funds — offene Fonds
Outperformance — Wertentwicklung, die einen Vergleichswert überschreitet
Performance — Wertentwicklung
Portfolio — Wertpapierbestand
Private Equity — Privates (außerbörsliches) Eigenkapital
Prive-earning Ratio — Kurs-Gewinn Verhältnis
Ranking — Rang
Rating — Wertung
Research — Forschung
Securities — Wertpapiere
Share (US: stock) — Aktie
Shareholder — Aktionär
Short Term Money Market Funds — Geldmarktfonds mit kurzer Laufzeit
Small Cap — Aktien mit geringer Marktkapitalisierung
Spread — Spanne
Start up — Inbetriebnahme
Stock exchange — Aktienbörse
Trading — Handel
Value — Wert
Venture Capital — Risikokapital
Warrants — Optionsscheine
Yield — Rendite
Zero-Bonds — Nullkupon-Anleihen (Anleihen ohne laufende Verzinsung)

Abkürzungsverzeichnis

ABS	Asset Backed Securities
AfW	Bundesverband Finanzdienstleistung e.V.
AG	Aktiengesellschaft
AGB	Allgemeine Geschäftsbedingungen
AIF	Alternative Investment Fonds
AIFM/AIFMD	Alternative Investment Fund Managers Directive
AktG	Aktiengesetz
AN	Arbeitnehmer
AO	Abgabenordnung
ASP	Arbeitnehmer-Sparzulage
AVmG	Altersvermögensgesetz
BaFin	Bundesanstalt für Finanzdienstleistungsaufsicht
BDSG	Bundesdatenschutzgesetz
BGB	Bürgerliches Gesetzbuch
BGH	Bundesgerichtshof
bsi	Bundesverband Sachwerte und Investmentvermögen e.V.
BVI	BVI Bundesverband Investment und Asset Management e.V.
BVK	Bundesverband deutscher Kapitalbeteiligungsgesellschaften e.V
BWV	Berufsbildungswerk der Deutschen Versicherungswirtschaft e.V.
DAI	Deutsches Aktieninstitut
DAX	Deutscher Aktienindex
DBA	Doppelbesteuerungsabkommen
DDV	Deutscher Derivate Verband
DGRV	Deutscher Genossenschafts- und Raiffeisenverband e.V.
DSB	Datenschutzbeauftragter
EAEG	Einlagensicherungs- und Anlegerentschädigungsgesetz
EdB	Entschädigungseinrichtung deutscher Banken
EEG	Erneuerbare Energien Gesetz
eG	eingetragene Genossenschaft
EONIA	Euro Over Night Index Average
ErbStG	Erbschaftssteuergesetz
ESMA	European Securities and Markets Authority
	(dt. Europäische Markt- und Wertpapieraufsichtsbehörde)
EStG	Einkommensteuergesetz
ESZB	Europäisches System der Zentralbanken
ETCs	Exchange Traded Commodities
ETFs	Exchange Traded Funds
ETNs	Exchange Traded Notes
ETTs	Exchange Traded Trackers
EU	Europäische Union
EURIBOR	Euro Interbank Offered Rate
EZB	Europäische Zentralbank
fifo	first-in-first-out
FinVermV	Finanzanlagenvermittlungsverordnung
FRUG	Finanzmarktrichtlinie-Umsetzungsgesetz
GbR	Gesellschaft bürgerlichen Rechts
GenG	Genossenschaftsgesetz

GewO	Gewerbeordnung
GmbH	Gesellschaft mit beschränkter Haftung
GwG	Geldwäschegesetz
HGB	Handelsgesetzbuch
IDW	Institut der Wirtschaftsprüfer in Deutschland
IHK	Industrie- und Handelskammer
INAV	indikativer Nettoinventarwert
InvG	Investmentgesetz
InvStG	Investmentsteuergesetz
KAGB	Kapitalanlagegesetzbuch
KG	Kommanditgesellschaft
KGV	Kurs-Gewinn-Verhältnis
KIID	Key Investor Information Document (dt. wesentliche Anlegerinformation)
KiSt	Kirchensteuer
KVG	Kapitalverwaltungsgesellschaft
KWG	Kreditwesengesetz
KStG	Körperschaftsteuergesetz
MaBV	Makler- und Bauträgerverordnung
MiFID	Markets in Financial Instruments Directive (dt. EU-Finanzmarktrichtlinie)
NAV	Net Asset Value (dt. Nettoinventarwert)
OGAW	Organismus für gemeinsame Anlagen in Wertpapiere
OHG	Offene Handelsgesellschaft
PIB	Produktinformationsblatt
PRIP	Packaged Retail Investment Products (dt. einheitliche europäische Produktinformation)
REIT	Real Estate Investment Trust
REX	Deutscher Rentenindex
REXP	Deutscher Rentenindex (Performance-Index)
SolZ	Solidaritätszuschlag
SRRI	Synthetic Risk and Reward Indicator (dt. Risiko-Ertrags-Indikator)
TER	Total Expense Ratio
UWG	Gesetz gegen den unlauteren Wettbewerb
VAG	Versicherungsaufsichtsgesetz
VerkProspV	Verkaufsprospektverordnung
VermAnlG	Vermögensanlagengesetz
VermBG	Vermögensbildungsgesetz
VersVermVO	Versicherungsvermittlungsverordnung
VIB	Vermögensanlagen-Informationsblatt
VL	Vermögenswirksame Leistungen
VOTUM	Verband unabhängiger Finanzdienstleistungs-Unternehmen in Europa e.V.
VSH	Vermögensschadenhaftpflicht
WAI	wesentliche Anlegerinformationen
WpDVerOV	Wertpapierdienstleistungs-Verhaltens- und Organisationsverordnung
WpHG	Wertpapierhandelsgesetz
XTF	Handelsegment der Frankfurter Börse für Exchange Traded Funds (ETFs)

Geldanlage und Investmentvermögen

Lernziele

In diesem Kapitel erwerben Sie Fertigkeiten, Kenntnisse und Fähigkeiten zu den wirtschaftlichen Grundlagen von Finanzanlagen.

Sie

- erläutern die Kapitalbildung durch Sparen als Voraussetzung für Investitionen
- nennen die Funktionsweise von Märkten und deren Beteiligten
- nennen die Aufgabe der Kredit- und Finanzinstitute
- beschreiben den einfachen und erweiterten Wirtschaftskreislauf
- erläutern das Preisbildungsprinzip von Angebot und Nachfrage
- beschreiben die vier Konjunkturphasen und die Zusammenhänge im Hinblick auf die wirtschaftliche Entwicklung einer Volkswirtschaft (Preisentwicklung, Beschäftigungszahlen, Unternehmensentwicklungen, Auswirkungen auf Börsenkurse, Import/Export u.a.)
- nennen die Maßnahmen des Staates zur Konjunkturbelebung
- beschreiben das magische Viereck der Wirtschaftspolitik und die dazugehörigen Indikatoren
- erläutern die Aufgaben und (Geldmengen-)Steuerungsmöglichkeiten (geldpolitische Instrumente: Offenmarktgeschäfte, ständige Fazilitäten, Mindestreserve) der Europäischen Zentralbank (EZB)
- beschreiben die Basisrisiken der Wertpapieranlage

1. Allgemeine Kenntnisse für die Beratung und den Vertrieb von Finanzanlageprodukten

1.1 Wirtschaftliche Grundlagen

▶ Situation

Um Ihren Kunden Marina und Robert Heinzmann geeignete Finanzanlagen empfehlen zu können, informieren Sie sich über die aktuelle Situation an den Kapitalmärkten und die Einschätzung des Kapitalmarktexperten Ihres Produktanbieters. In einem aktuellen Newsletter lesen Sie:

> „Aktien bieten nach wie vor gute Chancen auf positive reale Renditen im Vergleich zu anderen Anlageklassen. Anleihen bergen verstärkt die Gefahr negativer realer Renditen durch steigende Inflationsraten bei anhaltend niedrigem Marktzinsniveau. Mit ihrer Entschlossenheit zur Deflationsvermeidung sind Zentralbanken ein starker Unterstützungsfaktor für Aktienmärkte, vor allem durch die üppige Liquiditätsversorgung. Hohe Staatsverschuldung und politische Risiken sind Belastungsfaktoren."

▶ Erläuterung

Die nachfolgenden wirtschaftlichen Grundlagen sollen Basiswissen vermitteln. Es werden deshalb vereinfachte oder idealtypische Szenarien dargestellt.

Diese Kenntnisse zu den wirtschaftlichen Grundlagen bilden das Fundament, um die Einflussfaktoren auf Finanzanlagen einschätzen und kompetent gegenüber dem Anleger darstellen zu können.

▶ Praxishinweis

Informationen zur aktuellen wirtschaftlichen Situation in Deutschland, Europa bzw. weltweit finden Sie unter:

- Statistisches Bundesamt: www.destatis.de Startseite/ Zahlen&Fakten/Indikatoren/Konjunkturindikatoren
- Institut für Weltwirtschaft: www.ifw-kiel.de

1.1.1 Markt und Beteiligte

Kapitalbildung: Sparen als Voraussetzung für Investitionen

Damit eine Volkswirtschaft wirtschaftlich wachsen kann, benötigt sie Kapital für Investitionen.

Am Anfang der Kette der Kapitalbildung steht der Konsumverzicht aus erzieltem Einkommen durch Sparen. Ein Teil der Ersparnisse wird in der Regel auf Einlagenkonten (Sparbuch, Tagesgeld, Festgeld) bei Banken angelegt. Dies kommt einer Kapitalrückführung in den Wirtschaftskreislauf gleich, denn durch neue Einlagen können die Banken wiederum neue Kredite vergeben. Die Kreditvergabe kann beispielsweise an Unternehmen erfolgen, die in neue Produktionsanlagen investieren wollen. Am Ende wird so neues Sach-Kapital gebildet. Moderne Produktionsanlagen sind eine Voraussetzung für Absatzsteigerungen. Es können neue Arbeitsplätze geschaffen und Einkommen gesichert werden.

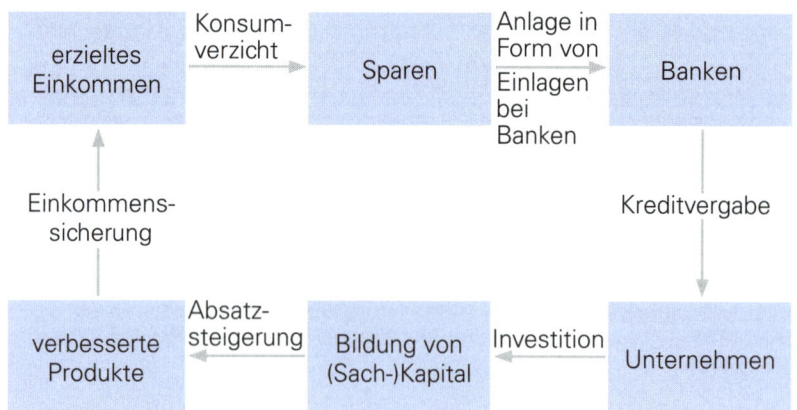

Abb. 1:   Kapitalbildung

Markt und Beteiligte

Was ist überhaupt ein Markt? Grundsätzlich der Ort, an dem Angebot und Nachfrage aufeinandertreffen an dem sich im Falle eines Handelsguttausches ein Preis bildet.

Damit ein Markt funktionieren kann, sind nachfolgende Voraussetzungen notwendig:

- mindestens 1 Anbieter (Verkäufer)
- mindestens 1 Nachfrager (Käufer)
- Handelsgut
- Tausch-/Zahlungsmittel
- ein Intermediär (= Mittler), z. B. eine Bank als Finanzintermediär am Kapitalmarkt

Je nach Bereich ergeben sich unterschiedliche Arten von Märkten:

- **Unterscheidung nach dem Handelsgut**
  - Geldmarkt: Bereitstellung von kurzfristigem Kapital
  - Kapitalmarkt: Bereitstellung von langfristigem Kapital
  - Immobilienmarkt: An- und Verkauf von Grundstücken und Gebäuden

  - Devisenmarkt: An- und Verkauf von Währungen
  - Konsumgütermarkt (Warenmarkt): Handel mit Gütern für den Endverbraucher
  - Investitionsgütermarkt: Handel mit Gütern, die für die Herstellung anderer Güter benötigt werden
  - Arbeitsmarkt: Angebot und Nachfrage menschlicher Arbeitskraft

- **Unterscheidung nach nationalen bzw. internationalen Gesichtspunkten**
  - globaler Markt (beispielsweise europaweit, weltweit)
  - Binnenmarkt (innerhalb der Landesgrenzen, beispielsweise Deutschland, Bundesländer, Städte)

- **Unterscheidung nach der Funktion des Marktes**
  - Beschaffungsmarkt, d.h. woher bekomme ich Waren? = Importmarkt
  - Absatzmarkt, d.h. wo kann ich Waren verkaufen? = Exportmarkt

- **Unterscheidung nach Organisationsformen**
  - umfassend organisiert, wie beispielsweise Börsen oder Messen
  - wenig oder gar nicht organisiert (Märkte, an denen Angebot und Nachfrage eher zufällig zusammentreffen), wie beispielsweise ein Ladengeschäft

- **Unterscheidung nach Markttyp (Zugang zum Markt)**
  - freier Markt; keine Zugangsbeschränkungen für Marktteilnehmer
  - regulierte (beschränkte) Märkte; Der Zugang ist an Voraussetzungen gebunden, wie beispielsweise ein Mindestkapital.

Marktsegmente des Kapitalmarktes

- Regulierter Markt: Der regulierte Markt (auch EU-regulierter Markt) ist ein organisierter Markt sowie ein gesetzlich geregeltes Börsensegment, dessen Zulassungsvoraussetzungen (u.a. im Börsengesetz geregelt) und Folgepflichten gesetzlich geregelt sind.
- Freiverkehr: gesetzlich ungeregelt hinsichtlich Zulassung u. a.

Marktteilnehmer sind grundsätzlich private Haushalte (Privatpersonen), Unternehmen, der Staat und das Ausland

- Angebotsseite: Verkäufer von Waren, Kapitalgeber, Emittenten (Herausgeber von z. B. Finanzanlageprodukten)

- Nachfrageseite: Käufer von Waren, Kapitalnehmer, Anleger, die in Finanzanlageprodukte investieren

- Kapitalsammelstellen (Kredit- und Finanzinstitute) als Finanzintermediäre (Vermittler) zwischen Käufer und Verkäufer

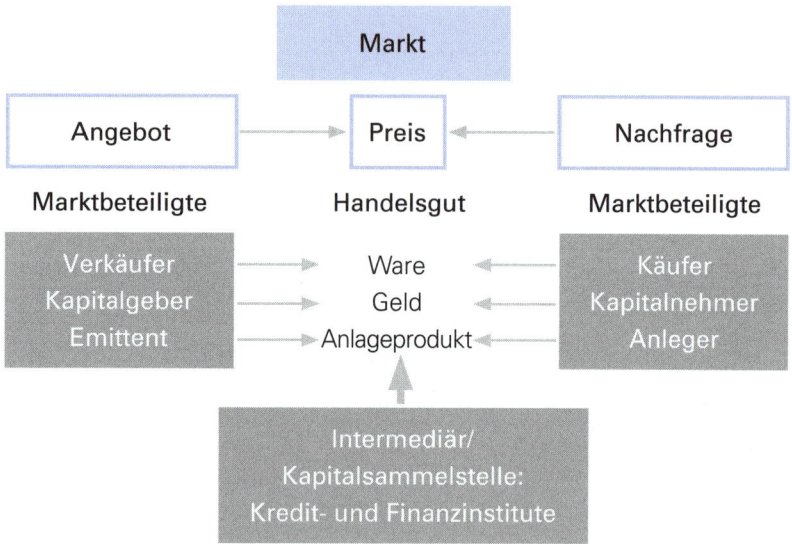

Abb. 2:   Funktionsweise von Märkten

Es sind auch „Doppelrollen" möglich. Zum Beispiel ist der Emittent von verzinslichen Wertpapieren einerseits Produktanbieter und andererseits Kapitalnehmer, weil er sich mit der Ausgabe der Wertpapiere Fremdkapital am Markt von den Anlegern (die in diesem Fall nicht nur Anlageproduktnachfrager, sondern auch Kapitalanbieter sind) besorgt.

Aufgaben der Kredit- und Finanzinstitute

Bankgeschäfte

- Zahlungsverkehrsfunktion: Abwicklung des baren und unbaren Zahlungsverkehrs

- Finanzierungsfunktion (Kreditgeschäft)

- Depotgeschäft (Vermögensberatung und -verwaltung)

- Einlagengeschäft (Spareinlagen, Tagesgelder, Termingelder)

Vertrauensfunktion

Unternehmen benötigen in der Regel große Kreditbeträge zur Finanzierung ihrer geplanten Investitionen. Dazu ist Vertrauen in ihre Bonität erforderlich. Ein Privatanleger würde dieses Risiko nur selten eingehen. Kreditinstitute treten hier als „Vertrauensvermittler" auf: Kunden vertrauen ihrer Bank und legen ihr Geld, das von der Bank für Kreditvergaben an die Unternehmen genutzt werden kann, auf Einlagenkonten.

Informationsfunktion

Banken nehmen Kapitalgebern und Kapitalsuchenden die Suche nach dem jeweiligen Marktpartner ab.

Transformationsaufgaben

- Betrags-/Größentransformation

  Aus einer Summe von vielen kleinen Anlagebeträgen können gebündelt größere Kreditbeträge oder umgekehrt aus wenigen großen Anlagebeträgen kleine Kreditbeträge vergeben werden.

- Fristen-/Zeittransformation

  Anleger und Kreditnehmer haben unterschiedliche Laufzeitwünsche. Die Vielzahl an betreuten Marktteilnehmern erlaubt es, die unterschiedlichen Vorstellungen auszugleichen.

- Risikotransformation

  Jeder Anleger hat eine unterschiedliche Risikobereitschaft und Kreditnehmer weisen unterschiedliche Bonitäten auf.

  Kapital wird von den Kapitalsammelstellen (Banken) so umgestaltet, dass die Risiken dabei reduziert bzw. aufgeteilt werden. Das geschieht beispielsweise durch die Kreditvergabe an eine Vielzahl von Kreditnehmern (Risikostreuung) mit entsprechender Kreditselektion (Bonitätsprüfung/Hereinnahme von Sicherheiten).

- Markttransformation

  Die regional unterschiedliche Kreditnachfrage und Geldanlage wird umgeleitet.

Marktbeteiligte in einer Volkswirtschaft

In einer Volkswirtschaft übernehmen der Staat, die Unternehmen, die privaten Haushalte und die Kreditinstitute nicht nur die Rolle von Anbietern bzw. Nachfragern, sondern auch weitere Aufgaben.

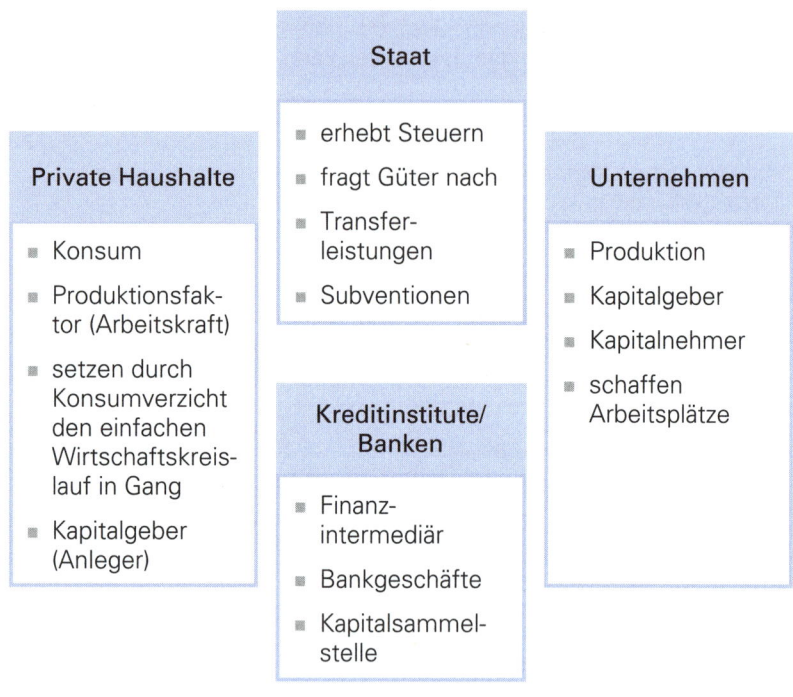

Abb. 3:   Marktbeteiligte

Preisbildung

Die Preisbildung in funktionierenden Märkten erfolgt üblicherweise nach folgendem Modell:

Beispielhafter Kurvenverlauf

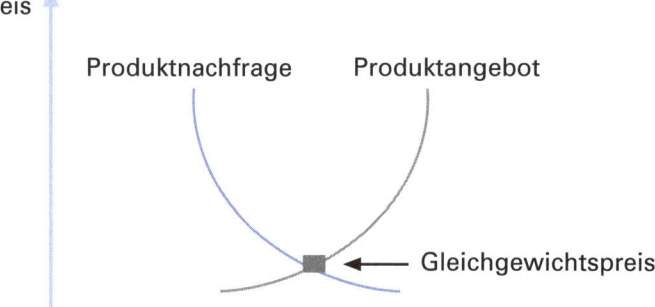

Abb. 4:   Preisbildung

- Vereinfachter Zusammenhang: Steigende Preise führen zu sinkender Nachfrage.

- Aus Anbietersicht ist es wirtschaftlich interessant, bei steigender Nachfrage die Produktion der nachgefragten Waren zu erhöhen – bei gleichzeitiger Anhebung der Preise.

- Aus Sicht des Nachfragers: Wenn der Preis den Nutzen des Produktes übersteigt, beginnt die Nachfrage zu fallen, oder umgekehrt: ist der Nutzen größer als der (noch) niedrige Preis für eine Ware, ist es interessant, die Ware zu kaufen.

- Ist der Markt gesättigt, wird die Nachfrage zurückgehen und die hohen Preise können nicht mehr durchgesetzt werden. Die Preise beginnen dementsprechend zu fallen.

- An einem funktionierenden Markt ist der Preis das ausgleichende Instrument zwischen Angebot und Nachfrage der Marktteilnehmer. Der Gleichgewichtspreis ist der Preis, den sowohl Nachfrager als auch Anbieter akzeptieren.

Welche Zusammenhänge bestimmen Angebot und Nachfrage?

- Das Produktangebot steigt, solange sich steigende Preise erzielen lassen.

- Die Produktnachfrage wirkt, solange der Bedarf das Angebot übersteigt und es zunächst weiter steigende Preise gibt.

- Steigende Preise erhöhen das Angebot am Markt, weil mehr Produktanbieter in der Lage sind, zu den Kosten zu produzieren. (Anreiz = Gewinn = Umsatz – Kosten)

- Steigende Preise führen jedoch zu sinkender Nachfrage, weil es immer weniger Käufer gibt, für die der individuelle Nutzen höher ist als der Preis. Die Folge: fallende Preise.

LF 14

SG 2.1

1.1.2 Bewertungsfaktoren von Märkten

Der Wirtschaftskreislauf

Ein Wirtschaftskreislauf stellt die Güter- und Geldbewegungen einer Volkswirtschaft dar.

Beim vereinfachten Wirtschaftskreislauf wird nur der reine Austausch von Waren/Dienstleistungen gegen Geld dargestellt.

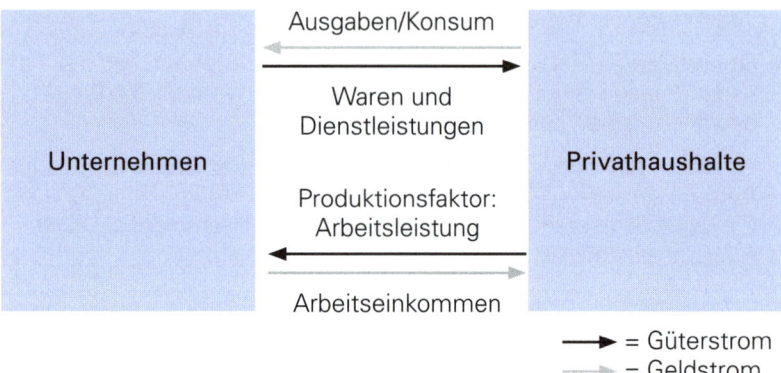

Abb. 5:   Einfacher Wirtschaftskreislauf

Tatsächlich ist der Wirtschaftskreislauf jedoch noch weit umfassender:

- Warenexport (Warenausfuhr) ins Ausland bzw. Warenimport (= Wareneinfuhr) aus dem Ausland

- Der Staat verlangt Steuern auf die erzielten Einkommen und die Unternehmensgewinne; Er gewährt Subventionen an Unternehmen bzw. Transfereinkommen (z. B. Hartz IV) an Privathaushalte.

- Der Staat legt seine Ersparnisse ebenfalls bei Banken an oder nimmt bei diesen Kredite auf.

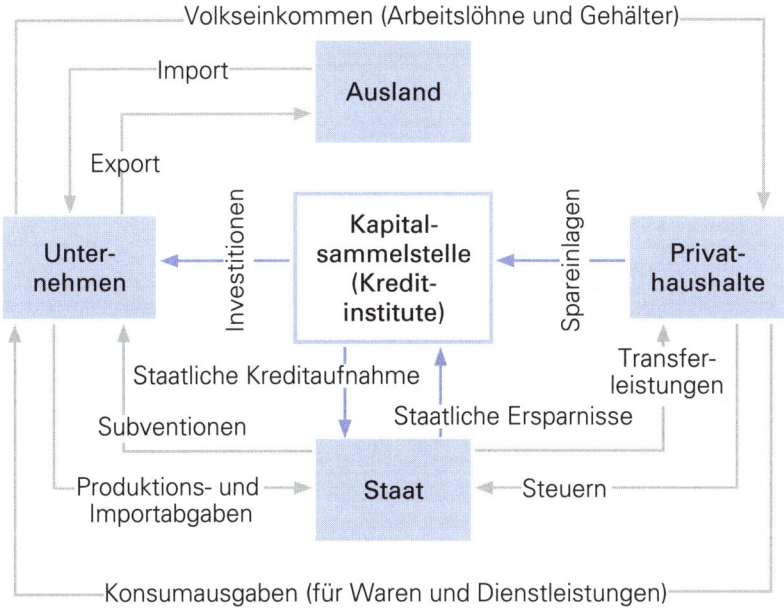

Abb. 6: Erweiterter Wirtschaftskreislauf

Wirtschaftliche Markteinflussfaktoren

- **Volkswirtschaftliche Einflussfaktoren**
  - Bruttoinlandsprodukt
  - Verbraucherpreise
  - Sparquote
  - Konjunktur
- **Politische Einflussfaktoren**
  - Stabilität eines Landes oder einer Region
  - gesamtwirtschaftliches Gleichgewicht (als Idealzustand basierend auf dem so genannten magischen Viereck wirtschaftspolitischer Ziele):
    - angemessenes und stetiges Wirtschaftswachstum
    - Preisniveaustabilität
    - hoher Beschäftigungsgrad
    - außenwirtschaftliches Gleichgewicht
    - weitere Ziele: gerechte Einkommensverteilung und lebensgerechte Umwelt

- Konjunkturelle Einflussfaktoren (Konjunkturzyklus)
  - Aufschwungphase (Expansion)
  - Hochkonjunktur (Boomphase)
  - Abschwungphase (Rezession)
  - Tiefphasen (Depression)
- Demografische Einflussfaktoren
  - Altersstrukturentwicklung der Bevölkerung (demografischer Wandel)

Das magische Viereck (bzw. Sechseck) der Wirtschaftspolitik

Das magische Viereck der Wirtschaftspolitik stellt ein Idealbild dar, denn die einzelnen Komponenten (Ziele der Wirtschaftspolitik) können in einem Zielkonflikt stehen.

Die so genannten Indikatoren wie beispielsweise die Arbeitslosenquote zeigen inwieweit das einzelne wirtschaftspolitische Ziel erreicht ist.

Wirtschaftspolitische Maßnahmen zur Abschwächung konjunktureller Schwankungen werden als Konjunkturpolitik bezeichnet.

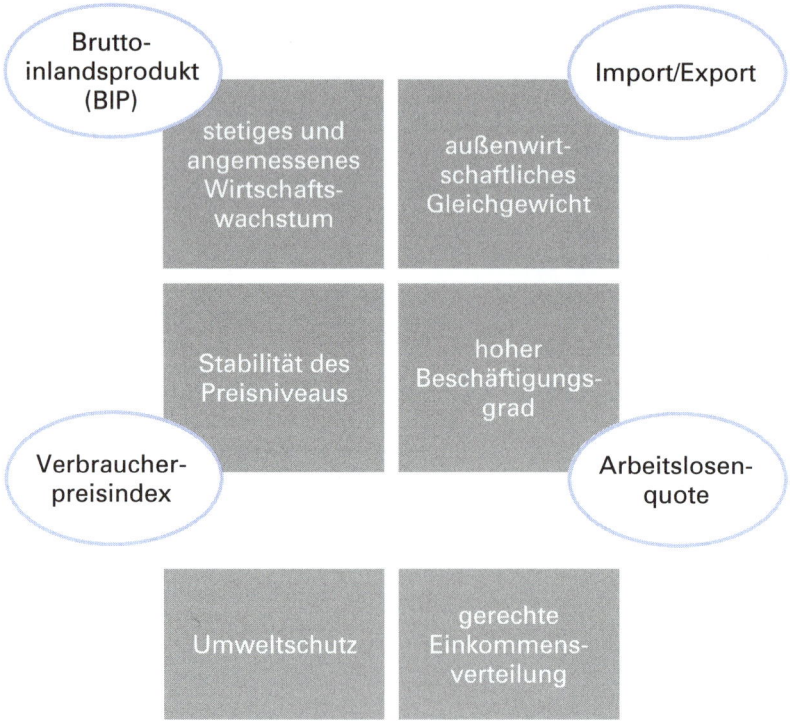

Abb. 7:   Das magische Sechseck der Wirtschaftspolitik

Diese wirtschaftspolitischen Ziele gehen zurück auf den Stabilitäts- und Wachstumspakt aus dem Jahr 1967. Der Politik wurden durch diesen Pakt Handlungsinstrumente an die Hand gegeben, die antizyklisch eingesetzt werden sollen. Eine Herausforderung hierbei ist es, die Staatsausgaben, die eine schwache Konjunktur beleben sollen, rechtzeitig wieder zu stoppen, wenn die Konjunktur angelaufen ist.

Konjunktur

Als Konjunktur bezeichnet man die in mehr oder weniger regelmäßigen Zeitabständen auftretenden Schwankungen der wirtschaftlichen Aktivitäten (gesamtwirtschaftliche Größen: Produktion, Beschäftigung, Preise u. a.) einer Volkswirtschaft.

Konjunkturphasen

Die Konjunkturschwankungen finden in der Regel in 4 Phasen statt:

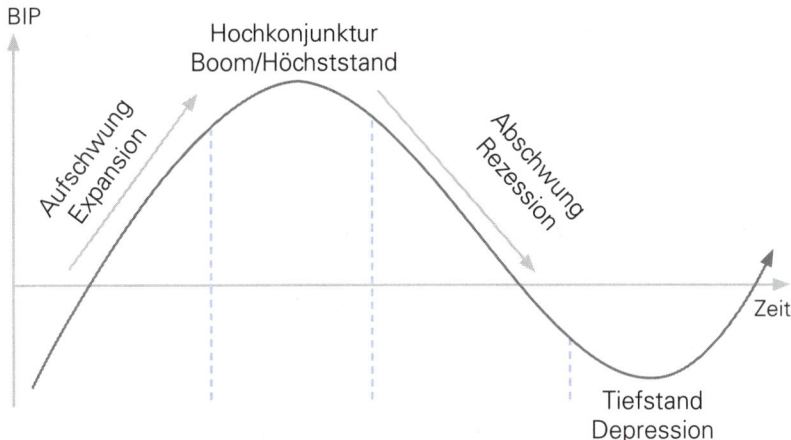

Abb. 8:   Konjunkturphasen

Welche konjunkturellen Zusammenhänge bestehen im Hinblick auf die wirtschaftliche Entwicklung einer Volkswirtschaft, Angebot und Nachfrage, Preisentwicklung, Beschäftigungszahlen u.a.?

Aufschwungphase

- Die Wirtschaft erholt sich nach einer Depression und beginnt langsam wieder zu wachsen.

- Zunahme der Auftragseingänge

- Neue Arbeitsplätze werden geschaffen und die Arbeitslosigkeit geht zurück (= steigende Beschäftigungszahlen).

- Einkommenssteigerungen

- Steigende private und staatliche Nachfrage führt zu steigenden Preisen, steigende Preise wiederum zu steigenden Gewinnen, die für weitere Investitionen genutzt werden.

- steigende Produktions- und Umsatzzahlen

- Steigende Kreditnachfrage für neue Investitionen oder weiterer Konsum führen zu steigenden Zinsen.

- Die verbesserten wirtschaftlichen Aussichten führen zu positiven Unternehmensnachrichten und in Folge zu steigenden Aktienkursen.

Boom

- zunächst weitere wirtschaftliche Expansion

- Der Wachstumshöchststand wird erreicht.

- Vollbeschäftigung

- Preise, Beschäftigungszahlen, Produktion, Aktienstände erreichen ebenso ihre Höchststände.

- Inflationsgefahr (Durch die hohen Preise ist das Geld weniger wert und die Kaufkraft des Geldes niedrig.)

Abschwungphase

- Das Wirtschaftswachstum geht zurück.

- Die Konsumenten können sich zunehmend die hohen Preise nicht mehr leisten.

- Unternehmensumsätze und -gewinne sinken.

- Rückgang der Investitionen

- Produktionszahlen werden zurückgeführt.

- Die Arbeitslosenzahl steigt (= sinkende Beschäftigungszahlen).

- Einkommen und Unternehmensgewinne gehen zurück.

- Die Nachfrage sinkt.

- Preise sinken

- Die Zinsen sinken aufgrund zurückgehender Kreditnachfrage.

- Aktienkurse fallen

- Zunahme der Insolvenzen und Unternehmenskonkurse

Depression

- Verstärkung des wirtschaftlichen Abschwungs
- Die wirtschaftliche Entwicklung erreicht ihren Tiefstand bzw. das Wirtschaftswachstum kommt zum Stillstand.
- Preise und Zinsen auf niedrigstem Stand (Deflationsgefahr)
- hohe Arbeitslosenzahlen
- Zinsen werden weiter gesenkt, um die Kreditnachfrage für Neuinvestitionen zu fördern.

Weitere konjunkturelle Zusammenhänge

Import/Export

- Im Verlauf des Konjunkturaufschwungs einer Volkswirtschaft steigt die Inlandsnachfrage und damit in Folge die Preise im Inland. Kommt das Angebot (Produktion der nachgefragten Güter) der Nachfrage nicht nach, können die Güter aus dem Ausland eingeführt werden – die Importzahlen steigen.
- Beim internationalen/globalen Wirtschaftsaufschwung: andere Volkswirtschaften befinden sich im konjunkturellen Aufschwung, somit steigt die Nachfrage aus dem Ausland im Inland und führt zu wachsenden Exportzahlen, die sich positiv auf das inländische Wirtschaftswachstum auswirken.
- Export ist somit ein Konjunkturmotor.

Zusammenhang Währungswert, Export/Import, Preisentwicklung am Beispiel des Ölpreises

- Der Ölpreis wird international in US-Dollar notiert.
- Ein starker Euro gegenüber dem Dollar verbilligt die Einfuhrkosten für Öl und hat so positive Auswirkungen auf den inländischen Preisniveauindex (repräsentativer Warenkorb).
- Der Wert einer Währung entwickelt sich durch Angebot und Nachfrage. Wird die Nachfrage z. B. durch Währungsinvestitionen der Nationalbank (in Europa: EZB oder in den USA: FED) gesteigert, spricht man von einer Aufwertung. Devisengeschäfte zählen deshalb auch zu den geldpolitischen Steuerungsinstrumenten.
- Eine gegenüber anderen Volkswirtschaften starke Währung hat umgekehrt den Nachteil, dass sich die Waren für ausländische Käufer verteuern. Handelt es sich hier um wichtige ausländische Handelspartner, hat dies entsprechende negative Auswirkungen auf die Exportzahlen.

Konjunkturindikatoren

Bei den Konjunkturindikatoren wird zwischen drei Arten unterschieden:

Frühindikatoren

- Diese zeigen mit einem gewissen zeitlichen Vorlauf die zukünftig zu erwartende konjunkturelle Entwicklung auf.
- Beispiele: Auftragseingänge der Wirtschaft, Konsumbereitschaft, Einzelhandelsumsätze, Baugenehmigungen, Geldmenge

Präsenzindikatoren

- Diese kennzeichnen den gegenwärtigen Zustand der wirtschaftlichen Aktivität.
- Beispiele: Bruttoinlandsprodukt (BIP), Investitionsvolumen, Kreditnachfrage

Spätindikatoren

- Diese zeigen mit einem gewissen zeitlichen Nachlauf die konjunkturelle Entwicklung.
- Beispiele: Zahl der Insolvenzen, Preise, Arbeitslosenquote

Das Bruttoinlandsprodukt (BIP)

Wo ist die wirtschaftliche Leistung entstanden, unabhängig davon wer sie erbracht hat?

Das BIP ist die Summe aller Güter und Dienstleistungen von In- und Ausländern, abzüglich der Vorleistungen (d.h. Waren, die für den Endverbrauch und nicht als Vorleistung für die Produktion anderer Waren gedacht sind) in einem bestimmten Zeitraum – in der Regel 1 Jahr –, die innerhalb der Landesgrenzen einer Volkswirtschaft hergestellt werden (Inlandsprinzip).

Summe der Produktionswerte

abzgl. Vorleistungen (Leistungen, die von anderen Unternehmen erstellt wurden)

= Bruttowertschöpfung

zzgl. Gütersteuern (Steuern und Abgaben, die vom Staat beim Produzenten erhoben werden)

abzgl. Subventionen (diese reduzieren den Marktpreis „künstlich" und sind deshalb abzuziehen)

= Bruttoinlandsprodukt

Inländer = Menschen und Unternehmen, die ihren Wohnort oder Unternehmenssitz im Inland haben, unabhängig von der Staatsangehörigkeit.

Im Gegensatz zum BIP umfasst das Bruttonationaleinkommen (früher: Bruttosozialprodukt) die Leistungen von Inländern, die gegen Einkommen im In- und Ausland erbracht werden (Inländerprinzip): Wer hat die wirtschaftliche Leistung erbracht, unabhängig davon, wo er es getan hat?

Weitere Details zum Bruttoinlandsprodukt finden Sie unter:

www.destatis.de: Startseite/Zahlen&Fakten/Bruttoinlandsprodukt

Inflation

„Niedrigzinsen: Für Sparer sind sie ein Horror. Vor allem wenn sie, wie derzeit in Deutschland, unterhalb der Teuerungsrate für Waren und Dienstleistungen liegen. Die Kaufkraft eines Vermögens schmilzt dann langsam, wenn es auf einem Konto parkt. Die andere Seite: wer Geld leiht, muss dafür weniger zahlen – was nicht nur deutschen Häuslebauern, sondern auch Banken, Unternehmen und Staaten hilft."

(Auszug aus Euro am Sonntag 14.–20.12.2013)

Eine Inflation bedeutet anhaltende Steigerungen des allgemeinen Preisniveaus, was zu einem Kaufkraftverlust führt (Inflation = Geldentwertung).

Das Preisniveau wird zu einem bestimmten Zeitpunkt am Wert einer repräsentativen Auswahl von Waren und Dienstleistungen (so genannter Warenkorb) einer Volkswirtschaft gemessen.

Auswirkungen einer Inflation

- Kaufkraftverlust durch Geldentwertung
- Nachteil für Sparer und Anleger, die insbesondere in unverzinste oder gering verzinste Geldwertanlagen investiert haben (Sparbuch, Festgeld, verzinsliche Wertpapiere u. a.) und Bezieher fester Einkommen.
- Vorteil für Kreditnehmer, denn auch die Kredite werden „weniger wert".
- Alternative zum Schutz vor Inflation: Investition in Sachwerte unter Berücksichtigung der damit ggf. erhöhten Risiken (Aktien und Aktienfonds, Immobilien als Direktanlage, offene Immobilien-Sondervermögen oder geschlossene Immobilienfonds, Schiffsbeteiligungen, Rohstoffe u. a.)

Arten der Arbeitslosigkeit

Arbeitslosigkeit hat unterschiedliche Ursachen. Es ist wichtig, diese zu kennen, um Maßnahmen einleiten zu können, die der Arbeitslosigkeit entgegenwirken.

Arbeitsmarktforscher teilen Arbeitslosigkeit in der Regel in 4 Gruppen ein: friktionelle, strukturelle, saisonale und konjunkturelle Arbeitslosigkeit.

Friktionelle Arbeitslosigkeit (Fluktuationsarbeitslosigkeit)

Diese ist in der Regel von kurzer Dauer, da sie im Übergang von einem alten zu einem neuen Arbeitsplatz entstehen kann. Aus diesem Grund kann sie auch in Phasen der Vollbeschäftigung auftreten. In Zahlen ausgedrückt, besteht sie in der Regel im Bereich von 1 % der erwerbstätigen Personen.

Saisonale Arbeitslosigkeit

Äußere Einflussfaktoren, wie beispielsweise die Wettereinflüsse in der Baubranche oder Nachfrageschwankungen während der Neben- und Hauptsaison in der Tourismusbranche, führen zu saisonalen Schwankungen in den Beschäftigungszahlen. Im Vergleich zu der strukturellen und konjunkturellen Arbeitslosigkeit wirkt sich die saisonale Arbeitslosigkeit weniger schwerwiegend aus, die Schwankungen sind hier natürlich erheblich höher.

Konjunkturelle Arbeitslosigkeit

Diese ergibt sich aus den konjunkturellen Schwankungen: steigende Arbeitslosenzahlen in der Aufschwung- und Depressionsphase oder sinkende Arbeitslosenzahlen in der Aufschwung- und Boomphase. Bei dieser Art von Arbeitslosigkeit besteht insbesondere die Gefahr von Langzeitarbeitslosigkeit. Der wirtschaftliche Abschwung betrifft meist alle Branchen und es kann dauern, bis verloren gegangene Arbeitsplätze neu geschaffen werden. Aus diesem Grund greift hier auch am stärksten der Staat ein, z. B. durch Maßnahmen wie eine Steigerung der staatlichen Nachfrage oder dem Kurzarbeitergeld (Leistung der Bundesagentur für Arbeit bei unvermeidbarem, vorübergehendem Arbeitsausfall, der auf wirtschaftliche Ursachen oder einem unabwendbaren Ereignis beruht).

Strukturelle Arbeitslosigkeit

Die strukturelle Arbeitslosigkeit fasst verschiedene Ursachen zusammen:

- technologische Ursachen, wie sie insbesondere aus einer zunehmenden Automatisierung entstehen

- regionale Ursachen, wie Arbeitskräfteverschiebungen zwischen Ballungszentren und ländlichen Gebieten

- sektorale Ursachen durch Wachstum oder Schrumpfung einzelner Wirtschaftsbranchen

- qualifikationsspezifische Ursachen, die mit der fehlenden Qualifikation der Arbeitnehmer zusammenhängt. Dies insbesondere im Zusammenhang mit dem technischen Fortschritt, der auch entsprechende Weiterbildungsmaßnahmen erfordert.

Maßnahmen des Staates zur Konjunkturbelebung

Infrastrukturmaßnahmen (öffentliche Nachfrage)

- Erhöhung der Staatsnachfrage: der Staat investiert beispielsweise vermehrt in den Straßenausbau

Subventionen an Unternehmen (Finanzhilfen ohne direkte Gegenleistungen)

- z. B. Förderprogramme für Existenzgründer
- Steuererleichterungen, wie z. B. erhöhte Abschreibungsmöglichkeiten

Transferleistungen („Subventionen" an private Haushalte)

- erweitere Sozialleistungen, wie z. B. Hartz IV

Steuersenkungen

- z. B. zeitlich begrenzte Reduzierung der Einkommensteuer oder Körperschaftssteuer

1.1.3 Die Europäische Zentralbank (EZB)

Die Europäische Zentralbank (EZB) bildet zusammen mit den nationalen Zentralbanken (in Deutschland bestehend aus den Landeszentralbanken und der Bundesbank, z. B. Deutsche Bundesbank) aller EU-Mitgliedstaaten (unabhängig von der Einführung des Euro als Währung) das so genannte Europäische System der Zentralbanken (ESZB).

Alle EU-Mitgliedstaaten sind den geldpolitischen Grundsätzen, die auf Preisstabilität abzielen, verpflichtet. Die Mitgliedschaft im ESZB ermöglicht die aktive Zusammenarbeit mit dem Eurosystem. Das Forum für die Zusammenarbeit ist der Erweiterte Rat der EZB.

Das Eurosystem umfasst die EZB und die nationalen Zentralbanken der 17 EU-Mitgliedstaaten, die den Euro als Währung eingeführt haben. Das Eurosystem ist somit eine Teileinheit des ESZB, die EZB ist das „Herzstück" des Eurosystems und des ESZB.

Die EZB teilt sich ihre Aufgaben mit den Nationalbanken der EU-Mitgliedstaaten, die den Euro als Währung eingeführt haben.

Die EZB besitzt eine eigene Rechtspersönlichkeit. Das wichtigste Gremium der EZB ist der EZB-Rat, der unter anderem die Leitzinsen festsetzt. Der EZB-Rat besteht aus einem sechsköpfigen Direktorium sowie den Präsidenten der Notenbanken (Zentralbanken) der Länder, die den Euro als Währung eingeführt haben.

Mehr Informationen zur EZB finden Sie hier: www.ecb.int

Ziele und Aufgaben der EZB

Das Hauptziel ist die Sicherung der Preisstabilität im Euro-Währungsgebiet, d. h.

- den Wert des Euro sichern und
- die Inflation niedrig und stabil halten

Die Hauptaufgaben sind:

- Festlegung und Ausführung der Geldpolitik innerhalb des Euro-Währungsgebietes
- Verwaltung der Währungsreserven der Mitgliedstaaten
- Durchführung von Devisengeschäften
- Förderung und Sicherstellung des reibungslosen Funktionierens der Zahlungssysteme
- Ausgabe von Euro-Banknoten
  Die Prägung von Münzen obliegt den Mitgliedstaaten, die umlaufende Menge an Geldmünzen wird von der EZB jedoch vorgegeben.

Weitere Aufgaben sind:

- beratende Funktion
  Vorschläge bzw. Entwürfe zu europäischen Rechtsakten bzw. nationalen Rechtsvorschriften im Zuständigkeitsbereich der EZB
- Erhebung und Aufbereitung von Statistiken
- Beitrag zur Bankenaufsicht und zur Stabilität des Finanzsystems
- Internationale Zusammenarbeit zu Themen mit besonderer Relevanz für die Hauptaufgaben der EZB (insbesondere die Geldpolitik)

Die EZB ist:

- politisch unabhängig, d.h. sie ist an keine Weisungen der europäischen Regierungen gebunden.
- institutionell unabhängig, d.h. die nationalen Notenbanken müssen ebenfalls unabhängig sein.
- personell unabhängig: Mitglieder des Direktoriums der EZB können nach der ersten Amtszeit nicht wiedergewählt werden.

- operativ unabhängig: freie Auswahl und freier Einsatz der geldpoliti- schen Instrumente, um das Preisniveau stabil zu halten.

- finanziell unabhängig: das Kapital der EZB gehört ausschließlich den Notenbanken.

Der Einfluss der EZB auf die Geldmenge (Geldmengenpolitik)

Die Geldmenge ist der volkswirtschaftliche Bestand an Geld in den Händen von Nichtbanken. Unterschieden wird zwischen drei Geldmen- gen:

Geldmenge M1 = Bargeldumlauf und Sichtguthaben bei Kreditinstituten

Geldmenge M2 = M1 + Termineinlagen bei Kreditinstituten mit einer Befristung von 4 Jahren

Geldmenge M3 = M2 + Spareinlagen mit gesetzlicher Kündigungsfrist

Die Komponenten der Geldmenge können kurzfristig Nachfrage und da- mit preissteigernde Effekte auslösen und müssen deshalb von der EZB zur Erreichung ihres Hauptziels der Preisstabilität beobachtet werden. Die EZB beeinflusst mit ihrer Geldpolitik die Geldmenge.

Die geldpolitischen Instrumente zur Steuerung der Geldpolitik

„Der November 2011 ist eines der großen Schlüsseldaten der Eu- rokrise ... der neue EZB-Chef Mario Draghi senkte schon zwei Tage nach seinem Amtsantritt den Leitzins von 1,5 auf 1,25 %. Das war nur der Beginn. Weitere 4x hat Draghi bisher an der wichtigsten Stellschraube gedreht, die Notenbankern zur Verfügung steht: dem Leitzins, an dessen Höhe sich viele Kredite orientieren. Die jüngste Zinssenkung geschah vor einem Monat. Seither müssen Banken nur noch 0,25 % hinlegen, wenn sie sich Geld von der EZB leihen wollen – so wenig wie noch nie in der Geschichte der europäischen Gemein- schaftswährung."

(Auszug aus Euro am Sonntag vom 14.–20.12.2013)

Grundsätzlich wird Geld über die Geschäftsbanken in den Verkehr gebracht. Die EZB steuert die Geldmenge, indem sie die Geschäftsban- ken mit mehr oder weniger Liquidität (Mindestreservepolitik, An- oder Verkauf von Wertpapieren), d. h. Geld versorgt.

Nichtbanken (Unternehmen, private Haushalte) beschaffen sich Geld von den Geschäftsbanken. Dieses stecken sie in den Konsum (Geld- umlauf) oder geben es in Form von Bankeinlagen wieder in den Wirtschaftskreislauf zurück. Die dadurch mögliche Kreditvergabe durch Banken wird auch als Geldschöpfung bezeichnet.

Wie sehen nun die geldpolitischen Instrumente im Detail aus?

Der EZB stehen nachfolgende geldpolitische Instrumente im Detail zur Verfügung:

- Offenmarktgeschäfte
- ständige Fazilitäten
- Mindestreserven
- Sondermaßnahmen

Offenmarktgeschäfte

An- und Verkäufe von Wertpapieren durch die EZB nennt man Offenmarktgeschäfte. Die EZB verfolgt damit folgende Ziele:

- Einflussnahme auf die Zinssätze und die Liquidität am Interbankenmarkt
- Liquiditätsabschöpfung durch die Ausgabe / den Verkauf von Anleihen
- Liquiditätszuführung durch Refinanzierungsgeschäfte in Form von Anleihekäufen
- Ausgleich von unerwarteten Liquiditätsschwankungen durch ad hoc durchgeführte Offenmarktgeschäfte
- Strukturelle Organisation von beispielsweise einer längerfristigeren Liquiditätsausstattung des Interbankenmarktes

Die Zinssätze im Rahmen der Offenmarktgeschäfte haben eine Leitzinsfunktion für den Interbankenmarkt

- Es gibt zwei Instrumente der Offenmarktgeschäfte:
  - Hauptrefinanzierungsgeschäfte mit zweiwöchiger Laufzeit (Kredite gegen Hinterlegung von Sicherheiten wie z. B. Wertpapieren. **Der Leitzins für diese Hauptrefinanzierungsgeschäfte gilt als europäischer Leitzins!** Sinkende Leitzinsen bedeuten, dass sich die Geschäftsbanken günstig Geld bei der EZB beschaffen können und die günstigen Zinsen auch an ihre Kunden im Bereich kurzfristiger Kredite weitergeben.
  - Längerfristige Refinanzierungsgeschäfte mit dreimonatiger Laufzeit (An- und Verkauf mit einer Rückkaufvereinbarung dem sog. „in Pension geben", daraus leitet sich die Bezeichnung „Wertpapierpensionsgeschäfte" ab.

Ständige Fazilitäten

Unter Fazilitäten versteht man die Schaffung von „Möglichkeiten", in diesem Fall in Form eines Kreditrahmens. Das heißt, den Geschäftspartnern der EZB wird ein Kreditrahmen eingeräumt, den diese nicht in Anspruch nehmen müssen, aber im Bedarfsfall in Anspruch nehmen können.

Es gibt zwei Arten von Fazilitäten:

- Einlagenfazilitäten: „über Nacht", d.h. bis zum nächsten Geschäftstag wird den Geschäftspartnern Liquidität entzogen

- Spitzenrefinanzierungsfazilität: Durch einen „Übernachtkredit" wird den Geschäftspartnern Liquidität bereitgestellt

Die hierfür geltenden Zinssätze bilden i. d. R. die Ober-(Spitzenrefinanzierungsfazilität) und Untergrenze (Einlagenfazilität) für den Tagesgeldsatz am Geldmarkt und haben deshalb ebenfalls die Funktion von Leitzinsen.

Mindestreserven

Das Eurosystem schreibt zur Stabilisierung der Geldmarktsätze vor, dass Kreditinstitute Pflicht-Mindestreserven auf Konten bei den nationalen Zentralbanken unterhalten müssen.

Stand Okt. 2013: 1% der Verbindlichkeiten unter Anrechnung eines Freibetrages in Höhe von 100.000 Euro.

Sondermaßnahmen

Zu den Sondermaßnahmen gehören:

- abweichende Zuteilungsverfahren für die Bereitstellung von Liquidität.

- Ausweitung der zulässigen Sicherheiten für Banken, die Mittel bei der EZB aufnehmen wollen.

- Kauf von bestimmten Schuldverschreibungen (öffentlicher und privater Emittenten).

- Bereitstellung von Liquidität in Fremdwährung in Zusammenarbeit mit anderen Zentralbanken.

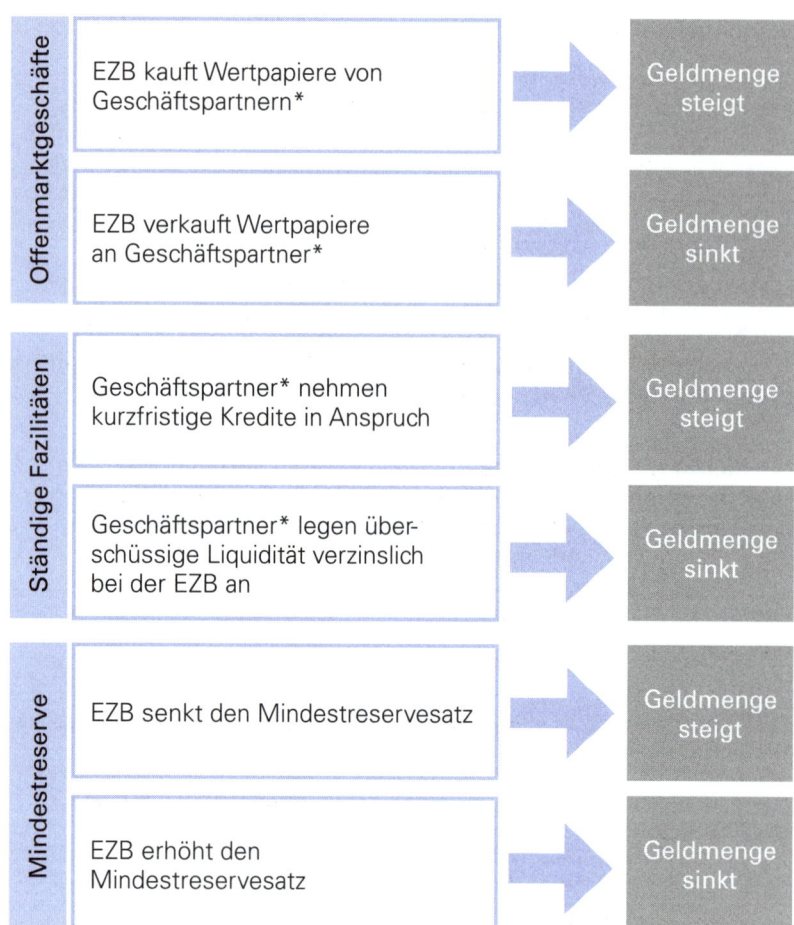

* Geschäftspartner = Finanzinstitute, die u. a. der Mindestreserve unterliegen und der Überwachung durch eine nationale Aufsichtsbehörde (in Deutschland: BaFin)

Abb. 9:   Geldpolitik der Europäischen Zentralbank (EZB)

▶ **Exkurs – EONIA**

(engl. Euro Over Night Index Average)

Dieser Zinssatz wird zwischen Banken für unbesicherte, auf Euro lautende "Übernacht"-Kredite am Geldmarkt (siehe Kapitel 2.2.2 Geldmarkt) gezahlt. Vereinfacht ausgedrückt ist es ein gewichteter Durchschnittszinssatz, der sich aus den einzelnen Kreditabschlüssen ergibt. Der EONIA wird täglich von der Europäischen Zentralbank berechnet.

Geldpolitik in Abhängigkeit von den Konjunkturphasen

Geldpolitik in der Rezession:

■ Zinssenkungen zur Erhöhung der Liquidität und Kreditvergabemöglichkeiten

Ziel: Unternehmen und Privathaushalte können vermehrt günstige Kredite aufnehmen, was die gesamtwirtschaftliche Nachfrage und in Folge die Produktion und Beschäftigung steigert.

Geldpolitik in einer Boomphase:

■ Zinserhöhungen zur Verknappung der Liquidität: die Refinanzierung

Ziel: Aufgrund der mit einer Boomphase einhergehenden hohen Inflationsrate soll die Preisstabilität wieder hergestellt werden: die Refinanzierung der Banken verteuert sich und die Kredite für Unternehmen und Privathaushalte werden teurer und werden weniger nachgefragt. Dies begrenzt die Geldmenge und reduziert Investitionen. Dadurch sinkt die Nachfrage und die Preise können sich stabilisieren. Das Risiko: Abbau von Arbeitsplätzen.

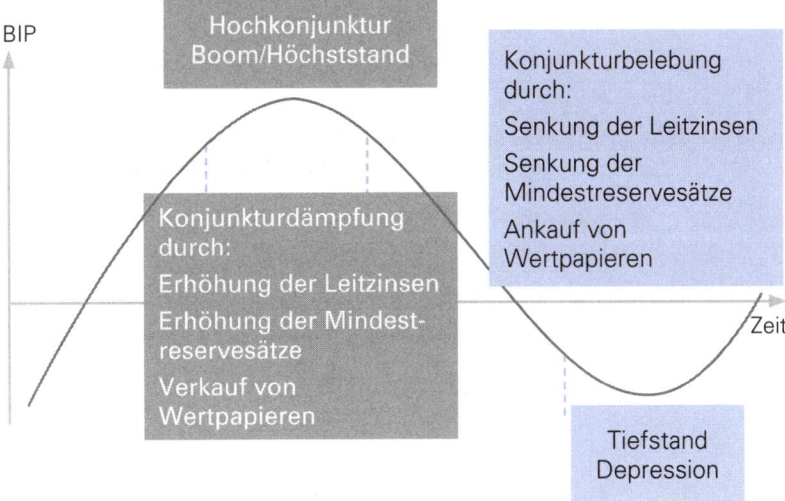

Abb. 10: Geldpolitik in Abhängigkeit von den Konjunkturphasen

Die Maßnahmen der EZB sind jedoch keine Garantie für deren Wirksamkeit.

In welchem Umfang Zinsveränderungen an die Nichtbanken (Unternehmen bzw. Privathaushalte) weitergegeben werden, ist den Geschäftsbanken frei überlassen. Für die Offenmarktpolitik gilt, dass diese nur ein Angebot an die Geschäftsbanken, jedoch keine Verpflichtung darstellt.

Die allgemeinen Wirtschaftsaussichten können die tatsächliche Investitionspolitik der Unternehmen stärker beeinflussen als die Geldpolitik der EZB.

1.1.4 Basisrisiken der Wertpapieranlage

Es gibt wirtschaftliche Zusammenhänge und nicht berechenbare Verlustgefahren, die für alle Wertpapiere Basisrisiken bergen.

Konjunktur-risiko	Das Risiko von Kursverlusten durch Fehleinschätzung der Konjunkturentwicklung durch den Anleger.
Inflationsrisiko (Kaufkraft-risiko)	Das Risiko der Geldentwertung und somit eines Vermögensverlustes durch Kaufkraftverlust.
Länderrisiko und Transferrisiko	Das Risiko, dass ausländische Schuldner aufgrund von staatlichen Devisenbeschränkungen keine Erträge / Tilgung mehr transferieren können.
Währungsrisiko	Das Risiko, durch Devisenkursveränderungen Wertverluste zu erleiden (nur bei fremder Währung).
Volatilität	Das Risiko stark schwankender Kurse in einem bestimmten Betrachtungszeitraum.
Liquiditätsrisiko	Das Risiko, dass der Anleger nicht mehr jederzeit zu marktgerechten Preisen verkaufen kann.
Psychologisches Marktrisiko	Das Risiko irrationaler Einflussfaktoren (Meinungen, Gerüchte) auf die Kursentwicklung.
Steuerliche Risiken	Das Risiko, dass Steuerabzüge den Ertrag und den Wert der Wertpapiere schmälern.
Risiko bei kreditfinanzierten Wertpapierkäufen	Das Risiko, bei Kursverlusten trotzdem den vollen Wertpapierkredit tilgen zu müssen.

Abb. 11: Basisrisiken von Wertpapieren

▶ **Zusammenfassung**

Im Mittelpunkt eines funktionierenden Marktes steht das Prinzip der Preisbildung durch Angebot und Nachfrage. Beispiele für Märkte aus dem Bereich der Geldanlage sind der Geld- und Kapitalmarkt.

Das Funktionieren einer Volkswirtschaft im Hinblick auf ihre Wirtschaftlichkeit wird geprägt von den Beteiligten Staat, Unternehmen, Privathaushalte und den Kreditinstituten und findet in Abhängigkeit von der konjunkturellen Entwicklung statt. Auf die Konjunktur nehmen der Staat im Rahmen der Wirtschaftspolitik und die EZB mit ihrer Geldpolitik unabhängig voneinander Einfluss.

Übungen

1. Nennen Sie fünf Voraussetzungen für einen funktionierenden Markt.

2. Beschreiben Sie die Aufgaben der Beteiligten einer Volkswirtschaft: Staat, Unternehmen, Privathaushalte, Kreditinstitute.

3. Nennen Sie die vier Phasen eines Konjunkturzyklus.

4. Beschreiben Sie die Auswirkungen der Konjunktur in den vier Phasen auf die Beschäftigungszahlen, das Preisniveau, die Zinsentwicklung, die Aktienmärkte und die Produktionszahlen bzw. Unternehmensgewinne.

5. Nennen Sie vier Ziele einer ausgewogenen Wirtschaftspolitik (magisches Viereck bzw. Sechseck).

6. Ordnen Sie die nachfolgenden Indikatoren den passenden wirtschaftspolitischen Zielen zu.
   1. Bruttoinlandsprodukt
   2. Arbeitslosenquote
   3. Import/Export
   4. Verbraucherpreisindex

   a) außenwirtschaftliches Gleichgewicht
   b) stetiges Wirtschaftswachstum
   c) hoher Beschäftigungsgrad
   d) Stabilität des Preisniveaus

7. Ordnen Sie die geldpolitischen Maßnahmen der EZB den entsprechenden Konjunkturphasen zu:
   1. Boom
   2. Depression

   a) Erhöhung der Leitzinsen
   b) Erhöhung der Mindestreservesätze
   c) Senkung der Leitzinsen
   d) Ankauf von Wertpapieren
   e) Verkauf von Wertpapieren
   f) Senkung der Mindestreservesätze

8. Nennen Sie vier wirtschaftliche Einflussfaktoren auf Märkte.

9. Welche Aufgaben bzw. Ziele gehören zur EZB?
   1. Sicherung der Preisstabilität in Europa
   2. Transferaufgaben im Euro-Zahlungssystem
   3. Durchführung von Devisengeschäften
   4. Druck von Euro-Münzen
   5. Preisstabilität im Euro-Währungsraum
   6. Festlegung der Geldpolitik
   7. Erhöhung der Bankennachfrage

10. Nennen Sie sechs Basisrisiken der Wertpapieranlage.

LF
14

SG
2.1

Lernziele

In diesem Kapitel erwerben Sie Fertigkeiten, Kenntnisse und Fähigkeiten hinsichtlich der grundsätzlichen Anlagekriterien eines Kunden als Einstieg in die Bedarfsermittlung.

Sie

- erläutern einzeln die Anlagekriterien Sicherheit, Rendite, Liquidität und setzen sie zueinander in Bezug

- beraten Kunden bei deren Entscheidung und Priorisierung

1.2 Bedarf und Anlagekriterien (Sicherheit, Rendite, Liquidität)

LF
14

SG
2.2

SG
2.4

▶ **Situation**

Hinter Markus Klawitsch (22 Jahre) liegt ein besonders erfolgreiches Berufsjahr. Zur Anerkennung seiner Leistungen hat er von seinem Arbeitgeber einen Bonus erhalten.

Einen Teilbetrag in Höhe von 5.000 € möchte er als Grundstock für zukünftige Anschaffungen zur Seite legen. Nun sitzt er im Büro von Herrn Jekel, einem Freund seiner Eltern, der bei einem großen Finanzdienstleister im Außendienst tätig ist.

▶ **Erläuterung**

Die grundsätzlichen Anlagekriterien Liquidität, Rentabilität und Sicherheit werden auch als das „magische Dreieck der Vermögensanlage" bezeichnet. Dieses Dreieck verdeutlicht, wie man den Anleger in den Mittelpunkt jeder Beratung stellen kann. Denn bevor er sich für ein Produkt bzw. eine Geldanlageform entscheidet, sollte er festlegen, welche grundsätzlichen Erwartungen er an seine persönliche Vermögensanlage stellt. Diese Anlagekriterien sind ein Spannungsfeld, denn sie können nicht alle gleichzeitig in gleichem Umfang von ein und derselben Anlageform erfüllt werden.

Magisches Dreieck der Vermögensanlage

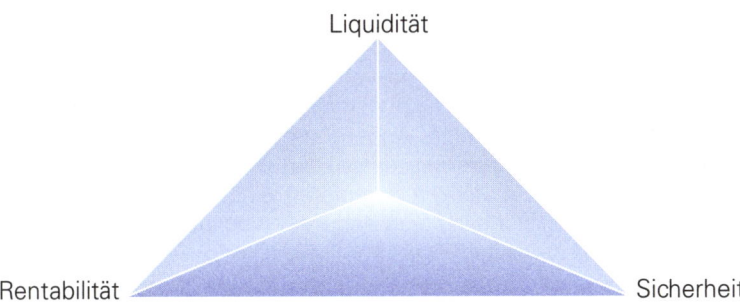

Abb. 12: Magisches Dreieck der Vermögensanlage

Anlagekriterien

▪ **Sicherheit**	Sicherheit ist das Bedürfnis, das eingesetzte Kapital zu erhalten und Risiken zu vermeiden.
▪ **Rentabilität**	Rentabilität ist das Entgelt für die Kapitalüberlassung. Je nach Art der gewählten Geldanlage können dies z. B. Zinsen, Dividenden oder Kursgewinne sein.
▪ **Liquidität**	Liquidität ist die Möglichkeit, investiertes Kapital möglichst schnell wieder in Bargeld oder Bankguthaben umwandeln zu können.

▶ **Beispiel**

Nachfolgend ein typischer Gesprächsablauf für diesen Teil des Beratungsgesprächs:

Herr Jekel hat auf einem weißen Blatt Papier das Vermögensanlagedreieck aufgemalt und kurz die drei Anlagekriterien erläutert.

Herr Jekel: Und Markus, wie würde deine Wunschanlage denn aussehen?

Markus: Also, das ist mein erster Vermögensgrundstock, da möchte ich lieber keine Risiken eingehen; aber ich möchte schon gerne viele Zinsen dafür bekommen und ich bin ja noch jung und habe viele Pläne, da kann es schon sein, dass ich doch kurzfristig mit dem Geld etwas kaufen möchte.

Herr Jekel: Oha, die eierlegende Wollmilchsau, wie wir in Bayern sagen. Leider ist dies ein Fabelwesen … auch bei der Geldanlage. Du musst dich entscheiden, welche Prioritäten du setzen möchtest.

Markus: Aber wie mache ich das?

Herr Jekel: Lass uns die einzelnen Kriterien einfach Schritt für Schritt anschauen. Zunächst zur Sicherheit, also deinem Wunsch, möglichst keine Risiken einzugehen und dein investiertes Kapital später wieder zurückzubekommen. Das geht, aber dafür musst du auf einen höheren Ertrag verzichten, denn Sicherheit lassen sich die Produktgeber nun mal bezahlen.

Markus: Tja, das verstehe ich. Aber wie wichtig sollte mir Sicherheit in meiner Situation sein?

Herr Jekel: Einerseits handelt es sich hier um deine erste Vermögensanlage, also einen Grundstock, mit dem man nicht leichtfertig spekulieren sollte. Andererseits bist du noch jung und wenn du dir Zeit nimmst, dann kann dieser längere Anlagehorizont mögliche Risiken zugunsten eines Mehrertrags ausgleichen. Aber eins nach dem anderen. Also die Sicherheit sollten wir im Auge behalten.

Markus: Aber wie ist das mit der Laufzeit, woher soll ich heute wissen, was morgen passiert?

Herr Jekel: Da fällt die Antwort leicht … hier gibt es tatsächlich Anlageformen, über die man jederzeit verfügen kann.

Markus: Also eine Anlageform, über die ich jederzeit verfügen kann, und mit einem kalkulierbaren Risiko. Das klingt gut.

Herr Jekel: Stimmt, da hast du schon mal ganz wichtige Prioritäten gesetzt.

Markus: Und wie soll ich mich nun bezüglich der Zinsen entscheiden?

Herr Jekel: Dazu werfen wir jetzt einen Blick auf deinen Anlegertyp.

▶ **Praxishinweis**

Nutzen Sie das Bild des Vermögensanlagedreiecks, um die Entscheidung Ihres Kunden visuell festzuhalten (z. B. durch Einkreisen seiner
Prioritäten) und kommen Sie im Verlauf des Gesprächs darauf wieder
zurück (vermerken Sie zum Beispiel seinen Anlegertyp oder eine mögliche Vermögensaufteilung auf dem gleichen Blatt Papier). Ein Bild sagt
oft mehr als tausend Worte.

▶ **Hinweis**

So wie sich Lebensphasen und Anlageziele verändern können, so
können sich auch die grundsätzlichen Anlagekriterien Ihres Kunden
verändern. Auch zwischenzeitlich von Ihrem Kunden gesammelte
Erfahrungen mit dem Thema Geldanlage können eine Grundlage für
neue Prioritäten bieten. Hinterfragen Sie deshalb in jedem Beratungsgespräch aufs Neue diese grundsätzlichen Rahmenbedingungen.

▶ **Zusammenfassung**

Da die perfekte Anlageform für den „gierigen Feigling" (kein Risiko,
jederzeit verfügbar und höchstmögliche Rendite) derzeit am Markt
nicht in Sicht ist, muss der Anleger also Kompromisse eingehen:

Im Teilspannungsfeld **Sicherheit und Rendite**

■ Sicherheit kostet Ertrag und überdurchschnittliche Renditen sind
  mit höheren Risiken verbunden.

Im Teilspannungsfeld **Liquidität und Rentabilität**

■ Liquidität kostet oft Ertrag und Rendite braucht Zeit!

Übungen

1. Welche Spannungsfelder bestehen zwischen den einzelnen
    Anlagekriterien?

2. Herr Maier (ledig, 45 Jahre) hat schon ein kleines Vermögen zu-
    sammengespart, grundlegende Existenzrisiken über Versicherun-
    gen abgesichert und keine besonderen Pläne mit seinem Geld.
    Die kleine Erbschaft in Höhe von 10.000 € möchte er deshalb
    einfach mal in was „richtig Spannendes" investieren.

    Welches Anlagekriterium hat Priorität bei Herrn Maier?

Lernziele

In diesem Kapitel erwerben Sie Fertigkeiten, Kenntnisse und Fähigkeiten zu Geldanlagen auf Bankkonten und Sparbriefen.

Sie

- erläutern die Geldanlageformen auf Bankkonten (Sparbuch, Tagesgeld, Termingeld und Sparvertrag)
- erläutern Sparbriefe
- ordnen diese Geldanlageformen den passenden Anleger- bedürfnissen zu
- grenzen die einzelnen Geldanlageformen hinsichtlich der Merkmale Laufzeit, Ertrag (Zins, Zinszahlungstermine), Kosten, Verfügbarkeit, Risiken sowie Einlagen- und Institutssicherung voneinander ab

1.3 Finanzanlageprodukte in Form von Bankeinlagen

1.3.1 Kontensparen

▶ Situation

Im Verlauf des Verkaufsgesprächs erzählt Herr Michael Butz seinem neuen Kundenberater Herrn Meier, dass er bei seiner Hausbank ein Sparbuch, ein Festgeld und einen Prämiensparvertrag besitzt. Dieser macht sich daraufhin ein paar kurze Notizen über die wesentlichen Merkmale dieser Anlageformen, um seinen neuen Kunden später hinsichtlich der zukünftigen Anlagestrategie kompetent beraten zu können.

▶ Erläuterung

Die Geldanlage auf Bankkonten im Überblick

Sichteinlagen	=	Guthaben auf Girokonten		
Tagesgeldeinlagen	=	Tagesgeld	=	täglich (max. 30 Tage) fällige Geldeinlagen
Termineinlagen	=	Festgeld	=	befristete Geldeinlagen (mind. 1 Monat)
Spareinlagen	=	Sparbuch	=	unbefristete Geldeinlagen
Sparvertrag	=	langfristige Geldanlage mit festen monatlichen Sparraten		

Die Geldanlageformen Sparbuch, Tages- bzw. Festgeld und der Sparvertrag gehören zu den Produkten, die viele Kunden bei ihrer Hausbank neben einem Girokonto besitzen. Das hat gute Gründe: Diese klassischen Bankprodukte sind einfach gestaltet und sie sind als sehr sichere Anlageprodukte für alle Anlegertypen geeignet. Die hohe Sicherheit ist durch die fehlenden Kursschwankungen gegeben. Zusätzliche Sicherheit besteht, wenn die Bank einem so genannten Einlagensicherungsfonds angehört. Vor allem das Sparbuch sowie das Tages- und Festgeld eignen sich für die Anlage eines „Notgroschens", also eines kleinen Anlagebetrages für kurzfristige Liquiditätsengpässe. Häufig übersteigt die Höhe des Notgroschens (Faustformel: 2–3 Netto-Monatsgehälter) den notwendigen Betrag und der Anlagezeitraum fällt länger aus als ursprünglich geplant. Dadurch verzichtet der Anleger auf höhere Zinserträge, die in der Regel für längere Anlagezeiträume gezahlt werden.

Nicht alle Ausgestaltungsmerkmale dieser Geldanlageformen passen langfristig zu den Bedürfnissen des Anlegers. Wie bei allen anderen

Geldanlageprodukten ist deshalb eine regelmäßige Überprüfung erforderlich, ob die bisher gewählte Geldanlageform noch zu den aktuellen Lebensumständen und Zielen passt.

Einlagen- und Institutssicherung

Unter einer Einlagensicherung versteht man die Sicherung von Einlagen der Anleger (insbesondere Vermögen von Privatanlegern).

Unter der Institutssicherung versteht man die Existenzsicherung von Banken und Sparkassen. Es handelt sich bei der Institutssicherung nicht nur um den reinen Schutz der Anlegergelder, sondern auch um die Existenzsicherung der dieser Sicherung angeschlossenen Institute.

Entschädigungseinrichtung deutscher Banken (EdB)

§ 19 EAEG

Seit 1.1.2011 müssen die Euro-Länder im Rahmen einer europäischen Einlagensicherung eine gesetzliche Grund-Einlagensicherung für Einlagenkreditinstitute in privater Rechtsform gewährleisten. Dazu wurde die Entschädigungseinrichtung deutscher Banken (EdB) als 100 %ige Tochter des Bundesverbandes deutscher Banken e.V. eingerichtet.

Daneben gibt es für die öffentlich-rechtlichen Institute die Entschädigungseinrichtung des Bundesverbandes Öffentlicher Banken Deutschlands GmbH (EdÖ) und für sonstige Finanzdienstleister die Entschädigungseinrichtung der Wertpapierhandelsunternehmen (EdW).

Die gesetzliche Grundlage bildet das Einlagensicherungs- und Anlegerentschädigungsgesetz (EAEG).

§ 4 und 5 EAEG

Die EdB schützt:

- Einlagen bis zu einer Höhe von 100.000 € pro Anleger und Bank sowie

- 90 % der Verbindlichkeiten aus Wertpapiergeschäften, maximal den Gegenwert von 20.000 €

Der Einlagenschutz gilt für die Einlagearten Sicht-, Termin- (Festgelder) und Spareinlagen sowie Sparbrief in Form von Namensschuldverschreibungen.

Verbindlichkeiten, über die eine Bank Inhaberpapiere ausgestellt hat, wie Inhaber- und Orderschuldverschreibungen (inkl. Zertifikate), werden dagegen nicht geschützt.

Der Entschädigungsanspruch besteht nicht, wenn die Einlagen nicht auf Euro oder die Währung eines EU-Mitgliedstaates lauten.

Eine Entschädigung aus einem Wertpapiergeschäft kommt insbesondere dann in Betracht, wenn das Institut pflichtwidrig nicht im Stande ist, im Eigentum des Kunden befindliche und für ihn verwahrte Wertpapiere zurückzugeben.

Der Kunde muss seinen Anspruch auf Entschädigung schriftlich innerhalb eines Jahres nach Unterrichtung über den Entschädigungsfall bei der EdB anmelden. Die EdB muss diesen dann bei Einlagen (inklusive bis dahin aufgelaufener Zinsen) auf Bankkonten spätestens innerhalb von 20 Arbeitstagen (mit Zustimmung der BaFin verlängerbar auf 30 Tage) nach Eingang der Anspruchsanmeldung und bei Wertpapieren spätestens innerhalb von 3 Monaten erfüllen.

Mehr Informationen finden Sie im Internet: http://www.edb-banken.de

Einlagensicherungsfonds des Bundesverbandes deutscher Banken e. V. – die Einlagensicherung der privaten Banken

Der Einlagensicherungsfonds sichert direkt die Einlagen der Gläubiger/ Anleger (Privatanleger und alle weiteren Nichtbanken) bei privaten Banken und soll die Einlagen der Bankkunden im Falle der Insolvenz ihrer Bank schützen.

Geschützt werden Sicht-, Termin- und Spareinlagen sowie Sparbriefe (in Form von Namensschuldverschreibungen).

Nicht geschützt sind Inhaberpapiere.

Der Einlagensicherungsfonds übernimmt die Absicherung der Einlagen, die über 100.000 € hinausgehen und nicht von der EdB entschädigt wurden.

Es besteht allerdings eine anlegerbezogene Sicherungsgrenze in Form einer Höchstgrenze für die Einlagenabsicherung von 1,5 Mio. € (bis 2025 ist eine Absenkung auf 437.500 € vorgesehen). Diese entspricht 30 % (bis 2025 Absenkung auf 8,75 %) des maßgeblich haftenden Eigenkapitals der Bank.

Mehr Informationen dazu finden Sie im Internet unter: www.bdb.de

Für Sparkassen und die Raiffeisen- und Genossenschaftsbanken gibt es eigene Haftungsverbände. Hier spricht man von der so genannten Institutssicherung. Die Haftungsverbände garantieren 100 % der Einlagen.

Auch für genossenschaftliche Banken (Volksbanken, Raiffeisenbanken, Spardabanken, Hypothekenbanken u. a.) gibt es eine Institutssicherung durch den kreditgenossenschaftlichen Garantieverbund BVR (www. bvr.de). Dieser stellt sicher, dass Mitgliedsinstitute, die in finanzielle Schwierigkeiten geraten, durch Bürgschaften der anderen Institute gestützt werden.

Der Haftungsverbund der Sparkassen-Finanzgruppe (www.dsgv.de)
sichert die Existenz der Sparkassen und schützt bei den ihr angeschlossenen Instituten stets zu 100 % und ohne betragliche Begrenzung die
Einlagen und verbrieften Forderungen (Schuldverschreibungen) der
Kunden.

Einlagen bei Sparkassen unterlagen bis 2005 der so genannten Gewährträgerhaftung, da es sich bei Sparkassen um öffentlich-rechtliche
Anstalten handelt. Die Anstaltsträger (Kommunen, Bund und Länder)
übernahmen im Falle einer Insolvenz die offenen Verbindlichkeiten.
Diese Gewährträgerhaftung gibt es nicht mehr.

Für Kreditinstitute besteht eine solche Institutssicherung zum Insolvenzschutz nicht.

Ausländische Banken (sofern Sitz in Europa) unterliegen grundsätzlich
auch der europaweit gesetzlich zu garantierenden Einlagensicherung in
Höhe von 100.000 €. Im Einzelfall sollte der Anleger immer nachfragen.
Fehlt eine Einlagensicherung, bedeutet dies für den Anleger ein erhöh-
tes Bonitätsrisiko. Nicht einlagengesicherte Banken bieten dafür – quasi
als „Risikozuschlag" – als Ausgleich in der Regel höhere Zinssätze an.

Sparbuch, Tages- und Termingelder sowie Sparvertrag

Angelehnt an die Eckpunkte des Vermögensanlagedreiecks sind folgende Ausgestaltungsmerkmale bei der Geldanlage auf Bankkonten zu
beachten:

Geldanlage-form	Sparbuch	Tagesgeld	Festgeld
Laufzeit	keine feste Laufzeit	1 Tag	z. B. 1, 2, 3, 6 oder 12 Monate
Ertrag	variabler geringer Zinssatz (jährliche Zinszahlung)	fester Tageszinssatz auf Geldmarktniveau*	fester Zinssatz für die vereinbarte Laufzeit auf Geldmarktniveau
Kosten	keine	keine	keine
Verfügbarkeit	bis 2.000 € pro Monat verfügbar, darüber hinaus 3 Monate Kündigungsfrist	tägliche Verfügbarkeit	verfügbar nach Ablauf des vereinbarten Anlagezeitraums

Geldanlage-form	Sparbuch	Tagesgeld	Festgeld
Risiken	Inflationsrisiko, Emittenten-risiko	Inflationsrisiko, Emittentenrisiko, Währungsrisiko, wenn auf NICHT-EURO-Währung lautend kein Kursrisiko	Inflationsrisiko, Emittentenrisiko, Währungsrisiko, wenn auf NICHT-EURO-Währung lautend kein Kursrisiko
Sonstiges	Einzahlungen sind jederzeit möglich	i. d. R. Mindest-anlagesumme	i. d. R. Mindest-anlagesumme; Einzahlungen während der Laufzeit sind nicht möglich
Einlagen-sicherung	ja	ja	ja

* siehe Kapitel 2.4.2 Geldmarkt

Geldanlage-form	Sparvertrag (verschiedene Ausgestaltungen möglich, z. B. Prämiensparvertrag)
Laufzeit	bis zu ca. 20 Jahren
Ertrag	variabler Zinssatz, vergleichbar dem Sparbuch; i. d. R. Zinsansammlung mit Zinseszinseffekt, bei Prämien- oder Bonussparverträgen erfolgt am Laufzeitende eine Zusatzverzinsung i. d. R. aber nur auf das eingesetzte Kapital
Kosten	keine
Verfügbarkeit	häufig lange Kündigungsfristen (abhängig vom Produktanbieter); bei Prämiensparverträgen: Prämienzahlung nur am Laufzeitende
Risiken	Inflationsrisiko, Emittentenrisiko
Sonstiges	Sparbuch mit festen monatlichen (Mindest-)Sparraten

Bezüglich der Risiken sind zwei Faktoren zu ergänzen:

Bei diesen Geldanlageformen handelt es sich um Geldwerte, d. h. es besteht ein Inflationsrisiko. Steigt die Inflationsrate über den vereinbarten Zinssatz für die Geldanlage, so findet eine Geldentwertung statt.

Ein Emittentenrisiko besteht bei eingeschränkter oder fehlender Einlagensicherung. Bei besonders attraktiven Zinsangeboten, d. h. solchen, die deutlich über dem Geldmarktzinsniveau liegen, ist unbedingt zu hinterfragen, ob das anbietende Geldinstitut einem Einlagensicherungsfonds angehört. Ist dies nicht der Fall, so stellt der erhöhte Zinssatz eine Art Zusatzvergütung als Ausgleich für das erhöhte Risiko dar. Denn im Fall der Insolvenz der Bank ist die Rückzahlung des Anlagebetrages an den Kunden nicht gesichert.

▶ Exkurs – Zinseszinseffekt

Vom Zinseszinseffekt spricht man, wenn z. B. bei einer verzinslichen Anlage die jährlichen Zinsen wiederangelegt werden, somit im nächsten Jahr zusammen mit dem bereits vorhandenen Kapital verzinst werden.

Der Anleger hat die Wahl:

1. Die Zinsen bei Fälligkeit abzuheben (ohne Zinseszinseffekt).

2. Die Zinsen bei Fälligkeit wiederanzulegen. Das erhöht das ursprünglich angelegte Kapital und im nächsten Jahr werden Zinsen auf diese Zinsen gezahlt. Dies ist der Zinseszinseffekt.

▶ Beispiel

Welche Auswirkungen der Zinseszinseffekt haben kann, sehen Sie anhand des nachfolgenden Zahlenbeispiels:

Ein Anleger legt 10.000 € an und erhält nach einem Jahr bei einer Verzinsung von 5 % 500 €, die er gleich wieder anlegt. Im Folgejahr erhält er dann auf 10.500 € 5 % Zinsen, d. h. 525 €, die er wieder anlegt usw. Mit der Zeit bewirkt der Zinseszinseffekt einen ganz beträchtlichen zusätzlichen Vermögensaufbau. Deshalb ist es u. a. so interessant, bereits in jungen Jahren und durchaus auch mit zunächst kleinen Anlagebeträgen den Vermögensaufbau anzupacken.

Faustformel für den Zinseszinseffekt mit Hilfe der Zahl „72"

- Ein Anlagebetrag, angelegt mit
  1 % Zinsen (und Zinseszinsen) verdoppelt sich in   72 Jahren.

- Ein Anlagebetrag, angelegt mit
  2 % Zinsen (und Zinseszinsen) verdoppelt sich in   36 Jahren.

- Ein Anlagebetrag, angelegt mit
  8 % Zinsen (und Zinseszinsen) verdoppelt sich in   9 Jahren.

Anlegertyp

Grundsätzlich gilt für die hier dargestellten Geldanlageformen: Sie sind allesamt geeignet für Anleger, die viel Wert auf Sicherheit legen, und dafür Einschränkungen bei Liquidität und / oder Rentabilität in Kauf nehmen.

▶ **Zusammenfassung**

Finanzanlagen in Form von Bankeinlagen können ein solides Basisinvestment in der Vermögensanlage sein, wenn die nachfolgenden Vor- und Nachteile zu den Anlagezielen des Kunden passen.

Vorteile	Nachteile
■ risikolose Anlage	■ geringe Liquidität bei fester Laufzeit bzw. eingeschränkter Verfügbarkeit durch Kündigungsfristen
■ keine Kosten für Kauf, Verkauf, Verwahrung	
■ Tages- oder Termingelder sind aufgrund der marktgerechten Verzinsung eine Möglichkeit, kurzfristig Geld „zu parken"	■ geringe Verzinsung auch unter Geldmarktzinsniveau möglich (Sparbuch, Sparvertrag)
	■ z. T. Mindestanlagesumme

1.3.2 Sparbriefe

▶ **Situation**

Bei der aktuellen Bestandsaufnahme seines Vermögens schaut sich Peter List die Ausgestaltungsmerkmale seines Sparbriefes noch einmal genauer an. Er möchte insbesondere herausfinden, ob ein vorzeitiger Verkauf möglich ist.

▶ **Erläuterung**

Sparbriefe sind eine Mischung aus Sparbuch und verzinster Anleihe (siehe Kapitel 2.3.2 verzinsliche Wertpapiere). Als Anleger kann man sie nur bei einer Bank oder Sparkasse erwerben, nicht jedoch über die Börse. Die genaue Ausgestaltung wird vom herausgebenden Kreditinstitut festgelegt.

Üblicherweise werden Sparbriefe als Namensschuldverschreibungen ausgegeben und fallen dann auch unter die Einlagensicherung der privaten Banken. Sie zählen dann mit zu den sicheren Geldanlageformen. Eine Verfügung über das angelegte Geld ist vor dem festgelegten Laufzeitende jedoch nicht möglich. Im Ernstfall bietet die Bank maximal eine

Beleihung an, d. h. dem Kunden wird ein Kredit bis zum Laufzeitende eingeräumt und der Sparbrief als Sicherheit akzeptiert.

Geldanlage-form	Sparbrief
Laufzeit	bis zu 6 Jahren
Ertrag	fester Zinssatz
Kosten	keine
Verfügbarkeit	keine vorzeitige Rückgabe möglich
Risiken	keine
Sonstiges	Zinszahlung in Form von Normalverzinsung, Abzinsung oder Aufzinsung möglich
Einlagen-sicherung	ja

Zinszahlungsformen

Normalverzinsung = laufende, z. B. jährliche Zinszahlung, Kauf und Rückzahlung zum Nennwert

Abzinsung = keine laufenden Zinszahlungen, Kauf zum Nennwert abzüglich der Zinsen und Zinseszinsen berechnet auf die gesamte Laufzeit, Rückzahlung zum Nennwert

Aufzinsung = keine laufenden Zinszahlungen, Kauf zum Nennwert, Rückzahlung zum Nennwert zuzüglich Zinsen und Zinseszinsen für die gesamte Laufzeit

Anlegertyp

Für Sparbriefe kommt der sehr sicherheitsorientierte Anleger in Frage. Er muss vor allem starke Einschränkungen durch die fehlende Liquidität in Kauf nehmen. Die Rentabilität wird bestimmt durch die laufzeitabhängige Zinsgestaltung des Anbieters.

▶ **Zusammenfassung**

Vorteile	Nachteile
■ höhere Zinsen im Vergleich zu Spareinlagen bei einer mittleren Laufzeit	■ geringe Liquidität
■ Der Zinssatz ist für die gesamte Laufzeit festgeschrieben und der Rückzahlungstermin steht von Anfang an fest.	■ keine Anpassung des Zinssatzes an das Kapitalmarktzinsniveau während der Laufzeit
■ keine Kosten und i. d. R. gebührenfreie Verwahrung	
■ kein Kursrisiko	

Übungen

1. Grenzen Sie die Geldanlagemöglichkeiten auf Bankkonten voneinander ab.

2. Unterscheiden Sie die aufgeführten Geldanlageformen hinsichtlich der vorgegebenen Kriterien Sicherheit, Liquidität und Rentabilität.

    Ordnen Sie Ihr Schlagwort den Kriterien zu.

	Sicherheit	Liquidität	Rentabilität
Spareinlage			
Tagesgeld			
Festgeld			
Sparvertrag			

3. Nennen Sie jeweils zwei Vor- und Nachteile für die Geldanlage in einen Sparbrief.

4. Erklären Sie den Zinseszinseffekt.

5. Ermitteln Sie die Zinsen in Euro, die Ihr Kunde für 10.000 €

    a) bei einem Zinssatz von 2 % p. a. auf 1 Jahr

    b) bei einem Zinssatz von 3 % p. a. auf 6 Monate

    c) bei einem Zinssatz von 4 % p. a. auf 9 Monate

    erhält.

Lernziele

In diesem Kapitel erwerben Sie Fertigkeiten, Kenntnisse und Fähigkeiten zur Einschätzung von nicht börsennotierten Finanzanlageprodukten.

Sie

- können nicht börsennotierte Finanzanlageprodukte voneinander und von börsennotierten Finanzanlageprodukten abgrenzen

- kennen die grundsätzlichen Merkmale der nicht börsennotierten Finanzanlageprodukten, nicht börsennotierten offenen Investmentvermögen, geschlossenen Investmentvermögen, Genossenschaftsanteile und Genussrechte hinsichtlich Ertrag, Verfügbarkeit und Risiken

1.4 Nicht börsennotierte Finanzanlageprodukte

LF
14

SG
2.2

Die Bezeichnung „nicht börsennotiert" besagt, dass es keinen regulierten Handelsmarkt wie beispielsweise den Aktien- oder Rentenmarkt gibt. Allerdings gibt es für den Anbieter dieser Produkte andere Wege, die Verfügbarkeit über das investierte Kapital für seine Anleger zu organisieren.

Offene Investmentvermögen

Ein offenes Investmentvermögen ist eine Anlageform, die Kapital von vielen Anlegern in einem gemeinsam verwalteten Sondervermögen bündelt, um es gemäß einer festgelegten Anlagestrategie zum Nutzen dieser Anleger zu investieren. Der Anleger erhält Anteile am offenen Investmentvermögen anteilig in Höhe seines Anlagebetrages. Das Kapital ist variabel, d. h. mit jedem neuen Anleger erhöht sich das dem offenen Investmentvermögen für gemeinsame Anlagen zur Verfügung stehende Kapital und umgekehrt, wenn ein Anleger seine Anteile verkauft. Als Investitionsobjekte kommen u. a. Aktien, verzinsliche Wertpapiere, Geldmarktinstrumente, Immobilien, andere offene Investmentvermögen und Bankguthaben (für die Liquiditätsreserve) in Frage. Ein offenes Investmentvermögen verfügt über eine unbegrenzte Laufzeit.

Die gesetzliche Grundlage ist das Kapitalanlagegesetzbuch (KAGB).

Weitere Informationen zu diesen Produkten finden Sie im Kapitel 2.4 Offene Investmentvermögen .

Geschlossenes Investmentvermögen

Auch bei einem geschlossenen Investmentvermögen wird das Kapital vieler Anleger gemeinsam verwaltet und investiert. Es handelt sich um eine unternehmerische Sachwert-Beteiligung an Schiffen, Flugzeugen, Gewerbeimmobilien, Windparks u. a. „Geschlossen" bedeutet in diesem Zusammenhang, der Erwerb der Anteile ist nur innerhalb einer bestimmten Frist möglich, danach wird das Investmentvermögen geschlossen. Der Anlegerkreis bleibt danach grundsätzlich unverändert, die Investitionsobjekte für das zur Verfügung stehende Kapital stehen fest und bleiben über die festgelegte Laufzeit des Investmentvermögens in der Regel unverändert. Für den Anleger besteht ein unternehmerisches Risiko bis hin zum Totalverlust seiner Kapitaleinlage, da er am Gewinn und Verlust des geschlossenen Investmentvermögens beteiligt ist. Eine Rückzahlung seines eingesetzten Kapitals erfolgt durch laufende Ausschüttungen von Gewinnen und einem Veräußerungsgewinn aus dem Verkauf des Investitionsobjektes zum Laufzeitende. Werden keine Gewinne erzielt, kann das Kapital an die Anleger unter Umständen nur zum Teil oder gar nicht zurückbezahlt werden.

Die gesetzliche Grundlage ist das KAGB oder das Vermögensanlagengesetz. Der Produktanbieter entscheidet, welchen Regularien er sich unterwerfen möchte. Das KAGB bietet hier den umfassenderen Anlegerschutz, aber auch erhöhte Anforderungen an die Organisation und Verwaltung seitens des Produktanbieters.

Weitere Informationen zu diesen Produkten finden Sie im
Kapitel 3 geschlossene Investmentvermögen

Genossenschaftsanteile

„Gesellschaften von nicht geschlossener Mitgliederzahl, deren Zweck darauf gerichtet ist, den Erwerb oder die Wirtschaft ihrer Mitglieder oder deren soziale oder kulturelle Belange durch gemeinschaftlichen Geschäftsbetrieb zu fördern (Genossenschaften), erwerben die Rechte einer „eingetragenen Genossenschaft"..." (§ 1 Genossenschaftsgesetz).

Der Anleger wird Mitglied und Miteigentümer der Genossenschaft und hat das Recht, an der Generalversammlung aller Mitglieder teilzunehmen – einschließlich der entsprechenden Mitspracherechte (z.B. Wahl des Vorstands). Genossenschaften gibt es vor allem als Genossenschaftsbanken oder Wohnungsbaugenossenschaften (mit Anspruch auf Wohnraum). Darüber hinaus gibt es Genossenschaften vor allem im gewerblichen oder Agrarbereich (u. a. Winzergenossenschaften).

Der Anleger haftet im Insolvenzfall der Genossenschaft mindestens in Höhe seiner Kapitaleinlage, d. h. es kann in bestimmten Fällen sogar zu einer Nachschusspflicht von weiterem Kapital kommen. Auch hier trägt der Anleger das Totalverlustrisiko seiner Kapitalanlage.

Die gesetzliche Grundlage hierfür ist das Genossenschaftsgesetz und Teile des Vermögensanlagengesetzbuches.

Weitere Informationen zu diesen Produkten finden Sie im
Kapitel 4.1.4 Genossenschaftsanteile

Genussrechte

Genussrechte weisen je nach Ausgestaltung Merkmale einer Aktie bzw. eines verzinslichen Wertpapieres auf. Der Anleger stellt einem Unternehmen für einen bestimmten Zeitraum Kapital zur Verfügung und erhält hierfür gewinnabhängige Zinszahlungen. Der Anleger ist am Gewinn und Verlust des Unternehmens beteiligt. Das bedeutet u.a., dass die Höhe der Zinszahlung vom erzielten Gewinn des Unternehmens abhängt und gegebenenfalls ganz ausfallen kann. Genussrechte werden im Insolvenzfall des Unternehmens nachrangig, d. h. erst nach

LF
14

SG
2.2

den Ansprüchen aller anderen Gläubiger berücksichtigt. Das birgt das Risiko eines totalen Kapitalverlustes. Genussrechte zählen deshalb zu den hochriskanten Anlageprodukten und sind deshalb nur für einen eingeschränkten Anlegerkreis geeignet.

Eine umfassende gesetzliche Grundlage für Genussrechte gibt es nicht. Hier sind die Angaben in den Verkaufsunterlagen des Produktanbieters entscheidend.

Weitere Informationen zu diesen Produkten finden Sie im
Kapitel 4.1.5 Genussrechte

Unterscheidungsmerkmale nicht börsennotierter Finanzanlagen

Die wesentlichen Unterschiede zwischen den einzelnen nicht börsennotierten Finanzanlageprodukten lassen sich anhand der Merkmale Ertrag, Verfügbarkeit und Risiko verdeutlichen.

Die Merkmale der nicht börsennotierten Finanzanlagen im Überblick

Finanz-anlage-produkt	offene Investment-vermögen (nicht börsennotiert)	Geschlossene Investmentvermögen	Genossenschaftsanteile	Genussrechte
Ertrag	abhängig vom Anlage-schwerpunkt	hohe Erträge in Abhängig-keit von den Investitions-objekten möglich	Die Art der Genossen-schaft bestimmt die Höhe der Gewinnbeteiligung bzw. des erzielbaren Gewinns. keine Zinszahlungen	abhängig vom Produkt-anbieter
Verfüg-barkeit	grundsätzlich gilt: Die Kapitalverwaltungsge-sellschaft ist gesetzlich verpflichtet, die Anteile mindestens 1x jährlich zurückzunehmen.	Eingeschränkte Verfüg-barkeit (erweitert am so genannten Zweitmarkt für gebrauchte Fondsanteile), da es keine gesetzliche Verpflichtung zur vorzei-tigen Rücknahme der Anteile gibt.	u. a. durch Kündigung der Mitgliedschaft (zum Jahresende) möglich	sofern als Genuss-schein verbrieft, ist eine börsentägliche Verfügung möglich
Risiken	abhängig vom Anlage-schwerpunkt	hohe Risiken (echte unter-nehmerische Beteiligung): Währungsrisiko, Bonitäts-risiko, Totalverlustrisiko, Haftungsrisiko über die Kapitaleinlage hinaus möglich	Die Art der Genossen-schaft hat Einfluss auf die Risiken: bei gewerblichen Genossenschaften ist dies am höchsten und bei Genossenschaftsbanken am geringsten (siehe Insti-tutssicherung).	hohe Risiken: Ausschüttungsrisiko (Aus-schüttung kann ausgesetzt werden), Haftungsrisiko (nachrangi-ge Forderung). Rückzahlungsrisiko, Totalverlust

Übungen

1. Erläutern Sie den Unterschied von börsennotierten zu nicht börsennotierten Finanzanlageprodukten.

2. Nennen Sie die grundsätzlichen Merkmale nicht börsennotierter offener Investmentvermögen hinsichtlich Ertrag, Verfügbarkeit und Risiken.

3. Nennen Sie die grundsätzlichen Merkmale geschlossener Investmentvermögen hinsichtlich Ertrag, Verfügbarkeit und Risiken.

4. Nennen Sie die grundsätzlichen Merkmale von Genossenschaftsanteilen hinsichtlich Ertrag, Verfügbarkeit und Risiken.

5. Nennen Sie die grundsätzlichen Merkmale von Genussrechten hinsichtlich Ertrag, Verfügbarkeit und Risiken.

Lernziele

In diesem Kapitel erwerben Sie Fertigkeiten, Kenntnisse und Fähigkeiten zur Einschätzung von börsennotierten Finanzanlageprodukten.

Sie

- können Aktien, verzinsliche Wertpapiere und Exchange Traded Funds (ETFs) voneinander abgrenzen
- nennen die Merkmale der einzelnen börsennotierten Finanzanlageprodukte

1.5 Börsennotierte Finanzanlageprodukte

▶ **Erläuterung**

Der Begriff „Finanzanlagen" kommt ursprünglich aus dem Bilanzrecht. Finanzanlagen sind ein Teil des Anlagevermögens eines Unternehmens, d. h., unter den Finanzanlagen sind nur solche Wertpapiere o.ä. auszuweisen, die längerfristig gehalten werden sollen.

§ 266 HGB

LF
14

SG
2.2

Im Rahmen der Finanzanlagenvermittlung und der dazugehörenden Sachkundeprüfung fallen unter die börsennotierten Finanzanlagen:

- Aktien

- Verzinsliche Wertpapiere

- Exchange Traded Funds (ETFs)

- Zertifikate

Aktien

Der Anleger wird Teilhaber an einer Aktiengesellschaft (AG). Er erwirbt Aktien, die mit einem Recht auf Dividendenzahlung (Beteiligung am Unternehmensgewinn) und Mitspracherechten (Teilnahme an der Hauptversammlung) verbunden sind. Der Kurs einer Aktie entsteht durch Angebot und Nachfrage an der Aktienbörse und kann sehr großen Schwankungen unterliegen. Die Unternehmenszahlen, konjunkturelle Entwicklungen und auch die „Gerüchteküche" der Marktteilnehmer hat Einfluss auf die Entwicklung der Aktienkurse.

Verzinsliche Wertpapiere

Der Anleger wird Gläubiger, d. h. Kreditgeber des Emittenten. Emittenten, d. h. Herausgeber von verzinslichen Wertpapieren können Unternehmen, der Staat, Banken u. a. sein. Der Anleger erhält regelmäßige, festgelegte Zinszahlungen (unabhängig vom Unternehmensgewinn) und am Ende der festvereinbarten Laufzeit erhält er sein eingesetztes Kapital vom Emittenten zurück. Es besteht ein Emittentenrisiko: Kann der Emittent seinen Zins- und Rückzahlungsverpflichtungen nicht mehr nachkommen, erhält der Anleger unter Umständen nur noch einen Teil seines Anlagekapitals oder sein gesamtes Anlagekapital nicht mehr zurückbezahlt.

Exchange Traded Funds ETFs

ETFs sind börsengehandelte offene Investmentvermögen, die einen Marktindex wie beispielsweise den DAX nachbilden (börsengehandelte Indexfonds). Für den Anleger hat dieses „passive" Fondsmanagement den Vorteil günstigerer Kosten. So muss für diese Fondsart kein Ausgabeaufschlag bezahlt werden und auch die laufenden Verwaltungskosten sind im Vergleich zu anderen Investmentvermögen niedriger. Investiert der ETF direkt in die im Index enthaltenen Wertpapiere, so können die erhaltenen Aktiendividenden oder Zinszahlungen aus verzinslichen Wertpapieren an den Anleger in Form von Ausschüttungen weitergegeben werden.

Darüber hinaus profitiert der ETF-Anleger von den Wertentwicklungen analog dem Index, der dem ETF zugrunde liegt. Denn der ETF gewichtet seine Anlagen entsprechend der Zusammensetzung des Index.

Abgrenzung der börsennotierten Finanzanlageprodukte

LF 14

SG 2.2

Anlageform	Bundesanleihen	Bundes-obligationen	Weitere verzinsliche Wertpapiere	Aktien	Exchange Traded Funds ETFs
Emittenten	▪ Bund	▪ Bund	▪ Hypothekenbanken (Pfandbriefe) ▪ Industrieunternehmen (Unternehmensanleihen) ▪ In- und ausländische Emittenten (Euro-Auslandsanleihen, Währungsanleihen)	▪ Aktiengesellschaften	▪ Kapitalverwaltungsgesellschaften
Laufzeit	▪ 10–30 Jahre	▪ 5 Jahre	▪ mittel- bis langfristig	▪ unbegrenzt	▪ unbegrenzt
Ertrag (Zins, Dividende, Kursgewinn, Zahlungstermine)	▪ kapitalmarktabhängige Zinsen ▪ jährliche Zinszahlung (normalverzinst) ▪ Kursgewinn bei vorzeitigem Verkauf möglich	▪ kapitalmarktabhängige Zinsen ▪ jährliche Zinszahlung (normalverzinst) ▪ Kursgewinn bei vorzeitigem Verkauf möglich	▪ kapitalmarktabhängige Zinsen ▪ jährliche Zinszahlung (normalverzinst) ▪ Kursgewinn bei vorzeitigem Verkauf möglich	▪ Dividendenzahlung (Höhe abhängig von Dividendenpolitik des Unternehmens)	▪ Ausschüttung in der Regel jährlich

Anlageform	Bundesanleihen	Bundes-obligationen	Weitere verzinsliche Wertpapiere	Aktien	Exchange Traded Funds ETFs
Kosten	▪ Depotführungsgebühr ▪ Kauf- und Verkaufsspesen	▪ Depotführungsgebühr ▪ Kauf- und Verkaufsspesen	▪ Depotführungsgebühr ▪ Kauf- und Verkaufsspesen	▪ Depotführungsgebühr ▪ Kauf- und Verkaufsspesen	▪ kein Ausgabeaufschlag, nur Kauf- und Verkaufsspesen ▪ laufende Kosten auf Fondsebene
Verfügbarkeit	▪ börsentäglich	▪ börsentäglich	▪ börsentäglich	▪ börsentäglich	▪ börsentäglich (laufende Kursfeststellung während des Börsenhandels)
Chancen und Risiken (Bonität, Währung, Inflation, Kursschwankungen)	▪ Inflationsrisiko ▪ Kursrisiko (bei vorzeitigem Verkauf) ▪ Fazit: geringes Risiko	▪ Inflationsrisiko ▪ Kursrisiko (bei vorzeitigem Verkauf) ▪ Fazit: geringes Risiko	▪ abhängig vom Emittenten ▪ Bonitätsrisiko ▪ Inflationsrisiko ▪ Kursrisiko (bei vorzeitigem Verkauf) ▪ Währungsrisiko (bei nicht auf Euro lautenden Anleihen)	▪ Bonitätsrisiko ▪ Kursrisiko ▪ Fazit: hohes Risiko	▪ abhängig von den zugrunde liegenden oder nachgebildeten Indices

Weitere Informationen zu diesen Produkten finden Sie in den Kapiteln 2.3 Börsennotierte Wertpapiere und 2.5.12 Exchange Traded Funds (ETFs)

Übungen

1. Nennen Sie drei Arten von börsennotierten verzinslichen Wertpapieren.

2. Erläutern Sie die Merkmale von Bundesanleihen hinsichtlich Emittent, Laufzeit, Ertrag, Verfügbarkeit, Chancen und Risiken.

3. Erläutern Sie die Merkmale der Bundesobligation.

4. Erläutern Sie die grundsätzlichen Merkmale von Aktien.

5. Erläutern Sie die grundsätzlichen Merkmale von ETFs.

Lernziele

In diesem Kapitel erwerben Sie Fertigkeiten, Kenntnisse und Fähigkeiten zu den Grundlagen der Anlage in Zertifikate.

Sie

- beschreiben die grundsätzliche Funktionsweise (Ausstattung, Laufzeit, Rückzahlung, Preisbestimmung, Handel)

- nennen die rechtlichen Grundlagen für Zertifikate

- erläutern die Unterscheidungskriterien (Laufzeit, Kapitalschutz, Währung, Basiswert) der verschiedenen Zertifikatearten

- klassifizieren die Zertifikate anhand des Basiswertes (Aktien, Renten, Zinsen), anhand der Basiswertzusammensetzung (Index-, Basket- oder Einzelwertzertifikat) und anhand ihrer Struktur (Discount-, Bonus- oder Expresszertifikat)

- nennen die Vorteile der Anlage in Zertifikaten

- beschreiben die speziellen Risiken von Zertifikaten

1.6 Zertifikate

1.6.1 Grundlagen von Zertifikaten

▶ **Situation**

Ihr neuer Produktpartner ist Spezialist für Zertifikatefonds. Um diese richtig zu verstehen, machen Sie sich mit den Grundlagen von Zertifikaten vertraut.

▶ **Erläuterung**

Zertifikate sind Anlageprodukte, mit denen es möglich ist, in nahezu alle Märkte zu investieren. Rechtlich handelt es sich um Inhaber-Schuldverschreibungen. Für den Anleger bedeutet dies ein Bonitätsrisiko hinsichtlich des Emittenten. Als Inhaber-Schuldverschreibung werden Zertifikate im Insolvenzfall des Emittenten nicht durch Einlagensicherungsfonds geschützt.

Zertifikate gehören zu den Derivaten (lat. derivare / derivatum, d. h. ableiten / abgeleitet). Dies sind Finanzprodukte, deren Kursentwicklung sich von der Wertentwicklung eines anderen Produktes (dem Basiswert) ableitet. Daher werden sie auch Partizipationsschein (engl. Participations) oder Partizipationszertifikat genannt.

Bezüglich der Rückzahlung des eingesetzten Geldkapitals oder der Lieferung (durch den Zertifikateemittenten an den Anleger) der Basiswerte gibt es fest vereinbarte Regeln, insbesondere wie die Berechnung des Rückzahlungsbetrages erfolgen wird. In der Regel steht der Rückzahlungszeitpunkt genau fest. Es gibt allerdings auch Zertifikate mit unbegrenzter Laufzeit.

Zertifikate können börsennotiert oder nicht börsennotiert sein.

Der Anleger erhält mit dem Erwerb eines Zertifikates keine Eigentums- oder Aktionärsrechte.

Der Anleger kann auf steigende, fallende oder seitwärts (d. h. keine nennenswerten Kursgewinne oder -verluste) tendierende Kurse des Basiswertes setzen. Daneben gibt es Produkte, mit denen es möglich ist, eine Vielzahl von Basiswerten einzubeziehen oder auch in einen Index zu investieren.

Der Zertifikateanleger erhält grundsätzlich keine Zinsen oder Dividenden. Diese werden i. d. R. vom Emittenten zur Finanzierung der jeweiligen Zertifikatestruktur verwendet.

Das Angebot an Zertifikaten und deren Ausgestaltungsvarianten ist sehr groß und wächst stetig weiter. Mittlerweile gibt es am Markt jedoch die ersten Zertifikate mit einer laufenden Verzinsung und sogar garantierten Zinszahlungen.

▶ **Exkurs – Derivate**

Abgeleitet von dem lateinischen „derivare" bzw. „derivatum" bedeutet der Begriff „ableiten" bzw. „abgeleitet". Bei Derivaten handelt es sich also um Finanzprodukte, deren Kursentwicklung sich von der Wertentwicklung eines anderen Produktes ableitet.

Rechtliche Grundlagen für Zertifikate im Interesse des Anlegerschutzes

Bürgerliches Gesetzbuch (BGB) und Schuldverschreibungsgesetz

Der Emittent von Zertifikaten muss sich an die Rechte und Pflichten von Schuldschein-Emittenten gem. BGB und Schuldverschreibungsgesetz halten.

Wertpapierhandelsgesetz (WpHG) und Wertpapierprospektgesetz

Der Emittent von Zertifikaten muss sich bei der Erstellung an die gesetzlichen Vorgaben für Prospekte halten. Dieser ist der BaFin vorzulegen, die dann die Zulassung des zugrunde liegenden Produktes zum öffentlichen Vertrieb erteilt.

Emittenten von Zertifikaten unterliegen darüber hinaus allen Anforderungen zum Anlegerschutz gem. WpHG. Dazu gehört seit 1. Juli 2011 auch die Veröffentlichung von Produktinformationsblättern (sog. PRIPs).

Kapitalschutz

Zertifikate können mit einem Kapitalschutz im Rahmen der Rückzahlungsvereinbarung ausgestattet werden.

Der Kapitalschutz bezieht sich immer auf einen konkreten Rückzahlungszeitpunkt. Während der Laufzeit des Zertifikates greift der Kapitalschutz nicht. Das Emittentenrisiko bzw. Kurswertrisiko bei vorzeitigem Verkauf des Zertifikates ist für diesen Zeitraum voll vom Anleger zu tragen.

Basiswert

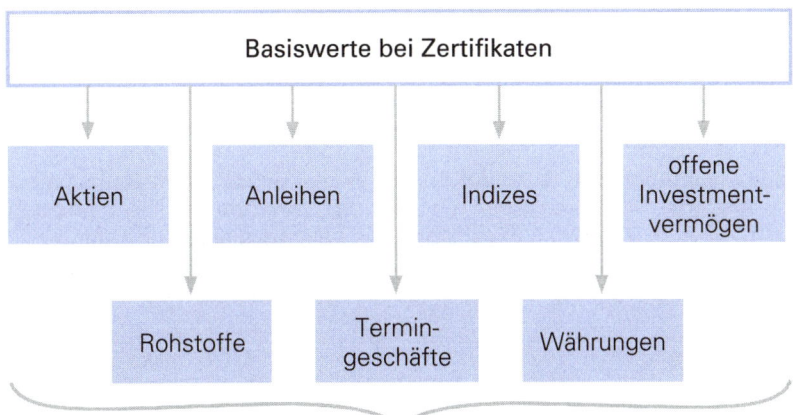

Kombinationen verschiedener Basiswerte sind möglich

Abb. 13: Basiswerte bei Zertifikaten

Zertifikate werden auch als „strukturierte Produkte" bezeichnet bzw. bei ihren Emittenten dem engl. „Financial Engineering" zugeordnet.

Ziel der Zertifikatestruktur ist es, mittels der klassischen Anlageprodukte (= Basiswerte) unterschiedliche Markterwartungen abzubilden – Aufwärts-, Abwärts- oder Seitwärtsbewegungen. Das kann durch verschiedene Kombinationen unterschiedlicher Basiswerte und die Ausgestaltungsmöglichkeiten erfolgen. Deshalb ist auch das Angebot an verschiedenen Zertfikaten in den letzten Jahren in erheblichem Umfang gewachsen.

Handel und Preisfindung bei Zertifikaten

Primärmarkt (Emissionshandel)

- Erstausgabe der Zertifikate durch den Emittenten
- Preis ergibt sich grundsätzlich aus dem Wert des Basiswertes
- Kostenaufschlag (Agio) zur Deckung der Emissionskosten

Sekundärmarkt

- laufender Handel während der Laufzeit des Zertifikates:
  - außerbörsliche Abwicklung durch den Emittenten oder über Market-Maker
  - an einer Börse für Zertifikate

- Der Preis ergibt sich aus

  - dem rechnerischen Wert des Zertifikates (Das ist der Betrag, der bei sofortigem Verkauf erzielt werden könnte. Er basiert auf dem Wert der Basiswerte.)

  - den laufenden Kosten (Abzug ggf. erst im Zeitpunkt der Rückzahlung)

Beim laufenden Handel ist der Spread ein wesentlicher Kostenfaktor für den Anleger. Als Spread wird die Differenz zwischen An- (Geldkurs) und Verkaufskurs (Briefkurs) bezeichnet. Die volumenstarken und standardisierten Zertifikate weisen hierbei eine recht geringe Differenz auf. Bei Nischenprodukten kommen aber schon einmal Spannen von bis zu 2 % vor.

▶ Exkurs – außerbörslicher Handel (OTC-Handel) und Börsenhandel der EUWAX und Deutsche Börse AG

Der Handel mit Zertifikaten unterscheidet sich vom Aktienhandel vor allem hinsichtlich der Preisfeststellung. Beim Aktienhandel hat das gehandelte Volumen (Angebot und Nachfrage) einen Einfluss auf die Kursbildung, bei Zertifikaten ist dies nicht so.

Beim außerbörslichen OTC-(Over-the-counter)Handel werden die Preise fortlaufend vom Emittenten ermittelt, beispielsweise bei Indexzertifikaten anhand der Kursentwicklung des zugrunde liegenden Index. Beim außerbörslichen Handel verpflichtet sich der Emittent, das Zertifikat zu dem von ihm ermittelten aktuellen Preis zu kaufen oder zu verkaufen. Die Vorteile des OTC-Handels sind in der Regel günstigere Gebühren als beim Börsenhandel und ausgeweitete Handelszeiten, allerdings können Orders nicht mit einem Limit versehen werden.

Der Börsenhandel von Zertifikaten findet europaweit vor allem an der Stuttgarter Börse im Zertifikate-Handelssegment EUWAX (European Warrent Exchange), aber auch an der Zertifikate Börse der Deutschen Börse AG in Frankfurt statt.

An der EUWAX werden neben Anlagezertifikaten vor allem auch Optionsscheine und Aktienanleihen gehandelt. Die Preisfeststellung erfolgt elektronisch und wird neben einem Limit-Kontroll-System (laufende Überwachung limitierter Orders) durch einen Quality Liquidity Provider ergänzt, der die Qualität (Überprüfung von An- und Verkaufspreisen) und eine ausreichende Liquidität beim Handel sicherstellt. Die hohen Handelsumsätze an der EUWAX führen dazu, dass die Orders sehr schnell ausgeführt werden können.

An der Zertifikate Börse der Deutschen Börse AG in Europa und Hongkong werden strukturierte Produkte (Zertifikate, Optionsscheine, Aktienanleihen) gehandelt. Die Preisfeststellung erfolgt hier über die vollelektronische Handelsplattform Xetra. Dadurch können auch Marktteilnehmer aus anderen europäischen Ländern Zertifikate handeln, die in Deutschland aufgelegt wurden. Das macht die Zertifikate Börse auch für institutionelle Anleger geeignet.

Es gibt darüber hinaus ein Premium-Segment mit besonders hohen Qualitätsstandards, wie beispielsweise ein Mindesthandelsvolumen und umfassendere Anforderungen an die Preisstellung durch den Emittenten für den Börsenhandel. Eine unabhängige Handelsüberwachungsstelle überwacht den korrekten Ablauf der Handelsgeschäfte. Der Vorteil für den Anleger ist, dass die Teilnehmer an diesem Premium-Handel über eine vergleichsweise hohe Bonität verfügen.

1.6.2 Arten von Zertifikaten

▶ Situation

Sie versuchen, Struktur in das umfassende Angebot verschiedener Zertifikate zu bringen und erstellen für sich eine detaillierte Übersicht der verschiedenen Arten von Zertifikaten.

▶ Erläuterung

Bei über 750.000 Zertifikaten mit sehr individuellen Ausgestaltungsmöglichkeiten sollte sich der Anleger vor einer Anlageentscheidung mit der Struktur des ihm angebotenen Zertifikates auseinandersetzen und verstehen, unter welchen Bedingungen Gewinne erzielt werden können und welche Risiken und Kosten damit verbunden sind. Darüber hinaus sollte der Kunde eine eigene Marktmeinung (bspw. rechnet er mit steigenden Aktienkursen) haben, um sich für ein dazu passendes Zertifikat entscheiden zu können.

Die wichtigsten Zertifikatearten

Index-Zertifikate

Diese Zertifikate bilden als Basiswert einen Index ab. Das Index-Zertifikat weist ein genaues Bezugsverhältnis (Wert des Zertifikates im Verhältnis zum Index-Kurs) aus, wie z. B. 1:100. D. h., steht der DAX bei 5.000 €, so beläuft sich der Wert des Zertifikates auf 50 €.

Ein Direktinvestment in die Einzelwerte des Index erfolgt nicht und somit entfällt bei dieser Art von Zertifikaten das bereits beschriebene Risiko der Lieferung des Basiswertes.

Durch die enge Kopplung an den Index, bewegt sich der Kurs des Zertifikates nahezu identisch mit der Wertentwicklung seines Index. Da kein aktives Anlagenmanagement erforderlich ist, reduzieren sich die sonst hierfür üblichen Kosten. Aus diesen Gründen ist ein Index-Zertifikat die transparenteste Form eines Zertifikates, mit dem der Anleger auf einen klar umgrenzten Markt setzen kann.

Garantie-Zertifikate

Garantie-Zertifikate (auch Kapitalschutz-Zertifikate genannt) bieten nach einer festen Laufzeit einen Mindestrückzahlungswert (in Höhe des Nennwertes) zum Laufzeitende unabhängig vom Kursverlauf während der Laufzeit.

Die gebotene Sicherheit / Kapital-Garantie hat ihren Preis: Anleger müssen dieses Zertifikat bis zum Laufzeitende halten, um in den Genuss der Garantie zu kommen. Auf Dividendenansprüche müssen sie ebenfalls verzichten. Diese verbleiben beim Emittenten. Somit eignen sich Garantie-Zertifikate am besten für sicherheitsorientierte Anleger, die sich auf einen festen Anlagehorizont festlegen können.

Wichtig ist darüber hinaus zu prüfen, ob das Zertifikat neben der Kapitalrückzahlungsgarantie auch Gewinnchancen hat und an welche Bedingungen diese gekoppelt sind (z. B. Kursgewinne des zugrunde liegenden Index; fällt dieser aus, entfällt allerdings auch der Mehrertrag).

Discount-Zertifikate

Discount bedeutet Abschlag, d. h., der Anleger kauft den Basiswert mit einem „Rabatt" zu einem vergünstigten Preis (unterhalb des aktuellen Börsenwertes).

Der Preis für diesen Vorteil: Kursgewinne des Basiswertes erhält der Anleger nur bis zu einer festgelegten Obergrenze / Höchstbetrag (engl. Cap). Ausschlaggebend ist der Kurs am Fälligkeitstag des Zertifikates.

Je niedriger der Höchstbetrag, desto größer ist der Sicherheitspuffer bzw. Rabatt.

Auch dieses Zertifikat ist grundsätzlich für den Anleger geeignet, der einen gewissen Sicherheitspuffer sucht und dafür bereit ist, auf einen Teil der Chancen zu verzichten. Er setzt auf seitwärts tendierende oder leicht ansteigende Kursentwicklungen des Basiswertes. Fällt der Kurs unter den gewährten Discountpreis, so trägt der Anleger das volle Kursrisiko hierfür.

Bonus-Zertifikate

Bonus-Zertifikate sind am ehesten mit den Discount-Zertifikaten vergleichbar. Sie bieten keinen Rabatt, sondern eine sog. Bonus-Schwelle über dem aktuellen Börsenkurs des Basiswertes. Dazu kommt die sog.

Barriere, die unterhalb des aktuellen Börsenkurses liegt. Die Differenz zwischen diesen beiden Schwellen macht quasi den Bonus für den Anleger aus.

Fällt der Kurs des Basiswertes, egal zu welchem Zeitpunkt, während der Laufzeit unter die Barriere (es genügt bereits ein einmaliges Errei- chen der Barriere), entfällt die Bonuszahlung. Der Anleger behält aber den Anspruch auf Auszahlung des weiterhin möglichen Kursgewinnes zum Laufzeitende. Hierin liegt das besondere Risiko der Bonus-Zertifi- kate.

Wird die Barriere dagegen nicht erreicht, so erhält der Anleger am Lauf- zeitende den Bonus ausbezahlt.

Bonus-Zertifikate sind geeignet für Anleger, die seitwärts tendierende oder leicht fallende Kurse erwarten und darauf spekulieren, dass der Kurs nicht unter die Barriere sinkt. Behalten sie Recht, bietet der Bonus einen Sicherheitspuffer. Irren sie sich, verlieren sie im schlimmsten Fall genauso viel, wie wenn sie direkt in den Basiswert investiert hätten und bei Aktien kämen sie zusätzlich noch nicht mal zum Ausgleich in den Genuss der Dividendenzahlungen.

▶ **Beispiel – Bonus-Zertifikat auf Deutsche Bank Aktien**

Preis: 100 €, Bonus: 150 €, Barriereschwelle: 95 €

Szenario 1: Der Kurs bleibt bei 100 €, d. h., der Anleger erhält am Laufzeitende 150 €

Szenario 2: Der Kurs erreicht 160 €, d. h., der Anleger erhält am Laufzeitende 160 €

Szenario 3: Der Kurs fällt für einen Tag auf 90 € und somit unter die Barriereschwelle von 95 €, d. h., der Anleger erhält am Laufzeitende nur den aktuellen Kurswert der Deutsche Bank Aktien

▶ **Exkurs – weitere Derivate, Anlageprodukte**

▪ **ohne Kapitalschutz (kleiner 100 %)**

Aktienanleihen

Bei Aktienanleihen kommt unabhängig von der Wertentwicklung des Basiswertes (Aktien) ein Zins-Kupon zur Auszahlung. Art und Höhe der Rückzahlung bei Endfälligkeit hängen davon ab, ob der Basiswert am Bewertungstag auf, über oder unter dem Basispreis liegt. Erreicht die Aktie mindestens den Basispreis, erhält der Anleger den Nennbetrag zurück. Bei einem unter dem Basispreis liegenden aktuellen Aktien- kurs erhält der Anleger je nach Ausstattung entweder den Wert der Aktien oder die Aktien selbst geliefert.

■ Hebelprodukt

Optionsscheine

Optionsscheine ermöglichen die gehebelte Partizipation an steigenden (Call) und fallenden (Put) Kursen eines Basiswertes. Dabei wird der Preis nicht nur von der Bewegung des Basiswertes, sondern auch von anderen Faktoren wie z. B. der Volatilität oder der (Rest-)Laufzeit beeinflusst. Liegt der Kurs des Basiswertes bei Fälligkeit unterhalb (Call) oder oberhalb (Put) des Basispreises, kommt es zum Totalverlust des eingesetzten Kapitals.

Der Exkurs wurde der nachfolgenden Publikation des DDV entnommen: Die Derivate-Liga: Produktklassifizierung des DDV (DDV Deutscher Derivate Verband, Publikation Derivate Wissen & Praxis – Discount-Zertifikate – die Klassiker).

▶ **Zusammenfassung**

Die Klassifizierung von Zertifikaten

Nach der Zusammensetzung des Basiswertes	Nach der Struktur
Einzelwert-Zertifikat: Basiswert = Einzelwert	Discount-Zertifikat: mit Abschlag „Rabatt"
Index-Zertifikat: Basiswert = Index eines Marktsegmentes	Bonus-Zertifikat: Mehrertrag durch Bonus
Basket-Zertifikat: Basiswert = individuelle Zusammenstellung	Garantie-Zertifikat: Mindestkapitalschutz

Discount- und Bonuszertifikate zählen zu den am meisten nachgefragten und angebotenen Zertifikateprodukten.

Die wichtigsten Unterscheidungsmerkmale der einzelnen Zertifikate sind:

- Laufzeit (feste oder keine)
- Rückzahlung (Geldkapital oder Basiswert)
- Basiswert (Aktien, Anleihe u. a.)
- Kombination von Basiswerten (Einzelwerte, Index, Korb / Basket u. a.)
- Struktur (Discount, Bonus, Kapitalschutz u. a.)

Zertifikate bieten viele Möglichkeiten, Risiken bleiben auch bei ihnen bestehen.

1.6.3 Spezielle Vorteile und Risiken bei Zertifikaten

▶ Situation

„Wer die Wahl hat, hat die Qual". Das gilt auch bei der Auswahl des passenden Zertifikats aus einem sehr großen Angebot. Dabei gilt es, sich zunächst auf die wesentlichen Faktoren zu fokussieren. Sie setzen sich deshalb noch einmal mit den Vorteilen und speziellen Risiken der Zertifikateanlage auseinander.

▶ Erläuterung

Die grundsätzlichen Vorteile der Anlage in Zertifikate

Die grundsätzlichen Vorteile von Zertifikaten sind Transparenz, Liquidität sowie die große Auswahl und Kostenvorteile.

Transparenz

Die besondere Transparenz bei Zertifikaten bezieht sich auf die börsentägliche Einsicht in die zugrunde liegenden Basiswerte. Der Anleger kann täglich nachvollziehen, in welche Einzelwerte und mit welcher Gewichtung sein Zertifikat investiert ist.

Liquidität

Auch wenn es dazu keine Verpflichtung gibt: die wichtigsten Zertifikateanbieter stellen die börsentägliche Handelbarkeit der von ihnen emittierten Zertifikate sicher. Meist erfolgt dieses direkt über die Börse oder über den außerbörslichen Direkthandel der Banken.

Große Auswahl

Das Angebot an Zertifikaten ist über die Jahre dermaßen umfangreich geworden, dass der Anleger individuell in Bezug auf die Basiswerte (Aktienkörbe, verschiedene Indizes, Rohstoffe etc.) und seinen Anlegertyp (konservativ bis spekulativ) das für ihn passende Zertifikat erwerben kann.

Kostenvorteile

Für Kauf, Verkauf und Verwahrung (Depotgebühr) fallen die üblichen Spesen wie für alle Wertpapiere an. Ein Ausgabeaufschlag wie bei Investmentfonds entfällt. Möglich ist ein Agio (Aufgeld) von 1–3 %. Bei den passiv gemanagten Zertifikaten gibt es keine Verwaltungsvergütung für das Management.

Diesem Vorteil steht der Nachteil gegenüber, dass Zinsen und Dividenden, die der Emittent aus den Basiswerten erzielt, nicht von ihm an den Zertifikateanleger weitergereicht, sondern zur Kostendeckung einbehalten werden (dieser Kostenfaktor wird auch als Opportunitätskosten bezeichnet).

Risiken

Durch verschiedene Ausgestaltungen der einzelnen Zertifikate ergeben sich entsprechende spezielle Risiken.

Die wichtigsten speziellen Risiken bei Zertifikaten

- Emittentenrisiko
- Kursänderungsrisiko
- Währungsrisiko
- Liquiditätsrisiko
- Risiko der Lieferung des Basiswertes
- Risiko des Wertverfalls
- Korrelationsrisiko

Zusätzliches Risiko bei Bonus- und Expresszertifikaten

- Risiko des Kapitalverlustes zum Laufzeitende

Emittentenrisiko

Dies ist das bedeutenste Risiko der Zertifikate.

Da es sich bei Zertifikaten um Inhaber-Schuldverschreibungen handelt, trägt der Anleger das volle Risiko, wenn der Emittent des Zertifikates insolvent wird und seinen Rückzahlungsverpflichtungen nicht mehr nachkommen kann.

Auch eine Insolvenz der Unternehmen, deren Wertpapiere (Aktien, Anleihen) als Basiswert dem Zertifikat zugrunde liegen, geht zulasten des Zertifikatewertes.

Kursänderungsrisiko

Ausschlaggebend für die Kursentwicklung sind die dem Zertifikat zugrunde liegenden Basiswerte. Je kursschwankungsanfälliger diese sind (z. B. Aktien), umso stärkeren Wertschwankungen unterliegt auch das Zertifikat. Da Zertifikate keine Beteiligung an Zinsen oder Dividenden bieten, können diese Wertpapiererträge auch nicht zum Ausgleich von Kursverlusten genutzt werden.

Liquiditätsrisiko

Zertifikate sind zwar grundsätzlich an der Börse handelbar, es gibt hierzu jedoch keine Verpflichtung. Somit ist es Aufgabe des Anlegers vor seiner Investition zu prüfen, ob es für sein Zertifikat auch einen ausreichend liquiden Markt (d. h. Angebot und Nachfrage) gibt, der Emittent eine laufende An- und Verkaufspreisberechnung sicherstellt und wie stark die Ankaufspreise von den Verkaufspreisen abweichen. Hilfreich ist deshalb die sogenannte Limitierung (Vorgabe einer Preisgrenze) von Kauf- und Verkaufsaufträgen durch den Anleger.

Risiko des Wertverfalls

Üblicherweise werden bei Zertifikaten nur die Bedingungen für die Berechnung des Rückzahlungspreises festgelegt. Orientierungsgröße ist dabei aber der am Fälligkeitstag ermittelte Wert des Basiswertes. Stellen sich im schlimmsten Fall die Basiswerte als wertlos heraus, verliert auch der Anleger sein komplettes Kapital (Totalverlust).

Korrelationsrisiko

Bei Zertifikaten besteht das Korrelationsrisiko darin, dass der Preis des Zertifikates nicht exakt dem Wert seines Basiswerts entspricht. Die Gründe hierfür können das allgemeine Zinsniveau, nicht abgesicherte Wechselkursveränderungen oder vom Emittenten einbehaltene Dividendenzahlungen sein.

Währungsrisiko

Dieses fällt bei Zertifikaten mit einer sog. Währungsrisikoabsicherung nicht ins Gewicht. Bei nicht währungsrisikogesicherten Zertifikaten können sich Wechselkursschwankungen insbesondere bei Verkauf vor Fälligkeit als auch am Fälligkeitstag des Zertifikates auswirken.

Risiko der Lieferung des Basiswertes

Dieses Risiko besteht bei Zertifikaten auf Einzelwerte. Liegt der Preis des Basiswertes bei Fälligkeit unter dem vereinbarten Auszahlungsbetrag, so wird der Basiswert an den Anleger ausgeliefert. Ein Verlust entsteht dann aber erst, wenn der Anleger diesen realisiert, d. h. z. B. die Aktien tatsächlich verkauft und der Erlös unter dem von ihm investierten Anlagebetrag liegt. Aus diesem Grund ist es so wichtig, dass sich der Anleger sehr bewusst mit dem Basiswert des Zertifikates beschäftigt und Zertifikate erwirbt, an deren Basiswerte er glaubt und von deren Entwicklungspotenzial er selbst auch überzeugt ist.

Risiko des Kapitalverlustes zum Laufzeitende

Bei Bonuszertifikaten wird eine sog. Barriere festgelegt. Erreicht der Preis des Basiswertes während bzw. am Ende der Laufzeit diesen Wert bzw. fällt darunter, so wird lediglich der Schlusskurs des Basiswertes am Fälligkeitstag ausbezahlt. Der Anspruch auf einen Bonus oder Kapitalschutz entfällt.

Grundsätzliches Anlegerprofil für Zertifikate

Zertifikate sind nur für Anleger geeignet, die sich mit deren Strukturen und den zugrunde liegenden Basiswerten und Anlagemärkten von Zertifikaten intensiv beschäftigt haben.

Das bedeutet, dass der Zertifikateanleger ein selbstverantwortlicher Anleger mit eigener klarer Marktmeinung und großem Interesse an seinem Anlagemarkt sein sollte.

Zertifikate sollten eine bewusste Depotbeimischung sein. Viele Anlageexperten empfehlen, den Anteil von Zertifikaten im Depot auf rund 5 % zu begrenzen.

▶ **Zusammenfassung**

Zwei Fragestellungen sind für den Anleger entscheidend:

1. „Wie funktioniert das Zertifikat?"

Welche Basiswerte, Kosten, Rückzahlungsbedingungen usw. sich im Einzelnen hinter den Zertifikaten verbergen, darüber kann sich der Anleger genauestens mit Hilfe der Emissionsbedingungen informieren. Denn die Namen der verschiedenen Zertifikate sind vielfältig und nicht immer eindeutig. Risikoscheue Anleger sollten auf einen breit angelegten Index achten. Risikobewusste Anleger können auch einen speziellen Index oder einen Aktienkorb wählen. Der Zertifikateanleger muss sich insbesondere des Emittentenrisikos bewusst sein.

2. „Versteht der Anleger den Markt, den das Zertifikat nachbildet?"

Eine eigene fundierte Marktkenntnis (Informationsquellen sind u.a. diverse Analystenmeinungen und Analysen) ist für den Zertifikateanleger unerlässlich:

Entwickelt sich der Markt nach oben, seitwärts oder nach unten? Wie werden sich speziell die Rohstoffmärkte in naher Zukunft entwickeln? Glaubt der Anleger an eine positive Entwicklung der europäischen Aktienmärkte? Welcher Index hat für den Anleger das größte Potenzial in den nächsten Wochen?

Kann der Anleger beide Fragen für sich klar beantworten, sind Zertifikate oder Zertifikatefonds eine interessante Depotbeimischung und bieten zusätzliche Chancen. Das passende Zertifikat findet sich dann unter Berücksichtigung der persönlichen Risikobereitschaft und des individuellen Anlagehorizontes.

1.6.4 Zertifikate im Vergleich

▶ **Situation**

In jedem Kundengespräch stellt sich früher oder später die Frage „Was passt am besten zu mir?" Wichtig ist hier der Blick aufs Wesentliche: das Chancen- und Risikoprofil.

▶ **Erläuterung**

Die nachfolgende Einordnung stellt die grundsätzlichen Chancen und Risiken der ausgewählten Zertifikatearten dar. Aktuelle Marktentwicklungen können Einfluss auf das Chancen-Risikoprofil haben.

Chancen und Risiken im Überblick

	Garantie-Zertifikat	Bonus-Zertifikat
Chancen	vergleichsweise sichere Anlage (gute Bonität des Emittenten vorausgesetzt)	hohe Renditen in Seitwärtsphasen; unbegrenzte Teilnahme an steigenden Kursen des Basiswertes
Risiken	Verluste während der Laufzeit möglich; eher geringe Gewinne im Vergleich zu anderen Zertifikaten	hohe Verluste in schwachen Börsenphasen, wenn die Barriereschwelle erreicht oder unterschritten wird
Anleger-profil	sicherheitsorientiert, sofern das Zertifikat bis zum Laufzeitende gehalten wird	grundsätzlich erfahrene Anleger; konservative Bonus-Zertifikate (niedrige Barriere, moderater Bonus) auch für Einsteiger geeignet

Quelle: Deutscher Derivate Verband, Broschüre „Zertifikate. Fragen und Antworten für Einsteiger", Stand Dezember 2008, angelehnt an die Darstellung S. 24/25 „Übersicht Zertifikatetypen"

Abb. 14: Zertifikate: Chancen und Risiken im Überblick

▶ **Zusammenfassung**

Grundsätzlich gilt für alle Anlageformen:

„Der Anleger sollte nur kaufen, was er auch versteht."

Dies gilt insbesondere für Zertifikate mit ihrer Vielfalt an Strukturen und Gestaltungsmöglichkeiten.

Übungen

1. Nennen Sie vier Vorteile von Zertifikaten.

2. Beschreiben Sie, welche Basiswerte ein Zertifikat abbilden kann.

3. Beschreiben Sie die beiden Handelsphasen von Zertifikaten.

4. Erläutern Sie den Unterschied zwischen einem Index- und einem Garantiezertifikat.

5. Erläutern Sie den Unterschied zwischen einem Discount- und einem Bonus-Zertifikat.

6. Ein Bonus-Zertifikat wird mit folgenden Bedingungen emittiert: Preis: 250 €, Bonusschwelle: 300 €, Barriereschwelle: 200 € Fügen Sie die richtigen Aussagen zusammen:

   (1) Der Kurs des Basiswertes fällt auf 200 € …

   (2) Der Kurs steigt auf 350 € …

   (3) Der Kurs beträgt am Laufzeitende 250 € …

   a) … d. h. der Anleger erhält am Laufzeitende 350 €.

   b) … d. h. der Anleger erhält am Laufzeitende 300 €.

   c) … d. h. der Anleger erhält am Laufzeitende den aktuellen Kurswert des Basiswertes.

7. Nennen Sie fünf Unterscheidungsmerkmale von Zertifikaten.

8. Erstellen Sie eine grundsätzliche Klassifizierung von Zertifikaten und erläutern Sie die jeweilige Zertifikateart mit einem Stichwort.

9. Nennen Sie zwei Fragestellungen, die vor der Investition in ein Zertifikat zu beachten sind.

10. Erläutern Sie vier spezielle Risiken bei Zertifikaten.

11. Beschreiben Sie, welches spezielles Risiko bei Bonuszertifikaten besteht.

12. Nennen Sie zwei Anlegerziele beim Erwerb von Zertifikaten.

13. Bis zu welcher Höhe wird eine Beimischung von Zertifikaten in ein Wertpapierdepot grundsätzlich empfohlen?

14. Beschreiben Sie das Anlegerprofil von Garantie- und Bonuszertifikaten.

15. Beschreiben Sie, um welche rechtliche Wertpapierform es sich bei Zertifikaten handelt und erläutern Sie den sich daraus ergebenden wesentlichen Unterschied zu offenen Investmentvermögen.

Lernziele

In diesem Kapitel erwerben Sie Fertigkeiten, Kenntnisse und Fähigkeiten zu den allgemeinen rechtlichen Grundlagen der Finanzanlageberatung bzw. -vermittlung.

Sie

- grenzen die verschiedenen Arten von Geschäftsfähigkeit voneinander ab

- kennen die unterschiedlichen Voraussetzungen der Vertragsführung bei voller Geschäftsfähigkeit, beschränkter Geschäftsfähigkeit und Geschäftsunfähigkeit

- erläutern die unterschiedlichen Voraussetzungen für den Vertragsabschluss mit Minderjährigen und die Kontoführung für Minderjährige

1.7 Allgemeine rechtliche Grundlagen

1.7.1 Vertragsrecht

▶ Erläuterung

Beim Vertragsrecht sind gemäß Bürgerlichem Gesetzbuch (BGB) zwei wichtige Voraussetzungen zu erfüllen, damit Verträge rechtskräftig zustande kommen:

Die Rechtsfähigkeit und die Geschäftsfähigkeit des Kunden.

Rechtsfähigkeit

Rechtsfähig ist jede natürliche Person – also jeder Mensch – ab der vollendeten Geburt bis zum Tod. Rechtsfähigkeit bedeutet zunächst grundsätzlich Träger von Rechten und Pflichten sein zu können.

§ 1 BGB

Privatrechtlich juristische Personen (Aktiengesellschaften, GmbHs, eingetragene Vereine und eingetragene Genossenschaften) sind von ihrer Eintragung in das Handelsregister, Vereinsregister oder Genossenschaftsregister bis zu ihrer Auflösung voll rechtsfähig.

Daneben gibt es Gesellschaftsformen, die zwar keine eigene Rechtspersönlichkeit besitzen und dennoch rechtswirksame Verträge ohne Beschränkungen abschließen können (Teilrechtsfähigkeit). Dies ist möglich, weil neben der Gesellschaft an sich, ein persönlich haftender Gesellschafter existiert. Teilrechtsfähig sind beispielsweise Personenhandelsgesellschaften wie gemäß § 124 HGB die offene Handelsgesellschaft (OHG), die Kommanditgesellschaft (KG) oder die Gesellschaft bürgerlichen Rechts (GbR).

Nicht rechtsfähig sind beispielsweise Erbengemeinschaften.

Geschäftsfähigkeit

§§ 104 und 105 BGB

Geschäftsfähig zu sein bedeutet, rechtlich bindende Willenserklärungen abgeben zu können.

Die Geschäftsfähigkeit natürlicher Personen ist abhängig von:

1. Lebensalter

   ▪ geschäftsunfähig: wer nicht das 7. Lebensjahr vollendet hat (Kinder unter 7 Jahren)

   ▪ beschränkt geschäftsfähig: Kinder im Alter von 7–17 Jahren

   ▪ voll geschäftsfähig: ab Volljährigkeit mit 18 Jahren

2. Zustand der Geistestätigkeit

- dauernd geschäftsunfähig: Dauernd geschäftsunfähig ist, wer sich in einem die freie Willensbestimmung ausschließenden Zustand **krankhafter Störung der Geistestätigkeit** befindet, sofern nicht der Zustand seiner Natur nach ein vorübergehender ist

- vorübergehend geschäftsunfähig: Zustand der Bewusstlosigkeit (z. B. im Hypnosezustand oder Schlafwandelnde) oder Zustand der **vorübergehenden** Störung der Geistestätigkeit (z. B. durch Volltrunkenheit, Drogenrausch oder Epilepsie)

§ 105 Abs. 1 BGB

Willenserklärungen von Geschäftsunfähigen (auch vorübergehend Geschäftsunfähigen) sind nichtig.

Für Geschäftsunfähige handelt der gesetzliche Vertreter (Eltern, Vormund, Betreuer).

§ 1629 BGB

Die Geschäftsfähigkeit kann auch aus anderen Gründen wie beispielsweise einer Entmündigung entfallen oder beschränkt werden. Bei der Eröffnung eines Depotkontos spielt die Geschäftsfähigkeit dahingehend eine Rolle, wer das Depot eröffnen darf bzw. der Eröffnung zustimmen muss (z. B. beide Elternteile von minderjährigen Kindern).

Betreuer volljähriger Personen

§ 1896 ff. BGB

Das Betreuungsgericht legt den Aufgabenkreis des Betreuers fest. Willenserklärungen des Betreuten, die hierunter fallen, bedürfen der Einwilligung des Betreuers. Ausgenommen hiervon sind die Willenserklärungen, zu denen ein beschränkt Geschäftsfähiger nicht der Zustimmung eines gesetzlichen Vertreters bedarf. Diese Ausnahme gilt auch für Willenserklärungen, die nur einen rechtlichen Vorteil bringen oder eine geringfügige Angelegenheit des täglichen Lebens betreffen.

§ 1903 BGB

Ist für eine betreute Person ein Einwilligungsvorbehalt (für rechtsgültige Geschäfte muss die Einwilligung des Betreuers vorliegen) gerichtlich angeordnet, so gelten für diesen Fall die Bestimmungen über die beschränkte Geschäftsfähigkeit.

Vormund minderjähriger Personen

§ 1773 BGB

Ein Minderjähriger erhält einen Vormund, wenn er nicht unter elterlicher Sorge steht (z. B. Tod der Eltern) oder die Eltern nicht für den Minderjährigen und für dessen Vermögen vertretungsberechtigt sind.

Unter Vormundschaft stehende minderjährige Personen werden als Mündel bezeichnet.

Legitimationsprüfung

Die Legitimationsprüfung, zu der das Kreditinstitut im Rahmen der Feststellung der Identität einer Person gesetzlich verpflichtet ist, dient auch dazu, die Geschäftsfähigkeit festzustellen. Denn bei fehlender Geschäftsfähigkeit ist nicht nur der Ursprungsvertrag (z. B. Depotkontoeröffnung) nichtig, sondern auch eventuelle Folgeverträge (wie beispielsweise ein Fondskaufauftrag).

Für den Umfang der Legitimationsprüfung sind insbesondere zwei Rechtsvorschriften relevant:

- die Abgabenordnung als steuerrechtlich vorgeschriebener Verwaltungsvorgang mit dem Ziel der Sicherstellung einer ordnungsgemäßen Besteuerung   § 154 AO

- das Geldwäschegesetz zur Umsetzung des „Know your Customer"-Prinzips zur Verhinderung der Geldwäsche   § 8 Abs. 1 GWG

Legitimationspapiere sind der gültige (d. h. noch nicht abgelaufene) Personalausweis oder Reisepass.

Notwendige Angaben im Rahmen der Legitimationsprüfung durch das Kreditinstitut

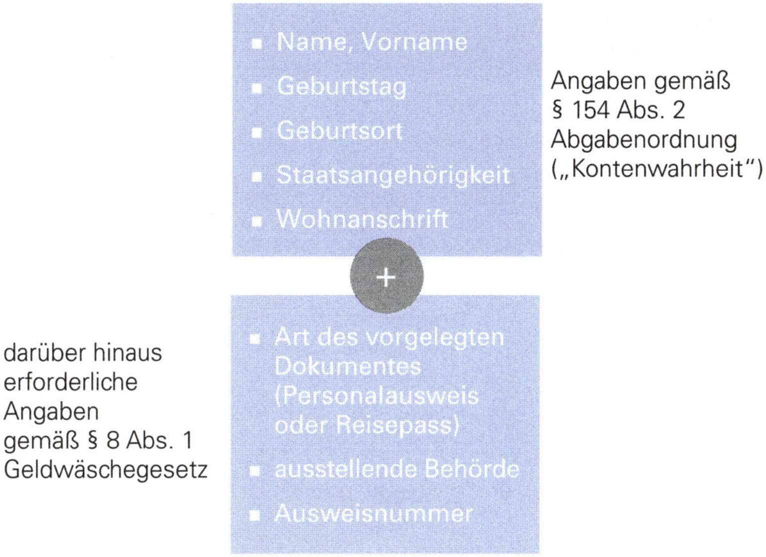

- Name, Vorname
- Geburtstag
- Geburtsort
- Staatsangehörigkeit
- Wohnanschrift

Angaben gemäß § 154 Abs. 2 Abgabenordnung („Kontenwahrheit")

+

darüber hinaus erforderliche Angaben gemäß § 8 Abs. 1 Geldwäschegesetz

- Art des vorgelegten Dokumentes (Personalausweis oder Reisepass)
- ausstellende Behörde
- Ausweisnummer

Abb. 15: Notwendige Angaben im Rahmen der Legitimationsprüfung

▶ Zusammenfassung

Rechtsfähigkeit und Geschäftsfähigkeit natürlicher Personen

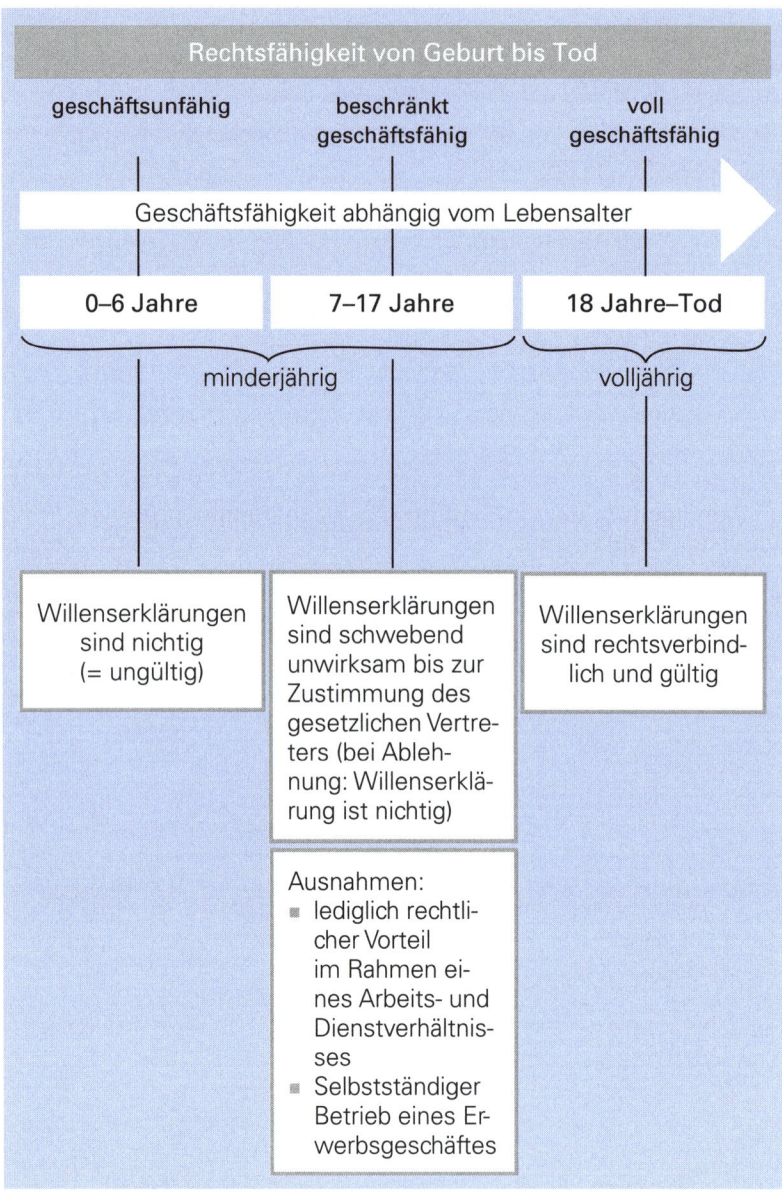

Abb. 16: Rechtsfähigkeit und Geschäftsfähigkeit

1.7.2 Verträge mit Minderjährigen

▶ **Situation**

Bei Verträgen für (Depotkontoeröffnung beispielsweise durch die Großeltern) und mit Minderjährigen müssen Sie die nachfolgend beschriebenen zusätzlichen rechtlichen Grundlagen für die Kontoeröffnung und
Kontoführung kennen.

▶ **Erläuterung**

Minderjährige werden vom Gesetz besonders geschützt, damit sie
letztlich keine Verpflichtungen eingehen, deren Tragweite sie noch nicht
abschätzen können.

Beschränkt geschäftsfähige Minderjährige können nur Rechtsgeschäfte   § 107 BGB
vornehmen, die ihnen einen rechtlichen – nicht wirtschaftlichen – Vorteil bringen. Bei der Finanzanlagenvermittlung gilt allerdings immer die
Genehmigungspflicht durch die gesetzlichen Vertreter. Bei der Führung
eines Kontos entstehen nicht nur Rechte, sondern es besteht zum
Beispiel auch die Pflicht, Kontoführungsgebühren zu zahlen. Deshalb
gilt hier der Grundsatz, dass die gesetzlichen Vertreter dem Vertrag
zustimmen müssen.

Beschränkt Geschäftsfähige können Rechtsgeschäfte mit Einwilligung
des gesetzlichen Vertreters abschließen.

Schließt der Minderjährige einen Vertrag ohne die erforderliche Ein-   § 108 BGB
willigung des gesetzlichen Vertreters, so hängt die Wirksamkeit des
Vertrags von der Genehmigung des Vertreters ab.

Der Vertrag gilt solange als schwebend unwirksam.

Die nachträgliche Genehmigung kann nur gegenüber dem Vertragspartner (z. B. Bank) und vom Vertreter selbst erklärt werden. Die Genehmigung kann nur bis zum Ablauf von zwei Wochen nach dem Empfang
der Aufforderung erklärt werden; wird sie nicht erklärt, so gilt sie als
verweigert.

Ist der Minderjährige unbeschränkt geschäftsfähig geworden,
so tritt seine Genehmigung an die Stelle der Genehmigung des
Vertreters.

Der ehemals schwebend unwirksame Vertrag wird aber nicht automatisch mit Volljährigkeit wirksam. Es ist in jedem Fall eine Geneh-
migungserklärung (ausdrücklich oder stillschweigend) notwendig.

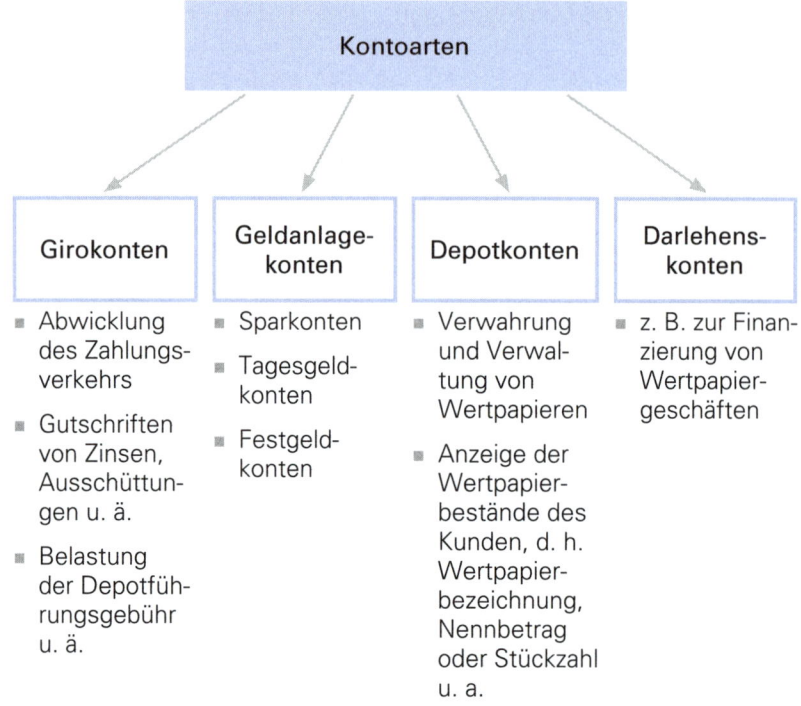

Abb. 17: Kontoarten

Ein Konto bildet die Grundlage der zukünftigen Geschäftsverbindung zwischen dem Anleger und einem Kreditinstitut.

Rechtlich handelt es sich bei einem Kontovertrag um einen Geschäftsbesorgungsvertrag (§ 675 BGB). Die inhaltlichen Bedingungen sowie gegebenenfalls weitere Nutzungsformen des Kontos (z. B. Depotverwahrung) werden durch die Allgemeinen Geschäftsbedingungen (AGB) und diverse Einzelverträge geregelt.

Die Abwicklung verschiedener Geschäfte (Ein- und Auszahlungen, Zinsgutschriften etc.) wird somit erst möglich bzw. findet in einem einheitlichen und standardisierten Rahmen statt. Das hat Vorteile für Kunde und Kreditinstitut.

Kreditinstitute

LF
14

SG
2.3

Sie bieten Bankgeschäfte an: Zahlungsverkehr, Geldanlage, Finanzierungen, Verwahrung und Verwaltung von Wertpapieren für andere.

§ 1 KWG definiert den Begriff Kreditinstitute wie folgt:

> „Kreditinstitute sind Unternehmen, die Bankgeschäfte gewerbsmäßig oder in einem Umfang betreiben, der einen in kaufmännischer Weise eingerichteten Geschäftsbetrieb erfordert."

Die Verwahrstelle zählt somit zu den Kreditinstituten.

§ 2 und 3 KWG besagen, dass u. a. die Deutsche Bundesbank, Kapitalverwaltungsgesellschaften und Versicherungsunternehmen keine Kreditinstitute im Sinne des KWG sind. Dennoch unterliegen sie z. T. Einzelbestimmungen des KWG.

Die Kontoeröffnung

Die Kontoeröffnung muss bei geschäftsunfähigen Minderjährigen immer durch die gesetzlichen Vertreter erfolgen und bei beschränkt geschäftsfähigen Minderjährigen entweder durch die gesetzlichen Vertreter oder durch den Minderjährigen mit deren Zustimmung. In der Regel verlangen die Kreditinstitute immer die Unterschrift der gesetzlichen Vertreter.

Eröffnet der gesetzliche Vertreter (in der Regel beide Elternteile) das Konto auf den Namen des Minderjährigen, so muss er die Geburtsurkunde des Minderjährigen als Legitimationsnachweis vorlegen können.

Die gesetzlichen Vertreter müssen sich ebenfalls einer Legitimationsprüfung unterziehen. Falls nur ein Elternteil das Sorgerecht hat, muss ein amtlicher Nachweis (z. B. Sorgerechtsbeschluss) vorgelegt werden. Bei getrennt lebenden Elternteilen gilt zunächst grundsätzlich das gemeinsame Sorgerecht weiter.

§ 1626 BGB

Der Vertrag muss von beiden Eltern unterschrieben werden (bzw. vom Sorgerechtsberechtigten). Auch dann, wenn die Großeltern für ihre Enkel und auf deren Namen Geld ansparen möchten.

Mit dem Erreichen des 18. Lebensjahres wird das Konto dann automatisch von der depotführenden Stelle auf den Minderjährigen umgestellt. Die gesetzlichen Vertreter verlieren in diesem Moment automatisch ihr Verfügungsrecht und benötigen für zukünftige Verfügungen eine Vollmacht von ihrem volljährigen Kind (Kontoinhaber). Das wissen viele Kunden nicht. Weisen Sie Ihre Kunden auf diese gesetzliche Regelung hin. Alternativ kann ein Konto von den Eltern oder Großeltern auf deren

Namen eröffnet werden und mit Volljährigkeit auf den voll geschäftsfähigen Jugendlichen überschrieben oder im Rahmen der Nachlassrege-
lung übertragen werden.

Minderjährige werden steuerlich in Bezug auf den Sparerpauschbetrag
(siehe Kapitel 2.8.4 Freistellungsauftrag) wie jeder andere Privatanleger behandelt. Das heißt, dem Minderjährigen sowie seinen Eltern
steht der Sparerpauschbetrag in vollem Umfang zu. Für viele Eltern ist
dies ein Grund, einen Teil ihres Vermögens auf den Namen der Kinder
umzuschreiben. Das funktioniert aber natürlich nur, wenn der Minderjährige als Depotkontoinhaber geführt wird. Die Eltern haben die Berechtigung, jederzeit das Depot aufzulösen und die Wertpapiere wieder
auf ihren Namen umzubuchen.

Gesetzliche Vertretung von minderjährigen Kindern

Gesamtvertretung

§ 1629 BGB

Es gilt der Grundsatz der gemeinsamen Vertretung, also der Gesamt-
vertretung durch beide Elternteile. Dabei macht es zunächst keinen
Unterschied, ob die Eltern zusammen leben, getrennt leben oder
geschieden sind. Lebensgemeinschaften müssen für die gemeinsame
Vertretung eine gemeinsame Sorgerechtserklärung abgeben.

Einzelvertretung (durch ein Elternteil)

Dies ist in den nachfolgenden Fällen möglich:

- Tod oder fehlende volle Geschäftsfähigkeit eines Elternteils

- Das Familiengericht hat eine Einzelvertretung genehmigt.
  (Sorgerechtsbeschluss)

- Bei unverheirateten Müttern, sofern keine gemeinsame Sorgerechtserklärung vorliegt. Das Jugendamt stellt ggf. eine Negativerklärung
  als Einzelvertretungsnachweis aus.

Bevollmächtigte

Die Eltern können sich gegenseitig bevollmächtigen, im Namen des
anderen zu handeln.

Geschäfte mit Genehmigung des Familiengerichtes

§§ 1643, 1821, 1822
BGB

Nicht in allen Belangen dürfen die gesetzlichen Vertreter alleine entscheiden. Es gibt gesetzlich bestimmte Rechtsgeschäfte, für die zusätzlich die Genehmigung durch das Familiengericht einzuholen ist.

Dazu zählen u. a.:

- Ein Vertrag, der auf den entgeltlichen Erwerb eines Grundstücks, eines eingetragenen Schiffes oder Schiffsbauwerks oder eines Rechts an einem Grundstück gerichtet ist.

§ 1821 BGB

- Ein Rechtsgeschäft, durch das der Minderjährige zu einer Verfügung über sein Vermögen im Ganzen oder über eine ihm angefallene Erbschaft oder über seinen künftigen gesetzlichen Erbteil oder seinen künftigen Pflichtteil verpflichtet wird, sowie zu einer Verfügung über den Anteil des Minderjährigen an einer Erbschaft.

§ 1822 BGB

- die Aufnahme von Krediten durch den Minderjährigen (gilt auch für die Überziehung eines Girokontos)

§ 1822 BGB

- Selbstständiger Betrieb eines Erwerbsgeschäftes

§ 112 BGB

- Ein Vertrag, durch den der Minderjährige zu wiederkehrenden Leistungen verpflichtet wird, wenn das Vertragsverhältnis länger als 1 Jahr nach Volljährigkeit fortdauern soll.

§ 1822 BGB

Geschäfte im Rahmen des selbstständigen Betriebes eines Erwerbsgeschäftes

§ 112 BGB

Ermächtigt der gesetzliche Vertreter mit Genehmigung des Familiengerichts den Minderjährigen zum selbstständigen Betrieb eines Erwerbsgeschäfts, so ist der Minderjährige für solche Rechtsgeschäfte, welche der Geschäftsbetrieb mit sich bringt, unbeschränkt geschäftsfähig. Ausgenommen sind Rechtsgeschäfte, zu denen der Vertreter der Genehmigung des Familiengerichts bedarf.

Die Ermächtigung kann von dem Vertreter nur mit Genehmigung des Familiengerichts zurückgenommen werden.

Geschäfte im Rahmen eines Dienst- oder Arbeitsverhältnisses

§ 113 BGB

Ermächtigt der gesetzliche Vertreter den Minderjährigen, in Dienst oder in Arbeit zu treten, so ist der Minderjährige für solche Rechtsgeschäfte unbeschränkt geschäftsfähig, welche die Eingehung oder Aufhebung eines Dienst- oder Arbeitsverhältnisses der gestatteten Art oder die Erfüllung der sich aus einem solchen Verhältnis ergebenden Verpflichtungen betreffen. Ausgenommen sind Verträge, zu denen der Vertreter der Genehmigung des Familiengerichts bedarf (z. B. Aufnahme eines Kredites).

Die Ermächtigung kann von dem Vertreter zurückgenommen oder eingeschränkt werden.

> Ist der gesetzliche Vertreter ein Vormund, so kann die Ermächtigung, wenn sie von ihm verweigert wird, auf Antrag des Minderjährigen durch das Familiengericht ersetzt werden. Das Familiengericht hat die Ermächtigung zu ersetzen, wenn sie im Interesse des Mündels liegt.
>
> Die für einen einzelnen Fall erteilte Ermächtigung gilt im Zweifel als allgemeine Ermächtigung zur Eingehung von Verhältnissen derselben Art.

Für einen Ausbildungsvertrag gilt, dass die Vertretungsberechtigten (sofern sie das gemeinsame Sorgerecht haben) diesen mit unterschreiben müssen und so ihre Genehmigung unter den Vertrag setzen.

Kapitalanlagen mit der Verpflichtung zu wiederkehrenden Leistungen

§ 1822 Abs. 5 BGB

Zu einem Vertrag, durch den der Mündel zu wiederkehrenden Leistungen verpflichtet wird, wenn das Vertragsverhältnis länger als ein Jahr nach dem Eintritt der Volljährigkeit des Mündels fortdauern soll, bedarf es der Genehmigung durch das Familiengericht. Investment-Sparpläne werden zwar durch regelmäßige Sparraten bespart, hierzu besteht jedoch keine gesetzliche Verpflichtung für den Minderjährigen. Die Zahlung der Sparraten kann jederzeit unterbrochen bzw. ganz eingestellt werden. Deshalb ist hier eine gerichtliche Genehmigung nicht erforderlich. Stellt der Minderjährige die Zahlung der Sparraten bei einem VL-Investment-Sparplan ein, trägt er das Risiko des Verlustes eines möglichen Prämienanspruchs.

▶ Exkurs – Mündel und Mündelsicherheit

§ 1773 BGB

Ein Mündel ist immer eine natürliche minderjährige Person, die noch nicht voll geschäftsfähig ist und deren Eltern beispielsweise verstorben sind oder aus anderen Gründen nicht mehr zur gesetzlichen Vertretung in vermögensrechtlichen Fragen berechtigt sind (z. B. selbst noch minderjährige Eltern). Die Mündelschaft endet u. a. mit dem 18. Geburtstag des Mündels und dem Eintritt in die volle Geschäftsfähigkeit. Minderjährige Mündel werden gesetzlich in vollem Umfang von einem Vormund vertreten.

§§ 1807 ff. BGB

Besitzt das Mündel eigenes Vermögen, so muss dies vom Vormund mündelsicher verwaltet werden. Auch eine Verzinsung muss sichergestellt sein. Der Gesetzgeber erklärt dafür geeignete Anlageformen für mündelsicher. Voraussetzung ist, dass Wertverluste weitestgehend ausgeschlossen sind.

Diese Anlageformen sind mündelsicher:

- festverzinsliche deutsche Staatsanleihen (z. B. Bundesanleihen)

- Tages- und Festgelder sowie Sparkonten bei Banken und Sparkassen, die einem Einlagensicherungsfonds (siehe Kapitel 1.3.1 Kontensparen) angehören

- Pfandbriefe

Darüber hinaus kann sich der Vormund andere Geldanlagen vom Vormundschaftsgericht genehmigen lassen (Kauf und Verkauf sind beide separat genehmigungspflichtig). Der Vormund trägt bei diesen genehmigungspflichtigen Anlageformen allerdings das Verlustrisiko.

§ 328 BGB

Vertrag zugunsten Dritter

Mit einem solchen Vertrag kann ein Dritter begünstigt werden. Es wird unterschieden zwischen:

- Vertrag zugunsten Dritter mit sofortigem Rechtserwerb:

  - Der Begünstigte wird sofort Gläubiger beispielsweise eines Sparguthabens.

  - Vertrag zugunsten Dritter mit späterem Rechtserwerb:

  - Erst mit Eintreten eines bestimmten Ereignisses (beispielsweise Volljährigkeit des Begünstigten) wird der Begünstigte zum Gläubiger.

Der Vertrag zugunsten Dritter kann widerruflich (durch den Begünstigenden) oder unwiderruflich vereinbart werden.

Letztlich ist damit der Hintergrund eines solchen Vertrages eine Schenkung. Beispielsweise, wenn die Großeltern ohne Zustimmung der Eltern ihrem Enkel oder ihrer Enkelin ein Startguthaben fürs Studium ansparen und mit Studiumbeginn automatisch zukommen lassen wollen.

▶ Zusammenfassung

Depotkontoführung für Minderjährige

	geschäftsunfähiger Minderjähriger	beschränkt geschäfts-fähiger Minderjähriger
	Kontoführung ausschließlich als Einzelkonto	
Konto-eröffnung	durch die gesetz-lichen Vertreter*	durch die gesetzlichen Vertreter* oder den Minderjährigen mit Zustimmung der ge-setzlichen Vertreter*
Legitimations-prüfungen	des gesetzlichen Ver-treters** und Vorlage Geburtsurkunde	des gesetzlichen Vertre-ters** und Kinderreise-pass / Personalausweis
Verfügungen	durch die gesetzli-chen Vertreter*, Einzelverfügung möglich	▪ die gesetzlichen Ver-treter (alleine oder gemeinsam) ▪ der Minderjährige mit Genehmigung der gesetzlichen Vertreter bzw. bei erweiterter Geschäftsfähigkeit
Konto-kündigung	durch die gesetz-lichen Vertreter*	durch die gesetzlichen Vertreter oder durch den Minderjährigen mit vorheriger Zustimmung durch die gesetzlichen Vertreter

*   oder von dessen Bevollmächtigtem
** ggf. Nachweis der alleinigen Vertretung durch Sorgerechtsbeschluss

Abb. 18: Depotkontoführung für Minderjährige

Übungen

1. Erläutern Sie, auf welche beiden Grundsätze bei der Depoteröffnung zu achten ist.

2. Beschreiben Sie die drei Stufen der Geschäftsfähigkeit.

3. Welche Kontoarten gibt es?

   Erläutern Sie diese kurz.

4. Sie möchten für Ihre Tochter ein Depotkonto eröffnen.

   Welche der nachstehenden Aussagen treffen auf diesen Sachverhalt zu? Geben Sie die entsprechenden Buchstaben an.

   a) Führung als Oderkonto zusammen mit den Eltern

   b) Führung als Einzelkonto auf den Namen des Minderjährigen

   c) Zustimmung, d. h. Unterschrift eines gesetzlichen Vertreters

   d) Zustimmung, d. h. Unterschrift beider gesetzlicher Vertreter

   e) Die Eltern dürfen nur gemeinschaftlich verfügen.

5. Grenzen Sie die Begriffe Rechtsfähigkeit und Geschäftsfähigkeit voneinander ab.

Lernziele

In diesem Kapitel erwerben Sie Fertigkeiten, Kenntnisse und Fähigkeiten zu rechtlichen Grundlagen für Finanzanlagen.

Sie

- beschreiben die Grundlagen des Wertpapierhandelsgesetzes (WpHG) hinsichtlich der Verhaltensvorgaben für Kredit- und Finanzdienstleistungsinstitute

- nennen die Grundlagen des Kreditwesengesetzes (KWG) hinsichtlich des Anwendungsbereichs für Kredit- und Finanzdienstleistungsinstitute

- beschreiben die Grundlagen des Geldwäschegesetzes (GwG) und seine Auswirkungen auf die Anlageberatung

- nennen die Auswirkungen der Finanzmarktrichtlinie (MiFiD) auf den einheitlichen europäischen Verbraucherschutz im Hinblick auf gleichlautende Verhaltensvorschriften in WpHG und FinVermV

- beschreiben die Grundlagen der Finanzanlagenvermittlungs-verordnung (FinVermV) für freie gewerbliche Vermittler von Finanzanlagen

1.8 Rechtliche Grundlagen für die Finanzanlagenberatung/-vermittlung

1.8.1 Wertpapierhandelsgesetz (WpHG)

▶ Erläuterung

Das WpHG regelt neben den Verhaltens-, Transparenz- und Organisationspflichten für Kredit- und Finanzdienstleistungsinstitute noch einige weitere Rahmenbedingungen im Zusammenhang mit dem Wertpapierhandel.

Es ist u. a. anzuwenden bei der Erbringung von Wertpapierdienstleistungen und Wertpapiernebendienstleistungen sowie beim börslichen und außerbörslichen Handel mit Finanzinstrumenten.

§ 1 WpHG

Unter die Wertpapierdienstleistungen fallen der Kauf und Verkauf von Wertpapieren im Auftrag von Dritten oder die Anlageberatung und -vermittlung.

Wertpapiernebendienstleistungen sind beispielsweise die Verwahrung und Verwaltung von Wertpapieren und den damit verbundenen Dienstleistungen (Depotgeschäft).

Zielsetzung

Das WpHG enthält Verhaltensvorgaben für Kredit und Finanzdienstleistungsinstitute und ist direkt für diese anzuwenden. Andere Gesetze oder Verordnungen wie beispielsweise die Finanzanlagenvermittlungsverordnung beziehen sich auf das WpHG, insbesondere die Ausführungen für die Anforderungen an die Beratung.

Die wichtigsten Ziele des WpHG sind:

- Insidergeschäfte vermeiden

- Transparenz an den Kapitalmärkten schaffen

- Vertrauen der Kapitalanleger stärken

Ein Insider ist jemand, der über eine kursbeeinflussende Information über das Wertpapier oder den Emittenten verfügt, bevor diese Information öffentlich bekannt geworden ist und dies für eigene Wertpapierhandelsgeschäfte (Kauf/Verkauf) ausnutzt.

§ 13 WpHG

Das WpHG ist auf die Anlageberatung von privaten und professionellen (institutionellen) Kunden anzuwenden. Allerdings ergeben sich insbesondere im Hinblick auf die vorhandenen Erfahrungen und Kenntnisse des Anlegers unterschiedliche Anforderungen an die Information über die Produkte und die Dokumentation des Anlagegespräches.

Grundlegende Regelungen

Das WpHG regelt u. a.:

- Begriffsbestimmungen (Wertpapiere und Finanzinstrumente im Sinne des WpHG u. a.)

- die Aufgaben und Befugnisse der Bundesanstalt für Finanzdienstleistungsaufsicht (BaFin)

- die Insiderüberwachung (Verbot von Insidergeschäften, Mitteilungen u. a.)

- das Verbot der Marktmanipulation

- notwendige Informationen für die Wahrnehmung von Rechten aus Wertpapieren (Pflichten von Emittenten gegenüber Wertpapierinhabern u. a.)

§ 31 und 31a WpHG
- Verhaltenspflichten, Organisationspflichten, Transparenzpflichten (Allgemeine Verhaltensregeln, Begriff des Kunden im Sinne des WpHG, Geeignetheitsprüfung für Anlageempfehlungen u. a.)

- Straf- und Bußgeldvorschriften

§ 31a WpHG

Kunden im Sinne des WpHG

Grundsätzlich gilt, dass alle natürlichen oder juristischen Personen, für die Wertpapierdienstleistungsunternehmen Wertpapierdienstleistungen oder Wertpapiernebendienstleistungen erbringen oder anbahnen, Kunden im Sinne des WpHG sind.

Unterschieden wird im Detail zwischen professionellen Kunden und Privatkunden.

Professionelle Kunden sind:

Kunden, bei denen das Wertpapierdienstleistungsunternehmen davon ausgehen kann, dass sie über ausreichende Erfahrungen, Kenntnisse und Sachverstand verfügen, um ihre Anlageentscheidungen zu treffen und die damit verbundenen Risiken angemessen beurteilen zu können, wie z. B.:

- Unternehmen, die z. B. als Wertpapierdienstleistungsunternehmen tätig sind, Versicherungsunternehmen, Börsenhändler oder sonstige institutionelle Anleger

- nationale und regionale Regierungen sowie Stellen der öffentlichen Schuldenverwaltung;

- Zentralbanken, internationale und überstaatliche Einrichtungen wie die Weltbank, der Internationale Währungsfonds, die Europäische Zentralbank, die Europäische Investmentbank und andere vergleichbare internationale Organisationen

LF
14

SG
2.4

- andere zulassungs- oder aufsichtspflichtige institutionelle Anleger, deren Haupttätigkeit in der Investition in Finanzinstrumente besteht, und Einrichtungen, die die Verbriefung von Vermögenswerten und andere Finanzierungsgeschäfte betreiben.

Sie werden in Bezug auf alle Finanzinstrumente, Wertpapierdienstleistungen und Wertpapiernebendienstleistungen als professionelle Kunden angesehen.

Privatkunden im Sinne dieses Gesetzes sind Kunden, die keine professionellen Kunden sind.

Für Privatkunden gelten besondere Schutzvorschriften.

Ein professioneller Kunde kann mit dem Wertpapierdienstleistungsunternehmen eine Einstufung als Privatkunde vereinbaren. Die Vereinbarung über die Änderung der Einstufung bedarf der Schriftform. Soll die Änderung nicht alle Wertpapierdienstleistungen, Wertpapiernebendienstleistungen und Finanzinstrumente betreffen, ist dies ausdrücklich festzulegen.

Ein Privatkunde kann auf Antrag oder durch Festlegung des Wertpapierdienstleistungsunternehmens als professioneller Kunde eingestuft werden. Der Änderung der Einstufung hat eine Bewertung durch das Wertpapierdienstleistungsunternehmen vorauszugehen, bei der festgestellt wird, ob der Kunde aufgrund seiner Erfahrungen, Kenntnisse und seines Sachverstandes in der Lage ist, generell oder für eine bestimmte Art von Geschäften eine Anlageentscheidung zu treffen und die damit verbundenen Risiken angemessen zu beurteilen. Eine Änderung der Einstufung kommt nur in Betracht, wenn der Privatkunde mindestens zwei der drei folgenden Kriterien erfüllt:

1. Der Kunde hat an dem Markt, an dem die Finanzinstrumente gehandelt werden, für die er als professioneller Kunde eingestuft werden soll, während des letzten Jahres durchschnittlich zehn Geschäfte von erheblichem Umfang im Quartal getätigt;

2. Der Kunde verfügt über Bankguthaben und Finanzinstrumente im Wert von mehr als 500.000 Euro;

3. Der Kunde hat mindestens für ein Jahr einen Beruf am Kapitalmarkt ausgeübt, der Kenntnisse über die in Betracht kommenden Geschäfte, Wertpapierdienstleistungen und Wertpapiernebendienstleistungen voraussetzt.

§ 2 Abs. 2 b WpHG

Finanzinstrumente im Sinne des WpHG und KWG

§ 1 Abs. 11 KWG

Dies sind grundsätzlich alle übertragbaren Wertpapiere, die an den Finanzmärkten gehandelt werden, u. a.:

- Aktien sowie Zertifikate, die Aktien vertreten

- Schuldtitel (verzinsliche Wertpapiere), insbesondere Genussscheine, Inhaberschuldverschreibungen, Orderschuldverschreibungen und Zertifikate, die diese Schuldtitel vertreten

- Anteile und Aktien an offenen und geschlossenen Investmentvermögen gem. Kapitalanlagegesetzbuch (KAGB)

- Geldmarktinstrumente (am Geldmarkt gehandelte standardisierte Forderungen und Wertpapiere mit einer Laufzeit bis 12 Monate)

- Sonstige Rechte (so genannte standardisierte Optionen wie z. B. Optionsscheine, Wandelschuldverschreibungen, Aktienanleihen, Doppelwährungsanleihen)

- Derivate (so genannte nicht standardisierte Optionen und Termingeschäfte) auf nachfolgende Basiswerte: Wertpapiere, Geldmarktinstrumente, Devisen, Zinssätze oder andere Erträge, Indizes

- Devisen (kein Bargeld!) und Rechnungseinheiten (künstliche Währungen, wie z. B. die Sonderziehungsrechte des Internationalen Währungsfonds (IWF) für internationale Haftungsansprüche

§ 1 Abs. 2
VermAnlG

Dazu kommen die Vermögensanlagen im Sinne des § 1 Abs. 2 Vermögensanlagengesetz mit Ausnahme von Anteilen an einer Genossenschaft im Sinne des § 1 des Genossenschaftsgesetzes sowie Namensschuldverschreibungen, die mit einer vereinbarten festen Laufzeit, einem unveränderlich vereinbarten festen positiven Zinssatz ausgestattet sind, bei denen das investierte Kapital ohne Anrechnung von Zinsen ungemindert zum Zeitpunkt der Fälligkeit zum vollen Nennwert zurückgezahlt wird, und die von einem Einlagenkreditinstitut ausgegeben werden, wenn das darauf eingezahlte Kapital im Falle des Insolvenzverfahrens über das Vermögen des Instituts oder der Liquidation des Instituts nicht erst nach Befriedigung aller nicht nachrangigen Gläubiger zurückgezahlt wird (z. B. Sparbriefe) (siehe 4.2.1 Vermögensanlagengesetz).

Anlagen auf Bankkonto, wie beispielsweise Spareinlagen oder Tages- und Festgelder, sind keine Finanzinstrumente.

Durch die entsprechende Ausweitung des Begriffs der Finanzinstrumente unterliegen auch alle Formen geschlossener Fonds bzw. geschlossener Investmentvermögen umfassenden Anlegerschutzbestimmungen hinsichtlich der Informations-, Beratungs- und Dokumentationspflichten im Zusammenhang mit einer Anlageberatung bzw. -vermittlung, u. a.:

- Zurverfügungstellung eines Produktinformationsblattes an den Anleger vor Vertragsabschluss

- Erstellung mindestens eines Beratungsprotokolls (die Regel sind zwei Beratungsgespräche im Abstand von einer Woche, damit der Anleger Zeit hat, den Verkaufsprospekt zu prüfen)

- Geeignetheitsprüfung im Rahmen der Anlageberatung

- Offenlegung von Zuwendungen

1.8.2 Kreditwesengesetz (KWG)

▶ **Erläuterung**

Das Kreditwesengesetz schreibt die Regeln vor, die Banken und andere Kreditinstitute bei der Gründung und beim Betreiben ihrer Geschäfte beachten müssen. Diese Regeln sollen vor allem einen reibungslosen Bankbetrieb sichern und beziehen sich deshalb vor allem auf die Anlageberatung von Banken.

Aber auch Finanzdienstleistungsinstitute sowie freie Anlageberater fallen unter das KWG. Für sie gelten jedoch unterschiedliche Zulassungsvoraussetzungen, die durch die Finanzmarktrichtlinie MiFID neu geregelt wurden.

▶ **Zielsetzung**

Die Ziele des KWG sind im Wesentlichen:

- Schaffung eines verlässlichen Bankensystems durch Zielvorgaben für die Bankenaufsicht durch die Bundesanstalt für Finanzdienstleistungsaufsicht (BaFin) zur

  - Sicherung der den Instituten anvertrauten Vermögenswerte (Solvenzaufsicht)

  - Sicherung der ordnungsgemäßen Durchführung von Bankgeschäften (z. B. dem Depotgeschäft)

  - Aufrechterhaltung der Ordnung des Bankwesens und der Funktionsfähigkeit des Kreditwesens zum Schutz der Gesamtwirtschaft

- Regelungen für Banken zur Gründung (Zulassung) und Geschäftsbetrieb

Grundlegende Regelungen

Das KWG regelt u. a.:

- Begriffsbestimmungen (Kreditinstitute – z. B. Finanzinstrumente – im Sinne des KWG u. a.)

- die Aufgaben und Befugnisse der Bundesanstalt für Finanzdienstleistungsaufsicht (BaFin) im Zusammenhang mit der Bankenaufsicht

- Vorschriften für Kreditinstitute (Eigenmittel und Liquidität, Kreditgeschäft, Werbung, Verhinderung von Geldwäsche, Vorlage von Rechnungslegungsunterlagen)

- Vorschriften über die Beaufsichtigung der Kreditinstitute (Zulassung zum Geschäftsbetrieb, Auskünfte und Prüfungen, Maßnahmen ggü. Kreditinstituten bei Gefahren für die Stabilität des Finanzsystems)

- Straf- und Bußgeldvorschriften

Hinweispflicht auf Sicherungseinrichtungen (Einlagensicherung)

§ 23 a KWG

Ein Institut, das Bankgeschäfte betreibt oder Finanzdienstleistungen erbringt, hat insbesondere Privatkunden, im Preisaushang über die Zugehörigkeit zu einer Einrichtung zur Sicherung der Ansprüche von Einlegern und Anlegern (Sicherungseinrichtung/Einlagensicherung (siehe 1.3.1 Kontensparen)) zu informieren. Dazu gehören schriftliche Angaben – vor Aufnahme der Geschäftsbeziehung – zu den für die Sicherung geltenden Bestimmungen einschließlich Umfang und Höhe der Sicherung. Sofern Einlagen und andere rückzahlbare Gelder nicht gesichert sind, hat das Institut auf diese Tatsache in den Allgemeinen Geschäftsbedingungen, im Preisaushang und an hervorgehobener Stelle in den Vertragsunterlagen vor Aufnahme der Geschäftsbeziehung hinzuweisen, es sei denn, die rückzahlbaren Gelder sind in Pfandbriefen, Kommunalschuldverschreibungen oder anderen Schuldverschreibungen verbrieft.

Scheidet ein Institut aus einer Sicherungseinrichtung aus, hat es die Kunden, die nicht Institute sind, sowie die Bundesanstalt und die Deutsche Bundesbank hierüber unverzüglich in Textform zu unterrichten.

Erlaubnispflichtige Finanzdienstleistungen

Hierzu zählen die

- Anlageberatung

- Anlagevermittlung

- Abschlussvermittlung

Als Anlageberatung bezeichnet man die Abgabe einer persönlichen Empfehlung. Eine Empfehlung beruht zwar auf den Interessen des Anlegers, stellt aber eine bestimmte Handlung (z. B. Kauf eines bestimmten Anlageproduktes) in den Vordergrund. Im Sinne des KWG sind dies Empfehlungen für eine konkrete Art von Finanzinstrumenten, d. h. eine konkrete Aktie und nicht nur die Aktienanlage allgemein.

Die reine Information über ein Anlageprodukt ist noch keine Handlungsempfehlung.

Es handelt sich um eine nach KWG erlaubnispflichtige Anlageberatung, wenn

„Die Abgabe von persönlichen Empfehlungen an Kunden oder deren Vertreter, die sich auf Geschäfte mit bestimmten Finanzinstrumenten beziehen, sofern die Empfehlung auf eine Prüfung der persönlichen Umstände des Anlegers gestützt oder als für ihn geeignet dargestellt wird und nicht ausschließlich über Informationsverbreitungskanäle oder für die Öffentlichkeit bekannt gegeben wird".	§ 1 Abs. 1 a Satz 2 Nr. 1 a KWG

Um eine Anlagevermittlung handelt es sich bei der Vermittlung von Geschäften über die Anschaffung und Veräußerung von Finanzinstrumenten, allerdings ohne die Abgabe einer persönlichen oder konkreten Anlageempfehlung.

§ 1 Abs. 1 a Satz 2 Nr. 1 KWG

Die Abschlussvermittlung besteht ausschließlich aus dem Kauf und Verkauf von Finanzinstrumenten in fremdem Namen und für fremde Rechnung.

§ 1 Abs. 1 a Satz 2 Nr. 2 KWG

Anwendungsbereich des KWG und Bereichsausnahme für Investmentvermögen

Für Anlageberater und -vermittler ist über die Zulassungsvorschriften des § 34 f GewO hinaus der Sonderfall zu beachten, dass sich zusätzlich die Frage zum Anwendungsbereich des Kreditwesengesetzes (KWG) stellt und damit auch zu prüfen ist, ob die Tätigkeit gegebenenfalls ausschließlich (oder zusätzlich) nach § 32 KWG erlaubnispflichtig (durch die BaFin) ist.

Die Bereichsausnahmen des KWG für gewerbliche Vermittler/Berater gem. § 34 f GewO

Die Bereichsausnahme definiert den Unternehmenskreis, der nicht unter die Regelungen des KWG fällt.

Erfüllt ein Unternehmen die Voraussetzungen der Bereichsausnahme, benötigt es keine Erlaubnis der BaFin, sondern nur eine Gewerbeerlaubnis gemäß § 34 f Gewerbeordnung.

Hintergrund der Regelung ist, dass der Gesetzgeber für die Vermittlung von Investmentvermögen und Vermögensanlagen gegenüber der Vermittlung sonstiger Finanzinstrumente die Standardisierung dieser Produkte berücksichtigt und zudem die Institute, an die die Vermittlung erfolgt, bereits der Aufsicht durch die BaFin unterliegen.

§ 2 Abs. 6 Ziff. 8 KWG

Die Voraussetzungen der Bereichsausnahme des § 2 Abs. 6 Ziff. 8 KWG liegen vor, wenn nachfolgende Kriterien erfüllt sind:

> „ …Unternehmen, die als Finanzdienstleistung für andere ausschließlich die Anlageberatung und die Anlage- und Abschlussvermittlung zwischen Kunden und
>
> a) inländischen Instituten
>
> b) Instituten und Finanzunternehmen mit Sitz in einem anderen Staat des Europäischen Wirtschaftsraums
>
> c) Kapitalverwaltungsgesellschaften, extern verwalteten Investmentgesellschaften, EU-Verwaltungsgesellschaften oder ausländischen AIF-Verwaltungsgesellschaften
>
> d) Anbietern oder Emittenten von Vermögensanlagen im Sinne des § 1 Abs. 2 VermAnlG
>
> betreiben, sofern sich diese Finanzdienstleistungen auf Anteile oder Aktien an inländischen Investmentvermögen, die von einer Kapitalverwaltungsgesellschaft ausgegeben werden … oder auf Anteile und Aktien an EU-Investmentvermögen oder ausländischen AIF, die nach dem KAGB vertrieben werden dürfen oder auf Vermögensanlagen im Sinne des § 1 Abs. 2 VermAnlG beschränken und die Unternehmen nicht befugt sind, sich bei der Erbringung dieser Finanzdienstleistungen Eigentum oder Besitz an Geldern oder Anteilen von Kunden zu verschaffen…“

Für Vermittler, die ausschließlich Investmentvermögen im Sinne des KAGB bzw. Vermögensanlagen im Sinne des Vermögensanlagegesetzes vertreiben, gelten eigene gesetzliche Grundlagen (siehe 4.2.1 Vermögensanlagenvermittlungsverordnung (FinVermV)). Nur wenn keine weiteren Wertpapiere vermittelt werden, benötigen diese Anlageberater/-vermittler grundsätzlich keine Erlaubnis der BaFin.

§ 2 Abs. 10 KWG

Bereichsausnahme für gebundene Vermittler (Haftungsdächer)

§ 34 f GewO
§ 2 Abs. 10 KWG

Eine Bereichsausnahme (hinsichtlich der Erlaubnispflicht gemäß KWG) gibt es auch für vertraglich gebundene Vermittler (§ 34 f GewO) gemäß § 2 Abs. 10 KWG.

„...ein Unternehmen, das keine Bankgeschäfte im Sinne des § 1 Abs. 1 Satz 2 KWG betreibt und als Finanzdienstleistungen nur die Anlage- oder Abschlussvermittlung, das Platzierungsgeschäft oder die Anlageberatung ausschließlich für Rechnung und unter der Haftung eines Einlagenkreditinstituts oder eines Wertpapierhandelsunternehmens, das seinen Sitz im Inland hat ..., erbringt (vertraglich gebundener Vermittler), gilt nicht als Finanzdienstleistungsinstitut, sondern als Finanzunternehmen, wenn das Einlagenkreditinstitut oder Wertpapierhandelsunternehmen als das haftende Unternehmen dies der Bundesanstalt (BaFin) anzeigt. Die Tätigkeit des vertraglich gebundenen Vermittlers wird dem haftenden Unternehmen zugerechnet..."

Insbesondere Banken und Versicherungen (sofern zum Konzern eine Bank gehört) nutzen diese Möglichkeit, ihre Vertreter bzw. verbundenen Vertriebskanäle unter ihr Haftungsdach zu nehmen. Das verpflichtet die gebundenen Vermittler in der Regel zur ausschließlichen Vermittlung der hauseigenen Produkte. Dies umfasst optimalerweise eine sehr große Palette an Produkten und meist auch ein umfassendes Aus- und Weiterbildungsangebot. Denn das haftungsdachgebende Institut hat ein großes Interesse an der Qualität der mit ihm verbundenen Vermittler, da beispielsweise im Fall einer Falschberatung der Kunde sich zunächst direkt an das Unternehmen, das das Haftungsdach stellt, wendet.

Das Finanzdienstleistungsinstitut, welches das Haftungsdach stellt, muss die an ihn gebundenen Vermittler der BaFin melden.

Die Institutssystematik im Sinne des KWG

§ 1 KWG

In den deutschen Gesetzen findet sich mittlerweile nicht nur eine fast unüberschaubare Anzahl von Bezeichnungen für Wertpapiere, Finanzinstrumente & Co., sondern auch für Institute der Finanzbranche.

Die Bundesbank hat hierzu eine grafische Übersicht erstellt
(siehe nächste Seite).

Systematik der Institute gemäß §1 KWG

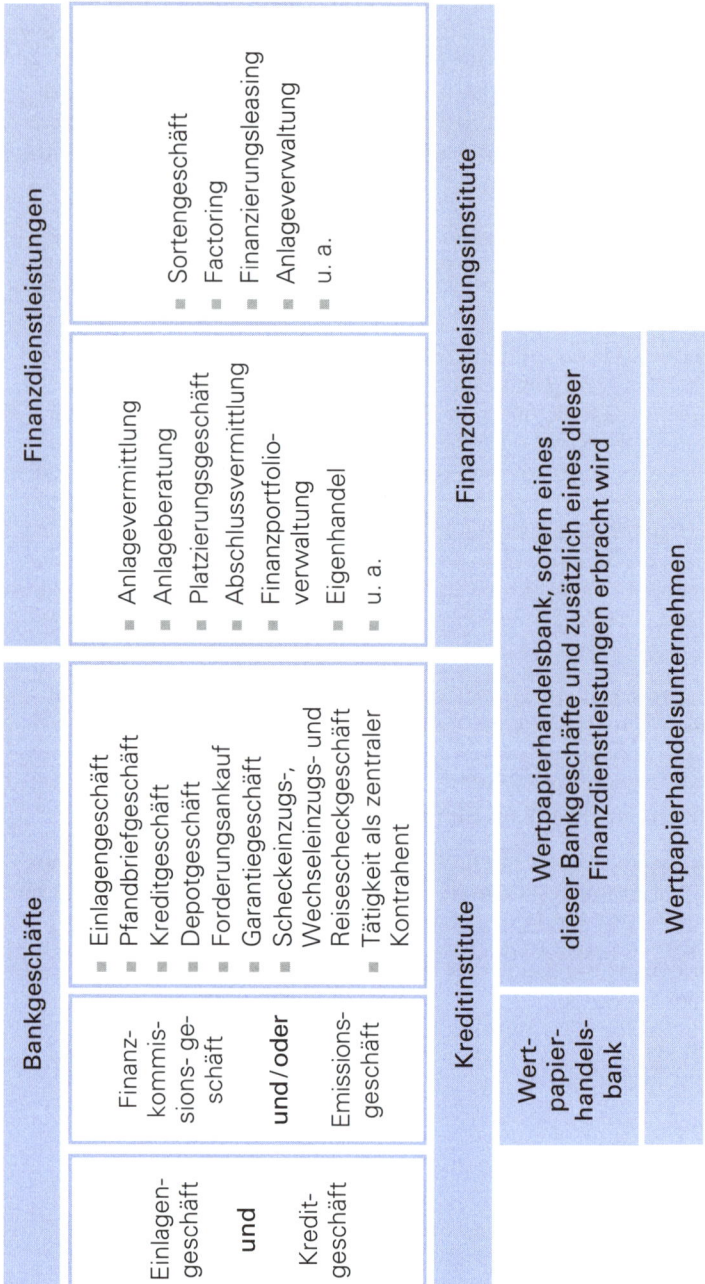

Abb. 19: Systematik der Institute gemäß § 1 KWG (eigene Darstellung, angelehnt an die Grafik der Deutschen Bundesbank „Institutssystematik nach § 1 KWG" www.bundesbank.de)

LF
14

SG
2.4

Nachfolgend weitere Abgrenzungen

- Depotbanken und Verwahrstellen verwahren Wertpapiere. Wertpapierhandelsbanken handeln mit Wertpapieren und erbringen Bankgeschäfte nur in eingeschränktem Umfang.

- Kapitalverwaltungsgesellschaften zählen zu den Kreditinstituten und unterliegen neben den Regelungen des KWG zusätzlich den Anforderungen des Kapitalanlagegesetzbuches (KAGB).

- Finanzunternehmen ist ebenfalls ein Begriff aus dem KWG und dient der Abgrenzung verschiedener Unternehmen der Finanzbranche. Demnach sind Finanzunternehmen Unternehmen, die keine Kreditinstitute oder Finanzdienstleistungsinstitute sind.

1.8.3 Geldwäschegesetz (GwG)

▶ **Erläuterung**

Das Geldwäschegesetz soll dazu beitragen, finanzielle Transaktionen (z. B. Bareinzahlungen auf Konten) mit kriminellem Hintergrund (Geldwäsche oder Terrorismusfinanzierung) aufzudecken und zu bekämpfen. Finanzunternehmen sind besonders verpflichtet, bei der Geldwäschebekämpfung mitzuwirken. Dies erfolgt nicht nur im eigenen Interesse, sondern auch, um die Integrität und Stabilität des gesamten Finanzplatzes Deutschland zu gewährleisten.

Als wichtigster Bestandteil der Geldwäscheprävention ist die Transparenz der Geschäftsbeziehung und jeder einzelnen Finanztransaktion anzusehen.

Allgemeine Sorgfaltspflichten

- die Identifikation des Kunden vor Begründung (d. h. Aufnahme) der Geschäftsbeziehung §3 GWG

- die Einholung von Informationen über den Zweck und die angestrebte Art der Geschäftsbeziehung, soweit sich diese im Einzelfall nicht bereits zweifelsfrei aus der Geschäftsbeziehung ergeben („Know Your Customer"-Prinzip).

- die Abklärung, ob der Vertragspartner für einen wirtschaftlich Berechtigten handelt, und, soweit dies der Fall ist, dessen Identifizierung sicherzustellen.

- die kontinuierliche Überwachung der Geschäftsbeziehung, einschließlich der in ihrem Verlauf durchgeführten Transaktionen, um sicherzustellen, dass diese mit der vorhandenen Information über die Herkunft der Vermögenswerte übereinstimmen. Die jeweiligen Dokumente, Daten oder Informationen sind in angemessenem zeitlichen Abstand zu aktualisieren (Vorhandensein eines Geldwäschebeauftragten).

Das Geldwäschegesetz schreibt einige grundlegende Sorgfaltspflichten vor:

Besteht ein Verdacht auf Geldwäsche, müssen Kreditinstitute und Versicherungsunternehmen eine Verdachtsanzeige an die zuständige Strafverfolgungsbehörde erstatten und eine Kopie an die Zentralstelle für Verdachtsanzeigen beim Bundeskriminalamt übermitteln. Wichtig ist hierbei, dass ein solcher Verdacht auf keinen Fall gegenüber dem Kunden geäußert wird. Diese Pflicht zur Mitwirkung bei der Geldwäschebekämpfung wird in der Regel auf den Vermittler bzw. Berater übertragen.

Das GwG im Überblick

In der Kundenberatung zu beachtende Regelungen:

Kreditinstitute und Kapitalverwaltungsgesellschaften müssen bei der Bekämpfung der Finanzierung von Terrorismus und rechtswidriger Vortaten mitwirken.

Zu den Vortaten gehören:

- Menschen-, Drogen- und Waffenhandel
- Schutzgelderpressungen
- banden- und gewerbsmäßige, d. h. mehrjährige und mit der Absicht der Wiederholung erfolgte Steuerhinterziehung

Beachten Sie in der Kundenberatung folgende Regelungen:

- Umfassende Identifikationspflichten betreffen den Kunden (Kontoinhaber) und den wirtschaftlich Berechtigten.
- Meldung verdächtiger Geschäfte und Anzeige an die Ermittlungsbehörde (ggf. über den Geldwäschebeauftragten Ihres Unternehmens)
- Bei der Finanzanlagenvermittlung ist die Entgegennahme von Bargeld grundsätzlich zu vermeiden!

Wirtschaftlich Berechtigter

Hier geht es um den tatsächlichen Eigentümer des Geldes oder der Vermögenswerte. Im Falle einer juristischen Person ist der wirtschaftlich Berechtigte derjenige, der die Kontrolle über das Geld oder den Vermögenswert hat.

§ 1 Abs. 6 GwG   Das GwG definiert den Begriff wie folgt:

> „... wirtschaftlich Berechtigter im Sinne dieses Gesetzes ist die natürliche Person, in deren Eigentum oder unter deren Kontrolle der Vertragspartner letztlich steht, oder die natürliche Person, auf deren Veranlassung eine Transaktion letztlich durchgeführt oder eine Geschäftsbeziehung letztlich begründet wird ..."

Gründe für diese Regelung sind die entsprechenden Vorgaben der Europäischen Union. So soll mit der Erfassung des wirtschaftlich Berechtigten der wahre wirtschaftliche Eigentümer hinter einem möglicherweise als Strohmann agierenden Kunden in Erfahrung gebracht werden.

Ausweispflicht

Diese besteht grundsätzlich in nachfolgenden Fällen:

- Depoteröffnung

- Abwicklung von Transaktionen außerhalb einer bestehenden Geschäftsbeziehung im Wert von Einzahlungen in bar ab 15.000 € oder mehr, wobei dieser Wert auch durch mehrere Einzeltransaktionen erreicht werden kann (sog. „Smurfing")

- generell bei Verdacht auf Geldwäsche

- Abschluss von LV-Verträgen mit Prämienzahlungen ab 1.000 € Jahresbeitrag oder Beitragsdepotzahlungen ab 2.500 €

- Zweifel an den Angaben zur Identität des Vertragspartners

Identifizierung

Das GwG stellt genaue Anforderungen an die Identifizierung des Kunden:

- Feststellen und Überprüfen der Identität anhand von gültigen Legitimationspapieren: Personalausweis, Reisepass, Handelsregister (der Führerschein gilt nicht als Legitimationspapier)

- bei natürlichen Personen müssen erfasst werden: Name (Familienname, Geburtsname, Vorname), Geburtsort, Geburtsdatum, Staatsangehörigkeit, Wohnadresse, Art des vorgelegten Dokuments, ausstellende Behörde, Ausweisnummer

§ 4 Abs. 3 GwG und § 8 Abs. 1 GwG

- wirtschaftlich Berechtigter (sofern abweichend von Vertragspartner): Familienname, Vorname

Bei einem wirtschaftlich Berechtigten muss zur Feststellung der Identität zumindest der Name (Familienname und Vorname) überprüft werden. Weitere Identifizierungsmerkmale sowie die Überprüfung anhand eines Legitimationspapiers müssen dem Risiko angemessen sein. Hintergrund ist, dass der zur Identifizierung Verpflichtete hierdurch hinsichtlich seiner Geldwäschevermutung Verdacht erwecken könnte.

§ 4 Abs. 5 GwG

Bei Minderjährigen ist die Identifizierung des gesetzlichen, sorgeberechtigten Vertreters erforderlich.

Verweigert der Kunde die Identifizierung, ist das Geschäft abzulehnen!

1.8.4 Finanzmarktrichtlinie MiFID

▶ Erläuterung

MiFID steht für Markets in Financial Instruments Directive, woraus sich wiederum der deutsche Begriff Finanzmarktrichtlinie ableitet.

Es handelt sich hier um eine der bedeutendsten europäischen Finanzmarktregulierungen, die in die nationale Gesetzgebung der Mitgliedstaaten umzusetzen war. Dies ist in Deutschland über das Gesetz zur Umsetzung der Richtlinie über Märkte für Finanzinstrumente und der Durchführungsrichtlinie der Kommission (Finanzmarktrichtlinie-Umsetzungsgesetz – FRUG) erfolgt.

Die Finanzmarktrichtlinie enthält Regelungen zur Harmonisierung des europaweiten Wertpapierhandels ebenso neue Verhaltens- und Transparenzpflichten zur Verbesserung des europaweit einheitlichen Anlegerschutzes sowie Vorgaben, die den Wettbewerb zwischen den europäischen Börsen fördern sollen.

Die Anpassungen im Überblick

Wie umfassend die Auswirkungen dieser ersten europäischen Finanzmarktrichtlinie waren, können Sie alleine schon an der nachfolgenden Auflistung der wichtigsten betroffenen Einzelgesetze erkennen:

- Wertpapierhandelsgesetz: WpHG-Verfahren („WpHG-Bogen"), Geeignetheitsprüfung

- Finanzanlagenvermittlungsverordnung (FinVermV): Informations-, Beratungs- und Dokumentationspflichten analog WpHG für gewerbliche Finanzanlageberater bzw. -vermittler

- Börsengesetz: umfassende Änderungen, da dieses Gesetz insbesondere den Börsenhandel regelt

- Kreditwesengesetz: Definition Finanzdienstleistungsinstitute und Erlaubnispflicht für Finanzdienstleistungen, wie zur Vermittlung von Finanzinstrumenten

- Gewerbeordnung: wird mit dem § 34 f um den Finanzanlageberater bzw. -vermittler (im Sinne der gewerbsmäßigen Vermittlung von Fiananzanlagen) ergänzt

- Vermögensanlagegesetz: Einführung der Verkaufsprospektpflicht für geschlossene Fonds

1.8.5 Finanzanlagenvermittlungsverordnung (FinVermV)

▶ **Situation**

Ihr Kunde Marius Westermann möchte von Ihnen wissen, welche
Rechtsstellung Sie als Anlageberater bzw. -vermittler von Finanzanlageprodukten innehaben.

Sie erläutern ihm dies anhand der Finanzanlagenvermittlungsverordnung.

▶ **Erläuterung**

Die FinVermV regelt die Details zum § 34 f GewO, wie insbesondere:

- den Sachkundenachweis

- die Angaben für das Vermittlerregister

- die Anforderungen an die
Berufshaftpflichtversicherung
(Vermögensschadenshaft-
pflichtversicherung)

- die Informations-, Beratungs-
und Dokumentationspflichten

- die sonstigen Pflichten (Auf-
zeichnung, Aufbewahrung
u. a.)

- die Ordnungswidrigkeiten

Der Sachkundenachweis   § 4 FinVermV

Um eine Vertriebs-Erlaubnis als freier (gewerblicher, d. h. selbstständiger) Finanzanlagenvermittler zu erhalten, muss ein Sachkundenachweis
geführt werden. Die Sachkunde wird durch eine IHK-Prüfung oder den
Nachweis eines gleichgestellten Berufsabschlusses erbracht.

Dies gilt auch für Angestellte des Finanzanlagenvermittlers.

Ein Bestandsschutz („Alte Hasen-Regelung") gilt unter bestimmten Voraussetzungen für bereits im Markt tätige Vermittler. Die bereits vorlie-
gende Berufsqualifikation wird dann als Sachkundenachweis anerkannt.

Die Teilprüfungen der Sachkundeprüfung

§ 34 f Abs. 1
GewO

> „Wer im Umfang der Bereichsausnahme des § 2 Absatz 6 Satz 1 Nummer 8 des Kreditwesengesetzes gewerbsmäßig zu
>
> 1. Anteile oder Aktien an inländischen offenen Investmentvermögen, offenen EU-Investmentvermögen oder ausländischen offenen Investmentvermögen, die nach dem Kapitalanlagegesetzbuch vertrieben werden dürfen,
>
> 2. Anteile oder Aktien an inländischen geschlossenen Investmentvermögen, geschlossenen EU-Investmentvermögen oder ausländischen geschlossenen Investmentvermögen, die nach dem Kapitalanlagegesetzbuch vertrieben werden dürfen,
>
> 3. Vermögensanlagen im Sinne des § 1 Absatz 2 des Vermögensanlagengesetzes
>
> Anlageberatung im Sinne des § 1 Absatz 1a Nummer 1a des Kreditwesengesetzes erbringen oder den Abschluss von Verträgen über den Erwerb solcher Finanzanlagen vermitteln will (Finanzanlagenvermittler), bedarf der Erlaubnis der zuständigen Behörde."

Die Sachkundeprüfung zum/zur „Geprüfte/n Finanzanlagenfachmann/-frau IHK" unterteilt sich dementsprechend in fünf Teilbereiche:

1. Kundenberatung (praktische Prüfung)
2. Kenntnisse für Beratung und Vertrieb von Finanzanlageprodukten (schriftliche Prüfung)
3. Offene Investmentvermögen (schriftliche Teilprüfung)
4. Geschlossene Investmentvermögen (schriftliche Teilprüfung)
5. Vermögensanlagen im Sinne des § 1 Abs. 2 Vermögensanlagengesetz (schriftliche Teilprüfung)

§ 6 FinVermV

Die Angaben zur Speicherung im Vermittlerregister

Es werden unter anderem nachfolgende Angaben des Eintragungspflichtigen gespeichert:

- Familienname, Vorname sowie die Firmen der Personenhandelsgesellschaften, in denen der Eintragungspflichtige als geschäftsführender Gesellschafter tätig ist
- Geburtsdatum
- Angabe, dass eine Erlaubnis (inkl. Umfang der Erlaubnis) nach § 34 f GewO vorliegt

- betriebliche Anschrift

- Familienname, Vorname und das Geburtsdatum der vom Eintragungspflichtigen beschäftigten Personen, die unmittelbar bei der Beratung und Vermittlung mitwirken. Übernahme der anlegerschützenden WpHG-Vorschriften: Die anlegerschützenden Verhaltensvorschriften des Wertpapierhandelsgesetzes werden auch für gewerbliche Vermittler verbindlich vorgeschrieben, der Gesetzentwurf enthält hierzu eine detaillierte Verordnungsermächtigung. Künftig müssen auch gewerbliche Vermittler die bisher nur für Banken und Wertpapierdienstleistungsunternehmen mit KWG-Erlaubnis geltenden Informations-, Beratungs- und Dokumentationspflichten erfüllen.

Die Berufshaftpflichtversicherung (Vermögensschadenhaftpflicht VSH)

§ 9 FinVermV

Die Verordnung regelt die genauen Mindestversicherungssummen. Die Versicherung muss bei einem zum Geschäftsbetrieb im Inland zugelassenen Versicherungsunternehmen abgeschlossen werden.

Die Informations-, Beratungs- und Dokumentationspflichten

§ 11–19 FinVermV

Die Verhaltensvorschriften der FinVermV beziehen sich auf folgende Bereiche:

- allgemeine Verhaltenspflicht: Die Tätigkeit ist mit der erforderlichen Sachkenntnis, Sorgfalt und Gewissenhaftigkeit im Interesse des Anlegers auszuüben.

- statusbezogene Informationspflichten (Angaben zum Berater/Vermittler)

- Informationen des Anlegers über Risiken, Kosten, Nebenkosten und Interessenkonflikte

- redliche, eindeutige und nicht irreführende Informationen und Werbung

- Bereitstellung des Produktinformationsblattes

- Einholung von Informationen über den Anleger (Anlegeranalyse), Pflicht zur Empfehlung geeigneter Finanzanlagen (Anleger- und anlagegerechte Beratung = Plausibilitätsprüfung der angebotenen Produkte und Geeignetheitsprüfung bezogen auf die Anlegerziele und Möglichkeiten des Anlegers)

- Offenlegung von Zuwendungen (insbesondere Provisionen)

- Anfertigung eines Beratungsprotokolls

- Vorgaben und Anforderungen an die Beschäftigten des Finanzanlagenberaters/-vermittlers

Die FinVermV benutzt für den gewerblichen Finanzanlagenberater/-vermittler die Bezeichnung „Gewerbetreibender".

§11 FinVermV

Allgemeine Verhaltenspflicht

Der Gewerbetreibende ist verpflichtet, seine Tätigkeit mit der erforderlichen Sachkenntnis, Sorgfalt und Gewissenhaftigkeit im Interesse des Anlegers auszuüben.

Abb. 20: Finanzanlagenvermittlungsverordnung: Allgemeine Verhaltenspflichten

§12 FinVermV

Statusbezogene Informationspflichten

Der Finanzanlagenberater/-vermittler hat dem Anleger vor der ersten Anlageberatung oder -vermittlung klar und verständlich in Textform (z. B. Visitenkarte) Angaben zu seinem Status zu machen. Die Angaben dürfen mündlich mitgeteilt werden, wenn der Anleger dies wünscht. Nach Vertragsabschluss müssen die Informationen dann unverzüglich in Textform nachgereicht werden.

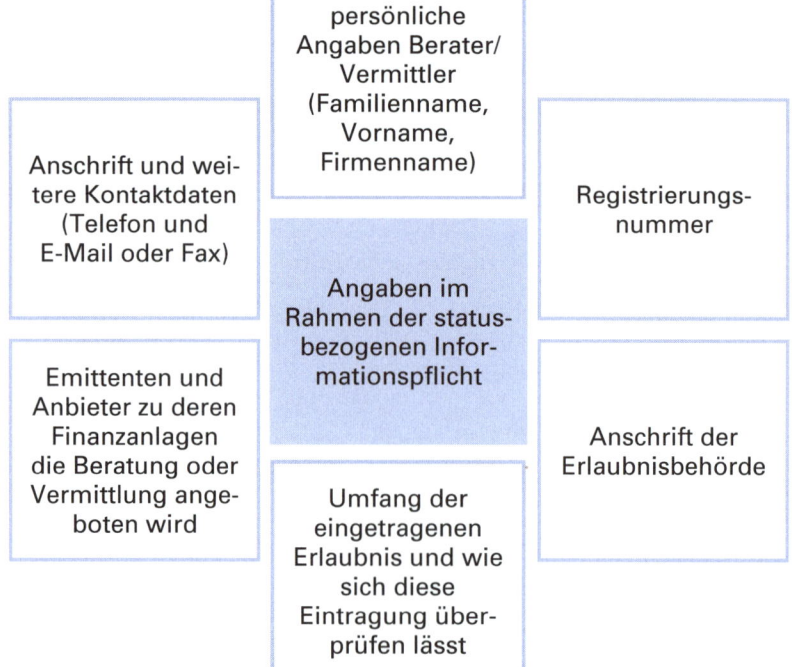

Abb. 21: Finanzanlagenvermittlungsverordnung: Statusbezogene Informationspflichten

Einholung von Informationen über den Anleger

§ 16 Abs. 1
FinVermV

LF
14

Der Umfang der einzuholenden Information über den Anleger ist davon abhängig, ob es sich um eine umfassende Anlageberatung handelt oder lediglich um eine Anlagenvermittlung (beratungsfreies Geschäft) oder sogar nur um ein reines Ausführungsgeschäft.

SG
2.4

Grundsätzlich ist von einer Anlageberatung auszugehen. Lehnt der Anleger die benötigten Informationen ab, darf keine Anlageempfehlung ausgesprochen werden.

Einzuholende Informationen im Rahmen einer Anlageberatung

- Anlageziele des Anlegers
  - die mit den Geschäften verfolgten Ziele
  - Angaben über die Anlagedauer
  - die Risikobereitschaft des Anlegers
  - Zweck der Anlage
- Kenntnisse und Erfahrungen des Anlegers in Bezug auf Finanzanlagen
  - die Arten von Finanzanlagen, mit denen der Anleger vertraut ist
  - Art, Umfang, Häufigkeit und Zeitraum der zurückliegenden Geschäfte des Anlegers mit Finanzanlagen
  - Ausbildung sowie gegenwärtige und relevante frühere berufliche Tätigkeiten des Anlegers.
- Finanzielle Verhältnisse
  - Grundlage und Höhe regelmäßiger Einkommen und regelmäßiger finanzieller Verpflichtungen
  - vorhandene Vermögenswerte, insbesondere Barvermögen, Kapitalanlagen und Immobilienvermögen

Die Geeignetheits- und Angemessenheitsprüfung

Die vom Gewerbetreibenden vorzunehmende Geeignetheitsprüfung richtet sich danach, ob

§ 16 Abs.1 Satz 3
FinVermV

- die empfohlene Finanzanlage den Anlagezielen des Anlegers entspricht (Risikobereitschaft),
- die hieraus erwachsenden Anlagerisiken für den Anleger entsprechend seinen Anlagezielen finanziell tragbar sind (Risikofähigkeit),
- er die Anlagerisiken mit seinen Kenntnissen und Erfahrungen verstehen kann (sog. Verständnishorizont).

Der Gewerbetreibende darf dem Anleger im Rahmen der Anlageberatung nur solche Finanzanlagen empfehlen, die für ihn aufgrund der eingeholten Angaben geeignet sind.

Anleger	Geeignetheits-prüfung	Produkt
Informationen über den Anleger:		**Produkt-eigenschaften:**
▪ Anlageziele = Risiko-bereitschaft	▪ Entspricht die empfohlene Finanzanlage den Anlagezielen des Anlegers (Risiko-bereitschaft)?	▪ Anlagepolitik: Laufzeit, Verfüg-barkeit, Anlage-strategie
▪ finanzielle Verhältnisse = Risikofähigkeit (Fähigkeit, den größtmöglichen Verlust finanziell zu verkraften)	▪ Sind die hieraus erwachsenden Anlagerisiken für den Anleger entsprechend seinen Anlage-zielen finanziell tragbar (Risikofähigkeit)?	▪ Risikoprofil: Qua-lität und Wahr-scheinlichkeit von Verlusten
▪ Kenntnisse und Erfahrungen mit Finanzanlagen = Verständnis-horizont	▪ Kann der Anle-ger die Anlage-risiken mit sei-nen Kenntnissen und Erfahrungen verstehen?	▪ Komplexität: Anforderungen an den Verständ-nishorizont des Anlegers bezüg-lich der Risiken

Geeignetheit = messbarer Grad an Übereinstimmung der Anlegerinformationen mit den Produkteigenschaften

Abb. 22: Die Geeignetheitsprüfung gemäß FinVermV

§ 16 Abs. 2
FinVermV

Einzuholende Informationen im Rahmen einer Anlagevermittlung

▪ Kenntnisse und Erfahrungen des Anlegers in Bezug auf Finanzanlagen

Der Gewerbetreibende muss hier nur die Angemessenheit der vom Anleger gewünschten Finanzanlage beurteilen. Gelangt er zu der Auffassung, dass die vom Anleger gewünschte Finanzanlage für den Anleger nicht angemessen ist, hat er den Anleger vor einer Anlagevermittlung darauf hinzuweisen.

Abnehmende Anlegerschutzbestimmungen

Anlage-beratung	Geeignet-heitsprüfung	▪ persönliches Anlagebera-tungsgespräch ▪ Erfassung der Anlageziele des Anlegers, der finan-ziellen Verhältnisse und Kenntnisse und Erfahrung des Anlegers in Bezug auf Finanzanlagen ▪ Empfehlung von für den Anleger geeigneten Finanzanlagen ▪ Aushändigung des Produktinformationsblattes ▪ Beratungsprotokoll
Anlage-vermittlung (beratungs-freies Geschäft)	Ange-messenheits-prüfung	▪ kein persönliches Anlage-beratungsgespräch ▪ keine Anlageempfehlung ▪ Erfassung der Kenntnis-se und Erfahrung des Anlegers in Bezug auf Finanzanlagen und ggf. Information des Kunden über mangelnde Ange-messenheit ▪ Orderausführung, auch wenn Angemessenheit der Anlage nicht gegeben ist.
reine Ausführungs-geschäfte		▪ nur bei nicht komplexen Finanzinstrumen-ten (börsengehandelte Aktien, Geldmarkt-instrumente, verzinsliche Anleihen, offene Investmentvermögen) ▪ bloße Annahme und Ausführung einer Order ▪ keine Geeignetheits- und keine Angemessenheitsprüfung

LF 14

SG 2.4

Abb. 23: Abgrenzung: Anlageberatung, Anlagevermittlung, reine Ausführungs-
geschäfte

Information des Anlegers über Risiken, Kosten, Nebenkosten und Interessenkonflikte

§ 13 FinVermV

Rechtzeitig vor einem Vertragsabschluss muss der Finanzanlagenberater dem Anleger Informationen über die mit der empfohlenen Finanzanlage verbundenen Risiken, Kosten, Nebenkosten und Interessen-

konflikte zur Verfügung stellen. Dies kann in standardisierter Form, wie beispielsweise den wesentlichen Anlegerinformationen erfolgen.

Die Beschreibung der Risiken muss folgende Angaben enthalten:

- die mit Finanzanlagen der betreffenden Art einhergehenden Risiken, einschließlich einer Erläuterung der Hebelwirkung und ihrer Effekte sowie eines Totalverlustrisikos (Verlust der gesamten Kapitalanlage)

- Ausmaß möglicher Preisschwankungen (Volatilität)

- Beschränkungen des für solche Finanzanlagen verfügbaren Marktes

- finanzielle und sonstige Verpflichtungen einschließlich Eventualverbindlichkeiten, die vom Anleger zu übernehmen sind und die zu den Kosten für den Erwerb der Finanzanlage hinzukommen

- Einschusspflichten oder ähnliche Verpflichtungen

Hinsichtlich der Kosten und Nebenkosten müssen folgende Informationen enthalten sein:

- Angaben zum Gesamtpreis, den der Anleger zu zahlen hat, einschließlich aller damit verbundenen Gebühren, Provisionen, Entgelte und Auslagen (wenn eine genaue Preisangabe nicht möglich ist, muss über die Grundlage für die Berechnung des Gesamtpreises informiert werden) und die vom Gewerbetreibenden in Rechnung gestellten Provisionen.

- Falls ein Teil des Gesamtpreises in einer Fremdwährung zu zahlen ist oder in einer anderen Währung als in Euro dargestellt wird, müssen die betreffende Währung und der anzuwendende Wechselkurs (oder die Grundlage für seine Berechnung) sowie die damit verbundenen Kosten angegeben werden.

- Hinweis auf mögliche weitere Kosten und Steuern

- Bestimmungen über die Zahlung und sonstige Gegenleistungen

Der Finanzanlagenberater bzw. -vermittler muss den Anleger rechtzeitig vor Geschäftsabschluss auch auf Interessenkonflikte hinweisen, die in Ausübung der Tätigkeiten zwischen ihm oder seinen Mitarbeitern und den Anlegern oder zwischen Anlegern bestehen können.

§ 15 FinVermV

Bereitstellung des Informationsblattes

Sofern es sich um eine Anlageberatung im Zusammenhang mit einer Finanzanlage handelt, muss der Finanzanlagenberater dem Anleger ein Produktinformationsblatt rechtzeitig vor Abschluss des Geschäfts zu jeder Finanzanlage, auf die sich eine Kaufempfehlung bezieht, zur Verfügung stellen.

Das Produktinformationsblatt hat abhängig von der Art der Finanzanlage unterschiedliche Bezeichnungen:

- Wesentliche Anlegerinformationen (WAI) bei offenen und geschlossenen Investmentvermögen im Sinne des KAGB

- Vermögensanlagen-Informationsblatt (VIB) bei Vermögensanlagen im Sinne des Vermögensanlagengesetzes, sofern die Anlage nicht unter die Ausnahmeregelungen dieses Gesetzes fällt (z. B. Genossenschaftsanteile)

§ 13 VermAnlG

Offenlegung von Zuwendungen

§ 17 FinVermV

Grundsätzlich gilt, dass im Zusammenhang mit der Beratung und Vermittlung von Finanzanlagen keine Zuwendungen von Dritten angenommen oder an Dritte gezahlt werden dürfen, die nicht Kunde der Dienstleistung sind.

Ausnahmen sind möglich, wenn

- der Gewerbetreibende „… Existenz, Art und Umfang der Zuwendungen oder soweit sich der Umfang noch nicht bestimmen lässt, die Art und Weise der Berechnung dem Anleger vor Abschluss des Vertrages in umfassender, zutreffender und verständlicher Weise offenlegt."

- die Zuwendung nicht der ordnungsgemäßen Vermittlung und Beratung im Interesse des Anlegers entgegensteht.

Zuwendungen im Sinne der FinVermV sind:

- Provisionen

- Gebühren

- sonstige Geldleistungen

- alle geldwerten Vorteile, die der Gewerbetreibende vom Emittenten, Anbieter einer Finanzanlage oder von einem sonstigen Dritten für deren Vermittlung oder Beratung erhält oder an Dritte gewährt.

Gebühren und Entgelte, die die Vermittlung von und die Beratung über Finanzanlagen erst ermöglichen oder dafür notwendig sind, sind vom Verbot der FinVermV ausgenommen.

Anfertigung des Beratungsprotokolls

§ 18 FinVermV

Über jede Anlageberatung ist dem Anleger unverzüglich nach deren Abschluss und vor Abschluss eines Geschäfts ein separates Beratungsprotokoll in Schriftform zur Verfügung zu stellen. Die Abschrift, die dem

Anleger zur Verfügung gestellt wird, ist vom Finanzanlagenberater zu unterschreiben.

Eine elektronische Abschrift ist nur mit ausdrücklichem Einverständnis des Anlegers möglich.

Ein Verzicht durch den Anleger auf die Erstellung des Beratungsprotokolls ist nicht möglich.

Das Beratungsprotokoll hat vollständige Angaben zu enthalten über

- Anlass der Anlageberatung,
- die Dauer des Beratungsgesprächs,
- die der Anlageberatung zugrunde liegenden Informationen über die persönliche Situation des Kunden,
- die Finanzanlagen, die Gegenstand der Anlageberatung waren,
- die vom Anleger im Zusammenhang mit der Anlageberatung geäußerten wesentlichen Anliegen und deren Gewichtung,
- die im Verlauf des Beratungsgesprächs erteilten Empfehlungen und die für diese Empfehlungen genannten wesentlichen Gründe.

§ 18 Abs. 3 FinVermV

Rücktrittsrecht im Zusammenhang mit dem Beratungsprotokoll

Sofern der Anleger für die Anlageberatung Kommunikationsmittel wählt, die die Übermittlung des Protokolls vor Abschluss des Geschäfts nicht gestatten (z. B. Telefon), muss der Gewerbetreibende dem Anleger eine Abschrift des Protokolls unverzüglich nach Abschluss des Beratungsgesprächs zusenden.

In diesem Fall kann der Geschäftsabschluss auf ausdrücklichen Wunsch des Anlegers vor Erhalt des Protokolls erfolgen, wenn der Gewerbetreibende dem Anleger für den Fall, dass das Protokoll nicht richtig oder nicht vollständig ist, ausdrücklich ein innerhalb einer Woche nach Zugang des Protokolls auszuübendes Rücktrittsrecht einräumt.

Der ausdrückliche Wunsch des Anlegers, das Geschäft auch vor Erhalt des Protokolls abzuschließen, sowie der Hinweis auf das Rücktrittsrecht müssen im Protokoll vermerkt werden.

Bestreitet der Gewerbetreibende das Rücktrittsrecht, hat er die Richtigkeit und Vollständigkeit des Protokolls zu beweisen.

Vorschriften für Beschäftigte

§ 18 FinVermV

Der Gewerbetreibende hat sicherzustellen, dass auch seine Beschäftigten die Informations-, Beratungs- und Dokumentationspflichten gemäß § 11–18 der FinVermV erfüllen. Führt ein Beschäftigter die Beratung durch, so hat der Beschäftigte das Beratungsprotokoll anzufertigen.

Es besteht Anzeigepflicht gegenüber der Gewerbeaufsicht für Mitarbeiter, die unmittelbar bei der Beratung und Vermittlung mitwirken. Die erforderlichen Angaben für das Vermittlerregister sind: Familienname, Vorname und das Geburtsdatum der vom Eintragenden beschäftigten Personen.

Auch der Beschäftigte des Gewerbetreibenden muss die Anforderungen des § 34 f hinsichtlich

- Sachkundenachweis (im gleichen Umfang wie der Gewerbetreibende selbst)
- Zuverlässigkeit

erfüllen.

Ordnungswidrigkeiten

§ 26 FinVermV

Die Finanzanlagenvermittlerverordnung regelt die Handlungen, die vorsätzlich oder fahrlässig zu Ordnungswidrigkeiten führen können. Ordnungswidrig handelt, wer vorsätzlich oder fahrlässig beispielsweise

- Informationen nicht, nicht richtig, nicht vollständig oder nicht rechtzeitig zur Verfügung stellt.
- das Produktinformationsblatt nicht, nicht richtig, nicht vollständig oder nicht rechtzeitig zur Verfügung stellt.
- Finanzanlagen empfiehlt, die entsprechend der über den Anleger eingeholten Informationen nicht geeignet für ihn sind.

Ordnungswidrigkeiten im Sinne der FinVermV können mit Bußgeldern bis zu 5.000 € geahndet werden.

§ 144 Abs. 2 Nr. 6 GewO

Übungen

1. Welche der nachfolgend genannten Ziele sind dem WpHG zuzuordnen?

   a) Insidergeschäfte vermeiden

   b) Aufrechterhaltung der Ordnung des Bankwesens

   c) Transparenz an den Kapitalmärkten schaffen

   d) Schutz der Gläubiger der Kreditinstitute vor Vermögensverlusten

   e) Sicherung der Funktionsfähigkeit der Kreditwirtschaft

   f) Vertrauen der Kapitalanleger stärken

2. Welche der nachfolgend genannten Ziele sind dem KWG zuzuordnen?

   a) Insidergeschäfte vermeiden

   b) Aufrechterhaltung der Ordnung des Bankwesens

   c) Transparenz an den Kapitalmärkten schaffen

   d) Schutz der Gläubiger der Kreditinstitute vor Vermögensverlusten

   e) Sicherung der Funktionsfähigkeit der Kreditwirtschaft

   f) Vertrauen der Kapitalanleger stärken

3. Nennen Sie fünf Finanzinstrumente im Sinne der FinVermV.

4. Nennen Sie drei erlaubnispflichtige Finanzdienstleistungen gemäß KWG.

5. Welche Sorgfaltspflichten schreibt das Geldwäschegesetz vor?

   a) Identifizierung des Kunden und abweichend wirtschaftlich Berechtigtem

   b) Geeignetheitsprüfung

   c) „Know your Customer"-Prinzip

   d) Key Information Documentation

   e) Prüfung der Geschäftsfähigkeit

6. Welche Ausweispapiere werden als Legitimationspapiere gemäß Geldwäschegesetz anerkannt?

   a) Führerschein

   b) Personalausweis

   c) Schülerausweis

   d) Reisepass

   e) Erbschein

7. Welche der nachfolgend genannten Ziele sind der Finanzmarktrichtlinie MiFID zuzuordnen?

   a) Verbesserung der Markttransparenz

   b) Insidergeschäfte vermeiden

   c) Verbesserung des Anlegerschutzes

   d) Harmonisierung des europaweiten Wertpapierhandels

   e) Schutz der Gläubiger der Kreditinstitute vor Vermögensverlusten

   f) Sicherung der Funktionsfähigkeit der Kreditwirtschaft

8. Nennen Sie vier Verhaltensweisen im Zusammenhang mit den
allgemeinen Verhaltenspflichten der FinVermV.

9. Welche grundsätzlichen Informationen über den Anleger müssen Sie im Falle einer Anlageberatung gemäß FinVermV einho-
len?

10. Welche Anlegerinformationen müssen mit welchen Produkteigenschaften im Rahmen der Geeignetheitsprüfung übereinstimmen?

   1. Risikobereitschaft

   2. Verständnishorizont

   3. Risikofähigkeit

   a) Komplexität

   b) Risikoprofil

   c) Anlagepolitik

Lernziele

In diesem Kapitel erwerben Sie Fertigkeiten, Kenntnisse und Fähigkeiten zu den Grundlagen des Vermittlerrechts.

Sie

- benennen die Anforderungen an Finanzanlagenvermittler gemäß Finanzanlagenvermittlungsverordnung (FinVermV) hinsichtlich statusbezogener Informationspflichten, Registrierungspflicht, Erlaubnispflicht und Gleichstellung anderer Berufsqualifikationen

- erläutern die Regelungen des § 34 f der Gewerbeordnung

- nennen die wichtigsten Berufsvereinigungen bzw. Berufs- und Branchenverbände und erläutern deren Aufgaben

1.9 Vermittlerrecht

1.9.1 Rechtsstellung

▶ **Erläuterung**

Der Anleger hat das gesetzlich festgeschriebene Recht zu erfahren, welche Rechtsstellung der Anlageberater oder Vermittler von Finanzanlageprodukten innehat.

Für die Finanzanlagenvermittlung regelt dies die Finanzanlagenvermittlungsverordnung.

> Der Gewerbetreibende hat dem Anleger vor der ersten Anlageberatung oder -vermittlung die statusbezogenen Informationen klar und verständlich in Textform mitzuteilen.
> Die Angaben dürfen mündlich mitgeteilt werden, wenn der Anleger dies wünscht. In diesem Fall sind dem Anleger die Angaben unverzüglich nach Vertragsschluss in Textform zur Verfügung zu stellen.

§ 12 FinVermV

§ 34 f Gewerbeordnung

Für Finanzanlagenberater bzw. -vermittler gelten seit Einführung des § 34 f GewO eigenständige Anforderungen an die Berufsausübung. Werden die hier dargelegten Anforderungen nicht erfüllt, ist die Erlaubnis zur Finanzanlagenvermittlung zu verweigern.

§ 34 f Abs. 1 Satz 1
Nr. 1, 2 oder 3 GewO

Übrigens ersetzt eine Erlaubnis nach § 34 d GewO nicht den § 34 f GewO! Vielmehr unterliegen Versicherungsvermittler, die auch Finanzanlagen vertreiben wollen, einer doppelten Erlaubnispflicht. Lediglich die praktische Prüfung entfällt, sofern eine Erlaubnis nach § 34 d Abs. 1 oder § 34 e Abs. 1 bereits vorliegt.

§ 34 f GewO unterteilt die Finanzanlagenvermittlung in drei Teilbereiche, über die auch jeweils eine separate Teilerlaubnis beantragt werden kann:

- offene Investmentvermögen
- geschlossene Investmentvermögen
- Vermögensanlagen (geschlossene Fonds, die nicht den Regelungen des KAGB unterliegen, stille Beteiligungen, Genussrechte, Namensschuldverschreibungen, Genossenschaftsanteile)

Registrierungspflicht

Die zur Finanzanlagenvermittlung befugten Vermittler werden in ein öffentliches Register eingetragen. Für diese Meldepflicht wird das bereits bestehende Versicherungsvermittlerregister beim DIHK genutzt und hierfür erweitert.

§ 6 FinVermV

Erlaubnispflicht

§ 34 f GewO

Die Voraussetzungen für die Erlaubnis sind grundsätzlich:

- geordnete Vermögensverhältnisse
  = kein Insolvenzverfahren, kein Eintrag in das Schuldnerverzeichnis

- Zuverlässigkeit
  = keine rechtskräftige Verurteilung wegen eines Verbrechens wie beispielsweise Erpressung, Geldwäsche etc. innerhalb der letzten 5 Jahre

- eine Berufshaftpflichtversicherung
  = Vermögensschadenshaftpflicht VSH; Deckung der beantragten Teilerlaubnis

- Sachkundenachweis
  = Kenntnisse hinsichtlich der fachlichen und rechtlichen Grundlagen sowie der Kundenberatung

Neben einem für alle Teilbereiche verbindlichen allgemeinen Prüfungsteil gibt es zukünftig auch eine für alle Teilbereiche verpflichtende praktische Prüfung.

Die praktische Prüfung entfällt für Finanzanlagenvermittler, die bereits

- eine Erlaubnis gem. § 34 d Abs. 1 GewO (Versicherungsvermittlung) oder § 34 e Abs. 1 GewO haben.

- einen Sachkundenachweis im Sinne des § 34 d Abs. 2 Nr. 4 GewO oder eine in § 19 Abs. 1 der VersVermV gleichgestellte Qualifikation haben.

- nur eine Folgeprüfung für einen weiteren Teilbereich des § 34 f GewO erlangen wollen.

1.9.2 Berufsvereinigungen und Verbände

▶ Situation

Ihr neuer Mitarbeiter soll sich zunächst im Selbststudium mit den Grundlagen der Finanzanlagen beschäftigen und sich im Internet über aktuelle Entwicklungen in der Branche der offenen und geschlossenen Investmentvermögen informieren. Auch zu seiner eigenen Rechtsstellung soll er sich zunächst einen Überblick anhand der Internetseiten der Berufsvereinigungen und Verbände machen. Sie erläutern ihm die möglichen Anlaufstellen.

LF
14

SG
2.5

▶ Erläuterung

Berufsvereinigungen und Verbände bieten neben ihrer Funktion als Inte-
ressenvertreter des jeweiligen Berufsstandes oder der verschiedenen
Branchen beispielsweise auf ihren Internetseiten umfassende Infor-
mationen und oft auch kostenlos bestellbare Unterlagen oder hilfreiche
Newsletter. So können sich auch Privatanleger jederzeit aktuell über die
Entwicklungen des Finanzanlagemarktes informieren.

VOTUM Verband unabhängiger Finanzdienstleistungs-Unternehmen in Europa e.V.

Dieser Berufsverband ist die Interessenvertretung der europaweit
tätigen unabhängigen Finanzdienstleistungs-Unternehmen. Die Mit-
gliedsunternehmen von VOTUM repräsentieren mehr als 80.000
Finanzdienstleister.

Der Verband wurde 1995 gegründet und zählt zu seinen Mitgliedern
neben den Marktführern der unabhängigen Allfinanzvermittler auch
weitere namhafte Vertriebsunternehmen und auch die maßgeblichen
Produktgebergesellschaften für dieses Marktsegment.

Das VOTUM-Gütesiegel wurde als Leitbild einer qualifizierten Beratung
von den Verbandsmitgliedern entwickelt. Es legt verbindliche Qualitätskriterien für die Kundenberatung und -betreuung fest, die die aktuellen
gesetzlichen Anforderungen übertreffen.

Bundesverband Finanzdienstleistung e.V. (AfW)

Der AfW – Bundesverband Finanzdienstleistung e.V. ist der führende
Berufsverband unabhängiger Finanzdienstleister.

Er wurde 1992 gegründet und repräsentiert ca. 30.000 Versicherungs-
und Kapitalanlagenvermittler durch seine rund 1.400 Mitgliedsunterneh-
men.

Er ist als Interessenverband beim Deutschen Bundestag und beim Europäischen Parlament akkreditiert. Der AfW kümmert sich ausschließlich um die Interessen seiner Mitglieder.

Berufsbildungswerk der Deutschen Versicherungswirtschaft (BWV) e.V. (Berufsbildungsverband der deutschen Versicherungswirtschaft)

Das Bildungsnetzwerk Versicherungswirtschaft mit seinen Partnern
BWV Bildungsverband, BWV Regional und DVA ist fester und integraler
Bestandteil der beruflichen Qualifikation in der Assekuranz.

Die historischen Wurzeln dieses Bildungsnetzwerkes gehen bis ins Jahr 1945 zurück.

Die Leistungen des BWV e. V. werden erbracht für:

- Versicherungs- und Finanzdienstleistungsunternehmen, ihre Mitarbeiterinnen, Mitarbeiter und Auszubildende

- Vermittlerinnen und Vermittler

- Maklerinnen und Makler

- Vertriebspartner von Versicherungsunternehmen sowie deren Mitarbeiterinnen und Mitarbeiter

- Partner, mit denen der Verband in Bildungsfragen zusammenarbeitet

- Interessierte an der Branche

Bundesverband Investment und Asset Management e.V. (BVI)

Der BVI Bundesverband Investment und Asset Management e.V. ist der Deutsche Fondsverband und vertritt die Interessen seiner Mitglieder (insbesondere inländische Kapitalverwaltungsgesellschaften) gegenüber Politik und Regulatoren.

Der BVI ist:

- Kompetenzzentrum, d. h. erste Anlaufstelle und Berater bei Entwicklung und Anwendung regulatorischer Vorgaben

- zentraler Ansprechpartner für Politik und Medien bei allen Fragen zur Kapitalanlageregulierung

- Vermittler zwischen Investmentwirtschaft und Politik sowie Forum für Austausch innerhalb der Branche

Zugleich engagiert sich der BVI für bessere Rahmenbedingungen für Anleger.

Quelle: www.bvi.de/bvi/wir-ueber-uns

Mitglied des BVI können u. a. Kapitalverwaltungsgesellschaften nach dem KAGB, Investmentgesellschaften nach dem KAGB mit Sitz in Deutschland sowie EU- und ausländische Verwaltungsgesellschaften nach dem KAGB werden. Zudem können Unternehmen und Privatpersonen, denen eine ordentliche Mitgliedschaft nicht möglich ist, auch Informationsmitglied ohne Stimmrecht im BVI werden.

▶ Praxistipp

Im Internet bietet der Verband umfassende Informationen rund um die
Anlage in offene Investmentvermögen. Zahlreiche Publikationen können
als Einzelexemplar kostenlos im „BVI-Bestellcenter" angefordert werden oder stehen meist auch als Download zur Verfügung. www.bvi.de

▶ Exkurs – Die BVI-Wohlverhaltensregeln

Die BVI-Wohlverhaltensregeln bilden den Branchenstandard für den guten und verantwortungsvollen Umgang mit dem Kapital und den Rechten der Anleger.

Die Kapitalverwaltungsgesellschaften wollen durch Verlässlichkeit, Integrität und Transparenz das Vertrauen der Anleger und der Öffentlichkeit
ausbauen und deren gestiegene Informationsbedürfnisse erfüllen.

Die BVI-Wohlverhaltensregeln richten sich in erster Linie an deutsche
Kapitalverwaltungsgesellschaften.

bsi Bundesverband Sachwerte und Investmentvermögen e.V.

Der bsi Bundesverband Sachwerte und Investmentvermögen e. V.
ist die Interessenvertretung der Unternehmen, die Sachwerte
verwaltet und deren Tätigkeit im direkten Zusammenhang mit dem
Kapitalanlagegesetzbuch (KAGB) steht. Dazu zählen Kapitalverwaltungsgesellschaften (KVG), Verwahrstellen, Auslagerungsunter-
nehmen sowie rechtliche, steuerliche und betriebswirtschaftliche
Berater.

Der bsi repräsentiert die Sachwertinvestmentbranche gegenüber
Politik und Öffentlichkeit und ist originärer Ansprechpartner für die
Finanzaufsicht. Der Verband begleitet für seine Mitglieder Gesetzge-
bungs- und Verordnungsverfahren auf nationaler und europäischer
Ebene. Darüber hinaus erarbeitet der bsi mit seinen Mitgliedern
Branchenstandards wie z. B. Musteranlagebedingungen oder einen
Musterverwahrstellenvertrag.

Quelle: www.sachwerteverband.de/bsi/profil

Der bsi steht für mehr

▪ Information über Sachwertinvestments

▪ Transparenz bei Anbietern und Investmentvermögen

▪ Qualität durch hohe Standards für die Aufnahme von Mitgliedern

▶ Zusammenfassung

Ausgewählte Berufsvereinigungen und Verbände im Überblick

Abb. 24: Berufsvereinigungen und Verbände

Übungen

1. Bitte vervollständigen Sie die Beschreibungen zu den
   Berufsvereinigungen und Verbänden.

   a) Der BVI ist ...

   b) Der bsi vertritt ...

   c) Das BWV ist ...

   d) Der AfW vertritt ...

   e) VOTUM ist ...

2. Erläutern Sie, welche statusbezogenen Informationspflichten
   Finanzanlagevermittler gegenüber dem Anleger haben.

3. Beschreiben Sie, für welche Anlageformen der neue Sachkundenachweis gilt.

4. Erläutern Sie, was unter der Registrierungspflicht zu verstehen ist.

5. Erläutern Sie, welche vier Voraussetzungen für die Erlaubnis zur
   Vermittlung von Finanzanlagen gemäß § 34 f GewO vom Finanzanlagenvermittler erfüllt werden müssen.

Lernziele

In diesem Kapitel erwerben Sie Fertigkeiten, Kenntnisse und Fähigkeiten zu den Grundlagen des Wettbewerbsrechts.

Sie

- stellen die Grundsätze des Wettbewerbsrechts heraus
- beachten die allgemeinen Wettbewerbsgrundsätze gemäß Finanzanlagenvermittlungsverordnung (FinVermV), Kapital-anlagegesetzbuch (KAGB) und der Wertpapierdienstleistungs-Verhaltens- und Organisationsverordnung (WpDVerOV)
- grenzen zulässige von unzulässiger Werbung ab

1.10 Wettbewerbsrecht

LF
14

SG
2.6

1.10.1 Allgemeine Wettbewerbsgrundsätze

▶ **Situation**

Herr Angermann hat sich für das Frühjahr vorgenommen, rechtzeitig in
die Akquise neuer Kunden einzusteigen und dabei auch seine Bestandskunden nicht zu vernachlässigen. Dazu hat er ein Webinar im Internet
zum Thema „Grundlagen des Wettbewerbsrechts" besucht und nutzt
für die Vorbereitung seiner Kundenansprache die erhaltenen Seminarun-
terlagen.

▶ **Erläuterung**

Als Grundsätze des Wettbewerbs werden allgemein angesehen:

- die Wettbewerbsfreiheit

- die Wahrung guter kaufmännischer Sitten (Vertrauenssicherung)

- der Anspruch auf Unterlassung und Schadensersatzpflicht

- die Firmenwahrheit und -klarheit

- Angabe der Titel- und Berufsbezeichnung

Wettbewerbsfreiheit bedeutet zunächst einmal, dass der Anbieter das
Recht hat, seine Produkte oder Neuerungen frei zu bewerben. Dem-
gegenüber stehen die möglichen Kunden, die aus einem vielfältigen
Angebot ihre Auswahl treffen können.

Der Produktanbieter soll die guten Sitten berücksichtigen, d. h. vor   § 817 BGB
allem das Gerechtigkeits- und Anstandsgefühl von Menschen nicht
verletzen. Verbraucher haben dabei einen Anspruch auf Unterlassung
und der Anbieter, der gegen diesen Grundsatz verstößt, eine Schadensersatzpflicht.

Unter Firmenwahrheit und -klarheit versteht man, dass die Firmierung
den Geschäftsgegenstand klar, vollständig und richtig erkennen lässt.
Das Führen von Titel- und Berufsbezeichnungen, die einen falschen
Eindruck über die Aufgaben, Zuständigkeiten und Vollmachten des
Vermittlers / Beraters (Firmenvertreter) hervorrufen können, ist unzuläs-
sig. Der Vertreter darf im Geschäftsverkehr nur die ihm aufgrund des
Vertretungsverhältnisses ausdrücklich verliehenen Titel führen.

§ 14 FinVermV

Werbegrundsätze gemäß Finanzanlagenvermittlungsverordnung

§ 14 der FinVermV schreibt eine redliche, eindeutige und nicht irreführende Information und Werbung in Bezug auf die Finanzanlagenvermittlung vor.

Dies bedeutet im Detail:

- „Alle Informationen einschließlich Werbemitteilungen, die der Gewerbetreibende dem Anleger zugänglich macht, müssen redlich, eindeutig und nicht irreführend sein. Wichtige Aussagen oder Warnungen dürfen nicht verschleiert oder abgeschwächt dargestellt werden. Werbemitteilungen müssen eindeutig als solche erkennbar sein."

- Für die vom Gewerbetreibenden verwendete oder veranlasste Werbung in Textform für den Erwerb von Anteilen oder Aktien an Investmentvermögen im Sinne § 1 Abs. 1 KAGB gilt § 302 Abs. 1–6 KAGB (Werbung).

- Enthält eine Werbemitteilung eine Willenserklärung, die unmittelbar auf die Herbeiführung eines Vertragsabschlusses über eine Finanzanlage gerichtet ist und ist die Art und Weise der Antwort bzw. ein Antwortformular vorgegeben, so sind in dieser Werbemitteilung die Informationen für den Anleger über Risiken, Kosten, Nebenkosten und Interessenkonflikte (gemäß § 13 FinVermV Abs. 2 und 3) anzugeben, soweit diese für den Vertragsabschluss relevant sind.

- Der Gewerbetreibende darf den Namen der BaFin nicht in einer Weise nennen, die so verstanden werden kann, dass die Finanzanlagen (hier geschlossene Investmentvermögen und Vermögensanlagen) von der BaFin gebilligt oder genehmigt werden oder worden sind.

§ 302 Abs. 1–6 KAGB

Regelungen zur Werbung gemäß Kapitalanlagegesetzbuch

Die Details hierzu finden sich im § 302 Abs. 1–6 KAGB:

„insbesondere darf Werbung, die eine Aufforderung zum Erwerb von Anteilen eines Investmentvermögens … enthält, keine Aussagen treffen, die im Widerspruch zu Informationen des Verkaufsprospektes … und den wesentlichen Anlegerinformationen stehen oder die Bedeutung dieser Informationen herabstufen … Bei schriftlicher Werbung ist darauf hinzuweisen, dass ein Verkaufsprospekt existiert und … die wesentlichen Anlegerinformationen verfügbar sind … und welche Zugangsmöglichkeiten bestehen"

Darüber hinaus finden sich dort besondere Vorschriften für bestimmte
Fondsarten. Die schriftliche Werbung muss einen Hinweis auf die Anlageschwerpunkte enthalten:

- Nennung des Ausstellers, wenn gemäß Vertragsbedingungen mehr   § 302 Abs. 3 KAGB
  als 35 % des Sondervermögens in Schuldverschreibungen des
  Bundes, in einem Land, den Europäischen Gemeinschaften, in einem
  Mitgliedsstaat der Europäischen Union oder seiner Gebietskörper-
  schaften u. ä. investiert werden können.

- Hinweis auf die Anlagestrategie, wenn diese die Nachbildung eines   § 302 Abs. 4 KAGB
  anerkannten Wertpapierindex oder die hauptsächliche Investition in
  Derivate vorsieht.

- ausdrücklicher Risikohinweis bei Dach-Hedgefonds auf die besonde- § 302 Abs. 6 KAGB
  ren Risiken (z. B. Totalverlustrisiko).

Regelungen zur Werbung gemäß Wertpapierdienstleistungs-Verhaltens- und Organisationsverordnung (WpDVerOV)

Diese Verordnung regelt die ebenfalls redlichen, eindeutigen und nicht
irreführenden Informationen an Privatkunden, hier in Bezug auf Finanzinstrumente im Sinne des WpHG bzw. KWG.

Nachfolgend die wichtigsten Regelungen des § 4 Abs. 2 bis 9 in Bezug   § 4 Abs. 2 bis 9
auf Finanzinstrumente: WpDVerOV

- Mögliche Vorteile eines Finanzinstruments dürfen nur hervorgehoben
  werden, wenn gleichzeitig eindeutig auf etwaige damit einherge-
  hende Risiken verwiesen wird. Wichtige Aussagen oder Warnungen
  dürfen nicht unverständlich oder abgeschwächt dargestellt werden.

- Vergleiche von Finanzinstrumenten müssen aussagekräftig und
  ausgewogen dargestellt sein. Die für den Vergleich herangezogenen
  Informationsquellen, wesentlichen Fakten und Hypothesen müssen
  angegeben werden.

- Aussagen zu der früheren Wertentwicklung eines Finanzinstruments
  oder eines Finanzindex dürfen nicht im Vordergrund der Information
  stehen und müssen

  - sich auf die unmittelbar vorausgegangenen fünf Jahre beziehen,
    in denen das Finanzinstrument angeboten oder der Finanzindex
    festgestellt worden ist (Simulationen von Wertentwicklungen sind
    weder in die Vergangenheit noch in die Zukunft zulässig); Angaben
    über einen längeren Zeitraum müssen in Zwölfmonatszeiträumen
    erfolgen; liegen Angaben nur über einen kürzeren Zeitraum als fünf
    Jahre vor, müssen Angaben zu dem gesamten Zeitraum gemacht
    werden, der sich mindestens auf einen Zeitraum von zwölf Mona-
    ten erstrecken muss.

  - Hinweise auf Renditeschwankungen in Folge von Währungs-
    schwankungen enthalten.

  - Hinweise auf Provisionen, Gebühren und Entgelte bei der Angabe
    von Bruttowertentwicklungen enthalten.

- Dargestellte Wertentwicklungen müssen jeweils deutliche Hinweise enthalten, auf welchen Zeitraum sich die Angaben beziehen und dass frühere Wertentwicklungen kein verlässlicher Indikator für die künftige Wertentwicklung sind.

- Wenn die Werbung Aussagen zu einer bestimmten steuerlichen Behandlung macht, muss sie einen deutlichen Hinweis enthalten, dass die steuerliche Behandlung von den persönlichen Verhältnissen des jeweiligen Kunden abhängt und künftig Änderungen unterworfen sein kann.

1.10.2 Gesetz gegen den unlauteren Wettbewerb (UWG)

▶ **Situation**

Herr Angermann ist bei seinen Akquise-Vorbereitungen auf das UWG gestoßen und hat deshalb ein weiteres Webinar, diesmal zum Thema „UWG" besucht und prüft seine geplanten Werbeaktivitäten im Hinblick auf die rechtliche Zulässigkeit.

▶ **Erläuterung**

Die Allgemeinheit hat einen gesetzlichen Anspruch auf einen unverfälschten Wettbewerb und kann von den Anbietern ein faires und kaufmännisch korrektes Verhalten erwarten.

Das Ziel des UWG ist der Schutz der Mitbewerber, der Verbraucher und sonstiger Marktteilnehmer.

Unzulässige Werbung

Das UWG unterscheidet bezüglich unzulässiger Werbung zwischen

- unlauteren und irreführenden Handlungen
- vergleichender Werbung
- unzumutbaren Belästigungen

Grundsätzlich unzulässig sind:

- die Ansprache zu neuen Produkten bei Kunden, mit denen Sie bisher keine derartigen Geschäfte getätigt haben
- eine Rechts- oder Steuerberatung
- kostenlose Beratung (denn diese ist grundsätzlich selbstverständlich)
- Versprechen von Geld- und Sachwerten

Unlautere geschäftliche Handlungen

§§ 3 und 4 UWG

Unter das Verbot unlauterer Werbungen fallen u. a.:

- Verkaufsförderungsmaßnahmen, wie beispielsweise Preisnachlässe, deren Bedingungen für die Inanspruchnahme nicht eindeutig angegeben sind.

- Preisausschreiben mit Werbecharakter, bei denen die Teilnahmebedingungen nicht klar angegeben sind.

- Werbung, in der Waren, Dienstleistungen, Tätigkeiten, persönliche oder geschäftliche Verhältnisse eines Mitbewerbers herabgesetzt oder verunglimpft werden.

Unlauter sind geschäftliche Handlungen, wenn sie geeignet sind, die Interessen von Mitbewerbern, Verbrauchern oder sonstigen Marktteilnehmern spürbar zu beeinträchtigen und unter die im UWG konkretisierte „schwarze Liste" fallen:

- unwahre geschäftsschädigende Tatsachenbehauptungen gegenüber Mitbewerbern (sog. „Anschwärzen")

- Behinderungswettbewerb, wie beispielsweise ein Boykottaufruf

- Ausüben von moralischem Druck oder rechtswidrige Nötigung

Irreführende geschäftliche Handlungen

§ 5 UWG

Irreführend ist eine geschäftliche Handlung, wenn sie von Angesprochenen missverstanden werden kann:

- unwahre Werbeaussagen oder

- wahre Werbeaussagen, die falsch verstanden werden können

- über die wesentlichen Merkmale der Ware oder Dienstleistung wie beispielsweise Verfügbarkeit, Art, Ausführung, Vorteile, Risiken oder Zusammensetzung.

Aus diesem Grund muss Werbung klar und wahr sein.

Die Werbung mit Selbstverständlichkeiten wie beispielsweise einem gesetzlichen Widerrufsrecht ist ebenfalls irreführend, weil etwas Selbstverständliches zu etwas Besonderem gemacht wird.

Werden eher unwichtige Aussagen im Fettdruck hervorgehoben und gleichzeitig wichtige wesentliche Informationen oder Merkmale im Kleingedruckten versteckt, so ist dies eine weitere Form irreführender Handlungen.

LF 14

SG 2.6

§ 6 UWG

Vergleichende Werbung

Eine vergleichende Werbung ist nicht generell verboten. Wenn eine Werbung, die unmittelbar oder mittelbar einen Mitbewerber oder dessen Produkt oder Dienstleistung erkennbar macht, wahr und klar ist, dann ist der Vergleich zulässig.

Unzulässige vergleichende Werbung liegt in den Fällen vor, in denen

- sich die Werbung nicht auf Waren oder Dienstleistungen für den gleichen Bedarf oder dieselbe Zweckbestimmung bezieht.
- völlig unerhebliche Eigenschaften eines Produktes hervorgehoben werden.
- eine Verwechslungsgefahr besteht.
- der gute Ruf der Marke eines Wettbewerbers ausgenutzt wird.
- wenn der Vergleich die persönlichen oder geschäftlichen Verhältnisse des Mitbewerbers oder seiner Produkte verunglimpft oder herabsetzt.
- eine geschützte Marke oder ein geschütztes Produkt imitiert oder nachgeahmt wird.

§ 7 UWG

Unzumutbare Belästigung

Sobald klar erkennbar ist, dass der Werbeempfänger keine Werbung wünscht, gilt diese als unzumutbare Belästigung und ist somit verboten. Darauf ist besonders bei Privatkunden zu achten, z. B. beim Telemarketing (telefonische Ansprache, E-Mail u. a.).

Unzumutbare Belästigungen sind:

- Telefonwerbung ohne vorherige ausdrückliche Einwilligung des Angerufenen
- Rufnummernunterdrückung
- Newsletter ohne Angabe einer Adresse, an die der Empfänger eine Nachricht zum Abbestellen des Newsletters schicken kann.

Persönliche Vertreterbesuche – auch bei Neukunden – sind erlaubt.

Darüber hinaus gilt ein erweitertes Vertragswiderrufsrecht bei telefonisch abgeschlossenen Verträgen von bis zu 1 Monat ohne Angabe von Gründen.

Zumutbare Werbung   § 7 UWG

Als zumutbare Werbung sind nachfolgende Aktionen zulässig:

- Anrufe zwecks Angebot von Produktverbesserungen bei Bestandskunden

- die Verteilung von Flyern (zu allen Produkten möglich)

- im persönlichen Gespräch, egal ob in den Geschäftsräumen des Verkäufers oder in den Räumen des Kunden (Beratung zu allen Produkten möglich)

▶ **Zusammenfassung**

Unlautere geschäftliche Handlungen:
Anschwärzen, Behinderungswettbewerb, Druckausübung

Unzumutbare Belästigung:
Telefonwerbung ohne vorherige Einwilligung, Rufnummernunterdrückung, Newsletter ohne Adresse zum Abbestellen

Unzulässige Werbung gemäß UWG

Vergleichende Werbung:
„Äpfel-mit-Birnen-Vergleich", Verwechslungsgefahr, Ausnutzen fremden Ansehens, Verunglimpfung von Mitbewerbern, Imitation oder Nachahmung geschützter Marken

Irreführende geschäftliche Handlungen:
unwahr, wahr aber missverständlich, Selbstverständlichkeit, Wichtiges kleingedruckt

Zumutbare Werbung:
Anrufe mit vorheriger Einwilligung, Anrufe bei Bestandskunden zwecks Information über bereits abgeschlossene Produkte, Flyer, persönliches Gespräch

Abb. 25: Unzulässige Werbung gemäß UWG

Zumutbare Belästigung (bezogen auf elektronische Post) (§ 7 UWG)

- Wenn der Unternehmer im Zusammenhang mit dem Waren- oder Dienstleistungsverkauf die elektronische Postadresse des Kunden erhalten hat und

- die Adresse für die Direktwerbung für eigene ähnliche Waren / Dienstleistung verwendet und

- der Kunde der Verwendung nicht widersprochen hat und

- der Kunde bei der Erhebung der Adresse und bei jeder Verwendung klar und deutlich darauf hingewiesen wird, dass er der Verwendung jederzeit widersprechen kann, ohne dass hierfür andere als die Übermittlungskosten nach den Basistarifen entstehen.

Abb. 26: Zumutbare Belästigung gemäß UWG

Nur wenn alle der oben aufgeführten Punkte vorliegen, handelt es sich um eine zumutbare Belästigung.

Übungen

1. Die Finanzanlagenvermittlungsverordnung sieht bestimmte Werbegrundsätze vor. Ordnen Sie die entsprechenden Merkmale dieser Verordnung zu.

   a) Werbung muss redlich, eindeutig und nicht irreführend sein.

   b) Werbung muss lauter, zumutbar und nicht irreführend sein.

   c) Wichtige Aussagen oder Warnungen dürfen nicht verschleiert oder abgeschwächt werden.

   d) Werbemitteilungen müssen eindeutig als solche erkennbar sein.

   e) Entspricht die Werbung den Grundsätzen der Finanzanlagenvermittlungsverordnung, so muss sie nicht mehr als solche gekennzeichnet werden.

2. Ihr Kollege Theo Wirtz diskutiert mit Ihnen über unzulässige Handlungen des Wettbewerbs. Ordnen Sie die Handlungen zu, die grundsätzlich unzulässig sind.

   a) Ausübung von Druck auf den Verbaucher

   b) für den Empfänger ungeeignete Werbung

   c) Versprechen von Geld- und Sachwerten

   d) unwahre Angaben über wesentliche Dienstleistungsmerkmale wie Verfügbarkeit, Risiken, Verwendungsmöglichkeit verbreiten

   e) Rechts- und Steuerberatung

   f) intransparente Werbung

3. Ordnen Sie die Handlungen zu, die als irreführende Werbung gekennzeichnet werden.

   a) Mitbewerber gezielt behindern

   b) unwahre Angaben über wesentliche Dienstleistungsmerkmale wie Verfügbarkeit, Risiken, Verwendungsmöglichkeit

   c) Werbung mit Selbstverständlichkeiten

   d) Verschleierung des Werbecharakters

   e) Verwechslungsgefahr zwischen Werbendem und Mitbewerbern

   f) Herabsetzung der Dienstleistung eines Mitbewerbers

4. Nennen Sie drei Beispiele unzumutbarer Belästigungen.

5. Nennen Sie die vier Formen unzulässiger Werbung gemäß UWG.

Lernziele

In diesem Kapitel erwerben Sie Fertigkeiten, Kenntnisse und Fähigkeiten zu den allgemeinen rechtlichen Grundlagen des Verbraucherschutzes.

Sie

- beschreiben die rechtlichen Grundlagen für den Verbraucherschutz, insbesondere im Hinblick auf Allgemeine Geschäftsbedingungen, Widerrufsrecht und Rückgaberecht

- beschreiben die Grundlagen des indirekten Verbraucherschutzes durch die Bundesanstalt für Finanzdienstleistungsaufsicht (BaFin)

- beschreiben die Funktionen und Aufgaben der Verbraucherschutz-Organisationen und der Schlichtungsstellen für offene und geschlossene Investmentvermögen

- beachten die Vorschriften gemäß Bundesdatenschutzgesetz hinsichtlich der Datenschutzgrundsätze für geschützte persönliche Daten

- begründen die Schutzwürdigkeit personenbezogener Daten im Hinblick auf den allgemeinen Datenschutz und die besonderen Anforderungen bei Finanzanlagegeschäften

- erklären die Datenschutzklausel in Anträgen zur Übermittlung bestimmter Daten an Dritte

1.11 Verbraucherschutz

1.11.1 Grundlagen des Verbraucherschutzes

▶ **Situation**

Mit Ihrer neuen Kollegin gehen Sie das „Kleingedruckte" im Depoteröffnungsantrag durch. Dabei stoßen Sie auf die folgende Widerrufsklausel:

> „Wenn der Kauf von Anteilen aufgrund mündlicher Verhandlungen außerhalb der ständigen Geschäftsräume desjenigen, der die Anteile oder den Verkauf der Anteile vermittelt hat, zustande kommt, ohne dass der Verkäufer oder Vermittler vom Käufer aufgefordert worden ist, so ist der Käufer nach § 305 KAGB berechtigt, seine Kauferklärung ohne Angabe von Gründen zu widerrufen …"

Dazu möchte Ihre Kollegin Näheres wissen.

▶ **Erläuterung**

Der Verbraucherschutz ist keine einheitliche Gesetzgebung – ein Verbraucherschutzgesetz selbst gibt es beispielsweise nicht –, sondern vielmehr die Zusammenfassung der Verbraucherrechte, die sich mit ihren einzelnen Bestandteilen in verschiedenen Gesetzen bzw. Gesetzesabschnitten wiederfinden.

Der Verbraucherschutz ist ein Begriff, der für verschiedene Regelungen steht, die den Verbraucher von Produkten oder Dienstleistungen aufgrund fehlender Fachkenntnis, geringerer Information und / oder Erfahrung vor einer Benachteiligung gegenüber den Herstellern oder Anbietern schützen sollen.

Allgemeine Geschäftsbedingungen (AGB)

Unter den allgemeinen Geschäftsbedingungen versteht man die Bedingungen eines Vertrages, die allgemein und unabhängig von weiteren individuellen Vereinbarungen gelten.

Ein zentraler Bestandteil der Grundlagen des Verbraucherschutzes ist das Recht der allgemeinen Geschäftsbedingungen.

§§ 305–310 BGB

Die entsprechenden Regelungen finden sich im Bürgerlichen Gesetzbuch.

Definition Verbraucher und Unternehmer

Die Vorschriften des Verbraucherschutzes zielen darauf ab, den Verbraucher, d. h. den Alltagskunden zu schützen. Ein Unternehmer kann sich deshalb nicht auf den Verbraucherschutz berufen.

LF
14

SG
2.7

§ 13 BGB	Verbraucher ist jede natürliche Person, die ein Rechtsgeschäft abschließt, deren Zweck weder ihrer gewerblichen noch ihrer selbstständigen beruflichen Tätigkeit zugerechnet werden kann.
§ 14 BGB	Dementsprechend ist ein Unternehmer eine natürliche oder juristische Person oder eine rechtsfähige Personengesellschaft, die bei Abschluss eines Rechtsgeschäfts in Ausübung ihrer gewerblichen oder selbstständigen beruflichen Tätigkeit handelt.

Widerrufsrecht bei Fernabsatzverträgen

§ 312 b BGB	Fernabsatzverträge sind Verträge über die Lieferung von Waren oder über die Erbringung von Dienstleistungen, einschließlich Finanzdienstleistungen (u. a. Dienstleistungen im Zusammenhang mit der Geldanlage), die zwischen einem Unternehmer und einem Verbraucher unter ausschließlicher Verwendung von Fernkommunikationsmitteln abgeschlossen werden.
	Fernkommunikationsmittel sind Kommunikationsmittel, die zur Anbahnung oder zum Abschluss eines Vertrags zwischen einem Verbraucher und einem Unternehmer ohne gleichzeitige körperliche Anwesenheit der Vertragsparteien eingesetzt werden können, insbesondere Briefe, Kataloge, Telefonanrufe, Telekopien, E-Mails sowie Rundfunk, Tele- und Mediendienste.
§ 312 c BGB	Der Unternehmer hat bei von ihm veranlassten Telefongesprächen seine Identität und den geschäftlichen Zweck des Kontakts bereits zu Beginn eines jeden Gesprächs ausdrücklich offen zu legen.
§ 312 d Abs. 1 und Abs. 2 BGB	„Dem Verbraucher steht bei einem Fernabsatzvertrag ein Widerrufsrecht nach § 355 BGB zu. Anstelle des Widerrufsrechts kann dem Verbraucher bei Verträgen über die Lieferung von Waren ein Rückgaberecht nach § 356 eingeräumt werden."
	„Die Widerrufsfrist beginnt abweichend von § 355 BGB bei Dienstleistungen nicht vor dem Vertragsabschluss."
§ 312 d Abs. 4 Nr. 6 BGB	„Das Widerrufsrecht, soweit nicht ein anderes bestimmt ist, besteht nicht bei Fernabsatzverträgen,
	■ die die Lieferung von Waren oder die Erbringung von Finanzdienstleistungen zum Gegenstand haben, deren Preis auf dem Finanzmarkt Schwankungen unterliegt, auf die der Unternehmer keinen Einfluss hat und die innerhalb der Widerrufsfrist auftreten können, insbesondere Dienstleistungen im Zusammenhang mit Aktien, Anteilsscheinen, die von einer Kapitalverwaltungsgesellschaft oder einer ausländischen Verwaltungsgesellschaft ausgegeben werden, und anderen handelbaren Wertpapieren, Devisen, Derivaten oder Geldmarktinstrumenten."

Für offene Investmentvermögen gilt bezüglich des Widerrufsrechts
§ 305 KAGB. Reine Depoteröffnungen fallen dagegen unter die Widerrufsrechte des BGB.

Widerrufsrecht bei Haustürgeschäften

§ 312 BGB

> „Bei einem Vertrag zwischen einem Unternehmer und einem Ver-
> braucher, der eine entgeltliche Leistung zum Gegenstand hat und zu
> dessen Abschluss der Verbraucher
>
> - durch mündliche Verhandlungen an seinem Arbeitsplatz oder im
>   Bereich einer Privatwohnung
>
> - anlässlich einer vom Unternehmer oder von einem Dritten zumindest
>   auch im Interesse des Unternehmers durchgeführten Freizeitveran-
>   staltung (beispielsweise die so genannten „Kaffeefahrten") oder
>
> - im Anschluss an ein überraschendes Ansprechen in Verkehrsmit-
>   teln oder im Bereich öffentlich zugänglicher Verkehrsflächen
>
> bestimmt worden ist (Haustürgeschäft), steht dem Verbraucher ein
> Widerrufsrecht und wahlweise ein Rückgaberecht zu, wenn zwi-
> schen dem Verbraucher und dem Unternehmer im Zusammenhang
> mit diesem oder einem späteren Geschäft auch eine ständige Verbin-
> dung aufrechterhalten werden soll."

Widerrufsrecht beim Kauf und Verkauf von Anteilen oder Aktien offener Investmentvermögen

Auch beim Kauf bzw. Verkauf von offenen Investmentvermögen hat
der Verbraucher ein Widerrufsrecht, wenn das Verkaufsgespräch nicht
in den Räumen des Verkäufers durch mündliche Verhandlung stattfand.
Handelt es sich um schriftliche Vertragsverhandlungen oder wurde das
Geschäft in den Geschäftsräumen des Anlagevermittlers geschlossen,
so besteht kein Widerrufsrecht. Ausschlaggebend für den Fristbeginn
des Widerrufsrechts sind die Aushändigung der Antragskopie bzw. die
Zusendung der Kaufabrechnung, die jeweils eine Widerrufsbelehrung
gemäß den gesetzlichen Vorgaben enthalten müssen.

§ 305 KAGB

Das Widerrufsrecht besteht innerhalb einer Frist von 2 Wochen nach
Kauf der Anteile (es gilt die rechtzeitige Absendung der Widerrufserklärung). Der Widerruf muss schriftlich erfolgen und bedarf keiner Angabe
von Gründen. Bei Fernabsatzgeschäften gilt § 312 d Abs. 4 Nr. 6 BGB.

Hat der Käufer vor dem Widerruf bereits Zahlungen geleistet, so sind
ihm von der Kapitalverwaltungsgesellschaft gegen Rückübertragung
der erworbenen Anteile der Wert der bezahlten Anteile am Tag nach
dem Eingang der Widerrufserklärung und die bezahlten Kosten zu

erstatten. Diese Erstattungsverpflichtung muss innerhalb von 30 Tagen nach Widerruf erfolgt sein. Die Frist beginnt für die Kapitalverwaltungsgesellschaft mit Empfang der Widerrufserklärung.

Das Widerrufsrecht besteht nicht, wenn ein Gewerbetreibender die Anteile für sein Betriebsvermögen erworben hat!

Für geschlossene Investmentvermögen gelten die Widerrufsrechte des BGB.

§ 355 BGB   **Widerrufsrecht bei Verbraucherverträgen**

Der Widerruf muss fristgerecht, innerhalb von 14 Tagen, schriftlich erfolgen. Es genügt die rechtzeitige Absendung des schriftlichen Widerrufs und es ist keine Begründung erforderlich. Grundlage für diese Frist ist, dass dem Verbraucher die Widerrufsbelehrung schriftlich mitgeteilt wurde. Wird dies versäumt, dann behält der Verbraucher sein Widerrufsrecht auch über die o. g. Frist hinaus.

§ 356 BGB   **Rückgaberecht bei Verbraucherverträgen**

„Das Widerrufsrecht nach § 355 BGB kann, soweit dies ausdrücklich durch Gesetz zugelassen ist, beim Vertragsabschluss aufgrund eines Verkaufsprospekts im Vertrag durch ein uneingeschränktes Rückgaberecht ersetzt werden. Voraussetzung ist, dass

- im Verkaufsprospekt eine entsprechende Belehrung über das Rückgaberecht enthalten ist und

- der Verbraucher den Verkaufsprospekt in Abwesenheit des Unternehmers eingehend zur Kenntnis nehmen konnte.

Das Rückgaberecht kann innerhalb der Widerrufsfrist, die jedoch nicht vor Erhalt der Sache beginnt, und nur durch Rücksendung der Sache oder, wenn die Sache nicht als Paket versandt werden kann, durch Rücknahmeverlangen ausgeübt werden. Im Übrigen sind die Vorschriften über das Widerrufsrecht entsprechend anzuwenden."

Im Anlagegeschäft, bei dem regelmäßig keine effektiven Wertpapierstücke mehr ausgehändigt werden, spielt deshalb das Rückgaberecht keine Rolle. Es gilt das zuvor beschriebene Widerrufsrecht.

Rückgaberecht bei nicht rechtzeitiger Aushändigung eines Beratungsprotokolls siehe Kapitel 1.8.5 Finanzanlagenvermittlungsverordnung (FinVermV).

1.11.2 Bundesanstalt für Finanzdienstleistungsaufsicht (BaFin)

▶ **Erläuterung**

Als oberste Aufsichtsbehörde überwacht die Bundesanstalt für Finanzdienstleistungsaufsicht (BaFin) Banken, Versicherer, Finanz- und Anlagegesellschaften, um ein funktionsfähiges, stabiles und integres deutsches Finanzsystem zu gewährleisten. Bankkunden, Versicherte und Anleger sollen dem Finanzsystem vertrauen können.

Zu den wesentlichen Aufgaben zählen:

- Solvenzaufsicht (= Zahlungsfähigkeit der Unternehmen)
- Marktaufsicht
- Anlegerschutz

Die Aufsicht ist in 4 Verantwortungsbereiche aufgeteilt:

- Bankenaufsicht
- Versicherungsaufsicht
- Wertpapieraufsicht / Asset Management
- Querschnittsaufgaben

1. Verantwortungsbereich: Bankenaufsicht

Die rechtliche Grundlage für die Aufsicht über Banken und Finanzdienstleister sind das Kreditwesengesetz und das Wertpapierhandelsgesetz sowie weitere Spezialgesetze (z. B. Depotgesetz).

Vor allem die Solvenzaufsicht ist von zentraler Bedeutung, denn sie überwacht, ob genügend Eigenkapital und Liquidität bzw. die entsprechenden Risikokontrollmechanismen vorhanden sind. Dies soll u.a. die Sicherheit der den Instituten anvertrauten Gelder sichern.

2. Verantwortungsbereich: Versicherungsaufsicht

Kunden müssen sich darauf verlassen können, dass ein Versicherer über einen sehr langen Zeitraum hinweg stets die Leistungen erbringen kann, die sie mit ihm vereinbart haben. Die BaFin kontrolliert die Versicherungsunternehmen und trägt dazu bei, dass die Versicherer das Vertrauen, das die Kunden in sie setzen, rechtfertigen.

3. Verantwortungsbereich: Wertpapieraufsicht / Asset-Management

Ziel dieses Teils der Aufsicht ist es, die Finanzmarkttransparenz und Integrität sowie den Anlegerschutz zu gewährleisten. Dazu gehören auch die Genehmigung von Verkaufsprospekten von Wertpapieren und Vermögensanlagen.

Der Bereich Asset Management umfasst die Aufsicht von Finanzdienstleistungsinstituten und Kapitalverwaltungsgesellschaften.

Die Aufgaben der BaFin innerhalb des Verantwortungsbereiches der Wertpapieraufsicht im Detail

Abgrenzung von der Börsenaufsicht

Die Börsenaufsicht beaufsichtigt die ordnungsgemäße Durchführung des Börsenhandels, wie z. B. Preisbildungsprozesse.

Die BaFin bekämpft die Insidergeschäfte und Marktmanipulationen, überprüft die Veröffentlichung von Ad-hoc-Publizität, Director's Dealings und bedeutenden Stimmrechtsmeldungen.

Bekämpfung von Insidergeschäften

Insider sind Personen, die über ihre Tätigkeit an unternehmensinterne Informationen gelangen können, die sich z. B. auf den Börsenkurs auswirken können. Die Ausnutzung von Insiderinformationen für Wertpapierkäufe oder -verkäufe ist verboten.

Ad-hoc-Publizität

Diese soll dem Insiderhandel rechtzeitig entgegenwirken. Denn insbesondere die großen börsennotierten Unternehmen sind verpflichtet, schnell und umfassend über Insiderinformationen öffentlich zu informieren, um allen Anlegern eine einheitliche Basis für ihre Anlageentscheidungen zu geben. Ad-hoc steht hier für unverzüglich. Betroffen sind vor allem Informationen, die Auswirkungen auf den Börsenkurs haben können.

Director's Dealings

Vorstände und Aufsichtsräte müssen ihre eigenen Wertpapiergeschäfte offen legen. Auch dies ist eine Maßnahme gegen den Insiderhandel und zur Verbesserung der Markttransparenz.

Marktmanipulation

Die BaFin verfolgt Marktmanipulationen, die aus der Verbreitung von falschen Informationen oder zurückgehaltenen Informationen entstanden sind.

Bedeutende Stimmrechtsanteile

Zur Markttransparenz gehört es, einen Einblick in die Aktionärsstruktur zu haben. Dabei sind bestimmte Schwellenwerte (ab 5 % Stimmrechtsanteil eines Aktionärs) zu beachten, die zu einer entsprechenden Meldepflicht an die BaFin führen.

Aufsicht über Kapitalverwaltungsgesellschaften

Überwacht werden die Eigenkapitalausstattung, die Zuverlässigkeit und fachliche Geeignetheit der Geschäftsleitung und die weiteren Vorschriften für Kapitalverwaltungsgesellschaften, die das Kapitalanlagegesetzbuch regelt. Auch die Produktaufsicht gehört dazu, d. h. Anlagebedingungen von Publikumsinvestmentvermögen müssen genehmigt werden und es sind bestimmte Anlagevorschriften zu beachten.

4. Verantwortungsbereich: Querschnittsaufgaben

Die drei Querschnittsabteilungen und die Abteilung Geldwäscheprävention der BaFin übernehmen Aufgaben, die sektorübergreifend alle Aufsichtsbereiche betreffen. Sie arbeiten eng mit den Säulen der Banken-, Versicherungs- und Wertpapieraufsicht zusammen. Die Abteilung Geldwäscheprävention ist tätig, um Transaktionen mit kriminellem Hintergrund zu verhindern.

Q 1 – Risiko- und Finanzmarktanalysen

Q 2 – Verbraucher- und Anlegerschutz; besondere Rechtsfragen

Hier werden Grundsatzfragen des Verbraucherschutzes und konkrete Anfragen und Beschwerden zu Banken, Finanzdienstleistern und Versicherungsunternehmen bearbeitet.

Die Abteilung beaufsichtigt auch die bestehenden Sicherungseinrichtungen – wie z. B. die Einlagensicherungs- und Entschädigungseinrichtungen.

Q 3 – Integrität des Finanzsystems

In Deutschland dürfen Bank-, Finanzdienstleistungs- und Versicherungsgeschäfte nicht ohne staatliche Erlaubnis betrieben werden. Die BaFin wacht über dieses Verbot. Sie hat dazu weitreichende Ermittlungs- und Eingriffskompetenzen:

Prävention von Geldwäsche und Terrorismusfinanzierung

Aufgabe der BaFin ist es, einen Missbrauch des Finanzsystems zu Zwecken der Geldwäsche, der Terrorismusfinanzierung und betrügerischen Aktivitäten zulasten der Institute zu verhindern. Zugleich sorgt sie für die Umsetzung der geldwächerechtlichen Pflichten in den von ihr beaufsichtigten Instituten und Versicherungsunternehmen.

▶ Praxistipp

Die BaFin bietet Verbrauchern auf ihrer Website www.bafin.de Infobroschüren zum kostenlosen Download an.

Ein Beispiel ist die Broschüre „Geldanlage – Wie Sie unseriöse Anbieter erkennen". Darin finden sich viele praktische Tipps, worauf grundsätzlich bei der Geldanlage und Produktauswahl zu achten ist. Zum Beispiel dieser generelle Grundsatz:

> „Machen Sie sich bereits zu Hause Gedanken über Ihre Anlageziele und prüfen Sie Ihre finanziellen Möglichkeiten. Und: Lassen Sie sich nicht drängen, sondern schlafen Sie immer noch mindestens eine Nacht darüber, bevor Sie Ihr Geld investieren."

▶ Zusammenfassung

Aufsichtsbehörde:
Bundesanstalt für Finanzdienstleistungsaufsicht (BaFin)

Aufsicht über Banken, Versicherer, Finanz- und Anlagegesellschaften sowie Fonds		
Versicherungs-aufsicht	Bankenaufsicht	Wertpapieraufsicht / Asset Management
Ziele	**Ziele**	**Ziele**
▪ Belange der Versicherten ausreichend wahren, ▪ sicherstellen, dass die Verpflichtungen aus den Versicherungs-verträgen jederzeit erfüllbar sind.	Missständen im Kreditwesen entgegenzuwirken, die ▪ die Sicherheit der den Instituten anvertrauten Vermögenswerte gefährden, ▪ die ordnungsgemäße Durchführung der Bankgeschäfte beeinträchtigen oder ▪ erhebliche Nachteile für die Gesamtwirtschaft nach sich ziehen können.	Wertpapieraufsicht: ▪ Transparenz und Integrität des Finanzmarktes ▪ Anlegerschutz Asset Management: ▪ Aufsicht über Finanzdienstleistungsinstitute und Kapitalverwaltungsgesellschaften

Querschnittsaufgaben			
Risiko- und Finanzmarkt-analyse	Verbraucher- und Anleger-schutz	Integrität des Finanz-systems	Prävention von Geldwäsche und Terrorismus-finanzierung

Quelle: angelehnt an die Ausführungen der Bundesanstalt für Finanzdienstleistungsaufsicht www.bafin.de

Abb. 27: Bundesanstalt für Finanzdienstleistungsaufsicht (BaFin)

Wertpapieraufsicht / Asset Management und Bankenaufsicht

Wertpapieraufsicht / Asset Management		Bankenaufsicht
Kapitalverwaltungsgesellschaften	Investmentvermögen	Banken, Sparkassen u. a.
gesetzliche Grundlage: KAGB		gesetzliche Grundlage: KWG, WpHG u. a.
Solvenzaufsicht (Kapitalausstattung, Organisation, Geschäftsleitung u. a.)	Produktaufsicht (Vertragsbedingungen von Publikumsinvestmentvermögen Anlagevorschriften, Vertrieb ausländischer Investmentvermögen)	Solvenzaufsicht (Eigenkapital, Liquidität, Risikokontrollmechanismen u. a.)
Marktaufsicht (Marktverhalten der KVGs)		Zusammenarbeit mit der Deutschen Bundesbank (prüft Berichte und Meldungen)

Quelle: angelehnt an die Ausführungen der Bundesanstalt für Finanzdienstleistungsaufsicht www.bafin.de

Abb. 28: Wertpapieraufsicht, Asset Management und Bankenaufsicht

1.11.3 Gewerbeaufsicht

Die regionalen Gewerbeaufsichtsämter sind für die Aufsicht und Zulassung der gewerblichen Finanzanlagenvermittler zuständig, die ausschließlich Finanzanlagen vermitteln und damit nicht der Aufsicht der BaFin und den Regelungen des KWG unterliegen. Die Gewerbeaufsichtsämter sind damit ein Teil des indirekten Verbraucherschutzes.

Die bestehenden Versicherungsvermittlerregister werden für die Registrierung der Finanzanlagenvermittler genutzt. Die Registrierung muss umgehend nach Aufnahme der Tätigkeit als Finanzanlagenvermittler erfolgen. Die Zulassung als Finanzanlagenvermittler erfolgt durch das jeweils für den einzelnen Finanzanlagenvermittler zuständige Aufsichtsamt entsprechend den im § 34 f GewO (siehe Kapitel 1.9.1 Rechtsstellung) festgelegten Voraussetzungen.

1.11.4 Schlichtungsstellen

▶ **Erläuterung**

Gerade wenn es um Geld geht, können schnell Meinungsverschieden-
heiten zwischen Anleger und Anbieter entstehen.

Schlichtungsstellen – auch Ombudsstellen genannt – versuchen Ver-
braucherrechtsstreitigkeiten außergerichtlich zu klären. Diese Schlichtungsstellen müssen unabhängig von den Streitparteien sein, leicht
zugänglich und kostengünstig sowie vergleichsweise schnell den Streit
beilegen können.

Für Streitigkeiten im Zusammenhang mit dem Kapitalanlagegesetzbuch   § 342 KAGB
kann sich der Anleger sowohl an die BaFin als auch an die Ombudsstelle des BVI wenden.

Verbraucherschutz-Organisationen (Verbraucherzentralen)

Die Verbraucherzentralen sind anbieterunabhängige, überwiegend
öffentlich finanzierte, gemeinnützige Organisationen. Ziel ihrer Arbeit
ist es, Verbraucher in Fragen des privaten Konsums zu informieren, zu
beraten und zu unterstützen.

Die grundsätzlichen Aufgaben der Verbraucherschutz-Organisationen
sind:

- Verfolgung von Rechtsverstößen (etwa gegen das Gesetz gegen
  unlauteren Wettbewerb) durch Abmahnungen und Klagen und die
  Vertretung von Verbraucherinteressen auf politisch-parlamentarischer
  Ebene

- Information der Medien und Öffentlichkeit über wichtige Verbrau-
  cherthemen

- Durchführung von verbraucherrelevanten Aktionen, Projekten und
  Ausstellungen

- Zusammenarbeit mit Schulen und Einrichtungen der Jugend- und
  Erwachsenenbildung

Weitere Informationen finden Sie unter: www.verbraucherzentrale.de

Schlichtungsstelle der Bundesanstalt für Finanzdienstleistungsauf-
sicht (BaFin)

Die Schlichtungsstelle der Aufsichtsbehörde ist mit zwei Schlichtern
besetzt, die unabhängig und an keine Weisungen gebunden sind.

Die Schlichtungsstelle der BaFin ist zuständig für alle Streitigkeiten
im Zusammenhang mit dem Kapitalanlagegesetzbuch, die nicht in die
Zuständigkeit der Ombudsstelle des BVI fallen.

Der Verbraucher kann sich grundsätzlich an jede Schlichtungsstelle wenden, ist die jeweils andere Schlichtungsstelle zuständig, so werden Anfragen untereinander weitergereicht.

Mehr Informationen finden Sie auf der Website der BaFin www.bafin.de unter

Startseite → Verbraucher → Beschwerden & Ansprechpartner → Schlichtungsstelle nach dem Kapitalanlagegesetzbuch

BVI-Ombudsstelle für Investmentfonds

Die Ombudsstelle für Investmentfonds des BVI besteht aus zwei unabhängigen und neutralen Ombudsmännern (sofern eine Frau diese Funktion übernimmt, spricht man entsprechend von einer Ombudsfrau) und legt Streitigkeiten zu offenen und geschlossenen Investmentvermögen, Sparverträgen auf Fondsbasis (z. B. „Riester") oder dem Depotgeschäft außergerichtlich bei.

Sie ist zuständig für Streitigkeiten mit Unternehmen, die sich diesem Schlichtungsverfahren angeschlossen haben.

Das Verfahren der BVI-Ombudsstelle für Investmentfonds ist ein für den Antragsteller kostenfreies außergerichtliches Schlichtungsverfahren für Privatanleger bzw. Verbraucher bei Streitigkeiten im Zusammenhang mit dem Kapitalanlagegesetzbuch (KAGB).

Das Schlichtungsverfahren ist auf eine einvernehmliche Lösung von Konflikten ausgerichtet.

Ein unabhängiger und neutraler Ombudsmann unterbreitet den beteiligten Parteien auf Grundlage ihrer schriftlichen Eingaben einen Schlichtungsvorschlag, der ihre Meinungsverschiedenheit unter Berücksichtigung der Rechtslage und der Gebote von Treu und Glauben angemessen beilegen soll.

§ 204 Abs. 1 Nr. 4 BGB

Der Ombudsmann spricht Empfehlungen aus oder kann seit 2014 auch für das Unternehmen bindende Schiedsprüche gegenüber einer Gesellschaft bis zu einem Wert von 10.000 € erlassen, wenn es nicht um Rechtssachen von grundsätzlicher Bedeutung geht.

§ 204 Abs. 1 Nr. 4 BGB

Das einvernehmliche Ombudsverfahren des BVI hemmt die Verjährung.

Weitere Verfahrensregeln sind in der Verfahrensordnung der Ombudsstelle für Investmentfonds des BVI niedergelegt.

Mehr Informationen finden Sie unter www.ombudsstelle-investmentfonds.de

Ombudsstelle für geschlossene Fonds und geschlossene Investmentvermögen

Die Ombudsstelle geschlossene Fonds ist seit März 2008 die zentrale Anlaufstelle für Beschwerden im Zusammenhang mit Beteiligungen an geschlossenen Fonds (Vermögensanlagegesetz) und geschlossenen Investmentvermögen (KAGB).

Sie ist eine unabhängige Instanz zur außergerichtlichen Schlichtung von individuellen Streitfällen zwischen Anlegern und den Unternehmen, die sich diesem Ombudsverfahren angeschlossen haben.

Die Ombudspersonen, die die Streitigkeiten zwischen den Beteiligten schlichten, genießen richterliche Unabhängigkeit und sind an keinerlei Weisungen Dritter gebunden.

Auch über diese Ombudsstelle finden Sie weitere Informationen im Internet unter: www.ombudsstelle-gfonds.de

1.11.5 Datenschutz

▶ **Situation**

Im Depot einer Kapitalverwaltungsgesellschaft findet sich folgender datenschutzrechtlicher Hinweis im Depoteröffnungsantrag:

> „Ich bin damit einverstanden, dass die Kapitalverwaltungsgesellschaft XY meine personenbezogenen Daten speichert und verarbeitet, soweit dies zur zweckentsprechenden Durchführung der Geschäftsverbindung erforderlich ist. Die Kapitalverwaltungsgesellschaft XY ist ferner berechtigt, dem für mich zuständigen Vermittler bzw. der Vertriebsorganisation, der der Vermittler angehört, die Daten dieses Antrages sowie die Umsätze und Depotbestände meines Depots zu übermitteln. Die Einwilligung zur Datenweitergabe kann ich jederzeit ohne Einfluss auf den Depotvertrag gegenüber der Kapitalverwaltungsgesellschaft XY widerrufen. Die Kapitalverwaltungsgesellschaft XY nutzt die von mir erhobenen Daten auch für Zwecke der Werbung oder der Markt- und Meinungsforschung. Der Verarbeitung und Nutzung meiner personenbezogenen Daten für Zwecke der Werbung und Marktforschung kann ich jederzeit widersprechen."

▶ Erläuterung

Was ist der Hintergrund dieser Datenschutzklausel, die jeder Depoteröffnungsantrag enthält?

Unternehmen und ihre Mitarbeiter müssen die gesetzlichen Grundlagen für den Datenschutz gemäß dem Bundesdatenschutzgesetz (BDSG) beachten.

Bundesdatenschutzgesetz (BDSG)

Dieses Gesetz schützt die Daten von natürlichen Personen (also jeden einzelnen Privatanleger), nicht jedoch von juristischen Personen.

§ 1 BDSG	Ziel des BDSG ist, den Einzelnen davor zu schützen, dass mit seinen personenbezogenen Daten in einer Art und Weise umgegangen wird, die sein Persönlichkeitsrecht oder seine Privatspäre beeinträchtigen.
§ 2 BDSG	Personenbezogene Daten sind Einzelangaben über persönliche oder sachliche Verhältnisse einer bestimmten oder bestimmbaren natürlichen Person (Betroffener).
§ 3 Abs. 9 BDSG	Darüber hinaus gibt es auch noch besondere Arten personenbezogener Daten, deren Erfassung nur in begründeten Ausnahmefällen zulässig ist. Besondere Arten personenbezogener Daten sind Angaben über die rassische und ethnische Herkunft, politische Meinungen, religiöse oder philosophische Überzeugungen, Gewerkschaftszugehörigkeit, Gesundheit oder Sexualleben.
§ 4 BDSG	Die Erhebung, Verarbeitung und Nutzung personenbezogener Daten ist nur zulässig, soweit dieses Gesetz oder eine andere Rechtsvorschrift dies erlaubt oder anordnet oder der Betroffene eingewilligt hat.
§ 28 Abs. 1 BDSG	Das Erheben, Speichern, Verändern oder Übermitteln personenbezogener Daten oder ihre Nutzung als Mittel für die Erfüllung eigener Geschäftszwecke ist zulässig

■ wenn es für die Begründung, Durchführung oder Beendigung eines rechtsgeschäftlichen oder rechtsgeschäftsähnlichen Schuldverhältnisses mit dem Betroffenen erforderlich ist.

■ soweit es zur Wahrung berechtigter Interessen der verantwortlichen Stelle erforderlich ist und kein Grund zu der Annahme besteht, dass das schutzwürdige Interesse des Betroffenen an dem Ausschluss der Verarbeitung oder Nutzung überwiegt, oder

■ wenn die Daten allgemein zugänglich sind oder die verantwortliche Stelle sie veröffentlichen dürfte, es sei denn, dass das schutzwürdige Interesse des Betroffenen an dem Ausschluss der Verarbeitung oder Nutzung gegenüber dem berechtigten Interesse der verantwortlichen Stelle offensichtlich überwiegt.

Datenschutzaufsichtsbehörde

§ 38 BDSG

Diese überprüft im Einzelfall die Einhaltung der Datenschutzbestimmungen der nichtöffentlichen Stellen (d. h. keine Behörden, sondern Unternehmen) und führt ein Register, in dem die Datenverarbeitungsverfahren der meldepflichtigen Unternehmen registriert werden.

LF 14

SG 2.7

Datenschutzbeauftragter

Unternehmen, die personenbezogene Daten automatisiert verarbeiten, haben einen Beauftragten für den Datenschutz zu bestellen. Das Gleiche gilt, wenn personenbezogene Daten auf andere Weise erhoben, verarbeitet oder genutzt werden und damit in der Regel mindestens 20 Personen beschäftigt sind. Dies gilt jedoch nicht für Unternehmen, die in der Regel höchstens neun Personen ständig mit der automatisierten Verarbeitung personenbezogener Daten beschäftigen.

Ein Datenschutzbeauftragter (DSB) wirkt im Unternehmen auf die Einhaltung des Datenschutzes hin. Die Person kann Mitarbeiter der Organisation sein oder als externer Datenschutzbeauftragter bestellt werden. Die Aufgaben und Tätigkeiten sind ebenfalls im BDSG genau geregelt.

§ 4 f und § 4 g BDSG

▶ Zusammenfassung

Grundlagen des Datenschutzes

- Personenbezogene Daten dürfen nur für einen **eindeutigen und rechtmäßigen Zweck** verwendet werden.

§§ 33 – 35 BDSG

- **Einwilligung** zur Speicherung und Verarbeitung der Daten durch die betroffene Person erforderlich (zusätzlich erforderlich für die elektronische Datenverarbeitung).

- die betroffene Person, von der Daten erhoben werden, hat nachfolgende Rechte:

  - **Auskunftsrecht**, d. h. Einsicht in die erfassten Daten

  - **Widerspruchsrecht**, d. h. die Einwilligung kann zurückgezogen werden.

§ 20 Abs. 5 BDSG

- Datenerfassende Unternehmen müssen die **Sicherheit der Daten durch entsprechende technische und organisatorische Maßnahmen** gewährleisten.

- Vorhandensein eines **Datenschutzbeauftragten**

Übungen

1. Wer kann sich auf den Verbraucherschutz berufen?

   a) Verbraucher

   b) Unternehmer

   c) Fondsanleger

   d) natürliche Personen in Ausübung einer selbstständigen beruflichen Tätigkeit

   e) Kapitalverwaltungsgesellschaften

2. Ihr Termin im Privathaus Ihres Kunden Herrn Peter Knurrhahn verlief zunächst erfolgreich mit der Eröffnung eines Fondsdepots. 1½ Wochen später erhalten Sie einen Anruf von Herrn Knurrhahn, dass er es sich anders überlegt hätte und die Kontoeröffnung widerrufen möchte.

   Welche Überlegungen dazu sind richtig?

   a) Herr Knurrhahn hätte sich spätestens 1 Woche nach dem Termin bei Ihnen melden müssen.

   b) Herr Knurrhahn kann die Depoteröffnung widerrufen und muss dazu einen schriftlichen Widerruf an die Kapitalverwaltungsgesellschaft schicken.

   c) Ein Widerruf wäre nur möglich gewesen, wenn der Vertrag in Ihren Geschäftsräumen zustande gekommen wäre.

   d) Ein Widerruf ist innerhalb von 14 Tagen nach Erhalt einer Kopie des Depoteröffnungsantrages möglich.

   e) Ein Widerruf ist innerhalb von 14 Tagen nach Erhalt der wesentlichen Anlegerinformation möglich.

3. Nennen Sie die vier Aufsichtsbereiche der Bundesanstalt für Finanzdienstleistungsaufsicht.

4. Nennen Sie drei wesentliche Aufgaben der Bundesanstalt für Finanzdienstleistungsaufsicht.

5. Beschreiben Sie, unter welche Aufsicht Kapitalverwaltungsgesellschaften, offene und geschlossene Publikumsinvestmentvermögen fallen.

6. Beschreiben Sie die Aufgaben einer Schlichtungsstelle.

7. Sie diskutieren mit Ihrem Kollegen über die Aufgaben der Verbraucherzentralen bzw. Schlichtungsstellen. Welche der genannten Aussagen trifft zu?

   a) Die Verbraucherzentralen schlichten außergerichtliche Streitigkeiten von Finanzanlageprodukten.

   b) Die Schlichtungsstelle der Bundesanstalt für Finanzdienstleistungsaufsicht schlichtet Streitigkeiten im Zusammenhang mit Finanzinstrumenten.

   c) Die Ombudsstelle des BVI schlichtet Streitigkeiten zu deutschen Publikumsfonds mit Unternehmen, die sich diesem Schlichtungsverfahren angeschlossen haben.

   d) Die Ombudsstelle für geschlossene Fonds wahrt die Interessen der Anbieter von geschlossenen Fonds bzw. geschlossenen Investmentvermögen und klärt deren Streitigkeiten mit Anlegern.

8. Ihr Kunde Peter Schneider fragt Sie nach den Ansprüchen, die sich für ihn nach dem Bundesdatenschutzgesetz ergeben. Welche Antwort dürfen Sie ihm geben?

   a) Personenbezogene Daten dürfen für rechtmäßige Zwecke ohne Einwilligung des Kunden gespeichert werden.

   b) Die Speicherung personenbezogener Daten bedarf der Einwilligung durch den Betroffenen.

   c) Die Kapitalverwaltungsgesellschaft hat ein umfassendes Auskunftsrecht zu allen personenbezogenen Daten.

   d) Der Anleger hat ein Auskunftsrecht zu den über ihn erfassten Daten.

   e) Für die Sicherheit der Daten müssen entsprechende technische und organisatorische Maßnahmen gewährleistet sein.

   f) Die Erfassung der Daten darf erst nach der so genannten Günstigerprüfung erfolgen.

9. Ordnen Sie die nachfolgenden Angaben den entsprechenden Aufsichtsbereichen der BaFin zu:

   1) gesetzliche Grundlage: KAGB

   2) gesetzliche Grundlage: KWG

   a) Wertpapieraufsicht für Kapitalverwaltungsgesellschaften

   b) Bankenaufsicht für Banken und Sparkassen

10. Nennen Sie vier grundsätzliche Aufgaben der Verbraucherschutzorganisatoren.

2.   Offene Investmentvermögen

2.1   Der Markt für offene Investmentvermögen

▶ Erläuterungen

Die Geschichte der offenen Investmentvermögen begann 1860 in Schottland mit der Gründung der ersten Investmentgesellschaft. In Deutschland wurde die erste Kapitalverwaltungsgesellschaft 1949 gegründet.

Der erste globale Aktienfonds und der erste offene Immobilienfonds wurden 1959 aufgelegt.

1966 folgt der erste deutsche Rentenfonds.

1967 wurden die ersten Investment-Sparpläne angeboten.

1983 beginnt die Förderung der Vermögensbildung von Arbeitnehmern mittels offener Investmentvermögen in Form der Anlagemöglichkeit als vermögenswirksame Leistungen.

Mit dem zweiten Finanzmarktförderungsgesetz werden 1994 Geldmarktfonds eingeführt.

1998 werden mit dem dritten Finanzmarktförderungsgesetz Dachfonds, gemischte Wertpapier- und Grundstücks-Sondervermögen, Indexfonds u. a. zugelassen.

2004 tritt das deutsche Investmentgesetz in Kraft.

Das Kapitalanlagegesetzbuch (KAGB) ersetzt ab 22. Juli 2013 das Investmentgesetz und schafft eine gemeinsame gesetzliche Grundlage für offene und geschlossene Investmentvermögen.

Der Ausblick

In diesem Buch geht es um die Grundlagen der Geldanlage in offene und geschlossene Investmentvermögen. Es finden sich zusätzlich immer wieder Hinweise, wo Sie Informationen über die Auswirkungen aktueller Marktentwicklungen auf die verschiedenen Fondsarten finden können. Zusammen mit den Informationen Ihres Produktgebers sind Sie dann gut gerüstet für Ihr Verkaufsgespräch.

Das Fondsmanagement muss nicht erst seit den jüngsten Finanzmarktkrisen besonders darauf achten, Renditechancen und Risiken rechtzeitig zu erkennen und das Ziel, das Vermögen der Anleger zu vermehren, nicht aus den Augen zu verlieren.

In Deutschland herrscht der Grundsatz „Sparen ja, aber mit Vernunft".
Das heißt, dass deutsche Anleger großen Wert auf Sicherheit legen
und dafür lieber auf Rendite verzichten. Aus diesem Grund liegt der
Anteil insbesondere von Aktienfonds unter dem internationalen Durchschnitt.

Dazu kommt, dass viele Anleger sich nur wenig in Finanzfragen aus-
kennen. Die Finanzmarktkrise wurde auch zur Vertrauenskrise für die
Branche. Neue gesetzliche Regelungen zum Anlegerschutz und zur
Anlegerinformation bis hin zu neuen Anforderungen an die Sachkunde
und Qualifizierung der Finanzanlagenvermittler tragen seither diesem
Umstand Rechnung.

Die Herausforderungen für die Zukunft liegen für die Investmentbranche darin, das Vertrauen der Anleger zu bewahren und sich dem
zunehmenden Wettbewerb sowie der steigenden Komplexität der
Fondsprodukte zu stellen.

Der BVI veröffentlicht regelmäßig umfangreiche Statistiken zur Entwicklung der Investmentbranche.

Die Investmentfondsbranche ist eine wichtige und eigenständige Säule
im Finanzdienstleistungssektor geworden. Jeder Privatanleger kann
sich mit Hilfe offener Investmentvermögen auch mit kleinen und flexib-
len Anlagebeträgen direkt an den Finanzmärkten weltweit beteiligen.

Unter dem Aspekt der Risikostreuung stehen dem Anleger Investmentvermögen verschiedener Anlageklassen und Anlageschwerpunkte
zur Auswahl. Diese können wiederum im Rahmen von individuellen
Anlagekonzepten passend zu den individuellen Anlegerbedürfnissen
und angepasst auf verschiedene Lebensphasen miteinander kombiniert
werden.

Der Staat gewährt staatliche Förderungen für die Vermögensbildung
(Anlage von vermögenswirksamen Leistungen) und die private Altersvorsorge (sog. Riester-Förderung).

Indirekt sind Privatpersonen beispielsweise über Versicherungen, die
wiederum das Geld ihrer Kunden in Investmentvermögen investieren,
an den Märkten und deren Entwicklung beteiligt.

Auch für den Arbeitsmarkt leistet die Branche mit geschätzten
300–400.000 Arbeitsplätzen einen wichtigen Beitrag.

Je nach Anlageschwerpunkt investieren offene Investmentvermögen
in Wirtschaftsunternehmen oder die öffentliche Hand und tragen hier
wiederum ihren Anteil zu Wachstum und Beschäftigung bei.

Lernziele

In diesem Kapitel erwerben Sie Fertigkeiten, Kenntnisse und Fähigkeiten über die Finanzmärkte: Geld- und Kapitalmarkt

Sie

- grenzen die einzelnen Finanzmärkte voneinander ab

- beschreiben die Funktionsweisen des Geld- und Kapital- marktes

- erläutern die Einflussfaktoren auf die Marktzins- und Kursent- wicklung am Rentenmarkt

- beschreiben die Einflussfaktoren auf die Kursentwicklung am Aktienmarkt

2.2 Finanzmärkte

2.2.1 Finanzmärkte im Überblick

▶ Erläuterung

Begriffe

Der Begriff **Börse** bezeichnet Märkte, an denen regelmäßig handelbare
Güter ausgetauscht werden. Dabei müssen die Waren selbst nicht vor
Ort sein:

- Devisenbörsen: der Handel mit ausländischen Währungen

- Warenbörsen: der Handel mit börsenfähigen Waren, wie z. B. Roh-
stoffen

- Wertpapierbörsen: der Handel mit Wertpapieren, wie z. B. Aktien und
Anleihen

Die **Börsenkurse** werden durch Angebot und Nachfrage beeinflusst
und spiegeln die aktuelle Marktstimmung wider.

Märkte, an denen mit Kapital, d. h. beispielsweise Geld, Krediten,
Devisen und Wertpapieren gehandelt wird, werden übergreifend als
Finanzmärkte bezeichnet.

Die Börsenaufsicht wird von drei Institutionen wahrgenommen: der
Bundesanstalt für Finanzdienstleistungsaufsicht (BaFin), der Börsen-
aufsichtsbehörden der Bundesländer, die über eine Wertpapierbörse
verfügen, und der Handelsüberwachungsstellen der jeweiligen Wertpapierbörsen. Der Schwerpunkt der jeweiligen Aufsicht liegt u. a. auf
der Überwachung der Verbote von Insidergeschäften und der Kurs- und
Marktpreismanipulation.

Finanzmärkte (Handel mit Kapital)

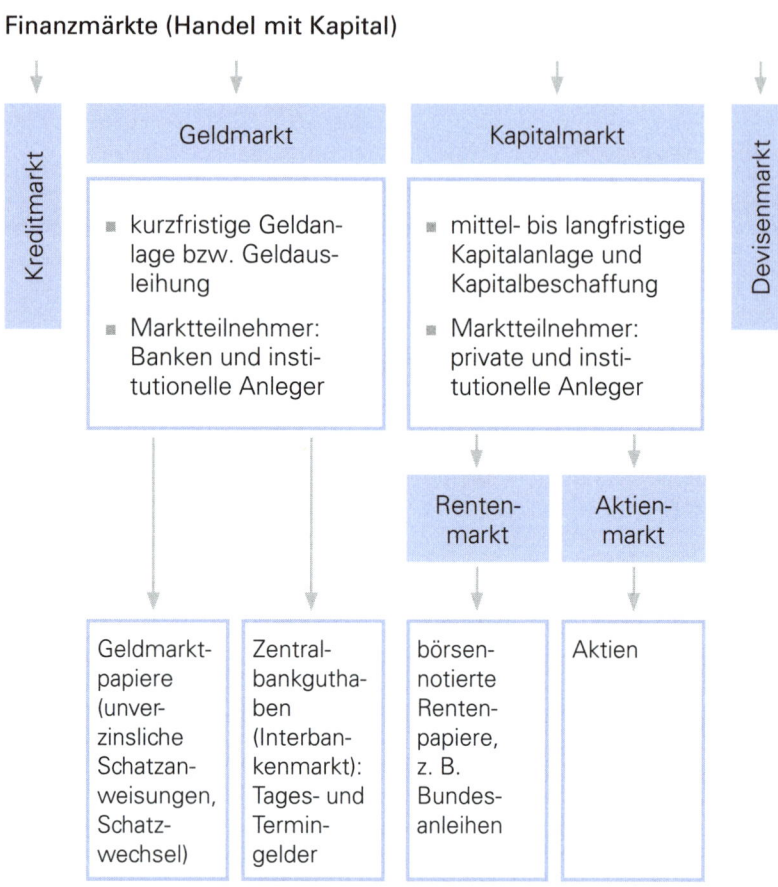

Abb. 29: Finanzmärkte

▶ **Exkurs – Finanzmarktkrise**

Die Finanzmarktkrise nahm 2007 ihren Anfang am Immobilienmarkt der Vereinigten Staaten von Amerika. Niedrige Zinsen über einen längeren Zeitraum führten zu verstärkten Bauaktivitäten und einer regelrechten Spekulationsblase, die zeitweise zu einer Verdopplung der Immobilienpreise innerhalb von 5 Jahren führte.

Mit dem plötzlichen Anstieg der Zinsen konnten viele finanzschwache Kreditnehmer ihre Immobilienkredite nicht mehr bezahlen und mussten ihren Immobilienbesitz zwangsweise und zu Preisen unter Wert verkaufen. Dadurch setzte insgesamt ein Preisverfall am amerikanischen Immobilienmarkt ein und weitere Marktteilnehmer gerieten ins Trudeln.

Die US-Hypothekenbanken (also diejenigen Banken, deren Hauptge-
schäftsfeld die Finanzierung von Immobilien ist) sahen sich nicht nur un-
terschätzten Kreditausfällen gegenüber. Doch hatten diese in den letzten
Jahren neu entwickelte Finanzinstrumente genutzt, die es ihnen ermöglicht hatten, die Ausfallrisiken auf weltweite Investoren / Marktteilnehmer zu übertragen. Die zunächst auf eine Region begrenzte Kreditmarkt-
krise wurde zu einer weltweiten Finanzmarktkrise.

Der Konkurs der renommierten US-Investmentbank Lehmann Brothers
im September 2008 und die erforderliche Fast-Verstaatlichung (die US-
Regierung übernahm durch eine Milliarden-Investition 80% der Unternehmensanteile) des weltgrößten Versicherungsunternehmens Ame-
rican International Group (AIG) lösten weltweite Turbulenzen an den
Aktien- und Rentenmärkten in massivem Umfang aus.

Auch der Geldmarkt wurde in Mitleidenschaft gezogen: Die Banken verloren ihr Vertrauen zueinander, da keiner mehr wusste, wer in welchem
Maße von einer Insolvenz oder Verstaatlichung betroffen sein könnte.
Ohne Vertrauen zwischen den Banken konnte der Geldmarkt, also der
Geldhandel zwischen Banken nicht mehr funktionieren. Erstmals wiesen
Geldmarktfonds Verluste auf und der Geldmarkt an sich kam letztlich
vollkommen zum Stillstand. Die Bankenkrise erforderte sogenannte Ban-
kenrettungspläne und die Zentralbanken mussten Liquiditätsengpässe
durch das Zurverfügungstellen von Zentralbankgeld schließen.

Da nicht alle Staaten die dazu notwendige Finanzkraft (die Rettungsmaß-
nahmen wurden weitestgehend aus Steuermitteln finanziert) besaßen,
weitete sich die Immobilienkrise über die Bankenkrise zur Eurokrise aus.
Insbesondere überschuldete EU-Staaten brachten und bringen (z. B.
2011 Griechenland) die Gemeinschaftswährung Euro zum Wanken und
sogenannte Euro-Rettungsschirme versuchen das Schlimmste zu vermeiden.

Kapitalaustausch

Gehandelt werden sowohl neue Aktien als auch bereits ausgegebene
Wertpapiere.

Die Wertpapierbörse ermöglicht den Austausch von Kapital (auch
Kapitalumschlag genannt). Das Angebot der Verkäufer und die Nachfrage der Kaufinteressenten werden laufend ins Gleichgewicht gebracht
und bestimmen die Kurse. Der Handel von Wertpapieren erfolgt über
Kreditinstitute und Finanzdienstleistungsinstitute (z. B. Wertpapierhandelsunternehmen).

Kapitalbeschaffung

Die Herausgeber der Wertpapiere beschaffen sich Kapital von privaten und institutionellen Anlegern. Der Anleger erhält für sein Kapital mit unterschiedlichen Rechten ausgestattete Wertpapiere des Emittenten.

Kapitalbewertung

Die Kauf- bzw. Verkaufsentscheidungen der Marktteilnehmer sind dabei nur möglich, wenn ihnen entsprechend transparent Informationen zur Verfügung gestellt werden. Dies sind die aktuellen Börsenkurse und -umsätze, aber auch Publikationen und Daten zu den Unternehmen, die Wertpapiere ausgegeben haben. Man spricht hier auch von der sog. Kapitalbewertung, die nur durch entsprechende Markttransparenz möglich ist.

▶ **Exkurs – Börsenindizes**

Sie sind ein Spiegelbild der Kursentwicklung ausgewählter Wertpapiere. Dabei bezieht sich ein Index auf einen festen Ausgangszeitpunkt und eine feste Basis (z. B. die Kurse am Ausgangszeitpunkt 30. Dezember 1987 als Basis 100). Danach erfolgt eine Gewichtung der einzelnen Wertpapiere und es werden u. a. Regeln für die Aufnahme in und den Ausschluss aus dem Index festgelegt. Indizes werden von Indexanbietern angeboten wie z. B. der Deutsche Börse AG (Index DAX u. a.).

Für den Anleger sind sie eine Informationsquelle über das aktuelle Marktgeschehen.

Sie sind aber auch Vergleichsmaßstab (sog. Benchmarkfunktion), um den Erfolg einer Wertpapieranlage beurteilen zu können. Nur ein Vergleich deutscher Aktien mit einem deutschen Aktienindex ist sinnvoll und aussagekräftig. Einen Rentenfonds mit einem Aktienfonds zu vergleichen ist aufgrund der unterschiedlichen marktbeeinflussenden Faktoren nicht aussagekräftig.

▶ **Exkurs**

Performance-Indizes (z. B. REXP, DAX)

- Bei einem Performanceindex werden die Erträge (z. B. Dividenden, Zinsen) reinvestiert, d. h. wieder angelegt. Ein Performance-Index gibt dadurch ein umfassendes Bild über die Wertentwicklung der zugrunde liegenden Wertpapiere ab.

Kurs(Preis-)Indizes (z. B. REX, EURO STOXX 50)

- Die Wiederanlage der Erträge bleibt hier unberücksichtigt. Ein Kursindex ist eine reine Kursbetrachtung.

▶ **Zusammenfassung**

Voraussetzung für funktionierende Wertpapierbörsen

- regelmäßiger, d. h. börsentäglicher Handel

- Kursfeststellung nach festen Regeln

- Handel mit von der jeweiligen Börse zugelassenen Handelsobjekten (z. B. Wertpapiere)

- Marktplatz für eine hohe Anzahl von Käufern und Verkäufern

Die gesetzlichen Regelungen finden sich im Börsengesetz und in der Börsenordnung.

Durch ihre Funktionen Kapitalbeschaffung, Kapitalbewertung und Kapitalaustausch sind Börsen wichtige nationale und internationale Stimmungsbilder für die wirtschaftlichen und konjunkturellen Entwicklungen der jeweiligen Volkswirtschaften.

2.2.2 Geldmarkt

▶ **Situation**

Das Ehepaar Andrea und Paul Stricker sucht eine kurzfristige Geldanlagemöglichkeit, da sie das Geld in ca. einem Jahr als Eigenkapital für die Finanzierung ihres Eigenheims benötigen werden.

▶ Erläuterung

Der Geldmarkt ist ein Markt für kurzfristige Anlagen, auf dem die Markt-teilnehmer Liquidität ausleihen bzw. nachfragen.

Marktteilnehmer sind Geschäftsbanken, aber auch Versicherungsgesell-schaften, Kapitalverwaltungsgesellschaften oder große Unternehmen und vor allem die Zentralbanken.

Durch die sehr gute Bonität der Marktteilnehmer handelt es sich hier in der Regel um Geschäfte, für die keine Sicherheiten hinterlegt werden müssen.

Der Zins richtet sich nach Angebot, Nachfrage und Laufzeit der Auslei-hung bzw. Anlage (z. B. Tagesgeld, Monatsgeld).

Ferner wirkt die EZB (Europäische Zentralbank) über den Leitzins auf das Zinsniveau des Geldmarktes ein.

Es gibt zwei grundsätzliche Geldmarktanlageformen:

- der Handel mit Geld (i. d. R. mit Laufzeiten von bis zu 1 Jahr) als unverbrieftes Produkt
  - Tages- bzw.
  - Termingelder
- der Handel mit verbrieften Produkten, sog. Geldmarktpapieren
  - z. B. Schatzwechsel zur Finanzierung der öffentlichen Hand
  - Commercial Paper (CP), unbesicherte kurzfristige Inhaberschuld-verschreibungen zur Finanzierung von Unternehmen
  - Certificates of Deposits (CD): Inhaberschuldverschreibungen, die von Kreditinstituten zur Kapitalbeschaffung ausgegeben werden

Geldmarktpapiere (oder auch Geldmarkttitel genannt) weisen meist nachfolgende Merkmale auf:

- Ausgabe zur Deckung des kurzfristigen Kapitalbedarfs
- Laufzeiten bis max. 1 Jahr
- i. d. R. jederzeit veräußerbar
- i. d. R. abgezinste Zinszahlungsvariante

Wertpapiere, die am Geldmarkt gehandelt werden, werden auch Geldmarktinstrumente genannt.

Risiken sind das Ausfallrisiko der Marktteilnehmer und das Zinsände-rungsrisiko.

Funktionsweise des Geldmarktes

Privatanleger

Bank

Sparbuch
Tagesgeld
Festgeld

Kapital-
verwaltungs-
gesellschaft

Geldmarkt -
fonds

Der deutsche Geldmarkt

kurzfristige Ausleihungen

Angebot an Geld
(= Überschuss an
Liquidität)

Akteure:
institutionelle
Anleger

Nachfrage nach Geld
(= Mangel an
Liquidität)

Zinszahlung

abhängig von Laufzeit, Anlagebetrag,
Angebot und Nachfrage, Marktzinsniveau
(Orientierung an den sog. Leitzinsen der Notenbank)

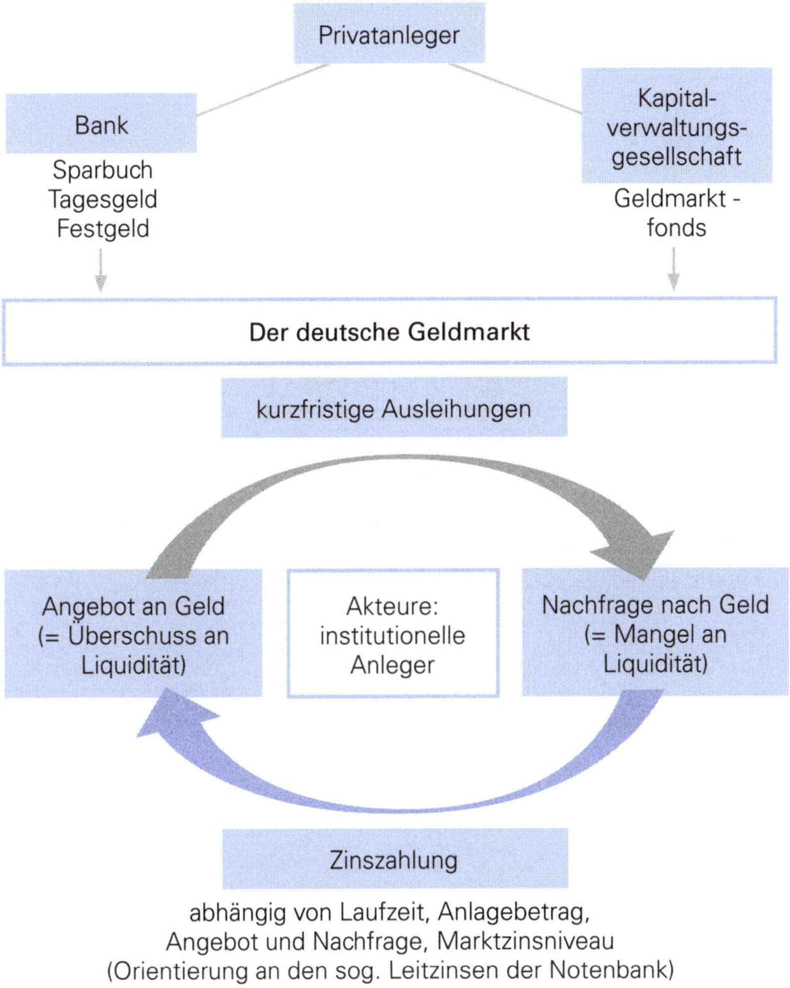

Abb. 30: Funktionsweise des Geldmarktes

▶ **Exkurs – Euribor® (Euro Interbank Offered Rate)**

Euribor® ist der Zinssatz, den europäische Banken (mit Sitz in der europäischen Währungsunion = Eurozone) untereinander für befristete Kapitaleinlagen mit einer festgelegten Laufzeit von 1 Woche bis 12 Monate
(insgesamt 8 Laufzeitstufen) verlangen (www.euribor-rates.eu).

Der Euribor® wird im Wirtschaftsteil ausgewählter Tageszeitungen täglich veröffentlicht.

Er kann als Verhandlungsbasis verwendet werden für:

- kurzfristige Kredite

- variabel verzinste Euro-Anleihen

- Spareinlagen und Festgelder

Der Eonia® (Euro OverNight Index Average) ist der eintägige Durch-schnittszinssatz „über Nacht"-Anleihen.

▶ **Zusammenfassung**

Der Geldmarkt ist der Markt für kurzfristige Geldanlagen. Die Chan-ce dieser Anlage liegt in den Zinssätzen auf Geldmarkt- und somit Großanlegerniveau, den i. d. R. sehr geringen Kosten und einer kurzfristigen Verfügbarkeit des eingesetzten Kapitals.

Seit der Finanzmarktkrise ist aber auch das Risiko mangelnder Bonität des Emittenten offensichtlich geworden bzw. das Risiko, wenn sich die Handelspartner (insbesondere die Banken) nicht mehr vertrauen, dass der ganze Geldmarkt zum Erliegen kommen kann.

2.2.3 Kapitalmarkt

▶ **Situation**

Frank Hermann hat in seiner Tageszeitung eine Sonderbeilage über Geldanlagen am Kapitalmarkt gefunden. Er interessiert sich besonders für deren Funktionsweise und hat von verschiedenen Marktsegmenten gelesen. Sein Finanzanlagenvermittler Herr Paul erläutert ihm die Details sowie die Vor- und Nachteile.

▶ **Erläuterung**

Funktionsweise des Kapitalmarktes

Der Kapitalmarkt ist der Markt für mittel- bis langfristige Kapitalanlage bzw. Kapitalbeschaffung. Er setzt sich aus dem Aktien- und Rentenmarkt zusammen.

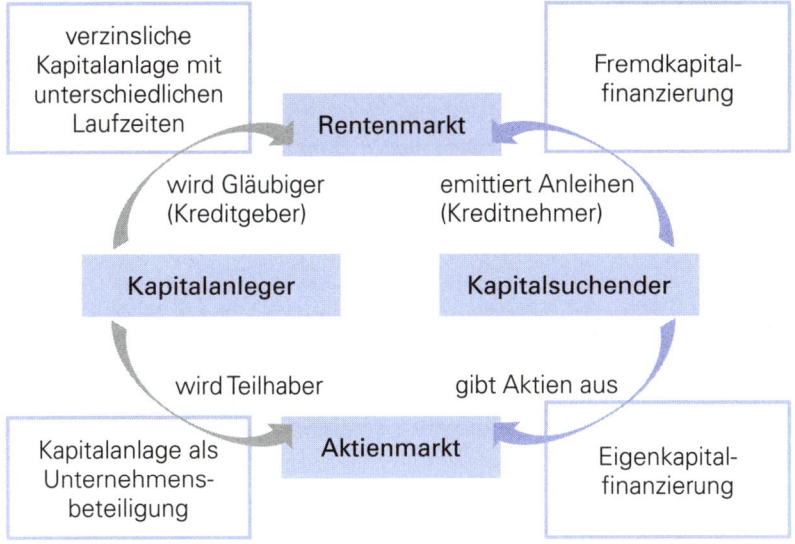

Abb. 31: Funktionsweise des Kapitalmarktes

LF 14

SG 3.1

Gesetzliche Marktsegmente des europäischen Kapitalmarktes

Die Marktsegmente unterscheiden sich vor allem durch die Zulassungs-bedingungen und den Grad an Transparenz (Publizitätsvorschriften). Der jeweilige Marktzugang kann stärker oder schwächer reguliert sein. Das betrifft die Anforderungen an den Umfang des Jahresabschlusses und die Kommunikation bezüglich kursbestimmender Unternehmensent-wicklungen. Aber auch die Offenlegung von Wertpapiergeschäften der Führungskräfte (sog. Director's Dealing) gehört dazu und ist bei dem einen Marktsegment vorgeschrieben und bei einem anderen nicht.

§ 15a WpHG

Dies soll insbesondere kleineren und jungen Unternehmen den Markt-zugang erleichtern, umgekehrt aber insbesondere bei den großen Konzernen z. B. die Investoren schützen.

EU-regulierter Markt

Vor der Aufnahme in den EU-regulierten Markt steht ein gesetzlich geregeltes Zulassungsverfahren (Wertpapierhandelsgesetz u. a.). Die Zulassungsbedingungen und Transparenzanforderungen sind dabei vom europäischen Gesetzgeber vorgegeben, wodurch Unternehmen, die in diesen Marktsegmenten notiert sind, höchste europäische Transparenz-anforderungen erfüllen. Als Transparenzlevel sind diesen Marktsegmen-ten der Prime Standard und der General Standard zugeordnet.

Börsenregulierter Markt (Open Market)

Für den privatrechtlich geregelten Open Market sind die Vorausset-zungen für die hier gehandelten Aktien gering und es bestehen kaum Folgepflichten. Für kleine, mittlere und junge Unternehmen ist dies ein einfacher und kostengünstiger Kapitalmarktzugang. In diesem Markt-segment werden zu einem Großteil auch ausländische Aktien, verzinsli-che Anleihen in- und ausländischer Emittenten, Zertifikate und Options-scheine gehandelt. Anleger sollten sich vor der Investition besonders gut informieren. Als Transparenzlevel sind dem Open Market der Entry Standard und das First Quotation Board zugeordnet.

Transparenzstandards des europäischen Kapitalmarktes

EU-regulierter Markt	Gesetzliche Vorgaben u.a.:	Zusätzliche Vorgaben u.a.:
Prime Standard General Standard	■ Ad-hoc-Publizität ■ Offenlegung Director's Dealings ■ Meldung von Beteiligungsschwellen und bei Kontrollwechsel ■ Insiderregeln ■ Jahresabschluss und Zwischenberichte nach IFRS*	■ Unternehmenskalender ■ Analystenkonferenz ■ Quartalsberichte in engl. Sprache
Börsenregulierter Markt (Open Market)		
Entry Standard First Quotation Board (erstmalige Börsennotierung)	■ Insiderregeln ■ Marktmissbrauch ■ Jahresabschluss	■ Jahresabschluss nach HGB ■ Unternehmensportrait und wesentliche Unternehmensnachrichten

Zunehmende Transparenz → / Abnehmende Regulierung →

*International Financial Reporting Standards (IFRS) sind internationale Rechnungslegungsvorschriften für Unternehmen

Abb. 32: Transparenzstandards des europäischen Kapitalmarktes, angelehnt an die Informationen der Deutschen Börse AG http://xetra.com/xetra/dispatch/de/listcontent/navigation/xetra/100_market_structure_ instruments/200_transparency_standards/page.htm)

Prime Standard

Der Prime Standard ist vor allem für Unternehmen geeignet, die sich auch gegenüber internationalen Investoren positionieren wollen. Denn sie müssen zusätzlich internationale Transparenzanforderungen erfüllen.

Der Prime Standard ist die Voraussetzung zur Aufnahme in einen der Indizes der Deutschen Börse (DAX®, MDAX®, TecDAX® und SDAX®).

Wertpapiergeschäfte des Vorstandes und der Führungskräfte (engl. Director's Dealing) müssen offengelegt werden.

General Standard

Hier gelten ebenfalls strenge gesetzliche Mindestanforderungen. Die Aufnahme in den General Standard erfolgt automatisch, wenn eine Aktie zum EU-regulierten Marktsegment zugelassen wird. Er eignet sich vor allem für Unternehmen mit überwiegend nationalen Partnern.

Entry Standard

Die Zielgruppe des Entry Standard sind kleinere und mittlere Unternehmen. Er bietet die Alternative zum Börsengang in den EU-regulierten Märkten General Standard und Prime Standard.

First Quotation Board

Das First Quotation Board dient dazu, Erstnotierungen von in- und ausländischen Unternehmen klar ersichtlich zu machen. Diese können so schnell und kostengünstig in den Handel einbezogen werden.

▶ **Beispiel**

Herr Herrmann: Und wie kann ich erkennen, ob ein Aktienfonds in kleinere oder in die großen Unternehmen investiert?

Herr Paul: Die Produktgeber sind bei der namentlichen Bezeichnung ihrer Fonds zur sogenannten Produktklarheit angehalten. Das bedeutet, Sie können dies in der Regel schnell an Namenszusätzen wie zum Beispiel „Nebenwerte", „Small Cap" oder „Mid Cap" erkennen. In der wesentlichen Anlegerinformation, die für jeden Fonds Pflicht ist, finden Sie diese Angabe.

Herr Herrmann: Und welche sind die besseren Fonds? Ich nehme doch an, die mit den großen Unternehmen?

Herr Paul: Das kann man so nicht pauschalisieren. Den Kursschwankungen unterliegen alle Aktien. Und nach dem Motto

„Jeder fängt einmal klein an", können gerade solide Nebenwerte interessante Kursentwicklungspotenziale bieten. Das
herauszufinden ist bei einem Aktienfonds Sache der Analysten und Fondsmanager. Und es hängt natürlich auch von Ihrer
Risikobereitschaft bzw. Ihren Renditeerwartungen ab, welcher
Aktienfonds der Richtige für Sie ist.

▶ Zusammenfassung

Der Kapitalmarkt unterliegt klaren Regelungen und setzt durch
teilweise sehr hohe Anforderungen klare Qualitätsunterschiede
zwischen den Emittenten. Durch die europaweit gültigen Regelungen genießt der Anleger je nach Marktsegment und Transparenz-
standard entsprechende Informationssicherheit. Dies ist nicht nur
für einen Direktanleger wichtig, sondern auch der Anleger offener
Investmentvermögen erhält Transparenz, wie erfolgreich seine
Anlage im Vergleich zum passenden Marktsegment ist.

2.2.4 Rentenmarkt

▶ Situation

Frauke Fährmann hat von Ihnen nach einem ausführlichen Beratungsgespräch einen Rentenfonds angeboten bekommen und sich die
„wesentlichen Anlegerinformationen" durchgelesen. Sie bittet Sie, ihr
noch einmal kurz die möglichen Risiken und Chancen einer Anlage am
Rentenmarkt zu erläutern.

▶ Erläuterung

Der Rentenmarkt ist ein Teilmarkt des Kapitalmarktes. Wenn Unternehmen, Kreditinstitute oder die öffentliche Hand nicht ausreichend
über eigene Mittel z. B. für ihre Investitionen verfügen, können sie sich
am Rentenmarkt Fremdkapital beschaffen. Dazu emittieren sie (d. h. sie
legen auf oder bieten an) ein verzinsliches Wertpapier (weitere Bezeichnung: Anleihe, Schuldverschreibung, siehe Kapitel 2.3.2 Verzinsliche
Wertpapiere) und verkaufen es über die Börse. Der Emittent ist quasi
Kreditnehmer, während der Anleger der Kreditgeber (sog. Gläubiger)
ist. Die Anleihen können mit unterschiedlichen Laufzeiten und Zinsvari-
anten ausgestattet werden.

Der private Anleger kann entweder direkt in eine börsennotierte
Anleihe oder indirekt über einen Rentenfonds investieren, aber dafür
in verschiedene Rentenpapiere gleichzeitig und mit einer breiteren
Risikostreuung investieren.

An der deutschen Wertpapierbörse in Frankfurt setzt sich der Anleihe-
handel aus zwei Marktsegmenten zusammen: den Prime Bonds und
den Select Bonds. Welche Anleihe in welchem Segment gehandelt
wird, obliegt der Entscheidung von Spezialisten.

Die Kursentwicklung am Rentenmarkt

Anleihen sind grundsätzlich jederzeit über die Börse handelbar. Der Kurs
richtet sich dabei nach Angebot und Nachfrage, die insbesondere von
der Marktzinsentwicklung und der Bonität des Emittenten abhängen.

Ein detaillierterer Blick auf den Kurseinflussfaktor Zinsen

- Der aktuelle Anleihekurs ist abhängig vom Verhältnis der Nominalverzinsung (über die gesamte Laufzeit fest vereinbart!) zum Zinsniveau
  (entsprechend der Restlaufzeit der Anleihe) am Markt.

- Je kürzer die Restlaufzeit, desto geringer die Kursschwankungen.

- Kursverluste/-gewinne kann der Anleger nur durch vorzeitigen Verkauf realisieren.

- Am Laufzeitende erhält der Anleger sein eingesetztes Kapital zurück.

führen zu			führen zu
steigende Zinsen	fallenden Kursen	sinkende Zinsen	steigenden Kursen

Abb. 33: Kursentwicklung am Rentenmarkt

▶ Beispiel

Der Marktzins für sechsjährige Anleihen beträgt zurzeit 5 %
p. a. Der Bund gibt entsprechend Bundesanleihen mit einer
Nominalverzinsung von 5 % p. a. und mit einer Laufzeit von 6
Jahren heraus. Der Ausgabekurs beträgt 100 %. Nach einem
Jahr sinkt der Marktzins für fünfjährige Bundesanleihen auf
3,5 % p. a. Da unsere Bundesanleihe aber nach wie vor mit
5 % verzinst wird, steigt die Nachfrage und der Kurs steigt auf
107,5 %. Würde der Anleger jetzt verkaufen, könnte er sich über
diesen zusätzlichen Ertrag in Form des Kursgewinns freuen.

Nach einem weiteren Jahr steigt der Zins für vierteljährige
Bundesanleihen auf 6 % p. a. Nun hat unsere Bundesanleihe
weniger zu bieten, nämlich immer noch 5 % p. a. Das hat zur
Folge, dass die Nachfrage sinkt und der Kurs auf 96 % fällt.
Würde der Anleger jetzt verkaufen, müsste er einen Kursver-
lust in Kauf nehmen.

Der Kurs unseres Wertpapieres sinkt z. B. auf ca. 96 %. Wartet der Anleger das Laufzeitende seiner Bundesanleihe ab, so bekommt er wie vereinbart 100 % seines Kapitals vom Bund zurückbezahlt.

Einflussfaktoren auf die Zinsentwicklung am Rentenmarkt

Welche Faktoren führen nun aber zu einer Veränderung der Marktzinssätze?

Die wesentlichen Einflussfaktoren

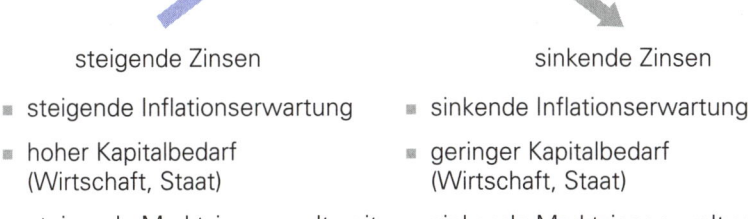

steigende Zinsen	sinkende Zinsen
▪ steigende Inflationserwartung	▪ sinkende Inflationserwartung
▪ hoher Kapitalbedarf (Wirtschaft, Staat)	▪ geringer Kapitalbedarf (Wirtschaft, Staat)
▪ steigende Marktzinsen weltweit	▪ sinkende Marktzinsen weltweit

Abb. 34: Zinsentwicklung am Rentenmarkt

Der Einfluss der Bonität des Emittenten auf die Kursentwicklung einzelner Anleihen oder Anleihegruppen

Eine weitere Frage für den Anleger, bevor er sich für eine bestimmte Anleihe entscheidet, ist: Kann der Emittent am Laufzeitende das erhaltene Kapital zurückzahlen? Man spricht hier von der sog. Bonität des Emittenten. Verändert sich die Bonität des Emittenten während der Laufzeit, so hat das Auswirkungen auf die Kursentwicklung der von ihm emittierten Anleihe.

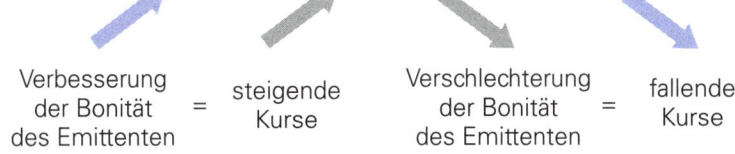

Verbesserung der Bonität des Emittenten = steigende Kurse   Verschlechterung der Bonität des Emittenten = fallende Kurse

Abb. 35: Kursentwicklung am Rentenmarkt: Einflussfaktor Emittenten-Bonität

Wenn sich die Bonität eines ganzen Staates verschlechtert, so hat dies starke Auswirkungen auf die Staatsanleihen, aber auch z. B. auf Unternehmensanleihen. Müssen Steuern erhöht werden, um wieder Geld in die Staatskasse zu spülen, so bleibt den Menschen weniger Geld für den Konsum und in Folge müssen z. B. konsumabhängige Unternehmen mit Gewinneinbußen rechnen und das hat dann wiederum einen negativen Einfluss auf die Bonität dieses Unternehmens und seiner Unternehmensanleihen.

Zu jedem Risiko gehört aber auch im umgekehrten Fall die entsprechende Chance auf positive Kursentwicklungen!

Die Bonität hat auch einen entscheidenen Einfluss auf den Nominalzins neuer Anleihen. Für eine im Vergleich zu anderen Marktteilnehmern schlechtere Bonität muss als „Risikoprämie" ein höherer Nominalzins geboten werden. Umgekehrt können Emittenten mit sehr guter Bonität sich ihr Fremdkapital zu niedrigeren Zinsen als am Markt aktuell üblich beschaffen.

Die wichtigsten Vergleichs-Indizes am deutschen Rentenmarkt

REX (Deutscher Renten-Index)

- Kursindex für deutsche Rentenpapiere

- 30 idealtypische Anleihen mit ganzzahligen Laufzeiten von 1–10 Jahren, Zinskupons in Höhe von 6%, 7,5% und 9%

- Der REX ergibt sich aus der Summe der mit ihrem Marktanteil gewichteten Einzelanleihen.

REXP (Deutscher Renten-Performance-Index)

- misst die Wertentwicklung am deutschen Rentenmarkt

- erfasst neben der Kursveränderung des REX auch die Zinserlöse (Annahme: tägliche Reinvestition der durchschnittlichen Jahreszinserlöse) der im REX erfassten Anleihen

▶ Zusammenfassung

Am Rentenmarkt werden verzinsliche Wertpapiere gehandelt. Marktteilnehmer sind neben den privaten und institutionellen Anlegern Banken, die öffentliche Hand und Unternehmen, die diese Wertpapiere auflegen.

Für die Entwicklung der Kurse gilt der Grundsatz: steigen die Marktzinsen, fallen die Kurse bestehender Anleihen und fallen die Marktzinsen, steigen die Kurse bestehender Anleihen.

Die Kursentwicklung hängt darüber hinaus von der Bonitätsentwicklung des Emittenten ab.

Verschlechtert sich die Bonität, fallen die Kurse seiner Anleihen und verbessert sich seine Bonität, steigen die Kurse der von ihm emittierten Anleihen.

Mit einer guten Bonität können sich die Emittenten günstiger als der Marktzins Kapital beschaffen und mit schlechterer Bonität müssen sie in der Regel einen höheren Zins zahlen.

Die Marktzinsentwicklung wiederum ist abhängig von der wirtschaftlichen Entwicklung wie z. B. Inflationsrate und dem daraus entstehenden Angebot von oder Nachfrage nach Fremdkapital. Und in der heutigen globalen Wirtschaftswelt nehmen internationale Marktzinsentwicklungen auch Einfluss auf die nationalen Märkte.

LF 14

SG 3.1

bei Ausgabe der Anleihe	schlechte Bonität = höherer Nominalzins als Marktzinsniveau
	gute Bonität = niedrigerer Nominalzins als Marktzinsniveau

sinkende Zinsen durch:

steigende Kurse durch:
- Bonitätsverbesserung
- sinkende Marktzinsen

- sinkendes internationales Zinsniveau
- geringerer Kapitalbedarf
- sinkende Inflationsrate

während der Laufzeit der Anleihe

sinkende Kurse durch:
- Bonitätsverschlechterung
- steigende Marktzinsen

steigende Zinsen durch:
- steigendes internationales Zinsniveau
- erhöhter Kapitalbedarf
- steigende Inflationsrate

Abb. 36: Zusammenfassung Rentenmarkt

2.2.5 Aktienmarkt

▶ Situation

Ralf Gutmann, der Sohn guter Bestandskunden von Fritz Schneider hat seine erste neue Arbeitsstelle angetreten. Sein Arbeitgeber zahlt ihm vermögenswirksame Leistungen und Ralf Gutmann interessiert sich insbesondere für eine Anlage in Aktienfonds. Herr Gutmann bereitet sich auf das Gespräch vor, indem er die Gelegenheit nutzt, sich über die aktuellen Entwicklungen am Aktienmarkt zu informieren.

▶ Erläuterung

Der Aktienmarkt ist neben dem Rentenmarkt ein Teilmarkt des Kapitalmarktes. Unternehmen können zur Eigenkapitalbeschaffung Aktien ausgeben. Anleger, die eine Kapitalanlage in Form einer Unternehmensbeteiligung – auch Beteiligung am Produktivvermögen genannt – suchen,
werden durch den Erwerb von Aktien zu Teilhabern des Aktienunternehmens. Sie sind je nach Art der Aktie dividendenberechtigt und haben ein
Mitspracherecht in der Hauptversammlung des Unternehmens.

Der private Anleger kann sich auf unterschiedliche Art und Weise und
in unterschiedlichem Umfang am Aktienmarkt beteiligen:

▪ Direktanlage in Aktien: Er profitiert von der Kursentwicklung und der
  Dividendenzahlung, trägt aber das volle Verlustrisiko im Konkursfall
  des Aktienunternehmens.

▪ Indirekte Beteiligung über Aktienfonds: Er profitiert von der Kursentwicklung und der Dividendenzahlung verschiedener Aktien. Dies bedeutet gleichzeitig eine Risikostreuung: Der Kursverlust im Fall eines
  Unternehmenskonkurses kann von der weiter positiven Entwicklung
  der anderen Aktien aufgefangen werden.

▪ Indirekte Beteiligung über Zertifikate: Der Anleger profitiert von der
  Kursentwicklung, jedoch nicht von Dividendenzahlungen. Das Risiko
  ist zwar wie bei den Aktienfonds auf mehrere Aktien verteilt. Allerdings trägt er das Verlustrisiko im Falle des Konkurses des Zertifikate-
  Emittenten.

Die Kursentwicklung am Aktienmarkt

Kurse von Aktien unterliegen im Vergleich zu anderen Anlageklassen
den größten Kursschwankungen. Wie am Rentenmarkt richtet sich der
Kurs nach Angebot und Nachfrage. Die Einflussfaktoren sind umfassender als am Rentenmarkt, vor allem der psychologische Faktor ist
oft schwer einzuschätzen. Kann aber wie immer auch zu sehr positiven
Auswirkungen führen.

Einflussfaktoren auf die Kursentwicklung am Aktienmarkt

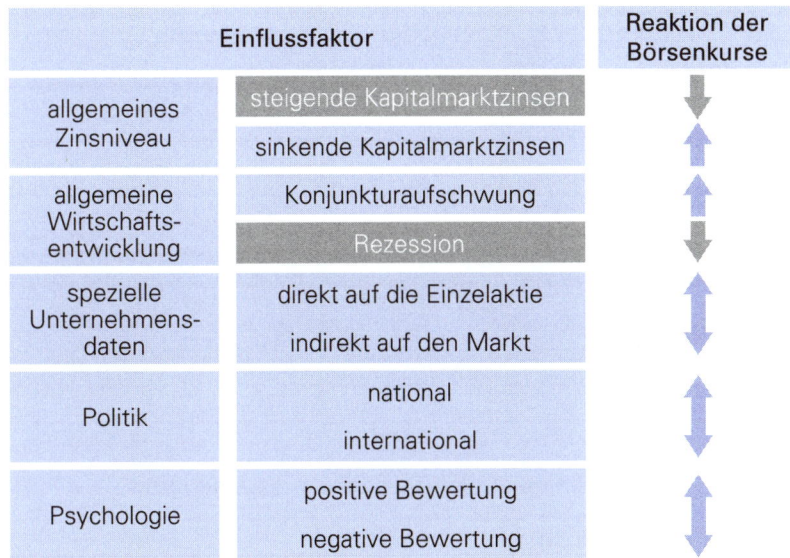

Einflussfaktor		Reaktion der Börsenkurse
allgemeines Zinsniveau	steigende Kapitalmarktzinsen	↓
	sinkende Kapitalmarktzinsen	↑
allgemeine Wirtschafts-entwicklung	Konjunkturaufschwung	↑
	Rezession	↓
spezielle Unternehmens-daten	direkt auf die Einzelaktie	↑↓
	indirekt auf den Markt	
Politik	national	↑↓
	international	
Psychologie	positive Bewertung	↑↓
	negative Bewertung	

Abb. 37: Kursentwicklung am Aktienmarkt

Vergleichs-Indizes am Aktienmarkt

Die verschiedenen Marktsegmente des Kapitalmarktes dienen gleich-zeitig als Basis für die unterschiedlichen Indizes am Aktienmarkt.

Die Indexfamilie des deutschen Aktienmarktes

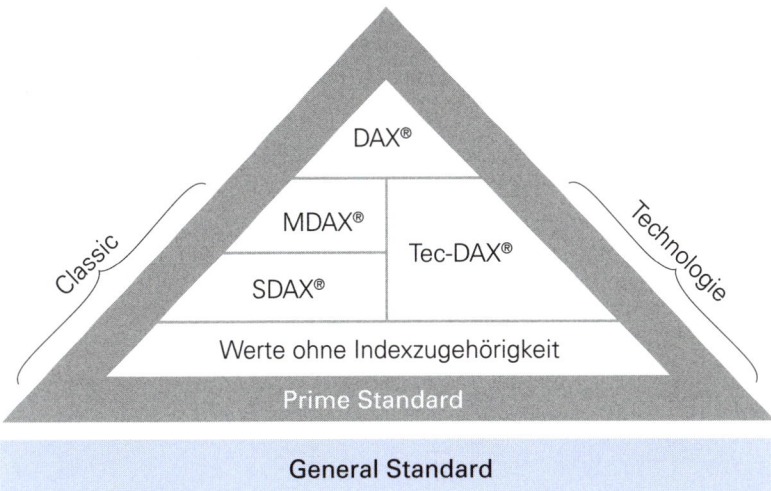

DAX®

Classic

MDAX®

Tec-DAX®

Technologie

SDAX®

Werte ohne Indexzugehörigkeit

Prime Standard

General Standard

Abb. 38: Die Indexfamilie des deutschen Aktienmarktes

DAX®: Der deutsche Aktienindex (DAX®) gibt die Wertentwicklung der 30 umsatzstärksten deutschen Standardwerte höchster Qualität, d. h. im Prime Standard notiert, wieder.

MDAX®: Der Midcap-DAX gibt die Wertentwicklung der nach den 30 DAX-Werten nächstgrößeren 50 deutschen Unternehmen aus den klassischen Branchen (Konsumgüter, Chemie u. a.) des Prime Standard an, sog. Mittelgroße Werte (engl. Midcaps).

SDAX®: Der Smallcap-DAX umfasst die 50 größten auf den MDAX® folgenden Werte der klassischen Branchen des Prime Standard.

Tec-DAX®: Technology-DAX. Umfasst die 30 größten Werte der Technologiebranche des Prime Standard.

▶ **Exkurs – Die wichtigsten internationalen Aktien-Indizes**

Dow Jones 30 (Industrial)

Er beinhaltet die 30 bedeutendsten, marktführenden Unternehmen der amerikanischen Börse. Die Gewichtung der einzelnen Aktien erfolgt entsprechend dem Durchschnittskurs der Einzelaktie ohne Berücksichtigung der Dividenden. Abgeleitet ist der Name Dow vom Erfinder dieses Indexes: Charles Henry Dow. Über die Aufnahme in diesen Index entscheidet heute je nach Bedarf und ohne weitere feste Regeln das „Wall Street Journal".

EURO STOXX 50®

Er beinhaltet die 50 größten, umsatzstärksten börsennotierten Unternehmen der Europäischen Währungsunion (auch Eurozone genannt). Im Gegensatz zum DAX® (Kursindex) ist beim EURO STOXX 50® der Performanceindex der gebräuchlichere Vergleichswert. Die Gewichtung der einzelnen Aktien erfolgt nach der Marktkapitalisierung. Die Bezeichnung STOXX® ist abgeleitet von dem Namen der Firma STOXX® Ltd., die über die Aufnahme neuer Werte oder deren Aktualisierung entscheidet.

STOXX 50®

Der Unterschied zum EURO STOXX 50® besteht darin, dass sich dieser Index aus den 50 Top-Unternehmen aus ganz Europa zusammensetzt, d. h. inklusive der Nicht-Euro-Länder Schweiz und Großbritannien.

NASDAQ 100®

Er beinhaltet die 100 Aktien von weltweiten Nicht-Finanzunternehmen, die die höchste Marktkapitalisierung aufweisen.

▶ Zusammenfassung

Die Komplexität des Aktienmarktes erfordert von einem privaten Direktanleger erhebliches Wissen und Zeitaufwand, um laufend über die aktuellen Entwicklungen informiert zu bleiben.

Neben den auch bei anderen Finanzmärkten vorhandenen Risiken der wirtschaftlichen Entwicklungen und Unternehmensrisiken kommt dem psychologischen Risiko am Aktienmarkt eine besondere Bedeutung zu.

Übungen

1. Nennen Sie drei Funktionen der Wertpapierbörsen.

2. Erklären Sie den Begriff „Börsenindex".

3. Stellen Sie den Zusammenhang zwischen Finanzmarkt, Geldmarkt, Kapitalmarkt, Rentenmarkt und Aktienmarkt dar.

4. Erläutern Sie, wie sich eine Privatperson mit Geldanlagen am Geldmarkt beteiligen kann.

5. Erklären Sie die Funktionsweise des Kapitalmarktes.

6. Nennen Sie die zwei wichtigsten Transparenzstandards am europäischen Kapitalmarkt.

7. Nennen Sie die Einflussfaktoren auf die Zinsentwicklung am Rentenmarkt.

8. Ordnen Sie den nachfolgenden Wirtschaftsnachrichten die mögliche Auswirkung auf die Kursentwicklung am Rentenmarkt zu:

   a) Die Zinsen am Rentenmarkt sind in der letzten Woche deutlich gestiegen.

   b) Das Zinsniveau bei US-amerikanischen Staatsanleihen ist im vergangenen Monat gesunken.

   c) Die Max Maier AG hat für das kommende Jahr einen deutlichen Umsatzeinbruch angekündigt.

   d) Die Hamburger Bank AG rechnet aufgrund eines deutlichen Anstiegs bei den Kundenzahlen mit einem höheren Gewinn als im Vorjahr.

9. Erläutern Sie, was man unter der Bonität eines Emittenten versteht und begründen Sie, warum diese Bonität bei verzinslichen Anleihen wichtig ist.

10. Nennen Sie vier Faktoren, die die Kursentwicklung am Aktienmarkt beeinflussen.

Lernziele

In diesem Kapitel erwerben Sie Fertigkeiten, Kenntnisse und Fähigkeiten über die Grundlagen börsennotierter Wertpapiere.

Sie

- erläutern die Funktionsweise, Chancen und Risiken von verzinslichen Wertpapieren

- grenzen die verschiedenen Arten von verzinslichen Wertpapieren voneinander ab

- beschreiben die speziellen Risiken bei verzinslichen Wertpapieren

- erläutern die Funktionsweise, Chancen und Risiken von Aktien

- grenzen die verschiedenen Arten von Aktien voneinander ab

- beschreiben die speziellen Risiken bei Aktien

2.3 Börsennotierte Wertpapiere

2.3.1 Grundlagen börsennotierter Wertpapiere

▶ **Situation**

Herr Andreas Faller möchte wie sein Vater einen Teil seines Gehaltes in Wertpapiere investieren. Ein Freund hat ihm zur Anlage an der Börse geraten. Nachdem er versucht hat, sich über die Zeitung zu informieren, ist er von der Vielfalt des Angebotes verunsichert. Da er den Vater schon seit Jahren betreut, hilft der Agenturinhaber Herr Frisch dessen Sohn gerne weiter.

▶ **Erläuterung**

Begriff

Ein Wertpapier ist eine Urkunde, in der ein privates Vermögensrecht so verbrieft ist, dass zur Ausübung des Rechts der Besitz an der Urkunde erforderlich ist.

Wertpapiere verbriefen die ihnen zugrunde liegenden Vermögenswerte.

Börsenfähige bzw. börsennotierte Wertpapiere werden an Börsen bewertet und gehandelt (Kauf / Verkauf).

Die wichtigsten Teilmärkte für die Geld- und Kapitalanlage sind:

▪ Der Geldmarkt für den Handel mit Geldmarktpapieren und Zentralbankguthaben

▪ Der Rentenmarkt für den Handel mit verzinslichen Wertpapieren

▪ Der Aktienmarkt für den Handel mit Aktien

Börsennotierte Wertpapiere erfüllen zwei Funktionen:

▪ als (kurzfristige) Geld- und (mittel- bis langfristige) Kapitalanlage für Anleger (auch Gläubiger oder Teilhaber genannt)

▪ zur Beschaffung von Eigen- oder Fremdkapital für den Emittenten (Herausgeber der Wertpapiere bzw. auch Schuldner genannt)

Einteilung von Wertpapieren

Nach der Art des verbrieften Rechtes	Nach der Art der Übertragung	Nach der Art des verbrieften Vermögenswertes
Gläubigerpapiere z. B. ■ verzinsliche Wertpapiere ■ Sparbriefe	**Inhaberpapiere** z. B. ■ Inhaberschuldverschreibung ■ Inhaberaktie	**Geldwertpapiere** verbriefen kurzfristige Forderungen
Teilhaberpapiere z. B. ■ Aktie	**Namenspapiere** z. B. ■ Namensschuldverschreibung ■ Namensaktie	**Warenwertpapiere** verbriefen Rechte an schwimmender oder lagernder Ware
Sachenrechtliche Wertpapiere z. B. ■ Anteile an offenen Investmentvermögen	**Orderpapiere** z. B. ■ Oderscheck ■ Wechsel	**Kapitalwertpapiere** verbriefen langfristige Forderungen oder Teilhaberrechte z. B. ■ verzinsliche Wertpapiere ■ Aktie ■ Anteile an offenen Investmentvermögen ■ Genussschein ■ Optionsanleihe ■ Optionsschein

Abb. 39: Einteilung von Wertpapieren

Inhaberpapiere lauten allgemein (anonym) auf den Inhaber, d. h. denjenigen, der das Papier einfach nur in Händen hält.

Oderpapiere gehören einem namentlich Berechtigten. Die Urkunde muss durch eine sog. Indossierung übertragen / übereignet werden.

Namenspapiere lauten auf den Namen einer bestimmten Person. Die Rechte können hier durch eine sog. Abtretung übertragen werden.

2.3.2 Verzinsliche Wertpapiere

▶ **Situation**

Ihr Kunde Hans Müller hat Ihnen den Depotauszug des Depots bei seiner Hausbank zur Verfügung gestellt. Er hat dort überwiegend in verzinsliche Wertpapiere investiert. Es handelt sich um viele Teilpositionen und Herr Müller hat mittlerweile etwas den Überblick verloren. Sie bereiten sich auf den nächsten Termin mit Herrn Müller vor, der Sie gebeten hat, einen Optimierungsvorschlag anzubieten.

▶ **Erläuterung**

Definition – verzinsliche Wertpapiere

Eine Schuldverschreibung ist ein Wertpapier, das von einem Unternehmen als Schuldner herausgegeben wird und in das der Anleger als Gläubiger mit einem Geldbetrag investieren kann. Dafür erhält er vom emittierenden Unternehmen bestimmte Gegenleistungen. Schuldverschreibungen verbriefen Forderungsrechte, stellen jedoch keine Mitgliedschaftsrechte am Unternehmen dar.

Für verzinsliche Wertpapiere gibt es zahlreiche weitere Bezeichnungen:

- Anleihen

- Bonds (engl. für Anleihe)

- Rentenpapiere (wegen der wiederkehrenden Zahlung in Form laufender Zinszahlungen)

- Schuldtitel

- Gläubigerpapiere (wegen dem Verhältnis Anleger und Emittent = Gläubiger und Schuldner)

- Obligationen

- Schuldverschreibungen

- Pfandbriefe

Verzinsliche Wertpapiere sind Schuldverschreibungen, die allgemein (anonym) auf den Inhaber oder speziell auf einen Namen lauten. Es gibt sie in verschiedenen Ausgestaltungen. Sie sind z. B. mit fester oder variabler Verzinsung ausgestattet, haben eine vorgegebene Laufzeit und eine festgelegte Tilgungsform.

Verzinsliche Wertpapiere verbriefen verschiedene Forderungen / Rechte:

- Das Recht auf Zinszahlung und

- das Recht auf Rückzahlung / Tilgung.

Sie stellen für den Emittenten eine Form der Fremdkapitalbeschaffung am Rentenmarkt dar. Somit sind verzinsliche Wertpapiere letztlich eine Kreditaufnahme aus Sicht des Emittenten.

Die Gestaltungsmöglichkeiten bei Anleihen

Übertragung der Rechte	Währung	Rückzahlung (Tilgung)	Laufzeit	Verzinsung
▪ Inhaber-schuldver-schreibung ▪ Namens-schuldver-schreibung ▪ Orderschuld-verschreibung	▪ EURO ▪ Fremdwäh-rungsanleihe z. B. US-$	▪ gesamtfällige Anleihen ▪ Annuitäten-Anleihen ▪ Auslosungs-anleihen	▪ kurzfristige Anleihen ▪ mittelfristige Anleihen ▪ langfristige Anleihen	▪ festverzins-liche Anleihen ▪ variabel verzinsliche Anleihen ▪ unverzinsliche Anleihen

Emittenten: Öffentliche Hand · Kreditinstitute · (Industrie-) Unternehmen · ausländische Emittenten

Abb. 40: Die Gestaltungsmöglichkeiten bei Anleihen

Emittenten

Zu den Emittenten der öffentlichen Hand gehören: die Bundesrepublik Deutschland, die Bundesländer sowie Städte und Gemeinden.

Zu den Kreditinstituten gehören Geschäftsbanken, private Hypotheken-banken, Landesbanken, Sparkassen.

Industrieunternehmen sind Großunternehmen in privatem oder öffentli-chem Eigentum.

Ausländische Unternehmen sind ebenfalls Staaten, Städte, Kreditinsti-tute, Wirtschaftsunternehmen, aber auch internationale Institutionen, wie z. B. die Weltbank.

▶ Exkurs – Emissionsmärkte

Für die Unterscheidung bzw. Bezeichnung von Anleihen spielt es auch eine Rolle, in welchem Land der Emittent seinen Hauptsitz hat bzw. in welchen Ländern die Anleihe gehandelt wird.

Inlandsanleihen: wenn der Emittent die Anleihe in seinem Heimatmarkt emittiert.

Auslandsanleihen: wenn der Emittent die Anleihe in einem bestimmten ausländischen Emissionsland, welches nicht sein Heimatland ist, emit-tiert, die Anleihe auf die Währung dieses Landes lautet und auch dort ge-handelt und börsennotiert wird. Für den deutschen Anleger besteht ein Währungsrisiko, da die Zinsen und die Kapitalrückzahlung in der fremden Währung erfolgt.

Euro-Auslandsanleihe: von ausländischen Emittenten in Deutschland emittierte, auf Euro lautende Anleihen. Die Zins- und Rückzahlung erfolgt in Euro. Für den deutschen Anleger besteht bei diesen Anleihen kein Währungsrisiko.

Euroanleihen (Eurobonds): sind internationale Anleihen, die über ein internationales Bankenkonsortium für Emittenten mit einem internatio-nalen Ruf emittiert werden, auf eine international anerkannte Währung lauten und weltweit in mehreren Ländern außerhalb des Heimatlandes des Emittenten gehandelt werden.

Verzinsung

Festzins: i. d. R. ein fester (bzw. abgestuft fallend oder steigend) Nomi-nalzins über die gesamte Laufzeit.

Variabler Zinssatz: die Grundlage bildet ein sog. Referenzzinssatz, wie z. B. der Euribor®.

Keine Verzinsung: Sog. Nullkupon-Anleihen (Zero-Bonds) sind nicht mit einer laufenden Zinszahlung ausgestattet. Der Anleger kann dennoch einen Ertrag erzielen, weil der Ausgabe-(Emissions-)Kurs geringer ist als der Rückzahlungskurs am Ende der Laufzeit.

▶ **Exkurs – Floating Rate Notes, sog. „Floater"**

Diese Anleihen mit variabler Verzinsung bieten keinen festen Zinssatz. Der Emittent legt in den Anleihebedingungen bestimmte Zinszeiträume fest, an deren Ende er Zinsen zahlt, und welchen Zinssatz er für die nächste Zeitspanne bereit ist zu zahlen. Abhängig vom Zeitraum liegen der Zinsberechnung meist entsprechende Referenzzinssätze zugrunde (z. B. Euribor®).

Die Verzinsung richtet sich zwar nach dem Marktzinsniveau, beinhaltet aber i. d. R. einen Abschlag.

Der Vorteil für den Emittenten ist die Möglichkeit, sich langfristige Mittel zu Geldmarktkonditionen zu beschaffen.

Der Vorteil für den Anleger ist das verringerte Kursrisiko durch die kurzen Zinsfestlegungszeiträume.

▶ **Exkurs – Zero-Bonds**

Bei diesen Nullkupon-Anleihen erfolgt während der Laufzeit keine regelmäßige Zinszahlung. Dafür zahlt der Anleger am Anfang einen Kurs deutlich unter 100 % und erhält dann am Laufzeitende sein Kapital zum Kurs von 100 % zurückgezahlt. Der Abschlag (Disagio) hängt ab von der Laufzeit, der Bonität des Emittenten und dem Kapitalmarktzinsniveau.

Die Ausgabe deutlich „unter pari" führt zu deutlich erhöhten Kursschwankungen im Falle von Zinsveränderungen durch die sog. Hebelwirkung.

Der Vorteil für den Emittenten liegt in der Zinsstundung.

Für den Anleger gilt es, einen wichtigen steuerlichen Aspekt zu beachten. Da die Erträge erst am Laufzeitende und dann in einer Summe ausbezahlt werden, sind diese dann auch zu diesem Zeitpunkt in voller Höhe zu versteuern (s. Abgeltungssteuer). Je nach Anlagebetrag können die steuerlichen Freibeträge überschritten werden und die Steuer fällt in voller Höhe an. Ein Vorteil für den Anleger wäre es im Gegenzug, wenn er sich zum Rückzahlungstermin z. B. bereits in Rente befindet und somit einem deutlich geringeren Steuersatz unterliegt als während seines aktiven Berufslebens. Darauf sollte der Kunde auf jeden Fall hingewiesen werden und ggf. Rücksprache mit seinem Steuerberater halten.

▶ **Exkurs – Zinsstrukturkurve**

Eine sogenannte Zinsstrukturkurve zeichnet den Verlauf der Zinsentwicklung über zunehmend längere Laufzeiten von Anleihen nach.

Normalerweise werden höhere Renditen für längere Laufzeiten erzielt.

Es gibt jedoch eine typische Ausnahme von dieser Regel: In Wirtschaftsboomzeiten tritt ein sogenannter inverser Verlauf auf, d.h. für lange Laufzeiten werden geringere Renditen erzielt und für kurze Laufzeiten höhere.

Für Anleger und Fondsmanager ein interessanter Faktor bei der Wahl des Anlagezeitpunktes und der Anlagedauer. Wird zum Beispiel mit steigenden Zinsen gerechnet, macht es Sinn, zunächst einmal kurzfristig zu investieren und dann bei der nächsten Fälligkeit auf längere Laufzeiten zu setzen. Umgekehrt macht ein Investment in längere Laufzeiten insbesondere dann Sinn, wenn mit sinkenden Zinsen gerechnet wird, um sich diese zu sichern und die Chance auf Kurssteigerungen der eigenen Anleihe zu wahren.

Zinszahlungsarten

Verzinsliche Wertpapiere können für ihre Zinszahlungen zwischen 3 Varianten wählen.

▪ normalverzinst

Die Zinszahlung erfolgt laufend zu einem fest vereinbarten Termin i.d.R. jährlich.

▪ aufgezinst

Die Zinszahlung erfolgt erst am Laufzeitende und zwar Zinsen und Zinseszinsen in einer Summe zuzüglich zum Anlagebetrag.

▪ abgezinst

Der Anleger bestimmt hier quasi die Kapitalsumme, die er am Laufzeitende angespart haben möchte. Davon werden Zins und Zinseszinsen abgezogen und er muss zum Kaufzeitpunkt nur den Restbetrag als Kapitaleinsatz zahlen. Am Laufzeitende erhält er dann sein eingesetztes Kapital zuzüglich der Zinsen und Zinseszinsen wieder.

▶ **Exkurs – Umlaufrendite**

Die Umlaufrendite wird börsentäglich von der Deutschen Bundesbank ermittelt. Dabei werden nur Anleihen von Emittenten mit erstklassiger Bonität aus dem Inland und auf Euro lautend berücksichtigt. Die Deutsche Bundesbank berechnet neben der allgemeinen Umlaufrendite auch nach Emittenten aufgeteilte Umlaufrenditen. Ein weiteres Unterscheidungskriterium ist die in der jeweils getrennt berechneten Umlaufrendite Restlaufzeit der Wertpapiere. Die allgemeine Umlaufrendite spiegelt das Zinsniveau dieses Teils des deutschen Kapitalmarktes wieder. Sie ist somit das Gegenstück zum DAX (Deutscher Aktienmarktindex), der die Durchschnittsrendite am deutschen Aktienmarkt darstellt.

Laufzeit

Kurzfristig: Entspricht bei Anleihen ca. einer Laufzeit bis zu 2 Jahren.

Mittelfristig: Entspricht bei Anleihen ca. einer Laufzeit von 2 bis 8 Jahren.

Langfristig: Entspricht bei Anleihen ca. einer Laufzeit von mehr als 8 Jahren.

Diese Zeitspannen sind jedoch nicht gesetzlich festgelegt und können von den Anlageproduktgebern somit abweichend ausgelegt werden.

Rückzahlung / Tilgung

Die Tilgung von Anleihen kann entweder über planmäßige oder über außerplanmäßige Rückzahlung erfolgen.

Planmäßige Rückzahlung bedeutet eine Tilgung innerhalb eines festgelegten Rahmens.

„Planmäßig" bedeutet nicht unbedingt, dass der Anleger den Rückzahlungszeitpunkt bereits im Voraus kennt.

Es gibt drei Gestaltungsmöglichkeiten:

- Bei einer gesamtfälligen Anleihe wird der Nennwert in einer Summe am Ende der Laufzeit zurückgezahlt. Der Zeitpunkt steht seitens des Emittenten von Anfang an fest.
- Tilgungsdarlehen:
  - Annuitäten-Anleihen werden nicht in einer Summe, sondern nach und nach in gleichbleibenden Jahresraten zurückgezahlt. Meistens geht der Rückzahlung ein tilgungsfreier Zeitraum voraus.

- Bei einer Auslosungsanleihe wird das angelegte Kapital nach Ablauf einer Anzahl tilgungsfreier Jahre zu unterschiedlichen Terminen zurückbezahlt. Der Emittent ermittelt über ein Auslosungsverfahren die Wertpapierurkunden, die am nächst fälligen Rückzahlungstermin getilgt werden.

Außerplanmäßige Rückzahlung bei vorzeitiger Kündigung

Ein Emittent kann sich in den Anleihebedingungen eine außerplanmäßige Rückzahlung durch Kündigung der Anleihe vorbehalten (vorzeitige Kündigung), meist unter Vereinbarung einer Anzahl kündigungsfreier Jahre. Mitunter können die Anleihebedingungen auch dem Käufer der Anleihe ein vorzeitiges Kündigungsrecht einräumen.

Sicherheit von verzinslichen Wertpapieren

Unter dieser Sicherheit versteht man, inwieweit die Rückzahlung des eingesetzten Kapitals und der vereinbarten Zinszahlungen sichergestellt ist. Natürlich spielt hierbei die Bonität (Zahlungsfähigkeit) des Emittenten die wichtigste Rolle.

In diesem Zusammenhang fallen immer wieder drei Begriffe, die auf eine besondere Eignung der Wertpapiere für besondere Geldanlagen oder Verwendungsmöglichkeiten hinweisen. Sie kennzeichnen besonders sichere Wertpapiere und Emittenten mit einem Höchstgrad an Bonität:

- Mündelsicherheit

- Deckungsstockfähigkeit

- Notenbankfähigkeit

Mündelsicherheit   §§ 1807 ff. BGB

Die Mündelsicherheit schützt die Vermögenswerte von unter Vormundschaft stehenden Personen (= Mündel). Das BGB bestimmt die Anlageformen, in denen Mündelgeld angelegt werden darf.

Ob die Produkte mündelsicher sind, kann beim Produktanbieter erfragt werden.

Deckungsstockfähigkeit

Die Deckungsstockfähigkeit basiert auf dem Versicherungsaufsichtsgesetz (VAG). Dieses verlangt von Versicherungsunternehmen die Bildung eines gesonderten Vermögens (Deckungsstockvermögen) zur jederzeitigen Erfüllung der Ansprüche der Versicherungsnehmer. Dieser Deckungsstock ist aus den laufenden Prämienzahlungen zu bilden. Das Versicherungsunternehmen darf dieses Deckungsstockvermögen unter anderem auch in Wertpapieren anlegen, die aber besonderen Anforderungen hinsichtlich Sicherheit, Liquidität und Rentabilität genügen müssen. Der Katalog der deckungsstockfähigen Wertpapiere wird durch das VAG geregelt.

Der Kreis der deckungsstockfähigen Anleihen schließt die mündelsicheren Wertpapiere ein und umfasst darüber hinaus weitere Wertpapiere.

Notenbankfähigkeit

Wertpapiere werden als notenbankfähig bezeichnet, wenn sie bei der Deutschen Bundesbank sowie den nationalen Banken des „Europäischen Systems der Zentralbanken" (ESZB) beliehen werden können. Die hierfür ausgewählten Wertpapiere werden im Internet veröffentlicht.

Formen von verzinslichen Wertpapieren

Börsennotierte Bundeswertpapiere

Mit den Bundeswertpapieren kann sich die Bundesrepublik Deutschland Kapital beschaffen.

Die Bundesbank hat dabei quasi die Rolle der „Hausbank" des Bundes.

Die börsennotierten Bundeswertpapiere, Bundesanleihen und Bundesobligationen werden an allen deutschen Wertpapierbörsen gehandelt. Sie bieten den Vorteil des börsentäglichen Verkaufs, aber je nach Entwicklung des Marktzinsniveaus kann es dabei zu Kursschwankungen kommen. Behält der Anleger seine Bundeswertpapiere jedoch bis zum Laufzeitende, so betreffen ihn weder Kursverluste noch Kursgewinne.

Geldanlage-form	Bundesanleihe („Bunds")	Bundesobligation („Bobls")
Laufzeit	i. d. R. 10–30 Jahre	5 Jahre
Ertrag	fester Zinssatz entsprechend dem Marktzinsniveau mit jährlicher Zinszahlung	
Kosten	Depotführungsgebühr und ggf. Kauf-/Verkaufsprovision	
Verfügbarkeit	jederzeit börsentäglich möglich	
Risiken	Kursrisiko bei vorzeitigem Verkauf	
Sonstiges	▪ Mindestanlagebetrag ist vom Kreditinstitut abhängig, das mit dem Kauf beauftragt wird	

Der Bund hat die Neuauflage von Finanzierungsschätzen und Bundes-schatzbriefen ab 1.1.2013 eingestellt. In bestehenden Depots können noch nicht fällige Finanzierungsschätze oder Bundesschatzbriefe enthal-ten sein. Ein Neuerwerb ist nicht mehr möglich.

Börsennotierte Bundeswertpapiere sind geeignet für den sicherheits-orientierten Anleger, der auf einen Emittenten mit sehr hoher Bonität Wert legt, sich eine marktgerechte Verzinsung für seine mittel- (Bun-desobligationen) bis langfristige (Bundesanleihen) Geldanlage wünscht und dabei auf Liquidität nicht verzichten möchte.

Bankschuldverschreibungen

Dieser Begriff fasst alle Anleihen zusammen, die von Kreditinstituten emittiert werden.

Pfandbriefe

Sind gedeckte Schuldverschreibungen, d. h. sie sind durch bestimmte Werte zusätzlich abgesichert: z. B. als Hypothekenpfandbriefe durch Hypotheken oder bei einem Schiffspfandbrief durch erworbene Schiffs-hypotheken.

Unternehmensanleihen (auch Industrieobligationen genannt)

Dieser Begriff fasst alle Anleihen zusammen, die von Unternehmen aus Industrie und Handel emittiert werden.

Schuldverschreibungen ausländischer Emittenten

Die Anleiheformen entsprechen grundsätzlich denen deutscher Emittenten. Bei der Einschätzung der Chancen und Risiken ist auf den jeweiligen Emittenten zu achten.

Verzinsliche Wertpapiere mit Sonderrechten

Wandel-anleihen	Options-anleihen	Gewinn-schuldver-schreibungen	Inflations-geschütze Anleihe
verzinsliche Anleihe	verzinsliche Anleihe	verzinsliche Anleihe	verzinsliche Anleihe
oder	und	und/oder	und
Umtausch in Aktien	Recht auf Bezug von Aktien	zusätzliche dividenden-bezogene Verzinsung (Beteiligung an Unterneh-mensgewinn)	Inflations-schutz

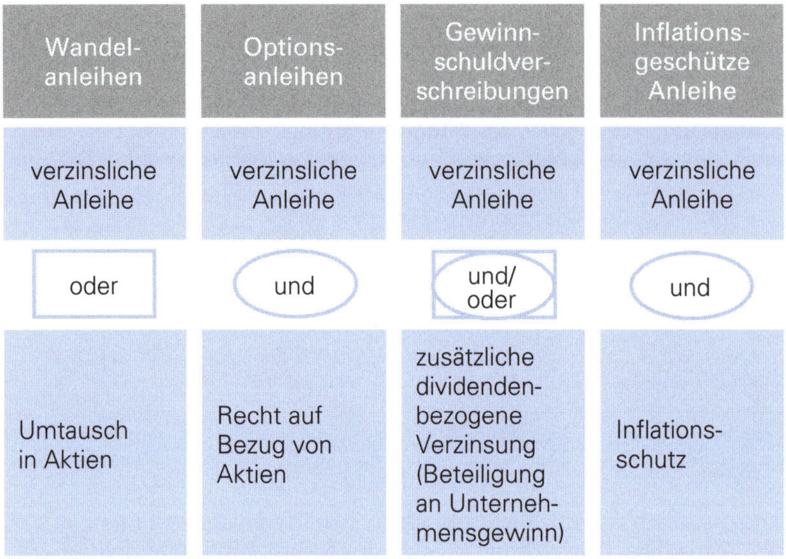

Abb. 41: Verzinsliche Wertpapiere mit Sonderrechten

§ 221 AktG

Wandelanleihen

Wandelanleihen werden auch als Wandelobligationen oder engl. Convertible Bonds bezeichnet. Anleihen können mit einem Bezugsrecht auf Aktien ausgestattet werden.

Infolgedessen sind Aktiengesellschaften Emittenten dieser Anleihe-Sonderform.

Je nach Ausgestaltung dieses Bezugsrechts unterscheidet man zwischen:

- Wandelanleihe
- Optionsanleihe

Sofern der Anleger sein Bezugsrecht ausübt, verfallen alle anderen Ansprüche aus der Wandelanleihe. Solange er sich für die laufenden Zinszahlungen und die Kapitalrückzahlung entscheidet, ist er Gläubiger des Emittenten. Wenn er sich für die Aktien entscheidet, wird er zum Aktionär bzw. Teilhaber und verliert seinen Gläubigerstatus. Die Ausübung der Option zum Bezug von Aktien ist nicht verpflichtend.

Der Kurs einer Wandelanleihe wird zusätzlich und wesentlich vom Kurs der zugrunde liegenden Aktie bestimmt.

Optionsanleihen

Bei Ausübung des Aktienbezugsrechtes behält der Anleger seine anderen Ansprüche aus der Schuldverschreibung. Dies ist möglich, weil das Optionsrecht separat über einen sog. Optionsschein verbrieft wird. Damit erwirbt der Anleger zwei eigenständige Wertpapiere, die er separat handeln kann. Bei Ausübung der Option wird der Anleger Aktionär und damit Teilhaber am Aktienunternehmen, bleibt aber auch Gläubiger des Anleihe-Emittenten.

LF
14

SG
3.1

Gewinnschuldverschreibungen

Diese Anleihen verbriefen zusätzlich oder anstelle des Zinsanspruches eine Beteiligung am Gewinn des Emittenten. Der Regelfall ist eine feste Nominalverzinsung gekoppelt mit einer dividendenabhängigen Zusatzverzinsung.

Inflationsgeschützte Anleihen (engl. Inflation-Indexed-Securities)

Ein regelmäßig unterschätztes Risiko bei der Anlage in verzinsliche Wertpapiere ist, dass es sich um eine Geldwertanlage handelt, die somit bei steigender Inflation an Geldwert und damit Kaufkraft verliert. Eine hohe Verzinsung bietet hier auch keinen Schutz für den Anleger, denn diese wird durch die Geldentwertung zunichte gemacht.

Inflationsgeschützte Anleihen (auch Anleihen mit Sachwertschutz oder Realzinsanleihen genannt) koppeln die Anleihezahlungen (Zinsen und Anlagekapital) an einen Preisindex (z. B. den vom statistischen Bundesamt veröffentlichten Verbraucherpreisindex).

Zu beachten sind jedoch die steuerlichen Auswirkungen. Der Inflationsschutz reduziert sich zum Teil wieder durch die Besteuerung.

Immer mehr Emittenten bieten inflationsgeschützte Anleihen als Sonderform ergänzend zu ihren anderen Anleihen an.

▶ Exkurs – Rating von Anleihen

Die Einschätzung der Emittentenbonität ist für den privaten Anleger fast unmöglich, da er kaum Zugang zu den entsprechenden Unternehmensinformationen hat und in der Regel auch kein ausgebildeter Kapitalmarktexperte ist. Internationale Rating-Agenturen (Moody's, Standard & Poor's, Fitch) übernehmen diese Bewertung und vergeben Ratings bezüglich der Wahrscheinlichkeit, dass ein Emittent seinen Zins- und Rückzahlungsverpflichtungen rechtzeitig und in vollem Umfang nachkommen kann. Unternehmen und ihre Anleihen werden mit Ratingsymbolen versehen, i. d. R. in Form von Buchstaben, wie z. B.

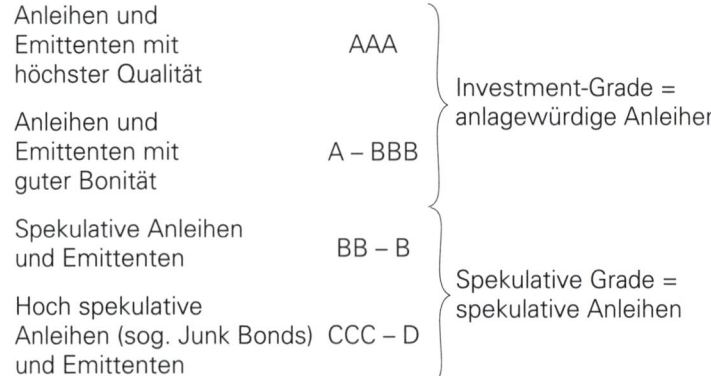

Anleihen und Emittenten mit höchster Qualität	AAA
Anleihen und Emittenten mit guter Bonität	A – BBB

Investment-Grade = anlagewürdige Anleihen

Spekulative Anleihen und Emittenten	BB – B
Hoch spekulative Anleihen (sog. Junk Bonds) und Emittenten	CCC – D

Spekulative Grade = spekulative Anleihen

Diese Ratings haben bei Emission der Anleihen Einfluss auf die Zinsgestaltung und bei Veränderungen während der Laufzeit der Anleihe auf deren Kurs- und damit die Renditeentwicklung.

Zu beachten ist auch, dass einer Rating-Veränderung eine bereits vorhandene Bonitätsveränderung vorausgeht. Das Rating kündigt diese also nicht an, sondern reagiert vielmehr nur darauf.

Wie bei jedem Rating handelt es sich nur um ein Anlagekriterium von vielen. Der Anleger muss entsprechend seinen grundsätzlichen Anlagekriterien und seinem individuellen Anlagetypus entscheiden, ob er überhaupt in Wertpapiere und Anleihen investieren will.

High Yield Anleihe

Bei High Yield Anleihen (Hochzinsanleihen) handelt es sich um Anleihen von Emittenten mit vergleichsweise schlechter Bonität (Einstufung von Ratingagenturen i. d. R. als: Spekulativer Grad. Zum Ausgleich des Risikos müssen die Emittenten eine Verzinsung bieten, die deutlich über dem Marktzinsniveau erstklassiger Anleihen liegt. Bei Emittenten mit besonders schlechter Bonität wird der Begriff „Junk Bond" (Schrottanleihe) synonym verwendet.

Spezielle Risiken bei verzinslichen Wertpapieren

Bonitätsrisiko	Risiko der Zahlungsunfähigkeit des Emittenten
Zinsänderungs-risiko / Kursän-derungsrisiko während der Laufzeit	Risiko der Marktzinsveränderungen während der Anleihelaufzeit und das damit verbundene Kursrisiko für bestehende Anleihen
Kündigungs-risiko	Risiko, dass der Emittent sein Recht entsprechend der Anleihebedingungen zur vorzeitigen Kündigung ausübt
Auslosungs-risiko	Risiko, dass der Rückzahlungszeitpunkt aufgrund des Auslosungsverfahrens früher eintritt und zu einer Verschlechterung der Rendite führt
Risiken bei einzelnen Anleiheformen	Risiko, das mit den speziellen Ausgestaltungen von weiteren Anleiheformen (insbesondere Zero Bonds, Wandelanleihen, u. a.) zusammenhängt

Abb. 42: Spezielle Risiken bei verzinslichen Wertpapieren

Bonitätsrisiko

Ein Emittent kann zeitweise oder dauerhaft zahlungsunfähig werden. Dies kann sich zunächst auf die Zinszahlungen und später auf die Rückzahlung der Anleihe auswirken.

Die Ursachen können beim Emittenten selbst liegen oder aber Folge der gesamtwirtschaftlichen Entwicklung sein:

- Konjunktur: sinkende Nachfrage, sinkende Gewinne können, je länger eine konjunkturelle Erholung auf sich warten lässt, zunächst zu Liquiditätsengpässen und später zur kompletten Zahlungsunfähigkeit des Emittenten führen

- Unternehmensspezifische Veränderungen bzw. Branchenentwicklungen

- Staatsdefizite

- Wirtschaftskrisen

- Politische Entwicklungen mit Einfluss auf die Wirtschaft, deren Folge am Ende auch die Zahlungsunfähigkeit eines Staates sein kann.

Die Folge einer Bonitätsverschlechterung sind fallende Kurse der Anleihen dieser Emittenten.

Je länger die Restlaufzeit einer Anleihe, umso wichtiger ist die Beachtung dieses Risikos. Die Bonität des Emittenten sollte für den Anleger das wichtigste Entscheidungskriterium sein! Nur eine ausreichende Bonität und Zahlungsfähigkeit stellt die Zahlung von Zinsen bzw. die Rückzahlung des investierten Kapitals sicher. Allerdings hat Sicherheit auch hier ihren Preis: Emittenten mit guter Bonität müssen weniger Zinsen zahlen.

Der Anlegertyp entscheidet:

Risikobereit / renditeorientiert:

höheres Bonitätsrisiko ⟶ i. d. R. höhere Rendite

Sicherheitsorientiert:

geringeres Bonitätsrisiko ⟶ i. d. R. weniger Rendite

Bonität der Emittenten

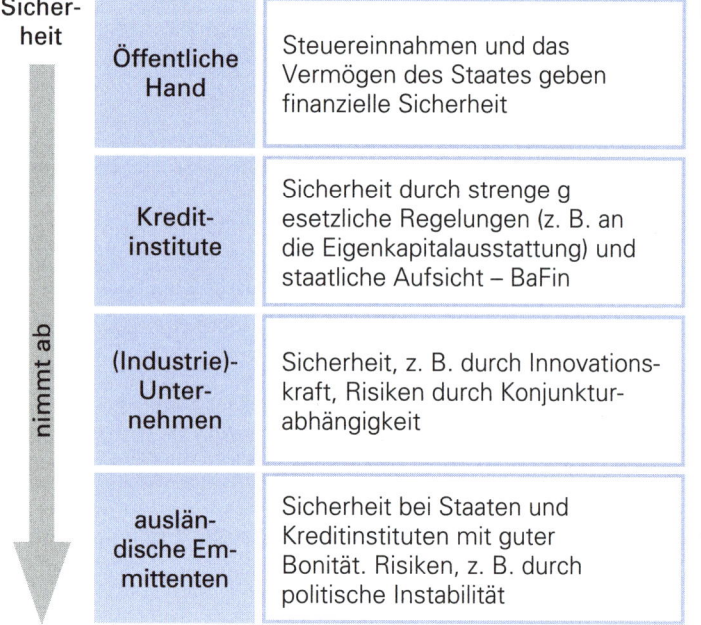

Abb. 43: Bonität der Emittenten

Der Zusammenhang zwischen Anleihekurs und Marktzinsniveau

Zinsniveau
Zinssatz
Kurse

Kurswert
der Anleihe

Festzins
der
Anleihe

Zinsniveau /
Rentenmarkt

Jahre

Abb. 44: Der Zusammenhang zwischen Anleihekurs und Marktzinsniveau

Zinsänderungsrisiko

Zinsänderungen sind ebenfalls ein zentrales Risiko bei Anleihen. Sie kommen alltäglich vor, haben direkte Auswirkungen auf die Kurse bestehender Anleihen und beeinflussen das Zinsniveau neuer Anleihen. Eindeutige Prognosen über die Marktzinsentwicklungen sind nicht möglich, je stärker die Veränderungen ausfallen, umso deutlicher sind ihre Auswirkungen auf die Anleihekurse.

Was sind die Ursachen für Marktzinsveränderungen? Mit unterschiedlichen Bedeutungen sind das vor allem:

- Haushaltspolitik des Staates
- Notenbankpolitik (z. B. der Europäischen Zentralbank EZB), je nachdem, ob die Konjunktur unterstützt oder abgebremst werden soll
- Konjunkturentwicklung
- Inflation
- ausländische Marktzinsentwicklung

Wie stark eine Anleihe auf die Markzinsveränderung reagiert, hängt von ihrer Restlaufzeit und ihrer Zinsausstattung ab.

Je kürzer die Restlaufzeit, umso weniger Kursveränderung verursacht die Marktzinsentwicklung.

Liegt die Zinsausstattung über dem Marktzinsniveau, steigt der Kurs, liegt er darunter, besteht das Risiko von Kursverlusten.

Anleger können sich damit trösten, dass sie von Kursverlusten verschont bleiben, wenn sie ihre Anleihe einfach bis zum Laufzeitende behalten. Dann ist der Emittent an die Anleihebedingungen gebunden und muss das investierte Kapital zurückzahlen und auch die einmal vereinbarten Zinszahlungen leisten.

▶ Praxistipp

Ein Blick in den Börsenteil einer Tageszeitung ergibt folgende Kommentare zu Marktentwicklungen:

- „Der Rentenmarkt tendiert freundlich" bedeutet steigender Kurs, aber fallendes Marktzinsniveau

- „Der Rentenmarkt tendiert leichter" bedeutet fallende Kurse, dafür aber steigendes Marktzinsniveau

▶ Exkurs – der Fachbegriff „pari"

Man spricht davon, dass eine Anleihe zu pari notiert, wenn der aktuelle Kurs dem Rückzahlungskurs entspricht.

„pari"   = der Kurs beträgt 100 % und ist damit gleich dem Rückzahlungskurs. Weiterhin kann man hieraus ableiten, dass die Verzinsung der Anleihe dem Marktzinsniveau entspricht.

„unter pari" = Der Kurs liegt unter 100 % und der Anleihezins i. d. R. unter dem Marktzinsniveau.

„über pari" = Der Kurs liegt über 100 % und der Anleihezins i. d. R. über dem Marktzinsniveau.

► **Zusammenfassung**

Verzinsliche Wertpapiere eignen sich unter Berücksichtigung der Risiken aufgrund ihrer Garantieelemente (Zins- und Rückzahlungsverpflichtung, u. a.) für viele Anlegertypen. Der Anleger, der moderate Renditechancen sucht und mit den Risiken bei entsprechendem Anlagehorizont umgehen kann, findet hier ebenso geeignete Anleiheformen wie auch der spekulativ orientierte Anleger.

Das wichtigste Auswahlkriterium sollte die Bonität des Emittenten sein. Ratings der internationalen Rating-Agenturen liefern hier die notwendigen Einstufungen.

Die wichtigste Eigenschaft von verzinslichen Wertpapieren ist der Zusammenhang zwischen Marktzins- und Kursentwicklung. Steigen die Marktzinsen, fallen tendenziell die Kurse bestehender Anleihen bzw. umgekehrt. Dieser Zusammenhang besteht umso stärker, je länger die Restlaufzeit der Anleihe ist.

Da es sich um eine Geldwert-Anlage handelt, hat die Entwicklung der Inflation einen Einfluss auf den tatsächlichen Geldwert des angelegten Kapitals. Der Anleger sollte sich bewusst sein, dass z. B. bei einer mit 2 % verzinsten Anleihe bei einer gleichzeitigen Inflationsrate von 3 % sein Geldwert weniger wird! Hier ist über alternative Anlagen nachzudenken. Inflationsgeschützte Anleihen bieten einen gewissen Schutz, ebenso wie Sachwertanlagen wie z. B. Immobilien oder Aktien. Auf jeden Fall sollte die Anleiheverzinsung über der Inflationsrate liegen. Die Entscheidung muss dabei immer auch die Risikobereitschaft des Anlegers berücksichtigen.

2.3.3 Aktien

► **Situation**

Sie werden demnächst an einer Schulung über Aktienfonds teilnehmen. Dazu bereiten Sie sich anhand eines Fachbuches zum Thema „Die Aktienanlage" schon einmal auf diese Anlageklasse vor.

► **Erläuterung**

Definition Aktie

Die Aktie verbrieft das Recht des Aktionärs als Teilhaber am Kapital einer Aktiengesellschaft. Er ist somit kein Gläubiger, sondern Mitinhaber des Gesellschaftsvermögens.

Der Umfang der Rechte eines Aktionärs ist abhängig von der jeweiligen Aktienart.

Demgegenüber stehen Pflichten: der Aktionär haftet bis zur Höhe seiner Einlage, d. h. der Anleger verliert im schlimmsten Fall den für seine Aktien bezahlten Kaufpreis.

Die Pflicht des Aktionärs besteht weiterhin in der Leistung seiner Einlage, die er in Form des Aktienerwerbs und Zahlung des Kaufpreises entsprechend dem aktuellen Kurs pro erworbener Aktie erfüllt.

Die Rechte des Aktionärs

Grundsätzlich bestehen nachfolgende Vermögensrechte:

- Beteiligung am Gewinn (Dividendenzahlungen)
- Anteil am Liquidationserlös im Konkursfall
- Darüber hinaus hat der Aktionär Aussicht auf einen Kursgewinn.

Allerdings gibt es für die Vermögensrechte keine festen Garantien. Dividenden fallen von Jahr zu Jahr und von Unternehmen zu Unternehmen unterschiedlich aus und können auch ganz ausgesetzt werden. Und wie hoch der Liquidationserlös ausfällt, ist ebenfalls offen.

Umgekehrt werden die Chancen auf Kursgewinne nicht begrenzt. Manche Unternehmen legen besonderen Wert auf hohe Dividendenzahlungen an ihre Aktionäre und haben dazu auch die entsprechende Kapitalkraft.

Darüber hinaus hat der Aktionär Verwaltungsrechte:

- Teilnahme an der Hauptversammlung der Aktiengesellschaft
  Zur Hauptversammlung werden alle Aktionäre i. d. R. einmal jährlich nach Ende des Geschäftsjahres eingeladen. Aufgabe der Hauptversammlung ist es, z. B. über die Verwendung des Bilanzgewinns zu entscheiden. Die depotführende Stelle informiert den Anleger z. B. über den Termin und die Tagesordnung. Ggf. erhält der Anleger auch Vorschläge zur Ausübung seines Stimmrechtes. Die depotführende Stelle stellt dem Anleger auf Wunsch die zum Besuch der Hauptversammlung erforderliche Eintrittskarte aus.

- Auskunftsrecht im Rahmen der Hauptversammlung über rechtliche und geschäftliche Angelegenheiten des Unternehmens
  Der Vorstand einer Aktiengesellschaft ist verpflichtet, im Rahmen der Hauptversammlung Rechenschaft über die festgelegten Tagesordnungspunkte abzugeben. Sie muss gewissenhaft und wahrheitsgetreu erfolgen (Ausnahme: Betriebsgeheimnisse).

- Stimmrecht zur Beteiligung an den Beschlussfassungen der Hauptversammlung (Grundsätzlich gilt 1 Aktie = 1 Stimmrecht)

Wenn der Aktionär sein Stimmrecht nicht persönlich wahrnehmen kann oder will, so kann er dieses auch übertragen, z. B. an seine depotführende Bank. Dies geschieht in Form einer Vollmacht mit der Möglichkeit, verbindliche Weisungen für die Ausübung des Stimmrechts abzugeben. Die Vollmacht kann vom Anleger jederzeit widerrufen werden. Sind keine Weisungen hinterlegt, entscheidet die depotführende Bank in eigenem Ermessen.

▶ Exkurs – Das Bezugsrecht

Bezugsrecht

Junge Aktien werden Aktionären bei einer Kapitalerhöhung (= Beschaffung von zusätzlich benötigtem Eigenkapital) angeboten	◀ — kann ausgeübt werden oder — kann über die Börse verkauft werden	Alte Aktien sind schon vor der Kapitalerhöhung vorhanden und berechtigen zum Bezug der jungen Aktien

Für die Aktiengesellschaft ist die Ausgabe von Aktien eine Form der Eigenkapitalbeschaffung. Diesen Weg kann sie auch wählen, wenn sie neue Investitionen tätigen will. Über eine sogenannte Kapitalerhöhung und die Ausgabe neuer, „junger" Aktien beschafft sie sich das zusätzliche Eigenkapital. Den jungen Aktien steht bei der folgenden Dividendenzahlung i. d. R. nur ein geringerer Anteil zu, weshalb der Ausgabepreis der jungen Aktien unter dem aktuellen Börsenkurs der alten Aktien liegt, um Investoren zu finden.

Für die alten Aktionäre entstehen allerdings Nachteile:

- Durch die erhöhte Anzahl der Aktien schrumpft ihr Anteil am Grundkapital der Gesellschaft, wenn sie nicht entsprechende Anteile nachkaufen.

- Ebenfalls durch die höhere Anzahl an Aktien sinkt das Gewicht ihrer Stimmrechte auf der nächsten Hauptversammlung.

Aus diesem Grund erhalten die Altaktionäre ein Bezugsrecht auf die neuen Aktien, um diese Nachteile auszugleichen. Als Folge fällt kurzfristig in der Regel der Aktienkurs. Wird die Neuinvestition zum Erfolg, wird sich dies im Laufe der Zeit jedoch wieder ausgleichen. Trotzdem ist auch dieser mögliche Nachteil ein Grund für die Gewährung eines Bezugsrechtes für die Altaktionäre.

Grundsätzlich enthält jede Aktie ein Bezugsrecht. Allerdings werden für den Erwerb einer jungen Aktie i. d. R. mehrere Bezugsrechte benötigt. D. h. der Altaktionär muss Bezugsrechte zukaufen oder kann überschüssige abgeben. Dafür besteht die Möglichkeit des Bezugsrechtshandels. Der Preis wird bestimmt durch Angebot und Nachfrage. Er orientiert sich jedoch an einem theoretisch errechneten Wert des Bezugsrechtes.

Zusammengefasst noch einmal die Möglichkeiten des Aktionärs im Zusammenhang mit Bezugsrechten bei einer Kapitalerhöhung:

Das Bezugsrecht

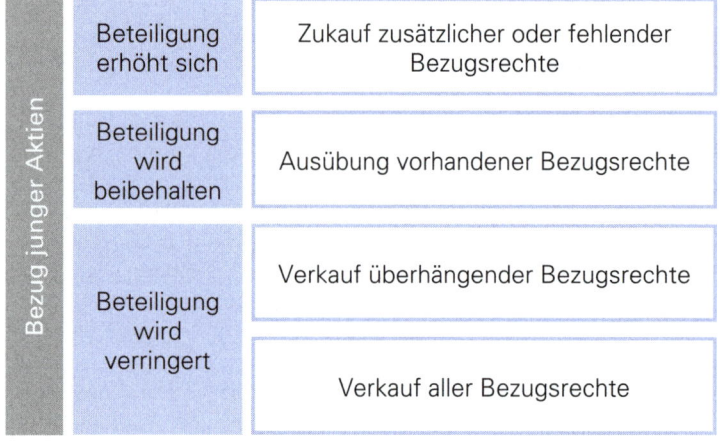

Abb. 45: Das Bezugsrecht

Leider nutzen immer weniger Anleger dieses auf lange Sicht rentable Anlageinstrument und scheuen die möglichen kurzfristigen Risiken. Dabei geht es gar nicht um eine Anlage des gesamten Vermögens in Aktien. Nachgewiesen ist, dass schon eine kleine Beimischung von Aktien zum Depot dessen Ertrag deutlich steigern kann.

Das Deutsche Aktieninstitut (www.dai.de) veröffentlicht regelmäßig statistische Daten zur Aktienkultur in Deutschland.

Die Aktienarten

Art der Eigentumsübertragung	Rechte der Aktieninhaber	Stückelung des Grundkapitals
Inhaberaktie	**Stammaktie**	**Stückaktie**
lautet auf den Besitzer und ist nicht an eine namentlich genannte, bestimmte Person gebunden	gewährt dem Besitzer die normalen Anteilsrechte, insbesondere das volle Stimmrecht bei der Hauptversammlung	Die Aktiengesellschaft (AG) legt in ihrer Satzung die Anzahl der Aktien fest. Die Stückaktie verbrieft dementsprechend einen Bruchteil am Grundkapital der AG
Namensaktie	**Vorzugsaktie**	**Nennwertaktie**
Aktienbesitz ist an eine bestimmte Person gebunden. Der Name wird in das Aktienbuch der Aktiengesellschaft (AG) eingetragen	gewährt dem Besitzer z. B. eine höhere Vorzugsdividende, allerdings bei eingeschränkter Mitbestimmung	lautet auf einen bestimmten Nennbetrag, mindestens 1 € oder ein Vielfaches davon
Vinkulierte Namensaktie		
Für die Übertragung ist die Zustimmung der Aktiengesellschaft (durch den Vorstand) erforderlich		

Abb. 46: Die Aktienarten

Inhaberaktien

Sie sind die gebräuchlichste Form bei deutschen Aktiengesellschaften (Regelform nach Aktiengesetz). Die Eigentumsübertragung ist ohne besondere Formalitäten möglich.

Namensaktien

Sie lauten auf den Namen einer bestimmten natürlichen oder juristischen Person. Durch den Eintrag in das Aktienbuch ist der Aktiengesellschaft zu jedem Zeitpunkt der Kreis ihrer Aktionäre bekannt. Die Namensaktie ist international die gebräuchlichste Form.

Vinkulierte Namensaktien

Bei dieser Aktienart muss das Aktienunternehmen der Eigentumsübertragung auf einen neuen Aktionär zustimmen. Der Vorteil für das Unternehmen ist, dass es nicht nur weiß, wer seine Aktionäre sind, sondern auch Einfluss auf Veränderungen in seiner Aktionärsstruktur hat.

Diese Form wird häufig von Versicherungs-, Medien oder Luftfahrtgesellschaften gewählt.

Stammaktien

Bei dieser Normalform der Aktie hat der Aktionär alle gesetzlichen und satzungsmäßigen Rechte.

Vorzugsaktien

Gegenüber der Stammaktie werden gewisse Vorrechte gewährt. Insbesondere bei der Gewinnverteilung, aber auch bei der Verteilung des Liquidationserlöses im Konkursfall wird diesen Aktionären der Vorzug gewährt. In der Regel muss der Vorzugsaktionär dafür auf sein Stimmrecht verzichten.

Nennwert- oder Stückaktien

In Deutschland muss die Aktiengesellschaft (AG) festlegen, ob sie ihre Aktien als Nennwert- oder als Stückaktien ausgibt. Für den Anleger ist dies unerheblich. Der Kurs der Aktie steht hiermit in keinem Zusammenhang.

Der Kurs weicht allerdings regelmäßig vom Nennwert ab, da er sich aus Angebot und Nachfrage bildet und der Nennwert nur eine rechnerische Größe ist, die die Höhe des Anteils am Grundkapital der AG darstellt. Diese rechnerische Größe wiederum hängt von verschiedenen Faktoren ab, wie z. B. die finanzielle Lage der AG. Mehr dazu lesen Sie im Kapitel 2.2.5 „Der Aktienmarkt". Der sog. Nennbetrag muss auf 1 € oder ein Vielfaches davon lauten.

Auch eine Stückaktie verbrieft einen bestimmten Anteil am Grundkapital der AG. Dies wird bei dieser Aktienart über eine bestimmte Stückzahl wie z. B. 100 Aktien ausgedrückt.

Spezielle Risiken bei der Aktienanlage

Unternehmerisches Risiko (Insolvenzrisiko)	Als Mitinhaber an der Aktiengesellschaft sind die Aktionäre von der wirtschaftlichen Entwicklung der Gesellschaft abhängig. Im Insolvenzfall droht ein Totalverlust des angelegten Kapitals und die Aktionäre werden erst nach den Gläubigern am Liquidationserlös beteiligt.
Kursänderungsrisiko	Die Kursschwankungen bei Aktien sind nicht vorhersehbar. Insbesondere kurzfristig kann es zu erheblichen Kursveränderungen kommen. Die Risikoquelle ist zum einen der Markt (sog. systematisches Risiko) und zum anderen das Unternehmen (sog. unsystematisches Risiko).
Dividendenrisiko	Ob und in welcher Höhe Dividenden gezahlt werden, ist nicht garantiert oder fest vereinbart. Ausschlaggebend ist alleine die Ertragslage des Unternehmens.
Psychologie der Marktteilnehmer	Die Stimmung der Marktteilnehmer hat insbesondere kurzfristig einen erheblichen Einfluss auf die Kursentwicklung einer Aktie. Steigt die Stimmung, spricht man von einer Hausse oder Bull-Market; verschlechtert sich die Stimmung, dann spricht man von einer Baisse oder dem Bear-Market (daher auch die Börsen-Symbolträger „Bulle und Bär").
Risiko der Kursprognose (Timing)	Die schwierigste Entscheidung für den Anleger ist den richtigen Einstiegs- bzw. Ausstiegszeitpunkt, das sog. Timing zu wählen. Es gibt zwar verschiedene Analysemodelle, die versuchen aus Marktentwicklungen der Vergangenheit auf die Zukunft zu schließen, jedoch gibt es unvorhersehbare und sehr seltene Ereignisse (sog. „schwarze Schwäne"), die dann zum Scheitern dieser Modelle führen können.
Risiko eines Zulassungswiderrufs (Delisting)	Wird eine Aktie wieder vom Börsenhandel ausgeschlossen, weil sie die vorgeschriebenen Anforderungen nicht erfüllt oder entscheidet sich das Unternehmen gegen die weitere Börsennotierung, so wird die Handelbarkeit (sog. Fungibilität) der Aktien erheblich eingeschränkt.

Abb. 47: Spezielle Risiken bei der Aktienanlage

Chancen der Aktienanlage

Sofern der Anleger auf eine ausreichende Streuung (Investition in mindestens 5–10 verschiedene Aktien verschiedener Branchen oder einen Aktienfonds) achtet und einen langfristigen Anlagehorizont von ca. 10 Jahren plant, zeigt sich die hohe Rentabilität einer Aktienanlage. Auf lange Sicht ist ein Ausgleich von Kursschwankungen eher möglich.

Das macht die Aktienanlage zu einem wichtigen Baustein für die ergänzende private Altersvorsorge und den Vermögensaufbau bereits in jungen Jahren.

Eine breite Streuung ist von Vorteil, ein ständiges Kaufen und Verkaufen kostet aber auch einiges an Gebühren.

Dennoch ist es erforderlich, seine Aktienanlage regelmäßig zu überprüfen. Dies verlangt vom Direktanleger mehr Know-how und Zeit als von einem Aktienfondsanleger. Der Aktienfondsanleger genießt den Vorteil eines professionellen Fondsmanagements der Fondsgesellschaft.

Für den Anleger ist entscheidend, seinen ganz persönlichen Anlagezeitraum zu bestimmten. Beim Kauf kann man den richtigen Zeitpunkt durch ein schrittweises Investment, z. B. über 4 Kauftermine verteilt, ersetzen. Je näher das Ende des persönlichen Anlagezeitraums rückt, umso wichtiger ist ein rechtzeitiges Umschichten in risikolosere Anlageformen (z. B. festverzinsliche Wertpapiere oder Rentenfonds), um sich vom Kurs an einem bestimmten Verkaufstag unabhängiger zu machen und Kursgewinne zu sichern.

Nichts spricht dagegen, auch innerhalb des gewählten individuellen Anlagehorizontes attraktive Kursgewinne zu realisieren – sog. Gewinnmitnahmen. Was für den Anleger ein „attraktiver" Kursgewinn ist, sollte er für sich selbst bestimmen. Beispielsweise kann er bei einer Kurssteigerung um 25 % vorhandene Aktien verkaufen, um in ein neues Aktiensegment zu investieren, das noch Entwicklungspotenzial hat.

Aktien bieten besondere Ertrags- und Wertentwicklungschancen und sind grundsätzlich für die langfristige Kapitalanlage geeignet. Denn langfristig gleichen sich kurzfristig sehr stark ausfallende Kursschwankungen oft wieder aus.

▶ Exkurs

Behavioral Finance

Als Behavioral Finance bezeichnet man die noch junge Wissenschaft zur Erforschung des Anlegerverhaltens mit dem Ziel, das Handeln von Anlegern verhaltenspsychologisch (engl. behavioral) zu erklären.

Entscheidet der Anleger bei seinen finanziellen Entscheidungen tatsächlich nur nach rationalen Faktoren? Wie sieht es mit den Einflussfaktoren, die aus der Verhaltenspsychologie stammen aus? Individuelle Prägung durch Erziehung, Erfahrungen, Emotionen, aber auch systemische Prägung durch das kulturelle Umfeld? Kann der Anleger all dies wirklich bei seinen finanziellen Entscheidungen ausblenden? Als Mensch bewertet er seine Mitmenschen und Situationen nach seinen individuellen Erfahrungen und Sichtweisen und ist in der Regel alles andere als neutral. Und bei seinen Finanzen herrscht plötzlich klarer Sachverstand?

Die Antwort der Anhänger der Behavioral Finance lautet ganz klar: nein.

Die Erkenntnisse der Behavioral Finance vermitteln das Bild eines Menschen, der ganz klar nicht nur die Maximierung seiner wirtschaftlichen Gewinne vor Augen hat!

Home Bias

„My home is my castle" könnte man auch sagen. Egal, ob Privatanleger oder institutioneller Anleger: obwohl klar erwiesen ist, dass breite Risikostreuung Risiken verringert und Chancen erhöht, legen beide besonderes Vertrauen in ihr Heimatland und gewichten dieses zu hoch. Die Verhaltenspsychologie liefert die Erklärung: Heimat, das ist etwas Vertrautes, ein geschützter Raum. Hier bestehen nur geringe Zweifel über die eigene Einschätzung und deshalb entscheidet sich der Anleger bei der Wahl zwischen inländischen und ausländischen Aktien häufiger für die vertrauten inländischen.

Anleger ärgern sich viel mehr über erlittene Kursverluste als über erzielte Kursgewinne. Die Folge: Steigen die Kurse, wird viel zu früh verkauft. Fallen die Kurse dagegen, wird solange gewartet, bis der Verlust richtig groß ausfällt und dann wird verkauft.

Denn, gerät eine Aktie ins Minus, müsste sich der Anleger eine Fehlentscheidung eingestehen, das fällt aus verhaltenspsychologischer Sicht allerdings sehr schwer und deshalb wird abgewartet und viel häufiger auf dem Tiefststand verkauft als auf dem Höchststand gekauft.

Heuristik

Der „Pi-Mal-Daumen-Effekt": Menschen treffen Entscheidungen häufiger auf Grundlage einer einfachen, schnellen und stabilen Daumenregel. Die Entscheidung auf der Grundlage der Analyse aller Möglichkeiten ist eher selten.

Herdentrieb

„The trend is your friend" findet sich auch in der Behavioral Finance wieder. Wir Menschen orientieren uns gerne an Vorbildern, so auch bei unseren finanziellen Entscheidungen. Und so gibt es auch an den Börsen „Gurus", denen man zum Nachweis der eigenen Kompetenz einfach folgen muss! Der Haken: jeder Trend ist irgendwann Standard und wird durch einen neuen Trend ersetzt. Der Anleger reagiert hierauf aber meist nur mit deutlicher Verzögerung und verpasst so schnell den neuen Trend.

Der Aktienkurs

Die grundsätzlichen Einflussfaktoren auf die Aktienkursentwicklung wurden bereits im Kapitel 2.2.5 Aktienmarkt beschrieben.

Grundsätzlich spiegelt der Aktienkurs die Gewinnerwartungen des Unternehmens wider.

Der Aktienhandel findet heute überwiegend über ein vollelektronisches System mit dem Namen „Xetra" (Exchange Electronic Trading) statt.

Der Privatanleger kann Aktien an der Börse nur über seine Bank kaufen oder verkaufen. Dieser Wertpapierauftrag wird als Order bezeichnet. Die Bank ist verpflichtet, die für den Anleger bestmögliche Ausführungsvariante zu finden. Man spricht in diesem Fall von „bestens" ausgeführten Orders.

▶ Exkurs – Best Execution

Banken und Finanzdienstleistungsunternehmen müssen gemäß der EU-Richtlinie MiFID die bestmögliche Ausführung einer Wertpapierorder in Bezug auf Preis, Kosten sowie bestimmte andere Qualitätskriterien, wie z. B. Ausführungswahrscheinlichkeit, gewährleisten.

Der Anleger hat aber auch die Möglichkeit ein sog. Limit festzulegen. Wird das Limit nicht erreicht, so wird auch die Order nicht ausgeführt und der Anleger kann neu entscheiden.

▶ Exkurs

Auktionsprinzip

Der Kurs wird wie bei einer Auktion festgestellt: aus sämtlichen Kauf- und Verkaufsangeboten wird errechnet, bei welchem Kurs der größte Umsatz zustande kommt.

Market-Maker-Prinzip

Sind die Aktienumsätze zu niedrig, so kommen die Market-Maker ins Spiel. Sie sind verpflichtet, verbindliche Kauf- und Verkaufskurse anzubieten, sodass der Handel sichergestellt ist und Anleger jederzeit zu marktgerechten Preisen kaufen oder verkaufen können.

Ertragskennziffern bei Aktien

Beim Vergleich verschiedener Aktien können sogenannte Ertragskennziffern helfen.

Nachfolgend die wichtigsten Kennziffern:

$$\text{Dividendenrendite} = \frac{\text{Bardividende je Aktie} \times 100}{\text{Kurs der Aktie}}$$

Die Dividendenrendite beschreibt das Verhältnis der Dividende zum gegenwärtigen Kurs und gibt somit die Verzinsung des investierten Kapitals an.

▶ Rechenbeispiel

Aktie 1 mit 2,50 € Dividende bei einem Kurs von 50 € weist eine Dividendenrendite von 5 % auf. Aktie 2 weist mit einer Dividende von 10 € bei einem Kurs von 250 € dagegen nur eine Dividendenrendite von 4 % auf und wäre rein unter diesem Ertragsgesichtspunkt das schlechtere Investment.

$$\text{Gewinn pro Aktie} = \frac{\text{geschätzter Betriebsgewinn}}{\text{Zahl der ausgegebenen Aktien}}$$

Dieser Wert gibt an, wie viel Gewinn pro Aktie insgesamt erwirtschaftet wird. In dieser Kennzahl sind sowohl die ausgeschütteten Gewinne (Dividenden) als auch die nicht ausgeschütteten Gewinne enthalten.

$$\begin{aligned}\text{Kurs-Gewinn-Verhältnis (KGV)} \\ \text{(engl. Price-Earnings-Ratio (PER))}\end{aligned} = \frac{\text{Kurs einer Aktie}}{\text{Gewinn pro Aktie}}$$

Das Kurs-Gewinn-Verhältnis gibt an, in welchem Verhältnis der Gewinn einer AG zur aktuellen Börsenbewertung steht. Je niedriger das KGV, desto günstiger die Aktie. Allerdings haben die Unternehmen einen großen Spielraum bei der Ermittlung ihres Gewinns, deshalb kann das KGV nicht das einzige Entscheidungskriterium sein. Außerdem ist es wichtig, dass Aktien einer Branche verglichen werden, sonst würden Äpfel mit Birnen verglichen.

$$\text{Kurs-Buchwert-Verhältnis (KBV)} = \frac{\text{aktueller Aktienkurs}}{\text{Buchwert je Anteil}}$$

Die betriebswirtschaftliche Kennzahl KBV kann zur Bewertung von Industrieunternehmen genutzt werden. Damit kann man einschätzen, wie günstig die Aktie an der Börse bewertet ist. Ein KBV unter eins kann ein Hinweis darauf sein, dass die Aktie unterbewertet ist. Für Unternehmen der Computer- und Internetbranche (bzw. weitere Branchen, die von Haus aus einen geringen Buchwert aufweisen) oder für gerade erst neu gegründete Unternehmen eignet sie sich nicht, da in diesen Branchen ein geringer Buchwert (Eigenkapitalausstattung) üblich ist. Das Kurs-Buchwert-Verhältnis zeigt, zum Wievielfachen ihres Buchwertes eine Aktie an der Börse gehandelt wird.

▶ **Exkurs – Buchwert**

Der Buchwert ist der Wert, mit dem Vermögensgegenstände eines Unternehmens in der Bilanz aufgeführt sind. Er ergibt sich aus Anschaffungs- oder Herstellungskosten abzgl. Abschreibungen.

Anlegermotive für die Aktienanlage

Ertrag: Dividendenzahlungen und Kursentwicklung

Sachwertanlage: Aktien zählen grundsätzlich zu den Sachwerten und unterliegen damit nicht direkt dem Geldwertverlust (Inflation)

Spekulation: Aktienkurse können erheblich schwanken und bieten insbesondere auch kurzfristig neben dem Verlustrisiko sehr hohe Kursgewinnchancen

Mitbestimmung: Durch die Verwaltungsrechte hat der Aktionär Stimmrechte.

Vergleich Aktie und Unternehmensanleihe

Aktien	Unternehmensanleihen
▪ Anleger = Teilhaber / Miteigentümer an der Aktiengesellschaft	▪ Anleger = Gläubiger der Aktiengesellschaft
▪ Aktienkapital = Eigenkapital	▪ Anleihekapital = Fremdkapital
▪ Gewinnbeteiligung = Dividende	▪ Rückzahlungsanspruch
▪ Dividendenzahlung setzt Gewinnerzielung voraus	▪ keine Gewinnbeteiligung, dafür fester Zinsanspruch
▪ Aktie = Sachwertanlage	▪ Anleihe = Geldwertanlage
▪ i. d. R. höhere Kursschwankungen (und somit höhere Risiken / Chancen) als die Unternehmensanleihe	▪ wesentliche Risiken sind das Bonitätsrisiko und das Zinsänderungsrisiko während der Laufzeit
▪ wesentliche Risiken sind die wirtschaftliche Entwicklung des Unternehmens und die Marktentwicklung	▪ mittelfristige Vermögensanlage
▪ langfristige Vermögensanlage	

Abb. 48: Vergleich Aktien und Unternehmensanleihe

▶ Zusammenfassung

In Aktien sollte Geld investiert werden, auf das der Anleger kurzfristig finanziell nicht angewiesen ist. Ein langer Anlagehorizont von
mindestens 10 Jahren ist empfehlenswert.

Die Mindestanlage sollte so gewählt werden, dass die anfallenden
Gebühren für den Kauf und die Depotverwaltung 1 % der Anlagesumme nicht überschreiten und eine ausreichende Streuung über
mindestens 5–10 Aktien und verschiedene Branchen möglich ist.

Als Faustformel gilt: mindestens 10.000 € bei einer Streuung von
5 Aktien und noch besser mindestens 20.000 € für eine Streuung
über mindestens 10 Aktien.

Der Anleger ist gut beraten, nur in Unternehmen zu investieren, die
viele Informationen über sich transparent machen. Ein Blick in den
Geschäftsbericht sowie Nachrichten und Kommentare in der täglichen Wirtschaftspresse sind wichtige und erforderliche Informationen für den Anleger.

Unterschiedliche Branchen und Unternehmen bieten unterschiedliche Chancen und Risiken. Ein guter Mix reduziert Verlustrisiken
und erhöht umgekehrt die Chancen. Die Streuung ist deshalb eine
wichtige Regel bei der Aktienanlage.

Das perfekte Timing für eine Aktienanlage gibt es i. d.R. nicht. Aber
wer sich informiert, kann einen für sich günstigen Einstiegszeitpunkt
finden. Danach heißt es, Gewinne von Zeit zu Zeit mitnehmen und
Verluste aussitzen.

Tipps für die Aktienanlage

- „Nicht alle Eier in einen Korb": breite Streuung über mindestens 5–10 verschiedene Aktien und Branchen

- Gebühren beachten und vergleichen: nicht mehr als 1 % der Anlagesumme

- empfohlener Mindestanlagebetrag 10.000 € (wegen breiterer Risikostreuung und Verteilung der Kosten)

- langfristiger Anlagehorizont von mind. 10 Jahren empfehlenswert

- Gewinne regelmäßig realisieren

- Bei fallenden Kursen: Abwarten oder Nachkaufen (bei unverändert guten Unternehmensdaten, ansonsten gilt: rechtzeitig davon trennen – unabhängig von der allgemeinen Marktentwicklung)

- Privatanleger sollten den Aktienkauf auf Kredit vermeiden, da bei Kursverlusten zusätzliche Sicherheiten oder der Zwangsverkauf der Aktien gefordert werden kann

- Kauf- und Verkaufsaufträge limitieren

- „Hin und Her macht Taschen leer": häufiges Umschichten aufgrund der anfallenden Kosten vermeiden

- Alle Infoquellen (Geschäftsbericht, Tagespresse, Nachrichten, fundierte Beratung) nutzen; am Ende nur kaufen, wovon man selbst überzeugt ist und was der eigenen Risikobereitschaft entspricht.

- Die Aktienanlage mit anderen Anlageformen (festverzinslichen Wertpapieren, Tagesgeld) kombinieren, um kurzfristige Liquiditätsengpässe überbrücken und mittelfristige Anlageziele und Wünsche realisieren zu können.

Abb. 49: Tipps für die Aktienfondsanlage

Übungen

1. Beschreiben Sie zwei wesentliche Funktionen, die börsennotierte Wertpapiere erfüllen.

2. Nennen Sie die verschiedenen Arten von Wertpapieren nach
   a) Art des verbrieften Rechts
   b) Art der Übertragung
   c) Art des verbrieften Vermögenswertes
   d) Wo sind offene Investmentvermögen einzuordnen?

3. Erläutern Sie den Begriff Buchwert

4. Nennen Sie fünf Basisrisiken bei der Wertpapieranlage.

5. Nennen Sie weitere Bezeichnungen für verzinsliche Wertpapiere.

6. Nennen Sie zwei Forderungen / Rechte, die verzinsliche Wertpapiere verbriefen.

7. Nennen Sie, wer verzinsliche Wertpapiere emittieren kann.

8. Nennen Sie fünf Gestaltungsmerkmale von verzinslichen Wertpapieren.

9. Unterscheiden Sie zwei Verzinsungsformen bei Anleihen.

10. Nennen Sie die grundsätzliche Laufzeitregelung, die für die nachfolgenden Begriffe zutrifft.
    a) kurzfristig
    b) mittelfristig
    c) langfristig

11. Welche drei Begriffe stehen für eine besondere Sicherheit bei verzinslichen Wertpapieren?
    Erläutern Sie diese kurz.

12. Nennen Sie die verschiedenen Formen von verzinslichen Anleihen.

13. Nennen Sie verzinsliche Wertpapiere, die mit Sonderrechten ausgestattet sind und beschreiben Sie diese kurz.

14. Beschreiben Sie, welche speziellen Risiken bei der Anlage in verzinsliche Wertpapiere bestehen.

15. Erläutern Sie zwei Ursachen für Marktzinsveränderungen.

16. Nennen Sie zwei Pflichten, die ein Aktionär erfüllen muss.

17. Beschreiben Sie zwei Rechte, die ein Aktionär ausüben kann.

18. Ordnen Sie die aufgeführten Aktien den drei Unterscheidungs-kriterien zu:

   a) Art der Eigentumsübertragung
   b) Rechte der Aktieninhaber
   c) Stückelung des Grundkapitals

   1) Inhaberaktie
   2) Stammaktie
   3) Nennwertaktie
   4) Namensaktie
   5) Vorzugsaktie
   6) Stückaktie
   7) Vinkulierte Namensaktie

19. Beschreiben Sie drei spezielle Risiken, die bei der Aktienanlage zu beachten sind.

20. Beschreiben Sie zwei Chancen, die sich bei einer Aktienanlage bieten.

21. Beschreiben Sie drei Anlagemotive, die ein Aktionär verfolgen kann.

22. Nennen Sie jeweils drei Kriterien für die Anlage in Aktien und eine Anlage in eine Unternehmensanleihe.

23. Nennen Sie drei Tipps für die Aktienanlage.

24. Erläutern Sie die Merkmale einer High Yield Anleihe.

25. Erläutern Sie den Begriff der Umlaufrendite.

Lernziele

In diesem Kapitel erwerben Sie Fertigkeiten, Kenntnisse und Fähigkeiten darüber, wie das Fondsprinzip funktioniert, wie offene Investmentvermögen strukturiert sind, welche Vorteile und Chancen offene Investmentvermögen bieten, wie der Anteilspreis berechnet wird, welche Aufgaben der Branchenverband BVI wahrnimmt, welche Wertentwicklungsmethode Standard bei offenen Investmentvermögen ist und welche speziellen Risiken bei offenen Investmentvermögen zu beachten sind.

Sie

- erklären das Prinzip von offenen Investmentvermögen

- stellen die Struktur und Funktionsweise eines offenen Investmentvermögens dar

- beschreiben die Aufgaben der Kapitalverwaltungsgesellschaft (KVG), des Fondsmanagements, der Analysten und der Verwahrstelle

- erklären die Vorteile und weiteren Chancen offener Investmentvermögen

- beschreiben den besonderen Anlegerschutz

- beschreiben die Transparenz bezüglich der Kostenstruktur

- erklären die Anteilspreisberechnung von offenen Investmentvermögen

- grenzen Ausgabe- und Rücknahmepreis voneinander ab

- beschreiben die BVI-Wertentwicklungsmethode

- grenzen die Begriffe Ertrag, Rendite und Wertentwicklung voneinander ab

- beschreiben die speziellen Risiken bei offenen Investmentvermögen

2.4 Offene Investmentvermögen

2.4.1 Das Fondsprinzip – Die Investmentidee

▶ Situation

Sie bereiten sich auf ein Anlagegespräch vor. Bei der Terminvereinbarung hat Ihr Kunde bereits sein Interesse an offenen Investmentvermögen geäußert. Sie möchten ihm zunächst mit einer einfachen Darstellung das Prinzip der Investmentidee erklären.

▶ Erläuterung

Die Idee hinter offenen Investmentvermögen ist ein einfacher Grundsatz: Viele einzelne Anleger investieren in ein gemeinsames Vermögen – das Sondervermögen –, welches dann in verschiedene Anlageinstrumente – wie z. B. Aktien, Anleihen etc. – entsprechend einer festgelegten Anlagestrategie investiert wird. Die Anleger erhalten Anteile entsprechend ihrer Anlagesumme und werden so Bruchteilseigentümer am Sondervermögen.

Das Sondervermögen heißt Sondervermögen, weil es gesondert, d. h. getrennt von Vermögen der Kapitalverwaltungsgesellschaft verwahrt werden muss.

Das Fondsprinzip

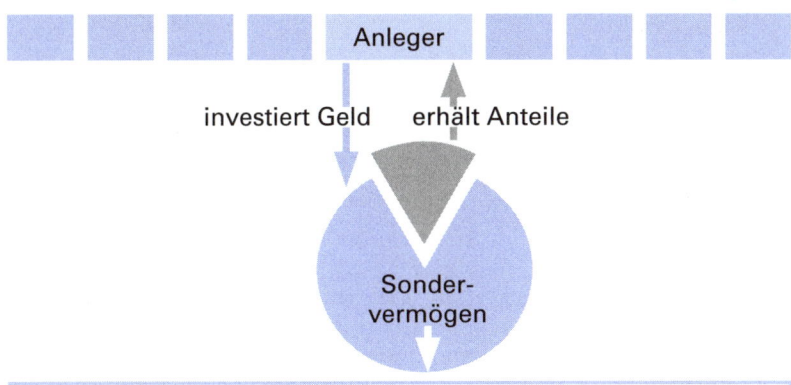

Abb. 50: Das Fondsprinzip

Drei wesentliche Vorteile bilden die Grundlage für die Erfolgschancen offener Investmentvermögen:

1. Die Diversifikation (Aufteilung). Durch die Bündelung des Kapitals vieler Anleger in einem Sondervermögen, kann dieses Vermögen auf mehrere verschiedene Wertpapierarten oder Anlageformen verteilt, investiert werden.

2. Die Risikostreuung. Durch eine breitere Streuung der Anlagen (Diversifikation) innerhalb des Sondervermögens, ergibt sich auch eine erweiterte Risikostreuung.

3. Bereits mit kleinen Beträgen können Anteile am Investmentvermögen erworben werden.

Möglichkeiten der Risikostreuung

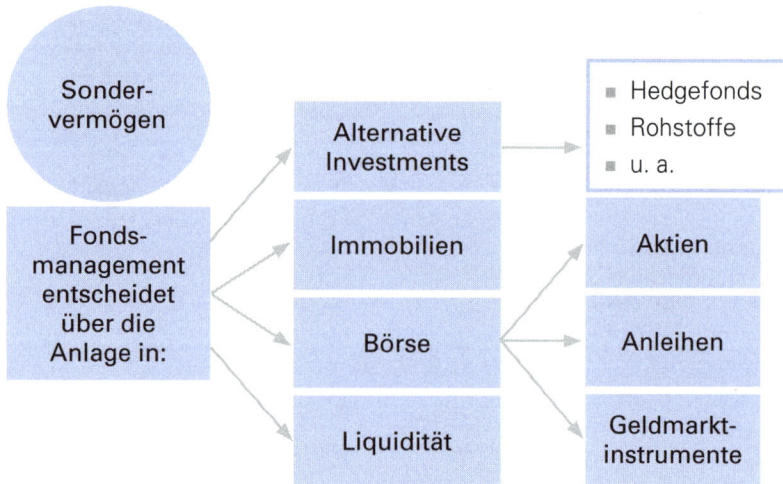

Abb. 51: Möglichkeiten der Risikostreuung bei offenen Investmentvermögen

Das Anlagespektrum des einzelnen Investmentvermögens wird durch gesetzliche (Kapitalanlagegesetzbuch) und vertragliche Anlagebedingungen festgelegt. Änderungen dürfen später allenfalls mit schriftlicher Information des Anlegers erfolgen. Der Anleger kann so erkennen, ob das jeweilige Investmentvermögen zu seiner Anlagestrategie passt und entsprechende Schwerpunkte setzen.

Außerdem darf beispielsweise ein Aktienfonds nur als solcher namentlich bezeichnet werden, wenn er gemäß seiner vertraglichen Anlagerichtlinien mindestens 51 % seines Sondervermögens auch tatsächlich in Aktien investiert.

LF
14

SG
3.2

2.4.2 Struktur und Funktionsweise

▶ **Situation**

Herr Franke ist ein sehr kostenbewusster Anleger. Der Aktienfonds, den ihm sein Vermittler vorgeschlagen hat, interessiert ihn sehr. Allerdings erscheinen ihm die Gebühren sehr umfangreich. Sein Vermittler Herr Horschmann erläutert ihm daraufhin die Struktur eines offenen Investmentvermögens und für welche Leistungen die verschiedenen Beteiligten ihre Gebühren erheben.

▶ **Erläuterung**

In Deutschland sind ausschließlich Kapitalverwaltungsgesellschaften (KVG) zur Auflage von Investmentvermögen berechtigt. Die KVG beschäftigt Fondsmanager, die das Sondervermögen professionell verwalten. Nach dem Prinzip der Risikostreuung wird das Sondervermögen in verschiedene Wertpapiere, Immobilien und sonstige Anlageformen investiert. Der Verkaufsprospekt mit den darin enthaltenen Anlagebedingungen informiert über die genauen Anlagestrategien und Anlageschwerpunkte des einzelnen Investmentvermögen.

Investmentvermögen unterliegen in Deutschland der Genehmigung durch die Bundesanstalt für Finanzdienstleistungsaufsicht (BaFin). Diese entscheidet z. B. über die Vertriebszulassung eines Investmentvermögens und die Genehmigung der Verkaufsunterlagen. Die Verwahrstelle verwahrt im Auftrag der KVG das Sondervermögen und überwacht die Einhaltung der gesetzlichen Anlagegrenzen und vertraglichen Anlagebedingungen. Darüber hinaus informiert sie die Anleger automatisch über anlegerrelevante Neuerungen.

Die Anteile verbriefen die Rechte des einzelnen Anlegers am Sondervermögen (Bruchteilseigentum).

Die Struktur eines offenen Investmentvermögens

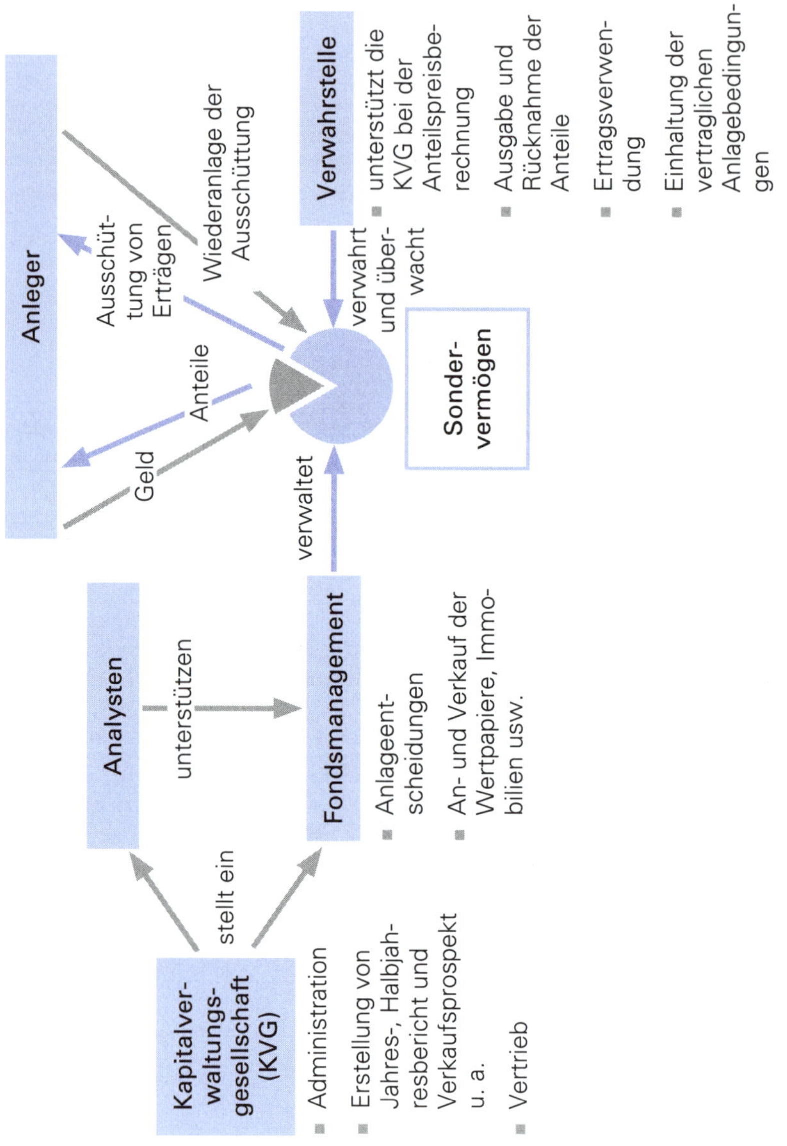

Abb. 52: Die Struktur eines offenen Investmentvermögens

Kapitalverwaltungsgesellschaft (KVG)

Kapitalverwaltungsgesellschaften, die ihren Sitz und die Hauptverwaltung in Deutschland haben, unterliegen wie Banken den strengen Anforderungen des Kreditwesengesetzes und werden von der Bundesanstalt für Finanzdienstleistungsaufsicht (BaFin) kontrolliert.

Kapitalverwaltungsgesellschaften können einen oder mehrere Investmentvermögen verwalten. Entsprechend gelten für sie auch die Vorschriften des Kapitalanlagegesetzbuches (KAGB), das u. a. die allgemeinen Verhaltensregeln und Organisationspflichten regelt:

(1) Die Kapitalverwaltungsgesellschaft handelt bei der Wahrnehmung ihrer Aufgaben unabhängig von der Verwahrstelle und ausschließlich im Interesse der Anleger.	§ 26 Abs. 1 KAGB

Die Kapitalverwaltungsgesellschaften sind befugt, die von ihr aufgelegten Investmentvermögen zu vertreiben und eine individuelle Vermögensverwaltung inkl. Anlageberatung zu erbringen.

Die Jahres- bzw. Halbjahresberichte, Verkaufsprospekte sowie weitere Verkaufsunterlagen wie die wesentlichen Anlageinformationen werden von der Kapitalverwaltungsgesellschaft erstellt.

Das Sondervermögen muss getrennt vom Firmenvermögen der KVG gehalten werden. Bei finanziellen Schwierigkeiten oder gar im Konkursfall der KVG ist das Sondervermögen geschützt und kann nicht zur Deckung der Verbindlichkeiten benutzt werden. Aus diesem Grund wird die Verwahrung des Sondervermögens einer von der KVG unabhängigen Verwahrstelle übertragen. Die Verwahrstelle ist ein Kreditinstitut mit Sitz in der Europäischen Union und gemäß § 32 KWG zugelassen.

(1) Die OGAW-Kapitalverwaltungsgesellschaft hat sicherzustellen, dass für jeden von ihr verwalteten OGAW eine Verwahrstelle im Sinne des Absatzes 2 beauftragt wird. Die Beauftragung der Verwahrstelle ist in einem schriftlichen Vertrag zu vereinbaren. Der Vertrag regelt unter anderem den Informationsaustausch, der für erforderlich erachtet wird, damit die Verwahrstelle nach den Vorschriften dieses Gesetzes und gemäß den anderen einschlägigen Rechts- und Verwaltungsvorschriften ihren Aufgaben für den OGAW, für den sie als Verwahrstelle beauftragt wurde, nachkommen kann.	§ 68 Abs. 1 KAGB

In Deutschland handelt es sich bei den Kapitalverwaltungsgesellschaften zumeist um Tochtergesellschaften von Banken (DWS, Union Investment u. a.) oder Versicherungsgesellschaften (Allianz Global Investors u. a.). Im Ausland gibt es von Konzerngesellschaften unabhängige Kapitalverwaltungsgesellschaften (Fidelity, Templeton u. a.). Insbesondere für die Deckung der Vertriebsleistungen erhebt die Kapitalverwaltungsgesellschaft den Ausgabeaufschlag.

Fondsmanagement

Der Fondsmanager oder das Fondsmanagerteam werden von der Kapitalvewaltungsgesellschaft eingestellt. Das Fondsmanagement ist wesentlich für den Erfolg des Investmentvermögens verantwortlich. Es entscheidet wann, welche und wie viele Wertpapiere von welchen Unternehmen, welche Immobilien etc. gekauft oder verkauft werden. Dazu sind umfassende und aktuelle Informationen nötig. Diese erhält das Fondsmanagement zum einen von sogenannten Analysten und zum anderen hat es auch selbst die Möglichkeit, direkt Gespräche mit Unternehmensverantwortlichen zu führen, um Chancen / Risiken eines Investments aus erster Hand einschätzen zu können. Es muss die Chancen bestmöglich nutzen und die Risikostreuung einhalten. Anlagerichtlinien geben dazu den Rahmen vor.

Gesetzliche Anlagegrenzen

Der Fondsmanager muss die Investitionshöchstgrenzen (anlage- und emittentenbezogen) des Kapitalanlagegesetzbuches beachten, um eine Mindeststreuung des Sondervermögens zu gewährleisten. Die direkte Investition in Gold und Edelmetallen ist beispielsweise ausgeschlossen.

Individuelle / vertragliche Anlagebedingungen

Hier wird u. a. festgelegt, in welche Anlageformen der Fondsmanager investieren darf. Das können beispielsweise Aktien aus einer bestimmten Region (u. a. Japan) sein. Da diese Anlagerichtlinien Teil des Verkaufsprospektes sind und von der BaFin genehmigt werden müssen, sind Änderungen regelmäßig sehr schwierig. Deshalb versucht die Kapitalverwaltungsgesellschaft diese vertraglichen Anlagebedingungen so weit wie möglich zu fassen, um dem Fondsmanagement genügend Spielraum im Detail zu belassen.

Zusammenspiel von gesetzlichen Anlagegrenzen und vertraglichen Anlagebedingungen

Das Zusammenspiel von gesetzlichen Anlagegrenzen und vertraglichen Anlagebedingungen zeigt sich zum Beispiel in punkto Liquiditätsreserve (auch Barreserve genannt) eines Investmentvermögens. Beide konkretisieren die Höhe der Liquiditätsreserve (maximale Höhe). Das ist ein wichtiger Punkt in der Anlagepolitik eines Investmentvermögens. Zum einen sollte und muss ein Aktienfonds natürlich überwiegend in Aktien investiert sein. Die Barreserve wird i. d. R. in einer renditeärmeren Anlageform geparkt. Zum anderen kann es insbesondere bei stark schwankenden Börsenphasen von Vorteil sein, eine größere Barreserve aufzubauen, um dann bei niedrigen Börsenkursen rechtzeitig und auch mit einem nennenswerten Betrag wieder in den Markt einzusteigen.

Für das Fondsmanagement erhält die Kapitalverwaltungsgesellschaft die Verwaltungsvergütung (andere Bezeichnung: Management Fee) und ggf. zusätzlich eine wertentwicklungsabhängige Verwaltungsvergütung (oft auch als Performance Fee bezeichnet).

LF
14

SG
3.2

Analysten

Unterstützt wird das Fondsmanagement in seiner Arbeit in der Regel von einem Expertenteam, den Analysten. Diese sind ebenfalls Mitarbeiter der Kapitalverwaltungsgesellschaften. Sie sind meist auf bestimmte Anlageformen und Anlagemärkte spezialisiert. Die Analysten sammeln die volkswirtschaftlichen und unternehmensspezifischen Daten und betreiben das sogenannte Research (englisch für „Recherche / Forschung") der Kapitalverwaltungsgesellschaft.

Die Leistung der Analysten ist in der Verwaltungsvergütung und Performance Fee enthalten.

Verwahrstelle

„Bei der Wahrnehmung ihrer Aufgaben handelt die Verwahrstelle unabhängig von der Kapitalverwaltungsgesellschaft und ausschließlich im Interesse der Anleger."	§ 70 Abs. 1 KAGB

Das Sondervermögen muss von einer unabhängigen inländischen Verwahrstelle verwahrt werden.

Die Verwahrstelle hat folgende Aufgaben:

▪ Unterstützung der KVG bei der börsentäglichen Berechnung der Ausgabe- und Rücknahmepreise	§ 212 KAGB
▪ Ausgabe und Rücknahme von Anteilen oder Aktien eines offenen Investmentvermögens	§ 71 KAGB
▪ Durchführung der Ausschüttung an die Anteilsinhaber (Anleger)	§ 74 KAGB
▪ Verwahrung der Vermögensgegenstände des Investmentvermögens in einem separaten gesperrten Depot (getrennte Verwahrung Sondervermögen vom Vermögen der Kapitalverwaltungsgesellschaft)	§ 72 KAGB
▪ Abwicklung sämtlicher Wertpapierkauf- und -verkaufsaufträge (im Auftrag des Fondsmanagements) und ggf. auch Immobilientransaktionen	§ 74 KAGB
▪ Abwicklung des Sondervermögens im Falle der Auflösung des Investmentvermögens	

Darüber hinaus nimmt die Verwahrstelle Kontrollfunktionen wahr.

§ 76 Abs. 1 KAGB

> **(1) Die Verwahrstelle hat sicherzustellen, dass**
>
> 1. die Ausgabe und Rücknahme von Anteilen und die Ermittlung des Wertes der Anteile den Vorschriften dieses Gesetzes und den Anlagebedingungen entsprechen,
>
> 2. bei den für gemeinschaftliche Rechnung der Anleger getätigten Geschäften der Gegenwert innerhalb der üblichen Fristen in ihre Verwahrung gelangt,
>
> 3. die Erträge des Investmentvermögens gemäß den Vorschriften dieses Gesetzes und den Anlagebedingungen verwendet werden und
>
> 4. die erforderlichen Sicherheiten für Wertpapier-Darlehen nach Maßgabe des § 200 Abs. 2 rechtswirksam bestellt und jederzeit vorhanden sind.

Für diese Dienst- und Serviceleistungen erhält die Verwahrstelle eine i. d. R. jährliche Vergütung, die sog. Verwahrstellenvergütung. Diese wird direkt aus dem Sondervermögen entnommen und an die Verwahrstelle gezahlt.

2.4.3 Die Vorteile offener Investmentvermögen

▶ **Situation**

Frau Schmitz macht sich aufgrund der aktuellen Wirtschaftsnachrichten, die von einer möglichen neuen Finanzkrise sprechen, Sorgen um die Sicherheit ihrer offenen Investmentvermögen. Sie hat Bedenken, ob ihre Kapitalverwaltungsgesellschaft auch insolvent werden könnte und dann auf das Geld der Anleger zugreifen kann.

▶ **Erläuterung**

Die Vorteile im Überblick

Offene Investmentvermögen bieten im Vergleich zu anderen Geld- und Kapitalanlagen (Direktanlagen) Vorteile:

- Risikostreuung
- professionelles Fondsmanagement
- Liquidität
- Transparenz
- Kostenvorteile gegenüber der Direktanlage
- einzigartiger gesetzlicher Anlegerschutz
- keine Nachschusspflicht

Weitere Chancen können sich ergeben aus

- erhöhten Renditen entsprechend den Chancen einer Kapitalmarkt-anlage
- der Vielfalt der Fondsauswahl
- dem Cost-Average-Effekt bei Investment-Sparplänen

LF
14

SG
3.2

SG
3.4

Risikostreuung (Diversifikation)

Das Fondsmanagement ist gemäß der gesetzlichen Anlagegrenzen verpflichtet, das Sondervermögen auf viele verschiedene Einzeltitel und ggf. auch verschiedene Anlageinstrumente zu verteilen. Diese Auftei-lung (engl. Diversifikation) auf verschiedene Investments verteilt auch das Risiko.

Gerade Anlegern mit geringem Kapital ist es nicht möglich, über direkte Anlage in Aktien oder Anleihen eine solche breite Streuung ihres Vermögens zu erreichen. Dem Investmentvermögen steht hierfür das gesamte Sondervermögen vieler Anleger zur Verfügung.

Wie funktioniert das im Detail? Weist eine Aktie einen Kursverlust auf, so kann dies von Kursgewinnen anderer Aktien wieder ausgeglichen werden. Auch verlaufen die Entwicklungen verschiedener Anlage-märkte nicht immer gleich, d. h. Kursverluste am Anleihemarkt können zum Beispiel von positiven Kursentwicklungen der Aktien aufgefangen werden.

Professionelles Fondsmanagement

Das Fondsmanagement besteht aus Fachleuten für die Geld- bzw. Im-mobilienanlage, die sich ganztägig ausschließlich mit den Finanzmärk-ten und deren Anlageformen beschäftigen. Sie können auf professio-nelle Datenquellen und Informationsmöglichkeiten zurückgreifen, die dem Privatanleger normalerweise in diesem Umfang nicht zur Verfü-gung stehen. Und sie werden von Analysten unterstützt, die beispiels-weise auf eine Länderregion zusätzliches spezialisiertes und fundiertes Know-how bieten.

Der Anleger hat mit der Fondsanlage zwar keinen Einfluss mehr auf die Einzelinvestitionen, aber dafür steht ihm die Expertise des Fondsma-nagements zur Verfügung. Das Fondsmanagement muss sich an der Wertentwicklung des Investmentvermögens im Vergleich zu Mitbewer-bern und Vergleichsgrößen (Benchmarks) messen lassen.

Eine Entscheidung, die beim Anleger verbleibt, ist die prinzipielle Ent-scheidung, ob er z. B. in Aktien oder Anleihen in bestimmten Ländern oder global investieren möchte. Der Fondsmanager nutzt dann die Möglichkeiten des Marktes, in den er investieren darf, bestmöglichst aus. Einen Einfluss auf den Markt selbst hat er dabei natürlich nicht.

Liquidität

Die Liquidität bei der Anlage in offene Investmentvermögen ist grundsätzlich durch die jederzeitige Rückgabemöglichkeit der Anteile gegeben. Die Kapitalverwaltungsgesellschaft ist gemäß dem Kapitalanlagegesetzbuch verpflichtet, die Anteile jederzeit zum aktuellen Anteilwert, d. h. dem Netto-Inventarwert (engl. Net Asset Value) zurückzunehmen. Er ist somit die Basis für den Rücknahmepreis, den der Anleger erhält, wenn er seine Anteile verkauft. Dies geschieht in der Regel gebührenfrei. Da der beim Kauf bezahlte Ausgabeaufschlag im Verkaufsfall nicht zurückgezahlt wird, muss dies bei einer nur kurzfristigen Haltedauer seiner Anteile einkalkuliert werden. Ein ständiges Wechseln zwischen verschiedenen Fonds macht deshalb hinsichtlich der Kosten keinen Sinn.

Eine Mindestanlagedauer sowie eine Kündigungsfrist gibt es nicht. (Ausnahme: offene Immobilien-Sondervermögen und Dach-Hedgefonds)

Transparenz

Transparenz der Anlagerichtlinien

Gesetzlich vorgeschrieben ist eine Kurzinformation über die wesentlichen Ausgestaltungen des Investmentvermögens in Form der wesentlichen Anlegerinformationen (WAI) und ein ausführlicher Verkaufsprospekt sowie die jährliche bzw. halbjährliche Berichterstattung (Jahresbericht bzw. Halbjahresbericht) über die Entwicklungen und die Tätigkeiten des Fondsmanagements.

Transparenz der Kosten

Der Verkaufsprospekt informiert über alle Kosten in Prozent, der Rechenschaftsbericht über die tatsächlich angefallenen Kosten in Euro.

Die Kosten bei offenen Investmentvermögen

Direkt vom Anleger zu zahlen

KVG	depotführende Bank des Anlegers
Ausgabeaufschlag	**Depotführungsgebühr**
▪ einmalig beim Kauf	▪ jährlich für die depotführende Bank des Kunden, die die Fondsanteile verwahrt
▪ deckt die Vertriebskosten der KVG	▪ pauschale oder depotabhängige Berechnung möglich

Fondsanteil

KVG	Sondervermögen	Verwahrstelle
Verwaltungsvergütung		**Verwahrstellenvergütung**
▪ laufend (vierteljährlich oder jährlich) für das Fondsmanagement und für die laufenden Vertriebskosten (Bestandsvergütungen)	**Transaktionskosten**	▪ jährlich, für die Leistungen der Verwahrstelle, die das Sondervermögen verwahrt, Kontrollaufgaben ausübt und die Anteilspreise börsentäglich berechnet
▪ **wertentwicklungsabhängige Zusatzvergütung** (Performance Fee) möglich	▪ für den An- und Verkauf der Wertpapiere im Sondervermögen	

Entnahme aus dem Sondervermögen

Abb. 53: Die Kosten bei offenen Investmentvermögen

Gesamtkostenquote (TER)

Sie ermöglicht dem Anleger hinsichtlich der Kosten einen objektiven Vergleich von offenen Investmentvermögen. Die Gesamtkostenquote wird abgeleitet aus dem Englischen auch als TER (Total Expense Ratio) bezeichnet.

Um die Kostenbelastung bei offenen Investmentvermögen für die Anleger noch transparenter zu gestalten, sind die Kapitalverwaltungsgesellschaften verpflichtet, die Gesamtkostenbelastung im Verhältnis zum

§ 166 KAGB

durchschnittlichen Gesamtvermögen des Investmentvermögens in den wesentlichen Anlegerinformationen, im Verkaufsprospekt und in den Jahresberichten anzugeben.

Die Gesamtkostenquote enthält alle Kosten, die dem Sondervermögen direkt belastet werden.

- Verwaltungsvergütung
- Verwaltungskosten*
- Verwahrstellenvergütung
- Verwahrungskosten
- Wirtschaftsprüfungskosten

* Verwaltungskosten sind „sonstige Betriebskosten", die für den Vertrieb und die Administration eines Investmentvermögens anfallen (u. a. Kosten für die Herstellung und Produktion der Verkaufsunterlagen, Kosten für Werbung und Kosten für Genehmigungen und Registrierungen bei Behörden und Börsen).

Nicht enthalten sind

- Transaktionskosten
- Maklergebühren
- Ausgabeaufschlag

Gesonderter Ausweis

- etwaige performanceabhängige Vergütungen

Laufende Kosten (engl. ongoing charge / auch synthetische TER genannt)

Auch hier geht es um die Gesamtkostenbelastung des Investmentvermögens im Verhältnis zum durchschnittlichen Gesamt-Sondervermögen. Zusätzlich werden bei Dachfonds auch die in den Zielfonds (Investmentvermögen, in die der Dachfonds investiert) verrechneten Gebühren (soweit diese bekannt sind; so sind die Transaktionskosten u. a. auch hier nicht berücksichtigt) mit einbezogen.

Performance(Wertentwicklungs-)abhängige Vergütungen

Insbesondere bei Fondsarten, die auf die Erzielung von Wertentwicklungen, die über dem Marktniveau liegen, ausgerichtet sind (beispielsweise Aktienfonds), kann die Kapitalverwaltungsgesellschaft zusätzlich zu den fest vereinbarten Verwaltungsvergütungen für die Leistungen des Fondsmanagements eine sog. performanceabhängige Vergütung erheben. Da dies die Netto-Wertentwicklung des Anlegers reduziert, sollte er sich vor Vertragsabschluss anhand der Angaben im Verkaufsprospekt oder der Vertragsbedingungen über die Details zur Höhe und Fälligkeit der performanceabhängigen Vergütung informieren.

Diese sind nicht in der TER oder den laufenden Kosten enthalten und müssen gesondert ausgewiesen werden.

LF 14

SG 3.2

SG 3.4

Kostenvorteil

Als „institutionelle Anleger" können Fondsmanager für ihre Transaktionen (Kauf und Verkauf) oft bessere Konditionen als Privatanleger aushandeln. Allerdings haben sich für Privatanleger durch Online-Broker in den letzten Jahren neue Möglichkeiten aufgetan. Auch können insbesondere für die Anlage der Liquiditätsreserve aufgrund des größeren Anlagevolumens z. T. bessere Zinskonditionen verhandelt werden.

Weitreichender Anlegerschutz und einzigartiger Konkursschutz

§ 92 Abs. 1 KAGB

Besonders ein Vorteil gilt bei offenen Investmentvermögen: Da das Sondervermögen gemäß Kapitalanlagegesetzbuch getrennt vom Vermögen der Kapitalverwaltungsgesellschaft verwahrt werden muss, ist es im Insolvenzfall der KVG geschützt und wird nicht Teil der Konkursmasse.

Diesen gesetzlichen Anlegerschutz bietet keine andere Anlageform. Dazu kommt die Aufsicht der BaFin und die Überwachungspflichten der Verwahrstelle hinsichtlich der Anlagerichtlinien.

Der gesetzliche Anlegerschutz

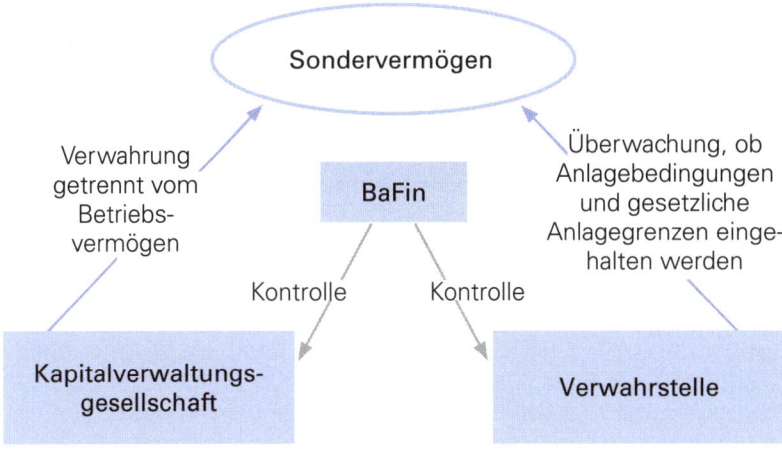

Abb. 54: Der gesetzliche Anlegerschutz

Keine Nachschusspflicht

§ 93 und 94 KAGB
Der Anleger beteiligt sich mit dem Kauf von Anteilen eines offenen Investmentvermögens nicht direkt an einem Unternehmen oder der Kapitalverwaltungsgesellschaft, sondern erwirbt ein Bruchteilseigentum am Sondervermögen. Bei Kursverlusten oder bei Konkurs der Kapitalverwaltungsgesellschaft oder Unternehmen, in die das Sondervermögen investiert hat, entstehen keine Kapitalnachschusspflichten. Das Verlustrisiko für den Anleger bleibt auf seine Kapitaleinlage (und ggf. einen gezahlten Ausgabeaufschlag) begrenzt.

Er erwirbt somit vielmehr eine professionelle Vermögensverwaltung und den Anspruch auf Ausschüttung der Erträge und die Beteiligung an den Kursentwicklungen der vom Sondervermögen erworbenen Vermögensgegenstände. Mitspracherechte erwirbt der Anleger dagegen nicht. Diese werden von der KVG treuhänderisch wahrgenommen.

Renditechancen auf Kapitalmarktniveau

Offene Investmentvermögen nutzen je nach Anlageschwerpunkt die Chancen einer Kapitalmarktanlage aus. Ein Rentenfonds bietet beispielsweise gegenüber einem Sparbuch oder einer Sparbriefanlage den Vorteil einer marktgerechten Verzinsung und der Chance auf Kursgewinne.

Dem Anleger muss wie immer bei erhöhten Chancen auch das damit verbundene Risiko bewusst bleiben: Die Marktzinsen können fallen und verzinsliche Wertpapiere, die an der Börse gehandelt sind, weisen Kursschwankungen auf, die bei einem vorzeitigen Verkauf der Wertpapiere auch zu Kursverlusten führen können.

Vielfalt der Fondsauswahl

Das Angebot an offenen Investmentvermögen ist sehr groß. Hintergrund ist, dass es neben breit anlegenden Investmentvermögen (wie beispielsweise einem international investierenden Aktienfonds) auch alle Variationen von Spezialisierungen gibt (wie beispielsweise ein Rentenfonds, der nur in französische Anleihen investiert). Für den Anleger bietet sich hierdurch die Möglichkeit, sein Depot in jeder gewünschten Ausrichtung zusammenzustellen, wie es sonst nur mit Direktanlagen möglich wäre. Er hat darüber hinaus den Vorteil der Risikostreuung innerhalb der einzelnen Investmentvermögen.

Cost-Average-Effekt bei Investment-Sparplänen

Ein positiver Cost-Average-Effekt (engl. für Durchschnittskosteneffekt) ergibt sich bei Investment-Sparplänen dadurch, dass zu unterschiedlichen Einstiegszeitpunkten mal mehr Anteile zu niedrigeren Anteilspreisen und mal weniger Anteile zu höheren Anteilspreisen gekauft werden. Dies kann bei – über die Gesamtlaufzeit betrachtet – positivem Preisverlauf einen günstigeren Einstiegspreis gegenüber einer einmaligen Anlage ergeben.

Mehr Details hierzu siehe Kapitel 2.11 Anlageprogramme .

LF
14

SG
3.2

SG
3.4

▶ **Zusammenfassung**

Die Vorteile und Chancen offener Investmentvermögen

- breite Risikostreuung

- flexible und professionelle **Geldanlage bereits für kleine Beträge**

- kompetente Verwaltung des Sondervermögens durch ein **professionelles Fondsmanagement**

- hohe **Liquidität**: (börsentägliche) Verfügbarkeit der angelegten Gelder

- umfassende **Transparenz** bezüglich der Kosten und Anlagen

- **Kostenvorteil** gegenüber der Direktanlage durch Großanlegerkonditionen

- Anspruch auf Rücknahme des Anteils

- Anspruch auf Beteiligung an den Erträgen

- weitreichender **Anlegerschutz** durch strenge gesetzliche Vorschriften

- einzigartige **Konkurssicherheit**

- **keine Nachschusspflicht**

- erhöhte Renditen entsprechend den Chancen einer Kapitalmarktanlage

- Vielfalt der Fondsauswahl

- Cost-Average-Effekt bei Investment-Sparplänen

Abb. 55: Die Vorteile und Chancen offener Investmentvermögen

Das Investmentdreieck der Anlage in offene Investmentvermögen

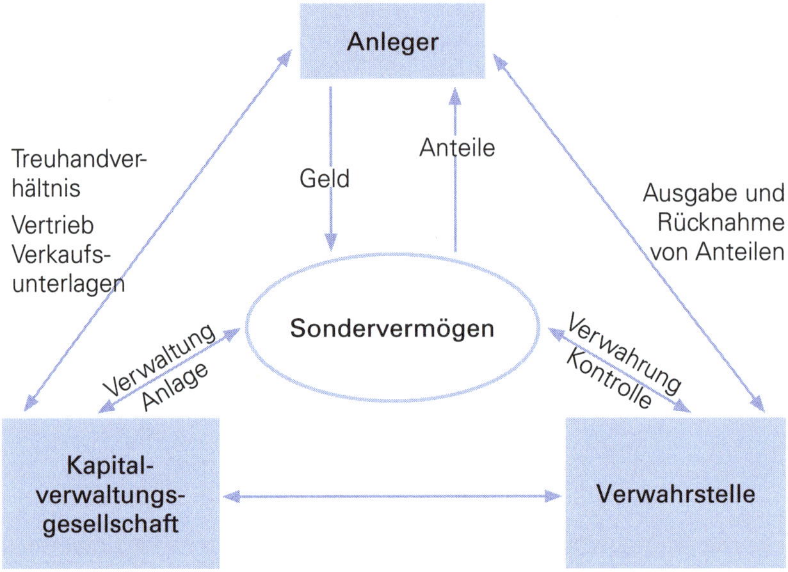

Abb. 56: Das Investmentdreieck der Anlage in offene Investmentvermögen,
angelehnt an „Das Investmentdreieck", dargestellt in der Broschüre
„Investmentfonds" des BVI.

2.4.4 Die Anteilspreisberechnung

▶ **Situation**

Herr Quedlin erläutert seinem jungen Kollegen Herrn Pilz – der demnächst auch offene Investmentvermögen vermitteln soll – im Rahmen
seiner Sachkundeprüfungsvorbereitung noch einmal alle Details rund
um die Anteilspreisberechnung.

▶ **Erläuterung**

§§ 212 und
217 KAGB

Der Anteilspreis (auch Anteilwert oder Rücknahmepreis oder Nettoinventarwert genannt) eines offenen Investmentvermögens wird je nach
Art der Vermögensanlagen mindestens 1x jährlich (bei OGAW in der
Regel börsentäglich) von der Verwahrstelle unter Mitwirkung der Kapitalverwaltungsgesellschaft oder von der Kapitalverwaltungsgesellschaft
selbst ermittelt und veröffentlicht.

Das Sondervermögen

Das im Sondervermögen zusammengefasste Vermögen der einzelnen Anleger wird auf verschiedene Einzelanlagen aufgeteilt, d. h. breit gestreut angelegt.

Da das Sondervermögen getrennt vom Vermögen der Kapitalverwaltungsgesellschaft verwahrt werden muss, lässt sich ein aktueller Wert börsentäglich ermitteln.

Das Sondervermögen setzt sich im Wesentlichen zusammen aus:

- Wertpapiervermögen (Aktien, verzinsliche Wertpapiere, Geldmarktpapiere u. a.)
- Bankguthaben
- sonstige Vermögensgegenstände (z. B. Investmentanteile, Zertifikate)
- Immobilienvermögen
- abzüglich Verbindlichkeiten aus Krediten
- abzüglich Kosten und Gebühren

Der Anteilwert

Bei offenen Investmentvermögen bilden sich Kauf- bzw. Verkaufspreise nicht durch Angebot und Nachfrage, sondern errechnen sich aus dem tatsächlichen Wert des Sondervermögens.

1. Die Berechnung des Wertes des Sondervermögens (Netto-Inventarwert bezogen auf den Wert des gesamten Sondervermögens)

   Aktueller Wert der Vermögensgegenstände des Sondervermögens (z. B. Börsenkurs bei Aktien)

   + Bankguthaben

   ./. Verbindlichkeiten

   ./. Kosten und Gebühren

2. Berechnung des Anteilwertes (Netto-Inventarwert bezogen auf den Wert eines Anteils)

$$= \frac{\text{Wert des Sondervermögens}}{\text{Anzahl der ausgegebenen Anteile}} \qquad \text{§ 168 KAGB}$$

Die Höhe des Anteilwertes gibt keine Auskunft über den Erfolg der Anlage.

LF 14

SG 3.2

Der Rücknahmepreis beim Verkauf von Anteilen offener Investmentvermögen

Entspricht in der Regel dem Anteilwert. In Ausnahmefällen (z. B. bei einigen ausländischen Kapitalverwaltungsgesellschaften) werden Verkaufsgebühren (Rücknahmeabschlag) berechnet.

Der Ausgabepreis beim Kauf von Anteilen offener Investmentvermögen

Um die Ausgabe- und Vertriebskosten zu decken, darf die Kapitalverwaltungsgesellschaft für den Kaufpreis einen Ausgabeaufschlag (in Prozent) erheben. Da diese Kosten die Wertentwicklung gerade bei einer kürzeren Anlagedauer schmälern, ist der Ausgabeaufschlag den Wertentwicklungschancen der jeweiligen Fondsart angepasst. Häufig findet sich folgende Abstufung:

Geldmarktfonds: 0–2 %

Rentenfonds: 2–4 %

Aktienfonds: 4–6 %

Der Regelfall ist, dass der Ausgabeaufschlag auf den Anteilwert erhoben wird:

Anteilwert	+ z. B. 5 % des Anteilwerts als Ausgabeaufschlag	= Ausgabepreis
100 €	+ (Ausgabeaufschlag 5 %) / 5 €	= 105 €

Der Tausch (engl. Switch) von Anteilen offener Investmentvermögen

Wenn der Anleger seine Strategie ändert und zum Beispiel seine Aktienfondsanteile in Rentenfondsanteile tauschen möchte, so bedeutet dies, dass er seine Aktienfondsanteile zum Rücknahmepreis verkaufen muss und die Rentenfondsanteile wieder neu zum Ausgabepreis (inkl. Ausgabeaufschlag) kaufen muss.

Manche Kapitalverwaltungsgesellschaften bieten diesen Tausch vergünstigt an, wenn das neue Investmentvermögen einen höheren Ausgabeaufschlag hat als das bisherige: meist ist dann nur die Differenz der Ausgabeaufschläge zu zahlen. Voraussetzung ist, dass es sich um Investmentvermögen der gleichen bzw. derjenigen Kapitalverwaltungsgesellschaft handelt, die diese Vergünstigung anbietet.

▶ Zusammenfassung – Die Kauf- und Verkaufspreisberechnung bei offenen Investmentvermögen

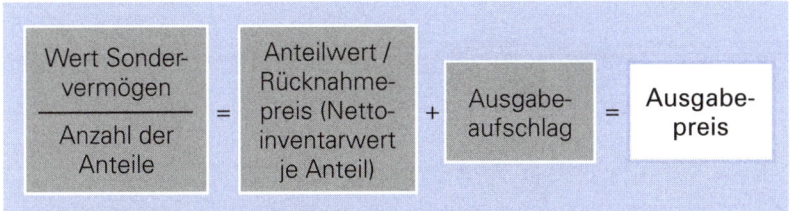

Abb. 57: Die Kauf- und Verkaufspreisberechnung bei offenen Investmentvermögen

Die Kapitalverwaltungsgesellschaft ist zur Veröffentlichung der Preise verpflichtet. Daher findet man von allen Investmentvermögen des jeweiligen Anbieters die börsentäglich aktuellen Preise auf deren Internetseite. Viele KVGs veröffentlichen darüber hinaus die Preise ihrer wichtigsten Investmentvermögen in den Kursteilen der großen Tageszeitungen.

§ 170 KAGB

2.4.5 Der BVI und seine Wertentwicklungsmethode

▶ Situation

Herr Mischmann hat von einem guten Kunden dessen gesamte Vermögensaufstellung erhalten und bereitet sich nun auf das Kundengespräch vor. Bei seinen Recherchen stößt er immer wieder auf die Begriffe „Ertrag", „Rendite" und „Wertentwicklung". Für den Kunden sind solche Fachbegriffe oft gleichbedeutend mit „viel Gewinn".

Tatsächlich stehen diese Angaben aber für unterschiedliche Werte und Herr Mischmann schlägt die genaue Bedeutung nochmal nach, um beim Vergleich der verschiedenen Anlageformen richtig argumentieren zu können.

▶ Erläuterung

Wertentwicklung

Bei der Fülle an angebotenen offenen Investmentvermögen stellt sich dem Anleger immer wieder die Frage, wie er den Anlageerfolg der verschiedenen Investmentvermögen am besten miteinander vergleichen kann. Gewinnversprechen für die Zukunft sind dazu wenig geeignet. Dagegen stellt der historische Anlageerfolg, d. h. die Wertentwicklung in der Vergangenheit, eine solide Basis dar. Die Wertentwicklung ist eine Stichtagsbetrachtung, die immer wieder aktualisiert werden kann.

> Wertentwicklung – auch Performance (Leistung) genannt – ist die prozentuale Änderung des Anteilwertes innerhalb einer bestimmten Zeitperiode.

Wertentwicklungsvergleiche machen nur Sinn, wenn

1. ähnliche – d. h. möglichst identische Anlageschwerpunkte – Investmentvermögen miteinander verglichen werden,

2. der Vergleichszeitraum nicht zu kurz gewählt ist und

3. den Berechnungen identische Methoden zugrunde liegen.

BVI-Methode

Der BVI hat für den Wertentwicklungsvergleich von Investmentvermögen die sogenannte BVI-Methode entwickelt, die sich als Standard in der Branche durchgesetzt hat.

Die Annahme der BVI-Methode

 enthalten:

- prozentuale Veränderung
  - Wert zu Beginn des Anlagezeitraums
  - Wert am Ende des Anlagezeitraums
- Wiederanlage der Ausschüttung zum Rücknahmepreis am Tag der Ausschüttung
- Kosten auf Ebene des Sondervermögens:
  - Verwahrstellenvergütung
  - Verwaltungsvergütung u. a.
  - Einmalanlage

 nicht enthalten:

- individuelle Steuern des Anlegers
- Kosten auf Anlegerebene:
  - Depotführungsgebühr
  - Ausgabeaufschlag

Abb. 58: Die Annahmen der BVI-Methode

Die Berechnung erfolgt in drei Schritten:

1. Angenommen, der Anleger besitzt zum Beginn des Berechnungszeitraumes einen Anteil und erwirbt für die Ausschüttung sofort weitere Anteile: Wie viele Anteile würde er für den Ausschüttungsbetrag erhalten?

   Aus Gründen der Vergleichbarkeit wird dazu bei thesaurierenden Investmentvermögen (Investmentvermögen, die ihre Erträge im Fondsvermögen belassen und nicht an die Anleger ausschütten) grundsätzlich die selbe Berechnung vorgenommen, jedoch statt mit den Ausschüttungsbeträgen, mit den sich ergebenden Steuerzahlungen (thesaurierende Erträge gelten steuerlich als zugeflossen).

2. Nun werden die so berechneten Anteile mit dem Rücknahmepreis des Investmentanteils zum Ende der Betrachtungsperiode multipliziert, so ergibt sich das neue angenommene Sondervermögen des Anlegers.

3. Am Schluss wird dann das Ergebnis des 2. Schrittes um den Anteilspreis zu Beginn des Berechnungszeitraumes reduziert und danach ins Verhältnis zum Anfangswert des Anteils gesetzt.

▶ **Rechenbeispiel**

Anteilwert zu Beginn des Berechnungszeitraumes: 100 €

Anteilwert am Ende des Berechnungszeitraumes: 130 €

Ausschüttungsbetrag: 5 €

Anteilwert am Tag der Ausschüttung: 125 €

1. Wie viele Anteile kann der Anleger mit der Ausschüttung neu kaufen, wenn er im Besitz eines Anteiles ist und wie viele Anteile würde er dadurch am Ende des Berechnungszeitraumes besitzen?

$$\frac{5\ \text{€}}{125\ \text{€}\ /\ \text{Anteil}} = \begin{matrix} 0{,}04\ \text{Anteile} \\ +\ 1\ \text{Anteil} \end{matrix} = \begin{matrix} 1{,}04\ \text{Anteile am Ende des} \\ \text{Betrachtungszeitraumes} \end{matrix}$$

2. Welches Vermögen besitzt der Anleger am Ende des Betrachtungszeitraumes (bezogen auf 1 Anteil)?

   1,04 Anteile × 130 € = 135,20 €

3. Wie hoch ist die Differenz (ausgedrückt in Prozent) zwischen dem Anteilwert am Anfang des Berechnungszeitraumes und dem Wert am Ende des Berechnungszeitraumes?

$$\frac{135{,}20\ \text{€} - 100\ \text{€}}{100\ \text{€}} \times 100 = 35{,}2\ \% = \begin{matrix} \textbf{Wertentwicklung} \\ \textbf{gem. BVI-Methode} \end{matrix}$$

LF 14

SG 3.2

Es ist für den einzelnen Anleger durchaus möglich, auch die Wertentwicklung inklusive des von ihm bezahlten Ausgabeaufschlages zu
berechnen: Die notwendigen Wertangaben findet er auf der Internetseite seiner Kapitalverwaltungsgesellschaft oder in der Wirtschafts-
Tagespresse.

$$\text{Wertentwicklung inklusive Ausgabeaufschlag} = \frac{\text{Wertentwicklung} + 100}{1 + \dfrac{\text{Ausgabeaufschlag in \%}}{100}} - 100$$

Die auch um den Ausgabeaufschlag bereinigte BVI-Wertentwicklung für
das obige Beispiel beträgt danach bei einem angenommenen Ausgabeaufschlag von 5 %:

135,20 € / 1,05 = 128,76 €

$$\frac{128,76 \text{ € } - 100 \text{ €}}{100 \text{ €}} \times 100 = \mathbf{28,76 \%}$$

Weitere Informationen zur BVI-Wertentwicklungsmethode finden Sie in
der Broschüre „Die BVI-Methode" des BVI
(www.bvi.de/bvi/publikationen)

Volatilität

Eine Aussage über das Risiko offener Investmentvermögen ist mittels
der Wertentwicklung nicht möglich. Hierzu hat sich die Volatilität als
Kennzahl für die Schwankungsbreite durchgesetzt.

Ausgehend von einem Mittelwert werden die absoluten Abweichungen
der Wertentwicklung aus der Vergangenheit nach oben und nach unten
betrachtet und im Durchschnitt gewichtet. Je höher der so errechnete
Wert, umso stärker sind die Kursschwankungen in der Vergangenheit
gewesen, d. h. umso riskanter ist die Anlage. Ob dies in der Zukunft so
bleibt, darüber macht die Volatilität keine Aussage.

▶ Exkurs – Sharpe ratio

Es gibt eine Größe, die Volatilität und Wertentwicklung verbindet und aussagt, wie viel Risiko man sich für seinen Ertrag erkauft hat. Die Sharpe ratio gibt die „Risikoprämie" für das eingegangene Risiko an. Erfunden wurde die Methode von dem Wirtschaftswissenschaftler und Nobelpreisträger William F. Sharpe.

Zunächst wird von der Wertentwicklung des Investmentvermögens die Verzinsung einer risikolosen Anlage (z. B. eines Festgeldes oder einer Bundesanleihe) abgezogen. Das übersteigende Ergebnis wird durch das eingegangene Risiko (jährliche Volatilität) des Investmentvermögen geteilt. Dadurch erhält man eine einzige Größe, die sowohl die Wertentwicklung als auch das Risiko gleichermaßen berücksichtigt.

Je höher der Wert, desto besser, denn das bedeutet, dass dem eingegangenen Risiko auch ein entsprechender Erfolg gegenübersteht. Ein negativer Wert bedeutet, dass ein Investmentvermögen noch nicht einmal die Verzinsung einer risikolosen Anlage erreicht hat, d. h., das eingegangene Risiko steht also in keinem Verhältnis zum Erfolg.

$$\text{Sharpe ratio} = \frac{\text{jährliche Wertentwicklung} - \text{risikoloser Zins}}{\text{jährliche Volatilität}}$$

Ertrag und Ausschüttung

Ertrag und Ausschüttung sind zwei weitere Begriffe, die im Zusammenhang mit dem Anlageerfolg auftauchen.

Als Ertrag bezeichnet man die reinen Zins- und Dividendenzahlungen oder Mieteinnahmen bzw. bei Investmentvermögen die Ausschüttungen.

Die Ausschüttung eines Investmentvermögens beinhaltet

- ordentliche Erträge: Zinseinnahmen und Dividenden oder Mieteinnahmen

- außerordentliche Erträge: hauptsächlich innerhalb des Investmentvermögens realisierte Kursgewinne des vergangenen Jahres und Erlöse aus sog. Bezugsrechten – wie viel davon tatsächlich zur Ausschüttung gelangt, liegt im Ermessen der Kapitalverwaltungsgesellschaft.

Die Ausschüttung setzt sich zusammen aus einem steuerpflichtigen und einem steuerfreien Teil – die Kapitalverwaltungsgesellschaft macht hierzu entsprechende Angaben.

▶ **Exkurs – Rendite**

Die Rendite bezeichnet den durchschnittlichen jährlichen Ertrag (in Prozent) im Verhältnis zum eingesetzten Kapital zu einem bestimmten Betrachtungszeitpunkt ausgedrückt in Prozent.

Die Rendite findet bei Anleihen, Aktien und anderen Anlageformen Verwendung.

Die Rendite berücksichtigt zahlreiche Einflussfaktoren:

- Laufzeit

- Nominalzins

- Kurs (Kursveränderungen bzw. den fest vereinbarten Kurs zum Laufzeitende)

- Zeitstruktur (z. B. wann werden die Zinsen gezahlt)

Von der Bruttorendite spricht man, wenn noch keine Kosten oder Steuerabzüge berücksichtigt wurden; entsprechend berücksichtigt die Nettorendite auch die Kosten (Kauf, Verkauf, Verwahrung) und ist somit der aussagekräftigere Maßstab zur Beurteilung der Rentabilität (= wie gewinnbringend ist meine Anlage?) einer Anlage.

Die Rendite ist nicht ausschließlich eine vergangenheitsbasierte Betrachtung, sondern kann im Falle einer Anleihe auch für die Zukunft berechnet werden, da die Zinszahlungen feststehen. Sollte der Anleger die Anleihe bis zum Laufzeitende behalten, ist auch der Kurs fest vereinbart und kalkulierbar.

Die individuelle steuerliche Situation des Anlegers kann ein weiterer zu berücksichtigender Faktor sein. Üblicherweise wird die Nettorendite der „Rendite vor Steuern" gleichgesetzt. Die so genannte Nachsteuerrendite berücksichtigt dementsprechend die Steuersituation des Anlegers. Nachsteuerrenditen, die vom Anbieter vorgerechnet werden, legen meist pauschale Grenzsteuersätze, wie z. B. 30 oder 40 %, zugrunde. Die tatsächliche Berechnung erfolgt durch den Steuerberater.

2.4.6 Spezielle Risiken bei offenen Investmentvermögen

▶ **Erläuterung**

Bei dem Begriff Risiko geht es grundsätzlich um Faktoren und Rahmenbedingungen, die den Wert einer Anlage negativ beeinflussen können.

Neben den allgemeinen Risiken einer wertpapierbasierten Vermögensanlage sind Investmentvermögen – wie jede andere Anlageform auch – mit weiteren speziellen Risiken konfrontiert.

Qualität des Fondsmanagements

Insbesondere bei aktiv gemanagten Investmentvermögen besteht das Risiko von Fehlentscheidungen durch das Fondsmanagement. Im Gegensatz zu passiv gemanagten Investmentvermögen, die einen Index nachbilden, trifft hier das Fondsmanagement individuelle, d. h. aktive Anlageentscheidungen. Auch wenn die Fondsmanager über ein umfassendes Know-how verfügen, können sie die Entwicklung eines Marktes falsch einschätzen.

Der Anleger hat bei einem offenen Investmentvermögen keinen Einfluss auf die Anlageentscheidungen des Fondsmanagements. Er kann sich nur für oder gegen das Investmentvermögen selbst entscheiden.

LF
14

SG
3.2

SG
3.4

Das Risiko der Ausgabekosten

Auch wenn offene Investmentvermögen ihre Kosten offen darlegen, so behalten diese ihren Einfluss auf die Wertentwicklung des Investmentvermögens. Bei kurzfristiger Anlagedauer wirkt sich ein hoher Ausgabeaufschlag stärker auf den individuellen Anlageerfolg aus, als wenn dieses Investmentvermögen entsprechend längere Anlagedauer vorweisen würde. Dies wäre dann ein Nachteil gegenüber der Direktanlage. Zwar gibt es spezielle Investmentvermögen ohne Ausgabeaufschlag (No-load-Funds), jedoch sind hier die Kosten auf die Verwaltungsvergütung umgelegt, die entsprechend höher ausfällt. Eine lange Anlagedauer wird zum Nachteil, weil sich die laufenden Kosten summieren.

Deshalb liegt es im Entscheidungsspielraum des Anlegers, die Gesamtkosten eines Investmentvermögens mit seinem individuellen Anlagehorizont abzugleichen und dies in seine Anlageentscheidung mit einzubeziehen.

Das Risiko rückläufiger Anteilspreise

Offene Investmentvermögen selbst unterliegen zwar keinen Kursschwankungen, jedoch die Einzeltitel, in die sie investieren. Und so wirken sich Kursschwankungen hier auch auf die Anteilspreisentwicklung des Investmentvermögens aus.

Je enger der Anlagespielraum gefasst ist, umso größer fällt dieses Risiko ins Gewicht. So verteilt sich dieses Risiko grundsätzlich bei einem international anlegenden Investmentvermögen. Bei Investmentvermögen mit speziellen Anlageschwerpunkten, wie z. B. einer Branche (Konsum), oder einer Region (Asien) oder einer Anlageform (Rohstoffe) ist dieses spezielle Risiko besonders zu beachten.

Es gilt also der Grundsatz: Je spezialisierter das offene Investmentvermögen, desto größer das Risiko rückläufiger Anteilspreise.

Das Risiko der Aussetzung der Anteilsrücknahme

Die Kapitalverwaltungsgesellschaft ist zur jederzeitigen (börsentäglichen) Rücknahme der Anteile verpflichtet.

§§ 71 und 98 KAGB

Liegen „außergewöhnliche Umstände" vor, sind Kapitalverwaltungsgesellschaften berechtigt, die Rücknahme der Anteilscheine auszusetzen, wenn dies in den Anlagebedingungen vorgesehen ist. Ziel dabei ist es, die Liquidität des Investmentvermögens zu sichern oder zu stabilisieren. Mögliche Gründe können sein:

- massive Liquiditätsabflüsse, wenn mehr Anteile zurückgegeben werden als flüssige Mittel zur Verfügung stehen

- bei offenen Immobilien-Sondervermögen: wenn die Mindestliquiditätsquote von 5% des Sondervermögens unterschritten wird

Während der Aussetzung der Anteilsrücknahme dürfen keine neuen Anteile ausgegeben werden. Die Kapitalverwaltungsgesellschaft muss die BaFin und die Anleger unverzüglich über die Aussetzung bzw. Wiederaufnahme der Anteilsrücknahme informieren.

Das Risiko der Fehlinterpretation von Wertentwicklungs-Statistiken

Insbesondere wenn ausschließlich die Wertentwicklung in die Anlageentscheidung einfließt und Risiken unberücksichtigt bleiben, wirkt sich eine zusätzliche Fehlinterpretation von Ranglisten oder sonstigen Statistiken negativ aus.

Folgende Fehlinterpretationen können auftreten:

- Die betrachteten Investmentvermögen sind hinsichtlich ihrer Anlageschwerpunkte nicht vergleichbar.

- Die angewandten Berechnungsmethoden sind unterschiedlich, insbesondere gibt es Unterschiede bei der Berücksichtigung des Ausgabeaufschlages.

- Die unterstellte Wiederanlage der Erträge kann in der Realität der unterschiedlichen Besteuerung einzelner Investmentvermögen ein nicht vergleichbares Bild ergeben.

Das Risiko der Übertragung oder Kündigung des Sondervermögens

Jahrzehntelang hat sich die Anzahl der offenen Investmentvermögen immer mehr vergrößert, sodass einerseits kaum ein Fachmann mehr alle Investmentvermögen kennen konnte, andererseits braucht ein Investmentvermögen ein Mindestvolumen von i. d. R. mind. 50 Mio. €, um den Grundsatz der Risikostreuung umsetzen zu können und um zu vermeiden, dass Fixkosten im Verhältnis zum Sondervermögen stärker die Wertentwicklung schmälern.

Die Kapitalverwaltungsgesellschaft kann ein Sondervermögen unter Einhalten einer Kündigungsfrist von mindestens 6 Monaten auflösen (= Kündigung) oder auf ein anderes Investmentvermögen übertragen (= Verschmelzung). Dazu müssen gesetzliche Vorgaben eingehalten werden. Mögliche Gründe für eine Kündigung oder Übertragung sind:

§ 99 Abs. 1–3 KAGB

- planmäßige Auflösung eines Laufzeit- oder Garantiefonds

- zu geringes Fondsvolumen

- Neuausrichtung der Anlagestrategie

- Verringerung der Anzahl der aufgelegten Investmentvermögen

Die Kündigung kommt steuerlich einem freiwilligen Verkauf der Anteile gleich und ein eventueller Veräußerungsgewinn ist zu versteuern. Eine Übertragung ist steuerlich neutral.

Ein Übertrag ist nur bei ähnlichen Anlagebedingungen und Anlagestrategien möglich und dennoch sind Abweichungen in Kauf zu nehmen. Er stellt deshalb ein Risiko für den Anleger dar. Eine Kündigung bedeutet ggf. ein steuerliches Risiko und der Anleger muss eine Anlagealternative suchen.

Im Falle der Kündigung und Auflösung hat die Verwahrstelle das Sondervermögen abzuwickeln, d. h. die Vermögensgegenstände bestmöglich zu liquidieren (Verkauf) und an die Anleger zu verteilen.

▶ Zusammenfassung

Spezielle Risiken bei offenen Investmentvermögen

Fonds-management	Einzelanlage-Fehlentscheidungen
Ausgabekosten	bei kurzfristiger Anlagedauer wirkt sich ein hoher Ausgabeaufschlag negativ auf die Wertentwicklung aus
Rückläufige Anteils-preise	je spezialisierter das offene Investment-vermögen, desto höher das Risiko
Risiko der Ausset-zung der Anteils-preisberechnung	eingeschränkte Liquidität
Fehlinterpretation von Wertentwick-lungsstatistiken	keine Aussagekraft bei Vergleichen von offenen Investmentvermögen mit unter-schiedlichen Anlageschwerpunkten oder Berechnungsmethoden
Übertragung oder Kündigung des Sondervermögens	abweichende Anlagebedingungen des neuen Investmentvermögens decken sich nicht mehr mit dem vom Anleger ge-wünschten Chancen-/Risiko-Profil

Abb. 59: Spezielle Risiken offener Investmentvermögen

Die besonderen Risiken bei einzelnen Arten offener Investmentver-mögen, wie z. B. börsengehandelten Investmentvermögen, offenen Immobilien-Sondervermögen oder Dach-Hedgefonds sind unter den jeweiligen Kapiteln zu diesen Arten offener Investmentvermögen detail-liert beschrieben.

Übungen

1. Erläutern Sie das Fondsprinzip.

2. Bilden Sie passende Satzpaare:
   1. Kapitalverwaltungsgesellschaft …
   2. Verwahrstelle …
   3. Fondsmanagement …
   4. Analyst …
   5. Anleger …
      a) verwahrt das Sondervermögen
      b) investiert Geld in Sondervermögen
      c) verwaltet das Sondervermögen
      d) liefert Marktdaten
      e) trifft Anlageentscheidungen

3. Nennen Sie die Vorteile offener Investmentvermögen.

4. Erläutern Sie die Risikostreuung bei offenen Investmentvermögen.

5. Beschreiben Sie, wofür die nachfolgenden Kosten erhoben werden:
   - Verwaltungsvergütung
   - Ausgabeaufschlag
   - Depotführungsgebühr
   - Verwahrstellenvergütung
   - Transaktionskosten

6. Erläutern Sie drei Institutionen, die Aufgaben beim gesetzlichen Anlegerschutz übernehmen.

7. Erläutern Sie, wie sich der Wert des Sondervermögens zusammensetzt.

8. Beschreiben Sie, wie sich der Anteilwert berechnet.

9. Beschreiben Sie, wie sich der
   a) Rücknahmepreis
   b) Ausgabepreis

   berechnet.

10. Berechnen Sie den Ausgabe- und den Rücknahmepreis.

Aktien mit aktuellem Kurswert von	100.000.000 €
Anleihen mit aktuellem Kurswert von	500.000 €
Bankguthaben im Wert von aktuell	5.000.000 €
Anzahl der ausgegebenen Anteile	5.000.000 Stück
Ausgabeaufschlag	5 %

Lernziele

In diesem Kapitel erwerben Sie Fertigkeiten, Kenntnisse und
Fähigkeiten über die verschiedenen Arten von offenen Investmentvermögen.

Sie

- grenzen OGAW von AIF ab

- erklären die Unterschiede von offenen und geschlossenen
  Investmentvermögen

- beschreiben Investmentvermögen für unterschiedliche
  Anlegerkreise

- beschreiben die Abgrenzung von Anteilklassen zu Teilfonds
  einer Umbrella-Konstruktion

- beschreiben die Fondsarten gemäß ihrem Anlageschwerpunkt sowie nach den Kriterien Chancen und Risiken, Kosten,
  Anlagemotiv und Anlegertyp. Sie grenzen diese von Direktanlagen ab

- erläutern die weiteren Ausgestaltungsmöglichkeiten von
  offenen Investmentvermögen hinsichtlich der Chancen und
  Risiken und nach steuerlichen Auswirkungen

2.5 Fondsarten

2.5.1 Offene Investmentvermögen und Anteilklassen für unterschiedliche Anlegerkreise

▶ **Situation**

Herr Neumann vermittelt zukünftig offene Investmentvermögen einer neuen Kapitalverwaltungsgesellschaft. Vor ihm liegen viele neue Verkaufsunterlagen und er versucht sich nun, über das Angebot einen Überblick zu verschaffen. Er hat sich entschieden, das Angebot nach den verschiedenen Arten und Ausgestaltungen von Investmentvermögen zu sichten.

▶ **Erläuterung**

> Investmentvermögen ist jeder Organismus für gemeinsame Anlagen, der von einer Anzahl von Anlegern Kapital einsammelt, um es gemäß einer festgelegten Anlagestrategie zum Nutzen dieser Anleger zu investieren und der kein operativ tätiges Unternehmen außerhalb des Finanzsektors ist. Eine Anzahl von Anlegern im Sinne des Satzes 1 ist gegeben, wenn die Anlagebedingungen, die Satzung oder der Gesellschaftsvertrag des Organismus für gemeinsame Anlagen die Anzahl möglicher Anleger nicht auf einen Anleger begrenzen.

§ 1 Abs. 1 KAGB

Das KAGB unterscheidet zwischen OGAW (Organismus für gemeinsame Anlagen in Wertpapiere) und AIF (Alternative Investmentfonds).

Alternative Investmentfonds (AIF) sind alle Investmentvermögen, die keine OGAW sind.

Offene Investmentvermögen sind

1. OGAW und

2. AIF, deren Anleger oder Aktionäre mindestens einmal pro Jahr das Recht zur Rückgabe gegen Auszahlung ihrer Anteile oder Aktien aus dem AIF haben; Mindesthaltefristen und die Möglichkeit der Aussetzung oder Beschränkung der Rücknahme der Anteile oder Aktien werden hierbei nicht berücksichtigt.

Richtlinie 2009/65/EG des Europäischen Parlaments und des Rates vom 13. Juli 2009

Geschlossene AIF sind alle AIF, die keine offenen AIF sind.

Spezial-AIF sind AIF, deren Anteile nur erworben werden dürfen von

1. professionellen Anlegern

2. semiprofessionellen Anlegern

Alle übrigen Investmentvermögen sind Publikumsvermögen.

Klassifizierung von Investmentvermögen gemäß KAGB

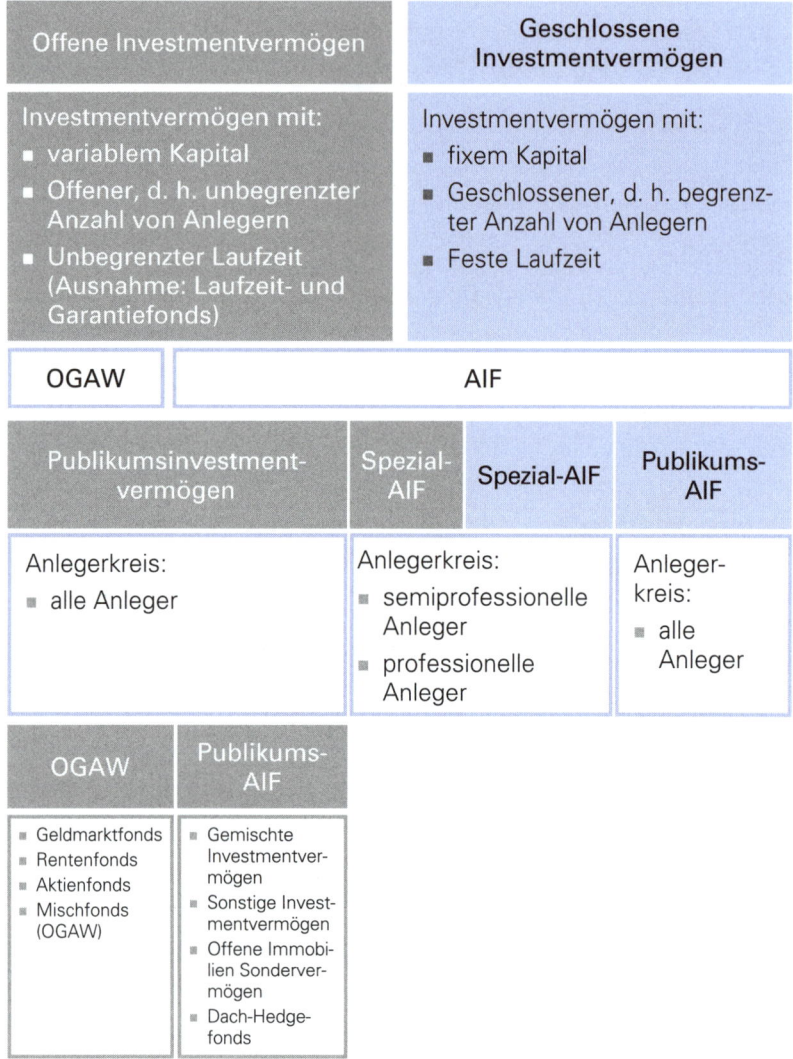

Abb. 60: Klassifizierung von Investmentvermögen gemäß KAGB

Offene Investmentvermögen

Hier gibt es grundsätzlich keine festgelegte Anzahl von Anteilen. Wird von einem neuen Anleger neues Geld eingezahlt, stellt die Kapitalverwaltungsgesellschaft entsprechend neue Anteile aus. Die Höhe des Sondervermögens verändert sich somit laufend.

Der Anlageschwerpunkt liegt auf Wertpapieren, Investmentanteilen oder Immobilien.

Geschlossene Investmentvermögen

Geschlossene Investmentvermögen sind nur für eine eingeschränkte Anzahl von Anlegern gedacht.

Es handelt sich hierbei nicht nur um eine reine Kapitalanlage, sondern vielmehr um eine unternehmerische Beteiligung mit umfassenderen Chancen (direkte Ertragsbeteiligung, steuerliche Vorteile u. a.), aber auch größeren Risiken (Risiko eines möglichen Totalverlustes des eingesetzten Kapitals).

Typische Investitionsgegenstände dieser Fondsart sind gewerbliche Immobilien, Schiffe, Windkraftanlagen usw.

Die Abgrenzung von unterschiedlichen Publikumsinvestmentvermögen

Offene Investmentvermögen	Geschlossene Investmentvermögen (gemäß KAGB)
■ jederzeitige (börsentägliche) Verfügbarkeit mit Anteilsrücknahmeverpflichtung der Kapitalverwaltungsgesellschaft	■ eingeschränkte Verfügbarkeit (Anteile und Investitionsobjekte sind nicht börsennotiert)
■ Anteilserwerb mit geringem Kapitaleinsatz (meist ab 50 € möglich)	■ hohe Mindestanlagesummen
■ Risikostreuung innerhalb des Sondervermögens (breite Anlagestreuung über Einzelanlagen und Anlageklassen)	■ geringe Risikostreuung (Anlage in ein oder nur wenige Einzelobjekte)
	■ hohes Risiko durch unternehmerische Beteiligung (Totalverlustrisiko)
■ Fremdkapitalquote: ■ max. 10 % bei OGAW und gemischten Investmentvermögen ■ max. 20 % bei sonstigen Investmentvermögen ■ max. 30 % bei offenen Immobilien-Sondervermögen	■ Fremdkapitalquote max. 60 %
■ Anlageschwerpunkt: Wertpapiere, Immobilien, Investmentanteile	■ Anlageschwerpunkt: Sachwerte
■ Rechtsform: Sondervermögen oder Investmentaktiengesellschaft mit veränderlichem Kapital	■ Rechtsform: geschlossene Investmentkommanditgesellschaft oder Investmentaktiengesellschaft mit fixem Kapital

Abb. 61: Abgrenzung von Publikumsinvestmentvermögen

§ 1 Abs. 6 KAGB

Publikumsinvestmentvermögen und Spezial-AIF

Während Publikumsinvestmentvermögen von jedermann erworben und öffentlich angeboten werden können, sind Spezial-AIF nur den semi-professionellen und professionellen Anlegern zugänglich.

Da man bei den semi-professionellen und professionellen Anlegern ein größeres Fachwissen voraussetzt, sind die gesetzlichen Vorschriften für Spezial-AIF nicht so umfassend wie für Publikumsinvestmentvermögen. Beispielsweise müssen für diesen Anlegerkreis keine Verkaufsprospekte herausgegeben werden und Spezial-AIF unterliegen grundsätzlich auch keinen gesetzlichen Anlagegrenzen.

Die Abgrenzung offener Investmentvermögen für unterschiedliche Anlegerkreise

Publikums-investmentvermögen	Spezial-AIF
▪ offen für alle Anleger ▪ werden öffentlich angeboten, d. h. börsentägliche Veröffentlichung von Ausgabe- und Rücknahmepreis ▪ kein Mitspracherecht der Anleger bei den Anlageentscheidungen ▪ Verpflichtung zur Erstellung von Verkaufsprospekten	▪ nur für semi-professionelle und professionelle Anleger ▪ kein öffentliches Angebot und keine Pflicht zur Preisveröffentlichung ▪ Mitspracherecht an den Anlageentscheidungen ▪ keine Pflicht zur Erstellung von Verkaufsprospekten

Abb. 62: Abgrenzung Publikumsinvestmentvermögen und Spezial-AIF

§ 96 Abs. 1 KAGB

Anteilklassen

Seit einigen Jahren investieren auch institutionelle Anleger (Versicherungsunternehmen, Stiftungen, Pensionskassen u. a.) verstärkt in Publikumsinvestmentvermögen. Da diese i. d. R. größere Anlagesummen investieren, erwarten sie andere Konditionen als private Kleinanleger. Auch bezüglich der Ausschüttungspolitik haben sie meist individuelle Vorstellungen.

Aber auch Privatanleger können bei einigen Investmentvermögen beispielsweise zwischen der jährlichen oder einer vierteljährlichen Ausschüttung wählen.

Aus diesem Grund kann ein Investmentvermögen mit mehreren sog. Anteilklassen aufgelegt werden. Diese unterscheiden sich beispielsweise hinsichtlich der nachfolgenden Ausgestaltungsmerkmale:

- Ertragsverwendung: Ausschüttung oder Thesaurierung
- Höhe des Ausgabeaufschlages
- Währung des Anteilwertes
- Höhe der Verwaltungsvergütung
- Höhe der Mindestanlagesumme
- Kombination der vorgenannten Merkmale

Die Anlagepolitik gilt für alle Anteilklassen einheitlich.

Jede Anteilklasse hat zur eindeutigen Indentifizierung eine eigene deutsche Wertpapierkennnummer (WKN) bzw. internationale Kennnummer ISIN (International Securities Identification Number).

Auch der Wert des Anteils ist für jede Anteilklasse gesondert zu errechnen.

Umbrella-Konstruktion und Teilsondervermögen

Der Gesetzgeber hat eine vertragliche Konstruktion geschaffen, die es ermöglicht, Investmentvermögen, die sich hinsichtlich ihrer Anlagepolitik und der Ausstattungsmerkmale unterscheiden, dennoch unter einen einheitlichen rechtlichen „Schirm" zu stellen.

§ 96 Abs. 2 und 3 KAGB

Die einzelnen Teilsondervermögen einer Umbrella-Konstruktion (engl. für Regenschirm) sind vermögens- und haftungsrechtlich getrennt. Das bedeutet, jedes Teilsondervermögen wird als eigenständiges Sondervermögen behandelt und die Rechte des Anlegers beschränken sich auf dieses einzelne Teilsondervermögen. Auch für eventuelle Verbindlichkeiten haftet jedes Teilsondervermögen für sich.

Der Vorteil für die Kapitalverwaltungsgesellschaft liegt unter anderem im Verwaltungsaufwand: so genügt beispielsweise die Auflage eines gemeinsamen Jahresberichtes anstelle von Einzelberichten für jedes Teilsondervermögen.

Für den Anleger bietet eine Umbrella-Konstruktion den Vorteil, dass er kostengünstig oder auch kostenlos zwischen den Teilsondervermögen wechseln kann. Das heißt, er kann sich flexibel Marktveränderungen anpassen, sofern der Umbrella Teilsondervermögen mit verschiedenen Anlageschwerpunkten enthält.

Achtung: Ein Umbrella ist kein Dachfonds. Ein Dachfonds investiert in verschiedene einzelne Zielfonds und ist selbst ein eigenständiges Sondervermögen. Der Anleger kann in den Dachfonds investieren, jedoch nicht über die Auswahl der Zielfonds mitentscheiden. Ein Umbrella ist dagegen eine Form der Vertragsgestaltung, aber kein eigenständiges Sondervermögen, in das der Anleger somit nicht direkt investieren kann.

LF 14

SG 3.3

▶ **Zusammenfassung**

Die Anbieter von Investmentvermögen können im Rahmen des Kapitalanlagegesetzbuches ihre Produkte auf die Bedürfnisse verschiedener Anlegertypen zuschneiden.

Fondsarten unterschieden sich nach:

Art der Kapitalbeschaffung

offene Investmentvermögen	**geschlossene Investmentvermögen**
Investmentvermögen mit variablem Kapital und einer unbegrenzten Anzahl von Anlegern und austauschbaren Vermögensgegenständen	Investmentvermögen mit fixem Kapital und einer begrenzten Anzahl von Anlegern und festgelegten Vermögensgegenständen

Anlegerkreisen

Publikumsinvestmentvermögen	**Spezial-AIF**
▪ für alle Anleger	▪ für semi-professionelle und professionelle Anleger

Ausgestaltungen wie u. a.

Anteilklassen	**Umbrella-Konstruktion**
▪ Ertragsverwendung: Ausschüttung oder Thesaurierung ▪ Höhe des Ausgabeaufschlages ▪ Währung des Anteilwertes ▪ Höhe der Verwaltungsvergütung ▪ Höhe der Mindestanlagesumme ▪ Kombination der vorgenannten Merkmale	▪ einheitlicher rechtlicher Rahmen für mehrere Teilsondervermögen

Abb. 63: Zusammenfassung: Fondsarten nach Kapitalbeschaffung und Anlegerkreisen

2.5.2 Die Fondsklassifizierung gemäß KAGB

▶ **Situation**

In den Verkaufsprospekten seines neuen Vertriebspartners liest Herr Neumann immer wieder den Begriff „OGAW". Er greift zu einem Fachbuch, um sein Hintergrundwissen hierzu noch einmal aufzufrischen.

▶ **Erläuterung**

Die klassische Fondsaufteilung nach den Kategorien/Typen Aktien-, Renten-, Geldmarktfonds usw. ist seit einigen Jahren aufgehoben und gibt es im Sprachgebrauch des Kapitalanlagegesetzbuches nicht mehr. Dafür wird neu unterschieden nach den so genannten OGAW (Investmentvermögen gemäß der OGAW-Richtlinie) und AIF (Alternative Investmentfonds).

Die OGAW-Richtlinie 2009/65/EG des Europäischen Parlamentes und des Europarates vom 13. Juli 2009 ist eine EU Richtlinie, die in nationales Recht umgesetzt werden musste. OGAW steht für „Organismen für die gemeinsame Anlage in Wertpapieren" und ist nichts anderes als die internationale Bezeichnung für ein Investmentvermögen.

OGAW sind Investmentvermögen, die ihr Vermögen in Wertpapieren oder wertpapierähnlichen Instrumenten (Geldmarktinstrumente) anlegen. Sie erfüllen die Anforderungen der OGAW-Richtlinie.

AIF (Alternative Investment Funds) sind alle Investmentvermögen, die keine OGAW sind.

Zu den AIF (Alternativen Investmentvermögen) gehören:

- gemischte Investmentvermögen   §§ 218–219 KAGB

- sonstige Investmentvermögen   §§ 220–224 KAGB

- Dach-Hedgefonds   §§ 225–229 KAGB

- offene Immobilien-Sondervermögen   §§ 230–260 KAGB

Auch für AIF gilt der Grundsatz der Risikomischung.

Bezüglich der Rückgabe ihrer Anteile haben Anleger mindestens einmal pro Jahr das Recht dazu (unter Berücksichtigung eventueller Mindesthalte- oder Rückgabefristen bzw. einer möglichen Aussetzung der Anteilsrücknahme).

OGAW

§§ 192–199 KAGB

OGAW dürfen investieren in:

- börsennotierte Wertpapiere

- Geldmarktinstrumente (Anlage-instrumente des Geldmarktes sowie verzinsliche Wertpapiere, die u. a. im Zeitpunkt ihres Er-werbs durch das Investmentver-mögen noch eine Restlaufzeit von 397 Tagen aufweisen)

- Bankguthaben, mit einer Lauf-zeit von max. 12 Monaten

- Investmentanteile

- begrenzt in Derivate (nur zu Investitionszwecken)

- sonstige Anlageinstrumente wie beispielsweise max. 10 % des Wertes des Sondervermögens in nicht börsennotierte Wertpa-piere

- kurzfristige Kreditaufnahme bis zu 10 % des Wertes des Sondervermögens, sofern dies in den Anlagebedingungen vor-gesehen ist.

Die Mischung und somit die Anlagepolitik ist grundsätzlich beliebig wählbar, muss sich aber innerhalb der gesetzlich vorgegebenen Anlage-grenzen bewegen.

Nicht erlaubt sind Leerverkäufe (Verkauf von Vermögensgegenständen, die zum Verkaufszeitpunkt nicht zum Sondervermögen gehören) und die Investition in Edelmetalle oder Zertifikate über Edelmetalle.

Die Namensgebung von OGAW

Die Richtlinie zur Festlegung von Fondskategorien gemäß § 4 Abs. 2 Kapitalanlagegesetzbuch der Bundesanstalt für Finanzdienstleistungs-aufsicht (BaFin) regelt in Artikel 2 der Fassung vom 22. Juli 2013 folgen-de Grundregel für die Namensgebung:

> „… setzt die Verwendung einer Fondskategorie (z. B. Aktienfonds, Rentenfonds) oder einer ihrer begrifflichen Bestandteile (z. B. Akti-en, Renten) bei der Namensgebung oder im Vertrieb voraus, dass nach den Anlagebedingungen oder der Satzung mindestens 51 % des Wertes des Investmentvermögens in den die Fondskategorie bezeichnenden, d. h. namensgebenden Vermögensgegenstand, an-gelegt sein müssen (z. B. Aktienfonds mind. 51 % Aktien, Renten-fonds mind. 51 % (fest-)verzinsliche Wertpapiere)."

Sonderregelungen gibt es für Dachfonds, Indexfonds, Geldmarktfonds mit kurzer Laufzeit bzw. Geldmarktfonds und Derivatefonds. Siehe hierzu die Kapitel zu den jeweiligen Fondsarten.

Die gesetzlich geregelte Risikostreuung für OGAW

Das Kapitalanlagegesetzbuch schreibt bestimmte Anlagegrenzen vor, wie beispielsweise:

- Das Marktrisikopotenzial darf sich durch den Einsatz von Derivaten und Finanzinstrumenten mit derivaten Elementen (beispielsweise Zertifikate) maximal verdoppeln.   § 197 KAGB

- Anteile an anderen Investmentvermögen dürfen nur erworben werden, wenn diese selbst max. 10 % ihres Sondervermögens in andere Investmentvermögen investieren dürfen   § 196 KAGB

- Max. 10% des Sondervermögens dürfen in nicht börsennotierte Wertpapiere investiert werden.   § 198 KAGB

- kurzfristige Kreditaufnahme bis max. 10% des Sondervermögens, wenn dies in den Anlagebedingungen vorgesehen ist.   § 199 KAGB

- Anteile an einem einzelnen Investmentvermögen dürfen nur bis max. 20% des Sondervermögens erworben werden.   § 207 Abs. 1 KAGB
§ 196 Abs. 1 KAGB

- Anteile an anderen (Nicht-OGAW) Investmentvermögen dürfen insgesamt nur bis max. 30 % des Sondervermögens erworben werden.   § 207 Abs. 2 KAGB
§ 196 Abs. 1 Satz 2 KAGB

Daneben gibt es so genannte Emittentengrenzen. Diese werden durch   § 206 KAGB
die 5-10-40-Regel vorgegeben: Diese Regel besagt, dass das Investmentvermögen nur bis zu 5 % des Wertes des Sondervermögens in Wertpapiere (oder Geldmarktinstrumente) eines einzelnen Emittenten anlegen darf. Davon gibt es eine Ausnahme: wenn die Anlagebedingungen dies vorsehen, dürfen bis zu 10 % in einen Emittenten investiert werden. Alle Ausnahmefälle zusammen dürfen dabei 40 % des Wertes des Sondervermögens nicht übersteigen.

Die gesetzlich vorgeschriebene Risikostreuung: 5-10-40-Regel

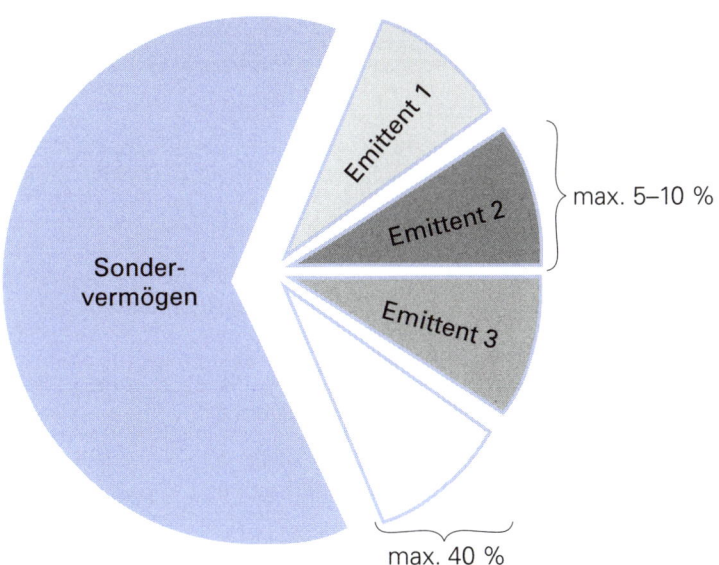

Abb. 64: Gesetzliche Risikostreuung: Emittentengrenze 5-10-40-Regel

▶ Zusammenfassung

Fondsarten unterschieden nach dem Kapitalanlagegesetzbuch

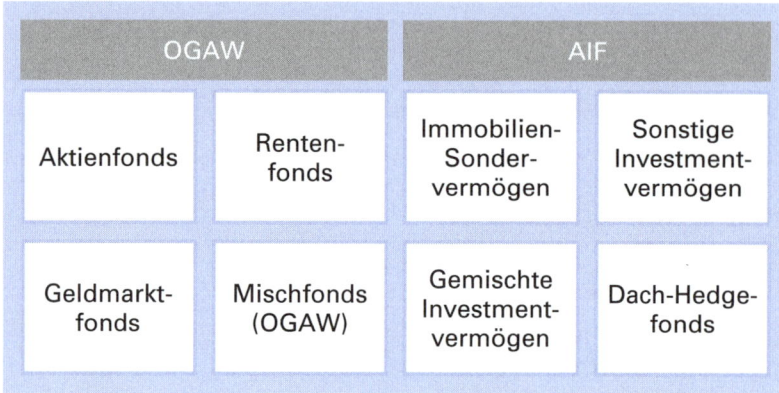

Abb. 65: Zusammenfassung: Fondsarten nach dem Kapitalanlagegesetzbuch

2.5.3 Fondsarten: Unterscheidung nach Anlagewerten und Ausgestaltungen

▶ Situation

Frau Christa Hutmann nimmt an einem Vertriebs-Workshop teil. Als Einstieg sollen alle Teilnehmer eine visuelle Darstellung zur Unterscheidung von Investmentvermögen nach Anlagewerten und Ausgestaltungsmöglichkeiten erstellen.

▶ Erläuterung

Auch wenn die gesetzlichen Regelungen hierzu aufgebrochen wurden, die Unterscheidung von Investmentvermögen nach ihren Anlageschwerpunkten ist immer noch gebräuchlich und findet sich nach wie vor in den angebotenen Investmentvermögen wieder.

Darüber hinaus können Wertpapierfonds geografische Schwerpunkte setzen, d. h. beispielsweise nur in Unternehmen eines einzelnen Landes investieren.

Und auch auf der Kostenseite oder bei der Art der Ausschüttung haben sich weitere Ausgestaltungsmöglichkeiten entwickelt.

Für den Anleger zeigt sich hier die große Flexibilität der Fondsanlage: für nahezu jeden Anlegerwunsch bzw. -bedarf gibt es das passende Investmentvermögen.

Publikumsinvestmentvermögen: Unterscheidungsmöglichkeiten

Publikumsinvestmentvermögen

nach Anlageschwerpunkt
- Rentenfonds
- Aktienfonds
- Geldmarktfonds
- Gemischte Investmentvermögen
- Dachfonds
- Sonstige Investmentvermögen
- offene Immobilien-Sondervermögen
- Dach-Hedgefonds
- Zertifikatefonds
- Indexfonds/ETFs

nach Anlegerkreis
- Publikumsinvestmentvermögen
- Spezial-AIF

nach Ausgestaltung
- Währungsrisiko (mit / ohne)
- Garantiefonds
- Garantie (mit / ohne)
- Ausgabeaufschlag (mit / ohne)
- Laufzeitfonds
- feste Laufzeit (mit / ohne)
- ausschüttend
- thesaurierend
- börsennotiert
- nicht börsennotiert
- ETFs

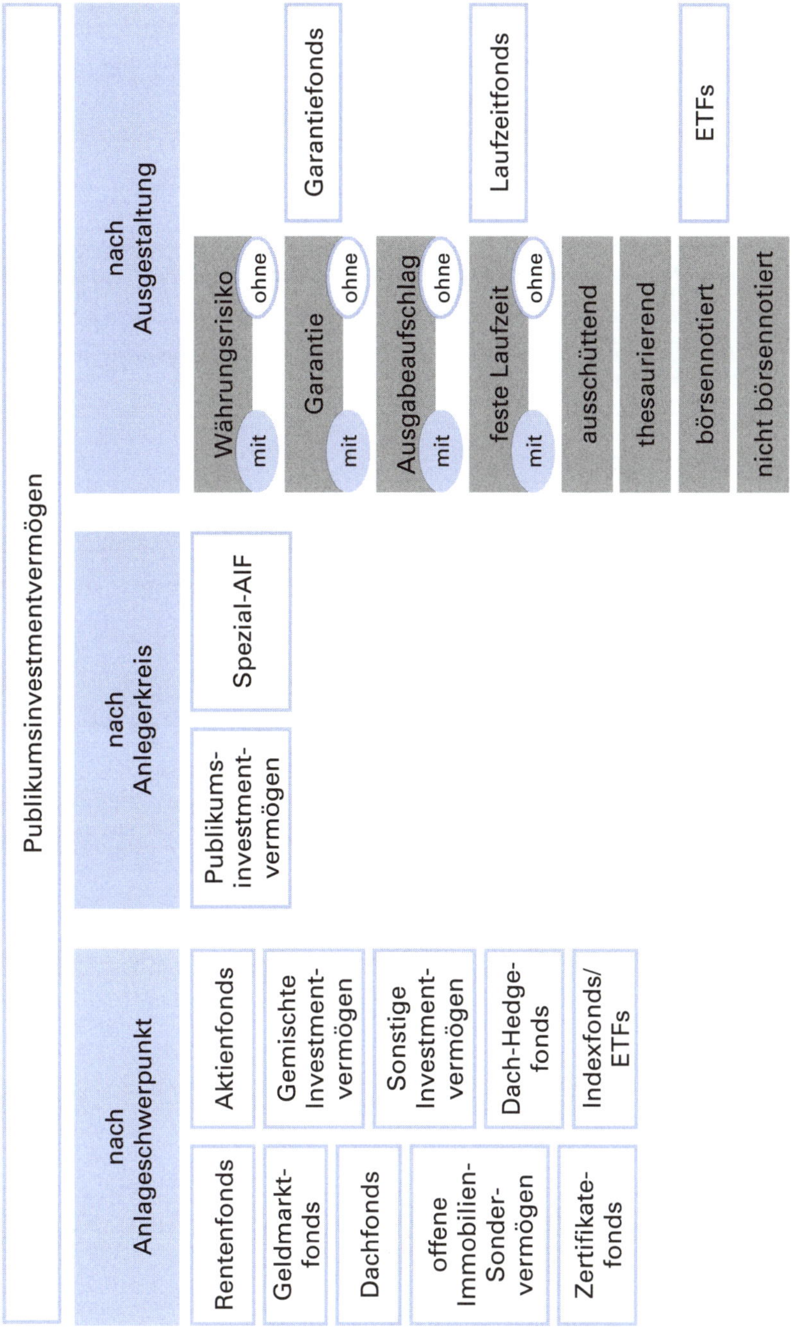

Abb. 66: Unterscheidungsmöglichkeiten von Publikumsinvestmentvermögen

Die Ausgestaltungsmöglichkeiten von Renten- und Aktienfonds

Anlageschwerpunkt	Geografische Ausrichtung

Rentenfonds	Länderfonds

- kurze Laufzeiten
- mittel- bis langfristige Laufzeiten
- Staatsanleihen
- Unternehmensanleihen

Regionenfonds

Aktienfonds	

- Standardaktien
- Small-/Midcaps
- Branchenfonds
- Value / Growth / Blend

Internationale Fonds

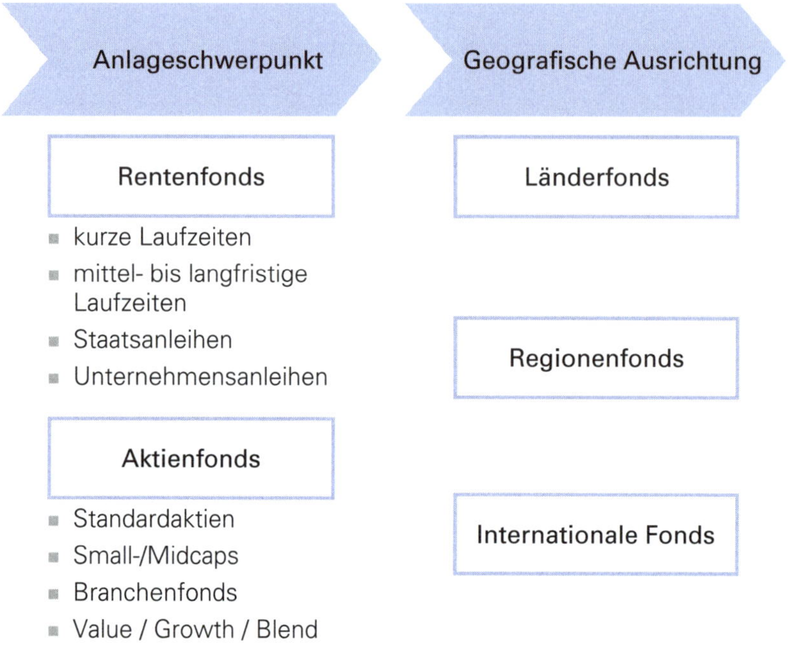

Abb. 67: Ausgestaltungsmöglichkeiten von Renten- und Aktienfonds

Eine detaillierte Beschreibung der verschiedenen Anlageschwerpunkte von Aktien- bzw. Rentenfonds findet sich in den entsprechenden Kapiteln.

Länderfonds

Länderfonds investieren in Wertpapiere eines einzigen Landes. Bestimmend ist hier das Land, in dem der Emittent des Wertpapiers seinen Sitz hat: ein Schweizer Aktienfonds wird also ausschließlich in Schweizer Unternehmen, ein Schweizer Rentenfonds ausschließlich in (fest-) verzinsliche Wertpapiere Schweizer Unternehmen investieren. Dementsprechend tätigt ein Geldmarktfonds Schweiz seine Währungsinvestitionen überwiegend in Schweizer Franken.

Nachteil dieser Eingrenzung: Läuft der durch die Anlagebedingungen festgelegte Markt schlecht, kann nicht in ein anderes Land umgeschichtet werden. Eventuell kann es in einem solchen Fall Sinn machen, eine höhere Liquiditäts-Position aufzubauen. Der Fondsmanager hat also lediglich die allerdings entscheidende Aufgabe, das Optimum aus der Marktsituation des festgelegten Anlagelandes herauszuholen. Der Anleger selbst muss entscheiden, ob er überhaupt in den schweizer

Markt investieren will und an dessen positive Entwicklung glaubt. Dies setzt wiederum voraus, dass der Anleger über gewisse Börsen- und Marktkenntnisse verfügen sollte. Länderfonds eignen sich sehr gut zur Risikostreuung eines individuellen Depots, also bespielsweise in Ergänzung zu Direktinvestments oder anderer Länder- und Regionenfonds.

Regionenfonds

Hier ist der Anlageraum weiter gefasst, es darf in eine definierte Region investiert werden (z. B. Europa, Südostasien, Südamerika). Eine Sonderform stellen die Emerging-Markets-Funds dar. Sie investieren ihr Kapital in die so genannten Schwellenländer und gelten dementsprechend als chancenreich, aber auch hochvolatil und spekulativ.

Internationale Fonds

Die Ausrichtung auf den weltweiten Geld- bzw. Kapitalmarkt bietet die am weitesten gefasste Risikostreuung hinsichtlich der geografischen Ausrichtung. Bei Fondvergleichen sollte allerdings auf die aktuelle Ländergewichtung innerhalb der einzelnen Fonds geachtet werden. Ein international anlegendes Investmentvermögen hat zwar die Möglichkeit „von allem etwas" zu nehmen, die Aufgabe und Chance des Fondsmanagements ist es aber, sich je nach Verfassung der einzelnen regionalen Märkte mehr oder weniger in den verschiedenen Regionen / Ländern zu engagieren. Auch hier gilt, dass es Länder mit unterschiedlichen Risikoklassen gibt (Industrienationen bergen sicherlich ein kalkulierbareres Risiko als die Entwicklungs- oder Schwellenländer). Der Anleger muss sich also auch hier einen zu seiner Risikobereitschaft passenden internationalen Fonds aussuchen.

Währungsrisiko

Dieses fällt immer dann an, wenn in Wertpapiere investiert wird, die nicht auf Euro lauten bzw. die Fondswährung insgesamt nicht auf Euro lautet.

Ausgabeaufschlag oder No-Load-Funds

Offene Investmentvermögen werden in der Regel mit einem Ausgabeaufschlag angeboten.

Je länger die geplante Anlagedauer, umso weniger fällt die Höhe des Ausgabeaufschlages bezogen auf die Gesamtlaufzeit ins Gewicht. Bei kurzfristig orientierten Anlegern kann ein häufiger Wechsel zwischen ausgabeaufschlagpflichtigen Investmentvermögen einen deutlichen Teil der Wertentwicklung kosten.

Für diese Anleger sind Investmentvermögen ohne Ausgabeaufschlag, sogenannte No-Load-Funds interessant.

Laufzeitfonds (auch Zielsparfonds oder Lebenszyklusfonds genannt)

Normalerweise verfügen offene Investmentvermögen über keine feste Laufzeit. Die Ausnahme sind Laufzeitfonds. Laufzeitfonds sind auf eine fest definierte Laufzeit ausgerichtet, d. h. mit Erreichen des Zieldatums wird das Investmentvermögen aufgelöst.

Für risikoscheue Anleger stellen Laufzeitfonds aufgrund des festen Planungshorizontes eine berechenbare Anlageform dar. Eine feste Rendite kann hierbei jedoch nicht garantiert werden. Das Laufzeit- und Anlagemanagement kostet den Anleger oft die Chance auf eine Rendite, die über dem Marktniveau liegt.

Garantiefonds und Wertsicherungsfonds

Garantiefonds bilden die Ausnahme vom Grundsatz, dass es bei Investmentvermögen keine Garantien gibt. Die Garantien können sich auf die Ausschüttung (eher selten), die Rückzahlung des investierten Kapitals (häufigste Form) oder eine gewisse Wertentwicklung innerhalb eines festgelegten Zeitraums (oft in Kombination mit der Kapitalrückzahlungsgarantie) beziehen.

Am häufigsten wird eine Garantie auf einen bestimmten Rückzahlungsbetrag zu einem bestimmten Zeitpunkt gewährt. Je nach Laufzeit erfolgt die Anlage zu Beginn verstärkt in Aktien, während gegen Laufzeitende der Rentenanteil erhöht wird. Hintergrund ist, die Kursschwankungen kalkulierbarer zu machen, um den garantierten Rückzahlungsbetrag auch tatsächlich zu erwirtschaften. Die gewährte Garantie gilt jedoch auf jeden Fall, unabhängig davon, ob unter Umständen ein größerer Kursverlust entstanden ist als geplant.

Die Garantiefonds können mit oder ohne feste Laufzeit angeboten werden.

Ein Wertsicherungsfonds verfolgt zwar das Ziel, den Wert des Sondervermögens zu einem bestimmten Laufzeitende hin abzusichern. Allerdings gibt es hierauf keine Garantie.

Garantiefonds sind also für sicherheitsorientierte Anleger geeignet. Diese sollten die Garantiebedingungen genau prüfen und die Angebote miteinander vergleichen. Eine gute Garantie kostet auch entsprechend Geld bzw. oft Renditechancen.

Ausschüttungspolitik

Auf die Wertentwicklung des Fonds hat seine Ausschüttungspolitik keinen Einfluss. Der Anleger ist lediglich aufgefordert zu entscheiden, welche Form der Ausschüttung er bevorzugt. Möchte er aus seiner Vermögensanlage ein zusätzliches regelmäßiges Einkommen erzielen, so wird er sicherlich einen ausschüttenden Fonds vorziehen. Die Ausschüttungspolitik des Fonds ist in seinen Vertragsbedingungen festgelegt.

Ausschüttende offene Investmentvermögen

Grundsätzlich führen die Erträge, die das Investmentvermögen aus seiner Wertpapier- oder Immobilienanlage erzielt, laufend zu einer Erhöhung der Anteilspreise, weil sich dadurch automatisch das Sondervermögen vermehrt. Zinsen und Dividenden sowie eventuell vom Investmentvermögen realisierte Veräußerungsgewinne werden in der Regel einmal jährlich aus dem Anteilspreis herausgerechnet. Bei ausschüttenden Investmentvermögen werden diese an den Anleger ausgeschüttet. In der Folge sinkt der Anteilspreis um die Höhe des Ausschüttungsbetrages je Anteil. Hierbei handelt es sich natürlich nicht um einen Kursverlust, denn der Anleger erhält dafür ja im Gegenzug die Ausschüttung.

Wiederanlage der Ausschüttung

Der Anleger kann die Ausschüttung frei verwenden, er hat aber auch die Möglichkeit, die Ausschüttung wieder anzulegen. Einerseits erzielt er damit einen Zinseszins-Effekt; andererseits bieten viele Fondsgesellschaften als „Bonbon" für die Wiederanlage innerhalb eines bestimmten von der Kapitalverwaltungsgesellschaft festzulegenden Zeitraums einen sogenannten Wiederanlagerabatt an. Das heißt, die mit der Ausschüttung neu erworbenen Anteile können mit einem reduzierten oder auch ganz ohne Ausgabeaufschlag erworben werden.

Mit den meisten Kapitalverwaltungsgesellschaften kann man auch eine jährlich automatische Wiederanlage der Ausschüttung in neue Anteile vereinbaren. Diese Vereinbarung kann jederzeit vom Anleger widerrufen werden.

Thesaurierende Investmentvermögen

Hier bleiben die Erträge und realisierten Kursgewinne Teil des Sondervermögens und können vom Fondsmanagement zum Erwerb neuer Vermögenswerte für das Investmentvermögen verwendet werden. Dies ist fest in den Vertragsbedingungen des Investmentvermögens festgelegt, der Anleger hat hierauf keinen weiteren Einfluss.

Aus steuerlichen Gründen müssen bei den in Deutschland zum Vertrieb zugelassenen offenen Investmentvermögen die ordentlichen steuerpflichtigen Erträge wie auch bei den ausschüttenden Investmentvermögen einmal jährlich ausgewiesen werden. Steuerlich gelten sie dann als dem Anleger zugeflossen und müssen von diesem versteuert werden.

Steuerlich macht es für den Anleger somit keinen Unterschied, ob sein Investmentvermögen die Erträge ausschüttet oder thesauriert.

Bei einigen ausländischen Investmentvermögen gibt es eine andere Regelung. Hier gelten die Erträge erst dann als steuerlich zugeflossen, wenn der Anleger seine Anteile wieder verkauft. Bei einem langen Anlagezeitraum können hier recht hohe steuerpflichtige Beträge zusammenkommen. Dies macht aus Anlegersicht nur Sinn, wenn er sich zum Zeitpunkt der Steuerpflicht in einer niedrigeren Steuerprogression befindet (z.B. nach Rentenbeginn) als in den Jahren davor.

▶ Zusammenfassung

Gerade in den verschiedenen Möglichkeiten der Anlageausrichtung und der weiteren Ausgestaltung zeigt sich die Vielfalt und Flexibilität offener Investmentvermögen. Deshalb findet sich für nahezu jeden Anlegertyp und Anlegerwunsch ein passendes Produkt. Umso mehr ist hier aber eine umfassende Bestandsaufnahme der Kundensituation notwendig, um dem Anleger bei seiner Entscheidung die richtige Empfehlung und die notwendigen Informationen zu geben.

2.5.4 Geldmarktfonds

▶ Situation

Ihre Kundin Frau Eva Hadermichl kommt zu Ihnen, weil sie einen Brief von ihrer Kapitalverwaltungsgesellschaft erhalten hat, in dem sie informiert wurde, dass der Geldmarktfonds, in den sie investiert hat, zum 1.1.2012 einen neuen Namen erhalten hat. Sie erläutern ihr die Hintergründe.

▶ Erläuterung

Zu jeder gut gemischten Geldanlage gehört auch eine Liquiditätsreserve für kurzfristig benötigte Gelder für unvorhergesehene Ausgaben.

Unter den Fondsarten eignen sich die Geldmarktfonds für eine solche Barreserve, denn diese investieren ihr Sondervermögen in ebenfalls kurzfristig schnell verfügbare Anlagen.

Anlageschwerpunkt

Geldmarktfonds investieren am Geldmarkt und somit überwiegend in Bankguthaben wie Tages- und Termingelder, Geldmarktinstrumente und verzinsliche Wertpapiere mit einer Laufzeit bzw. Restlaufzeit von max. 397 Tagen. Diese Anlageformen können auch auf fremde Währungen lauten.

LF
14

SG
3.3

SG
3.4

Chancen

Der Geldmarktfonds-Anleger profitiert von den verbesserten Konditionen für Großanleger am Geldmarkt. Die Marktverzinsung ist zwar marktgerecht, aber ausgerichtet auf die in der Regel geringe Verzinsung für Kurzfristanlagen. Negative Ergebnisse werden im Regelfall nicht erzielt, da die Geldanlageformen des Geldmarktes keinen oder nur geringen Kursschwankungen unterliegen.

Geldmarktfonds werden in der Regel ohne bzw. nur mit sehr geringem Ausgabeaufschlag (um 1 %) angeboten. Sie sind eine Anlagealternative zum Festgeld und bieten gegenüber dem Festgeld den Vorteil der börsentäglichen Rückgabe.

Risiken

Geldmarktfonds sind reine Geldwertanlagen und somit abhängig von der Inflationsentwicklung.

In Niedrigzinsphasen fallen die Konditionsvorteile gegenüber den Direktanlagen (Tagesgeld, Festgeld) nur noch sehr gering aus.

Investiert der Geldmarktfonds auch in internationale Geldmarktanlagen, so ist ggf. ein entsprechendes Währungsrisiko (dem umgekehrt aber auch Währungschancen gegenüberstehen) zu berücksichtigen.

Kategorien von Geldmarktfonds

Ziel ist es, Risiken (insbesondere hohe Kursschwankungen) zu begrenzen und die Transparenz und Klarheit für den Anleger zu erhöhen. Deshalb müssen alle Geldmarktfonds je nach Laufzeit und Endfälligkeit in die nachfolgenden Kategorien eingeordnet werden:

- Geldmarktfonds mit kurzer Laufzeitstruktur (Short Term Money Market Funds)
- Geldmarktfonds (Money Market Funds)
- geldmarktnahe Fonds (Non-Money Market Funds)

Der BVI führt die geldmarktnahen Fonds seither unter den Rentenfonds und zwar als sogenannte geldmarktnahe Kurzläuferfonds.

Diese Kategorisierung beinhaltet eng umfasste Vorgaben für die Anlagepolitik bzw. das Anlagespektrum der Geldmarktfonds.

Die Regeln für Geldmarktfonds

Geldmarktfonds mit kurzer Laufzeitstruktur	Geldmarktfonds
vorrangiges Anlageziel: Kapitalerhalt und Wertentwicklung entsprechend den Geldmarktzinssätzen	
Anlage in Geldmarktinstrumente mit hoher Qualität (mindestens zweithöchstes Rating von anerkannten externen Ratingagenturen).	
Weitere Anlagemöglichkeiten: Bankguthaben, Investmentvermögen der Kategorie „Geldmarktfonds mit kurzer Laufzeitstruktur", zur Fondsstrategie passende Derivate, Währungsrisiken müssen vollständig abgesichert sein	
keine Anlage in Aktien oder Rohstoffe	
börsentägliche Anteilspreisberechnung und eine Gewährleistung der börsentäglichen Anteilrücknahme und -ausgabe	
max. Restlaufzeit der Zinsbindung des einzelnen Wertpapiers von 397 Tagen	
▪ durchschnittliche Zinsbindungsdauer max. 60 Tage	▪ durchschnittliche Zinsbindungsdauer max. 6 Monate
▪ durchschnittliche Restlaufzeit sämtlicher Vermögensgegenstände max. 120 Tage ▪ Restlaufzeit des einzelnen Wertpapiers max. 397 Tage	▪ durchschnittliche Restlaufzeit sämtlicher Vermögensgegenstände 12 Monate ▪ Restlaufzeit des einzelnen Wertpapiers max. 2 Jahre
	▪ zusätzliche Anlage in andere Geldmarktfonds möglich

Quelle: Bundesanstalt für Finanzdienstleistungsaufsicht, Richtlinie zur Festlegung von Fondskategorien gemäß § 4 Abs. 2 Kapitalanlagegesetzbuch (Fassung vom 22. Juli 2013)

Abb. 68: Geldmarktfonds

Anlageziel

Geldmarktfonds und Geldmarktfonds mit kurzer Laufzeitstruktur eignen
sich für sicherheitsorientierte Anleger, die eine kurzfristige Parkmög-
lichkeit für ihre Geldanlage und darüber hinaus eine kostengünstige
Anlageform suchen.

Geldmarktnahe Fonds sind die Alternative für risikobewusste und chancenorientierte Anleger mit kurzfristigem Anlagehorizont.

LF
14

SG
3.3

Geldmarktnahe Fonds

Diese zählen nicht zu den Geldmarktfonds und dürfen auch nicht mehr
als solche bezeichnet werden. Durch ihr Anlagespektrum sind sie vielmehr den Rentenfonds zuzuordnen.

Geldmarktnahe Fonds legen das Sondervermögen zu max. 49 % in
Geldmarktanlagen oder -papiere an, der überwiegende Teil wird in
Rentenpapiere mit kurzen Laufzeiten investiert. Dadurch bieten sie
gegenüber den Geldmarktfonds erhöhte Renditechancen. Der Anleger
sollte vor seiner Anlageentscheidung auf jeden Fall auch die Fondskosten berücksichtigen.

▶ **Zusammenfassung**

> Geldmarktfonds und geldmarktnahe Fonds sind wie die meisten
> Investmentvermögen für den Anleger eine sehr flexible Anlageform.
> Durch die klare Kategorisierung eignen sie sich für unterschiedliche
> Anlageziele und Kundenbedürfnisse.

2.5.5 Rentenfonds

▶ **Situation**

Ein Versicherungs-Neukunde Michael Fuchs hat Ihnen seinen aktuellen
Depotauszug zur Verfügung gestellt und möchte von Ihnen wissen,
ob Sie Vorschläge für eine Optimierung seines bisherigen Bankdepots
haben. Das Depot enthält zahlreiche verzinsliche Wertpapiere, zum Teil
mit vergleichsweise geringen Anlagebeträgen und unterschiedlichen
Restlaufzeiten.

▶ **Erläuterung**

Ein Rentenfonds ist für die mittel- bis langfristige Anlage und für Anleger, die ein ausgewogenes Chancen-Risiko-Verhältnis suchen, geeignet.

Anlageschwerpunkt

Rentenfonds investieren überwiegend in Papiere des Rentenmarktes, d. h. in börsennotierte verzinsliche Wertpapiere mit unterschiedlichen Zinssätzen und Laufzeiten. Je nach Anlagestrategie des Rentenfonds werden auch bei den Emittenten unterschiedliche Schwerpunkte gesetzt. Beispielsweise kann das Anlagespektrum auf Staatsanleihen oder Unternehmensanleihen mit unterschiedlichen Bonitäten fokussiert werden, wobei sich hieraus entsprechend unterschiedliche Chancen-/Risiko-Profile für den jeweiligen Rentenfonds ergeben. Zum Anlagespektrum können auch Währungsanleihen bzw. Anleihen ausländischer Emittenten gehören.

Chancen / Risiken

Rentenfonds gehören zu den Geldwertanlagen und sind dementsprechend inflationsabhängig.

▶ Exkurs – Reale Verzinsung

Bei einer Geldwertanlage vernachlässigen viele Anleger den Einfluss der Inflation, also der Geldentwertung. Diese entscheidet aber darüber, wie hoch die reale Verzinsung einer Geldanlage wirklich ausfällt.

Es gilt als Formel:

Zinsen – Inflation = Realzinsen

Insbesondere bei einem niedrigen Zinsniveau kann schon eine vergleichsweise durchschnittliche Inflationsrate zu einer negativen Realverzinsung führen.

Für Anleger, die auf hohe Bonität der Emittenten Wert legen und dies mit einer niedrigeren Verzinsung bezahlen, besteht die Gefahr einer negativen Realverzinsung. Das heißt, ihr Geld wird immer weniger wert und verliert an Kaufkraft und wenn das Zinsniveau wieder steigt, erhöht sich zusätzlich ihr Risiko durch mögliche Kursverluste.

Erhöht sich das Zinsniveau nur um 1 % mit entsprechender Auswirkung auf den Anleihekurs und liegt die jährliche Inflation bei 2 % (bei gleichzeitig angenommener Nominalverzinsung von 2 % p. a.), so kann daraus schnell ein Realzinsverlust von ca. 8 % auf den investierten Anlagebetrag bezogen entstehen.

Bei Rentenfonds sind Kursschwankungen und Zinsveränderungen möglich. Diese fallen normalerweise geringer aus als bei Aktienfonds. Für die Preisentwicklung gelten die gleichen Faktoren wie bei verzinslichen

Wertpapieren. Auch hier wirken sich insbesondere Veränderungen beim Marktzinsniveau auf den Wert des Sondervermögens aus. Hat sich das Investmentvermögen in einer Phase mit hohem Marktzinsniveau mit hochverzinsten Wertpapieren auch über längere Laufzeiten eingedeckt, so profitiert er bei danach fallendem Marktzinsniveau. In diesem Fall steigen die Kurse der Bestandswertpapiere mit der über dem Marktzinsniveau liegenden Verzinsung. Das Gleiche gilt allerdings auch im umgekehrten Fall. Und wie bei den verzinslichen Wertpapieren handelt es sich zunächst nur um auf dem Papier existierende Kursgewinne oder -verluste. Erst mit dem Verkauf der Wertpapiere werden diese tatsächlich realisiert.

Je nach Zusammensetzung des Anlageschwerpunktes ergeben sich unterschiedliche Risiken (z. B. ein zusätzliches Währungsrisiko bei überwiegender Anlage in Wertpapiere, die nicht auf Euro lauten) bzw. unterschiedliche Ertragschancen.

Wird in einen Rentenfonds mit ausschließlich inländischen Wertpapieren investiert, so lohnt sich aus Kostengesichtspunkten (insbesondere die Höhe des Ausgabeaufschlages) der Vergleich mit einer Direktanlage in ein verzinsliches Wertpapier.

Ein internationaler Rentenfonds erfordert ein hohes Maß an Know-how hinsichtlich der Beurteilung von Währungs-, Bonitäts- und Zinsrisiken an den internationalen Rentenmärkten.

Die verschiedenen Arten von Rentenfonds

Die Unterscheidung verschiedener Rentenfonds ergibt sich aus der Möglichkeit verschiedener Länder-Anlageschwerpunkte und verschiedener Anlagestrategien hinsichtlich Währung, Bonität und Laufzeitstruktur.

Der Standard-Rentenfonds

Die Standard-Variante unter den Rentenfonds investiert in fest- und / oder variabel verzinste Wertpapiere. Die Emittenten weisen eine gute bis sehr gute Bonität auf, woraus sich ein Anlageschwerpunkt auf Staatsanleihen ergibt. Die breit ausgerichtete Laufzeitstruktur und die Zinssätze entsprechen meist denen des Marktes, in den dieses Investmentvermögen schwerpunktmäßig investiert.

Weitere Varianten von Rentenfonds

Neben den Rentenfonds, die weltweit investieren dürfen, konzentrieren sich viele Rentenfonds auf regionale Schwerpunkte des internationalen Rentenmarktes.

Unterscheidung der Rentenfonds nach Länder-Anlageschwerpunkt

Länderfonds	Regionenfonds			Internationale Rentenfonds
	Euroland-Rentenfonds	Europäische Rentenfonds	Emerging-Markets-Fonds	
Das Sondervermögen wird ausschließlich in verzinsliche Wertpapiere eines einzelnen Landes investiert. Als die sicherste Variante gilt hier ein deutscher Rentenfonds.	Investiert wird in verzinsliche Wertpapiere aus den Euroländern. Dadurch entfällt hier das Währungsrisiko.	Investieren in verzinsliche Wertpapiere aus ganz Europa und somit auch in Anleihen, die nicht auf Euro lauten. Deshalb besteht hier ein Währungsrisiko.	Diese sind regional auf Schwellenländer (Emerging Markets) spezialisiert.	Das Sondervermögen wird weltweit in verzinsliche Wertpapiere investiert. Mögliche Währungs-, Bonitäts- und Kursschwankungen machen diese Rentenfondsart – neben den Emerging-Markets-Fonds – zur risiko- aber auch chancenreichsten Variante.

Abb. 69: Rentenfonds: Unterscheidung nach Länder-Anlageschwerpunkten

LF
14

SG
3.3

Eine weitere Konzentration ist möglich, wie beispielsweise auf die Emittenten (Staatsanleihen, Unternehmensanleihen u. a.), bestimmte Währungen oder Bonitätsgruppen sowie eine bestimmte Laufzeitstruktur (kurz-, mittel- oder langfristig).

▶ Exkurs – Schwellenländer (Emerging Markets)

Volkswirtschaften werden klassisch in hochentwickelte Industrienationen und Schwellenländer aufgeteilt. Länder, die auf dem Weg zu einer Industrienation sind, werden als Schwellenländer bezeichnet. Wirtschaftliche Indikatoren (beispielsweise überdurchschnittliche Wachstumsraten, Steigerung der Arbeitsproduktivität auf niedrigem Lohnniveau und steigende Investitionen in die Infrastruktur des Landes) belegen die aufstrebende Entwicklung dieser Regionen.

Regelmäßig veröffentlichen Institutionen wie die Weltbank, der Internationale Währungsfonds oder auch die Europäische Gemeinschaft, wer nach ihrer Bewertung zu den Schwellenländern zählt.

Aufgrund ihrer wirtschaftlichen Entwicklungschancen sind Schwellenländer auch als Anlagealternative interessant. Sie bieten die Chance auf zusätzliche Kurssteigerungen, allerdings mit einer hohen Volatilität.

Derzeit zählen u. a. China, Südamerika (z. B. Brasilien), Indien, Indonesien, Malaysia, Thailand, Russland und Südafrika zu den Wachstums- bzw. Schwellenländern.

Unterscheidung der Rentenfonds nach Anlagestrategien

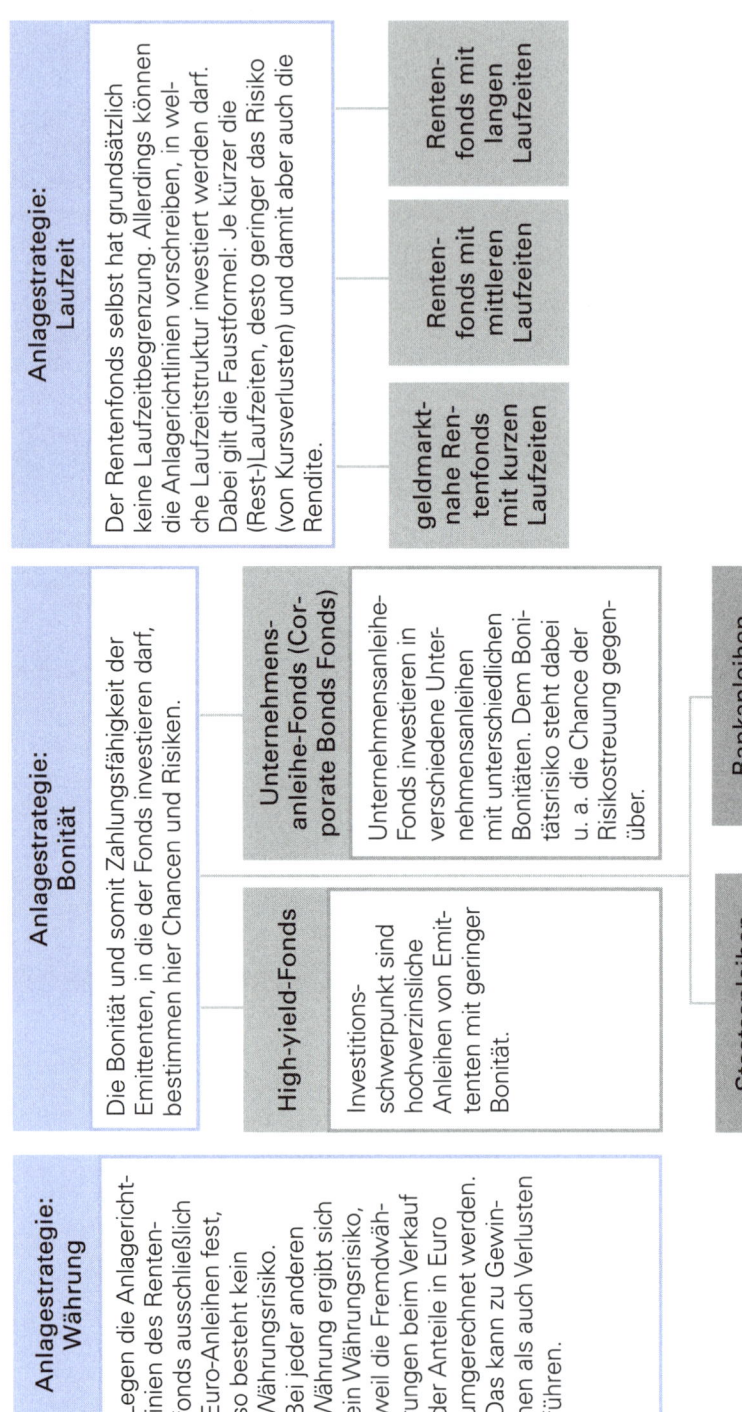

Abb. 70: Rentenfonds: Unterscheidung nach Anlagestrategien

Die allgemeine Bonitätsbezeichnung „Investment-Grade" (auch „High Grade") gilt für Staatsanleihen mit guter bis sehr guter Bonität (meist aus den westlichen Industrienationen) und Unternehmen mit erstklassiger Bonität.

Dem gegenüber stehen die „High-Yield"-Anleihen, zu denen beispielsweise Staatsanleihen aus den Emerging-Markets oder Unternehmen mit einer geringeren Rating-Einstufung (Speculative Grade, siehe auch Kapitel 2.3.2 Verzinsliche Wertpapiere) zählen.

▶ Exkurs – Duration

Da das Risiko eines verzinslichen Wertpapieres mit seiner (Rest-) Laufzeit zusammenhängt, hat man hierzu eine Kennzahl entwickelt, die die durchschnittliche Kapitalbindungsdauer darstellt: die Duration.

Eine Duration von 3 besagt, dass es durchschnittlich noch 3 Jahre dauert, bis man sein eingesetztes Kapital wieder zurückerhalten wird.

Die Duration hängt von 3 Faktoren ab:

▪ Laufzeit des verzinslichen Wertpapiers (Umso höher die Restlaufzeit, umso höher auch die Duration.)

▪ Höhe des Zinssatzes (Umso höher, umso schneller erhält man sein eingesetztes Kapital zurück und dementsprechend verringert dieser Faktor die Duration.)

▪ Rendite (Umso höher, umso schneller der Kapitalrückfluss und dementsprechend geringer die Duration; in die Rendite fließt der aktuelle Kurswert des verzinslichen Wertpapiers ein.)

Die Duration ist einerseits für den Anleger hilfreich, der für einen ganz konkreten Anlagehorizont den hinsichtlich der Laufzeitstruktur passenden Rentenfonds finden möchte. Hier hilft die Duration übrigens auch beim Vergleich von Rentenfonds mit einer verzinslichen Direktanlage, deren (Rest-)Laufzeit im Gegensatz zum Fonds bereits genau feststeht.

Eine grobe Richtregel für die auszuwählende durchschnittliche Duration kann sein:

▪ kurzfristiger Anlagehorizont: 1–4 Jahre

▪ mittelfristiger Anlagehorizont: 4–8 Jahre

▪ langfristiger Anlagehorizont: mehr als 8 Jahre

Andererseits kann die Duration aber auch genutzt werden, um aus einer konkreten Markteinschätzung im Zusammenhang mit der Laufzeit (z. B. erwarteter Anstieg der Zinsen für lange Laufzeiten) den dazu passenden Rentenfonds zu finden.

Rentenfonds mit einer hohen Duration weisen auch nach weiteren Jahren immer noch eine ähnlich hohe Duration auf. Hier kann man nicht wie bei einer Direktanlage von einer laufenden Verkürzung der Restlaufzeit ausgehen, da Rentenfonds keine feste Laufzeit aufweisen. Hier ist ein sogenanntes Anlagenmanagement seitens des Anlegers oder seines Anlagevermittlers gefragt: Nähert sich der ursprüngliche Anlagehorizont des Anlegers seinem Ende zu, kann in einen Rentenfonds mit geringerer Duration (also kürzerer Laufzeitstruktur) umgeschichtet werden. Die aktuelle Marktentwicklung ist dabei zu berücksichtigen.

Anlageziel

Rentenfonds sind für alle Phasen des Vermögensaufbaus, der Vermögensanlage und auch für die Vermögensnutzung geeignet. Allerdings muss die Zusammensetzung des Sondervermögens bzw. der Anlageschwerpunkt bei der Einzelfondsauswahl berücksichtigt werden und dem Risikotyp des Anlegers entsprechen. Internationale Rentenfonds sind beispielsweise eher für risikobereite Anleger geeignet.

Da es auch bei der Laufzeitstruktur verschiedene Varianten von Rentenfonds gibt, sind Rentenfonds dementsprechend für die kurz- bis langfristige Anlage geeignet.

Steuerlich ist gegebenenfalls zu berücksichtigen, dass die ausgeschütteten Zinserträge und Kursgewinne zu einem Großteil auch steuerpflichtig sind. Optimalerweise verfügt der Anleger für die Rentenfondsanlage noch über die Möglichkeit, einen ausreichend hohen Freistellungsauftrag erteilen zu können.

▶ Beispiel

So könnte Herr Schäfer seiner Kundin Frau Fährmann den Rentenmarkt im Gespräch erläutern.

Frau Fährmann: Mich interessiert besonders, wie es zu Kursschwankungen kommen kann und was das dann für mich bedeutet.

Herr Schäfer: Das Wichtigste vorweg. Wenn der Fondsmanager die Anleihe bis zum Laufzeitende behält, gibt es grundsätzlich kein Kursrisiko. Außer die Bonität des Emittenten verschlechtert sich und gefährdet die Rückzahlung des eingesetzten Kapitals. Allerdings verzichtet er dann unter Umständen auf Zusatzerträge, wenn er die Anleihe bis zum Laufzeitende beibehält.

Frau Fährmann: Wie das?

Herr Schäfer: Wenn der Marktzins unter die Nominalverzinsung einer Anleihe fällt, wird ein höherverzinstes Rentenpapier für die Marktteilnehmer interessanter und sie sind bereit, einen höheren Kurs zu bezahlen. Wenn der Fondsmanager die Anleihe in dieser Marktsituation verkauft, so erzielt er einen zusätzlichen Gewinn für die Fondsanleger.

Frau Fährmann: Aha, und wenn die Kurse fallen, verkauft er einfach nicht und somit gibt es gar kein Kursrisiko für mich bei einem Rentenfonds?

Herr Schäfer: Ganz so einfach ist es leider nicht. Der Preis Ihres Rentenfonds spiegelt die Kurse aller in ihm enthaltenen Anleihen wider. D. h. insbesondere wenn das Marktzinsniveau steigt, können die Kurse bestehender Anleihen fallen und das macht sich dann auch beim Wert Ihres Rentenfonds bemerkbar. Solange Sie Ihren Rentenfonds aber nicht verkaufen, spielt dies zunächst für Sie keine Rolle. Die Aufgabe des Fondsmanagers ist es, möglichst früh Marktentwicklungen richtig zu analysieren und danach das Sondervermögen entsprechend umzuschichten.

Frau Fährmann: Verstehe und ich selbst hätte ja gar nicht die Zeit, mich darum zu kümmern.

Herr Schäfer: Das nehmen Ihnen die Fondsmanager ab.

▶ Zusammenfassung

Rentenfonds investieren überwiegend in verzinsliche Wertpapiere wie Staatsanleihen oder Unternehmensanleihen mit unterschiedlichen Laufzeiten und ggf. Währungen. Der Wert von Rentenfonds kann zwar stärker schwanken als der von Geldmarktfonds, im Vergleich zu Aktienfonds weisen Rentenfonds jedoch in der Regel ein geringeres Risiko auf. Die Renditeerwartungen liegen im Vergleich zu anderen Fondsarten im mittleren Bereich.

Tipps für die Rentenfondsanlage

Je spezialisierter der Rentenfonds hinsichtlich seines Anlage-spektrums, umso höher die Chancen / Risiken.

Je länger die durchschnittlichen Anleihe-Laufzeiten, umso höher die Chancen / Risiken.

Prüfen Sie immer auch die reale Verzinsung (Berücksichtigung der Inflation) dieser Geldwertanlage.

Standard-Rentenfonds bieten eine breite Marktabdeckung mit moderaten Chancen / Risiken.

Je kürzer die Laufzeiten und je höher die Emittenten-Bonität, umso geringer das Kursschwankungsrisiko.

Spezialisierte Rentenfonds sind geeignete Depotbeimischungen bei passendem Anleger-Risikoprofil.

Höhere Gewinne sind immer auch mit höheren Risiken verbunden.

Abb. 71: Tipps für die Rentenfondsanlage

2.5.6 Aktienfonds

▶ Situation

Ihre Kundin Maja Kofler möchte erstmals in Aktien investieren. Sie verfügt bereits über einige Rentenfonds und sucht nun eine Anlage-variante, die langfristig mehr Rendite möglich macht. Sie hat die letzten Wochen aufmerksam den Wirtschaftsteil ihrer Tageszeitung gelesen und ist jetzt eher verunsichert, weil sie nicht beurteilen kann, welche Aktien wirklich Zukunft haben. Sie bereiten sich auf das Gespräch vor.

▶ Erläuterung

Aufgrund ihrer zusätzlichen Wertentwicklungschancen und ihrer Eigen-schaft als Realwerte (im Gegensatz zu reinen Geldwerten) komplettie-ren Aktienfonds den Anlagemix. Neben einem langfristigen Anlagehori-zont sollte der Anleger die entsprechende Risikobereitschaft mitbringen.

Anlageschwerpunkt

Wie der Name schon sagt, investieren Aktienfonds überwiegend (d. h. zu mindestens 51 %) in nationale oder internationale Aktien verschiedener Unternehmen.

Chancen / Risiken

Da Aktien zu den Realwerten zählen, bieten sie einen besseren Inflationsschutz als die reinen Geldwertanlagen Geldmarkt- und Rentenfonds.

Sie gelten vor allem kurzfristig als besonders anfällig für Kursschwankungen, bieten aber umgekehrt auch die größten Chancen auf Kursgewinne. Gerade bei dieser Fondsart ist auf den Risikotyp und die Erfahrung des Anlegers mit Wertpapieren zu achten. Nur wenn der Anleger über die entsprechende Risikofähigkeit und -bereitschaft verfügt, kommt eine Anlage in Aktien / Aktienfonds in Frage. Für die höheren Renditechancen muss der Anleger mit den höheren Risiken umgehen können.

Die verschiedenen Arten von Aktienfonds

Auch bei den Aktienfonds gibt es viel Spielraum für eine Spezialisierung:

Das Anlagespektrum kann regionale oder weltweite Aktien umfassen oder sich auf bestimmte Branchen konzentrieren. Auch die Marktkapitalisierung oder die Kriterien, nach denen die Aktien für das Sondervermögen ausgewählt werden (sog. Investmentstil), ermöglichen unterschiedliche Aktienfondsausgestaltungen.

Der Standard-Aktienfonds

Die Standard-Variante unter den Aktienfonds investiert überwiegend in Unternehmen mit erstklassiger Bonität und nachhaltigen Gewinnaussichten meistens aus den großen Industrienationen. Eine Branchenaufteilung ist dabei nicht fest vorgegeben, sie ergibt sich aus der Auswahl der Einzelaktien. Wie bei Standard-Rentenfonds repräsentiert ein Standard-Aktienfonds eher die Breite des Gesamtmarktes und hat in der Regel keine speziellen Anlageschwerpunkte.

Standardwerte-Aktienfonds sind somit als Basisinvestment im Aktienmarkt geeignet.

Unternehmen erstklassiger Bonität werden oft auch als Standardwerte (engl. Blue Chips oder auch Large Caps genannt) bezeichnet. Die Standardwerte sind, gemessen an ihrer Marktkapitalisierung (= Aktienwert an der Börse bezogen auf alle ausgegebenen Aktien), die Schwergewichte unter den börsennotierten Unternehmen.

In Deutschland setzt sich der Marktindex DAX beispielsweise aus den 30 wichtigsten Standardwerten zusammen.

Darüber hinaus gibt es weitere Varianten von Aktienfonds.

Zunächst kann auch hier nach dem jeweiligen regionalen Anlageschwerpunkt unterschieden werden.

Unterscheidung der Aktienfonds nach Länder-Anlageschwerpunkt

Länderfonds	Regionenfonds	Internationale Aktienfonds
Das Sondervermögen wird ausschließlich in Aktien eines Landes investiert	Investiert wird ausschließlich in Aktien einer festgelegten Region, wie z. B. Europa, Südostasien	Das Sondervermögen wird weltweit in Aktien investiert

z. B.

Emerging-Markets-Fonds

Diese sind regional auf Unternehmen der Schwellenländer (Emerging Markets) spezialisiert

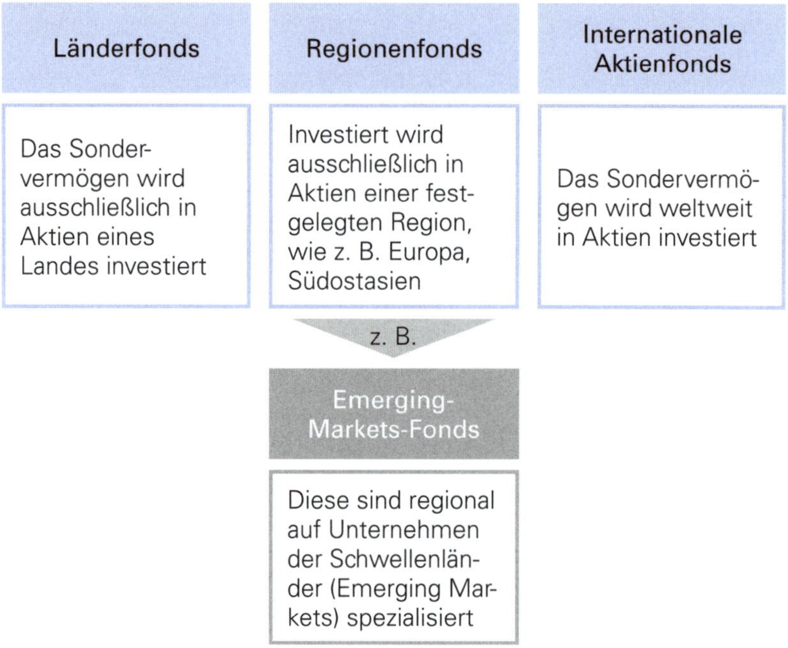

Abb. 72: Aktienfonds: Unterscheidung nach Länder-Anlageschwerpunkt

Eine weitere Spezialisierung ist möglich, beispielsweise auf die Marktkapitalisierung, bestimmte Branchen oder einen bestimmten Anlagestil.

Außer den Standardwertefonds gibt es die sogenannten Nebenwertefonds: Midcap- bzw. Small-Cap-Fonds. Der Vorteil der Aktien-Nebenwerte sind besondere Wachstumsaussichten und die Möglichkeit, sich an neuen Zukunftstrends und Firmen mit hoher Innovationskraft zu beteiligen. Innerhalb der Nebenwertefonds ist die für offene Investmentvermögen typische Risikostreuung möglich und von Vorteil.

Ähnlich verhält es sich bei den Branchenfonds. Sie bieten durch das mögliche Kursentwicklungspotenzial besondere Renditeaussichten. Sowohl für einzelne Branchenfonds als auch für die sogenannten Multi-Branchenfonds gilt: je umfassender die Risikostreuung auf die Einzelwerte, umso ausgewogener das Chancen-Risiko-Verhältnis für den Anleger.

Beim Anlagestil bieten die sog. Value-Fonds (auch Einkommensfonds genannt) den Vorteil regelmäßiger hoher Dividendenzahlungen. Dies gilt für die großen Konzerne in den eher traditionellen Branchen. Auch in schwachen Börsenphasen profitiert der Anleger meist von den laufenden Dividendenerträgen.

Growth-Fonds sind dagegen auf Wachstum ausgelegt und bieten dafür das höhere Kursentwicklungspotenzial. Der Anleger sollte insbesondere bei dieser Aktienfondsart über einen langen Anlagehorizont verfügen.

Verschiedene Anlagestrategien für Aktienfonds

Markt-kapitalisierung	Branchenfonds	Anlagestil
Large-Cap-Fonds (Standardwerte-fonds) Diese Aktienfonds investieren ausschließlich in die sogenannten Standardwerte mit hoher Marktkapitalisierung	Diese Aktienfonds konzentrieren sich auf bestimmte Industriezweige oder Wirtschaftsteilbereiche. Oft wird auf besonders hohe Renditeaussichten geachtet. Es kann grundsätzlich weltweit investiert werden. Beispiele für Branchen sind: ▪ Konsumwerte (Nahrungsmittelunternehmen, Mode- und Textilgüter, Einzelhandel u. a.) ▪ Finanzdienstleistungen (Versicherungen, Banken u. a.)	**Value-Fonds** Substanzwerte mit stabiler Ertragslage. Die Kurse dieser Aktien sind in der Regel geringeren Schwankungen unterworfen
Mid-Cap-Fonds Der Anlageschwerpunkt liegt auf mittelgroßen börsennotierten Unternehmen, oft mit hoher Innovationskraft und Wachstumsorientierung		**Growth-Fonds** Wachstumswerte, die ein besonderes Umsatz- oder Gewinnwachstum aufweisen. Diese Aktien unterliegen oft hohen Kursschwankungen
	Einzelsektor-Ansatz Investiert wird in eine einzige Branche	
Small-Cap-Fonds (Nebenwerte-fonds) Hier wird in die kleinen börsennotierten Unternehmen investiert.	**Multisektor-Ansatz** Investiert wird in eine Kombination aus mehreren Branchen	**Blend-Fonds** Diese Fonds legen in Aktien beider Stilausrichtungen an

Abb. 73: Verschiedene Anlagestrategien für Aktienfonds

▶ **Exkurs – Aktienauswahl nach Top-down oder Bottom-up**

Wie gelingt es dem Fondsmanagement aus der Vielzahl an Aktien die geeigneten für den jeweiligen Aktienfonds ausfindig zu machen? Dazu gibt es zwei grundsätzliche Vorgehensweisen.

Beim sogenannten Top-Down-Managementansatz wird „von oben nach unten" gearbeitet:

1. Länderauswahl:

   Zuerst erfolgt die Einschätzung der nationalen, regionalen oder globalen (weltweiten) Aktienmärkte und eine Entscheidung über deren Gewichtung im Sondervermögen.

2. Aktienauswahl:

   Nach der Länderbewertung und -gewichtung erfolgt die eigentliche Aktienauswahl aus den jeweiligen Ländern. Dieser Ansatz wird regelmäßig bei global anlegenden Aktienfonds gewählt. Möglich ist dieser Ansatz auch noch bei den Regionenfonds.

Beim sogenannten Bottom-Up-Managementansatz erfolgt die Entscheidung „von unten nach oben":

1. Fondsmanager und Analysten bewerten zunächst die Aussichten, Finanzen und Leistung der einzelnen Unternehmen.

2. Die Branchenzusammensetzung des Sondervermögens ergibt sich dann aufgrund der Einzeltitelauswahl ganz automatisch, aber auch eher zufällig. Der Bottom-Up-Ansatz berücksichtigt die zunehmende Globalisierung der Märkte. Der Sitz der international agierenden Unternehmen spielt für dessen Erfolg und die zukünftigen Wachstumsaussichten keine Rolle mehr.

Je spezialisierter ein Aktienfonds ist, umso mehr sollte sich der Anleger in diesem Segment auskennen und hierüber eine eigene Marktmeinung haben. Denn die Fondsmanager sind in der Regel „nur" Spezialisten für das von ihnen verantwortete Marktsegment.

Verfügt der Anleger über die Erfahrung und Kenntnisse für eine solche Entscheidung, stehen ihm alle Möglichkeiten offen, auch auf Nischen im Markt zu setzen.

Anlageziel

Auch Aktien sind für alle Varianten der Geldanlage – vom Vermögensaufbau bis zur Vermögensnutzung geeignet. Empfehlenswert ist ein langfristiger Anlagehorizont. Dieser bietet den Vorteil, dass sich die kurzfristig möglichen erheblichen Kursschwankungen über die lange Laufzeit ausgleichen.

Trotzdem ist ein aktives Anlagenmanagement seitens des Kunden erforderlich. Soll das Aktienfondsvermögen später für eine zusätzliche private Altersvorsorge genutzt werden, so ist eine rechtzeitige (ca. 5 Jahre vor Renteneintritt) schrittweise Umschichtung in Rentenfonds empfehlenswert. Damit vermeidet der Anleger die Situation zum Zeitpunkt des Renteneintritts, Kursverluste realisieren zu müssen. Über die lange Laufzeit erzielte Kursgewinne werden auf diese Weise gesichert.

Für den Anleger gilt grundsätzlich: hohe Risikobereitschaft und eine überdurchschnittliche Renditeerwartung sind verbunden mit einem langfristigen Anlagehorizont.

Für den erfahrenen Anleger mit eigener Marktmeinung ergeben sich aufgrund der gegenüber anderen Anlageformen vergleichsweise hohen Volatilität auch kurzfristig Chancen. Aufgrund der hohen Ausgabeaufschläge macht ein Trading (d. h. häufiges Wechseln der Anlageformen) jedoch keinen Sinn.

▶ Zusammenfassung

Über die Geldanlage in einen Aktienfonds beteiligen sich die Fondsanleger an verschiedenen Unternehmen. Sie profitieren dabei ganz besonders von der Risikostreuung. Das Risiko eines totalen Verlustes des Anlagekapitals im Konkursfall eines einzelnen Aktienunternehmens ist quasi ausgeschlossen. Bei der direkten Aktienanlage trägt der Anleger dieses Risiko dagegen in vollem Umfang.

Andererseits bieten Aktienfonds die Möglichkeit – mit dem entsprechenden Risikobewusstsein – auch in spezielle Teilmärkte zu investieren und das schon mit kleinen monatlichen Anlagebeträgen.

Der Anlageschwerpunkt kann geografisch ein Land, eine Region oder weltweit sein bzw. auch eine Spezialisierung auf eine oder mehrere Branchen ist möglich.

Im Vergleich zu Geldmarkt- und Rentenfonds bieten Aktienfonds die größeren Renditechancen, aber auch das größte Risiko.

Als Realwerte (auch Sachwerte genannt) schützen Aktienfonds vor den Auswirkungen einer Inflation.

2.5.7 Mischfonds

▶ **Situation**

Viele Ihrer Kunden verfügen nicht über das notwendige Kapital, um ihre Geldanlage breit über verschiedene Anlageklassen zu streuen. Sie bereiten ein Anschreiben für diese Kunden vor, in dem Sie über die Möglichkeiten einer Anlage in Mischfonds informieren. Dazu verschaffen Sie sich selbst einen Überblick über das Angebot Ihres Produktpartners.

▶ **Erläuterung**

Der Name ist auch hier Programm: Ein Mischfonds (auch engl. Balanced Funds genannt) darf in unterschiedliche Anlageklassen investieren. Das breite Anlagespektrum ermöglicht eine breite Risikostreuung und es können verschiedene Chancen-Risiko-Verhältnisse abgebildet werden. Eine sicherheitsorientierte Anlagestrategie wird eher auf verzinsliche Wertpapiere setzen und eine chancenorientierte Anlagestrategie beispielsweise eher auf Aktien.

Anlageschwerpunkt / verschiedene Arten von Mischfonds

Grundsätzlich umfasst das Anlagespektrum von Mischfonds:

- Wertpapiere (Aktien, verzinsliche, Wertpapiere)
- Geldmarktinstrumente
- Bankguthaben
- Investmentanteile
- Edelmetalle
- Derivate

Das Kapitalanlagegesetzbuch unterscheidet drei Arten von Mischfonds:

- OGAW
- Gemischte Investmentvermögen
- Sonstige Investmentvermögen

Diese drei Mischfonds-Arten unterscheiden sich durch ihr Anlagespektrum und durch jeweils unterschiedliche Anlagegrenzen.

Chancen / Risiken

Diese hängen von den jeweiligen Anlageschwerpunkten ab.

LF
14

SG
3.3

SG
3.4

Mischfonds, die ein breites Anlagespektrum nutzen, weisen dementsprechend ein breites Chancen-Risiko-Profil aufgrund der breiten Risikostreuung auf. Dieses kann sich jederzeit ändern, wenn das Investmentvermögen einzelne Vermögensgegenstände neu gewichtet.

Je mehr der Spielraum der Mischung von einem Investmentvermögen
genutzt wird, umso größer ist der Aufwand für die Kapitalverwaltungsgesellschaft bzw. die Anforderungen an das Know-how des Fondsmanagements.

Anlageziel

Mischfonds sind für viele Anleger geeignet. Ein Blick in die jeweiligen
Anlagebedingungen des Investmentvermögens ist empfehlenswert,
um die Chancen und Risiken einschätzen und dann den passenden
Mischfonds für das eigene Risikoprofil herausfinden zu können.

Bei den Mischfonds ist zwischen drei unterschiedlichen Fondsarten zu
unterscheiden:

Arten von Mischfonds

OGAW §§ 192–211 KAGB	Gemischte Investmentvermögen §§ 218–219 in Verbindung mit §§ 192–211 KAGB	Sonstige Investmentvermögen §§ 220–224 in Verbindung mit §§ 192–205 KAGB

Zulässige Vermögensgegenstände:

- Aktien und Zertifikate auf Aktien
- Geldmarktinstrumente
- Bankguthaben
- Bezugsrechte
- verzinsliche Wertpapiere und Zertifikate auf verzinsliche Wertpapiere

- Investmentanteile (OGAW), wenn diese nur max. 10 % des Wertes ihres Sondervermögens selbst in Investmentanteile investieren dürfen (§ 196 KAGB)

Weitere zulässige Vermögensgegenstände:

■ Begrenzt in Derivate	■ Gemischte Investmentvermögen, wenn diese nur max., 10% des Wertes ihres Sondervermögens selbst in Investmentanteile investieren dürfen (§ 219 Abs. 2 KAGB) ■ Bis zu 10% des Wertes des Sondervermögens in sonstige Investmentvermögen (sofern diese nicht in andere Investmentvermögen investieren) (§ 219 Abs. 5 KAGB) ■ Begrenzt in Derivate	■ Bis max. 30% des Wertes des Sondervermögens in andere sonstige Investmentvermögen anlegen (§ 221 Abs. 3 KAGB) ■ begrenzt in Edelmetalle und Zertifikate auf Edelmetalle ■ Derivate in erweitertem Umfang

Unzulässige Vermögensgegenstände:

- Dach-Hedgefonds
- Offene Immobilien-Sondervermögen

■ Edelmetalle und Zertifikate auf Edelmetalle ■ Leerverkäufe	■ Edelmetalle und Zertifikate auf Edelmetalle ■ Leerverkäufe	■ Leerverkäufe

Abb. 74: Mischfonds

▶ Zusammenfassung

Mischfonds gibt es gemäß dem Kapitalanlagegesetzbuch als
gemischte OGAW, gemischte Investmentvermögen oder sonstige
Investmentvermögen.

Die gemeinsamen Merkmale sind:

■ breite Anlagestreuung durch Investition in verschiedene
Anlageklassen

■ aktives Fondsmanagement nimmt laufende Anpassungen in der
Gewichtung vor

■ unterschiedliche Chancen-Risiko-Profile abbildbar

■ breite Risikostreuung

2.5.8 Dachfonds

▶ Situation

Ein Kunde bittet Sie um detaillierte Angaben zur Risikostreuung in
seinem Dachfonds. Sie erläutern ihm dies anhand der gesetzlichen Vorgaben und der Anlagebedingungen des Investmentvermögens.

▶ Erläuterung

Dachfonds, sind gemischte Investmentvermögen, die in andere Investmentvermögen (Zielfonds genannt) investieren. Ziel der Fondsmanager
ist es, „die Besten der Besten" am Markt herauszufinden und in diese
dann das Dachfondsvermögen zu investieren. Das entspricht quasi einer
doppelten Risikostreuung. Beachten sollten Anleger allerdings auch die
möglichen doppelten Fondskosten, wenn der Dachfonds in Investmentvermögen anderer Kapitalverwaltungsgesellschaften investiert. Bei den   § 196 Abs. 2 KAGB
konzerneigenen Investmentvermögen ist eine doppelte Gebührenbelas-
tung nicht zulässig.

Anlageschwerpunkt

Dachfonds (engl. Fund of Funds) dürfen nur als solche bezeichnet
werden, wenn gemäß ihrer Anlagebedingungen mindestens 51 %
des Wertes des Sondervermögens in Zielfondsanteile angelegt werden müssen. Die restlichen 49 % dürfen – soweit nicht Zielfonds – in
Geldmarktfondsanteilen, Geldmarktinstrumenten oder Bankguthaben
angelegt werden.

§ 219 Abs. 1 KAGB

Ein Dachfonds darf unter Berücksichtigung der gesetzlichen Anlagegrenzen investieren in:

- andere OGAW (Aktienfonds, Rentenfonds, Geldmarktfonds)
- andere gemischte Investmentvermögen
- andere sonstige Investmentvermögen

§ 219 Abs. 2 Satz 2
KAGB

Dachfonds dürfen nicht investieren in:

- andere Dachfonds (Kaskadenverbot)
- offene Immobilien-Sondervermögen
- Dach-Hedgefonds

Das Verbot, in offene Immobilien-Sondervermögen oder Dach-Hedgefonds zu investieren, ist begründet durch die besonderen und dadurch eingeschränkten Rückgabemöglichkeiten bei diesen Fondsarten.

Anlagegrenzen

Dachfondsmanager haben gesetzliche Anlagegrenzen zu beachten:

Anlagegrenzen für Dachfonds

Dachfonds

§ 219 Abs. 5 KAGB

max. 20 % des Wertes des Sondervermögens investiert in einen einzelnen Zielfonds

für AIF-Dachfonds gilt zusätzlich: max. 10 % (bei gemischten Investmentvermögen) bzw. 30 % (bei sonstigen Investmentvermögen) des Wertes des Sondervermögens dürfen in sonstige Investmentvermögen investiert werden

§ 219 Abs. 2 KAGB

Der Zielfonds selbst darf zu max. 10 % des Wertes des Sondervermögens in ein anderes Investmentvermögen investiert sein.

§ 196 Abs. 1
Satz 3 KAGB

Zielfonds

§ 210 Abs. 3 KAGB

max. 25 % der ausgegebenen Anteile des Zielfonds dürfen von einem Dachfonds gehalten werden

Abb. 75: Anlagegrenzen für Dachfonds

Chancen / Risiken

Diese hängen von den jeweiligen Anlageschwerpunkten ab.

Anlageziel

Dachfonds eignen sich für unterschiedliche Anlegerprofile je nach Anlageschwerpunkt. Je spezieller die Dachfonds sind, desto mehr sind sie geeignet für Anleger, die das dazugehörende Risiko akzeptieren können bzw. umgekehrt.

▶ Zusammenfassung

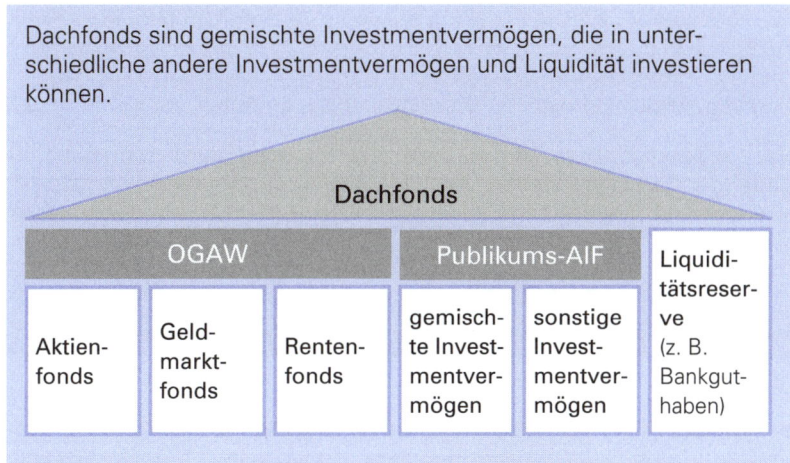

Abb. 76: Zusammenfassung: Dachfonds

2.5.9 Offene Immobilien-Sondervermögen

▶ Situation

Einige Ihrer Kunden haben unter anderem auch in ein offenes Immobilien-Sondervermögen investiert. Ausgelöst durch Liquiditätsengpässe während der Finanzmarktkrise mussten viele offene Immobilien-Sondervermögen die Rücknahme ihrer Anteile zum Schutz der Anleger über lange Zeiträume aussetzen. In dieser Zeit konnten die Anleger ihre Anteile nur mit Abschlägen über die Börse verkaufen. Das hat viele Anleger nachhaltig verunsichert und auch Ihre Kunden fragen nach aktuellen Informationen zur Entwicklung dieser Fondsklasse.

▶ **Erläuterung**

Offene Immobilien-Sondervermögen bieten dem Anleger die Möglichkeit, sich schon mit einem kleinen Sparbetrag an großen Immobilienvermögen zu beteiligen, und das ohne den Aufwand und die Kosten einer Direktinvestition in Immobilien. Das Fondsmanagement streut nach vorheriger Prüfung der Objekte und Regionen das Sondervermögen breit über verschiedene Immobilienmärkte, Nutzungsarten, Mieter und Mietvertragslaufzeiten.

§ 231 KAGB

Anlageschwerpunkt

Offene Immobilien-Sondervermögen investieren in Grundstücke und gewerbliche Immobilien (Einkaufszentren, Logistik- und Hotelgebäude, Bürogebäude u. a.). Die Objekte können in Deutschland oder je nach Anlagebedingungen auch im Ausland liegen. Die Wertentwicklung von offenen Immobilien-Sondervermögen hängt von den Mieteinnahmen und Wertentwicklungen der Immobilien bzw. Grundstücke ab.

Bei der geografischen Auswahl wird eher Wert auf die als wertstabil geltenden Standorte Deutschland, Frankreich, Großbritannien sowie ausgewählte Standorte im weiteren Europa, den USA, aber auch Asien gesetzt.

Besondere Anlagegrenzen für offene Immobilien-Sondervermögen

§ 243 KAGB

Hierzu ist gesetzlich geregelt:

- Eine einzelne Immobilie darf zum Kaufzeitpunkt max. 15 % des Sondervermögens ausmachen.

- Der Wert aller Immobilien / Grundstücke mit einem Einzelwert von mehr als 10 % des Wertes des Sondervermögens darf zusammen nicht mehr als 50 % des Wertes des Sondervermögens ausmachen.

§ 253 KAGB

- Bis zu 49 % Liquiditätsreserve sind möglich.

Besondere Bewertung und Anteilspreisfindung

Grundstücke und Immobilien sind nicht an einer Börse notiert. Deshalb schreibt das Kapitalanlagegesetzbuch die Bewertung durch zwei externe voneinander unabhängige Bewerter vor, die mindestens vierteljährlich sämtliche Grundstücke und Immobilien bewerten müssen.

§ 168 Abs. 2–4 KAGB

Vermögensgegenstände der Liquiditätsreserve (Wertpapiere, Bankguthaben) werden mit ihrem aktuellen Kurswert bzw. Wert des Guthabens in der Wertermittlung des Sondervermögens berücksichtigt.

Für die Bewertung der Vermögensgegenstände wie beispielsweise gewerbliche Immobilienobjekte (Mietwohnungen, Einkaufszentren) und Grundstücke gilt grundsätzlich:

- Zum Erwerbszeitpunkt bis 12 Monate danach: Die Immobilienobjekte werden nach ihrem Kaufpreis bewertet.

- Anschaffungsnebenkosten sind anzusetzen und über die voraussichtliche Dauer der Zugehörigkeit des Investitionsobjektes zum Sondervermögen in gleichen Jahresbeträgen abzuschreiben, längstens jedoch 10 Jahre. Im Verkaufsfall sind die Anschaffungskosten in voller Höhe abzuschreiben.

§ 248 Abs. 3 KAGB

- Bewertungsverfahren: Bewertung durch zwei voneinander unabhängige Bewerter

Die Kapitalverwaltungsgesellschaft hat eine interne Bewertungsrichtlinie zu erstellen. Diese legt geeignete Verfahren für die ordnungsgemäße, transparente und unabhängige Bewertung der Vermögensgegenstände des Investmentvermögens fest.

§ 169 KAGB

Die Kapitalverwaltungsgesellschaften ermitteln täglich ihre Ausgabe- und Rücknahmepreise. Die Grundstücke und Immobilien werden mit dem zuletzt von den Bewertern ermittelten Werten angesetzt, die Wertpapiere der Liquiditätsreserve mit dem aktuellen Börsenkurs. Hinzu kommen Erlöse aus Mieteinnahmen u. a., abzüglich der Kosten und Kreditverbindlichkeiten.

Chancen / Risiken

Offene Immobilien-Sondervermögen bieten Inflationsschutz, da Immobilien reale Werte sind und die Mietpreise sich analog zur Kaufkraft entwickeln.

Normalerweise unterliegen offene Immobilien-Sondervermögen keinen starken Kursschwankungen. Allerdings gibt es bei Immobilien keine börsentägliche Preisfeststellung, sondern eine mindestens vierteljährliche Bewertung durch externe Bewerter.

Anlageziel

Bezüglich des Anlagehorizontes sind offene Immobilien-Sondervermögen für eine langfristige Anlage sowie für sicherheits- und sachwertorientierte Anleger geeignet.

LF 14

SG 3.3

SG 3.4

Besondere gesetzliche Rücknahmeregelungen für offene Immobilien-Sondervermögen

Der Auslöser für die Krise der offenen Immobilien-Sondervermögen in den Jahren vor 2013 waren vor allem institutionelle Anleger, die während der Finanzkrise aufgrund hoher Verluste in anderen Anlageklassen in kürzester Zeit große Summen aus den offenen Immobilien-Sondervermögen abgezogen haben.

Für die Kapitalverwaltungsgesellschaften war es unmöglich, alle Verkaufswünsche zu bedienen, denn Immobilien sind langfristige Investments und das gilt auch für den Verkauf. Wenn am Markt bekannt wird, dass der Verkauf aufgrund einer finanziellen Krise erfolgt, sind kaum mehr marktgerechte Preise zu erzielen. Dies ist eine regelrechte Negativ-Spirale. So kam es aufgrund der fehlenden Liquidität zum Schutz der Bestandsanleger zu den teilweise über mehrere Jahre anhaltenden Aussetzungen der Anteilrücknahme (d. h., die Kapitalverwaltungsgesellschaft hat die Anteile von den Anlegern nicht mehr zurückgenommen) und so schlitterten die offenen Immobilien-Sondervermögen in ihre eigene Vertrauenskrise.

Seit 1.1.2013 bzw. 22.7.2013 gelten deshalb neue gesetzliche Regelungen, um das Vertrauen in diese Fondsart zurückzugewinnen. Diese umfassen Mindesthaltefristen für Anleger, die die jederzeitige Rückgabe von Anteilen einschränken.

Durch die zweimalige gesetzliche Änderung der Rückgaberegelungen für offene Immobilien-Sondervermögen 2013 sind nunmehr 3 verschiedene Regelungen für die Anteilsrückgabe zu berücksichtigen, die vom Erwerbszeitpunkt der Anteile abhängig sind:

1. Anteile, die bis zum 31. Dezember 2012 erworben wurden:
   - Es ist keine Mindesthaltefrist zu berücksichtigen.
   - Es gilt ein Freibetrag von 30.000 € pro Kalenderhalbjahr, Anleger und Fonds.
   - Über den Freibetrag hinaus muss eine unwiderrufliche Rückgabeerklärung mit einer 12-monatigen Kündigungsfrist abgegeben werden (Rückgabefrist).

2. Anteile, die zwischen dem 1. Januar 2013 und einschließlich dem 21. Juli 2013 erworben wurden:
   - Es ist eine Mindesthaltedauer von 24 Monaten einzuhalten.
   - Es gilt ein Freibetrag von 30.000 € pro Kalenderhalbjahr, Anleger und Fonds.
   - Über den Freibetrag hinaus muss eine unwiderrufliche Rückgabeerklärung mit einer 12-monatigen Kündigungsfrist abgegeben werden (Rückgabefrist).

3. Anteile, die ab dem 22. Juli 2013 erworben wurden:

■ Es ist eine Mindesthaltedauer von 24 Monaten einzuhalten.

■ Es gibt keinen Freibetrag.

■ Für alle Anteilsrückgaben muss eine unwiderrufliche Rückgabeerklärung mit einer 12-monatigen Kündigungsfrist abgegeben
werden (Rückgabefrist).

**Regelung für Neuanleger in offene Immobilien-Sondervermögen
ab dem 22. Juli 2013**   § 255 KAGB

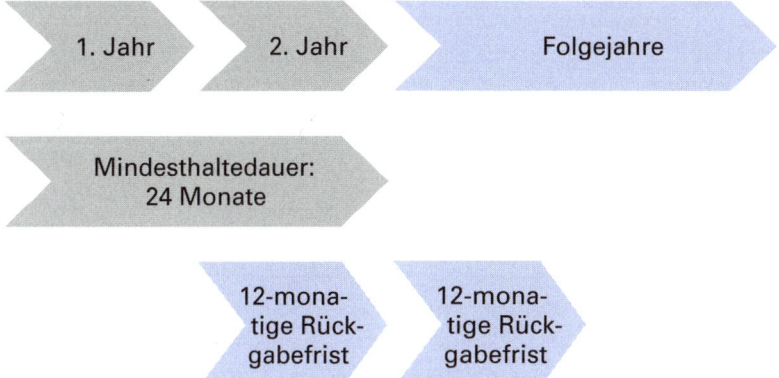

Abb. 77: Rücknahmeregelungen für offene Immobilien-Sondervermögen

Zukünftig können die Kapitalverwaltungsgesellschaften in ihren Anlagebedingungen auch festsetzen, dass die Rücknahme nicht mehr
jederzeit, sondern nur noch zu bestimmten festgelegten Rücknah-
meterminen erfolgt (mind. alle 12 Monate). Da hierzu keine weiteren
Vorgaben gemacht werden, können die Termine auch weit auseinander
liegen und der Anleger wäre im Falle eines kurzfristigen Kapitalbedarfs
gezwungen, seine Anteile unter Umständen mit Abschlag über die
Börse zu verkaufen.   § 98 Abs. 1 KAGB

Ertragsverwendung   § 252 KAGB

Als gewissen Ausgleich für diese Verfügungseinschränkungen müssen
offene Immobilien-Sondervermögen zukünftig mindestens 50 % der
erwirtschafteten Erträge – soweit diese nicht für Instandhaltungsmaß-
nahmen der Immobilien benötigt werden – an die Anleger ausschütten.
Realisierte Veräußerungsgewinne zählen nicht zu den ausschüttungs-
pflichtigen Erträgen.

§ 257 KAGB

Das offene Immobilien-Sondervermögen muss nach einer länger anhaltenden Aussetzung der Anteilsrücknahme beginnen, Vermögensgegenstände zu angemessenen Bedingungen zu veräußern:

- nach 12 Monaten: bis zu 10 % unter dem von den Bewertern festgestellten Wert

- nach 24 Monaten: bis zu 20 % unter dem festgestellten Wert

36 Monate nach Aussetzung der Anteilsrücknahme muss das Investmentvermögen komplett abgewickelt, d. h. aufgelöst werden.

Wird zum 3. Mal innerhalb von 5 Jahren die Rücknahme der Anteile ausgesetzt, muss das Investmentvermögen ebenfalls komplett abgewickelt werden.

§§ 199 und 254 KAGB

Auch bezüglich der Kreditaufnahme gelten seit dem 22. Juli 2013 mit Einführung des Kapitalanlagegesetzbuches neue Regelungen für offene Immobilien-Sondervermögen:

- kurzfristige Kreditaufnahme (z. B. zur Finanzierung der Rücknahme von Anteilen) bis max. 10 % des Wertes des Sondervermögens

- längerfristige Kreditaufnahme bis max. 30 % des Verkehrswertes der Immobilien, die zum Sondervermögen gehören, wenn

  - dies in den Anlagebedingungen vorgesehen ist,

  - die Kreditaufnahme mit einer ordnungsgemäßen Wirtschaftsführung vereinbar ist,

  - die Bedingungen der Kreditaufnahme marktüblich sind.

▶ **Zusammenfassung**

Die Funktionsweise offener Immobilien-Sondervermögen

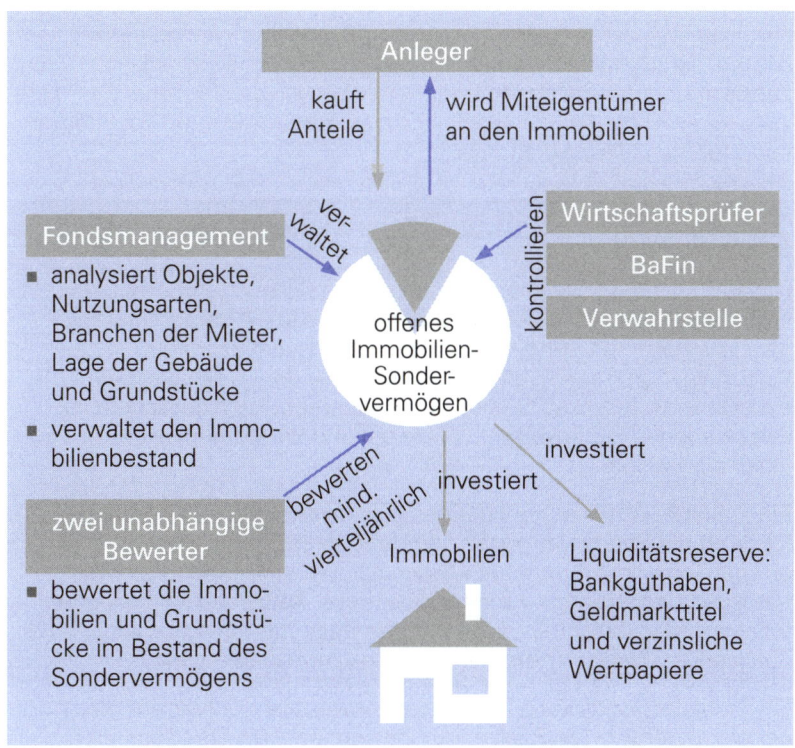

Abb. 78: Funktionsweise offener Immobilien-Sondervermögen

2.5.10 Index- und Zertifikatefonds

▶ **Situation**

Ihr Kunde, Herr Ralf Dornbach, hat im Internet einen Artikel gelesen, dass man anstelle einer Direktanlage in Wertpapiere auch in einen Marktindex investieren kann, um so eine breitere Risikostreuung zu erreichen. Er bittet Sie, ihm einen kurzen Überblick über die hier möglichen Anlageinstrumente zu geben.

▶ **Erläuterung**

Ein Index ist eine Kennziffer, die die Entwicklung einer bestimmten Auswahl beispielsweise von Aktien oder Rentenpapieren abbildet.

Eine direkte Investition in einen Index ist nicht möglich, da ein Index selbst nicht börsengehandelt ist. Allerdings gibt es verschiedene Möglichkeiten, seine Zusammensetzung nachzubilden und diese Nachbildung Anlegern als Anlageprodukt anzubieten. So kann zum Beispiel ein Zertifikat u. a. die Teilnahme an der Kursentwicklung eines Indizes verbriefen. Details hierzu werden im Kapitel 1.6 Zertifikate erläutert. Über Zertifikatefonds kann der Anleger wiederum in verschiedene Zertifikate investieren. Eine weitere Möglichkeit, an der Entwicklung von Indizes teilzunehmen, sind Indexfonds.

Zertifikatefonds

Das Prinzip ähnelt dem von Dachfonds: Ein Zertifikatefonds kann in verschiedene einzelne Zertifikate investieren (bzw. die Strukturen beispielsweise mit Termingeschäften nachbilden) und bietet so den Vorteil einer größeren Risikostreuung als bei der Direktinvestition in ein einzelnes Zertifikat. Das Fondsmanagement kann zwischen den verschiedenen Basiswerten, Laufzeiten und Emittenten einzelner Zertifikate auswählen.

Ein weiterer Vorteil gegenüber dem Zertifikat selbst: Ein Zertifikatefonds ist ein Sondervermögen und der Anleger ist hier wie bei allen offenen Investmentvermögen geschützt, wenn die Kapitalverwaltungsgesellschaft Konkurs anmelden muss. Zertifikate sind dagegen Inhaberschuldverschreibungen und das bedeutet für den Anleger einen Totalverlust, wenn der Emittent Konkurs anmelden muss.

Ein Zertifikatefonds kann auf eine erwartete Marktentwicklung ausgerichtet werden. Die Risikostreuung wird dadurch allerdings eingeschränkt, denn wenn das Fondsmanagement z. B. nur auf einen bestimmten Zertifikatetyp setzt und die Marktentwicklung anders als erwartet verläuft, dann fehlt unter Umständen das Gegeninvestment, um Kursverluste auszugleichen.

Zertifikatefonds sind deshalb grundsätzlich nur für erfahrene Anleger geeignet, die eine eigene Marktmeinung haben und somit den zu ihrer Marktmeinung passenden Fonds auswählen können.

Zertifikatefonds: Vor- und Nachteile gegenüber der Direktanlage in Zertifikate

Vorteile	Nachteile
■ breitere Risikostreuung als Einzelzertifikate	■ Ausgabeaufschläge bis zu 6 % möglich
■ kein Emittentenrisiko, da Sondervermögen	■ hohe jährliche Verwaltungsvergütung
■ Professionelles Fondsmanagement sucht die Einzelzertifikate aus	■ ggf. doppelte Gebühren auf Fondsebene und bei den Zertifikaten
■ Strategien auch für spezielle Marktsituationen (fallende Kurse u. a.)	
■ unbefristete Laufzeit im Gegensatz zu Einzelzertifikat	

Indexfonds

Die BaFin setzt für die Bezeichnung als Indexfonds Folgendes voraus:

Richtlinie zur Festlegung von Fondskategorien (Fassung vom 22. Juli 2013) Art. 3

„ ... dass die im Investmentvermögen gehaltenen Wertpapiere und Derivate unter Wahrung einer angemessenen Risikomischung einen bestimmten, allgemeinen und von der BaFin anerkannten Wertpapierindex zu mindestens 95 % nachbilden. Ferner müssen diese Vermögensgegenstände grundsätzlich 95 % des Wertes des Investmentvermögens darstellen ... Der verbleibende Anteil ist in Bankguthaben, Geldmarktinstrumente oder Geldmarktfondsanteilen anzulegen ...“

Indexfonds werden als passiv gemanagte Investmentvermögen bezeichnet, da sie lediglich einen Index nachbilden, aber darüber hinaus keine eigenen Marktbewertungen und Anlageentscheidungen vornehmen. Das passive Fondsmanagement macht diese Fondskategorie vergleichsweise kostengünstig. Die Sicherheit, an der Entwicklung eines Index beteiligt zu sein, kostet die Chance auf weitere darüber hinausgehende Kursentwicklungschancen.

Indexfonds sind für Anleger geeignet, die eine eigene Marktmeinung haben und sich dadurch aktiv für einen Index entscheiden können.

▶ Zusammenfassung

> Auch wenn sie die reinen Aktien- oder Rentenfonds nicht immer
> bezüglich ihrer Wertentwicklung übertreffen können, so sind
> Zertifikate- und Indexfonds doch gerade bei den Anlegern beliebt,
> die sich Chancen unter Abfederung der Risiken wünschen. Dieses
> Anlagekriterium erfüllen die beiden hier beschriebenen Fondsarten.
> Auch wenn sich Zertifikate- und Indexfonds sehr unterscheiden, die
> Gemeinsamkeit ist eine Anleger-Zielgruppe mit eigener Marktmei-
> nung, für die diese Fondsarten geeignet sind.

2.5.11 Dach-Hedgefonds

▶ Situation

Ihre Kunden, das Ehepaar Ingrid und Peter Wächter, sind sehr vermögend und haben bei Ihnen ein breit gestreutes Wertpapierdepot eingerichtet. Frau Wächter erkundigt sich nach Möglichkeiten, das Depot
besser gegen Kursverluste abzusichern. Herr Wächter hat von einem
Freund Hedgefonds empfohlen bekommen. Sie erläutern Ihren Kunden
die Vor- und Nachteile dieser Fondsart.

▶ Erläuterung

§§ 225–229 KAGB

Der Begriff Hedgefonds leitet sich aus dem englischen Begriff für Hecke, engl. hedge, ab und steht für die Möglichkeit, bestimmte Risiken
einzugrenzen. Dach-Hedgefonds sind seit 2004 in Deutschland zum Vertrieb an Privatkunden zugelassen. Sie unterliegen besonderen gesetzlichen Regelungen. Der wesentliche Unterschied zu den anderen Fondsarten besteht darin, dass Hedgefonds ausschließlich auf so genannte
Handelsstrategien setzen, um einen möglichst stetigen positiven Ertrag,
insbesondere in schwierigen Marktphasen zu erwirtschaften. Und das
unabhängig von den Entwicklungen am Aktien- oder Rentenmarkt.

Dabei unterliegen Hedgefonds bei der Auswahl der Anlageinstrumente
grundsätzlich keinerlei Beschränkungen.

Hedgefonds zählen zu den sogenannten Alternativen Investmentfonds.
Dieser Begriff ist im Bereich der Vermarktung von Kapitalanlagen und
Anlagestrategien entstanden, die nicht klassisch in Vermögenswerte
wie Aktien, verzinsliche Wertpapiere oder Geldmarktpapiere anlegen,
sondern mit darüber hinausgehenden Strategien besondere Marktentwicklungen (beispielsweise anhaltend fallende Kurse) ausnutzen, um
Gewinne zu erzielen.

▶ Exkurs Handelsstrategie – Leerverkauf

Von Leerverkäufen spricht man, wenn Wertpapiere verkauft werden, die man tatsächlich noch nicht besitzt, sondern sich vielmehr nur ausgeliehen hat. Zu einem fest vereinbarten späteren Zeitpunkt müssen diese dann über die Börse zurückgekauft werden und dem Wertpapierverleiher (meist über einen Vermittler) zurückgegeben werden.

Bei diesem Vorgehen wird auf fallende Kurse spekuliert. Ziel ist es, die Wertpapiere zunächst zu einem höheren Kurs zu verkaufen und später zu einem niedrigeren Kurs zu kaufen. Das Risiko dabei: Die Kurse steigen und die Wertpapiere müssen zu einem höheren Wert zurückgekauft werden, als man beim vorzeitigen Verkauf erzielen konnte.

Leerverkäufe werden auch als „Short"-Positionen bezeichnet.

▶ Exkurs Handelsstrategie – Leverage (Hebel-Effekt)

Als Leverage bezeichnet man die Aufnahme von Fremdkapital (u. a. durch Verpfändung von Wertpapieren), mit dem die erwartete Rendite gesteigert werden soll.

Geht der Investor von steigenden Kursen aus, so wird er grundsätzlich „klassisch" vorgehen, d. h. sich mit Wertpapieren entsprechend dem ihm hierfür zur Verfügung stehenden und vorhandenen Kapital an der Börse eindecken und diese zu einem späteren Zeitpunkt wieder verkaufen.

Durch die Aufnahme von Fremdkapital (Krediten) steht ihm weiteres Investitionskapital für dieses Vorgehen zur Verfügung. Man spricht deshalb auch von einem „Hebelinstrument".

Das Risiko dabei: Wenn die Kurse fallen, müssen die Kredite dennoch in voller Höhe zurückbezahlt werden.

Die klassischen Wertpapierkäufe bezeichnet man auch als „Long"-Position. Eine Kombination von Leerverkäufen und klassischem Wertpapierkauf mit einer möglichen Aufnahme von Fremdkapital ist die typische Vorgehensweise bei der Hedgefondsstrategie „Equity Long/Short":

- bei steigenden Aktienmärkten profitiert der Fonds von der Long-Position

- bei fallenden Aktienmärkten begrenzt die Short-Position die Verluste

- zusätzlich kann Fremdkapital eingesetzt werden

Single-Hedgefonds

Single-Hedgefonds (auch Einzel-Hedgefonds genannt) sind in Deutschland aufgrund ihres hohen Risikos ausschließlich institutionellen Anlegern vorbehalten und werden deshalb nur als so genanntes „Private Placement" vertrieben.

Single-Hedgefonds können grundsätzlich in jede Anlageform (Wertpapiere, Geldmarktinstrumente, Derivate, Immobilien, Immobiliengesellschaften, Investmentanteile und zusätzlich auch in stille Beteiligungen, Edelmetalle, Warenterminkontrakte), die an organisierten Märkten gehandelt wird und in die nicht börsengehandelten Unternehmensbeteiligungen (Private Equity) investieren.

Eine sogenannte Steigerung des Investitionsgrades (als Ausweitung des Anlagekapitals) ist über die grundsätzlich unbeschränkte Aufnahme von Krediten bzw. durch Leverage und Leerverkäufe möglich. Die Beteiligung an nicht börsennotierten oder an einem Markt organisierten Unternehmen ist auf 30 % des Hedgefonds-Sondervermögens begrenzt.

Dach-Hedgefonds

Diese investieren in verschiedene Single-Hedgefonds. Auch eine Investition in ausländische Investmentvermögen mit vergleichbarer Anlagepolitik wie ein inländischer Single-Hedgefonds ist zulässig. Dabei müssen bestimmte Risikostreuungsvorschriften beachtet werden:

§ 225 Abs. 2 und 4 KAGB

- max. 49 % in Bankguthaben, Geldmarktinstrumente oder Geldmarktfonds (= Liquiditätsreserve)
- max. 20 % des Wertes des Sondervermögens in einen einzelnen Zielfonds
- max. 2 Zielfonds vom gleichen Emittenten und Fondsmanager
- Kaskadenverbot (keine Investition in andere Dach-Hedgefonds)

§ 225 Abs. 1 und 2 KAGB

Leerverkäufe und Leverage dürfen für Dach-Hedgefonds nicht durchgeführt werden. Derivate zur Währungssicherung sind dagegen zulässig.

Kurzfristige Darlehensaufnahmen bis zu 10 % des Sondervermögens sind zu marktüblichen Konditionen möglich, sofern die Anlagebedingungen dies vorsehen.

Das Hedgefondsmanagement muss sich über die Anlagestrategie und die Risiken der Zielfonds informieren und muss diese auch laufend überwachen.

Aufgrund der besonderen Risiken schreibt das Kapitalanlagegesetzbuch für Verkaufsprospekte von Dach-Hedgefonds einen besonderen Warnhinweis vor:

„Der Bundesminister der Finanzen warnt: Dieser Investmentfonds investiert in Hedgefonds, die keinen gesetzlichen Leverage- oder Risikobeschränkungen unterliegen."

§ 228 Abs. 2 KAGB

LF 14

SG 3.3

SG 3.4

Chancen von Dach-Hedgefonds

Das Ziel dieses Fondsinvestments ist, langfristig ein verbessertes Rendite-Risiko-Profil im bestehenden Wertpapierdepot zu erreichen. Dies ist sowohl bei aktien-, als auch rentenlastigen Depots möglich. Dieser Effekt wird dadurch erreicht, dass der Hedgefonds Handelsstrategien nutzen kann, die eine Wertentwicklung ermöglichen, unabhängig von den Entwicklungen am Aktien- oder Rentenmarkt (so genannte negative Korrelation). Darüber hinaus können langfristig die Performanceaussichten im Vergleich zu einem traditionellen Depot (Aktien oder verzinsliche Wertpapiere als Direktanlagen) optimiert werden. Dach-Hedgefonds sind im Verhältnis zum gesamten Depotvolumen nur als Beimischung (meist bis zu ca. 20 %) zu verstehen, um Risiken einzugrenzen (Hedge, engl. Hecke). Für die kurzfristige Kapitalanlage oder als ausschließliches Anlageprodukt sind Dach-Hedgefonds nicht geeignet.

Steuerlich werden Dach-Hedgefonds grundsätzlich wie alle offenen Investmentvermögen behandelt.

Besondere Risiken bei Dach-Hegdefonds

Da Hedgefonds auf sehr komplexe Marktstrategien setzen, besteht bei dieser Fondsart ein hohes Totalverlustrisiko. Da Hedgefonds grundsätzlich in alle Anlageformen (inkl. Edelmetalle, Rohstoffe und Güter) und Anlagemärkte investieren können, sind die mit diesen Anlagen verbundenen Risiken zu berücksichtigen.

Hedgefonds sind in der Regel nicht jederzeit veräußerbar. Der Anleger trägt das Liquiditätsrisiko.

Besondere Rücknahmebedingungen bei Dach-Hedgefonds

Die Rücknahme der Anteile kann auf bestimmte Rücknahmetermine (mindestens einmal in jedem Kalendervierteljahr) festgelegt werden. Anteilrückgaben sind bis zu 100 Kalendertage vor dem jeweiligen Rücknahmetermin durch eine unwiderrufliche Rückgabeerklärung (bei inländischen Depots über die depotführende Stelle) gegenüber der Kapitalverwaltungsgesellschaft zu erklären. Der Rücknahmepreis muss spätestens 50 Kalendertage nach dem Rücknahmetermin (wird von der Kapitalverwaltungsgesellschaft bestimmt) gezahlt werden.

Abgrenzung von Hedgefonds zu OGAW

Diese beiden Fondsarten weisen grundlegende Unterscheidungsmerkmale auf:

Hedgefonds	OGAW
▪ Anlage in allen möglichen Anlageformen und Märkten (inkl. Edelmetalle, Rohstoffe und Güter) möglich	▪ Anlagespektrum auf traditionelle Märkte (Aktien-, Renten-, Geldmarkt) beschränkt
▪ Wertentwicklung unabhängig von der Entwicklung eines Einzelmarktes	▪ Wertentwicklung hängt von Anlageschwerpunkt ab
▪ besondere Handelsstrategien möglich (u. a. Leerverkäufe)	▪ keine Leerverkäufe zulässig
▪ Ziel ist die absolute Rendite, unabhängig von einer Benchmark	▪ Ziel ist eine höhere Rendite als eine festgelegte Benchmark
▪ Totalverlust möglich	▪ hohe Verluste möglich
▪ eingeschränkte Rückgabemöglichkeit	▪ börsentägliche Anteilsrückgabe möglich
▪ keine gesetzliche Risikobeschränkung	▪ gesetzlich vorgeschriebene Risikomischung

Abb. 79: Abgrenzung von Hedgefonds zu OGAW

▶ **Zusammenfassung**

Das Kapitalanlagegesetzbuch erlaubt ausschließlich den Vertrieb von
Dach-Hedgefonds an Privatanleger.

Für den Privatanleger können Dach-Hedgefonds Risiken eines
bestehenden Depots eingrenzen. Den unbegrenzten Möglichkeiten
stehen jedoch auch unbegrenzte Risiken (Totalverlust) gegenüber.
Deshalb sind Dach-Hedgefonds nur für Anleger geeignet, die über
eine hohe Risikobereitschaft und ein eigenes hohes Markt-Knowhow verfügen.

2.5.12 Exchange Traded Funds (ETFs)

▶ Situation

LF
14

SG
3.3

Ihre langjährige Kundin Frau Eva Hausmann bittet Sie um Entscheidungshilfe bei der Beimischung eines ETFs zu ihrem Depot. Zur Gesprächsvorbereitung nehmen Sie an einem ETF-Webinar Ihres Produktpartners teil.

▶ Erläuterung

Seit 2000 existieren ETFs in Deutschland. Die Produktidee stammt aus Nordamerika, wo es Indexfonds und ETFs schon einige Jahre länger gibt.

Funktionsweise und Gestaltung

ETFs sind börsengehandelte Indexfonds. Es handelt sich um offene Investmentvermögen, mit dem Vorteil, dass sie wie Aktien fortlaufend an der Börse gehandelt werden. D. h., während der gesamten Börsenhandelszeit werden laufend An- und Verkaufspreise ermittelt. Bei den nicht börsengehandelten Indexfonds findet dagegen nur einmal am Tag, meist durch die Kapitalverwaltungsgesellschaft, eine Anteilspreisermittlung statt.

▶ Exkurs – Marktsegmente für offene Investmentvermögen der Deutschen Börse AG

XTF (Exchange Traded Fonds)

Der XTF ist das Marktsegment der Deutschen Börse AG für den Handel mit ETFs (börsengehandelte Indexfonds).

Die Mindesthandelsgröße ist ein Fondsanteil. Der Anleger hat, wie im Aktienhandel auch, beispielsweise die Möglichkeit, Kaufaufträge mit einem Limit (höchster Kurs, den er bereit ist zu zahlen) zu erteilen.

Die Laufzeit von ETFs ist unbegrenzt.

Das Prinzip der ETFs ist, dass sie einen ihnen zugrunde liegenden Index möglichst genau abbilden. Das von der Kapitalverwaltungsgesellschaft gebildete Investmentvermögen eines ETFs besteht somit i. d. R. aus den Wertpapieren bestimmter Indizes, z. B. dem DAX®. Ein aktives Fondsmanagement ist deshalb nicht erforderlich.

Der Nachteil: Da der ETF einen Index so genau wie möglich nachzubilden versucht, besteht keine nennenswerte Chance, dass die Wertentwicklung besser als der Index ausfällt.

▶ Exkurs – Fondsmanagementarten

Aktives Fondsmanagement

Bei aktiv gemanagten Fonds beobachten Fondsmanager ständig den Markt und analysieren fortlaufend Unternehmen und Emittenten. Sie schichten das Fondsvermögen gegebenenfalls um. Ihre Anlageentscheidungen treffen sie eigenständig entsprechend der Ergebnisse ihrer Analysen und Beobachtungen. Das kostet Zeit und das Umschichten kostet Geld. Der Vorteil: höhere Wertentwicklungen als der Vergleichsmarkt.

Passives Fondsmanagement

Beim passiven Fondsmanagement sind aktive Anlageentscheidungen nicht notwendig, denn es wird ein Marktindex zugrunde gelegt, dessen Zusammensetzung einfach ist und so exakt wie möglich nachgebildet wird. Wesentliche, davon abweichende Anlageentscheidungen trifft das Fondsmanagement nicht. Umschichtungen werden auch nur passiv entsprechend der Veränderung der Indexzusammensetzung vorgenommen. Dem Zeit- und Kostenvorteil steht jedoch der Nachteil gegenüber, das i. d. R. keine bessere Wertentwicklung als der Index erzielt wird.

Auch eine Mischung beider Managementarten ist möglich. Auskunft hierüber geben die Anlagerichtlinien des Einzelfonds.

ETFs gibt es auf nachfolgende Indizes:

▪ Anlageklassen: Aktien, Renten, Rohstoffe

Folgende Beispiele gibt es für Aktienindizes:

▪ Länderindizes

▪ regionale und globale Indizes

▪ Branchenindizes

▪ Strategieindizes (z. B. Substanz- oder eher Wachstumswerte)

▪ Rentenindizes

Die Kostenstruktur bietet Vorteile

- Es wird kein Ausgabeaufschlag berechnet. Es fallen lediglich die Kaufspesen pro Order an.

- Die jährlichen Verwaltungsgebühren sind sehr niedrig und liegen zum Teil lediglich bei 0,15 % im Vergleich zu durchschnittlich 1,5 % bei den klassischen Investmentvermögen mit aktivem Fondsmanagement.

Wie bei allen anderen offenen Investmentvermögen besteht Insolvenzschutz, denn diese Sondervermögen werden getrennt vom Vermögen des Produktanbieters gehalten.

Bei aktiv gemanagten ETFs versucht das Fondsmanagement, einen Teil des Fondsvermögens über eine aktive Anlagestrategie zu optimieren (d. h. klassische Marktanalyse und danach freie Auswahl der Wertpapiere).

Die breite Risikostreuung bedeutet einen Sicherheitsvorteil.

▶ **Exkurs – Der indikative Nettoinventarwert (iNAV)**

Der iNAV macht den Wert des ETF transparent. Der iNAV errechnet sich fortlaufend aus dem aktuellen Wert der im jeweiligen ETF enthaltenen Wertpapiere, den sonstigen Vermögensgegenständen sowie dem Barvermögen abzüglich der Verbindlichkeiten, dividiert durch die Anzahl der im Umlauf befindlichen Anteile des ETF.

Meist lassen die Kapitalverwaltungsgesellschaften den iNAV über die Deutsche Börse berechnen. Dazu übermitteln sie vor Handelsbeginn die aktuelle Zusammensetzung des ETF an die Deutsche Börse.

Ausländische Werte werden mit den Kursen der Heimatbörse bewertet. Wenn diese Börsen noch geschlossen sind, können die Preise des Handels mit Auslandsaktien an der Börse Frankfurt als Referenzkurse zugrunde gelegt werden.

Tatsächlich entstehen die Handelspreise der ETFs aus Angebot und Nachfrage. Die sog. Market Makers (engl. Designated Sponsors) kontrollieren anhand des iNAV ihre Kauf- und Verkaufspreise und Privatanleger können mit ihm die Fairness dieser Börsenpreise beurteilen.

Methoden der Index-Nachbildung bei ETFs

ETFs verfolgen das Anlageziel, die Wertentwicklung des ihnen zugrunde liegenden Index so genau wie möglich nachzubilden (auch Replikation oder engl. „Tracking" genannt). Der Anleger erhält die so erzielte Gesamtrendite abzüglich der Kosten.

Für die Index-Nachbildung gibt es zwei Replikationsmethoden:

- **Physische Replikation**

  Das Fondsmanagement kauft die im abzubildenden Index enthaltenen Wertpapiere und gewichtet diese ebenso wie der Index. Ändert der Index seine Wertpapierzusammensetzung, so nimmt auch das Fondsmanagement entsprechende Umschichtungen im Sondervermögen vor (Full-Replication-Methode). Neben der identischen Abbildung gibt es auch die Alternative einer lediglich repräsentativen Auswahl. Das heißt, hierbei wird der Index nicht exakt nachgebildet, sondern es werden lediglich Wertpapiere mit einem ähnlichen Rendite-Risiko-Profil erworben (Sampling-Methode).

- **Synthetische Replikation**

  Hierzu werden so genannte Swaps eingesetzt. Vereinfacht beschrieben ist ein Swap ein außerbörsliches Tauschgeschäft. Vertragspartner ist eine Bank. Der ETF erhält von dieser eine Garantie auf dieselbe Wertentwicklung wie der Index. Dafür müssen die im Sondervermögen enthaltenen Vermögensgegenstände oder das Anlegerkapital auf die Bank übertragen werden. Vorteil für den ETF: Das Risiko der exakten Nachbildung der Indexwertentwicklung wird auf die Bank übertragen. Auch hierbei gibt es wiederum zwei Varianten:

  - Swapbasierte ETF mit Portfoliopositionen:

    Zunächst erwirbt das Fondsmanagement die Wertpapiere. Diese können den Index teilweise oder auch gar nicht abbilden, denn ausschlaggebend ist die Swapvereinbarung und diese sieht den Tausch des Wertpapierkorbes gegen die durch den Swap garantierte Wertentwicklung des nachzubildenden Index vor.

  - Swapbasierte ETF ohne Portfoliopositionen:

    Das Fondsmanagement investiert in diesem Fall gar nicht erst in die Wertpapiere, sondern investiert das Anlegerkapital direkt in einen oder mehrere Swap-Transaktionen. Hierbei wird also das Anlegergeld direkt gegen die durch den Swap garantierte Beteiligung an der Wertentwicklung des Index eingetauscht.

Chancen und Nutzen

ETFs aus Sicht des Kunden

Was für institutionelle Anleger (z. B. Dachfondsmanager) ein wichtiges Instrument geworden ist, um Basisinvestments zu tätigen, braucht noch etwas Zeit, um den privaten Anleger zu erreichen. Doch die Vorteile liegen im Vergleich zu Direktinvestments oder den aktiv gemanagten Investmentvermögen auf der Hand:

- geringe Kosten (geringe laufende Verwaltungsgebühren von durchschnittlich 0,15 % im Vergleich zu 1,5 % bei einem aktiv gemanagten Investmentvermögen, die sonst die Wertentwicklung schmälern)
- einfacher und fortlaufender Börsenhandel (kein Ausgabeaufschlag, der erst verdient werden muss)
- hohe Flexibilität (ergibt sich aus den anderen Vorteilen und einem zunehmenden Angebot an ETFs, um verschiedene Anlagestrategien abzubilden)
- hohe Transparenz (durch „Kopie" des zugrunde liegenden Index)
- breite Risikostreuung (gem. Index)

Mit ETFs lässt sich mittlerweile ein komplettes Portfolio zusammenstellen, da es ETFs zu den wichtigsten Anlageklassen (Aktien weltweit, Aktien Europa, Renten international, Rohstoffe, Branchen, Substanzaktien, Wachstumsaktien, Dividendenstrategien usw.) gibt.

Und je spezieller ein ETF ausgerichtet ist, umso mehr muss der Anleger dieses Marktsegment auch selbst beobachten, denn Schwankungen kommen dann entsprechend häufiger und stärker vor. Insbesondere solche ETFs sind dann nicht mehr für die langfristige Anlage geeignet, sondern der Anleger muss anstelle des Fondsmanagers nun aktiv sein Fondsvermögen managen. Das gilt grundsätzlich: für die Auswahl des passenden ETF sollte der Anleger auch eine eigene Marktmeinung haben. Und man sollte sich genau überlegen, bis zu welchem Verlust bzw. Gewinn man investieren möchte.

Der Markt für ETFs

Mittlerweile sind über 750 verschiedene ETFs von rund 20 Emittenten im XTF (Handelsegment der deutschen Börse für ETFs) gelistet. Das Fondsvermögen hat ein Volumen von ca. 150 Mrd. € überschritten.

Noch beträgt der Anteil an Privatanlegern zwar nur ca. 5 %, gemessen an der Anzahl der Transaktionen jedoch bereits ca. 40 % des Fondsvermögens an ETFs weltweit.

(Angaben Deutsche Börse Group, Stand Ende 2010)

Steuerliche Behandlung

ETFs werden steuerlich wie Aktien behandelt, d. h. sowohl etwaige Veräußerungsgewinne, als auch Erträge wie Dividenden oder Zinsen müssen versteuert werden und unterliegen somit der Abgeltungssteuer.

Risiken

Zusammensetzung (Klumpenrisiko)

Ein Blick in die Zusammensetzung der Indizes ist wichtig, vor allem wenn der Anleger in mehrere Indizes investieren möchte. Der Hintergrund ist, dass manche Aktien oder Märkte in mehreren Indizes enthalten sind. Der Anleger investiert zwar dann in Indizes mit grundsätzlich unterschiedlichen Schwerpunkten, aber im Detail investiert er unter Umständen doppelt. Beispielsweise enthält der Euro Stoxx 50 einen hohen Anteil an französischen und deutschen Werten. Wird gleichzeitig auch in den DAX investiert, wird der Anteil an deutschen Aktien im Depot schnell übergewichtet.

Gleiches gilt auch für bestimmte Branchenaktien, wie z. B. Bankwerte. Auch hier kann es schnell zu einem ungewollten Klumpenrisiko kommen.

Währungsrisiko

Die breite Risikostreuung auch auf internationale Indizes führt zwangsläufig zu einem erhöhten Währungsanteil und damit verbunden auch einem erhöhten Währungsrisiko. Möchte der Anleger dies vermeiden, so muss er auf Indizes achten, die sich aus in Euro notieren Einzelwerten zusammensetzen.

Kosten

Grundsätzlich sind ETFs kostengünstig. Mittlerweile ist es auch möglich, in ETFs mittels Sparplänen zu investieren. Manche Anbieter verlangen pro Order Pauschalgebühren und zusätzlich einen Prozentsatz des Sparbeitrages. Das reduziert bei einem monatlichen Anlagebetrag von z. B. 50 € deutlich die Rendite.

▶ **Zusammenfassung**

	ETFs	Offene Investmentvermögen	Indexzertifikat	Direktanlage in Aktien
Risiko Emittenteninsolvenz	nein, weil Sondervermögen	nein, weil Sondervermögen	ja, weil Schuldverschreibung	ja, weil Unternehmensbeteiligung
Preisfeststellung	fortlaufend	einmal täglich	fortlaufend	fortlaufend
Kosten bei Kauf / Verkauf	Transaktionsgebühr	i. d.R. Ausgabeaufschlag	Transaktionsgebühr	Transaktionsgebühr
Dividendenbeteiligung	ja	ja	in der Regel nein	ja
Risikostreuung	ja	ja	ja	nein

Abb. 80: ETFs im Vergleich zu anderen Anlageformen

Übungen

1. Prüfen Sie, welche Aussagen zu Investmentvermögen für unterschiedliche Anlegerkreise zutreffend sind.

   a) Spezialfonds können von jedermann erworben werden.

   b) Geschlossene Investmentvermögen können nur von institutionellen Anlegern erworben werden.

   c) Offene Investmentvermögen haben grundsätzlich keine festgelegte Anzahl von Anteilen.

   d) Publikumsinvestmentvermögen können von jedermann erworben werden.

2. Beschreiben Sie drei Kriterien, nach denen die Anteilsklassen von offenen Investmentvermögen ausgestaltet sein können.

   Nennen Sie drei Stichworte.

3. Beschreiben Sie, in welche Vermögensgegenstände ein OGAW investieren darf.

4. Erläutern Sie, was sich hinter der 5-10-40-Regel verbirgt.

5. Offene Investmentvermögen haben unterschiedliche geografische Ausrichtungen. Nennen Sie drei unterschiedliche Beispiele.

6. Prüfen Sie, welche Fondsarten u. a. zu den Grundtypen, die man hinsichtlich ihres Anlageschwerpunktes unterscheidet, zählen.

   a) Geldmarktfonds

   b) Aktienfonds

   c) Bundeswertpapierfonds

   d) Mischfonds

   e) Laufzeitfonds

   f) Rentenfonds

   g) No-load-funds

   h) Zertifikatefonds

7. Beschreiben Sie, nach welchen Ausgestaltungsmöglichkeiten Fondsarten unterschieden werden.

8. Erläutern Sie das Funktionsprinzip eines Garantiefonds.

9. Beschreiben Sie, was man unter einem No-load-Funds versteht.

10. Erläutern Sie den Begriff „Laufzeitfonds".

11. Unterscheiden Sie thesaurierende von ausschüttenden Investmentvermögen.

12. Grenzen Sie Geldmarktfonds von geldmarktnahen Fonds (kurzlaufende Rentenfonds) ab.

13. Beschreiben Sie drei verschiedene Anlagestrategien von Rentenfonds.

14. Unterbreiten Sie einem Anleger von Rentenfonds drei Vorschläge, worauf er zu achten hat, bevor er diese Fondsart kauft.

15. In welche Unternehmen investiert ein Standard-Aktienfonds?

16. Prüfen Sie, welche Aussagen zu den Aktien-Anlagestilen Value und Growth zutreffend sind.

   a) Value-Fonds investieren in Aktien mit hohen Dividendenzahlungen

   b) Value-Fonds investieren in Aktien mit hohen Wertentwicklungen

   c) Growth-Fonds investieren in Aktien mit hohem Kursentwicklungspotenzial

   d) Growth-Fonds investieren in Aktien mit hohem Dividendenpotenzial

   e) Blended-Fonds mischen beide Anlagestile

   f) Blended-Fonds investieren in ausgewählte Branchen

17. Prüfen Sie, welche Strategien bei der Anlage in Aktienfonds verfolgt werden können.

   a) Branchenfonds

   b) Small-Cap-Fonds

   c) High-Yield-Fonds

   d) Corporate-Bonds-Fonds

   e) Value-Fonds

18. In welche Anlageform kann ein sonstiges Investmentvermögen im Gegensatz zu OGAW zusätzlich investieren?

   a) Dach-Hedgefonds

   b) Edelmetalle

   c) Sonstige Sondervermögen

   d) Aktienfonds

   e) Rentenfonds

19. Prüfen Sie, welche grundsätzlichen Anlagegrenzen für Dach-
    fonds gelten.

    a) Maximal 20 % des Dachfondsvermögens dürfen in einen
        einzelnen Zielfonds investiert werden.

    b) Maximal 25 % des Dachfondsvermögens dürfen in einen
        Zielfonds investiert werden.

    c) Es muss eine Mindeststreuung auf 10 Zielfonds eingehalten
        werden.

    d) Es muss eine Mindeststreuung auf 5 Zielfonds eingehalten
        werden.

    e) Maximal 30 % des Zielfondsvermögens dürfen von einem
        Dachfonds gehalten werden.

    f) Maximal 25 % der Anteile des Zielfonds dürfen von einem
        Dachfonds gehalten werden.

20. Prüfen Sie, welche empfohlene Anlagedauer für die verschiede-
    nen Fondsarten grundsätzlich richtig ist.

    a) Aktienfonds erzielen kurzfristig immer die höchste Wertent-
        wicklung.

    b) Geldmarktfonds sind für die kurzfristige Anlage geeignet.

    c) Aktienfonds eignen sich für Sparpläne mit langen Laufzeiten.

    d) Rentenfonds sind speziell für die private Altersvorsorge
        geeignet.

    e) Dachfonds sind für die mittel- bis langfristige Vermögensan-
        lage geeignet.

21. In welche Art von Immobilien kann ein offenes Immobilien-Son-
    dervermögen investieren?

    a) Einfamilienhäuser

    b) Grundstücke

    c) Gewerbliche Immobilien

    d) Einkaufszentren

    e) ausländische Bürogebäude

22. Nennen Sie fünf Vorteile von Zertifikatefonds gegenüber der
    Direktanlage in Zertifikate.

23. Zu wie viel Prozent muss ein Indexfonds den ihm zugrunde liegenden Wertpapierindex mindestens nachbilden?

   a) 49 %

   b) 51 %

   c) 95 %

   d) 25 %

24. Beschreiben Sie, was ein aktiv von einem passiv gemanagten Investmentvermögen unterscheidet.

25. Prüfen Sie, welche Aussagen den besonderen Risiken bei Hedgefonds entsprechen.

   a) Hedgefonds müssen zu 100 % in Aktien investieren.

   b) Hedgefonds unterliegen bei der Auswahl der Anlageinstrumente grundsätzlich keinen Beschränkungen.

   c) Die Entwicklung von Hedgefonds hängt von der Entwicklung eines Einzelmarktes ab.

   d) Hedgefonds können nach besonders riskanten Handelsstrategien angelegt werden.

   e) Ein Totalverlust ist möglich.

26. Beschreiben Sie, was man unter einem ETF versteht.

27. Nennen Sie jeweils einen Vor- und einen Nachteil von ETFs.

28. Beschreiben Sie die Rücknahmeregelungen für offene Immobilien-Sondervermögen gültig für Neuanleger ab dem 22. Juli 2013.

29. Nennen Sie die 3 Arten von Mischfonds gemäß Kapitalanlagegesetzbuch.

30. Grenzen Sie Geldmarktfonds von Geldmarktfonds mit kurzer Laufzeitstruktur hinsichtlich der Zinsbindungsdauer und durchschnittlichen Restlaufzeit sämtlicher Vermögensgegenstände voneinander ab.

Lernziele

In diesem Kapitel erwerben Sie Fertigkeiten, Kenntnisse und Fähigkeiten zu den rechtlichen Rahmenbedingungen der staatlich geförderten Altersversorgung mittels der „Riester-Rente" und dem staatlich geförderten Vermögensaufbau mittels vermögenswirksamer Leistungen (VL) in Verbindung mit Investment-Sparplänen nach dem 5. Vermögensbildungsgesetz (5. VermBG).

Sie

- beschreiben die Bedeutung des 5. Vermögensbildungsgesetzes

- nennen den begünstigen Personenkreis und den Nutzen

- erläutern die formellen Rahmenbedingungen des Gesetzes

- zählen die vom Gesetz für die VL-Anlage vorgesehenen Anlageformen auf

- schildern den Grundsatz der freien Wahl der Anlage

- nennen die Höhe der Arbeitnehmer-Sparzulage und die Förderhöchstbeträge

- wenden die Regelungen hinsichtlich der Steuer- und Sozialversicherungspflicht von Vermögenswirksamen Leistungen und Arbeitnehmer-Sparzulage an

- nennen die beiden „Förderkörbe" der Arbeitnehmer-Sparzulage

- berücksichtigen die Einkommensgrenzen für den Anspruch auf Arbeitnehmer-Sparzulage

- erläutern die Hintergründe der staatlichen Förderung gem. AVmG und Bedeutung für die private Altersvorsorge

- nennen den begünstigten Personenkreis und den Nutzen auf

- beschreiben die Grundsätze der Förderung

- nennen die spezifischen Merkmale der Zertifizierung bei Fondsprodukten

- berücksichtigen die Folgen bei Vertragsänderung / Beendigung in der Auszahlungsphase

- grenzen die Besteuerung des Sparplans nach dem Altersvermögensgesetz von der Besteuerung anderer Investment-Sparpläne ab

2.6 Staatliche Förderung von offenen Investmentvermögen

2.6.1 Vermögenswirksame Leistungen

▶ Situation

Dominik Huber ist nach seiner Ausbildung zum Mechatroniker von seinem Arbeitgeber in eine Festanstellung übernommen worden. Zusätzlich zu seinem Gehalt zahlt sein Arbeitgeber ihm monatlich vermögenswirksame Leistungen. Um die Anlageform muss er sich allerdings selber kümmern und sucht nun Ihren Rat.

▶ Erläuterung

Bedeutung des 5. Vermögensbildungsgesetzes

Schon im „Preußischen Einkommensteuergesetz" von 1891 gab es den Gedanken, die private Initiative zur Vorsorge und zur sozialen Sicherheit zu fördern. Immer stärker rückte dann jedoch die Vermögens- und Wohneigentumsbildung für immer breitere Bevölkerungsschichten in den Vordergrund.

Heutzutage ist die gleichmäßigere Verteilung des Produktivvermögens und nach wie vor auch die Wohnungsbauförderung das Ziel. Letztere ist darüber hinaus zusätzlich in einem separaten Gesetz, dem Wohnungsbauprämiengesetz, geregelt.

Beide Ausrichtungen zielen letztlich auch immer mehr auf eine Förderung der privaten Altersvorsorge ab. Sei es durch die Vermögensbildung, die für eine zusätzliche private Rente genutzt werden kann, oder das Wohneigentum, welches das mietfreie Wohnen im Alter ermöglicht.

Das 5. Vermögensbildungsgesetz regelt u. a. die Förderung, die Arbeitnehmer auf ihre vermögenswirksamen Leistungen erhalten können:

- Rahmenbedingungen rund um die Anlage vermögenswirksamer Leistungen
- Anspruch des Arbeitnehmers auf eine Arbeitnehmer-Sparzulage, je nach Anlageart bis zu bestimmten Höchstgrenzen
- Detailregelungen zu den beiden geförderten Anlagemöglichkeiten: Wohnungsbau (z. B. Bausparvertrag) und Beteiligungssparen (z. B. Aktienfondssparplan)

Das Prinzip des vermögenswirksamen Sparens

§ 2 5. VermBG

Vermögenswirksame Leistungen (VL) sind zusätzliche Geldleistungen des Arbeitgebers an den Arbeitnehmer, die in eine gesetzlich vorgeschriebene Anlageform vom Arbeitgeber für den Arbeitnehmer investiert werden müssen.

Die Zahlung von Vermögenswirksamen Leistungen wird geregelt in:

- Tarifverträgen
- Betriebsvereinbarungen
- individuellen Arbeitsverträgen

Der Arbeitnehmer kann unabhängig davon aber auch den schriftlichen Antrag an seinen Arbeitgeber stellen, dass Teile seines Arbeitslohnes vermögenswirksam anzulegen sind (sog. Eigenleistung). Der Arbeitgeber ist verpflichtet, diesem Antrag zu folgen.

Jeder Arbeitnehmer darf bis zu 480 € p. a. vermögenswirksam anlegen. Das sind 40 € monatlich, die im besten Fall komplett vom Arbeitgeber übernommen werden.

Auch wenn der Arbeitgeber keine VL zahlt und der Arbeitnehmer den Geldbetrag vollständig als Eigenleistung erbringt, muss der VL-Betrag direkt vom Arbeitgeber auf das vom Arbeitnehmer benannte Anlagekonto überwiesen werden. Die Art des Anlagekontos muss für den Arbeitnehmer frei wählbar sein (Ausnahme: tarifvertragliche Vorgabe).

§ 11 Abs. 3
5. VermBG

Die gleichbleibende Eigenleistung des Arbeitnehmers muss dafür mindestens 13 € monatlich, 39 € vierteljährlich oder 39 € jährlich betragen.

Nur in Fällen der Anlage im Unternehmen des Arbeitgebers, z. B. Belegschaftsaktien, stille Beteiligungen, Genussrechte, oder in Fällen der Anlage zum Wohnungsbau bzw. zur Entschuldung des Wohnungsbaus, ist auch eine unmittelbare Zahlung an den Arbeitnehmer zur vermögenswirksamen Anlage zulässig, soweit nicht eine Gutschrift oder Verrechnung mit dem Kaufpreis vorgenommen wird.

Der Staat beteiligt sich an der Vermögensbildung durch eine staatliche Förderung, die sogenannte Arbeitnehmer-Sparzulage. Voraussetzung sind bestimmte Einkommensgrenzen, die Einhaltung einer Sperrfrist und bestimmte Formalitäten bei der Zahlung des VL-Beitrages.

VL sind arbeitsrechtlicher Gehaltsbestandteil und können nicht übertragen werden.

LF
14

SG
3.8

Begünstigter Personenkreis

Das Vermögensbildungsgesetz gilt ausschließlich für Arbeitnehmer:

- Arbeiter und Angestellte (Voll- und Teilzeit) einschließlich der zu ihrer Berufsausbildung Beschäftigten (z. B. Auszubildenden)

- Heimarbeiter

- Beamte

- Richter

- Berufssoldaten und Soldaten auf Zeit

Ausschlaggebend ist ein Arbeitsverhältnis nach deutschem Arbeitsrecht.

Arbeitnehmer, die als Grenzgänger im benachbarten Ausland nach ausländischem Arbeitsrecht beschäftigt sind, aber ihren ständigen Wohnsitz und den Mittelpunkt ihrer Lebensinteressen im Inland haben, fallen ebenfalls unter den begünstigten Personenkreis.

Keine Arbeitnehmer sind z. B. Hausfrauen, Rentner, freiberuflich Tätige, Vorstandsmitglieder und Geschäftsführer von juristischen Personen.

VL, die in einen Sparvertrag über Wertpapiere oder andere Vermögensbeteiligungen (Beteiligungssparen) angelegt werden, können auch

§ 3 5. VermBG

- zugunsten des nicht dauernd getrennt lebenden Ehegatten oder Lebenspartners des Arbeitnehmers

- zugunsten minderjähriger Kinder

- zugunsten der Eltern oder eines Elternteils des Arbeitnehmers, wenn der Arbeitnehmer noch minderjährig ist

angelegt werden.

VL-Anlageformen

§ 2 5. VermBG

Die Anlageformen sind im 5. Vermögensbildungsgesetz aufgezählt.

Prämienbegünstigte Anlageformen

- Bausparen sowie andere Wohnungsbaumaßnahmen, wie z. B. Grundstückserwerb oder Tilgung eines Hypothekendarlehens

- Beteiligungssparen, d. h. Sparvertrag über Wertpapiere oder andere Vermögensbeteiligungen (sog. Anlage in Produktivvermögen):

  - Aktien (auch Belegschaftsaktien)

  - Anteile an offenen Investmentvermögen (sofern der Wert des Aktienanteils 60 % des Wertes des Sondervermögens nicht unterschreitet)

- stille Beteiligungen
- Genossenschaftsanteile u. a.

- Wertpapier-Kaufvertrag

- Beteiligungs-Vertrag und Beteiligungs-Kaufvertrag mit dem Arbeitgeber

Nicht prämienbegünstigte Anlageformen

- Kontensparen (sog. Geldsparvertrag)

- Kapitalversicherungsvertrag (Lebensversicherung)

- Betriebliche Altersvorsorge

§ 12 5. VermBG

Grundsatz der freien Anlagewahl

Jeder Arbeitnehmer kann grundsätzlich selbst entscheiden, in welche der gesetzlich vorgegebenen Anlageformen er seine vermögenswirksamen Leistungen investieren, d.h. anlegen möchte.

Dies gilt für die Anlage von

- Teilen des Gehaltes (Eigenleistung)

- vermögenswirksamen Leistungen, die der Arbeitgeber als zusätzlichen Gehaltsbestandteil gewährt.

Die freie Wahlmöglichkeit der VL-Anlageform ist auch eine der Voraussetzungen für die Bewilligung der Arbeitnehmer-Sparzulage.

Ausnahme

Im Rahmen von Tarifverträgen kann die Anlage der vermögenswirksamen Leistungen auf die geförderten Anlageformen begrenzt werden, bzw. können die Anlageformen, für die keine Arbeitnehmer-Sparzulage gewährt wird, ausgeschlossen werden.

Die Arbeitnehmer-Sparzulage (AN-Sparzulage)

Die Arbeitnehmer-Sparzulage für die Vermögensbildung (Beteiligungssparen)

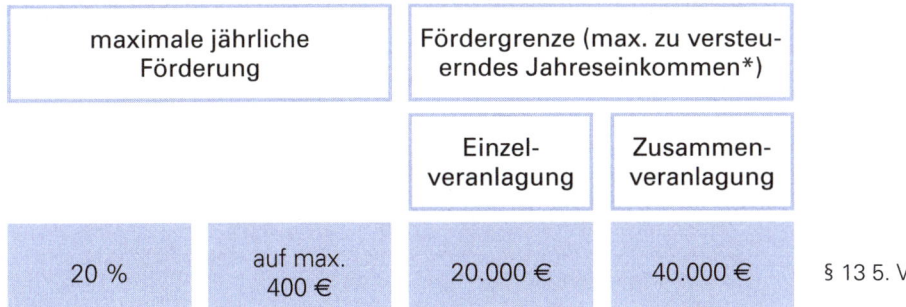

maximale jährliche Förderung		Fördergrenze (max. zu versteuerndes Jahreseinkommen*)		
		Einzel-veranlagung	Zusammen-veranlagung	
20 %	auf max. 400 €	20.000 €	40.000 €	§ 13 5. VermBG

*Das tatsächliche Jahresbruttoeinkommen kann weit darüber liegen.

Abb. 81: AN-Sparzulage für das Beteiligungssparen

Maßgeblich ist das zu versteuernde Einkommen im Jahr der Sparleistungen. Bezüglich des möglichen höheren Jahresbruttoeinkommens hilft ggf. die Rücksprache mit einem Steuerberater.

Beantragung und Auszahlung der Arbeitnehmer-Sparzulage

Dabei gilt es zunächst, die hier noch einmal zusammengefassten grundsätzlichen Voraussetzungen für die Bewilligung der Förderung und der Formalitäten zu beachten:

- Abschluss des VL-Sparvertrages durch den Arbeitnehmer
- Überweisung des VL-Anlagebetrages (Arbeitnehmer- und Arbeitgeberanteil) unmittelbar durch den Arbeitgeber auf den Anlagevertrag, der vom VL-Sparer abgeschlossen wurde
- zu zahlen aus Einnahmen aus nichtselbstständiger Arbeit, also Arbeitslohn
- freie Wahl der Anlageform durch den Arbeitnehmer

Für die Antragstellung gelten nachfolgende Rahmenbedingungen:

- Antragstellung jährlich rückwirkend mittels VL-Bescheinigung (wird vom VL-depotführenden Anlageinstitut ausgestellt) im Rahmen der Einkommensteuererklärung (Anlage „VL") durch den Arbeitnehmer
- Es gilt eine Frist für die Antragstellung von 4 Jahren (für nach 2006 angelegte VL).

■ Das Finanzamt ermittelt die Berechtigung und merkt die Arbeitnehmer-Sparzulage vor.

■ Verfügungen vor Ablauf der Sperrfrist (= Vertragslaufzeit; Verfü-
gungen während dieses Zeitraums führen zu einer Auflösung des
VL-Vertrags) sind bis auf wenige Ausnahmen prämienschädlich. Die
Sperrfrist beträgt

§ 4 Abs. 2 5. VermBG
■ beim Beteiligungssparen 7 Jahre (ab dem 1.1. des Kalenderjahres
der 1. Sparratenzahlung).

■ beim Bausparen 7 Jahre (ab Vertragsabschluss bzw. Ausstellungs-
datum der Bausparurkunde).

■ bei der direkten Unternehmensbeteiligung, wie z. B. einem
Wertpapier-Kaufvertrag, 6 Jahre (ab dem 1.1. des Kalenderjahres
des Wertpapiererwerbs).

Die Fälligkeit und Zahlung der Arbeitnehmer-Sparzulage erfolgt:

■ mit dem Ablauf der Sperrfrist in einer Summe auf das Anlagekonto
(Voraussetzung: die Antragstellung ist fristgerecht erfolgt)

■ bei prämienunschädlicher Verfügung

§ 4 Abs. 1 und 2
5. VermBG

**Sperrfrist und formelle Rahmenbedingungen rund um die
Arbeitnehmer-Sparzulage auf Vermögenswirksame Leistungen**

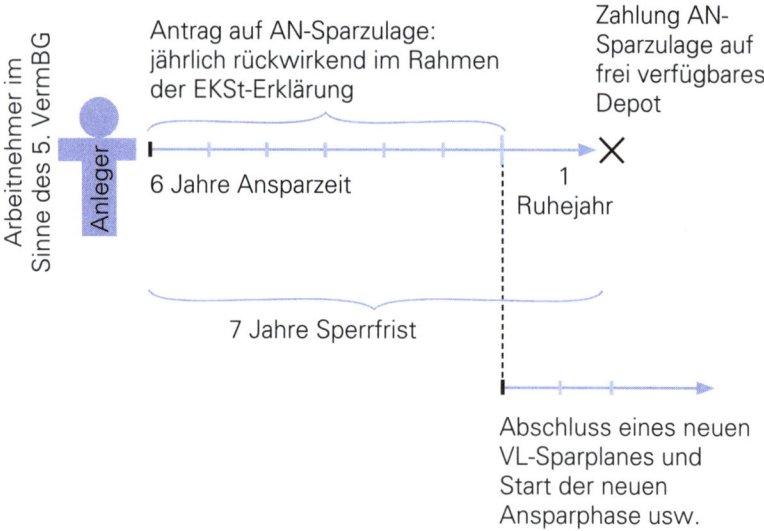

Abb. 82: AN-Sparzulage für die Vermögensbildung (Bausparen)

▶ Beispiel – Beteiligungssparen

Der Arbeitnehmer unterschreibt den Sparvertrag über laufende Einzahlungen am 29. Juli 2012. Die erste vermögenswirksame Leistung geht am 20. August 2012 bei der Kapitalverwaltungsgesellschaft ein. Der Sparvertrag gilt am 20. August 2012 als abgeschlossen, so dass die sechsjährige Einzahlungsfrist am 19. August 2018 endet. Aufgrund der Vereinfachungsregelung ist die letzte Einzahlung aber auch noch am 31. August 2018 möglich. Die siebenjährige Sperrfrist endet am 31. Dezember 2018.

Für nicht geförderte Anlageformen gelten diese Sperrfristen nicht.

▶ Praxistipp

Nach dem Ende der Ansparphase kann ein neuer VL-Sparvertrag abgeschlossen werden, damit kein Jahr mit VL-Zahlungen verloren geht und die staatliche Förderung weiter genutzt werden kann. Im Ruhejahr gibt es nämlich keinen Anspruch auf Arbeitnehmer-Sparzulage.

Steuer- und Sozialversicherungspflicht

Die vermögenswirksamen Leistungen unterliegen in vollem Umfang der Steuer- und Sozialversicherungspflicht. Die Arbeitnehmer-Sparzulage ist hiervon befreit.

Vermögenswirksame Leistungen sind zusätzliche Gehaltszahlungen und deshalb zu versteuern. Der Arbeitgeberzuschuss wird zunächst dem normalen Gehalt hinzugerechnet und nach der Berechnung der Steuer entsprechend dem vereinbarten Sparbetrag wieder abgezogen. Seit dem 1. Januar 2009 beträgt der steuer- und sozialversicherungsfreie Höchstbetrag für Vermögensbeteiligungen 360 € (vormals 135 €).

Weitere Förderkörbe der Arbeitnehmer-Sparzulage

Für die staatliche Förderung des Arbeitnehmers stehen insgesamt zwei Förderkörbe zur Verfügung. Aus jedem Förderkorb kann der Arbeitnehmer jeweils eine geförderte Anlageform auswählen und erhält für beide die entsprechenden Förderungen:

▪ Aus dem **Förderkorb 1** (Beteiligungssparen) z. B. einen Aktienfonds-Sparplan und

▪ aus dem **Förderkorb 2** (Wohnungsbau) z. B. einen Bausparvertrag.

Für die beiden Förderkörbe gelten unterschiedliche Einkommensgrenzen, d.h. für die Arbeitnehmer-Sparzulage auf einen Bausparvertrag liegen die Einkommensgrenzen bei 17.900 (Einzelveranlagung / Ledige) bzw. 35.800 € (Zusammenveranlagung / Verheiratete).

Die Förderung auf den VL-Bausparvertrag beträgt 9 % auf max. 470 € pro Arbeitnehmer.

Neben der Arbeitnehmer-Sparzulage wird der private Wohnungsbau zusätzlich mit der Wohnungsbauprämie (Wohnungsbauprämiengesetz) gefördert. Um beide Förderungen zu erhalten, müssen jedoch jeweils separate Sparbeiträge bezahlt und separate Verträge abgeschlossen werden. Wohnungsbauprämie und Arbeitnehmer-Sparzulage gibt es nicht für den gleichen Sparbetrag.

Arbeitnehmer-Sparzulage für die Vermögensbildung (Bausparen)

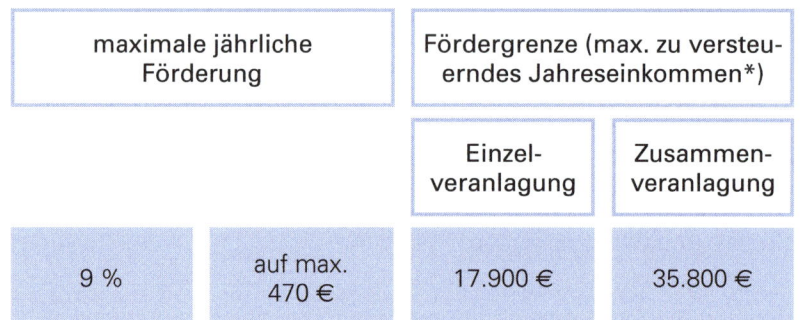

*Das tatsächliche Jahresbruttoeinkommen kann weit darüber liegen.

(Siehe auch Kapitel 2.12.2 Einkommensteuer)

Wohnungsbauprämie

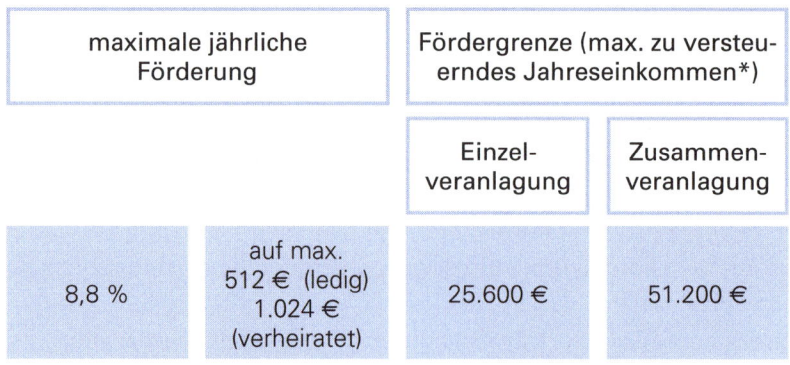

*Das tatsächliche Jahresbruttoeinkommen kann weit darüber liegen.

Abb. 83: Wohnungsbauprämie und AN-Sparzulage für Bausparen

Vorzeitige Verfügungsmöglichkeiten

Prämienschädliche Verfügungen

Verzichtet der berechtigte Arbeitnehmer auf die Arbeitnehmer-Sparzulage, so ist eine vorzeitige Verfügung über die bereits geleisteten Zahlungen jederzeit möglich.

Prämienunschädliche vorzeitige Verfügungen

§ 4 Abs. 4
5. VermBG

Bei Verfügungen während der Sperrfrist verfällt der Anspruch auf die Arbeitnehmer-Sparzulage auch rückwirkend bis zum Laufzeitbeginn der Anlage.

Unter einer Verfügung versteht das Gesetz die Rückzahlung, Beleihung, Abtretung o. ä. der mit den Vermögenswirksamen Leistungen erworbenen Wertpapiere.

Es gibt jedoch Ausnahmen von dieser Regel, die beim Beteiligungssparen nach Vertragsabschluss eingetreten sein müssen:

- Tod oder völlige Erwerbsunfähigkeit des Arbeitnehmers oder seines Ehegatten oder Lebenspartners (sofern nicht dauernd getrennt lebend)

- Heirat oder Begründung einer Lebenspartnerschaft, sofern 2 Jahre der Sperrfrist abgelaufen sind

- Arbeitslosigkeit, sofern seit mindestens 1 Jahr andauernd

- Verwendung des Erlöses aus der Verfügung innerhalb von 3 Monaten als Investition in die eigene (oder die seines nicht dauernd getrennt lebenden Ehegatten) berufliche Weiterbildung. Die Weiterbildungsmaßnahme muss außerhalb des Betriebes, dem er oder der Ehegatte angehört, durchgeführt werden. Sie muss Kenntnisse und Fertigkeiten vermitteln, die dem beruflichen Fortkommen dienen und über arbeitsplatzbezogene Anpassungsfortbildungen hinausgehen. Im Rahmen der Einführung der Bildungsprämie (hier sog. „Weiterbildungssparen") wurde diese zusätzliche prämienunschädliche vorzeitige Verfügungsmöglichkeit geschaffen (www.bildungsprämie.info).

- Existenzgründung (gewerblich oder freiberuflich) unter Aufgabe der nicht-selbstständigen Arbeitnehmer-Tätigkeit

- Verkauf von festgelegten Wertpapieren und Wiederverwendung des Erlöses bis zum Ablauf des Kalendermonats, der dem Verkaufskalendermonat folgt, zum Erwerb neuer VL-fähiger Wertpapiere. Beträgt der Verkaufserlös weniger als 150 €, so wird die Wiederverwendung automatisch angenommen.

§ 4 Abs. 6
5. VermBG

Vertragsunterbrechung

> „Werden auf einen Vertrag über laufend einzuzahlende vermögens-
> wirksame Leistungen oder andere Beträge in einem Kalenderjahr,
> das dem Kalenderjahr des Vertragsabschlusses folgt, weder vermö-
> genswirksame Leistungen noch andere Beträge eingezahlt, so ist der
> Vertrag unterbrochen und kann nicht fortgeführt werden. Das Gleiche
> gilt, wenn mindestens alle Einzahlungen eines Kalenderjahrs zurück-
> gezahlt oder die Rückzahlungsansprüche aus dem Vertrag abgetreten
> oder beliehen werden."

Dabei liegt z. B. eine Einzahlung anderer Beträge auch dann vor, wenn
Zinsen für eingezahlte Beträge gutgeschrieben wurden.

Nach einer Unterbrechung können auf den Sparvertrag keine vermögenswirksamen Leistungen mehr angelegt werden.

▶ Beispiel 1

Der Arbeitnehmer unterschreibt den Sparvertrag über laufende Einzahlungen am 30. September 2009. Die erste vermögenswirksame Leistung geht am 4. November 2009, weitere vermögenswirksame Leistungen gehen bis einschließlich
März 2010 bei der Kapitalverwaltungsgesellschaft ein. Ab
1. April 2010 werden keine Beträge mehr eingezahlt, weil der
Arbeitnehmer arbeitslos geworden ist. Die gutgeschriebenen
Zinsen und die gutgeschriebenen Erträge aus Vermögensbeteiligungen hat sich der Arbeitnehmer auszahlen lassen. Am
2. November 2011 werden erneut vermögenswirksame Leistungen eingezahlt. Der Vertrag ist nicht unterbrochen, weil in
den Kalenderjahren 2010 und 2011 vermögenswirksame Leistungen angelegt worden sind.

▶ Beispiel 2

Der Arbeitnehmer unterschreibt den Sparvertrag über laufende Einzahlungen am 30. September 2009. Die erste vermögenswirksame Leistung geht am 4. November 2009 bei der
Kapitalverwaltungsgesellschaft ein. Ab 1. Januar 2010 werden
keine Beträge mehr eingezahlt, weil der Arbeitnehmer arbeitslos geworden ist. Die gutgeschriebenen Zinsen und die gutgeschriebenen Erträge aus Vermögensbeteiligungen hat sich der
Arbeitnehmer auszahlen lassen. Ab 1. Februar 2011 werden
erneut vermögenswirksame Leistungen eingezahlt. Der Vertrag ist unterbrochen, weil im Kalenderjahr 2010 keine Einzahlungen vorliegen.

Fondswechsel

Ein Fondswechsel ist während der Laufzeit des VL-Sparvertrages (Beteiligungsparen) nicht möglich.

Das Gesetz sieht diesen zwar vor, die Anlageinstitute schließen einen Fondswechsel aber regelmäßig in ihren Vertragsbedingungen aus. Hintergrund sind die i. d. R. günstigeren Kostenregelungen als bei normalen Investment-Sparplänen.

Vertragswechsel

Wechselt der Arbeitnehmer während der Laufzeit seines bereits abgeschlossenen VL-Vertrages das Anlageprodukt (z. B. Wechsel von einem Bausparvertrag in einen Investment-Sparplan), so ist dies möglich. Allerdings beginnt dann die für das neue VL-Anlageprodukt geltende Sperrfrist erneut.

Pfändbarkeit

Der Anspruch auf Vermögenswirksame Leistungen ist bis zum Höchstbetrag nicht übertragbar und damit auch nicht pfändbar und nicht verpfändbar. Dies gilt auch, soweit der Arbeitgeber die Vermögenswirksamen Leistungen aus dem Arbeitslohn anzulegen hat und unabhängig davon, ob und inwieweit die Vermögenswirksamen Leistungen zulagenbegünstigt sind. Der Anspruch auf die Arbeitnehmer-Sparzulage ist ebenfalls nicht übertragbar, pfändbar oder verpfändbar.

LF 14

SG 3.8

▶ Zusammenfassung

Vermögenswirksame Leistungen als zusätzliche Arbeitgeberleistung bekommt fast jeder Arbeitnehmer. Darüber hinaus ist die VL-Anlage aus Eigenleistungen jedem Arbeitnehmer (der zum begünstigten Personenkreis gehört) vom Arbeitgeber zu ermöglichen. Doch viele Arbeitnehmer nutzen ihre Chance auf regelmäßigen staatlich geförderten Vermögensaufbau nicht (ca. 30 % der Begünstigten). Somit ist die VL-Anlage ein geeignetes Einstiegsprodukt, um junge und neue Kunden zu gewinnen.

Jeder Anleger von vermögenswirksamen Leistungen profitiert vierfach:

- die zusätzliche Arbeitgeberleistung wird genutzt
- staatliche Förderungen werden abgeschöpft
- Beteiligung am Produktivvermögen wird aufgebaut
- für den zukünftigen Geldbedarf wird durch einen regelmäßigen Vermögensaufbau vorgesorgt

Werden alle Möglichkeiten ausgeschöpft, ergibt sich in wenigen Jahren ein attraktives Grundvermögen, das über neue VL-Sparverträge weiter vermehrt werden kann. Ausschüttungen, Zinseszinseffekt und mögliche Wertentwicklungen bauen das Vermögen weiter auf.

Das Vermögensbildungsteam

Arbeitgeber	Arbeitnehmer	Staat
kann bis zu 480 €* p.a. VL zahlen	Eigenleistung*	zahlt Sparzulage max. 80 € p.a. (20 % auf max. 400 €)

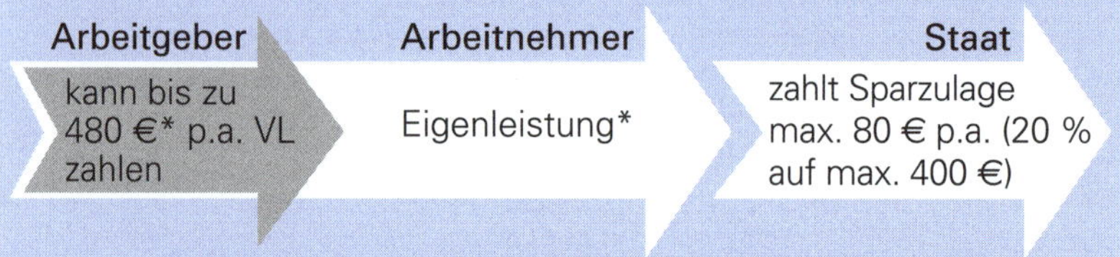

* wenn der Arbeitgeber keine oder nur einen Teil VL zahlt, können die 480€ bzw. die Differenz auch vom Arbeitnehmer selbst bezalt werden

- Ausschüttungen und Zinseszinseffekt bei Wiederanlage der Ausschüttungen
- Chance auf Wertentwicklung

Abb. 84: Das Vermögensbildungsteam

Die zusätzliche Eigenleistung des Arbeitnehmers ist vor allem sinnvoll, wenn auch der 2. Förderkorb (Wohnungsbau) ausgeschöpft werden kann. Dann erhöht sich die staatliche Förderung um weitere 42,30 € (9 % von maximal 470 €) pro Arbeitnehmer. Beides unter der Voraussetzung, dass die jeweiligen Einkommensgrenzen nicht überschritten werden.

Da die Vermögenswirksamen Leistungen vom Arbeitgeber unabhängig vom Anspruch auf die Förderung gezahlt werden, sollte man diese zusätzliche Möglichkeit zur Vermögensbildung nutzen. Die VL darf nämlich nur bezahlt werden, wenn sie auch tatsächlich in eine Anlage investiert wird, die das 5. Vermögensbildungsgesetz dafür vorsieht. Ansonsten verfällt das „Arbeitgebergeschenk".

2.6.2 Riester-Rente mit Investmentsparverträgen

▶ Situation

Ihr neuer Produktpartner bietet im Zusammenhang mit der staatlichen Förderung der privaten Altersvorsorge nach Altersvermögensgesetz (AVmG) auch sog. „Riester-Fonds" an. Im Vorfeld einer Produktschulung erhalten Sie entsprechendes Vorbereitungsmaterial und arbeiten sich die wesentlichen Rahmenbedingungen heraus.

▶ Erläuterung

Bedeutung des Altersvermögensgesetzes (AVmG)

Das AVmG regelt die staatlich geförderte kapitalgedeckte Altersvorsorge. Sie ist Teil der im Jahre 2004 von der Bundesregierung beschlossenen Maßnahmen zur Absicherung des zukünftigen Rentensystems.

Die gesetzliche Rente alleine war und ist in Deutschland als Altersvorsorge nicht mehr ausreichend. Das hat verschiedene Ursachen:

- Die demografische Entwicklung, d. h. die Entwicklung der Bevölkerungsstruktur hat sich verändert.
  - die Lebenserwartung nimmt zu
  - die Zahl der alten Menschen steigt
  - die Geburtenrate sinkt
- Das Erwerbsverhalten ändert sich.
  - die Ausbildungszeiten werden länger
  - Arbeitnehmer gehen früher in Rente
  - hohe Arbeitslosigkeit

Somit stehen immer weniger Beitragszahler einer immer größer werdenden Anzahl von Rentnern gegenüber. Das hat in den letzten Jahren
zu einer stetigen Absenkung des gesetzlichen Rentenniveaus geführt.
Da die Generationenpolitik andererseits vorsieht, die junge Generation
vor weiteren Beitragsbelastungen in ihrem aktiven Erwerbsleben zu bewahren, ist eine stärkere private Altersvorsorge zwingend erforderlich.
Um diese finanzierbarer zu machen, fördert der Staat diese im Rahmen
bestimmter gesetzlicher Regelungen.

§ 10 a EStG   Die Regelungen des AVmG finden sich in entsprechend geänderten
§§ 79–99 EStG   Paragraphen des Einkommensteuergesetzes (EStG) wieder.

Das Prinzip des Riester-Fondssparens

Der Begriff Riester-Rente geht auf den ehemaligen Arbeits-und Sozial-
minister Walter Riester zurück, der diese Gesetzgebung federführend
mitgestaltet hat.

Das Sozialversicherungssystem wurde dahingehend reformiert, dass es
in Ergänzung zur gesetzlichen Rente auch eine private Förderrente gibt,
für die die späteren Rentenbezieher selbst Kapital bilden müssen (daher
auch der Begriff kapitalgedeckte Altersvorsorge).

Kennzeichen dieser staatlich geförderten privaten Altersvorsorge sind:

- ein bestimmter Kreis Förderberechtigter
- Produkte benötigen eine Zertifizierung durch die Bundesanstalt für
  Finanzdienstleistungsaufsicht (BaFin)
- staatliche Förderung bestehend aus Zulagen und steuerlichen Vorteilen

Auch an die Produkte werden gesetzliche Anforderungen gestellt. Nur
wenn diese erfüllt sind, erfolgt eine Zertifizierung. Diese Zertifizierung
bedeutet für den Kunden, dass das Produkt förderfähig und gut für
die private Altersvorsorge geeignet ist. Über Chancen und Risiken, die
Qualität des Fondsmanagements oder die zukünftige Wertentwicklung
sagt dieses Zertifikat nichts aus.

Die Förderung umfasst neben staatlichen Zulagen für den Anleger und
bei vorhandenen Kindern zusätzlich besondere steuerliche Rahmenbedingungen. Die Fondsanlage im Zusammenhang mit der Riester-Förderung kommt erstmalig in den Genuss der nachgelagerten Besteuerung.

Eine nachgelagerte Besteuerung ist eine aufgeschobene Steuerlast.
Bei den Riester-Fonds steht der Förderung in der Ansparphase die volle
Besteuerung der Riester-Rente in der Auszahlungsphase gegenüber.

Die Riester-Rente mit offenen Investmentvermögen gibt es in zwei Formen:

Indirekt → über fondsgebundene Rentenversicherungsprodukte

Direkt → über Kapitalverwaltungsgesellschaften, die Riesterfonds-Sparpläne mit entsprechender Ausgestaltung und Zertifizierung anbieten

Förderberechtigte Personen gemäß AVmG sind

begünstigte (förderberechtigte) Personen	**nicht begünstigte (förderberechtigte) Personen**
■ gesetzliche Renten-Pflichtversicherte (inkl. in Deutschland lebende Ausländer)	■ nicht versicherungspflichtige Selbstständige
■ Arbeitnehmer	■ freiwillig Rentenversicherte
■ Versicherte während Kindererziehungszeiten (Elternzeit 3 Jahre)	■ Pflichtversicherte in berufsständischen Versorgungseinrichtungen
■ nicht erwerbsmäßig tätige Pflegepersonen, die der Versicherungspflicht der gesetzlichen Rente unterliegen	■ Bezieher von Altersrente
■ Arbeitslosen- oder Krankengeldbezieher	
■ versicherungspflichtige Selbstständige	
■ Erwerbsunfähige: Bezieher einer Rente oder Versorgung wegen vollständiger Erwerbsminderung bzw. Dienstunfähigkeit (Voraussetzung: Zugehörigkeit zum begünstigten Personenkreis vor Rentenbezug und das 67. Lebensjahr ist noch nicht vollendet)	
■ Angestellte im öffentlichen Dienst und aktive Beamte	

weitere Förderberechtigte:

■ pflichtversicherte Landwirte

■ geringfügig Beschäftigte, für Beschäftigungsverhältnisse, die ab dem 1.1.2013 geschlossen wurden (Entgelt bis max. 450 € monatlich) und auf die Versicherungspflicht nicht verzichtet wurde oder bei Ausweitung des Minijobs ab 1.1.2013 über 400 €

■ geringfügig Beschäftigte, für Beschäftigungsverhältnisse, die vor dem 1.1.2013 geschlossen wurden und auf die Versicherungsfreiheit verzichtet wurde (Entgelt bis max. 400 € monatlich)

mittelbar Begünstigte

§ 10 a Abs. 3 Satz 2
EStG

Ehepartner (nicht dauernd getrennt lebend) von Förderberechtigten, die selbst nicht zum begünstigten Personenkreis gehören. Sie können die Zulage in Anspruch nehmen, wenn sie einen Mindestbeitrag in Höhe des Sockelbetrags von jährlich 60 € zahlen und der Vertrag des Ehepartners aktiv bespart wird.

Geförderte Anlageformen

§ 1 Abs. 1 Nr. 5
AltZertG

Hierzu gehören:

- Investmentsparverträge

- Banksparverträge

- Versicherungsverträge (private Rentenversicherung, fondsgebundene Lebensversicherungen)

- Bauspar- und Bausparfinanzierungsprodukte (sog. „Wohn-Riester")

- Genossenschaftsanteile

Diese müssen von der Bundesanstalt für Finanzdienstleistungsaufsicht (BaFin) zertifiziert sein.

§ 1 Abs. 1 und 1 a
AltZertG

Die Zertifizierungsvoraussetzungen

Für Riester-Renten gelten nachfolgende gesetzlich vorgeschriebene Zertifizierungskriterien:

- **Auszahlungsbedingungen bzw. Auszahlplan**

  - Die Auszahlung muss als eine lebenslange gleichbleibende oder steigende monatliche Leibrente erfolgen (Rentenversicherung).

  - Bei offenen Investmentvermögen kann alternativ auch eine Ratenzahlung im Rahmen eines Auszahlungsplans erfolgen. Der Auszahlungsplan muss bis zum 85. Lebensjahr des Berechtigten gleichbleibende oder steigende monatliche Zahlungen gewährleisten. Danach muss dann auch hier eine lebenslange Leibrente gewährt werden (Abschluss einer Rentenversicherung).

  - Beiträge und Zulagen sind zu Beginn der Auszahlungsphase garantiert

  - Die Auszahlung beginnt ab dem 62. Lebensjahr oder mit Beginn der gesetzlichen Altersrente (bei Vertragsabschluss vor dem 1.1.2012 gilt das 60. Lebensjahr)

- Beitragszahlung / Ansparphase

  - Es muss ein „Unisex-Tarif" gelten, d. h. Frauen und Männer zahlen die gleichen Beiträge und erhalten die gleichen Auszahlungen.

- Anlegerrechte während der Ansparphase

  - Der Anleger hat das Recht, den Vertrag ruhen zu lassen. D.h. er zahlt auf unbestimmte Zeit keine weiteren Beiträge ein.

  - Der Anleger kann den Vertrag kündigen oder das angesparte Kapital auf einen anderen Altersvorsorgevertrag einzahlen, welcher auf seinen Namen lauten muss (Kündigungsfrist 3 Monate zum Quartalsende.

  - Der Anleger hat die Möglichkeit, aus dem Sparguthaben während der Ansparphase für die Altersvorsorge (Altersvorsorge-Eigenheimbeitrag gem. § 92a EStG) Geld für die Anschaffung selbstgenutzten Wohneigentums (Bau oder Kauf eines Hauses, Kauf einer Eigentumswohnung) zu entnehmen (zu Beginn der Auszahlungsphase auch für die Entschuldung einer Wohnung, die vor dem 1.1.2008 erworben oder hergestellt wurde).

  - Die Abtretung oder Übertragung von Forderungen aus dem Vertrag an eine dritte Person außer den Vertragspartnern ist ausgeschlossen.

- Garantierte Leistung / Hinterbliebenenabsicherung

  - Der Anbieter muss dem Anleger bei Vertragsabschluss zusichern, dass zu Beginn der Auszahlungsphase mindestens die Summe der eingezahlten Altersvorsorgebeiträge (Eigenleistung und Zulagen) für die Auszahlung der Rente zur Verfügung steht (Nominalwertzusage). D. h., in der Ansparphase ist das Kapital vor dem Zugriff Dritter (z. B. Hartz IV) geschützt.

  - Der Altersvorsorgevertrag kann die Möglichkeit einer ergänzenden Hinterbliebenenabsicherung (= Witwen-/Witwerrente) oder einen Schutz vor Erwerbsunfähigkeit enthalten.

  - Hinterbliebene in diesem Sinne sind der Ehegatte des Zulagenberechtigten und die in seinem Haushalt (in seiner Wohnung) lebenden kindergeldberechtigten Kinder.

- Gebühren / Kosten

  - Die Abschluss- und Vertriebskosten müssen über einen Zeitraum von mind. 5 Jahren verteilt werden.

Informationspflichten des Produktanbieters

Vor Vertragsabschluss im Produktinformationsblatt: § 7 AltZertG

- Produktbezeichnung

- Produkttyp und kurze Produktbeschreibung

- Zertifizierungsnummer
- bei Altersvorsorgeverträgen die Empfehlung, vor Abschluss des Vertrages die Förderberechtigung zu prüfen
- den vollständigen Namen des Anbieters
- die wesentlichen Bestandteile des Vertrages
- die auf Wahrscheinlichkeitsrechnungen beruhende Einordnung in Chancen-Risiko-Klassen
- Kostenaufstellung
- Angaben zum Preis-Leistungs-Verhältnis
- Information zum Anbieterwechsel und zur Kündigung des Vertrages
- u. a.

§ 7a AltZertG

Jährliche Informationspflicht:

- schriftlich
- Verwendung der eingezahlten Beiträge
- Höhe des gebildeten Kapitals
- im abgelaufenen Beitragsjahr angefallene tatsächliche Kosten
- erwirtschaftete Erträge
- das nach Abzug der Kosten zu Beginn der Auszahlungsphase voraussichtlich zur Verfügung stehende Kapital
- Information, ob und wie ethnische, soziale und ökologische Belange bei der Verwendung der eingezahlten Beiträge berücksichtigt werden.

Die staatlichen Zulagen (Stand seit dem Jahr 2008)

Im Zusammenhang mit der staatlichen Förderung sind nachfolgende Begriffe wichtig:

§ 84 EStG

Grundzulage → erhält jeder Zulagenberechtigte unabhängig vom persönlichen Einkommen. Bei Verheirateten 2 x, wenn jeder einen eigenen Vertrag abschließt, versicherungspflichtig ist und den Mindesteigenbeitrag gezahlt hat.

§ 85 EStG

Kinderzulage → wird pro Kind geleistet, für das Kindergeld gewährt wird. Je Kind nur einmal. Also keine Verdopplung, wenn Ehepartner zwei Riester-Verträge abschließen.

§ 86 EStG
§ 10a Abs. 1 Satz 1
EStG

Mindesteigenbeitrag → dieser Beitrag gilt inklusive der staatlichen Förderung und ist notwendig zum Erhalt der vollen Förderung und abhängig vom rentenversicherungspflichtigen Vorjahresbruttoeinkommen. Bei einer Unterschreitung des Mindesteigenbeitrages wird die Zulage im Verhältnis der gezahlten Beiträge zum Mindesteigenbeitrag gekürzt. Der Mindesteigenbeitrag ergibt sich aus 4 % des sozialversicherungspflichtigen Vorjahreseinkommens – max. 2.100 € – abzüglich der Zulagen, mindestens die Höhe des jährlichen Sockelbetrages.

Sockelbetrag → ist der Mindestbetrag für den Mindesteigenbeitrag. § 86 Abs. 1 EStG
Ist der Mindesteigenbeitrag kleiner als der Sockelbetrag, muss der Sockelbetrag mindestens erbracht werden, um die ungekürzte Zulage zu
erhalten. Er wird wirksam bei Personen mit geringem Einkommen oder
aber mit hoher Zulagenförderung oder beidem, auch ein nur mittelbar
Zulagenberechtigter (beispielsweise ein Ehepartner ohne versiche-
rungspflichtiges Einkommen und somit nicht selbst förderberechtigt,
der aber mit einem förderberechtigten Partner verheiratet ist) muss den
Sockelbetrag erbringen, um die volle Zulage zu erhalten. Der Sockelbetrag gilt für alle gleich, d. h. unabhängig von der Anzahl der Kinder.

LF
14

SG
3.8

Die „Riester-Förderung"

Zulagen p. a.	Grundzulage (pro Person)	154 € 200 € Berufseinsteigerbonus einma-lig für Anleger, die das 25. Lebens-jahr noch nicht vollendet haben	§§ 83, 84, 85 EStG
	Kinderzulage	185 € 300 € (nach dem 31.12.2007 geboren)	
Eigen-leistung p. a.	Mindest-eigenbeitrag	4 % des sozialversicherungspflich-tigen Vorjahres-Bruttoeinkommens, max. 2.100 €, abzüglich Zulagen	§ 86 EStG
	Sockelbetrag	60 € (seit 2012: Mindestbeitrag für jeden Riestersparer)	
Sonder-ausgaben-abzug p. a.		max. 2.100 € (max. 2.160 € inkl. Mindestbeitrag für mittelbar Begünstigte)	§ 10 a EStG

Abb. 85: Die Riester-Förderung

Sonderausgabenabzug und Günstigerprüfung

Die Aufwendungen (Eigenbeitrag + Zulagen) für die Riester-Rente können gleichzeitig auch bis zu einem Höchstbetrag als Sonderausgaben
im Rahmen der Einkommensteuererklärung geltend gemacht werden.
Das Finanzamt prüft, welche Variante (Zulagen oder Sonderausgabenabzug) für den Riester-Sparer günstiger ist (Günstigerprüfung).

▶ Beispiel

Herr Bauer, verheiratet, Zusammenveranlagung, 3 Kinder (geboren 1998, 2005, 2009), seine Ehegattin ist nicht berufstätig.

rentenversicherungspflichtiges Vorjahresbruttoeinkommen 30.000 € (2011)

jährlicher Mindesteigenbeitrag von Herrn Bauer:

4 % des Vorjahresbruttoeinkommens 2011	1.200 €
Grundzulage (154 € pro Person pro Jahr, da die Ehefrau einen eigenen Vertrag hat)	− 308 €
Kinderzulage (2 × 185 € + 1 × 300 € pro Jahr)	− 670 €
jährlicher Sockelbetrag Frau Bauer	+ 60 €
jährliche Eigenleistung	= 282 €

Fazit: Der Eigenanteil des Ehepaares liegt über dem Sockelbetrag von jährlich 60 € und somit erhält das Ehepaar die vollen Zulagen.

LF
14

SG
3.8

▶ Praxistipp

Der Anleger sollte darauf hingewiesen werden, dass Zulagen nachträglich gekürzt werden können (die Überprüfung erfolgt meist erst bis zu
vier Jahre später und eine Nachzahlungsmöglichkeit besteht nur eingeschränkt). Ausschlaggebend ist die Überprüfung, ob der Anleger seine
Mindesteigenleistung in ausreichender Höhe erbracht hat. Insbesondere, wenn sich die familiären oder beruflichen Verhältnisse geändert
haben.

Einkommen[1]	notwendige jährliche Sparleistung	jährliche staatliche Höchstförderung	Förderquote[2] ohne Steuervorteil in der Sparphase und ohne Berücksichtigung der Steuer im Alter
Alleinstehender			
30.000 €	1.046 €	154 €	13 %
52.500 € (oder mehr)	1.946 €	154 €	7 %
Ehepaar (einer berufstätig)			
30.000 €	952 €	308 €	24,5 %
52.500 € (oder mehr)	1.852 €	308 €	14 %
Paar (einer berufstätig) mit zwei Kindern (vor 2008 geboren)			
30.000 €	582 €	678 €	54 %
52.500 € (oder mehr)	1.482 €	678 €	31 %
Paar (beide berufstätig) mit zwei Kindern (vor 2008 geboren)			
2 × 30.000 €	1.722 €	678 €	28 %
2 × 52.500 € (oder mehr)	3.522 €	678 €	16 %

Quelle: Deutsche Rentenversicherung
[1] Jahresbruttoeinkommen
[2] Förderung im Verhältnis zu den Mindesteigenbeiträgen

Zusammentreffen mehrerer Verträge

§ 87 EStG

Für sozialversicherungspflichtige Zulagenberechtigte ist es möglich, Altersvorsorgebeiträge auf max. 2 Riester-Verträge zu verteilen. Der insgesamt zu leistende Mindesteigenbeitrag muss zugunsten dieser Verträge geleistet worden sein. Die Zulage ist entsprechend dem Verhältnis der auf diese Verträge geleisteten Beiträge zu verteilen.

Bei nicht selbst sozialversicherungspflichtigen Ehegatten ist für das jeweilige Beitragsjahr nur der Riester-Vertrag begünstigt, für den zuerst die Zulage beantragt wird. Ein zweiter Vertrag wird nicht gefördert.

Vertragsunterbrechung oder Reduktion der Einzahlungen

Dies ist grundsätzlich jederzeit möglich. Wird der Anleger z. B. arbeitslos, hat er trotzdem weiterhin Anspruch auf Förderung, wenn er den entsprechenden Eigenbeitrag leistet. Bei Unterschreitung des Mindesteigenbeitrages wird die Förderung allerdings anteilig gekürzt.

Auch eine komplette Beitragsfreistellung des Vertrages ist möglich. Solange die Einzahlungen ruhen, zahlt der Staat keine Zulagen und entsprechend ist auch kein Sonderausgabenabzug möglich.

Beantragung der Zulage

Dies ist per Dauerzulagenantrag über den Produktanbieter am einfachsten. Dieser Antrag muss wie eine Vollmacht nur einmalig erteilt werden und gilt bis auf Widerruf. Der Anleger muss danach nur darauf achten, dass er für die Zulagenberechnung wichtige Veränderungen seiner persönlichen Verhältnisse (z. B. Geburt eines Kindes) dem Produktanbieter mitteilt.

Der „Antrag auf Altersvorsorge-Zulage" (ggf. zuzüglich „Antrag auf Kinderzulage") muss spätestens zwei Jahre nach Beitragszahlung erfolgen, sonst verfällt der Zulagenanspruch (also zum Beispiel für das Jahr 2011 bis spätestens 31.12.2013).

Die Fördergelder werden bei der zentralen Zulagenstelle für Altersvermögen (ZfA) beantragt.

Die Zulagen werden danach jährlich gezahlt oder es wird der Sonderausgabenabzug in der entsprechenden Einkommensteuererklärung berücksichtigt.

Die Zulagen fließen während der Ansparphase direkt in den Altersvermögensvertrag. Ein Steuervorteil aufgrund des Sonderausgabenabzugs wird dem Anleger direkt erstattet oder mit seiner übrigen Steuerschuld verrechnet.

Der Berufseinsteigerbonus muss nicht extra beantragt werden. Er wird automatisch gewährt.

Sonderausgabenabzug

Der Produktanbieter stellt dem Anleger eine Bescheinigung über seine Leistungen (Eigenbeitrag zzgl. Zulagen) in den Riester-Vertrag aus. Diese ist der Anlage AV der Einkommensteuererklärung beizufügen.

Nicht immer bedeutet der Sonderausgabenabzug einen zusätzlichen Steuervorteil gegenüber den gewährten Zulagen. Das Finanzamt nimmt automatisch eine „Günstigerprüfung" vor und gewährt ggf. den zusätzlichen Steuervorteil durch den Sonderausgabenabzug (der Anspruch auf die Zulagen bleibt auf jeden Fall bestehen).

▶ **Beispiel**

Christian Schubert, ledig, rentenversicherungspflichtiges Vorjahres-Bruttoeinkommen	40.000 €
4 % des sozialversicherungspflichtigen Vorjahreseinkommens	– 1.600 €
abzgl. Grundzulage	– 154 €
= Eigenbeitrag	1.446 €

Günstigerprüfung

Das Finanzamt nimmt folgenden Vergleich vor:

Sonderausgabenabzug 30% auf 1.600 € (angenommener EKSt-Satz 30 %)	= 480 €
Zulagen	– 154 €
Differenz	= 326 €

Die positive Differenz durch den Sonderausgabenabzug wird dem Anleger zusätzlich zu den Zulagen vergütet.

Somit beträgt der tatsächliche Eigenkapitaleinsatz des Anlegers unter Berücksichtigung des Sonderausgabenabzugs nach Verrechnung durch das Finanzamt: = 1.120 €

▶ **Praxistipp**

Gerade bei einem hohen Steuersatz lohnt sich eine steueroptimierte Riesterförderung, d. h., dieser Kunde sollte den maximal geförderten Eigenbeitrag leisten.

Abgeltungssteuer und nachgelagerte Besteuerung der Erträge

Die nachgelagerte Besteuerung bedeutet, dass Kapitalerträge und Kursgewinne aus der Riester-Rente mit offenen Investmentvermögen während der Ansparphase steuerfrei sind. Die Leistungen während der Auszahlungsphase werden dafür als sonstige Einkünfte (ohne Abzug von Sozialversicherungsbeiträgen) mit dem persönlichen Einkommensteuersatz versteuert.

Dieses Verfahren ist sinnvoll, handelt es sich doch um ein „Einkommen" im Rentenalter. In der Regel bedeutet dies für den Anleger, dass er nur noch einem geringeren persönlichen Einkommensteuersatz unterliegt als während der Einzahlungsphase, in der er voll berufstätig war.

Bei förderschädlichen Verfügungen vor dem 62. Lebensjahr (wenn der Vertrag nach dem 31.12.2011 abgeschlossen wurde) unterliegen die Erträge der Ansparphase der Abgeltungssteuer.

Steuerliche Abgrenzung

Riester-Investmentsparvertrag	Investment-Sparplan
<ul><li>nachgelagerte Besteuerung</li><li>Ansparphase: Erträge (Zinsen, Dividenden, Kursgewinne) sind steuerfrei</li><li>Auszahlungsphase: Erträge sind als „sonstige Einkünfte" mit dem persönlichen Einkommensteuersatz zu versteuern</li></ul>	<ul><li>25 % Abgeltungssteuer (zzgl. 5,5 % Solidaritätszuschlag und ggf. Kirchensteuer) auf alle steuerpflichtigen Ertragsbestandteile der Ausschüttungen und auf Veräußerungsgewinne aus dem Anteilsverkauf.</li></ul>

Förderunschädliche Kapitalentnahmen

- Ansparphase:

  Das Gesamtkapital oder ein Teilbetrag bis zu 75 % kann für den Erwerb eines eigengenutzten Wohneigentums entnommen werden. Eine Rückzahlung des entnommenen Betrages ist nicht erforderlich. Auch einen Mindestentnahmebetrag gibt es nicht.

- Auszahlungsphase:

  Zu Beginn der Auszahlungsphase können einmalig 30 % des Kapitals entnommen werden. Für die Entschuldung eines eigengenutzten Wohneigentums können das Gesamtkapital oder ein Teilbetrag von bis zu 75 % entnommen werden.

Förderschädliche Verwendung

§ 93 EStG

In den nachfolgenden Fällen müssen die erhaltenen Zulagen und Steuervorteile zurückbezahlt werden und es kann zusätzlich eine

Steuerpflicht für die vereinnahmten Erträge und Veräußerungsgewinne
(insbesondere bei Investmentsparverträgen) entstehen:

- Kündigung des Riester-Vertrages (Kündigungsfrist i. d. R. 3 Monate),
sofern kein Übertrag auf einen neuen Riester-Vertrag beim selben
oder einem anderen Produktanbieter erfolgt. Dies gilt für die Anspar-
und Auszahlungsphase gleichermaßen.

- Tod des Zulagenberechtigten
(nur der zusammenveranlagte Ehepartner kann das vollständige
Vertragsguthaben [inkl. Zulagen] des Verstorbenen übernehmen und
auf einen eigenen Riester-Vertrag – der ggf. erst für diesen Zweck
abgeschlossen wird – übertragen lassen, Kinder oder andere Personen nicht.)

- Entnahmen für nicht eigengenutztes Wohneigentum

Eine unschädliche Verwendung liegt vor, wenn der Vertrag lediglich
ruht, aber nicht ausbezahlt wird.

Die frühere Regelung, dass Zulagen und Steuervorteile an einen dauer-   § 95 EStG
haften Wohnsitz in Deutschland gekoppelt waren, entsprach nicht dem
EU-Recht und ist zwischenzeitlich geändert worden. Der Wohnsitz darf
zukünftig auch während der Auszahlungsphase in einem Mitgliedstaat
der Europäischen Union oder in einem Staat, auf den das Abkommen
über den Europäischen Wirtschaftsraum (EWR-Abkommen) anwendbar
ist, liegen. Dies gilt auch in Bezug auf die Förderungen des selbstgenutzten Eigenheims oder Wohnraums.

Beginn der Auszahlungsphase

In den Vertragsbedingungen muss klar geregelt sein, dass die Auszahlung der privaten Altersrente nicht vor Vollendung des 60. Lebensjahres
(für Anleger, deren gesetzliches Renteneintrittsalter 65 Jahre beträgt)
bzw. 62. Lebensjahres (für Anleger, deren gesetzliches Renteneintrittsalter 67 Jahre beträgt und die ihren Riester-Vertrag nach dem 31.
Dezember 2011 abschließen) beginnt.

Ablauf der Auszahlungsphase

Gesetzlich vorgeschrieben ist eine lebenslange Leibrentenzahlung in
Form von gleichbleibenden oder monatlich steigenden Leistungen. Bei
der Investmentfondsvariante wird die Leibrentenversicherung aufge-
schoben, d. h. es wird mit Abschluss des Auszahlplanes mit Investmentfonds zusätzlich eine Rentenversicherung abgeschlossen, die mit
der Vollendung des 85. Lebensjahres die Absicherung und Zahlung der
zugesagten Riester-Rente übernimmt.

Darüber hinaus können bis zu 30 % des zur Verfügung stehenden Vermögens zu Beginn der Auszahlungsphase entnommen werden.

Zur Entschuldung eines selbstgenutzten Wohneigentums kann sogar das komplette angesparte Altersvorsorgevermögen entnommen werden.

Vererbung von Riester-Kapital

Grundsätzlich gehen die Ansprüche im Todesfall auf die Erben über.

Während der Auszahlungsphase steht bei Todesfall vor Eintritt des 85. Lebensjahres in der Regel ebenfalls vererbbares Kapital zur Verfügung. Zu beachten sind die Vertragsbedingungen des Produktanbieters.

Ist der zusammenveranlagte Ehegatte der Erbe, bleiben die Zulagen und Steuervorteile, die bis zum Todesfall angefallen sind, erhalten und die Erträge bleiben während der Ansparphase weiter steuerfrei. Voraussetzung ist, dass der vererbte Riester-Vertrag auf einen eigenen Riester-Vertrag des Ehegatten übertragen wird. Der Erbe muss selbst nicht zum Kreis der förderberechtigten Personen gehören. Handelt es sich bei den Erben um andere Personen, so sind die erhaltenen Zulagen und Steuervorteile i. d. R. zurückzuzahlen und die Erträge zu versteuern.

▶ **Beispiel**

> Berechnen Sie doch einmal Ihren Eigenbeitrag
> (Zulagen bei Verheirateten × 2):
>
> 4 % des Vorjahreseinkommens (bei Verheirateten beide Einkommen (max. 2.100 €))
>
> abzüglich
>
> staatliche Zulagen (154 € und 185 € bzw. 300 € je Kind und ggf. zusätzliche Zulage von 200 € sofern das 25. Lebensjahr noch nicht vollendet ist)
>
> =   Ihr individueller Eigenbeitrag

Vorteile der Riester-Fondsanlage

- lebenslange Zusatzrente

- garantierte Beiträge und Zulagen zu Beginn der Auszahlungsphase

- bei überwiegender Aktienanlage: hohe Ertragschancen (bergen umgekehrt aber auch hohe Risiken)

- steuerfreie Erträge (Zinsen, Dividenden, Kursgewinne) während der Ansparphase

Diese Vorteile können vor allem genutzt werden von:

- Personen mit Kindern

- Personen mit geringem Einkommen

Bei Personen mit einem hohen Steuersatz, z. B. 40 % oder mehr (plus Solidaritätszuschlag und Kirchensteuer), ist eine Riester-Förderung aufgrund der Steueroptimierung interessant. Hier kann die Zahlung des Höchstbetrages dazu genutzt werden, den maximalen Sonderausgabenabzug auszuschöpfen.

Vermögensmanagement

Zum Ende der Ansparphase oder abhängig von der Entwicklung der Kapitalmärkte wird ein möglicher hoher Aktienanteil zugunsten des Anteils verzinslicher Wertpapiere vom Fondsmanagement umgeschichtet.

▶ Zusammenfassung

Die wichtigsten Merkmale der Riester-Rente im Überblick

- Zertifizierung der Riester-Produkte durch die BaFin
- umfangreiche Informationspflicht durch den Produktanbieter für die Anleger
- geschlechtsneutrale Tarife
- staatliche Förderung über Zulagen und Sonderausgabenabzug
- Förderung für förderberechtigte Personen
- vereinfachter Antrag durch die Möglichkeit eines Dauer-Zulagenantrags über den Produktanbieter
- Das Kapital ist in der Ansparphase „Hartz IV"-, d. h. Arbeitslosengeld-II-geschützt.
- Auszahlung bis zu 30 % des angesparten Kapitals zu Beginn der Auszahlungsphase möglich
- Zur Anschaffung oder Herstellung von selbst genutztem Wohneigentum zur Altersvorsorge kann das angesparte Kapital jederzeit unbegrenzt entnommen werden.

- Beiträge und Zulagen sind zu Beginn der Auszahlungsphase garantiert (Nominalwertzusage).
- Thesaurierung der Erträge während der Ansparphase
- Vertragsabschlüsse seit 1.1.2012 werden frühestens ab dem 62. Lebensjahr (oder Beginn der gesetzlichen Altersrente) ausbezahlt.
- lebenslange monatliche Rentenzahlung
- steuerfreie Erträge in der Ansparphase
- jederzeitige Anpassung oder Aussetzung der Sparraten
- vererbbar: für Ehegatten bei Übertragung auf einen eigenen Riestervertrag ohne Rückzahlung der staatlichen Förderungen und Steuervorteile.

Übungen

1. Nennen Sie den begünstigten Personenkreis nach dem 5. Vermögensbildungsgesetz.

2. Nennen Sie die Anlageformen gemäß dem 5. Vermögensbildungsgesetz.

3. Nennen Sie den für den VL-Sparvertrag (Beteiligungssparen) vorgeschriebenen Aktienanteil bei offenen Investmentvermögen.

4. Beschreiben Sie, wie hoch die Arbeitnehmer-Sparzulage bei einem alleinstehenden bzw. verheirateten Arbeitnehmer ist, der sich für das Beteiligungssparen entschieden hat.

5. Erläutern Sie die Sperrfrist, die ein Arbeitnehmer bei Abschluss eines VL-Sparvertrages (Beteiligungssparen) beachten muss.

6. Nennen Sie die Einkommensgrenzen im Rahmen der AN-Sparzulage beim Beteiligungssparen.

7. Beschreiben Sie, wie die AN-Sparzulage beantragt werden muss und wann diese ausgezahlt wird.

8. Erläutern Sie, wann nach Vertragsabschluss bei einem VL-Sparvertrag (Beteiligungssparen) eine AN-Sparzulage unschädlich vorzeitig ausgezahlt wird.

9. Birgit Graf ist angestellt bei einem Versicherungskonzern, ledig und möchte einen „Riester-Fondsvertrag" abschließen.

rentenversicherungspflichtiges Gehalt 2011	25.000 €
rentenversicherungspflichtiges Gehalt 2012	30.000 €
Nettogehalt im Jahr 2011	16.000 €
Nettogehalt im Jahr 2012	19.000 €

   Berechnen Sie im Jahr 2011 ihren Mindesteigenbeitrag und ihre Eigenleistung.

10. Erläutern Sie, welche Folgen die Vererbung eines Riester-Vertrages an den Sohn hat.

11. Das Ehepaar Schneider hat zwei Kinder. Annika ist 2005 geboren und Hugo 2010.

    Ermitteln Sie die Kinderzulagen im Zusammenhang mit Ihrem Riester-Vertrag.

12. Unterscheiden Sie einen Riester-Fondssparplan nach folgenden Aspekten von einem normalen Investment-Sparplan bzw.
Fonds-Auszahlplan.

a) Beitragszahlung

b) Besteuerung der Erträge während der Ansparphase

c) Besteuerung der Auszahlungen während der Auszahlungsphase

d) Ablauf der Auszahlungsphase

e) Leistungsbeginn

f) steuerliche Förderung der Beiträge

13. Beschreiben Sie, welche Wahlmöglichkeiten ein Anleger hat,
wenn er arbeitslos wird.

14. Beschreiben Sie die Beantragung der Zulage. Zu welchem Zeitpunkt wird diese ausbezahlt?

15. Beschreiben Sie, was man unter der Günstigerprüfung versteht.

LF
14

SG
3.8

Lernziele

In diesem Kapitel erwerben Sie Fertigkeiten, Kenntnisse und Fähigkeiten zu den gesetzlichen Grundlagen für offene Investmentvermögen.

Sie

- erstellen einen Überblick über die speziellen gesetzlichen Grundlagen für offene Investmentvermögen

- wenden die einzelnen Gesetze in Bezug auf die Finanzanlagenvermittlung, die Depoteröffnung, die Kapitalverwaltungsgesellschaft, die Anlageberatung und die offenen Investmentvermögen an

- erläutern die Regelungen des Kapitalanlagegesetzbuches

2.7 Rechtliche Grundlagen für offene Investmentvermögen

2.7.1 Rechtliche Grundlagen für offene Investmentvermögen im Überblick

▶ **Situation**

Als Finanzanlagevermittler verschaffen Sie sich einen aktuellen Überblick über die gesetzlichen Grundlagen für die Vermittlung von offenen Investmentvermögen.

Um zielgerichtet ggf. auf Rückfragen Ihrer Kunden reagieren zu können, erstellen Sie sich in Stichworten eine strukturierte Übersicht über das Ziel und den Nutzen der verschiedenen gesetzlichen Regelungen.

▶ **Erläuterung**

Rechtsgrundlagen rund um die Anlage in offene Investmentvermögen

▪ **rund um die Kapitalverwaltungsgesellschaft und Verwahrstelle**

KWG	KAGB
▪ Solvenzaufsicht (BaFin) ▪ generelle Pflichten der KVG und Verwahrstelle als Kreditinstitut	▪ Aufgaben der KVG und Verwahrstelle in Bezug auf Investmentvermögen (z. B. Anteilspreisberechnung)

▪ **rund um das offene Investmentvermögen**

KAGB	InvStG
▪ Anforderungen an die Verkaufsunterlagen ▪ Klassifizierung von Investmentvermögen	Besteuerung von offenen Investmentvermögen

AVmG	5. Vermögensbildungsgesetz
Regelungen zur „Riesterrente"	Regelungen zum VL-Sparen

■ **rund um die Beratung**

WpHG	Verhaltensvorgaben für Bankvertrieb

§ 34 f GewO	■ Zulassung

FinVermV	Verhaltensvorgaben für freie (gewerbliche) Finanzanlage-vermittler

KWG	■ Zulassung für Vermittlung und Beratung im Bank-vertrieb ■ Bereichsausnahmen

■ **rund um die Depoteröffnung**

GwG	■ Bekämpfung der Geldwäsche ■ Identifikation: Kunde ■ Feststellung wirtschaftlich Berechtigter

Bundesdaten-schutzgesetz	Datenschutz der Kundendaten

AO	Legitimationsprüfung wegen steuerlicher Abgaben

KAGB	Widerrufsrecht gem. § 305 KAGB

BGB	■ Rechts- und Ge-schäftsfähigkeit ■ AGBs

Abb. 86: Gesetze rund um offene Investmentvermögen

▶ **Zusammenfassung**

Das Hauptziel der meisten gesetzlichen Regelungen ist vor allem eine Verbesserung der Beratungsqualität (gesetzliche Regelungen als Standards) und des Anlegerschutzes. Aber auch die Regelung von Rechten und Pflichten der Beteiligten ist ein Ziel der zunehmenden gesetzlichen Marktregulierung.

2.7.2 Das Kapitalanlagegesetzbuch (KAGB)

▶ Situation

Ihr Kunde möchte wissen, auf welcher rechtlichen Basis Kapitalverwaltungsgesellschaften und Investmentvermögen stehen und warum das
auch seine Rechte als Anleger schützt.

▶ Erläuterung

Die wesentlichen Regelungen des KAGB

Begriffsbestimmungen (z. B. Investmentvermögen)

Regelungen und Aufgabenverteilung für Kapitalerwaltungsgesellschaf-
ten und Verwahrstellen (ergänzend zum Kreditwesengesetz KWG)

gesetzliche Klassifizierung von Investmentvermögen: OGAW und AIF

Mindestinhalte der Verkaufsunterlagen, die dem Anleger vor Vertragsabschluss zur Verfügung gestellt werden müssen

Zulässige Vermögensgegenstände für Investmentvermögen gemäß
der OGAW-Richtlinie

gesetzlich vorgeschriebene Risikostreuung durch vorgegebene Anla-
ge- und Emittentengrenzen

besondere Regelungen für offene inländische Publikums-AIF (Dach-
Hedgefonds, offene Immobilien-Sondervermögen, gemischte und
sonstige Investmentvermögen)

Kostentransparenz durch Angabe der Gesamtkostenquote (Jahres-
bericht/Verkaufsprospekt), (wesentliche Anlegerinformationen WAi)

Ermittlung des Anteilwertes und Veröffentlichung des Ausgabe- und
Rücknahmepreises, sowie die Rücknahme von Anteilen und Preis-
aussetzung

Vorschriften für den Vertrieb und den Erwerb von Investmentvermögen (Verkaufsunterlagen, Hinweispflichten, Widerrufsrecht u. a.)

Abb. 87: Wesentliche Regelungen des KAGB

▶ Zusammenfassung

Die Anforderungen an die Produktgeber sind ein Schutz für den Anleger. Das Kapitalanlagegesetzbuch legt die Basis für die Vorteile offener Investmentvermögen, wie z. B. die Risikostreuung, Insolvenzschutz (getrennte Verwahrung des Sondervermögens vom Vermögen der Kapitalverwaltungsgesellschaft) und Kostentransparenz (Angabe der Gesamtkostenquote u. a.).

Trotz aller positiven Aspekte der Marktregulierung: Seine Anlageentscheidung und die Entscheidung für oder gegen Risiken muss der Anleger jedoch immer noch selber treffen. Kein Gesetz kann den Anleger vor Kursverlusten schützen.

Deshalb gilt als grundsätzliche Anlegerregel mehr denn je: „Kaufen Sie nur, was Sie verstehen und was wirklich zu Ihnen und Ihren Anlagezielen passt."

Da die Vertriebsvorschriften des KAGB auch für ausländische Investmentvermögen gelten, sind ausländische Investmentvermögen für Anleger zumindest unter diesem Aspekt eine gleichwertige Anlagealternative.

Übungen

1. Ordnen Sie nachfolgende Aussagen den jeweiligen Gesetzen zu:

   (1) AO

   (2) BGB

   (3) FinVermV

   (4) KAGB

   (5) GewO

   a) Zulassungsvoraussetzungen für Finanzanlagenvermittler

   b) Rechts- und Geschäftsfähigkeit von natürlichen Personen

   c) Geeignetheitsprüfung

   d) Berechnung des Anteilwertes

   e) Legitimationsprüfung

2. Beschreiben Sie, welche Verkaufsunterlagen dem Kunden gem. KAGB vor Abschluss auf jeden Fall oder auf Wunsch kostenlos zur Verfügung gestellt werden müssen.

3. Nennen Sie zwei weitere Verkaufsunterlagen, die dem Kunden auszuhändigen sind.

4. Nennen Sie zwei Regelungen des Kapitalanlagegesetzbuches bezogen auf die Anlagemöglichkeiten von Investmentvermögen.

5. Nennen Sie fünf allgemeine Regelungen des Kapitalanlagegesetzbuches.

Lernziele

In diesem Kapitel erwerben Sie Fertigkeiten, Kenntnisse und Fähigkeiten zu den steuerlichen Grundlagen im Zusammenhang mit offenen Investmentvermögen.

Sie

- wenden die grundlegenden Regelungen zur Besteuerung offener Investmentvermögen an

- beschreiben die einkommensteuerliche Behandlung von Einkünften aus Kapitalvermögen im Zusammenhang mit offenen Investmentvermögen

- wenden den Sparerpauschbetrag bzw. Freistellungsauftrag an

- nennen die Besonderheiten bei der Besteuerung von offenen Immobilien-Sondervermögen

- beschreiben die erbschafts- und schenkungssteuerliche Behandlung von offenen Investmentvermögen

2.8 Steuerliche Grundlagen für offene Investmentvermögen

2.8.1 Investmentsteuergesetz

▶ **Erläuterung**

Das Investmentsteuergesetz regelt die Besteuerung deutscher Anleger, die in in- und ausländische Investmentvermögen investiert haben.

Die Grundlage bildet das Transparenzprinzip: Dieses besagt, dass Investmentanleger und Anleger, die direkt beispielsweise in Aktien oder verzinsliche Wertpapiere investieren, steuerlich gleichbehandelt werden müssen.

Die Ausnahme vom Transparenzprinzip ist die Besteuerung von offenen Immobilien-Sondervermögen: Die Einkünfte eines offenen Immobilien-Sondervermögens aus Vermietung und Verpachtung sind vom privaten Fondsanleger als Einkünfte aus Kapitalvermögen zu versteuern. (Für den Direktanleger wären es Einkünfte aus Vermietung und Verpachtung.)

Darüber hinaus gilt für den Anleger das Zuflussprinzip: Nach diesem Prinzip müssen Einkünfte und Erträge in dem Kalenderjahr versteuert werden, in dem sie dem Anleger zugeflossen sind. Als zugeflossen gelten Erträge und Einkünfte, wenn der Anleger darüber verfügen kann. Das ist sowohl bei einer Ausschüttung der Fall, als auch bei der Thesaurierung (ausschüttungsgleich, da der Wert der Erträge und Einkünfte im Anteilspreis enthalten ist und über einen Anteilsverkauf für den Anleger verfügbar wird).

Offene Investmentvermögen weisen allerdings eine Besonderheit auf: Neben der steuerlichen Betrachtung auf Anlegerebene gibt es auch noch die Fondsebene. Die Einkünfte sind im Sondervermögen laufend separat zu führen; positive und negative Einkünfte können innerhalb einer Ertragsart miteinander verrechnet werden. Solange das Investmentvermögen diese Einkünfte nicht ausschüttet, besteht für den Anleger auch keine Steuerpflicht.

Steuerpflichtige und steuerfreie Erträge aus offenen Investmentvermögen

Das Investmentsteuergesetz regelt die Behandlung von steuerpflichtigen Erträgen und unterscheidet dabei zwei Gruppen:

- regelmäßig wiederkehrende Erträge: Zinsen, Dividenden, inländische Mieteinnahmen u. a. (sog. ordentliche Erträge)
- einmalige Erträge aus der Veräußerung von Fondsanteilen (sog. außerordentliche Erträge)

Alle ausgeschütteten oder thesaurierten Erträge und Veräußerungsgewinne, die den Sparerpauschbetrag von 801 € (Ledige) / 1.602 €
(zusammen veranlagte Verheiratete) übersteigen, muss der Anleger
mit 25 % Abgeltungssteuer zzgl. 5,5 % Solidaritätszuschlag und ggf.
Kirchensteuer versteuern.

In- und ausländische Investmentvermögen werden steuerlich grundsätzlich gleich behandelt.

Einkünfte aus offenen Investmentvermögen zählen zu den Einkünften
aus Kapitalvermögen.

**Besonderheiten bei der Besteuerung von offenen Immobilien-
Sondervermögen**

Bei der Besteuerung von offenen Immobilien-Sondervermögen muss
zwischen im Inland und im Ausland erzielten Einnahmen und Gewinnen
unterschieden werden.

Besteuerung offener Immobilien-Sondervermögen	
steuerpflichtig	**steuerfrei**
■ ausgeschüttete Mieteinnah-men, die das Investmentver-mögen im Inland erzielt hat ■ Gewinne aus dem Verkauf von inländischen Immobilien, die kürzer als zehn Jahre im Sondervermögen gehalten wurden ■ Zinserträge (aus der Liquiditätsreserve)	■ ausgeschüttete Mietein-nahmen und Verkaufs-gewinne von Auslands-immobilien (im Ausland steuerpflichtig) ■ Gewinne aus dem Verkauf von inländischen Immobilien, die länger als zehn Jahre im Sondervermögen gehalten wurden

Abb. 88: Besteuerung offener Immobilien-Sondervermögen

▶ Exkurs – Doppelbesteuerungsabkommen (DBA)

Die so genannten Doppelbesteuerungsabkommen werden zwischen
einzelnen Ländern abgeschlossen. Ihr Ziel ist es, eine doppelte steuerliche Erfassung bzw. doppelte Besteuerung eines ansonsten in beiden

Ländern steuerpflichtigen Steuergegenstandes zu vermeiden bzw. zu reduzieren.

Die einzelnen Abkommen können unterschiedlich ausgestaltet sein. Insbesondere enthalten sie Vereinbarungen zur steuerlichen Behandlung von Einkommen und von Vermögen sowie zur Erbschafts- und Schenkungssteuer.

Es gibt Regelungen, nach denen dem Staat, in dem sich das Vermögen befindet bzw. aus dem das Einkommen stammt, die Steuer zusteht (z. B. Einkünfte und Gewinne aus Auslandsimmobilien) oder dem Staat, in dem der Steuerpflichtige seinen Hauptwohnsitz bzw. regelmäßigen Aufenthaltsort hat.

Die Abkommen, die Deutschland mit anderen Ländern abgeschlossen hat, können unter www.bundesfinanzministerium.de eingesehen werden.

Siehe dazu auch Kapitel 3 Doppelbesteuerungsabkommen .

Transparente und nicht transparente Investmentvermögen

Die Besteuerung von Fondserträgen basiert auf dem Transparenzprinzip. Doch um diese Gleichbehandlung für Fondsanleger mit Anlegern, die direkt in Vermögenswerte wie Aktien investieren, anwenden zu können, müssen gesetzliche Nachweis- und Veröffentlichungspflichten erfüllt werden.

Das Kapitalanlagegesetzbuch schreibt vor, dass Kapitalverwaltungsgesellschaften die steuerlichen Grundlagen ihrer Investmentvermögen den Anlegern bekannt machen müssen.

Diese Angaben müssen

- vollständig sein
- im elektronischen Bundesanzeiger veröffentlicht werden
- einen Bestätigungsvermerk eines deutschen Steuerberaters oder Wirtschaftsprüfers aufweisen

Transparente Investmentvermögen erfüllen alle Veröffentlichungspflichten. Die Ausschüttungen und Veräußerungsgewinne des Anlegers werden normal besteuert.

Erfüllen offene Investmentvermögen diese Vorgaben nicht oder nur teilweise und unregelmäßig, gelten sie als intransparent und sind höher zu besteuern.

§ 6 InvStG regelt die Besteuerung der intransparenten offenen Investmentvermögen (unter Bezug auf § 5 Abs. 1 InvStG). Werden die Transparenzvoraussetzungen nicht erfüllt, dann „[…] sind beim Anleger die Ausschüttungen auf Investmentanteile, der Zwischengewinn sowie 70 Prozent des Mehrbetrags anzusetzen, der sich zwischen dem ersten im Kalenderjahr festgesetzten Rücknahmepreis und dem letzten im Kalenderjahr festgesetzten Rücknahmepreis eines Anteils ergibt; mindestens sind 6 Prozent des letzten im Kalenderjahr festgesetzten Rücknahmepreises anzusetzen. Wird ein Rücknahmepreis nicht festgesetzt, so tritt an seine Stelle der Börsen- oder Marktpreis. Der nach Satz 1 anzusetzende Teil des Mehrbetrags gilt mit Ablauf des jeweiligen Kalenderjahres als ausgeschüttet und zugeflossen."

Insbesondere diese fiktive Besteuerung der Kursgewinne und Erträge macht intransparente Investmentvermögen für Anleger uninteressant.

2.8.2 Einkommensteuer

▶ Situation

Sie bereiten sich auf ein Anlageberatungsgespräch mit Ihrem Kunden Herrn Tobias Hamann vor. Sie wissen, dass er vermögend ist und unter anderem auch über ein Wertpapierdepot bei seiner Hausbank verfügt. Sie rechnen mit einigen Fragen zur Besteuerung seiner Kapitaleinkünfte und frischen hierzu Ihr Grundlagenwissen auf.

▶ Erläuterung

Einkommensteuer (EKSt)

Jede natürliche Person, die im Inland ihren Wohnsitz oder ihren dauernden Aufenthaltsort hat, ist von Geburt an bis zu ihrem Tod ohne Einschränkungen einkommensteuerpflichtig. Alter, Staatsangehörigkeit oder Geschäftsfähigkeit spielen hierbei keine Rolle.

Steuerpflichtig ist jedes Einkommen, das unter die sogenannten Einkunftsarten fällt und überall auf der Welt bezogen werden kann. Einzelne Länder haben untereinander Doppelbesteuerungsabkommen abgeschlossen, die verhindern sollen, dass internationale Einkommen mehrfach besteuert werden.

Nach dem Einkommensteuergesetz gibt es 7 Einkunftsarten, für die Einkommensteuer zu zahlen ist:

1. Einkünfte aus Land- und Forstwirtschaft

2. Einkünfte aus Gewerbebetrieb

3. Einkünfte aus selbstständiger Arbeit

4. Einkünfte aus nichtselbstständiger Arbeit

5. Einkünfte aus Kapitalvermögen

6. Einkünfte aus Vermietung und Verpachtung

7. Sonstige Einkünfte

Der Steuersatz ist individuell abhängig von der Höhe der Gesamteinkünfte.

Für Fondserträge gilt:

- Fondserträge und Veräußerungsgewinne aus Kapitalanlagen sind „Einkünfte aus Kapitalvermögen".   § 20 EStG

- Die Mieteinnahmen von offenen Immobilien-Sondervermögen zählen zu den „Einkünften aus Kapitalvermögen".

Zu versteuerndes Einkommen

Die Berechnung der Einkommensteuer erfolgt aus dem zu versteuernden Einkommen.

Das zu versteuernde (Jahres-)Einkommen (vereinfachte Darstellung)

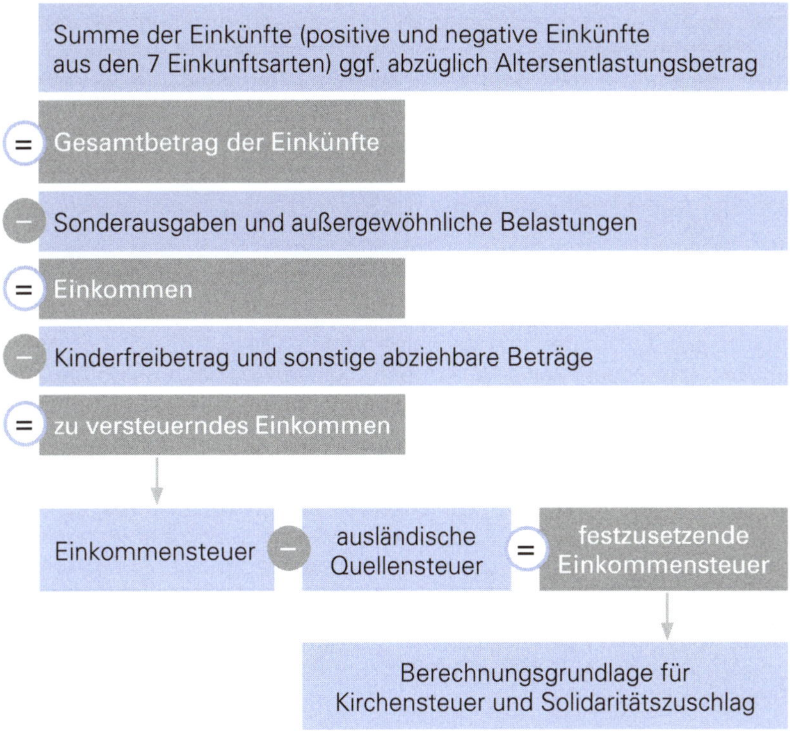

Summe der Einkünfte (positive und negative Einkünfte aus den 7 Einkunftsarten) ggf. abzüglich Altersentlastungsbetrag

= Gesamtbetrag der Einkünfte

− Sonderausgaben und außergewöhnliche Belastungen

= Einkommen

− Kinderfreibetrag und sonstige abziehbare Beträge

= zu versteuerndes Einkommen

Einkommensteuer **−** ausländische Quellensteuer **=** festzusetzende Einkommensteuer

Berechnungsgrundlage für Kirchensteuer und Solidaritätszuschlag

Abb. 89: Das zu versteuernde (Jahres-)Einkommen

Sonderausgaben sind privat veranlasste Ausgaben, die aufgrund ihrer sozial- oder wirtschaftspolitischen Bedeutung steuerlich wirksam sind. Beispielsweise kann eine gezahlte Kirchensteuer als Sonderausgabe abgesetzt werden. Bei den so genannten Riesterfonds beinhaltet die Förderung während der Ansparphase die Möglichkeit, die Ansparbeträge wahlweise (unter Anrechnung der gewährten Zulagen) als Sonderausgaben abzusetzen.

§ 24 a EStG

Der Altersentlastungsbetrag wird demjenigen Steuerpflichtigen gewährt, der vor Beginn des Kalenderjahres, in dem er sein Einkommen bezogen hat, das 64. Lebensjahr vollendet hatte. Prozentual und absolut wird der Altersentlastungsbetrag seit 2005 bis 2040 stufenweise bis auf 0 abgebaut.

Abgeltungssteuer

Die Einkommensteuer auf Einkünfte aus Kapitalvermögen wird Abgeltungssteuer genannt. Sie wurde in dieser Form zum 1.1.2009 eingeführt. Sie beträgt 25 % bezogen auf die steuerpflichtigen Kapitaleinkünfte. Sie wird automatisch von der depotführenden Stelle einbehalten und an das Finanzamt abgeführt.

Abgeltungssteuer verdankt ihren Namen dem Umstand, dass mit ihrer Abführung an das Finanzamt durch die depotführende Stelle die Einkommensteuerschuld auf diese Einkünfte abgegolten ist. Im Rahmen der Einkommensteuererklärung müssen diese Einkünfte danach nicht mehr genannt werden. Die Möglichkeiten zur Befreiung von der Abgeltungssteuer werden im Kapitel 2.12.4 Freistellungsauftrag, Nichtveranlagungsbescheinigung und Verlustverrechnung beschrieben.

▶ Exkurs – Grandfathering

Seit dem 1.1.2009 zählen auch Veräußerungsgewinne aus der Kapitalanlage zu den Einkünften aus Kapitalvermögen. Die Haltedauer der Wertpapiere spielt dabei keine Rolle mehr und eine über den Sparerpauschbetrag hinausgehende separate Freigrenze gibt es ebenfalls nicht mehr.

Für Veräußerungsgewinne aus Wertpapieren und Termingeschäften (dies gilt nicht für Finanzinnovationen wie z. B. Zertifikate), die vor dem 1.1.2009 erworben wurden, gilt jedoch ein Bestandsschutz (sog. Grandfathering) – und das unabhängig davon, zu welcher Zeit ein Verkauf vorgenommen werden wird. Die einzige Voraussetzung ist die Einhaltung der bisherigen Spekulationsfrist von einem Jahr, die zum Zeitpunkt des Verkaufs abgelaufen sein muss.

Erfüllen die Veräußerungsgewinne diese Bedingungen, so entfällt die Steuerpflicht.

Veranlagungswahlrecht und Günstigerprüfung

§ 32 d Abs. 6 EStG

LF
14

Liegt sein persönlicher Steuersatz unter 25 % (dies ist bis ca. 15.000 € zu versteuerndes Jahreseinkommen der Fall), hat der Anleger das Recht, sich zu seinem individuellen Steuersatz besteuern zu lassen (sog. Veranlagungswahlrecht).

SG
3.6

Dieses Recht muss er mittels seiner Einkommensteuererklärung in der Anlage KAP geltend machen. Das Finanzamt führt dann eine „Günstigerprüfung" durch und rechnet die bereits einbehaltene Abgeltungssteuer an. Gegebenenfalls erstattet sie die Differenz zum individuellen Steuersatz zurück.

Zeile 4 der Anlage KAP

Bei der Ausübung des Veranlagungswahlrechtes ist zu berücksichtigen, dass dies für alle Kapitaleinkünfte eines Kalenderjahres und bei zusammen veranlagten Ehepaaren auch für beide Ehegatten gilt. Entsprechend vollständige Angaben sind in der Einkommensteuererklärung erforderlich.

Es gibt noch weitere Gründe, dem Finanzamt seine Kapitaleinkünfte offenzulegen und die Veranlagung zur Abgeltungssteuer in Höhe von 25 % vom Finanzamt überprüfen bzw. korrigieren zu lassen:

§ 32 d Abs. 4 EStG

- Nachmeldung von ausländischen anrechenbaren Quellensteuern

- Teile des Sparer-Pauschbetrages sind noch verfügbar und sollen nachträglich ausgenutzt werden

- Verlustverrechnung zwischen Depots bei verschiedenen depotführenden Kreditinstituten (Nachweis mittels Verlustbescheinigung erforderlich)

Anrechenbare ausländische Quellensteuer

Ausländische Quellensteuer kann für Kapitalerträge ausländischer Wertpapiere anfallen, die in ihrem jeweiligen Herkunftsland „an der Quelle" steuerpflichtig sind (dem Investmentvermögen fließen die Erträge in diesem Fall gemindert um ausländische Quellensteuern zu).

Doppelbesteuerungsabkommen sollen verhindern, dass der Anleger zweimal seine Kapitaleinkünfte versteuern muss. Besteht ein Doppelbesteuerungsabkommen zwischen dem Land, in dem der Steuerpflichtige seinen Hauptwohnsitz hat und dem Land, aus dem das ausländische Wertpapier stammt und in dem es besteuert wird, dann ist die ausländische Quellensteuer auf die Abgeltungssteuer anrechenbar.

Enthält ein inländisches Depot ausländische Wertpapiere bzw. Anteile an deutschen Investmentvermögen, die in ausländische Wertpapiere anlegen, muss seit 2009 die Verwahrstelle bzw. Kapitalverwaltungsgesellschaft die anrechenbare ausländische Quellensteuer berücksichtigen, d. h. von der Abgeltungssteuer abziehen.

Erfolgt dies ausnahmsweise nicht, weil das Institut von der anrechenbaren Quellensteuer keine Kenntnis hat, muss der Anleger die Anrechnung über die Einkommensteuererklärung durch Abgabe der Anlagen KAP und AUS sowie der Steuerbescheinigung nachholen. Gleiches gilt bei einem Depot im Ausland. Dies ist allerdings sehr aufwendig und bis zur Rückerstattung kann einige Zeit vergehen.

Solidaritätszuschlag (SolZ)

Der Solidaritätszuschlag ist eine Zusatzabgabe zur Einkommensteuer. Sie beträgt 5,5 % der festgesetzten Einkommensteuer und ist für jeden Anleger verpflichtend auf die zu entrichtende Abgeltungssteuer zu zahlen.

Erhöht man die Abgeltungssteuer um den Solidaritätszuschlag, ergibt sich eine Steuerbelastung von 26,375 %.

▶ Beispiel

Die Ausschüttung eines offenen Investmentvermögens beträgt 7 € pro Anteil. Davon sind 5 € steuerpflichtig. Ihr Kunde besitzt 100 Anteile dieses Investmentvermögens und hat seinen Freistellungsauftrag bereits ausgeschöpft. Er gehört keiner kirchensteuerpflichtigen Religionsgemeinschaft an.

Wie errechnet sich der Steuerabzug?

Ausführlicher Rechenweg:

100 Anteile × 5 € steuerpflichtiger Ertragsanteil   = 500,00 €

davon 25 % Abgeltungssteuer (500,00 € × 25 %) = 125,00 €

daraus wiederum 5,5 % Solidaritätszuschlag
(125,00 € × 5,5 %)   =   6,88 €
                                                                                (gerundet)

zu zahlende Abgeltungssteuer zzgl.
Solidaritätszuschlag   = 131,88 €
                                                                                (gerundet)

vereinfachter Rechenweg:

500 € steuerpflichtige Ausschüttung × 26,375 % = 131,88 €
                                                                                (gerundet)

Welchen Betrag bekommt Ihr Kunde von der Ausschüttung gutgeschrieben?

100 Anteile × 7 € – 131,88 €
Abgeltungssteuer / Solidaritätszuschlag   = 568,12 €

Kirchensteuer

Sofern der Einkommensteuerpflichtige einer kirchensteuerpflichtigen Religionsgemeinschaft angehört, hat er je nach Bundesland 8 % bzw. 9 % der festgesetzten Einkommensteuer als Kirchensteuer zu zahlen (8 % in Bayern und Baden-Württemberg, sonst 9 %). Die Kirchensteuer ist auch auf Einkünfte aus Kapitalvermögen Pflicht.

Auch bei der Kirchensteuer hat der Steuerpflichtige ein Veranlagungswahlrecht:

- Der Anleger kann die Kirchensteuer für seine Einkünfte aus Kapitalvermögen direkt von der depotführenden Stelle an das Finanzamt abführen lassen.

    Dazu ist ein ausdrücklicher Antrag an die depotführende Stelle zur Abführung der Kirchensteuer erforderlich.

- Im Rahmen der Einkommensteuererklärung: Hat der Anleger seinem depotführenden Institut keinen Auftrag zum Kirchensteuerabzug erteilt, muss er in seiner Einkommensteuererklärung die Belege über abgeführte Abgeltungssteuer einreichen, damit die Kirchensteuer berechnet und auf diesem Wege abgeführt werden kann.

Ganz so einfach wie beim Solidaritätszuschlag ist die Berechnung der Kirchensteuer auf Kapitaleinkünfte allerdings nicht, denn die Kirchensteuer ist sonderabzugsfähig und senkt somit das zu versteuernde Einkommen. Das führt dazu, dass nachfolgende abweichende Prozentsätze (Grenzsteuersätze) für die Berechnung der Abgeltungssteuer angesetzt werden, die den Sonderausgabenabzug berücksichtigen:

Abgeltungssteuer (ohne die Berücksichtigung des Solidaritätszuschlages):   24,45 % (bei 9 % Kirchensteuersatz)

bzw.   24,51 % (bei 8 % Kirchensteuersatz)

▶ Beispiel

Ein Anleger erzielt 10.000 € Einkünfte aus Kapitalvermögen und ist kirchensteuerpflichtig in Hessen.

Wie viel Abgeltungssteuer und Kirchensteuer muss er bezahlen (Solidaritätszuschlag hier zunächst unberücksichtigt)?

Abgeltungssteuer	10.000 € × 24,45 %	=	2.445 €
Kirchensteuer	2.445 € × 9 %	=	220 €

Die Kirchensteuer wird genauso wie die Abgeltungssteuer und der Solidaritätszuschlag erst fällig, wenn ein eventuell erteilter Freistellungsauftrag ausgeschöpft ist oder gar nicht erst vorliegt.

▶ Exkurs – Sonderausgabenabzug: gesetzliche Berechnungsmethode im Detail

Ein Steuerpflichtiger kann die im Kalenderjahr tatsächlich gezahlte
Kirchensteuer im Rahmen der Einkommensteuerveranlagung als Sonderausgabe geltend machen. Aber auch wenn die Kirchensteuer direkt
von der depotführenden Stelle abgeführt wird, wird dies berücksichtigt.
Der Sonderausgabenabzug wird in die Abgeltungssteuer „eingepreist",
d. h. der steuermindernde Effekt bei der Einkommensteuer und Kirchensteuer wird – durch die nachstehende Formel (Berechnungsmethode
des § 32 d Abs. 1 EStG) – rechnerisch ermittelt und berücksichtigt. Die
gesetzliche Berechnungsmethode berücksichtigt auch die ggf. anrechenbare ausländische Steuer. Im nachfolgenden Beispiel bleibt dies
unberücksichtigt.

▶ Beispiel

Bei im Inland erzielten Kapitaleinkünften in Höhe von 10.000 €
und einem Kirchensteuersatz von 9 % ergibt sich für den Kir-
chenangehörigen folgende Kirchensteuer:

$$\frac{e - 4\,q}{4 + k} = \frac{10.000 - 4 \times 0}{4 + 0,09} = \frac{10.000}{4,09} = 2.445\,\text{€}$$ Einkommensteuer und (2.445 × 9 %)
220,05 € Kirchensteuer

e = die nach den Vorschriften des § 20 ermittelten Einkünfte

q = die nach Maßgabe des § 32d Abs. 5 anrechenbare ausländische Steuer

k = der für die Kirchensteuer erhebende Religionsgemeinschaft geltende Kirchensteuersatz [Bayern, Baden-Württemberg 8 %; übrige Bundesländer 9 %]

Wird der Solidaritätszuschlag in Höhe von 5,5 % mit eingerechnet,
ergeben sich – gerundet – nachfolgende Abgeltungssteuersätze (inkl.
Solidaritätszuschlag und inkl. Kirchensteuer):
27,99 % Abgeltungssteuersatz bei 9 % Kirchensteuersatz
27,82 % Abgeltungssteuersatz bei 8 % Kirchensteuersatz

▶ **Zusammenfassung**

Die komplette Besteuerung von Einkünften aus Kapitalvermögen hier noch einmal in einem Rechenbeispiel zusammengefasst:

▶ **Beispiel**

Ihr Kunde Hubert Strickner erhält aus seinem Aktienfonds eine Ausschüttung über 2.200 €. Der steuerpflichtige Ertragsanteil beträgt 1.000 €. Herr Strickner wohnt in München und ist kirchensteuerpflichtig und ein Auftrag zur Abführung seiner Kirchensteuer liegt vor. Leider hat er seinen Freistellungsauftrag schon vollständig ausgeschöpft.

steuerpflichtiger Ertragsanteil	1.000,00 €
Abgeltungssteuer 24,51 % auf 1.000 €	245,10 €
Solidaritätszuschlag 5,5 % auf 245,10 €	13,48 €
Kirchensteuer 8 % auf 245,10 €	19,61 €
Summe der Steuerabzüge	278,19 €
Gutschrift der Ausschüttung nach Abzug der Steuern	721,82 €

2.8.3 Einkünfte aus Kapitalvermögen

▶ **Situation**

Um auf die Fragen Ihrer Kunden besser reagieren zu können, informieren Sie sich im Rahmen eines Workshops über die Grundlagen der Einkunftsart Kapitalvermögen. Beim späteren Einsatz Ihres neu erworbenen Wissens beachten Sie das Verbot zur individuellen Steuerberatung (ist dem Berufsstand der Steuerberater vorbehalten) und informieren Ihre Kunden lediglich in Grundzügen.

▶ **Erläuterung**

Einkünfte aus Kapitalvermögen (auch Kapitalerträge genannt) sind die (Brutto-)Einnahmen abzüglich des Sparer-Pauschbetrages. Die Einkünfte aus Kapitalvermögen können sich aus positiven und negativen Einnahmen / Erträgen zusammensetzen.

Steuerpflichtig sind alle unbeschränkt in Deutschland steuerpflichtigen Privatanleger mit allen Kapitalerträgen, die sie weltweit erzielt haben.

Einkünfte aus Kapitalvermögen

§§ 20 und 23 EStG

positive (steuerpflichtige) Einnahmen / Erträge aus Kapitalvermögen	negative (abzugsfähige) Einnahmen / Erträge aus Kapitalvermögen

ordentliche Erträge

- Zinsen
- Dividenden
- Erträge aus offenen Investmentvermögen
- vereinnahmte Stückzinsen bzw. Zwischengewinne

- gezahlte Stückzinsen bzw. Zwischengewinne
- Verluste aus dem Verkauf von Wertpapieren, die nach dem 1.1.2009 erworben wurden

§§ 34 EStG

außerordentliche Erträge

- Gewinne aus dem privaten Verkauf von Wertpapieren oder Anteilen offener Investmentvermögen, die nach dem 1.1.2009 erworben wurden
- Veräußerungsgewinne von Zertifikaten

Abb. 90: Einkünfte aus Kapitalvermögen

Zinsen

Zu den Zinseinnahmen zählen Zinsen für Geldanlagen (Festgeld, Tagesgeld u. a.) und Zinsen aus (fest-)verzinslichen Wertpapieren. Sie entstehen aber auch beim Verkauf (fest-)verzinslicher Wertpapiere in Form der sogenannten vereinnahmten Stückzinsen.

Stückzinsen

Stückzinsen spielen beim Kauf bzw. Verkauf von (fest-)verzinslichen Wertpapieren eine Rolle, wenn der Kauf / Verkauf zwischen zwei Zinszahlungsterminen stattfindet. Die Berechnung erfolgt in der Regel auf den Tag genau (bei einigen Wertpapieren z. B. am europäischen Geldmarkt wird nicht tag-genau, sondern pauschal mit 30 Tagen / Monat und 360 Tagen / Jahr gerechnet).

Der Verkäufer erhält (vereinnahmt) so anteilige Zinsen für den Zeitraum seit der letzten Zinszahlung bis zum Verkaufstag. Der Käufer zahlt wiederum diese anteiligen Zinsen, da er beim nächsten Zinszahlungstermin den kompletten Zinsertrag als Ausgleich erhalten wird.

Steuerlich werden die Stückzinsen wie folgt behandelt:

- beim Verkäufer als positive steuerpflichtige Zinseinnahmen (vereinnahmte Stückzinsen), die den Sparer-Pauschbetrag mindern

- beim Käufer als negative Zinseinnahme (gezahlte Stückzinsen), die deshalb auch nicht den Sparer-Pauschbetrag mindern

Gezahlte Stückzinsen stellen einen Zinsausgleich zwischen dem letzten Zinszahlungstermin und dem Kauf-/Verkaufstag dar.

Die Basis für die Berechnung der Stückzinsen bildet der Nominalwert des (fest-)verzinslichen Wertpapiers und nicht der aktuelle Kurswert.

▶ Praxistipp

Gezahlte Stückzinsen können mit anderen positiven Zinseinnahmen verrechnet werden. Das schont den Freistellungsauftrag. Fallen die Zinseinnahmen innerhalb eines Depots oder eines Kreditinstitutes an, so geschieht dies automatisch. Ansonsten kann sich der Anleger zu viel bezahlte Steuern über die Einkommensteuererklärung zurückholen.

Zwischengewinne

Die Kapitalverwaltungsgesellschaft berechnet börsentäglich die Höhe der im Anteilspreis (Rücknahmepreis) enthaltenen Zwischengewinne.

Zwischengewinne sind die im Anteilspreis enthaltenen vereinnahmten oder aufgelaufenen Zinsen aus verzinslichen Wertpapieranlagen, die noch nicht an den Fondsanleger ausgeschüttet (und noch nicht steuerpflichtig) wurden.

Wie bei den Stückzinsen dienen die Zwischengewinne dazu, bei Kauf und Verkauf von Investmentanteilen einen Ertragsausgleich (bezogen auf noch nicht ausgeschüttete Zinserträge) zwischen zwei Ausschüttungsterminen herzustellen.

Zwischengewinne spielen bei Rentenfonds eine nennenswerte Rolle.

Bei anderen Arten offener Investmentvermögen oder offenen Immobilien-Sondervermögen kann es ebenfalls zu einem Zwischengewinn kommen, wenn im Rahmen der Barreserve ein Teil des Sondervermögens in verzinslichen Geld- oder Wertpapieranlagen gehalten wird.

Auch hier gilt:

- Beim Verkauf vereinnahmte (erhaltene) Zwischengewinne sind positive steuerpflichtige Einnahmen, unterliegen der Abgeltungssteuer und mindern den Freistellungsauftrag.

- Beim Kauf bezahlte Zwischengewinne sind negative Einnahmen und können mit den positiven Einkünften aus Kapitalvermögen verrechnet werden.

Stückzinsen und Zwischengewinne

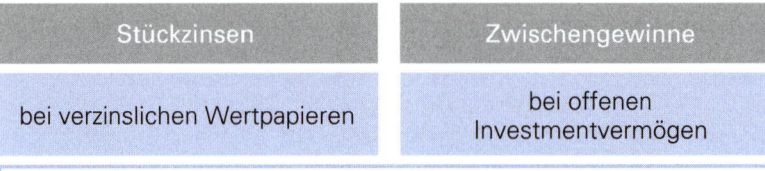

Stückzinsen	Zwischengewinne
bei verzinslichen Wertpapieren	bei offenen Investmentvermögen

- Ausgleich von Erträgen (Zinsen bzw. Ausschüttung) zwischen Käufer / Verkäufer, wenn der Kauf / Verkauf zwischen zwei Zinsterminen bzw. Ausschüttungsterminen erfolgt

- vereinnahmte / erzielte Stückzinsen/Zwischengewinne bei Verkauf = zusätzlicher steuerpflichtiger Ertrag

- gezahlte Stückzinsen / Zwischengewinne bei Kauf sind als negative Erträge steuerlich abzugsfähig

- werden börsentäglich neben dem Kurs / Anteilspreis veröffentlicht

Abb. 91: Stückzinsen und Zwischengewinne

▶ Beispiel

Herr Schrumpf verkauft am 5.2.2012 10.000 € (Nominalwert) einer 5 % Unternehmensanleihe. Der Zinstermin dieser Anleihe ist der 1.5. (jährliche Zinszahlung). Welchen Betrag erhält Herr Schrumpf neben dem Kaufpreis als anteilige Stückzinsen? (2012 = Schaltjahr / auf den Tag genaue Berechnung).

Herr Schrumpf erhält Stückzinsen für 280 Tage, d. h.

$$\frac{10.000 \text{ €} \times 5 \times 280}{100 \times 366} = 382,51 \text{ €}$$

Dividenden: Erträge aus Aktien

Dividenden sind die an die Aktionäre ausbezahlten Gewinnbeteiligungen.

Ausgezahlt wird die Bardividende. Die Aktiengesellschaft ist im Vorfeld verpflichtet, 15 % Körperschaftsteuer zuzüglich Solidaritätszuschlag auf den erzielten Unternehmensgewinn zu zahlen. Für den Privatanleger bleibt dies ohne Auswirkung, denn die von der Aktiengesellschaft gezahlte Körperschaftsteuer wird nicht mit der Einkommensteuer des Privatanlegers verrechnet.

Seit dem 1.1.2012 gilt eine Neuregelung beim Abgeltungssteuerabzug auf Dividenden:

§ 44 Abs. 1 Satz 3 i. V. m. § 43 Abs. 1 Satz 1 Nr. 1 a EStG

Regelung bisher	Regelung neu
Die 25 % Abgeltungssteuer wurden direkt von der Aktiengesellschaft einbehalten.	Die Abgeltungssteuer wird für ab dem 1.1.2012 ausgezahlte Dividenden direkt von der depotführenden Stelle einbehalten und an das Finanzamt abgeführt.

▶ **Beispiel**

Auf der Hauptversammlung einer Aktiengesellschaft wurde die Ausschüttung einer Dividende in Höhe von 10 € pro Aktie beschlossen. Wie sieht die Besteuerung der Aktiengesellschaft bzw. des Aktionärs aus? (Kirchensteuer bleibt hier unberücksichtigt)

Die Besteuerung der AG

Bruttodividende	10,00 €
abzgl. 15 % Körperschaftsteuer	1,50 €
abzgl. 5,5 % Solidaritätszuschlag (auf 1,50 €)	0,08 €
= Bardividende	8,42 €

Die Besteuerung des Aktionärs

Bardividende	8,42 €
abzgl. 25 % Abgeltungssteuer	2,11 €
abzgl. 5,5 % Solidaritätszuschlag (auf 2,11 €)	0,12 €
= Dividende nach Steuern (pro Aktie)	6,19 €

Investmenterträge: Erträge aus Anteilen offener Investmentvermögen

Das Investmentsteuergesetz legt bei der Besteuerung von Investmenterträgen das Transparenzprinzip zugrunde, d. h., ausgeschüttete oder einbehaltene (thesaurierte) Erträge gelten als dem Anleger direkt zugeflossen. Die Steuerpflicht entsteht im Jahr der Ausschüttung / Thesaurierung.

Steuerfreie Investmenterträge

ausgeschüttete oder thesaurierte

- Mieterträge aus ausländischen Immobilien
- inländische Immobilien- und Grundstücks-Veräußerungsgewinne, wenn der Verkauf mindestens 10 Jahre nach Anschaffung erfolgt
- Gewinne aus der Veräußerung von ausländischen Immobilien und Grundstücken unabhängig davon, wann das Objekt gekauft wurde

ausgeschüttete Gewinne

- aus der Veräußerung von Wertpapieren (Erwerb vor 1.1.2009)

gezahlte Zwischengewinne

Veräußerungsgewinne aus dem Verkauf von Anteilen an offenen Investmentvermögen (Erwerb der Anteile vor dem 1.1.2009)

Abb. 92: Steuerfreie Investmenterträge

Steuerpflichtige Investmenterträge

ausgeschüttete oder thesaurierte

- Zinsen und Dividenden
- Mieterträge aus inländischen Immobilien
- inländische Immobilien- und Grundstücks-Veräußerungsgewinne, wenn der Verkauf innerhalb von 10 Jahren nach Anschaffung erfolgt

ausgeschüttete Gewinne

- aus Termingeschäften
- aus der Veräußerung von Wertpapieren (Erwerb nach 1.1.2009)

vereinnahmte Zwischengewinne

Veräußerungsgewinne aus dem Verkauf von Anteilen an offenen Investmentvermögen (Erwerb der Anteile nach dem 1.1.2009)

Abb. 93: Steuerpflichtige Investmenterträge

Das Zuflussprinzip bei ausschüttenden und thesaurierenden Investmentvermögen

Die Abgeltungssteuerpflicht entsteht bei ausschüttenden offenen Investmentvermögen zum Zeitpunkt der Ausschüttung. Diese erfolgt normalerweise ca. 8–12 Wochen nach Fonds-Geschäftsjahresende.

Die Abgeltungssteuerpflicht entsteht bei thesaurierenden Investmentvermögen im Jahr der Thesaurierung der Erträge. Als steuerlich zugeflossen gelten diese zum Geschäftsjahresende des Investmentvermögens.

LF
14

SG
3.6

Ausschüttung und Thesaurierung

ausschüttende offene Investmentvermögen	thesaurierende offene Investmentvermögen
■ jährliche Ausschüttung an den Anleger ■ automatische Wiederanlage ist mit Auftrag des Anlegers möglich ■ am Tag der Ausschüttung: Anteilspreis sinkt um ausgeschütteten Betrag	■ keine Ausschüttung ■ Erträge verbleiben im Sondervermögen ■ am Tag des (steuerlichen) Zuflusses keine Anteilspreisveränderung

im Inland oder Ausland aufgelegt

■ am Tag der Ausschüttung wird die Abgeltungssteuer von der depotführenden Stelle abgeführt (bei Verwahrung im Inland)

im Inland aufgelegt

■ mit der Thesaurierung der Erträge am Geschäftsjahresende des Investmentvermögens wird die Abgeltungssteuer abgeführt (bei Verwahrung im Inland)

im Ausland aufgelegt

■ die Abgeltungssteuer wird bei Verkauf der Anteile in einer Summe einbehalten

Abb. 94: Ausschüttung und Thesaurierung

▶ Zusammenfassung

Die nachfolgende Grafik ist eine vereinfachte und grundsätzliche Darstellung, welche Ertragsbestandteile bei verschiedenen Arten offener Investmentvermögen eine Rolle spielen.

Die Ertragsquellen offener Investmentvermögen im Überblick

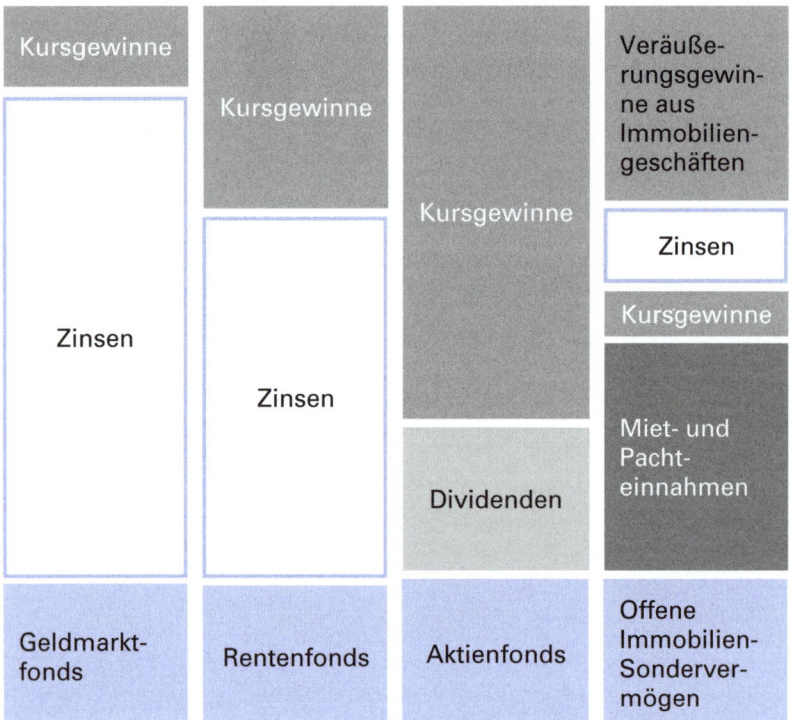

Abb. 95: Offene Investmentvermögen und ihre Ertragsquellen im Überblick

Die Besonderheiten der Abgeltungssteuer bei der Besteuerung von Erträgen offener Investmentvermögen sehen Sie in der nachfolgenden Grafik.

LF 14

SG 3.6

Besonderheiten der Abgeltungssteuer bei der Besteuerung offener Investmentvermögen* (Verwahrung in einem inländischen Depot)		
bei ausschüttenden Investmentvermögen	**bei thesaurierenden Investmentvermögen**	**bei der Veräußerung von Anteilen**
▪ ausgeschüttete Zinsen, Dividenden und – vom Fondsmanagement innerhalb des Sondervermögens erzielte – Veräußerungsgewinne sind steuerpflichtig Ausnahme: ▪ Veräußerungsgewinne von Wertpapieren und aus Termingeschäften, sofern die Anschaffung vor dem 1.1.2009 lag (Bestandsschutz)	▪ thesaurierte Erträge sind steuerpflichtig Ausnahme: ▪ thesaurierte Veräußerungsgewinne aus Aktien und Anteilen, Gewinne aus Termingeschäften und Gewinne aus der Veräußerung von Anleihen innerhalb des Sondervermögens erzielt – werden zu diesem Zeitpunkt noch nicht steuerpflichtig	▪ Gewinne auf Anlegerebene aus der Veräußerung von Anteilen sind steuerpflichtig Ausnahmen: ▪ Anschaffung durch den Anleger vor dem 1.1.2009 ▪ Im Anteilspreis enthaltene thesaurierte Erträge werden aus dem Veräußerungsgewinn herausgerechnet

* Die Besonderheit der Besteuerung offener Immobilien-Sondervermögen wird in Kapitel 2.5.9 Offene Immobilien-Sondervermögen dargestellt.

Abb. 96: Besonderheiten der Abgeltungssteuer bei der Besteuerung offener Investmentvermögen

Wenn Ertragsbestandteile wie thesaurierte Veräußerungsgewinne zunächst nicht für die Abgeltungssteuer steuerlich erfasst werden, so sind sie doch steuerpflichtig. Allerdings erst dann, wenn der Anleger seine Anteile wieder verkauft. Dies kommt einer Steuerstundung gleich, die für den Anleger einerseits einen Zinseszinseffekt bedeutet und ihm unter Umständen auch einen Steuervorteil verschafft, wenn er zum Zeitpunkt der Steuerpflicht einem geringeren persönlichen Einkommensteuersatz als 25 % unterliegt.

2.8.4 Freistellungsauftrag, Nichtveranlagungsbescheinigung und Verlustverrechnung

▶ Situation

Das Ehepaar Saskia und Andreas Brunner (zusammen veranlagt) unterhält bei Ihnen ein Wertpapierdepot. Im Jahr 2011 hat es durch einen Aktienfondsverkauf 300 € Veräußerungsgewinn erzielt. Ihr Rentenfonds hat steuerpflichtig 200 € ausgeschüttet. Einen Freistellungsauftrag hat das Ehepaar allerdings versäumt zu hinterlegen. Da auch in 2012 Ausschüttungen und Fondsverkäufe anstehen, bittet Sie das Ehepaar Brunner um einen Termin.

▶ Erläuterung

Es gibt 3 Möglichkeiten, um die Abgeltungssteuer zu vermeiden bzw. zu reduzieren:

- der Freistellungsauftrag
- die Nichtveranlagungsbescheinigung
- die Verlustverrechnungstöpfe

Sparerpauschbetrag und Freistellungsauftrag

Die Einkünfte aus Kapitalvermögen unterliegen nicht in voller Höhe der Einkommensteuer, sondern nur für den Betrag, der über den sogenannten Sparerpauschbetrag hinausgeht.

Sparerpauschbetrag = Höchstbetrag für Freistellungsauftrag pro Kalenderjahr

§ 20 Abs. 9 EStG

Ledige	Ehegatten (zusammen veranlagt)
801 €	1.602 €

Steuerpflichtige Erträge bis zu diesen Höchstbeträgen können steuerfrei vereinnahmt werden. Erzielt der Anleger darüber hinausgehende Erträge, sind nur diese zu versteuern.

Werbungskosten können seit dem 1.1.2009 nicht mehr geltend gemacht werden.

Um den Sparerpauschbetrag auszuschöpfen, muss der Anleger seiner depotführenden Stelle einen schriftlichen Freistellungsauftrag erteilen.

Ein Freistellungsauftrag kann von in Deutschland unbeschränkt einkommensteuerpflichtigen (Wohnsitz oder gewöhnlicher Aufenthalt in Deutschland) Anlegern erteilt werden.

Die Kreditinstitute sind gesetzlich verpflichtet, der Finanzbehörde sowohl die Höhe des bei ihnen eingereichten Freistellungsauftrages mit Namen und Adresse des Ausstellers, als auch die Summe der tatsächlichen Beanspruchung des Freibetrages zu übermitteln.

Was beim Freistellungsauftrag noch zu beachten ist:

- Pro Kreditinstitut kann und ist ein separater Freistellungsauftrag zu erteilen.

- Der Gesamtbetrag aller erteilten Freistellungsaufträge darf den Sparerpauschbetrag nicht übersteigen.

- Für Konten von Minderjährigen sind separate Freistellungsaufträge erforderlich (unterschrieben von allen gesetzlichen Vertretern).

- Der Freistellungsauftrag ist unbefristet gültig, falls nicht anders vom Anleger gewünscht.

- Alle Konten- oder Depotnummern bei einem Kreditinstitut, für die der Freistellungsauftrag gelten soll, sind zu vermerken (bzw. welche Konten / Depots davon ausgenommen bleiben sollen).

- Kein Freistellungsauftrag kann erteilt werden für:

  - Gemeinschaftskonten nichtehelicher Lebensgemeinschaften

  - Konten von Wohnungseigentümergemeinschaften

  - Mietkautionskonten, die nicht auf den Namen des Mieters lauten

  - Konten von Erbengemeinschaften

- Für sogenannte lose Personenzusammenschlüsse (Sportclubs u. ä.) ist eine Freistellung in Höhe von 10 € pro Mitglied, maximal jedoch 300 € möglich.

- Bei zusammen veranlagten (und nicht dauerhaft getrennt lebenden) Ehegatten ist ein gemeinsamer Freistellungsauftrag möglich. Im Falle einer Trennung kann der Sparerpauschbetrag für Ehegatten im Trennungsjahr noch genutzt werden, danach gilt der Sparerpauschbetrag wie bei Ledigen. § 26 Abs. 1 EStG

▶ Praxistipp

Wie ermittelt man die Höhe des Freistellungsauftrages?

Bei verzinslichen Wertpapieren oder Kontensparen entspricht der optimale Freistellungsauftrag den jährlichen Zinsen, die sich aus der Nominalverzinsung ergeben.

Bei offenen Investmentvermögen hilft der Blick auf die Vorjahres-Ausschüttung pro Anteil. Bei Investment-Sparplänen sollte man auf ca.

2 Jahre vorausplanen (Berücksichtigung des steigenden Sondervermögens durch die monatlichen Sparraten).

Bei Aktien sind die Dividendenzahlungen zu berücksichtigen.

Hinzu kommen mögliche Kursgewinne, aber nur wenn geplant ist, diese durch Verkäufe der betreffenden Wertpapiere oder Anteilen offener Investmentvermögen zu realisieren und damit steuerpflichtig zu machen.

Solange der Freistellungsauftrag noch nicht ausgeschöpft ist, empfiehlt es sich, bei der Erteilung eher großzügig nach oben zu runden.

Nichtveranlagungsbescheinigung

Anleger, die nur über ein geringes zu versteuerndes Einkommen (sogenannter Grundfreibetrag) verfügen, können bei ihrem Wohnsitzfinanzamt für die Dauer von 3 Jahren eine Nichtveranlagungsbescheinigung beantragen. Diese befreit wie ein Freistellungsauftrag vom Abgeltungssteuerabzug, jedoch ohne Betragsbegrenzung.

Vorteil der Nichtveranlagungsbescheinigung (wenn keine anderen Einkünfte erzielt werden): Kapitalerträge können in Höhe des in der unten stehenden Grafik genannten Gesamtfreibetrages steuerfrei vereinnahmt werden.

Die Nichtveranlagungsbescheinigung

	ledig	verheiratet (zusammen veranlagt)
Grundfreibetrag (Veranlagungszeitraum 2014)	8.354 €	16.708 €
Sonderausgaben-Pauschbetrag	36 €	72 €
Sparer-Pauschbetrag	801 €	1.602 €
Gesamtfreibetrag (2014)	9.191 €	18.382 €

Abb. 97: Die Nichtveranlagungsbescheinigung

▶ Praxistipp

Interessant ist die Nichtveranlagungsbescheinigung (NV) auch dann, wenn Eltern Kapitalvermögen auf den Namen ihrer Kinder anlegen. Denn die NV-Bescheinigung kann unabhängig von Alter und Berufstätigkeit angefordert und genutzt werden. Zusätzlich bietet sie den oben beschriebenen Mehrwert gegenüber einem Freistellungsauftrag.

Verlustverrechnungstopf

Wie schafft es die depotführende Bank, den abgeltungssteuerrelevanten Überblick über gezahlte und vereinnahmte Zwischengewinne oder Stückzinsen sowie die Gewinne und Verluste aus Kapitalvermögen zu behalten? Und wie erfolgt verwaltungstechnisch die Verrechnung?

Dazu führt die depotführende Bank zwei getrennte Verlustverrechnungstöpfe.

In welchen Schritten vollzieht sich nun die Verrechnung?

Schritt 1: Verrechnung (Ausgleich) des Aktien-Verlustverrechnungstopfes (sofern vorhanden)

↓

Schritt 2: Verrechnung (Ausgleich) des allgemeinen Verlustverrechnungstopfes (keine Verrechnung von Aktienverlusten möglich)

↓

Schritt 3: Inanspruchnahme des Freistellungsauftrages (sofern vorliegend)

↓

Schritt 4: Abzug der Abgeltungssteuer unter Berücksichtigung der ausländischen Quellensteuer

Die nachfolgende Grafik zeigt die Ermittlung der Abgeltungssteuerpflicht unter Berücksichtigung dieser 4 Schritte:

Verlustverrechnungstöpfe

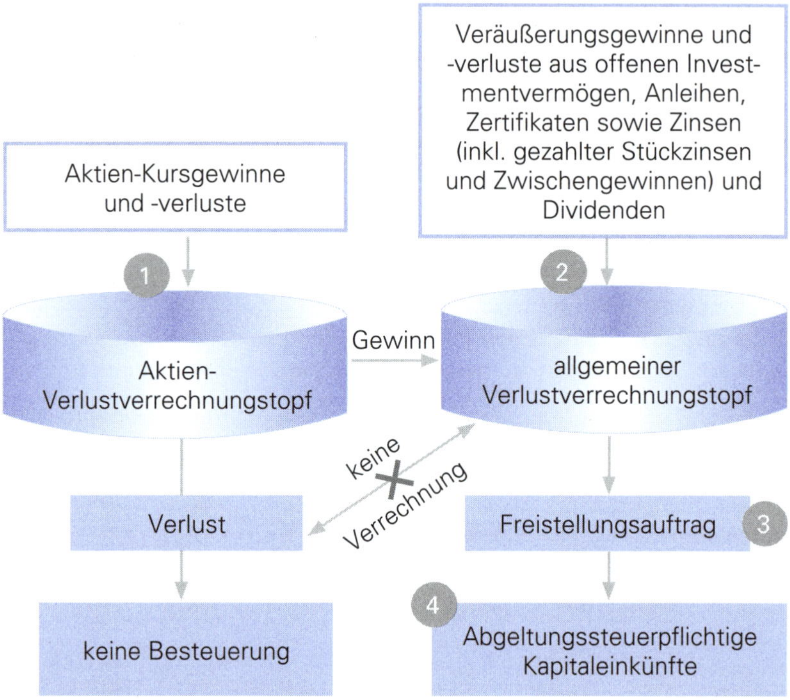

Abb. 98: Verlustverrechnungstöpfe

Erteilt ein Anleger mehrere Kauf- oder Verkaufsaufträge, so wird jede Zwischengewinnzahlung oder -einnahme im Verlustverrechnungstopf verbucht. Bezahlte Zwischengewinne führen zu einem Verlustverrechnungstopf-Guthaben. Vereinnahmte Zwischengewinne werden mit einem ggf. vorhandenen Verlustverrechnungstopf-Guthaben verrechnet oder führen zu einem negativen Guthaben im Verlustverrechnungstopf.

Für den Anleger, der mehrere Anteilskäufe und -verkäufe in einem Kalenderjahr tätigt, bedeutet dies vor allem einen steuerlichen Liquiditätsvorteil: Negative Erträge werden gleich beim depotführenden Kreditinstitut mit steuerpflichtigen Erträgen verrechnet. So werden unnötige Steuervorauszahlungen vermieden. Nur die tatsächlichen steuerpflichtigen Mehrerträge belasten einen eventuell erteilten Freistellungsauftrag bzw. führen zum Steuerabzug durch die depotführende Bank.

Haben Ehegatten einen gemeinsamen Freistellungsauftrag erteilt, so führt dies dazu, dass Verluste des einen Ehegatten mit den Gewinnen und Erträgen des anderen Ehegatten verrechnet werden (so genannte ehegattenübergreifende Verlustverrechnung).

▶ Rechenbeispiel

Herr Christian Walter (ledig) hat einen Freistellungsauftrag für sein Wertpapierdepot in Höhe von 801 € erteilt. Im Laufe des Jahres tätigt er mehrere Wertpapiergeschäfte und erhält entsprechend auch Erträge.

Datum	Verlustverrechnungstopf
2.2. Kauf eines festverzinslichen Wertpapiers gezahlte Stückzinsen	– 1.000 €
1.4. Herr Walter erhält eine Gutschrift über Festgeldzinsen	+ 200 €
	– 800 €
1.5. Zinszahlungstermin seines festverzinslichen Wertpapieres	+ 2.000 €
	+ 1.400 €
Freistellungsauftrag	– 801 €
25 % Abgeltungssteuer auf	**599 €**
30.6. Verkauf von Anteilen eines offenen Investmentvermögens mit Verlust	**– 1.700 €**

(der Kauf der Anteile erfolgte nach dem 1.1.2009)

→ **Herr Walter erhält die Abgeltungssteuer zurück und in Höhe der Differenz zwischen 599 € und 1.700 € = 701 € lebt der Freistellungsauftag quasi wieder auf.**

Was passiert mit Verlusten, denen keine ausgleichsfähigen Gewinne mehr gegenüberstehen?

Der Anleger kann bis zum 15.12. des laufenden Jahres einen Antrag auf Verlustbescheinigung stellen, um diese dann im Rahmen seiner Einkommensteuererklärung geltend machen zu können (beispielsweise bei verschiedenen Depots bei mehreren Banken). Der Verlustverrechnungstopf erlischt dann zum Jahresende. Beantragt der Anleger keine Verlustbescheinigung, so wird der Verlust auf das nächste Jahr übertragen.

Altverluste

Neben dem Bestandschutz im Falle von Veräußerungsgewinnen bei Wertpapieren oder Anteilen offener Investmentvermögen, die vor dem 1.1.2009 gekauft wurden, mindestens 1 Jahr gehalten und dann veräußert wurden, gibt es umgekehrt auch eine Regelung für Verluste aus dem Verkauf von Altbeständen, die so genannten Altverluste.

LF 14

SG 3.6

Allerdings gilt für Altverluste, dass diese vor dem 1.1.2009 innerhalb der früher geltenden 1-jährigen Spekulationsfrist realisiert wurden.

Steuerlich bieten Altverluste den Vorteil der Verrechenbarkeit mit anderen Einkünften. Hierbei ist Folgendes zu beachten: Altverluste aus privaten Veräußerungsgeschäften zählen zu der Einkunftsart „sonstige Einkünfte". Nun gilt grundsätzlich das Prinzip, dass Verluste nur mit Gewinnen innerhalb einer Einkunftsart verrechnet werden können. Für die hier dargestellten Altverluste gilt seit 2009 und bis maximal zum Veranlagungszeitraum 2013 jedoch eine Übergangsregelung.

1. Schritt: Verrechnung positiver und negativer Einkünfte aus Kapitalvermögen

(Erträge und Gewinne / Verluste aus Wertpapieren/Anteilen, die nach dem 1.1.2009 gekauft wurden)

2. Schritt: Bleiben aus Schritt 1 realisierte Veräußerungsgewinne übrig, dann können die Altverluste mit diesen verrechnet werden. Die Verrechnung der Altverluste ist hier auch mit anderen Gewinnen aus privaten Veräußerungsgeschäften, wie z. B. Gewinne aus Grundstücksverkäufen, die weniger als 10 Jahre gehalten wurden, möglich.

Nach dem Veranlagungsjahr 2013 können diese Altverluste nur noch mit Gewinnen aus privaten Veräußerungsgeschäften verrechnet werden, jedoch nicht mehr mit Erträgen wie Zinsen oder Dividenden.

▶ **Beispiel**

So könnte die Lösung für das Ehepaar Brunner 2014 aussehen:

Herr Schmidthueber: Die wichtigste Frage vorweg: Können Sie 2014 denn Ihren Sparerpauschbetrag in Form eines Freistellungsauftrags nutzen?

Herr Brunner: Wir haben unserer Hausbank einen Freistellungsauftrag in Höhe von 500 € erteilt.

Herr Schmidthueber: Der maximale Betrag für Sie als zusammen veranlagte Verheiratete beträgt 1.602 €, d. h. die Differenz von 1.102 € steht Ihnen für das Depot bei uns zur Verfügung. Wenn der Rentenfonds wieder 200 € ausschüttet, sollten wir den Freistellungsauftrag ausnutzen.

Haben Sie denn auch wieder Verkäufe geplant?

Frau Brunner: Wir renovieren ja gerade unser Haus, d. h. auch die noch verbliebenen Anteile unseres Aktienfonds müssen wir dieses Jahr verkaufen.

Herr Schmidthueber: Zum Glück können Sie das nach momentaner Marktlage auch 2014 wieder mit einem Gewinn tun. Im Moment wären das rund 500 €. Das heißt, zusammen mit den

Ausschüttungen und einem Puffer würde ich Ihnen zu einem Freistellungsauftrag in Höhe von mindestens 750 € raten.

Herr Brunner: Und wenn wir erst in einem halben Jahr verkaufen und unter Umständen das Glück haben, einen noch höheren Gewinn zu erzielen?

Herr Schmidthueber: Dann erhöhen wir vorher einfach noch einmal den Freistellungsauftrag, solange Sie die 1.102 € nicht anderweitig ausschöpfen.

2.8.5 Veräußerungsgewinne

▶ **Situation**

Ihre Kundin Frau Bärbel Schulze plant die Anschaffung eines neuen Autos. Dazu möchte Sie Anteile eines Rentenfonds und eines Aktienfonds aus ihrem Depot verkaufen. Den Aktienfonds kann sie mit Gewinn verkaufen, bei dem Rentenfonds muss sie leider einen kleinen Verlust realisieren.

Die Anteile des Aktienfonds, mit denen sie einen Gewinn erzielen kann, hat sie sich mittels eines Investment-Sparplans aufgebaut. Nun möchte sie von Ihnen wissen, wie diese Verkäufe grundsätzlich steuerlich behandelt werden.

▶ **Erläuterung**

Der steuerliche Begriff für Verkaufsgewinne ist „Veräußerungsgewinne". Steuerlich werden diese als steuerpflichtig behandelt, wenn tatsächlich ein Verkauf stattgefunden hat. Man spricht dann von den so genannten „realisierten Veräußerungsgewinnen". Solange der Verlust nur „auf dem Papier" besteht, also durch einen Verkauf noch nicht realisiert wurde, muss sich der Anleger keine Gedanken über die steuerliche Handhabung machen.

Steuerliche Behandlung von Veräußerungsgewinnen

Private Gewinne aus Veräußerungen von Anteilen offener Investmentvermögen (oder sonstigen Wertpapieren), die nach dem 1.1.2009 erworben wurden, sind in vollem Umfang steuerpflichtig.

Private Gewinne aus Veräußerungen von Anteilen (oder sonstigen Wertpapieren), die vor dem 1.1.2009 erworben wurden (und mindestens 1 Jahr gehalten wurden), können steuerfrei vereinnahmt werden. Hierfür gibt es kein „Verfalldatum", d. h. auch bei einem Verkauf in 20 oder 30 Jahren bleiben die realisierten Veräußerungsgewinne steuerfrei (sog. Bestandsschutz).

▶ Hinweis

Der Anteil der Ausschüttung bei offenen Investmentvermögen, der auf Zinsen, Dividenden und Mieteinnahmen entfällt, genießt keinen „Bestandsschutz". Diese Erträge sind bei allen Investmentvermögen seit dem 1.1.2009 abgeltungssteuerpflichtig.

Die steuerliche Behandlung von ausgeschütteten bzw. nicht ausgeschütteten Veräußerungsgewinnen (auf Fondsebene erzielt)

Auch hier gibt es zwei Regeln aufgrund der Einführung der Abgeltungssteuer zu berücksichtigen:

Wurden die Wertpapiere innerhalb des Sondervermögens vor dem 1.1.2009 erworben und mindestens 1 Jahr gehalten, so genießen sie ebenfalls Bestandsschutz und können für den Anleger steuerfrei ausgeschüttet werden.

Wurden die Wertpapiere innerhalb des Sondervermögens jedoch nach dem 1.1.2009 erworben, so sind sie für den Anleger unabhängig von der Haltedauer steuerpflichtig.

Die Steuerpflicht greift, wenn

■ die auf Fondsebene erzielten Veräußerungsgewinne ausgeschüttet werden oder

■ die Veräußerungsgewinne nicht ausgeschüttet wurden, aber der Anleger seine Anteile verkauft (Ausnahme: der Anleger hat seine Anteile vor dem 1.1.2009 gekauft).

Das Gleiche gilt auch bei den Dachfonds: Hier werden Veräußerungsgewinne zwar aus dem Kauf / Verkauf von anderen Investmentanteilen erzielt, die steuerliche Behandlung erfolgt aber genauso wie bei den Direktinvestments in Aktien usw.

Steuerliche Behandlung von ausgeschütteten Veräußerungsgewinnen

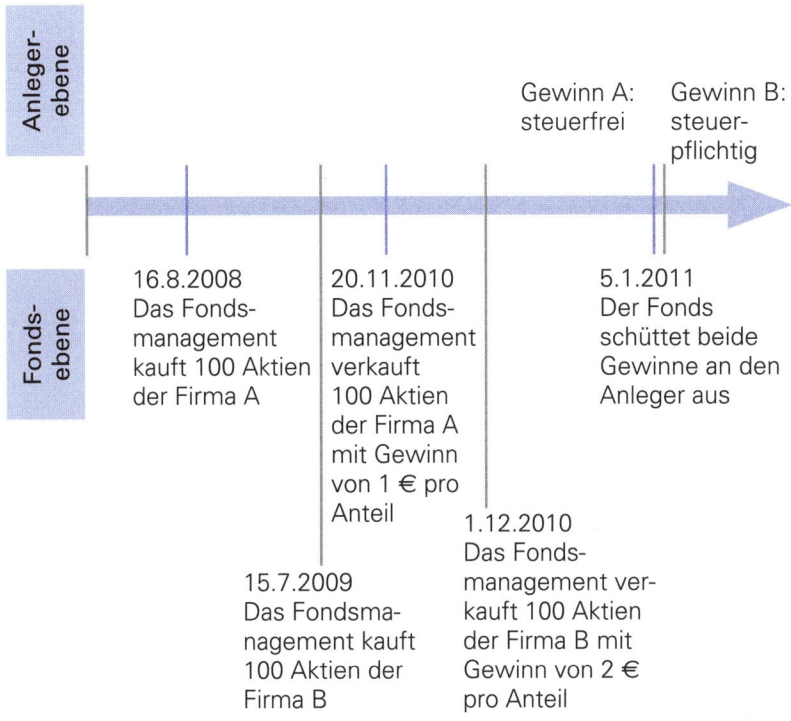

Abb. 99: Die steuerliche Behandlung von ausgeschütteten Veräußerungsgewinnen

Die steuerliche Behandlung von thesaurierenden offenen Investmentvermögen

Einerseits gilt das Zuflussprinzip auch bei thesaurierenden offenen Investmentvermögen, d. h. thesaurierte Zinsen und Dividenden gelten am Geschäftsjahresende als dem Anleger steuerlich zugeflossen und sind vom Anleger zu versteuern. Andererseits verbleiben die Erträge im Sondervermögen und reduzieren nicht den Anteilwert.

Bedeutet dies im Verkaufsfall dann eine Doppelbesteuerung? Nein, denn der erzielte Veräußerungsgewinn wird mit den bereits versteuerten Erträgen verrechnet. Bei inländischen Investmentvermögen und einem inländischen Depot übernimmt das automatisch die depotführende Stelle.

Bei ausländischen thesaurierenden Fonds greift nach wie vor die Regel, dass Angaben über die Erträge in der jährlichen Einkommensteuererklärung zu machen sind. Dies gilt sowohl für im Inland, als auch im Ausland verwahrte Anteile.

Im Sondervermögen realisierte Veräußerungsgewinne verbleiben durch die festgelegte Thesaurierung immer im Sondervermögen. Hier greift kein Zuflussprinzip, d. h. bei einem thesaurierenden Investmentvermögen werden die realisierten Veräußerungsgewinne für den Anleger immer dann erst steuerpflichtig, wenn er seine Anteile verkauft.

Der Bestandsschutz gilt wie bei den anderen Fondsarten unabhängig von der Ausschüttungsgestaltung.

First-in-first-out-Methode (kurz: „FiFo")

Diese Methode kommt beim Verkauf von Anteilen offener Investmentvermögen und Wertpapieren aus einem Depot zum Einsatz. Sie unterstellt, dass die zuerst erworbenen Anteile oder Wertpapiere (z. B. Aktien) auch zuerst als veräußert gelten.

Bei einem inländischen Depot übernimmt die depotführende Stelle die genaue Berechnung.

Auch hier greift der Bestandsschutz für Anteile offener Investmentvermögen / Wertpapiere, die vor dem 1.1.2009 erworben wurden. Gelten diese nach der FiFo-Methode als veräußert, wurden aber vor dem 1.1.2009 gekauft, so ist der Veräußerungsgewinn steuerfrei. Fand der Kauf jedoch nach dem 1.1.2009 statt, so handelt es sich um steuerpflichtige Veräußerungsgewinne.

Steuerliche Behandlung der Wiederanlage von Ausschüttungen

Werden Ausschüttungen auf Wunsch des Anlegers wiederangelegt, so wird diese Wiederanlage steuerlich wie ein Neuerwerb behandelt. Das bedeutet, dass auch wenn die Ausschüttung für offene Investmentvermögen, die vor dem 1.1.2009 erworben wurden, gezahlt wird, die mittels der Wiederanlage neu erworbenen Fondsanteile der Abgeltungssteuer (im Fall des Verkaufs mit einem Veräußerungsgewinn) unterliegen.

▶ Praxistipp

Auch bei der Anlage in offene Investmentvermögen stellt sich für viele Anleger die Frage, ob es offene Investmentvermögen gibt, die aufgrund steuerlicher Vorteile bevorzugt gekauft werden sollen und ob sich eine Anlage in offene Investmentvermögen überhaupt noch lohnt, nachdem mit Einführung der Abgeltungssteuer nun auch bei dieser Anlageart alle realisierten Veräußerungsgewinne steuerpflichtig sind.

Die Antwort ist eindeutig: Die steuerliche Ausgestaltung einer Anlageform sollte bei der Anlageentscheidung allenfalls das „i-Tüpferl" sein, aber niemals der entscheidende Grund. Aktienfonds verfügen immer noch über das im Vergleich zu anderen Anlageformen höchste Kursentwicklungspotenzial, obwohl bei ihnen der Nachteil der Gewinnbesteuerung am stärksten greift. Anleger von Geldmarktfonds, Rentenfonds und offenen Immobilien-Sondervermögen profitieren von der auf 25 % begrenzten Abgeltungssteuer, wenn ihr individueller Einkommensteuersatz über diesem Wert liegt.

2.8.6 Erben und Schenken

▶ Situation

Das Ehepaar Hans und Erna Gruber ist seit vielen Jahren Kunde bei Ihnen und hat neben einigen Versicherungsverträgen auch ein Fondsdepot bei Ihnen abgeschlossen.

Heute haben Sie einen Anruf von Frau Gruber erhalten, die Sie über den Tod ihres Mannes informiert hat. Sie bittet Sie um einen Termin, um ein paar finanzielle Fragen in diesem Zusammenhang mit Ihnen zu klären.

▶ Erläuterung

Erbschafts- und Schenkungssteuern werden nur dann erhoben, wenn der Erbfall eintritt oder die Schenkung vollzogen wird.

Steuerpflichtig sind die Erben bzw. die Beschenkten. Besteuert wird das Vermögen, das dem Erben / Beschenkten zufließt. Das gesamte Erbe ist unbeschränkt steuerpflichtig, wenn zum Zeitpunkt des Erb- oder Schenkungsfalles entweder der Erblasser (oder Schenker) oder der Erwerber Inländer ist.

Die Höhe der zu zahlenden Steuer hängt von der Höhe des Vermögens und dem Verwandtschaftsverhältnis zwischen Erbe / Erblasser bzw. Beschenktem / Schenker ab. Daneben gibt es Freibeträge, die wiederum auch vom Verwandtschaftsverhältnis abhängen.

Die Ermittlung der Höhe der Erbschafts- bzw. Schenkungssteuer hängt von folgenden Faktoren ab:

- Steuerklasse
- Steuersätze
- Freibeträge

Diese wiederum basieren auf dem Verwandtschaftsverhältnis zwischen Erben / Erblasser bzw. Beschenktem / Schenker.

Die Regelungen im Todesfall für ein Wertpapierdepot

Die depotführende Stelle muss 3 wesentliche Fragen klären:

1. Wem gehört das Depotvermögen?

2. Welche Unterlagen werden benötigt?

3. Welche Meldepflicht besteht gegenüber dem Finanzamt?

In der Regel klärt ein Testament oder die gesetzliche Erbfolge die zukünftigen Eigentumsverhältnisse. Bei Gemeinschaftsdepot-Inhabern ist zu berücksichtigen, dass nur der Teil in die Erbmasse fällt, der dem verbliebenen Depotinhaber nicht selbst gehört (im Zweifelsfall wird zu gleichen Teilen aufgeteilt).

Als Nachweis einerseits über den Tod und den Todestag und andererseits über die Erbschaft muss der Erbe nachfolgende Unterlagen vorlegen: Sterbeurkunde, Erbschein, Testament mit Eröffnungsprotokoll, Legitimation des / der Erben (Kopie von Personalausweis oder Reisepass).

Auf die Kontogestaltung hat der Tod folgende Auswirkungen:

- Ein Einzelkonto wird zum Gemeinschaftskonto, wenn mehrere Erben vorhanden sind. Diese können dann gemeinsam verfügen.

- Liegt eine Vollmacht über den Tod hinaus oder eine Vollmacht für den Todesfall vor, so kann der Bevollmächtigte auch ohne eine erbrechtliche Legitimation verfügen. Allerdings können die Erben diese Vollmachten widerrufen. Bei der Vollmacht für den Todesfall ist der Nachweis über den Tod des Kontoinhabers zu erbringen.

§ 1 Erbschaftssteuer – Durchführungsverordnung ErbStDV

Die depotführende Bank ist verpflichtet, eine Kontrollmitteilung an das Finanzamt zu übermitteln, sobald sie Kenntnis vom Tod des Kontoinhabers erlangt (hierbei gibt es keine Verjährungsfristen). Ausschlaggebend ist der Depotbestand am Todestag zum für diesen Tag festgestellten Rücknahmepreis. Auf der Basis dieses Wertes berechnet das Finanzamt dann unter Berücksichtigung eventueller Freibeträge die Erbschaftssteuer. Die Kontrollmitteilung kann unterbleiben, wenn der Wert der anzuzeigenden Wirtschaftsgüter 5.000 € nicht übersteigt (bezogen auf alle Konten / Depots, die bei dem Kreditinstitut geführt werden; einschließlich der Zinsen bis zum Todestag). Hat der Kunde einen Safe angemietet, muss auf jeden Fall eine Kontrollmitteilung erstellt werden, unabhängig davon, ob sonstige Konten oder Guthaben vorhanden sind.

Die Freibeträge und Steuersätze bei der Erbschafts- und Schenkungssteuer

Das Erbschaftssteuergesetz sieht zunächst eine Kleinstbetragsgrenze für die Erbschaftssteuerpflicht vor: „Von der Festsetzung der Erbschaftssteuer ist abzusehen, wenn die Steuer, die für den einzelnen Steuerfall festzusetzen ist, den Betrag von 50 € nicht übersteigt."

§ 22 ErbStG

LF 14

SG 3.6

Der nachfolgenden Tabelle können Sie die Freibeträge bei der Erbschaftssteuer entnehmen.

Steuerklasse	Personen	Freibetrag in €
I	Ehepartner, eingetragene Lebenspartner	500.000
	Kinder und Stiefkinder	400.000
	Enkelkinder, wenn das Kind / Stiefkind des Erblassers gestorben ist	400.000
	Enkelkinder, Stiefenkel, Urenkel	200.000
	Eltern und Großeltern bei Erwerb von Todes wegen	100.000
II	Eltern und Großeltern bei Zuwendungen unter Lebenden	20.000
	Geschwister	20.000
	Nichten und Neffen	20.000
II	Stiefeltern	20.000
	Schwiegerkinder und Schwiegereltern	20.000
	geschiedene Ehepartner	20.000
III	alle übrigen Erben und Zuwendungsempfänger	20.000

Gültig seit 1.1.2009, Steuerklasse I für eingetragene Lebenspartner seit 14.12.2010

Für die Schenkungssteuer gelten die gleichen Freibeträge, bis auf eine Ausnahme:

Für die Steuerklasse / Eltern und Großeltern bei Erwerb von Todes wegen gilt im Falle der Schenkung nur ein Freibetrag von 20.000 €.

Die Freibeträge für eine Schenkung können alle 10 Jahre in Anspruch genommen werden. Alle Schenkungen, die innerhalb der letzten 10 Jahre vor dem Tod des Erblassers an den Erben getätigt wurden, werden allerdings dem Erwerb von Todes wegen hinzugerechnet (gezahlte Schenkungssteuer wird ebenfalls berücksichtigt).

Nach Abzug der Freibeträge wird der verbliebene zu versteuernde Betrag mit nachfolgenden Steuersätzen belegt:

zu versteuernder Betrag		Steuerklasse		
		I	II	III
bis	75.000 €	7 %	15 %	30 %
bis	300.000 €	11 %	20 %	30 %
bis	600.000 €	15 %	25 %	30 %
bis	6.000.000 €	19 %	30 %	30 %
bis	13.000.000 €	23 %	35 %	50 %
bis	26.000.000 €	27 %	40 %	50 %
über	26.000.000 €	30 %	43 %	50 %

Gültig seit 1.1.2010, Steuerklasse I für eingetragene Lebenspartner seit 14.12.2010

Die hier genannten Steuersätze gelten für die Erbschafts- und Schenkungssteuer gleichermaßen.

Der Versorgungsfreibetrag

§ 17 ErbStG

Ehepartner, Lebensgefährten und Kinder stehen oft in besonderer finanzieller Abhängigkeit vom Erblasser. Der Gesetzgeber hat deshalb für diese Personengruppe einen zusätzlichen Freibetrag geschaffen. Der Versorgungsfreibetrag wird mit dem regulären Freibetrag zusammengerechnet. Sofern es allerdings sonstige Bezüge wie beispielsweise eine Witwenrente gibt, muss diese wiederum von den Freibeträgen abgezogen werden.

Ehepartner, eingetragene Lebenspartner	256.000 €
Kinder (Alter):	
bis zu 5 Jahren	52.000 €
älter als 5 Jahre bis zu 10 Jahre	41.000 €
älter als 10 Jahre bis zu 15 Jahre	30.700 €
älter als 15 Jahre bis zu 20 Jahre	20.500 €
älter als 20 Jahre bis zur Vollendung des 27. Lebensjahres	10.300 €

Gültig seit 1.1.2009

▶ Exkurs – Erbschaftssteuer auf Grundbesitz

Für Ehepartner, Lebenspartner und Kinder gibt es eine Ausnahme von der Erbschaftssteuer: Nutzen diese das geerbte Wohnungseigentum mindestens zehn Jahre selbst, dann fällt keine Erbschaftssteuer an.

Für Kinder gilt allerdings eine Wohnflächengrenze von maximal 200 Quadratmetern. Eine eventuell darüber hinausgehende Fläche muss anteilig versteuert werden.

Erfolgt dennoch eine Vermietung, Verpachtung oder ein Verkauf innerhalb der 10 Jahre, dann lebt die Steuerpflicht wieder auf. Als Ausnahme gilt hierbei, wenn es sich zum Beispiel um einen gesundheitsbedingten Wechsel in ein Pflegeheim handelt.

Die steuerliche Berechnungsgrundlage für eine Immobilie ist deren Verkehrswert. Die Berechnung der Steuer erfolgt unter den üblichen Steuerklassen und Freibeträgen.

Abgeltungssteuer beim Erben und Schenken

Aufgelaufene Kursgewinne von Wertpapieren oder Anteilen offener Investmentvermögen müssen im Falle einer Vererbung oder Schenkung nicht versteuert werden. Es findet kein Verkauf statt und somit auch keine steuerpflichtige Realisierung von Veräußerungsgewinnen.

§ 1922 BGB

Verkauft der Erbe / Beschenkte zu einem späteren Zeitpunkt seine Wertpapiere / Anteile offener Investmentvermögen, so gilt die sogenannte Fußstapfentheorie. Dies bedeutet, dass der Erbe oder Beschenkte in die rechtliche Rolle des Erblassers bzw. Schenkenden tritt. Hat dieser die Wertpapiere / Anteile offener Investmentvermögen vor dem 1.1.2009 erworben, so muss der Erbe / Beschenkte seine realisierten Veräußerungsgewinne nicht versteuern. Liegt der Kaufzeitpunkt aber nach dem 1.1.2009, so muss der Erbe / Beschenkte den vollen – vom Kaufdatum bis zum Verkaufstag realisierten Veräußerungsgewinn – versteuern.

Der Zeitpunkt des Erwerbs von Todes wegen oder der Schenkung spielt für die Abgeltungssteuer keine Rolle.

Übungen

1. Beschreiben Sie, was das steuerliche Transparenzprinzip bedeutet.

2. Nennen Sie die Erträge, die unter die Einkunftsart „Einkünfte aus Kapitalvermögen" fallen.

    a) Zinsen

    b) Dividenden

    c) private Veräußerungsgewinne aus Kapitalanlagen

    d) gewerbliche Veräußerungsgewinne aus Kapitalanlagen

    e) Mieteinahmen offener Immobilien-Sondervermögen

    f) Mieteinnahmen aus privatem Immobilienbesitz

3. Beschreiben Sie, was man unter dem zu versteuernden Jahreseinkommen versteht.

4. Nennen Sie die Höhe des Abgeltungssteuersatzes.

5. Ermitteln Sie, wie der Solidaritätszuschlag bei Einkünften aus Kapitalvermögen berechnet wird.

6. Berechnen Sie die Abgeltungssteuer und Kirchensteuer (Solidaritätszuschlag und Sparerpauschbetrag bleiben unberücksichtigt):

    ▪ steuerpflichtige Einkünfte aus Kapitalvermögen: 20.000 €

    ▪ Anleger ist wohnhaft in Bayern

7. Berechnen Sie den Solidaritätszuschlag (Kirchensteuer und Sparerpauschbetrag bleiben unberücksichtigt):
   steuerpflichtige Einkünfte aus Kapitalvermögen: 1.000 €

8. Erläutern Sie den Begriff Stückzinsen.

9. Erläutern Sie den Begriff Zwischengewinne.

10. Prüfen Sie, welche der nachfolgenden Aussagen korrekt beschrieben sind.

    a) Geldmarktfonds erwirtschaften überwiegend steuerpflichtige Kursgewinne.

    b) Aktienfonds erwirtschaften in der Regel keine Zinserträge.

    c) Rentenfonds erwirtschaften überwiegend steuerpflichtige Zinserträge.

    d) Offene Immobilien-Sondervermögen erwirtschaften Mieterträge, Zinsen und Veräußerungsgewinne aus Immobiliengeschäften.

    e) Gemischte Investmentvermögen erwirtschaften Zinserträge und Dividenden zu gleichen Teilen.

    f) Rentenfonds erzielen keine Kursgewinne.

11. Nennen Sie den Sparerpauschbetrag für Ledige und zusammen veranlagte Verheiratete.

12. Prüfen Sie, was beim Freistellungsauftrag zu beachten ist.

    a) Für alle Depots bei verschiedenen Kreditinstituten genügt die Einreichung eines Freistellungsauftrages beim Wohnsitzfinanzamt.

    b) Pro Kreditinstitut ist ein separater Freistellungsauftrag zu erteilen.

    c) Die Depots von Minderjährigen fallen unter den Freistellungsauftrag der Eltern.

    d) Der Freistellungsauftrag ist grundsätzlich unbefristet gültig.

    e) Bei zusammen veranlagten Ehegatten muss jeder einen separaten Freistellungsauftrag über 801 € erteilen.

13. Beschreiben Sie, was man unter einer Nichtveranlagungsbescheinigung versteht.

14. Beschreiben Sie, was die FiFo-Methode besagt.

15. Beschreiben Sie, wie ausgeschüttete Zinsen und Erträge bei offenen Investmentvermögen steuerlich behandelt werden, die der Anleger vor dem 1.1.2009 gekauft hat.

16. Beschreiben Sie, wie ausgeschüttete Veräußerungsgewinne (realisiert auf Fondsebene aus dem Verkauf von Wertpapieren, die nach dem 31.12.2008 erworben wurden) steuerlich behandelt werden, wenn der Anleger die Anteile vor dem 1.1.2009 erworben hat.

17. Beschreiben Sie, wie ausgeschüttete Veräußerungsgewinne steuerlich behandelt werden (realisiert auf Fondsebene bei Wertpapieren, die vor dem 1.1.2009 erworben wurden), wenn der Anleger die Anteile nach dem 31.12.2008 erworben hat.

18. Beschreiben Sie, welchen Depotwert und welchen Wert des Investmentvermögens das depotführende Kreditinstitut an das Finanzamt melden muss, wenn der Kontoinhaber verstirbt.

19. Nennen Sie die Faktoren, die die Berechnung von Erbschafts- und Schenkungssteuer bestimmen.

20. Prüfen Sie, welche der nachfolgenden Aussagen in Bezug auf die Verlustverrechnungstöpfe zutreffen:

    a) Aktienkursgewinne können mit Aktienfondsverlusten verrechnet werden.

    b) Aktienkursverluste können mit Aktienkursgewinnen verrechnet werden.

    c) Zwischengewinne zählen nicht zu den Verlusten im Sinne der bezahlten Verlustverrechnungstöpfe.

    d) vereinnahmte Zwischengewinne

LF 14

SG 3.6

Lernziele

In diesem Kapitel erwerben Sie Fertigkeiten, Kenntnisse und Fähigkeiten darüber, was eine umfassende Bedarfsermittlung anhand der grundsätzlichen Anlagekriterien, Anlegertypen und Anlegerziele umfasst, welche Verkaufsunterlagen zur Verfügung stehen und wie sich dies in den gesetzlich geforderten Beratungsprozess gemäß WpHG bzw. FinVermV einfügt.

Sie

- erkennen Anlegertypen anhand ihrer Prioritäten bezogen auf das Vermögensanlagedreieck

- grenzen die allgemeinen Anlegerziele Vermögensaufbau, Vermögensanlage, Vermögensnutzung und Vermögensübertragung voneinander ab

- wenden die Grundlagen der anleger- und anlagegerechten Beratung gemäß WpHG bzw. FinVermV an

- erläutern die Mindestinhalte der wesentlichen Anlegerinformation, des Jahres-, Halbjahresberichtes und des Verkaufsprospektes und grenzen diese Verkaufsunterlagen voneinander ab

2.9 Verkauf von offenen Investmentvermögen

2.9.1 Anlegertypen

▶ **Situation**

Sie führen mit Ihrem Neukunden Frank Oldenburg zunächst einmal
ein ausführliches Gespräch über seine bisherigen Anlageerfahrungen
und erkundigen sich nach seinen grundsätzlichen Anlagekriterien, also
seinen Erwartungen an eine Anlage.

▶ **Erläuterung**

**Grundsätzliche Anlagekriterien – Prioritäten innerhalb des
Vermögensanlagedreiecks**

Bereits aus den grundsätzlichen Anlagekriterien des Anlegers lässt sich
dessen Mentalität in Grundzügen erkennen. Was ist ihm am wichtigsten, wenn er sich zwischen Sicherheit, Rendite und Liquidität entscheiden muss?

Sicherheit ⟶ Wie wichtig ist der Kapitalerhalt? Dieser Anleger will
grundsätzlich keine Risiken eingehen und verzichtet
dafür lieber auf eine hohe Verzinsung seiner Geldanlage.

Rendite ⟶ Wie wichtig sind Zinsen, Dividenden und Kursgewinne –
auch mal über das normale Marktniveau hinaus? Dieser
Anleger legt Wert auf Erträge. Je höher seine dies-
bezügliche Erwartungshaltung, umso eher ist er auch
bereit, die entsprechenden Risiken einzugehen.

Liquidität ⟶ Wie wichtig ist die Flexibilität, jederzeit wieder über das
angelegte Kapital verfügen zu können? Dieser Anleger
will sich auf keine festen Laufzeiten einlassen, unabhängig davon, wie sein Anlagehorizont aussieht. Er ist sich
bewusst, dass bei einem kürzeren Anlagezeitraum die
Risiken einer chancenreichen Anlage höher zu bewerten
sind. Und wenn er am Ende doch die Anlageform langfristig beibehält, so hat er die Chance, dass sich kurzfristig mögliche Kursschwankungen langfristig wieder
ausgeglichen haben.

▶ **Praxistipp**

Denken Sie bitte daran, dass es Ihrem Kunden u. U. gar nicht so
einfach fällt, seine Prioritäten und sein bisheriges Verhalten konkret zu
analysieren. Da ist das Bild des Vermögensanlagedreiecks ein einfacher Einstieg und bietet den Vorteil der Visualisierung. Insbesondere

bei Kunden, die am liebsten alle Kriterien bei einer Anlage erfüllt sehen möchten, können Sie so verdeutlichen, warum eine Priorisierung erforderlich ist.

Risikofähigkeit: bisherige Anlageerfahrungen und vorhandene Vermögens- und Einkommensverhältnisse

Welche Wertpapiergeschäfte hat der Anleger bisher getätigt und seit wann hat er mit einzelnen Produktkategorien Erfahrungen gesammelt? Das sind die wesentlichen Fragen, die sich auch im WpHG-Fragebogen wiederfinden, um die Anlageerfahrung des Anlegers konkret festzustellen.

Anlegergerechte Beratung heißt aber auch, einen Blick darauf zu werfen, ob sich der Kunde ein Risiko bei seiner Geldanlage überhaupt leisten kann.

Hierzu enthält der WpHG-Fragebogen die nachfolgenden Fragen:

- Über welches für Anlagezwecke frei verfügbares Monatseinkommen verfügen Sie?

- Über welches für Anlagezwecke frei verfügbares Vermögen verfügen Sie?

- Welchen Umfang hat Ihr Nettovermögen (inkl. Sparguthaben, Wertpapiere, Immobilien, sonstige Vermögenswerte, abzüglich Verbindlichkeiten)?

Risikoneigung / Risikobereitschaft – das Anlageverhalten

„Welcher Anlegertyp entspricht Ihrem Anlageverhalten?"
Das muss der Anleger entscheiden und kann dabei nur einen Typ auswählen (ansonsten gilt der Anlegertyp, der den niedrigeren Risiko- & Ertragsindikatoren entspricht). Hilfestellung geben dabei konkret formulierte Beispiele zu den Detailmerkmalen Anlageziel, Risiken, Chancen und Anlagedauer.

Anlegertyp	Anlageziel	Risiken	Chance	Anlagedauer[1]	Risiko-Ertragsindikator
sicherheitsorientiert	die Substanzerhaltung der Anlage steht im Vordergrund	minimale Kursschwankungen	eine marktgerechte Verzinsung	eher kurz- bis mittelfristig	1/2
konservativ	die Sicherheit der Anlage ist wichtig, aber für die Renditevorteile werden Kursverluste in Kauf genommen	kurzfristig moderate Kursschwankungen sind möglich; mittel-/langfristig ist ein Vermögensverlust unwahrscheinlich	eine marktgerechte Verzinsung, die in der Regel über der von Spar- und Festgeldanlagen liegt	eher mittel- bis langfristig	1/2/3/4
gewinnorientiert	die Ertragserwartungen gehen über das marktübliche Zinsniveau hinaus	höhere Kursschwankungen aus Aktien-, Zins- und Währungsentwicklungen	Erwirtschaftung einer langfristig höheren Rendite	eher langfristig	1/2/3/4/5/6
risikobewusst	die Ertragserwartungen gehen deutlich über das marktübliche Zinsniveau hinaus; der Vermögenszuwachs resultiert vorrangig aus Marktchancen	nicht kalkulierbare Verlustrisiken	Erwirtschaftung einer langfristig hohen Rendite	langfristig	1/2/3/4/5/6/7

Quelle: Allianz Global Investors KAG, Auszug aus Online-Formular „Fragen nach Wertpapierhandelsgesetz (WpHG)" www.allianzglobalinvestors.de

Das Wertpapierhandelsgesetz schreibt nur die Rahmenbedingungen fest, gibt jedoch keine konkreten Vorgaben bezüglich Bezeichnung der einzelnen Anlegertypen.

Aus diesem Grund finden sich bei unterschiedlichen Kaptialverwaltungsgesellschaften auch unterschiedliche Beschreibungen. Üblich ist eine Einteilung in bis zu 5 Anlegertypen.

Einige der häufigsten Bezeichnungen:

Anlegertyp 1 – sicherheitsorientiert

Anlegertyp 2 – ertragsorientiert, konservativ

Anlegertyp 3 – wachstumsorientiert, gewinnorientiert

Anlegertyp 4 – chancenorientiert, risikobewusst

Anlegertyp 5 – spekulativ

Die Zuordnung der Risiko-Ertrags-Indikatoren zu den einzelnen Anlegertypen ist ein erster Schritt zur Auswahl des passenden Investmentvermögens.

▶ Beispiel

Anhand des Vermögensanlagedreiecks haben Sie bereits herausgefunden, dass Herr Oldenburg keine allzu großen Risiken bei seiner Geldeinlage eingehen möchte, aber sich mit einer Festgeldverzinsung nicht zufrieden gibt.

Herr Oldenburg: Und bezüglich der Laufzeit bin ich eher flexibel, Herr Knurr.

Herr Knurr: Dazu schlage ich vor: Machen wir im Anschluss eine Aufstellung Ihrer bisherigen und geplanten Anlagen und wie deren Laufzeiten zu Ihren Verwendungswünschen passen. Könnten Sie sich für einen Mehrertrag auch an Kursschwankungen gewöhnen, wie sie bei einer Aktienanlage üblich sind?

Herr Oldenburg: Ehrlich gesagt, habe ich keine Erfahrungen mit Aktien. Und für kurze Zeit könnte ich vielleicht damit umgehen, wenn ich das Geld nicht brauche, aber langfristig möchte ich das nicht.

Herr Knurr: Na, dann ergibt sich für mich ein erstes Bild. Sie sind ertragsorientiert, aber die Sicherheit steht doch gerade langfristig noch im Vordergrund. Auch Ihre mittelfristige Laufzeitvorstellung spricht dafür. Eine reine Aktien- oder Aktienfondsanlage kommt deshalb für Sie erst einmal nicht in Frage. Aber ein Rentenfonds oder ein konservativer Mischfonds könnte genau das Richtige für Sie sein.

Herr Oldenburg: Ja, und mit verzinsten Anlagen habe ich bereits gute Erfahrungen gesammelt.

Herr Knurr: Dann lassen Sie uns doch im nächsten Schritt darüber reden, ob Sie sich zunächst noch weiter ein Vermögen aufbauen wollen oder die vorhandenen Gelder neu anlegen möchten.

▶ Zusammenfassung

Vereinfacht lassen sich die einzelnen Kriterien auf dem Weg zum Anlegertyp wie folgt darstellen:

Anlegertypen

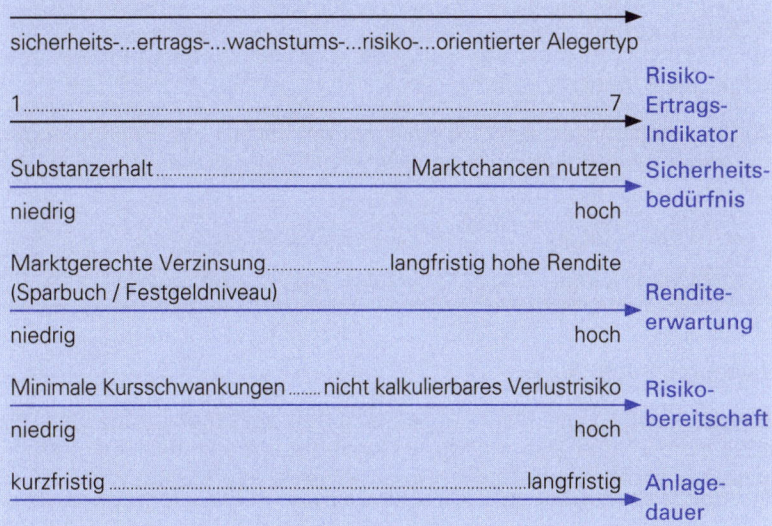

sicherheits-...ertrags-...wachstums-...risiko-...orientierter Alegertyp

1..7   Risiko-Ertrags-Indikator

Substanzerhalt.......................................Marktchancen nutzen   Sicherheits-bedürfnis
niedrig   hoch

Marktgerechte Verzinsung..........................langfristig hohe Rendite
(Sparbuch / Festgeldniveau)   Rendite-erwartung
niedrig   hoch

Minimale Kursschwankungen........nicht kalkulierbares Verlustrisiko   Risiko-bereitschaft
niedrig   hoch

kurzfristig...langfristig   Anlage-dauer

Darüber hinaus gilt in der Regel:
Bei einem langfristigen Anlagehorizont können sich kurzfristig mögliche Kursschwankungen wieder ausgleichen.

In Bezug auf die Marktverzinsung gilt in der Regel:
Je länger die Anlagedauer, umso höher der Zinssatz.

Es gibt aber auch Marktsituationen, bei denen für die kürzeren Laufzeiten höhere Zinsen gezahlt werden (sog. inversere Zinsstrukturkurve).

Abb. 100: Anlegertypen

2.9.2 Anlegerziele

▶ Situation

Dem Anleger ist auf der Suche nach einem zu ihm passenden Anlage-produkt am Ende nicht wichtig, wie das Produkt heißt, sondern er will wissen, was es ihm nutzt und ob es wirklich die passende Lösung für seine Wünsche, Ziele und Bedürfnisse ist. Dabei gilt es zu beachten, dass sich diese im Verlauf des Lebens oft ändern. Dies ist wichtig bei der Bestandskundenbetreuung.

Sie haben Ihren Kunden Herrn Marco Wiedemann seit rund 5 Jahren nicht mehr gesehen und bereiten sich nun auf das Gespräch mit ihm vor. Sie machen sich Notizen, welche Punkte Sie mit ihm besprechen möchten.

▶ Erläuterung

Allgemeine Anlegerziele

Neben den grundsätzlichen Anlagekriterien – Sicherheit, Rendite und Liquidität – lassen sich auch die Anlegerziele zunächst allgemein struk-turieren.

- Vermögensaufbau
- Vermögensanlage
- Vermögensnutzung
- Vermögensübertragung

Vermögensaufbau

Um den Vermögensaufbau geht es zum Beispiel bei der Frage, wie etwa ein monatlich zur Verfügung stehender Betrag gewinnbringend angelegt werden kann. Dies ist vor allem dann interessant, wenn es sich dabei um relativ kleine Anlagebeträge (z. B. 50 oder 100 €) han-delt. Gerade für die Finanzierung der Ausbildung der Kinder oder Enkel, aber auch für eine zusätzliche private Altersvorsorge bieten Investment-vermögen passende Lösungen.

Vermögensanlage

Bei der Vermögensanlage steht meist bereits eine größere Geldsumme (z. B. 10.000 €) zur Verfügung. Und oft gibt es einen konkreten Ver-wendungszweck, der dann z. B. die Laufzeit der Anlage bestimmt. Eine besondere Bedeutung kommt hier dem Anlagenmix, der sogenannten Diversifikation (Aufteilung) zu. „Nicht alle Eier in einen Korb" lautet das Sprichwort, welches auch eine gute Anlagestrategie für offene Invest-mentvermögen darstellt. So lassen sich Risiken streuen.

Die Mischung aus nationalen und internationalen Anlagen oder aus verschiedenen Anlageformen (Aktien, verzinsliche Wertpapiere, Investmentvermögen, Immobilien usw.) sollte dabei dem Anlegertyp entsprechen (z. B. Verzicht auf Aktien, wenn es sich um einen eher sicherheitsorientierten Anleger handelt). Für den Ertrag bzw. die Risikoeingrenzung ist diese Aufteilung in verschiedene Anlageklassen (engl. Asset Allocation) wichtiger als die Wahl des perfekten Kauf- oder Verkaufstermins. Letzteres lässt sich optimieren, indem man bei einem entsprechenden Anlagevolumen (Mindestanlagebeträge der Kapitalverwaltungsgesellschaft beachten) die Investition z. B. auf 2–4 Quartale verteilt.

LF
14

SG
1

SG
3.9

Diversifikation und Asset Allocation

Zwischen beiden Begriffen besteht nachfolgender Zusammenhang: Die Strukturierung eines Depots bzw. ganz grundsätzlich die Strukturierung von Geld- und Kapitalanlagen ist die Aufteilung / Verteilung = Diversifikation (engl. Allocation) des vorhandenen Vermögens auf verschiedene Anlageklassen (engl. Assets). Als Anlageklasse bezeichnet man im Allgemeinen Aktien, Anleihen, Derivate, Immobilien, Währungen, Investmentvermögen u. a.

Vermögensnutzung

Vermögensnutzung bedeutet, über das bereits aufgebaute und vorhandene Vermögen schrittweise zu verfügen und dieses für ein bestimmtes Ziel zu nutzen. So können beispielsweise monatliche Vermögensentnahmen zum Ausgleich eines unter Umständen niedriger als erwartet ausgefallenen gesetzlichen Rentenanspruchs genutzt werden.

Angesichts der gestiegenen Lebenserwartung muss der Anleger entscheiden, ob er die Entnahmen bzw. Auszahlungen vermögensneutral (Kapitalerhalt) oder so wählt, dass sich sein Vermögen sukzessive aufbraucht (Kapitalverzehr).

Vermögensübertragung

Im Zusammenhang mit einer Schenkung oder Vererbung spricht man von Vermögensübertragung.

Bei der Vermögensregelung zu Lebzeiten (Schenkung) ergeben sich regelmäßig auch steuerliche Überlegungen. Je nach verwandtschaftlichem Grad zum Beschenkten gibt es unterschiedliche Freibeträge und unterschiedliche Steuersätze zu beachten. Das ist Sache eines Steuerfachmanns, denn ein Finanzanlagenvermittler oder Vermögensberater darf zwar steuerliche Anstöße geben, ist aber nicht zur verbindlichen oder umfassenden Steuerberatung berechtigt.

Gleiches gilt für den Erbfall.

Allgemeine Anlegerziele

Allgemeine Anlegerziele	Können erreicht werden durch:
Vermögensaufbau	regelmäßige Investition (Sparplan)
Vermögensanlage	einmalige Geldanlage (Einmalanlage)
Vermögensnutzung	regelmäßige Entnahmen (Auszahlplan)
Vermögensübertragung	Vererbung und Schenkung

Abb. 101: Allgemeine Anlegerziele

Individuelle Anlegerziele

Strukturierung nach Anlagehorizont und Verwendungszweck

Im Verkaufsgespräch gilt es, die individuellen Ziele und Wünsche des Anlegers herauszufinden.

Vermögensaufbau ....wofür und bis wann?

z. B. ▪ das neue Auto in 2 Jahren
       ▪ die Rundreise durch die USA in 5 Jahren

Vermögensanlage... warum?

z. B. ▪ Zinserträge als zusätzliches Einkommen
       ▪ das Geld wird erst später für … benötigt.

Vermögensnutzung .... wofür und wie?

z. B. ▪ zusätzliche private Rente
       ▪ durch monatliche Auszahlungen

Vermögensübertragung..wie und wann?

z. B. ▪ mit „warmen Händen" verschenken
       ▪ das Erbe unter steuerlichen Gesichtspunkten ordnen

Vermögensaufbau und Vermögensanlage

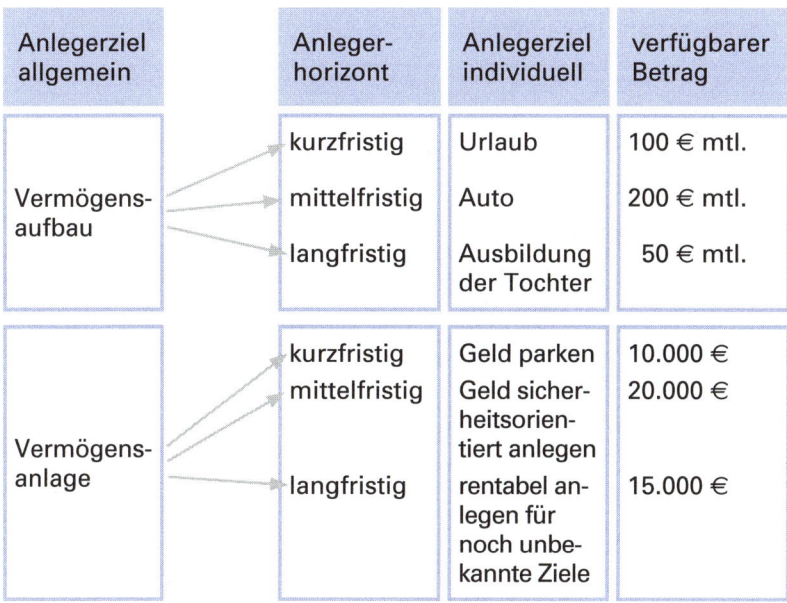

Anlegerziel allgemein	Anleger- horizont	Anlegerziel individuell	verfügbarer Betrag
Vermögens- aufbau	kurzfristig	Urlaub	100 € mtl.
	mittelfristig	Auto	200 € mtl.
	langfristig	Ausbildung der Tochter	50 € mtl.
Vermögens- anlage	kurzfristig	Geld parken	10.000 €
	mittelfristig	Geld sicher- heitsorien- tiert anlegen	20.000 €
	langfristig	rentabel an- legen für noch unbe- kannte Ziele	15.000 €

Abb. 102: Vermögensaufbau und Vermögensanlage

Aktuelle Bedarfsanalyse und langfristige Planung

Zu jedem Anlageberatungsgespräch mit einem Neukunden gehört eine umfassende Bedarfsermittlung/-analyse. Nicht nur, weil das der Anlegerschutz mittlerweile durch viele Regulierungen vorschreibt, sondern vor allem, weil es für Anleger und Verkäufer wichtige Anhaltspunkte bietet, miteinander vertrauensvoll und nachhaltig ins Geschäft zu kommen.

Aber auch für Bestandskunden gilt: Ziele ändern sich. Im Schnitt macht es spätestens nach 2 Jahren Sinn, mit dem Kunden das Gespräch zu suchen, um herauszufinden, ob sich seine Ziele verändert haben und die Vermögensstruktur ggf. angepasst werden sollte.

Analysieren, d. h. fragen, fragen, fragen.

Zur persönlichen Situation:

Wie ist Ihre familiäre Situation (verheiratet, Kinder …)?
In welchem Alter sind Ihre Kinder?

Zur beruflichen Situation:

Wie ist Ihre berufliche Situation (angestellt, selbstständig, arbeitslos …)?

Zur finanziellen Situation:

Welche Einkommensverhältnisse bestehen?
Welches Vermögen besteht bereits und wie ist es angelegt?
Was planen Sie mit dem angesparten Geld?
Wofür möchten sie neu sparen bzw. Geld anlegen?
Wie lange möchten Sie das Geld anlegen?

Zur steuerlichen Situation:

Welche steuerlichen Aspekte sind zu beachten?
Ist der Sparerpauschbetrag schon ausgeschöpft oder welcher
Betrag ist noch verfügbar?

usw.

Unter dem Aspekt „Welchen finanziellen Bedarf werde ich voraussichtlich in den verschiedenen Phasen meines Lebens haben?", ist es
vorteilhaft, sich rechtzeitig Gedanken zu machen und sich kurzfristige,
mittelfristige und langfristige Ziele zu setzen. Ein typisches Kurzfristziel
könnte der nächste Urlaub sein, mittelfristig könnte an den Erwerb eines
neuen Autos gedacht werden, während die gesicherte Ausbildung der
Kinder oder die eigene Altersvorsorge klassische Langfristziele sind. Der
Anleger entscheidet, welche Prioritäten er setzen möchte, welche Ziele
er unbedingt erreichen will und welche ihm weniger wichtig sind.

Natürlich führt jede Planung nur dann wirklich zum Erfolg, wenn für
jedes gewählte Ziel der passende realistische Zeitrahmen gesetzt wird,
d. h. die vorhandenen Einkommens- und Vermögensverhältnisse einbezogen werden, und natürlich der Plan danach auch in die Tat umgesetzt
wird.

Wie die Lebensplanung die Ziele bestimmt: Ein Beispiel

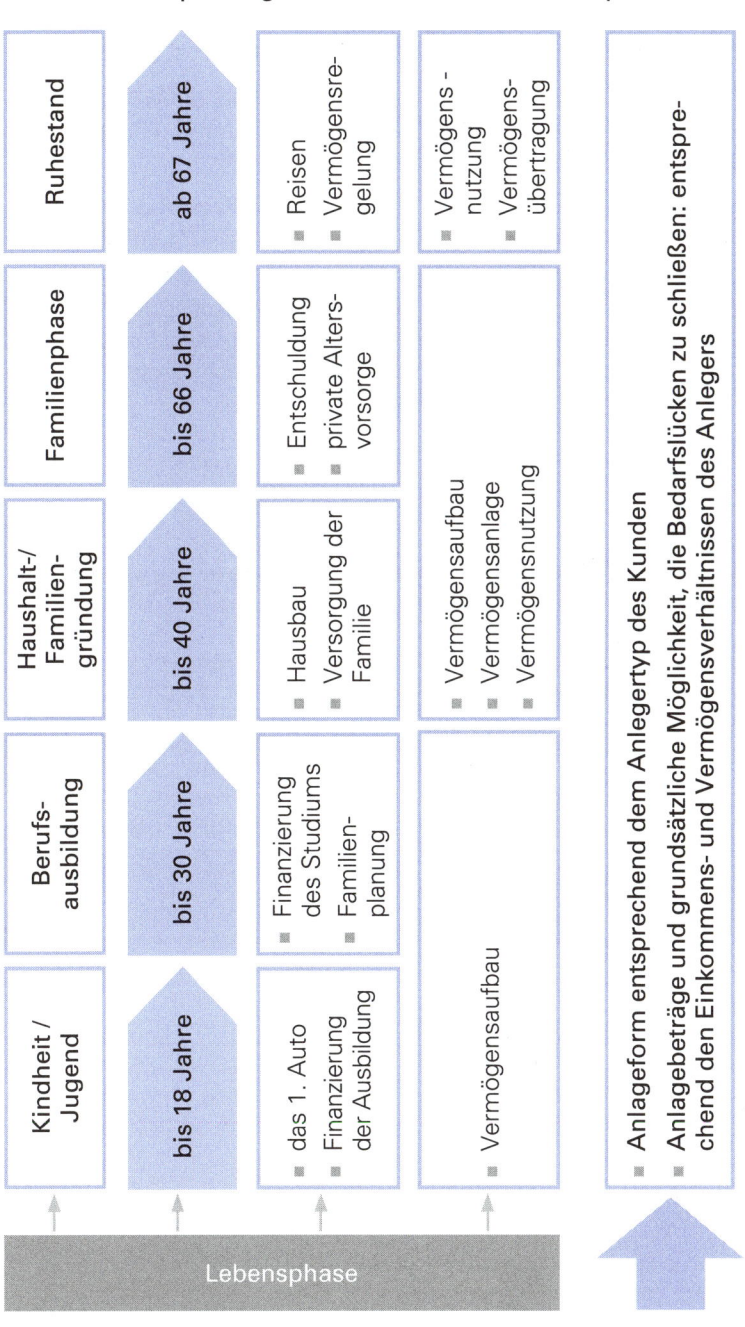

Abb. 103: Lebensplanung

Bereits vorhandene Geldanlagen sind in die Planung mit einzubeziehen. Vielleicht stehen die Mittel für das Erreichen des Kurzfristziels (zum Beispiel in Form eines Sparguthabens) bereits zur Verfügung?

Sollte bereits Immobilienvermögen vorhanden sein, macht ein weiteres offenes Immobilien-Sondervermögen i. d. R. keinen Sinn, da damit die Risikostreuung bei der Anlage vernachlässigt würde.

Die steuerliche Situation kommt insbesondere nach der Ausschöpfung des Sparerpauschbetrags ins Spiel. Im Zweifelsfall sollte man aber immer auf den Steuerberater verweisen.

Zuerst gilt es, die existenzbedrohenden Risiken abzudecken (Produktbereich: Versicherungen) und Reserven für Unvorhergesehenes („Notgroschen") zu bilden. Erst danach setzt die eigentliche Geldanlage und der Vermögensaufbau ein.

▶ Praxistipp

So selbstverständlich es klingen mag, aber ist es überhaupt so einfach, sein Leben mit Zielen durchzuplanen? Und wer macht das regelmäßig? Sicher nicht jeder Anleger. Da helfen entsprechende Fragestellungen seitens des Verkäufers. Und ein Bild sagt wie oft mehr als tausend Worte: Nutzen Sie das Bild des Lebensphasenmodells, um den finanziellen Bedarf für die Ziele und Wünsche des Anlegers zu ermitteln und aufzuzeigen.

Überprüfen Sie doch einmal Ihre eigene Lebensplanung. So können Sie sich am besten in Ihren Kunden hineinversetzen: Worauf ist zu achten? Was wird leicht vergessen? Was sind die Herausforderungen?

▶ Beispiel

Das Bestandskundengespräch könnte auszugsweise wie folgt ablaufen:

Frau Neuland: Herr Wiedemann, schön Sie nach so vielen Jahren wiederzusehen, und dass Sie sich heute die Zeit nehmen, über eine Optimierung Ihrer bisherigen Geldanlagen zu sprechen. Was hat sich denn in den letzten Jahren bei Ihnen alles verändert?

Herr Wiedemann: Ich habe in der Zwischenzeit geheiratet und mein kleiner Sohn wird nächste Woche 2 Jahre alt.

Frau Neuland: Ihre Adresse hat sich nicht geändert. Planen Sie mit der Familiengründung in Zukunft vielleicht einen Umzug?

Herr Wiedemann: Ja, meine Frau wird nach dem Ende der Elternzeit, also in einem Jahr, wieder in Teilzeit in ihren alten Job zurückgehen. Unser Bausparvertrag sollte in 2 Jahren auch zuteilungsreif sein und dann wäre eine größere Eigentumswohnung unser Traum.

Frau Neuland: Und je älter ihr Sohn wird, umso größer seine Wünsche.

Herr Wiedemann: Ja, und eine gute Ausbildung möchten wir ihm auch ermöglichen.

Frau Neuland: Dann schlage ich vor, wir betrachten zunächst einmal ihre vorhandenen Anlagen. Wenn Sie diese z. B. teilweise nächstes Jahr als zusätzliches Eigenkapital für den Erwerb der Eigentumswohnung benötigen, ist eine Umschichtung in eine risikolosere Anlageform sinnvoll. Trotzdem ist es wichtig, gerade im Hinblick auf die Zukunft Ihres Sohnes, auch den langfristigen Vermögensaufbau weiter im Auge zu behalten. Ein monatlicher Sparplan könnte hier die passende Lösung für Sie sein.

Herr Wiedemann: Aber was, wenn die Belastung aus einem Baudarlehen für die Eigentumswohnung dazukommt?

Frau Neuland: Kein Problem, Sie können die Sparraten jederzeit verringern oder auch einmal aussetzen.

Herr Wiedemann: Zum Glück hat mir mein Chef eine Gehaltserhöhung in Aussicht gestellt.

Frau Neuland: Gratulation. Dann lassen Sie uns auch über weitere Veränderungen reden: Wann ist ein neues Auto geplant; gibt es genug Rücklagen für den nächsten Familienurlaub?

Herr Wiedemann: An was Sie alles denken. Aber Sie haben Recht, rechtzeitig geplant ist besser, als davon überrascht zu werden oder darauf verzichten zu müssen. Wie machen wir weiter? Das alles zu durchdenken, braucht doch schon viel Zeit.

Frau Neuland: Das vorhandene Depot optimieren wir gleich heute. Und dann schlage ich vor, wir vereinbaren einen weiteren Termin, zu dem Sie auch Ihre Frau mitbringen, und dann können Sie gerne auch den Sparplan für Ihren Sohn bei mir abschließen.

Herr Wiedemann: Einverstanden.

▶ Zusammenfassung

Bevor Sie Ihrem Kunden das passende Produkt anbieten können, ist eine zusammenfassende Strukturierung der allgemeinen und individuellen Anlegerziele hilfreich.

Und zwar von den allgemeinen Anlegerzielen (Vermögensaufbau, Vermögensanlage, Vermögensnutzung und Vermögensübertragung) hin zu den individuellen Anlegerzielen.

Der Weg vom allgemeinen Anlegerziel zur finanziellen
Lebensplanung

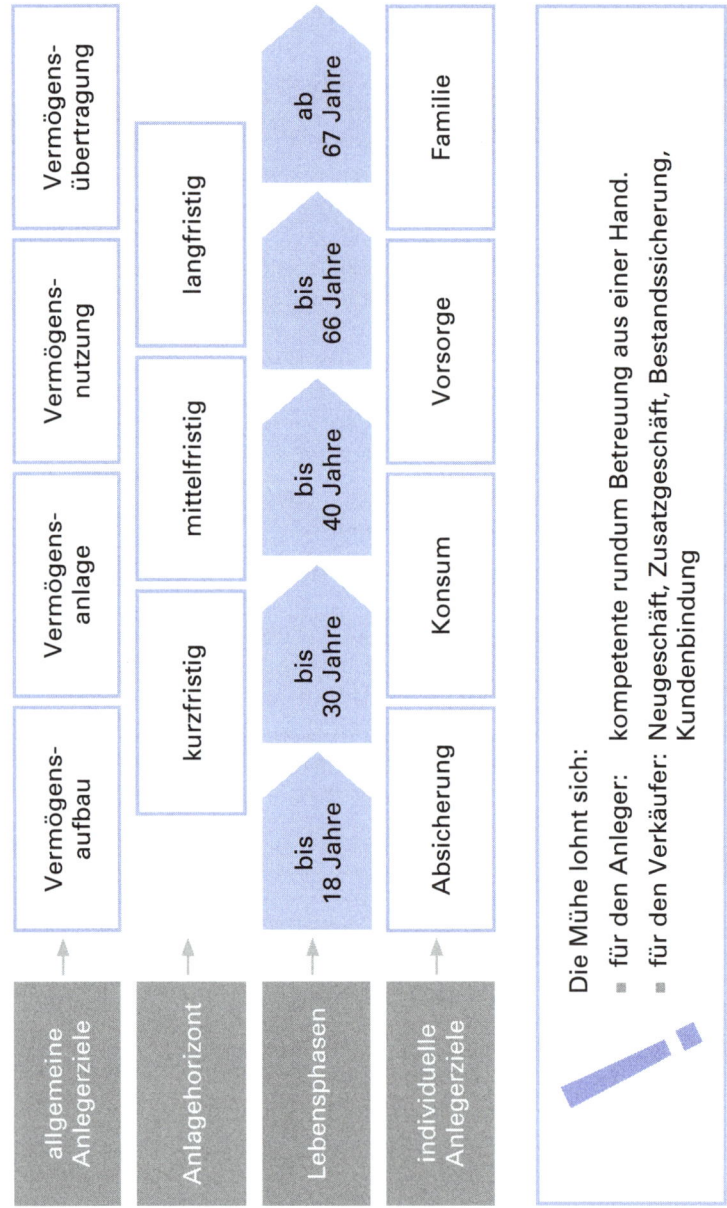

Abb. 104: Finanzielles Lebensphasenmodell

Stellen Sie sich doch einmal Ihre eigenen Lebensphasen mit konkreten Beispielen zusammen. Die Zeitspannen der einzelnen Lebensphasen können Sie dabei selbstverständlich individuell anpassen
(z. B. die Lebensphase 50.–66. Lebensjahr einfügen).

2.9.3 Anleger- und anlagegerechte Beratung

▶ **Situation**

Sie erläutern Ihrem neuen Mitarbeiter die gesetzlichen Beratungsgrundlagen nach der Finanzanlagenvermittlungsverordnung und wie diese in der Kundengesprächspraxis umgesetzt werden kann.

▶ **Erläuterung**

Verhaltensregeln für die Anlageberatung

Zum Schutz des Anlegers ergeben sich aus den Anforderungen des WpHG und der FinVermV zwei wichtige Kriterien für ein kompetentes Beratungsgespräch.

Die anlegergerechte Beratung, d. h. die Einholung umfassender Informationen über den Kunden:

- Was sind seine Anlageziele?
- Welche Kenntnisse und Erfahrungen hat er mit Wertpapieren?
- Wie sehen seine finanziellen Verhältnisse aus?

→Dokumentation der Kundenangaben im Depoteröffnungsantrag (WpHG-Fragen)

Die anlagegerechte Beratung, d. h. verständliche und umfassende Produktinformationen und Empfehlung von Produkten, die für den Anleger geeignet sind:

- Die angebotenen Produkte sind dem Kunden schlüssig zu erklären.

→Dem Kunden ist das Produktinformationsblatt zur Verfügung zu stellen:

- Wesentliche Anlegerinformationen (WAI) bei offenen und geschlossenen Investmentvermögen
- VIB (Vermögensanlagen-Informationsblatt) bei geschlossenen Beteiligungsfonds im Sinne des Vermögensanlagengesetzes

Dem Anleger dürfen nur solche Finanzanlagen empfohlen werden, die für ihn geeignet sind. Weitere Details zur Geeignetheitsprüfung siehe Kapitel 1.8.5 Finanzanlagenvermittlungsverordnung (FinVermV) .

LF 14

SG 1

SG 2.4

2.9.4 Verkaufsunterlagen und Dokumentation

▶ **Situation**

Frida Mixmann hat sich am Ende des Beratungsgesprächs durch ihren Finanzvermittler Gerd Schrumpf für den Abschluss eines Investment-Sparplans entschlossen und bekommt nun eine ganze Reihe von Unterlagen von ihm ausgehändigt. Sie möchte wissen, warum dies notwendig ist und welchen Nutzen sie davon hat.

▶ **Erläuterung**

Verkaufsunterlagen

Offene Investmentvermögen werben mit dem Vorteil, transparent zu sein. Das gilt in Bezug auf die Kosten aber auch auf weitere Details, wie z. B. die genauen Anlagebedingungen des Investmentvermögens.

Das Kapitalanlagegesetzbuch regelt die Pflicht zur Aushändigung bestimmter Verkaufsunterlagen und schreibt vor, dass dies im Vorfeld zur Unterschrift unter die Depoteröffnung oder den Kaufvertrag erfolgen muss. Unabhängig davon, ob die Kapitalverwaltungsgesellschaft ihren Sitz in Deutschland oder im Ausland hat, gilt: für die in Deutschland zum Vertrieb zugelassenen offenen Investmentvermögen müssen die geforderten Verkaufsunterlagen in deutscher Sprache vorliegen.

§ 297 KAGB

> Dem am Erwerb eines Anteils interessierten Anleger sind die wesentlichen Anlegerinformationen in der geltenden Fassung kostenlos zur Verfügung zu stellen. Darüber hinaus sind auf Verlangen der Verkaufsprospekt sowie der letzte veröffentlichte Jahres- und Halbjahresbericht kostenlos zur Verfügung zu stellen.

Weitere Details zu den Regelungen des KAGB siehe Kapitel 2.7.2 Das Kapitalanlagegesetzbuch (KAGB)

Verkaufsunterlagen

Rechtzeitig vor Vertragsabschluss zur Verfügung zu stellen:

- Wesentliche Anlegerinformationen (WAI)

- Verkaufsprospekt inkl. Anlagebedingungen auf Anlegerwunsch

- letzter veröffentlichter Jahres- bzw. Halbjahresbericht auf Anlegerwunsch

- Durchschrift des Depoteröffnungsantrages oder bei Kauf: Zusendung der Kaufabrechnung, die einen Hinweis auf die Höhe des Ausgabeaufschlages und des Rücknahmepreises und eine Belehrung über das Widerrufsrecht gemäß § 305 KAGB enthalten muss

(1) Dem am Erwerb eines Anteils oder einer Aktie an einem OGAW Interessierten sind rechtzeitig vor Vertragsschluss die wesentlichen Anlegerinformationen in der geltenden Fassung kostenlos zur Verfügung zu stellen. Darüber hinaus sind ihm sowie auch dem Anleger eines OGAW auf Verlangen der Verkaufsprospekt sowie der letzte veröffentlichte Jahres- und Halbjahresbericht kostenlos zur Verfügung zu stellen.

§ 297 Abs. 1,2 und 5 KAGB

LF 14

SG 1

SG 3.5

(2) Der am Erwerb eines Anteils oder einer Aktie an einem AIF interessierte Privatanleger ist vor Vertragsschluss über den jüngsten Nettoinventarwert des Investmentvermögens oder den jüngsten Marktpreis der Anteile oder Aktien gemäß den §§ 168 und 271 Absatz 1 zu informieren. Ihm sind rechtzeitig vor Vertragsschluss die wesentlichen Anlegerinformationen, der Verkaufsprospekt und der letzte veröffentlichte Jahres- und Halbjahresbericht in der geltenden Fassung kostenlos zur Verfügung zu stellen.

(5) Die in den Absätzen 1, 2 Satz 2 sowie in Absatz 3 genannten Unterlagen (Verkaufsunterlagen) sind dem am Erwerb eines Anteils oder einer Aktie Interessierten und dem Anleger auf einem dauerhaften Datenträger oder einer Internetseite gemäß Artikel 38 der Verordnung (EU) Nr. 583/2010 sowie auf Verlangen jederzeit kostenlos in Papierform zur Verfügung zu stellen. Der am Erwerb eines Anteils oder einer Aktie Interessierte ist darauf hinzuweisen, wo im Geltungsbereich des Gesetztes und auf welche Weise er die Verkaufsunterlagen kostenlos erhalten kann.

Dauerhafter Datenträger ist jedes Medium, das den Anlegern gestattet, Informationen für eine den Zwecken der Informationen angemessene Dauer zu speichern, einzusehen und unverändert wiederzugeben.

§ 1 KAGB

(1) Ist für die Übermittlung von Informationen nach diesem Gesetz die Verwendung eines dauerhaften Datenträgers vorgesehen, ist die Verwendung eines anderen dauerhaften Datenträgers als Papier nur zulässig, wenn dies auf Grund der Rahmenbedingungen, unter denen das Geschäft ausgeführt wird, angemessen ist und der Anleger sich ausdrücklich für diese andere Form der Übermittlung von Informationen entschieden hat.

§ 167 KAGB

(2) Eine elektronische Übermittlung von Informationen gilt im Hinblick auf die Rahmenbedingungen, unter denen das Geschäft zwischen der Kapitalverwaltungsgesellschaft und dem Anleger ausgeführt wird oder werden soll, als angemessen, wenn der Anleger nachweislich einen regelmäßigen Zugang zum Internet hat. Dies gilt als nachgewiesen, wenn der Anleger für die Ausführung dieser Geschäfte eine E-Mail-Adresse angegeben hat.

Dem Anleger ist nach Vertragsabschluss auszuhändigen:

§ 297 Abs. 9 KAGB

▪ Kopie des Depoteröffnungsantrages

> (9) Dem Erwerber eines Anteils oder einer Aktie an einem OGAW
> oder AIF ist eine Durchschrift des Antrags auf Vertragsabschluss aus-
> zuhändigen oder eine Kaufabrechnung zu übersenden, die jeweils ei-
> nen Hinweis auf die Höhe des Ausgabeaufschlags und des Rücknah-
> meabschlags und eine Belehrung über das Recht des Käufers zum
> Widerruf nach § 305 enthalten müssen.

Weitere Details zu den Verkaufsunterlagen siehe Kapitel 2.9.4
Verkaufsunterlagen und Dokumentation .

§ 166 KAGB

Wesentliche Anlegerinformation (WAI)

Die wesentlichen Anlegerinformationen für Investmentvermögen
bieten die Informationen, die für eine Anlageentscheidung wichtig sind,
zusammengefasst auf max. 2 DIN-A4-Seiten – kurz, knapp und verständlich formuliert:

▪ Identität (d. h. Name/Bezeichnung) des Investmentvermögens

▪ kurze Beschreibung der Anlageziele und Anlagepolitik

▪ Risiko- und Ertragsprofil der Anlage

    ▪ Indikator in Form einer Skala 1–7

    ▪ je mehr die Erträge in den letzten 5 Jahren geschwankt haben,
      umso höher die Einstufung

    ▪ Kursbewegungen einer Anteilsklasse in der Vergangenheit ohne
      Einfluss auf das zukünftige Risikoprofil. Die geringste Kategorie
      gewährt keine völlige Risikofreiheit. Risiken der Wertpapieranlage
      wie z. B. Währungsrisiken oder spezielle Marktrisiken werden von
      diesem Indikator nicht widergespiegelt.

Risiko-Ertragsprofil

| 1 | 2 | 3 | 4 | 5 | 6 | 7 |

geringeres Risiko   höheres Risiko
potenziell geringere Erträge   potenziell höhere Erträge

Abb. 105: Risiko-Ertragsprofil

- Kosten und Gebühren

  - einmalige Kosten beim Kauf oder Verkauf der Anlage: Ausgabeaufschlag

  - Gesamtkosten bzw. laufende Kosten (engl. ongoing charge), die dem Sondervermögen im abgelaufenen Kalenderjahr abgezogen wurden (ohne Transaktionskosten)

  - Kosten, die an bestimmte Umstände gekoppelt sind: z. B. an die Wertentwicklung des Investmentvermögens gebundene Vergütungen (engl. performance fee)

- bisherige Wertentwicklung und ggf. Performance-Szenarien

- praktische Informationen und Querverweise (Angaben zu Verwahrstelle und Kapitalverwaltungsgesellschaft, Hinweis auf Bezugsquelle für den Jahresbericht, auf für das offene Investmentvermögen geltendes Steuerrecht und als weitere Informationsquelle die Internetseite der Kapitalverwaltungsgesellschaft)

LF 14

SG 1

SG 3.5

▶ Exkurs – Risiko-Ertrags-Indikator: SRRI

Die verpflichtend in den wesentlichen Anlegerinformationen WAI anzugebende siebenstufige Risiko-Ertrags-Klassifizierung beruht auf dem synthetischen Risiko-Ertrags-Indikator (engl. Synthetic Risk and Reward Indicator SRRI).

Bei der Berechnung des SRRI wird u. a. die Volatilität der Fondsrendite über die letzten 5 Jahre betrachtet.

Diese Methode ist europaweit einheitlich anzuwenden und soll verschiedene Investmentprodukte in ganz Europa vergleichbar machen.

Es gelten klare Grenzen zwischen den einzelnen Kategorien.

Die Kategorie 1 steht dabei für das geringste Risiko bei potenziell niedrigen Erträgen und darf nicht mehr als 0,5 % Ertragsschwankungen aufweisen.

Zu beachten ist, dass sich der Indikator jederzeit ändern kann und besonders stark von der Volatilität der Märkte abhängt. Die Grenzen für die einzelnen Kategorien sind verbindlich und starr festgelegt und das kann kurzfristig dazu führen, dass sogar ein Festgeld einmal in eine höhere Kategorie rutscht oder umgekehrt ein Aktienfonds bei einer ruhigen Marktphase zu einem vergleichsweise sicheren Produkt wird.

Deshalb gilt für den SRRI wie für alle anderen Kennzahlen: er ist einer von vielen Faktoren der Anlegerentscheidung, aber sollte nie der einzige sein.

§ 165 KAGB   **Verkaufsprospekt**

Hier kann der Anleger detaillierte Informationen über das offene Investmentvermögen und seine möglichen Risiken nachlesen wie beispielsweise:

- Informationen zu den Anlageschwerpunkten des Investmentvermö-
  gens:
  - Anlageziele (z. B. langfristiges Kapitalwachstum durch Engagement
    vorwiegend an den europäischen Aktienmärkten)
  - Anlagegrundsätze und Anlagegrenzen (z. B. für das Sondervermö-
    gen können Aktien von Emittenten mit Sitz in Europa erworben
    werden, es gelten die folgenden Anlagegrenzen: der Anteil an Ak-
    tien darf insgesamt 51 % des Wertes des Sondervermögens nicht
    unterschreiten)
  - Anlageinstrumente im Einzelnen (z. B. Wertpapiere, Geldmarktinst-
    rumente, Bankguthaben; und diese wiederum mit entsprechender
    Angabe der jeweiligen Anlagegrenzen)
  - zulässige Grenzen für Kreditaufnahmen
- Informationen bezogen auf den Anleger:
  - Profil eines typischen Anlegers
  - Risikohinweise
  - Steuerhinweise für Anteile im Privatvermögen u. a.
- Informationen zu Preisen, Kosten und Erträgen (generelle Angaben
  und Angaben in Prozent):
  - Ausgabe und Rücknahme von Anteilen
  - Regeln für die Ermittlung und Verwendung von Erträgen
  - Verwaltungs- und sonstige Kosten
  - Geschäftsjahr und Ausschüttungen
- Allgemeine Informationen:
  - Anteilsklassen
  - Teilfonds
  - Angabe der Kapitalverwaltungsgesellschaft und der Verwahrstelle
  - Bezugsquellen für Jahres- und Halbjahresbericht

§ 162 KAGB   **Anlagebedingungen**

Nach den Anlagebedingungen bestimmt sich das vertragliche Rechtsverhältnis der Kapitalverwaltungsgesellschaft zu den Anlegern eines
Publikumsinvestmentvermögens. Die Anlagebedingungen sind ebenso
wie der Verkaufsprospekt vor Vertriebsstart durch die BaFin zu genehmigen.

Im Falle einer Publikumsinvestmentaktiengesellschaft (anstelle der Gestaltungsform eines Sondervermögens) regelt die Satzung dieses Rechtsverhältnis.

Die Anlagebedingungen müssen gemäß Kapitalanlagegesetzbuch unter anderem nachfolgende Angaben enthalten:

- Grundsätze, nach denen die Auswahl der zu beschaffenden Vermögensgegenstände erfolgt, insbesondere welche Vermögensgegenstände in welchem Umfang erworben werden dürfen und ob eine Kreditaufnahme für Rechnung des Investmentvermögens zulässig ist

- Voraussetzungen, unter welchen Bedingungen die Rücknahme der Anteile von der Kapitalverwaltungsgesellschaft ausgesetzt werden kann.

- Ob Erträge ausgeschüttet oder zu thesaurieren sind und ob eine Ausschüttung von Veräußerungsgewinnen vorgesehen ist.

- Wann und in welcher Weise das Investmentvermögen, sofern es nur für eine begrenzte Dauer (z. B. bei Laufzeit- oder Garantiefonds) gebildet wird, abgewickelt und an die Anleger verteilt wird. Nach welcher Methode, in welcher Höhe und aufgrund welcher Berechnung die Vergütung und Aufwendungserstattungen aus dem Investmentvermögen an die Verwaltungsgesellschaft, die Verwahrstelle und Dritte zu leisten sind.

▶ Praxistipp

Ein Blick in den Verkaufsprospekt und die Anlagebedingungen vermeidet, dass man „Äpfel mit Birnen" vergleicht. Z. B. ist Aktienfonds nicht gleich Aktienfonds. Es macht einen Unterschied, ob der Aktienfonds überwiegend nur in deutsche Aktien oder überwiegend weltweit in Aktien investiert. Der Verkaufsprospekt muss ausführlich und klar auf die möglichen Risiken hinweisen, die mit dieser Fondsanlage verbunden sind. Somit ist auch diese Verkaufsunterlage für den Kunden eine wertvolle Hilfe bei seiner Entscheidungsfindung.

Jahresbericht oder Halbjahresbericht

§ 101 und 103 KAGB

Der Jahresbericht bzw. der Halbjahresbericht ist ein Detailbericht des vergangenen Geschäftsjahres/-halbjahres. Dieses kann vom Kalenderjahr abweichen, umfasst jedoch regelmäßig 12 Monate. Der Jahresbericht ist spätestens 4 Monate (OGAW) und 6 Monate (AIF) nach Geschäftsjahresende und der Halbjahresbericht ist spätestens 2 Monate nach dem Halbjahresstichtag zu erstellen.

§ 107 KAGB

Der Jahresbericht (bzw. Halbjahresbericht) enthält u. a.:

- Tätigkeitsbericht (z. B. Käufe und Verkäufe, denn diese verursachen Nebenkosten, die aus dem Sondervermögen bezahlt werden müssen, und sind deshalb eine wichtige Angabe für den Anleger)

- zusammengefasste (z. B. Anteile der Investitionen in verschiedenen Ländern) und detaillierte Vermögensaufstellung zum Geschäftsjahresende (z. B. Angabe der einzelnen Anlagen, Kurswerte in Euro)

- Bericht zu den einzelnen Anteilsklassen

- Vermerk des Abschlussprüfers (Der Jahresbericht ist von einem Abschlussprüfer zu prüfen und mit einem entsprechenden Abschlussbericht zu versehen.)

- Angaben zur Besteuerung der Erträge und Bescheinigung nach dem Investmentsteuergesetz

▶ **Praxistipp**

Der Jahresbericht ist ein sehr umfangreiches Zahlenwerk, aber es gewährt dem Anleger Einblick in die Arbeit des Fondsmanagements. Er kann nachvollziehen, was genau mit seinem Geld gemacht wurde, welche Kosten und wofür sie angefallen sind und wie die erwirtschafteten Erträge verwendet wurden. Und für manche Anleger ist es sehr spannend zu sehen, dass sie mit ihren Fondsanteilen z. B. in der ganzen Welt investiert haben und – wenn auch nur zu kleinen Teilen, aber dennoch – an vielen großen Unternehmen beteiligt sind bzw. diese über Anleihen mitfinanzieren.

§ 297 Abs. 9 KAGB | **Weitere Unterlagen, die dem Anleger nach Vertragsabschluss auszuhändigen bzw. zuzusenden sind:**

- Aushändigung einer Kopie des Depoteröffnungsantrages

- Zusendung einer Kauf- bzw. Verkaufsabrechnung

▶ **Zusammenfassung**

Pflicht-Verkaufsunterlagen gemäß dem Kapitalanlagegesetzbuch sind:

- Wesentliche Anlegerinformationen (WAI)
- Verkaufsprospekt
- Jahres- und ggf. Halbjahresbericht

Darüber hinaus sind dem Kunden weitere Unterlagen auszuhändigen:
- Kopie des Depoteröffnungsantrages
- Kauf- bzw. Verkaufsabrechnung

▶ Beispiel

Frau Mixmann: Also, Herr Schrumpf, soll ich mir das wirklich alles durchlesen? Dann sollte ich mit der Depoteröffnung vielleicht lieber noch etwas warten? Und wozu brauchen Sie eigentlich all die Informationen von mir? Soviel Aufwand für einen Investment-Sparplan ist mir eigentlich zu kompliziert … ich bin ja selber selbstständig und da brauche ich meine Zeit für etwas anderes.

Diesen Kundeneinwand gilt es zu vermeiden.

Hier ein Beispiel, wie das gelingen kann:

Herr Schrumpf: Liebe Frau Mixmann, Gratulation zu Ihrer Entscheidung für einen Investment-Sparplan. Der Gesetzgeber schützt Sie bei der Fondsanlage in ganz besonderem Maße. Das heißt, das was wir heute während des Beratungsgesprächs bereits besprochen haben, wird jetzt mit der Vertragsunterzeichnung zusammengefasst und sauber dokumentiert und Sie erhalten alles auch in Kopie für Ihre Unterlagen.

Frau Mixmann: Ist das jedes Mal notwendig, wenn ich zu Ihnen komme?

Herr Schrumpf: Die Formalitäten der Depoteröffnung sind nur heute notwendig. Und nur da, wo es Sinn macht, wie z. B. bei Ihren finanziellen Möglichkeiten und Ihrem Anlegertyp – das kann sich im Laufe des Lebens doch mal verändern – da sollten wir alle paar Jahre mal einen aktuellen Blick darauf werfen. Und wenn wir uns über eine neue Anlage unterhalten, dann dokumentieren wir natürlich das Gespräch wieder so, wie es der Gesetzgeber vorsieht.

Frau Mixmann: Das ist in Ordnung.

Herr Schrumpf: Dank Ihrer umfassenden Angaben zu Ihrer finanziellen Situation und den für Sie wichtigsten Anlagekriterien konnten wir ein offenes Investmentvermögen finden, das für Sie geeignet ist. Die Geldanlage ist und bleibt Vertrauenssache und ist vor allem eine individuelle Entscheidung. Mit Ihren Antworten auf meine Fragen haben wir dafür ein solides Fundament geschaffen. Und da keine Fragen Ihrerseits offen bleiben sollen, gebe ich Ihnen noch ein paar Unterlagen zu Ihrem Investmentvermögen mit:

Auf dem 2-seitigen Blatt finden Sie ganz schnell die wichtigsten Informationen, im Verkaufsprospekt steht alles ganz ausführlich und damit Sie auch wissen, wie ihr Geld im Detail – z. B. in welche einzelnen Aktien – angelegt wurde: dazu gibt es einen Halb- bzw. Jahresbericht.

Frau Mixmann: Und das kriege ich jetzt jedes Jahr wieder von Ihnen?

Herr Schrumpf: Von mir nicht. Aber wenn Sie sich regelmäßig über Ihr Investmentvermögen informieren wollen, schauen Sie doch einfach auf unsere Internetseite. Und mit dem jährlichen Depotauszug erhalten Sie Informationen über Ihre aktuellen Anteilsbestände und den aktuellen Depotwert zum jeweiligen Jahresende. Und zu den Ausschüttungsterminen werden Sie ebenfalls umgehend mit einer Depotinformation informiert.

Frau Mixmann: Da bleiben ja keine Fragen offen.

Herr Schrumpf: So soll es sein. Und falls doch: rufen Sie mich einfach an.

▶ Zusammenfassung

Anforderungen an die Dokumentation und Information im Rahmen einer Anlageberatung

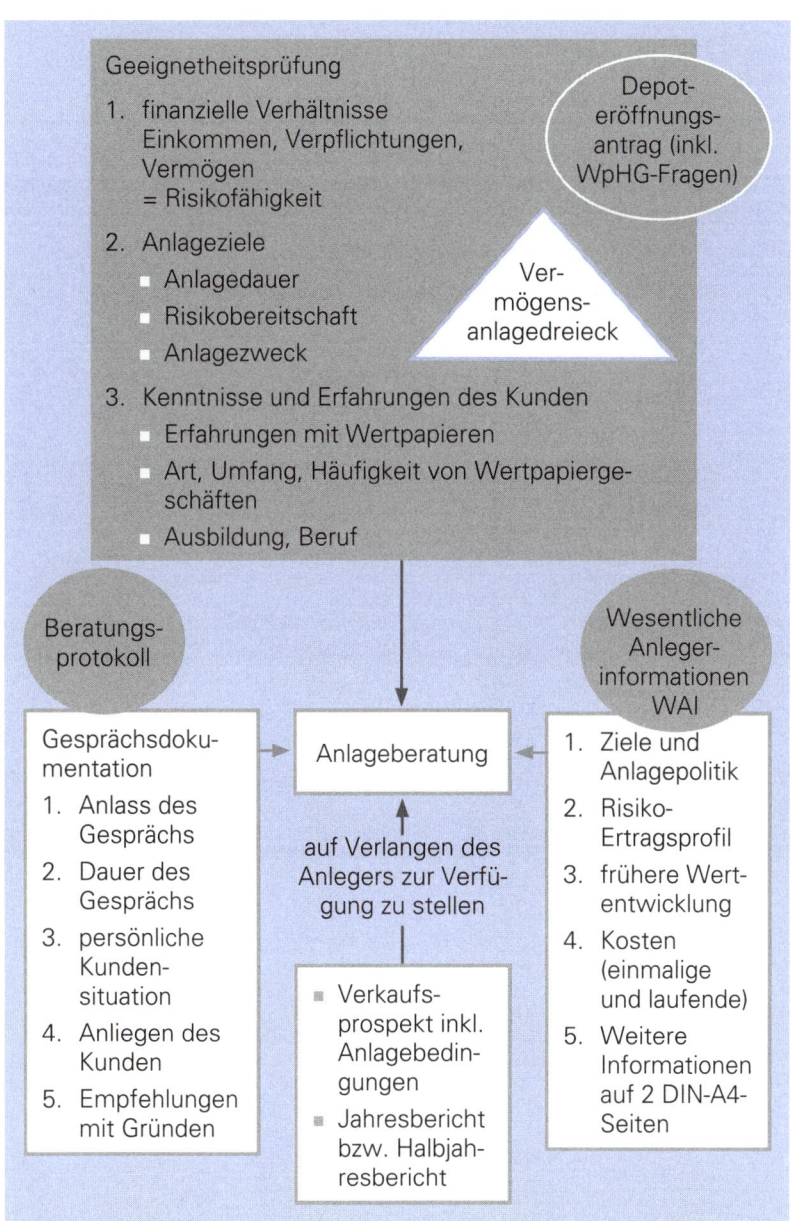

Geeignetheitsprüfung

1. finanzielle Verhältnisse
   Einkommen, Verpflichtungen, Vermögen
   = Risikofähigkeit

2. Anlageziele
   ▪ Anlagedauer
   ▪ Risikobereitschaft
   ▪ Anlagezweck

3. Kenntnisse und Erfahrungen des Kunden
   ▪ Erfahrungen mit Wertpapieren
   ▪ Art, Umfang, Häufigkeit von Wertpapiergeschäften
   ▪ Ausbildung, Beruf

Depoteröffnungsantrag (inkl. WpHG-Fragen)

Vermögensanlagedreieck

Beratungsprotokoll

Wesentliche Anlegerinformationen WAI

Gesprächsdokumentation
1. Anlass des Gesprächs
2. Dauer des Gesprächs
3. persönliche Kundensituation
4. Anliegen des Kunden
5. Empfehlungen mit Gründen

Anlageberatung

auf Verlangen des Anlegers zur Verfügung zu stellen

▪ Verkaufsprospekt inkl. Anlagebedingungen
▪ Jahresbericht bzw. Halbjahresbericht

1. Ziele und Anlagepolitik
2. Risiko-Ertragsprofil
3. frühere Wertentwicklung
4. Kosten (einmalige und laufende)
5. Weitere Informationen auf 2 DIN-A4-Seiten

Abb. 106: Dokumentation und Information im Rahmen der Anlageberatung

Übungen

1. Nennen Sie drei Fragen, die Sie Ihrem Kunden stellen, um seine Risikofähigkeit festzustellen.

2. Nennen Sie vier wichtige Kriterien, mit denen Sie die Risikobereitschaft Ihres Kunden einschätzen können.

3. Skizzieren Sie verschiedene Anlegertypen hinsichtlich der Prioritäten, die diese beim Vermögensanlagedreieck setzen, und welches Anlegerverhalten sie zeigen.

   a) Der sicherheitsorientierte Anleger

   b) Der ertragsorientierte Anleger

   c) Der wachstumsorientierte Anleger

   d) Der risikobewusste Anleger

4. Nennen Sie vier allgemeine Anlegerziele.

5. Zeichnen Sie das mögliche Lebensphasenmodell einer Familie.

6. Anleger müssen Prioritäten setzen. Nennen Sie die drei grundsätzlichen Anlagekriterien, zwischen denen sich der Anleger entscheiden muss.

7. Auf welcher Kennzahl basiert der Risiko-Ertrags-Indikator?

   a) Duration über die letzten 3 Jahre

   b) Volatilität der Fondsrendite über die letzten 5 Jahre

   c) Kurs-Gewinn-Verhältnis (KGV) über die letzten 3 Jahre

   d) Diversifikation der Anlagen über die letzten 5 Jahre

8. Ordnen Sie die nachfolgenden Textbespiele den Verkaufsunterlagen zu.

   Verkaufsunterlage:

   1) Verkaufsprospekt

   2) Jahresbericht

   3) wesentliche Anlegerinformationen (WAI)

   Text:

   a) Risiko-Ertragsindikator: 2

   b) im zurückliegenden Geschäftsjahr …

   c) Das Investmentvermögen investiert überwiegend in verzinsliche Wertpapiere staatlicher Emittenten.

9. Ordnen Sie die nachfolgenden Kundenangaben den Pflicht-Dokumentationen zu.

   Pflicht-Dokumentation:

   (1) WpHG-Fragebogen

   (2) Beratungsprotokoll

   (3) Depoteröffnungsantrag

   Kundenangaben:

   a) Kunde wünschte Beratung wegen monatlicher Anlage in Höhe von 50 €

   b) monatliches Einkommen höher als 2.000 €

   c) IBAN: DE61 700 800 000 345 678 900
       BIC: CO BAD EFF 700
       Commerzbank AG München

10. Nennen Sie die Unterlagen, die Sie Ihrem Kunden im Verlauf eines Beratungsgespräches und abschließender Depotkontoeröffnung aushändigen oder auf Wunsch zur Verfügung stellen müssen.

Lernziele

In diesem Kapitel erwerben Sie Fertigkeiten, Kenntnisse und Fähigkeiten darüber, welche Kontoarten für die unterschiedlichen Kundenbedürfnisse zur Auswahl stehen.

Sie

- erläutern die Gestaltungsmöglichkeiten von Konten

- beachten bei der Depoteröffnung die Pflichtangaben und Anforderungen an die Legitimationsprüfung

- beschreiben die Möglichkeiten der Verfügungsberechtigung für Minderjährigen-Konten mittels Vollmacht und im Todesfall

- beschreiben die Depotführung hinsichtlich der verschiedenen Depotaufträge, Depotgebühren, Folgen im Todesfall und der Kontoauflösung

2.10   Eröffnung, Gestaltung und Führung von Depotkonten

LF
14

SG
3.7

▶ Situation

Das Ehepaar Gerda und Hans Kralle benötigt ein Konto für die Verwahrung seiner Investmentanteile. Sie erkundigen sich nach den verschiedenen Möglichkeiten der Gestaltung, Verfügungsberechtigung und den notwendigen Formalitäten für die Depotführung.

▶ Erläuterung – Depotkontoführung

Depotkontoeröffnung allgemein

Eine Kapitalverwaltungsgesellschaft bietet i. d. R. ein kostengünstiges Fondsdepot an. Aber auch über seine Hausbank kann der Anleger Fondsanteile in einem Wertpapierdepot verwahren lassen. Der Anleger eröffnet zunächst mit dem Depoteröffnungsantrag ein Depot. Hierbei ist die Schriftform erforderlich, damit beide Vertragspartner jederzeit die Einzelheiten der Depotkontoeröffnung nachweisen können.

Einzel- und Gemeinschaftskonten

Nach der Zahl der Kontoinhaber unterscheidet man Einzelkonten und Gemeinschaftskonten:

- Einzelkonten haben einen Kontoinhaber, können aber über sog. Vollmachten weitere Verfügungsberechtigte haben.
- Gemeinschaftskonten haben mehrere Kontoinhaber (häufig: Ehepartner). Auch hier sind Vollmachten für weitere Verfügungsberechtigte möglich.

Bei den Gemeinschaftskonten unterscheidet man hinsichtlich der Verfügungsberechtigung zwischen den Kontoinhabern:

- Und-Konten mit einer gemeinschaftlichen Verfügungsberechtigung, d. h. nur beide Kontoinhaber zusammen können verfügen.
- Oder-Konten, bei denen jeder Kontoinhaber einzeln verfügungsberechtigt ist.

Zur Führung eines Oder-Kontos muss eine ausdrückliche schriftliche Weisung erteilt werden.

Unabhängig von der Verfügungsberechtigung haftet jeder Kontoinhaber für Verbindlichkeiten in voller Höhe (sog. gesamtschuldnerische Haftung).

Freistellungsaufträge sind bei Einzelkonten und bei Gemeinschaftskonten von Ehepartnern möglich.

Gemeinschaftskonten

Oder-Konten

- Einzelverfügungsberechtigung der Kontoinhaber: jeder Kontoinhaber kann allein über das Konto oder Depot verfügen
- Eröffnung und Auflösung sind nur gemeinsam möglich
- beim Tod eines Kontoinhabers bleibt das Verfügungsrecht des überlebenden Kontoinhabers uneingeschränkt bestehen
- Kontobezeichnung: „Paul oder Petra Bär"

Und-Konten

- Gemeinschaftliche Verfügung: die Kontoinhaber können nur gemeinsam über das Konto oder Depot verfügen
- Eröffnung und Auflösung sind nur gemeinsam möglich
- beim Tod eines Kontoinhabers kann der überlebende Kontoinhaber nur gemeinsam mit den Erben des verstorbenen Inhabers verfügen.
- Kontobezeichnung: „Paul und Petra Bär"

Abb. 107: Gemeinschaftskonten

Verfügungsberechtigungen

Grundsätzlich gelten nachfolgende Verfügungsberechtigungen:

- Kontoinhaber, sofern sie voll geschäftsfähig sind
- gesetzliche Vertreter, wie z. B. Eltern von Minderjährigen
- rechtsgeschäftliche Vertreter, d. h. durch Kontovollmacht Berechtigte oder bei betreuten Personen durch Betreuungsvollmacht

Minderjährigen-Konto

Bei Kontoeröffnung ist die depotführende Stelle verpflichtet, eine Legitimationsprüfung vorzunehmen (§ 154 AO). Dabei wird natürlich auch das Alter des zukünftigen Geschäftspartners festgestellt.

Während Personen unter 7 Jahren noch geschäftsunfähig sind, beginnt mit Vollendung des 7. Lebensjahres die beschränkte Geschäftsfähigkeit (§ 104 ff. BGB – Bürgerliches Gesetzbuch).

Eltern – die gesetzlichen Vertreter ihrer minderjährigen Kinder

Grundsätzlich gilt die gemeinsame Vertretung minderjähriger Kinder für:

- verheiratete, geschiedene und getrennt lebende Eltern (kein besonderer Nachweis erforderlich)
- nicht verheiratete Eltern bei Abgabe einer gemeinsamen Sorgerechtserklärung (Nachweis: Sorgerechtsnachweis des Jugendamtes)

Die Einzelvertretung eines Elternteils gilt z. B., wenn

- der andere Elternteil verstorben ist (Nachweis durch Sterbeurkunde).
- das Familiengericht einem Elternteil das alleinige Sorgerecht übertragen hat (Nachweis z. B. mittels Scheidungsurteil bei geschiedenen Eltern).
- die Eltern unverheiratet sind und keine gemeinsame Sorgerechtserklärung abgegeben haben (Nachweis: Negativerklärung des Jugendamtes).

Bei verheirateten Eltern mit unterschiedlichen Familiennamen wird meist die Vorlage der Heiratsurkunde als Nachweis verlangt.

Auch wenn das Konto von dem Minderjährigen (mit Zustimmung der gesetzlichen Vertreter) eröffnet wurde, können die gesetzlichen Vertreter aufgrund der gesetzlichen Vertretungsmacht (§ 1629 BGB) grundsätzlich immer neben dem Minderjährigen über das Konto verfügen. Mit Vollendung des 18. Lebensjahres gehen alle Rechte auf den dann Volljährigen über.

Die Ausnahmen im Rahmen der vom Familiengericht befürworteten Geschäfte finden Sie im Kapitel 1.7.2 Verträge mit Minderjährigen näher beschrieben.

Minderjährigen-Depotkonten

der Minderjährige ist geschäftsunfähig

- er hat das 7. Lebensjahr noch nicht vollendet

- die Kontoeröffnung kann nur durch die gesetzlichen Vertreter erfolgen

- Vollmachten über das Konto können nur von den gesetzlichen Vertretern erteilt werden

- Verfügungen können nur von den gesetzlichen Vertretern oder den von ihnen Bevollmächtigten vorgenommen werden.

der Minderjährige ist beschränkt geschäftsfähig

- er hat das 7. Lebensjahr, aber noch nicht das 18. Lebensjahr vollendet

- die Kontoeröffnung kann durch die gesetzlichen Vertreter oder den Minderjährigen selbst (mit Zustimmung der Eltern, die i. d. R. dann trotzdem immer mit auf dem Depotkontoeröffnungsantrag unterschreiben) erfolgen

- die Verfügungsberechtigung und die Kontoauflösung kann ebenfalls durch die gesetzlichen Vertreter oder den Minderjährigen (mit entsprechender Zustimmung der gesetzlichen Vertreter) erfolgen

Abb. 108: Minderjährigen-Depotkonten

Vollmachten (im Privatkundengeschäft)

Neben der Möglichkeit einer allgemeinen Bankvollmacht, die dem Berechtigten weitreichende Rechte für die gesamte Geschäftsverbindung einräumt, findet sich in der Praxis eher die sog. Kontovollmacht. Diese berechtigt zu Geschäften, die im direkten Zusammenhang mit einem einzelnen Konto oder Depot stehen und sieht Beschränkungen vor.

Kontovollmacht	Gilt über den Tod des vollmachtgebenden Kontoinhabers hinaus, bis zum Widerruf durch die Erben Berechtigt ■ zu Geschäften, die im Zusammenhang mit dem Konto / Depot stehen ■ Auskünfte zu verlangen ■ Wertpapiere zu kaufen und zu verkaufen ■ Depotaufstellungen u. a. entgegenzunehmen und anzuerkennen ■ Kann jederzeit vom Kontoinhaber (Vollmachtgeber) widerrufen werden.
Vollmacht für den Todesfall	■ Gilt ab Tod des Vollmachtgebers. ■ Ermöglicht den Zugriff des Bevollmächtigten nach dessen Legitimationsprüfung und Vorlage der Sterbeurkunde des vollmachtgebenden Kontoinhabers. ■ Kann von den Erben widerrufen werden.
Postvollmacht	Berechtigt den Bevollmächtigten lediglich zum Empfang des depotbetreffenden Schriftwechsels (z. B. Abrechnungen und Depotauszüge).

Abb. 109: Die verschiedenen Arten von Vollmachten

LF 14

SG 3.7

Depoteröffnungsantrag

- erfasst die Kundendaten zur Person (Name, Adresse u. a.) und erfüllt u. a. die

  - gesetzlichen Anforderungen an die Feststellung der Rechts- und Geschäftsfähigkeit

  - Legitimationsprüfung, um sich Gewissheit über die Person und die Anschrift des Antragstellers zu verschaffen (§ 154 AO)

  - gesetzlichen Anforderungen des Geldwäschegesetzes (GwG) u. a. hinsichtlich Feststellung des wirtschaftlich Berechtigten

- enthält den WpHG-Fragebogen, der das Beratungsgespräch hinsichtlich nachfolgender Anlegerinformationen dokumentiert:

  - bisherige Erfahrungen und Kenntnisse mit Wertpapiergeschäften

  - finanzielle Verhältnisse des Anlegers

  - Anlageziele (Anlagedauer, Risikobereitschaft des Anlegers, Zweck der Anlage)

Pflichtangaben bei der Depotkontoeröffnung

- persönliche Angaben zum Kontoinhaber [Name, Familienstand, Staatsangehörigkeit, Adresse, Berufsstatus (z. B. Angestellte/r, Selbstständige/r)]

- Angabe, ob private oder geschäftliche Nutzung

- Angabe gem. § 3 Abs. 1 Nr. 3 GwG (Geldwäschegesetz) zum Handeln im eigenen wirtschaftlichen Interesse oder ggf. Angabe und Identitätsfeststellung des wirtschaftlich Berechtigten (§ 1 Abs. 6 GwG und § 4 Abs. 5 GwG)

- bisherige Erfahrungen und Kenntnisse mit Wertpapiergeschäften, finanzielle Verhältnisse des Anlegers und Anlageziele gem. § 31 Abs. 4 WpHG (WpHG-Bogen)

- Angaben zur Kontoverbindung (z. B. für Auszahlungen)

- Geschäftsbedingungen (inkl. Einbindung der Allgemeinen Geschäftsbedingungen AGBs)

- Datenschutzerklärung

- Identitätsfeststellung / Legitimationsprüfung aus steuerrechtlichen (§ 154 Abs. 1 AO [Abgabenordnung]) und geldwäscherechtlichen Gründen (siehe oben zzgl. § 3 Abs. 2 Nr. 2 GwG) sowie zur Feststellung der Rechts- und Geschäftsfähigkeit

Depotaufträge

Sobald das Depotkonto eröffnet ist, können verschiedene Aufträge erteilt werden.

- **Kaufauftrag für die Einmalanlage eines Geldbetrages**

- **Investment-Sparplan für eine regelmäßig – bis auf Widerruf – wiederkehrende Geldanlage:**
  - monatlich, zwei-monatlich, vierteljährlich, halbjährlich oder jährlich
  - Angabe des Kauftermins z. B. zum 1. des Monats
  - wird auch für Änderung oder Löschung eines bestehenden Investment-Sparplans verwendet (Änderung des Betrages, des offenen Investmentvermögens, des Ausführungstermins u. a.)

- **Dynamisierung bei Investment-Sparplänen**

  Im Rahmen eines Investment-Sparplans kann der Anlagebetrag / Sparrate i. d. R. jährlich um eine bestimmte Prozentzahl (meist 5 oder 10 %) der letzten Anlagesumme automatisch erhöht werden.

- **Tausch, um vorhandene Depotbestände an offenen Investmentvermögen zu verkaufen und in Anteile eines anderen offenen Investmentvermögens anzulegen**

  Dabei fällt für die neu zu erwerbenden Anteile i. d. R. wieder der volle Ausgabeaufschlag an. Manche Kapitalverwaltungsgesellschaften verlangen nur die Differenz, sofern das neue Investmentvermögen einen höheren Ausgabeaufschlag aufweist als das ursprüngliche Investmentvermögen.

- **Übertragung von Anteilen an offenen Investmentvermögen**

  Dieser Auftrag wird verwendet, um Depots bei anderen Depotbanken oder Kreditinstituten auf ein neu eröffnetes Depot zu übertragen. Sofern es nicht möglich ist, Fondsbruchteile zu übertragen, wird ein eventuell verbleibender Anteilsbruch verkauft und auf ein anzugebendes Konto gutgeschrieben.

- **Verkauf, um einen bestimmten Betrag oder eine bestimmte Anzahl von Anteilen zu veräußern**

  Sofern es sich um den gesamten Depotbestand handelt, kann zeitgleich ein Auftrag zur Depotauflösung erteilt werden.

- **Auszahlplan (Entnahmeplan), um regelmäßig – bis auf Widerruf – in einer bestimmten Betragshöhe Investmentanteile zu verkaufen:**
  - monatlich, zwei-monatlich, vierteljährlich, halbjährlich oder jährlich
  - Angabe des Verkaufstermins z. B. zum 1. des Monats
  - kann auch zur Änderung oder Löschung eines bestehenden Auszahlplans (Entnahmeplan) verwendet werden.

Rechtliche Regelungen im Todesfall

Aus Sicht der kontoführenden Stelle stehen zwei Fragen im Vordergrund:

- Wem gehört im Todesfall das Konto- bzw. Depotguthaben?
- Welche Meldepflichten bestehen gegenüber dem Finanzamt?

Die Frage nach dem neuen Eigentümer wird entweder durch ein Testament oder die gesetzliche Erbfolge geregelt. Bei Gemeinschaftskonten fällt nur der Teil in die Erbmasse, der dem verbliebenen Kontoinhaber nicht selbst gehört.

Durch welche Unterlagen – neben Vorlage des Personalausweises – erfolgt die Legitimation der Erben?

Zunächst muss der Tod mittels Sterbeurkunde nachgewiesen werden. Ein eröffnetes Testament oder ein Erbschein legitimieren den Erben.

Sobald die kontoführende Stelle Kenntnis vom Ableben eines Konto-/ Depotinhabers erlangt, ist sie verpflichtet, dem Finanzamt den Konto-/ Depotbestand am Todestag mitzuteilen. Auf der Basis des genannten Betrages wird das Vermögen des Verstorbenen ermittelt, das zur Berechnung einer möglichen Erbschaftssteuer herangezogen wird.

Die rechtlichen Regelungen im Todesfall

	Einzelkonto	Oder-Konto	Und-Konto
Verfügungsberechtigung	die Erben gemeinsam (Einzelkonto wird bei mehreren Erben zu einem Und-Konto)	der verbliebene Kontoinhaber ODER die Erben des Verstorbenen (diese nur gemeinsam)	der verbliebene Kontoinhaber UND die Erben des Verstorbenen (diese gemeinsam)
	Kontobevollmächtigte (Kontovollmacht über den Tod hinaus oder Vollmacht für den Todesfall) bis zum Widerruf durch die Erben		
	Testamentsvollstrecker bestellt durch Testament oder Erbvertrag		
	Nachlasspfleger oder Nachlassverwalter bestellt durch Nachlassgericht		

Nachweise

- Sterbeurkunde
- Legitimationsprüfung
- bei den Erben zusätzlich eine erbrechtliche Legitimation durch Vorlage eines Erbscheins oder des eröffneten Testamentes (Ausfertigung oder beglaubigte Abschrift des Testamentes zzgl. Eröffnungsprotokoll)
- Testamentsvollstrecker durch Testamentsvollstrecker-zeugnis oder eröffnetes Testament
- Nachlasspfleger/-verwalter durch Bestellungsurkunde

Meldung an die Erbschafts-steuerstelle des Finanzamtes

- innerhalb von 1 Monat nach Bekanntwerden des Todes
- Guthaben wie z. B. Depotbestand am Todestag von mehr als 5.000 €
- bei offenen Investmentvermögen: Art und Anzahl der Anteile zum jeweiligen Rücknahmepreis am Todestag

Abb. 110: Die rechtlichen Regelungen im Todesfall

▶ **Beispiel**

So könnte die Depotgestaltung von Gerda und Hans Kralle aussehen:

Ein Depotkonto in Form eines gemeinschaftlichen Oder-Kontos. So kann jeder unabhängig vom anderen verfügen. Falls ihnen beiden etwas passiert, möchten sie, dass ihre Tochter Sabine schnell über die Wertpapiere verfügen kann. Sie erteilen ihr eine Vollmacht für den Todesfall.

▶ **Praxistipp**

Besorgen Sie sich die Formulare der Kapitalverwaltungsgesellschaft Ihres Unternehmens oder Ihres Vertriebspartners. Füllen Sie diese einfach einmal beispielhaft für sich selbst aus. So gewinnen Sie Sicherheit für das Kundengespräch. Und erkundigen Sie sich nach den Gepflogenheiten der Kapitalverwaltungsgesellschaft bzw. Verwahrstelle, mit der Sie überwiegend zusammenarbeiten. Insbesondere hinsichtlich der notwendigen Nachweise, z. B. für Minderjährigen-Konten oder im Todesfall. Es kann durchaus Ausnahmen von den hier beschriebenen Regeln geben.

▶ Zusammenfassung

Die Eröffnung und das Führen von Depotkonten unterliegt vielen gesetzlichen Regelungen. Einerseits zum Schutz der Kunden, aber auch, um klare Rahmenbedingungen für die depotführende Stelle zu schaffen.

Viele gesetzliche Regelungen sind von praktischer Bedeutung und finden sich in den Formularen, wie beispielsweise Depoteröffnung und -führung, wieder.

In der täglichen Verwendung und Praxis kann man am besten und schnell durch Übung an Sicherheit gewinnen.

Übungen

1. Die Oma von Michael überträgt 50 Aktienfondsanteile aus ihrem Depot auf das Depot ihres Enkels. Nach einiger Zeit ruft die Mutter von Michael bei Ihnen an, da sie die Anteile verkaufen möchte.

   Prüfen Sie, was zu beachten ist, wenn die Mutter das alleinige Sorgerecht besitzt.

2. Frank Huber verstirbt. Seine Ehegattin war Mitkontoinhaberin des gemeinsamen Depots. Damit sie die Beerdigungskosten bezahlen kann, möchte Frau Huber nun einen entsprechenden Teil des Depots verkaufen.

   Beschreiben Sie, welche Formalitäten bei einem Oder-Konto zu beachten sind, wenn

   a) keine weiteren Erben vorhanden sind bzw.

   b) der Sohn die Hälfte des Vermögens des Verstorbenen erben soll bzw.

   c) die beiden Geschwister des Verstorbenen als Miterben eingesetzt sind.

3. Nennen Sie die Kontogestaltungsmöglichkeiten für Einzel- und Gemeinschaftskonten.

4. Beschreiben Sie die verschiedenen Vollmachtsarten.

5. Nennen Sie die Arten von Depotaufträgen.

Lernziele

In diesem Kapitel erwerben Sie Fertigkeiten, Kenntnisse und Fähigkeiten darüber, welche Kontoarten für die unterschiedlichen Kundenbedürfnisse zur Auswahl stehen.

Sie

- beschreiben die Anlageprogramme Investment-Sparplan, Einmalanlage, Auszahlungsplan und den Cost-Average-Effekt

2.11 Anlageprogramme

2.11.1 Investment-Sparplan

▶ **Situation**

Sie sind zu Besuch bei Familie Druckmann. Im Depot der Hausbank ist ein Sparbrief fällig geworden und da es noch keine konkrete Verwendung für den Betrag gibt, soll das Geld in ein Investmentvermögen neu angelegt werden. Vor kurzem hat sich die Familie um Tochter Katharina vergrößert. Der Vater von Frau Druckmann geht demnächst in Rente und möchte wissen, wie er sein Fondsdepot nutzen kann, um seine Rente aufzubessern.

▶ **Erläuterung**

Ein Investment-Sparplan ist ein erfolgversprechender Weg für den Anleger, Vermögen aufzubauen und trotzdem jederzeit die Möglichkeit zu haben, über sein angespartes Geld zu verfügen.

Der Investment-Sparplan wird je nach Kapitalverwaltungsgesellschaft auch Einzahlplan, Aufbauplan, Sparprogramm genannt.

Investment-Sparpläne zeichnen sich durch eine große Flexibilität aus:

- frei wählbare Sparrate (lediglich die Mindestanlagebeträge der Kapitalverwaltungsgesellschaften von in der Regel 25 bis 50 € sind zu beachten)

- frei wählbare Anlagehäufigkeit: monatlich, zweimonatlich, vierteljährlich, halbjährlich oder jährlich

- darüber hinaus sind jederzeit Sonderzahlungen möglich

- jederzeitige Zahlungsunterbrechung oder -einstellung möglich

- jederzeitige Verfügbarkeit über den gesamten angesparten Anlagebetrag oder Teilbeträge

Aus einem vermeintlich geringen Anlagebetrag kann bei entsprechend langer Anlagedauer ein beträchtliches Vermögen entstehen. Vor allem, wenn die Ausschüttungen wiederangelegt werden und so einen Zinseszinseffekt bewirken. Zusätzlich kann sich der so genannte Cost-Average-Effekt („Durchschnittskosteneffekt") bei einem Investment-Sparplan positiv auswirken.

Investmentvermögen mit hohen Preisschwankungen profitieren besonders vom Cost-Average-Effekt. Bei geringen Anteilspreisen werden für den immer gleichen monatlichen Ansparbetrag entsprechend mehr Anteile erworben. Sind die Anteilspreise hoch, werden hingegen weniger Anteile erworben. Kann immer wieder zu günstigeren Preisen nachgekauft werden, ergibt sich im Laufe der Zeit ein niedrigerer Durchschnittskaufpreis.

Der Cost-Average-Effekt ist allerdings kein „Allheilmittel" gegen Preisrückgänge: Nachhaltige und andauernde Preisrückgänge kann auch der Cost-Average-Effekt nicht ausgleichen, wenn sich die Börse bis zum Verkaufszeitpunkt des Depotbestandes nicht mehr erholt.

Der Durchschnittskosteneffekt (Cost-Average-Effekt)

niedriger Preis	Kauf vieler Anteile	hoher Preis	Kauf weniger Anteile

bei sinkenden Preisen mehr Anteile	bei steigenden Preisen weniger Anteile

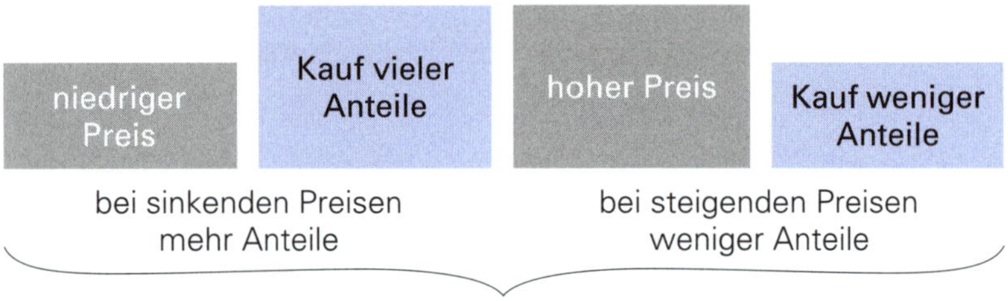

→ Der durchschnittliche Einstandspreis kann sinken, d. h. der Anleger erhält im Schnitt mehr Anteile für sein Geld.

! Beim Auszahlplan kann es zum sog. negativen Cost-Average-Effekt kommen: wenn die Auszahlphase mit einer über einen längeren Zeitraum schwachen Börsenphase zusammenfällt, dreht sich der Vorteil in einen Nachteil: bei sinkenden Preisen müssen mehr Anteile verkauft werden, um die vereinbarte Auszahlrate zu erzielen. Dies führt entweder zu einem schnelleren Kapitalverzehr, oder die monatliche Rate muss reduziert werden, um den Kapitalerhalt über die gewünschte Laufzeit zu ermöglichen.

Abb. 111: Durchschnittskosteneffekt (Cost-Average-Effekt)

So funktioniert der Cost-Average-Effekt:

Erwerb von 50 Anteilen durch den Erwerb von mtl. 10 Anteilen

Anleger 1	Ausgabepreis	Anlagebetrag
10 Anteile	Monat 1: 10 €	100 €
10 Anteile	Monat 2: 20 €	200 €
10 Anteile	Monat 3: 40 €	400 €
10 Anteile	Monat 4: 40 €	400 €
10 Anteile	Monat 5: 20 €	200 €
Summe: 50 Anteile	Durchschnittspreis: 26 €*	Gesamtanlagebetrag: 1.300 €

* 1.300 €: 50 Anteile = 26 €

Erwerb von 50 Anteilen durch die Investition von mtl. 200 €.

Anleger 2	Ausgabepreis	Erworbene Anteile
200 €	Monat 1: 10 €	20
200 €	Monat 2: 20 €	10
200 €	Monat 3: 40 €	5
200 €	Monat 4: 40 €	5
200 €	Monat 5: 20 €	10
Gesamtanlagebetrag: 1.000 €	Durchschnittspreis: 20 €**	Summe: 50 Anteile

** 1.000 €: 50 Anteile = 20 €

Abb. 112: Funktionsweise des Cost-Average-Effekts (eigene Berechnung)

> Nur bei einem Investment-Sparplan mit einem **regelmäßigen Anlagebetrag** funktioniert der Cost-Average-Effekt.

2.11.2 Einmalanlage

▶ **Erläuterung**

Die Einmalanlage ist der klassische Weg der Vermögensanlage.

Wichtiger als das richtige Timing (= Wahl des Einstiegszeitpunktes) ist hier der langfristige Anlagehorizont. Denn ein langer Anlagezeitraum kann – wie die Betrachtung der durchschnittlichen Renditen p.a. in der Vergangenheit zeigt – kurzfristige Wertschwankungen oft ausgleichen.

Natürlich wird im Einzelfall der Anlageerfolg auch an der Differenz zwischen Verkaufs- und Kaufpreis gemessen (Veräußerungsgewinn oder -verlust).

Sofern es sich bei der Einmalanlage um große Anlagebeträge handelt (z. B. 30.000 €), gibt es eine gute Möglichkeit, das Kursrisiko etwas zu beschränken. Der Trick besteht darin, die Anlage beispielsweise auf drei Kauftermine innerhalb eines Jahres zu verteilen. Die noch nicht investierten Beträge könnten zwischenzeitlich kurzfristig auf einem Tagesgeldkonto geparkt werden.

Anlagebetrag 10.000 €	Das Endkapital bei einer unterstellten Wertentwicklung von		
	5 %	6,5 %	8 %
die Anlagedauer			
5 Jahre	12.763 €	13.701 €	14.693 €
10 Jahre	16.289 €	18.771 €	21.589 €
15 Jahre	20.789 €	25.718 €	31.722 €
20 Jahre	26.533 €	35.236 €	46.610 €
Anlagebetrag 50.000 €			
die Anlagedauer			
5 Jahre	63.814 €	68.504 €	73.466 €
10 Jahre	81.445 €	93.857 €	107.946 €
15 Jahre	103.946 €	128.592 €	158.608 €
20 Jahre	132.665 €	176.182 €	233.048 €

Abb. 113: Die Einmalanlage (eigene Berechnungen)

Wiederanlage der Ausschüttung vorausgesetzt. Ohne Berücksichtigung von Ausgabeaufschlag und Steuern.

LF
14

SG
3.9

2.11.3 Auszahlplan

▶ **Erläuterung**

Der Auszahlplan – auch Entnahmeplan genannt – eignet sich hervorragend zur Vermögensnutzung. Zur Optimierung der Altersvorsorge ist er damit eine Ergänzung zur gesetzlichen Rentenversicherung oder einer kapitalgedeckten privaten Rentenversicherung.

Dazu muss eine bestimmte Anlagesumme – in Form eines vorhandenen Fondsvermögens – bereits zur Verfügung stehen. Im Gegensatz zum Ansparplan werden jetzt z. B. monatlich Anteile verkauft, um die Zahlung an den Kunden zu finanzieren.

Der Auszahlplan kann dabei vom Anleger sehr individuell gestaltet werden und die zu Anfang vereinbarten Rahmenbedingungen können jederzeit geändert werden:

Die individuellen Gestaltungsmöglichkeiten beim Auszahlplan

Laufzeit:
individuell unter Berücksichtigung von Anlagesumme, Kapitalerhalt und Auszahlungsrate

Auszahlungsrate:
individuell ggf. unter Berücksichtigung eines Mindestauszahlungsbetrages

Auszahlungstermin / Auszahlungsrhythmus:
frei wählbar z. B. 10. oder 15. / monatlich oder vierteljährlich

Kapitalerhalt oder **Kapitalverzehr**

Anlagesumme:
individuell ggf. unter Berücksichtigung eines Mindestanlagebetrages

Zuzahlungen:
sind jederzeit möglich

Abb. 114: Die individuellen Gestaltungsmöglichkeiten beim Auszahlplan

Anlagemanagement wegen negativem Cost-Average-Effekt

Die individuellen Ausgestaltungen des Auszahlplans spielen ebenso wie eine veränderte Risikobereitschaft eine große Rolle bei der Entscheidung, welche Struktur hinsichtlich des Geldmarkt-, Renten- und Aktienfondsanteils das dafür einzusetzende Vermögen haben sollte. Grundsätzlich ist im Hinblick auf den negativen Cost-Average-Effekt im Zweifelsfall einer nicht allzu stark kursschwankenden Fondsart (Geldmarkt-, Renten- oder offenes Immobilien-Sondervermögen) der Vorzug einzuräumen.

Bei bereits vorhandenem Fondsdepot sollte eine auf den Auszahlplan ausgerichtete Umschichtung bereits mindestens fünf Jahre vor Beginn der Auszahlphase beginnen, auch um das aufgebaute Vermögen rechtzeitig vor kurzfristigen Kursverlusten zu sichern.

Anlagemanagement für die ersten Auszahlungen aus neu erworbenen Anteilen

Wird für den Auszahlplan erst aus anderen Geld- oder Kapitalanlageformen in Investmentvermögen umgeschichtet und sollen die Auszahlungen unmittelbar danach beginnen, kann der Ausgabeaufschlag zum Stolperstein werden.

Auch wenn der Ausgabeaufschlag nur einmalig anfällt, so verringert er hier doch das Anfangskapital. Bei einem längeren Anlagehorizont könnten sich diese Kosten über positive Wertentwicklungen wieder ausgleichen. Doch genau dieser längere Anlagehorizont steht bei einem sofort beginnenden Auszahlplan für die ersten Entnahmen nicht zur Verfügung.

In einem derartigen Fall empfiehlt sich für die anfänglichen Auszahlungen z. B. ein höherer Geldmarktfondsanteil, da für diese Fondsart gar kein oder nur ein sehr geringer Ausgabeaufschlag zu zahlen ist.

Anlagemanagement für Auszahlpläne mit Kapitalerhalt

Im Falle eines Auszahlplans mit Kapitalerhalt, der über längere Zeit bestehen bleiben sollte, sollte ggf. auf einen Aktienfondsanteil nicht ganz verzichtet werden. Hintergrund ist, dass der Kapitalerhalt aus einer entsprechenden Wertentwicklung finanziert wird. Und hier bieten Aktienfonds bessere Chancen. Aufgrund der überwiegend langen Laufzeit eines Auszahlplans greift die Regel: Je länger die Laufzeit, umso wahrscheinlicher gleichen sich kurzfristig mögliche Kursschwankungen wieder aus.

▶ Beispiel

Das Beispiel der Familie Druckmann zeigt, wie gut sich die Anlage in offene Investmentvermögen für jede Lebensphase eignet und individuell mit einem passenden Anlageprogramm gestaltet werden kann.

Frau Druckmann: Herr Berg, unser Sparbrief ist fällig geworden. Die 15.000 € möchten wir wieder für ein paar Jahre mit einer attraktiven Verzinsung anlegen. Welche Anlagealternative bietet uns denn da ein Investmentvermögen?

Herr Berg: Um Ihnen eine konkrete Anlageempfehlung geben zu können, möchte ich mir zunächst ein Bild über Ihren Anlegertyp machen, also ob Sie eher Wert auf Sicherheit legen oder ob Sie für einen möglichen Mehrertrag auch bereit sind, die entsprechenden Risiken einzugehen. Auf jeden Fall können Sie einen Betrag in dieser Höhe als Einmalanlage in ein offenes Investmentvermögen investieren.

Frau Druckmann: Einverstanden und vielleicht haben Sie auch einen Vorschlag, wie wir für Katharina jetzt schon etwas vorsorgen können?

Herr Berg: Das ist das Flexible an einer Fondsanlage: Auch für ganz kleine Beträge wie 50 € kann man bequem und automatisch beispielsweise monatlich einen größeren Betrag zusammensparen. Der Investment-Sparplan lässt Ihnen jederzeit die Möglichkeit für Änderungen, sei es die Höhe der Sparrate oder wenn Sie zum Beispiel fürs erste Fahrrad einen Teilbetrag wieder benötigen.

Frau Druckmann: Dann gibt es bestimmt auch eine Möglichkeit für meinen Vater, der seine Rente gerne noch etwas aufbessern möchte und dazu sein vorhandenes Depot nutzen will. Nur jeden Monat zur Bank und einen Verkaufsauftrag erteilen, das ist doch etwas umständlich.

Herr Berg: Sofern das Depot aus Anteilen offener Investmentvermögen besteht, geht das tatsächlich wiederum ganz einfach: ein Auftrag genügt und beispielsweise monatlich wird der benötigte Betrag auf ein Konto Ihres Vaters überwiesen, nachdem die entsprechenden Anteile automatisch verkauft wurden. Da es bei einem solchen Auszahlplan viele individuelle Gestaltungsmöglichkeiten gibt, schlage ich vor, einen umfassenden Beratungstermin mit Ihrem Vater zu vereinbaren.

Frau Druckmann: Lassen Sie mir gerne Ihre Visitenkarte da und ich empfehle Sie gerne an meinen Vater weiter.

▶ Zusammenfassung

Für nahezu jeden Anlagewunsch gibt es das passende Anlageprogramm bei der Anlage in offene Investmentvermögen. Zu diesem
Vorteil kommt, dass der Anleger an keine festen Vertragslaufzeiten
gebunden ist. Weitere Einzahlungen oder Auszahlungen sind jederzeit möglich.

Individuelle Anlageprogramme für offene Investmentvermögen

Investment-Sparplan für den Vermögensaufbau	Zusatzchancen durch den Cost-Average-Effekt und Wiederanlage der Ausschüttungen Individuell wählbar: Dynamisierung der Sparraten
Einmalanlage für die Vermögensanlage	Zusatzchancen durch Wiederanlage der Ausschüttungen
Auszahlplan für die Vermögensnutzung	individuell wählbar: mit oder ohne Kapitalverzehr

Abb. 115: Zusammenfassung: individuelle Anlageprogramme

Übungen

1. Dirk Peters möchte monatlich 50 € in einen Investment-Spar-plan anlegen.

   Nennen Sie die Vorteile, die ein Investment-Sparplan bietet.

2. Beschreiben Sie die Funktionsweise des Cost-Average-Effekts.

3. Ordnen Sie die nachfolgenden Anlageprogramme den Anleger-zielen zu:

   1. Investment-Sparplan

   2. Einmalanlage

   3. Auszahlplan

   a) Vermögensnutzung

   b) Vermögensaufbau

   c) Vermögensanlage

4. Nennen Sie 5 individuelle Gestaltungsmöglichkeiten beim Aus-zahlplan.

5. Beschreiben Sie den negativen Cost-Average-Effekt.

Lernziele

In diesem Kapitel erwerben Sie Fertigkeiten, Kenntnisse und Fähigkeiten darüber, wie sich die Qualität von Anleihen und offenen Investmentvermögen anhand von Ratings und Rankings vergleichen lässt.

Sie

- grenzen Anleiheratings von Ratings offener Investmentvermögen ab

- beschreiben die Merkmale von Ratings und Rankings und grenzen diese voneinander ab

2.12 Rating und Ranking

▶ **Situation**

Bernd Schöber hat in den Nachrichten gehört, dass Amerika sein
„Tripple-A"-Rating verloren hat und dass dies auf die Börsen-Kurse von
amerikanischen Staatsanleihen Auswirkungen hat. In einer anderen
Zeitung hat er von einem ausgezeichneten Aktienfonds gelesen, der
überwiegend in amerikanische Aktien investiert. Dieser hat aufgrund
der besten Wertentwicklung im Vergleich zu anderen Aktienfonds die
Bestnote von 5 Sternen erhalten.

Was hat es denn nun mit diesen ganzen Buchstaben und Sternen auf
sich?

▶ **Erläuterung**

Ratings als Entscheidungshilfe für Anleihen

Bei Anleihen kann mit Hilfe von Ratings die Wahrscheinlichkeit bewertet werden, ob ein Schuldner das vom Anleger erhaltene Kapital und die
damit versprochenen Zinszahlungen rechtzeitig und in vollem Umfang
zurückzahlen kann.

Unabhängige Ratingagenturen veröffentlichen ihre Ratings in Form
einer Bonitäts- oder Einstufungsnote für den Schuldner bzw. für
seine Emissionen. Jede Ratingagentur verwendet dabei ihre eigenen
Ratingsymbole. Die Bewertung der beiden bekanntesten amerikanischen Agenturen – Moody's und Standard & Poor's – erfolgt über die
Buchstaben A–C, mit weiteren Abstufungen wie z. B. dem „Tripple-A"
= AAA als Zeichen höchster Kreditwürdigkeit.

Insbesondere für Unternehmensanleihen haben sich drei Kategorien herausgebildet:

„Investment-Grade"   = sehr gute Anleihen mit einem A-Rating bis
                       mind. Baa3 (Moody's) bzw. BBB (Standard &
                       Poor's)

„Speculative-Grade" = spekulative Anleihequalität mit entsprechend
                       hohem Ausfallrisiko, aber auch der Chance auf
                       höhere Renditen, weshalb solche Anleihen auch
                       als „High Yield-Anleihen" bezeichnet werden.

„Junk Bonds"   = Ratings im Bereich „C" fallen hierunter und
                       kennzeichnen Anleihen mit der niedrigsten
                       Bonität.

Rating

qualitative und quantitative Analysefaktoren, bezogen auf:

Emittenten	▪ gesamtwirtschaftliche Situation des Landes, in dem der Emittent seinen Sitz hat (Länderrisiko) ▪ Branchentrends (Branchenrisiko) ▪ individuelle Situation des Emittenten (Ausfallrisiko des Emittenten)
Unter-nehmens-anleihen	▪ spezielle Emissionsbedingungen und deren Auswirkungen für den Anleger
Staaten	▪ Steueraufkommen ▪ Inflationsrate ▪ Arbeitslosenquote ▪ Verschuldung u. a.

Abb. 116: Rating

Das Rating eines Emittenten bzw. dessen Anleihen wirkt sich auf die Konditionsgestaltung noch zu begebender Anleihen aus, insbesondere auf die Höhe der Rendite. Eine Anleihe mit erstklassigem Rating bietet dem Anleger aufgrund der höheren Sicherheit eine i. d. R. niedrigere Rendite als Anleihen mit niedrigerem Rating.

Zu beachten ist auch, dass Veränderungen des Ratings während der Laufzeit der Anleihe eine Kursveränderung der Anleihe bewirken können.

Die Erstellung eines Ratings erfolgt immer im Auftrag des Emittenten, der auch die anfallenden Kosten trägt. Dafür hat er den Vorteil der Vermarktung seines objektiven Ratings. Denn die Ratingagenturen sind zur Vermeidung von Interessenkonflikten und zur Transparenz (Veröffentlichung) über die von ihnen verwendeten Methoden nach EU-Verordnungsrecht verpflichtet.

Das Rating ersetzt aber nicht die eigene Urteilsbildung des Anlegers. Denn oft wird das Rating erst geändert, wenn sich die Bonität eines Emittenten bereits verändert hat. Außerdem ist ein Rating nicht als Kauf- oder Verkaufsempfehlung für bestimmte Wertpapiere zu verstehen. Das Rating soll lediglich bei einer Anlageentscheidung unterstützen und ist nur ein Faktor von vielen in der Beurteilung. Beachten Sie auch, dass nicht alle Emittenten über ein Rating verfügen und die Qualität einer Anleihe-Emission ohne Rating durchaus besser sein kann als die einer Emission mit Rating.

Rating zur Beurteilung der Qualität von offenen Investmentvermögen

Auch für die Bonitätsbeurteilung von offenen Investmentvermögen bieten die Ratingagenturen Standard & Poor's und Morning-Star Ratings an. Auch Vermögensverwaltungen wie z. B. Feri-Trust liefern ebenfalls Ratings.

Bei diesen Ratings werden i. d. R. qualitative Bewertungskriterien, wie z. B. Erfahrung und Qualität des Fondsmanagements, berücksichtigt.

Wegen der Einbeziehung von qualitativen Bewertungskriterien können Ratings auch in vorsichtigem Rahmen für eine Einschätzung der zukünftigen Entwicklung herangezogen werden. Garantien geben sie aber nicht.

Zu beachten ist darüber hinaus ein ganz wesentlicher Unterschied zu den Ratings von Unternehmen und Anleihen: Ratings von Investmentvermögen müssen nicht veröffentlicht werden. Auch hier zahlen die Kapitalverwaltungsgesellschaften für die Bewertung und vermarkten in der Regel dann nur die positiven Ratings.

LF
14

SG
3.10

▶ **Exkurs – Kritische Betrachtung der Vergleichbarkeit von Ratings**

Grundsätzlich gilt, dass Ratings eine Vergleichbarkeit von Investmentvermögen ermöglichen. Doch es gilt dabei auch, kritische Faktoren zu berücksichtigen.

Kritischer Punkt Nr. 1

Verschiedene Ratingagenturen bewerten die Investmentvermögen anhand unterschiedlicher Kriterien. Die Vergleichsstichtage können genauso voneinander abweichen wie die Eingruppierung der einzelnen Investmentvermögen in unterschiedliche Vergleichsgruppen.

Kritischer Punkt Nr. 2

Die Bewertungen werden bei manchen Ratingagenturen im Vergleich zu Wettbewerberprodukten und bei anderen im Vergleich zu Benchmarks durchgeführt.

Kritischer Punkt Nr. 3

Einige Ratingagenturen erstellen Bewertungen im Auftrag der Kapitalverwaltungsgesellschaften (gegen Bezahlung). Es kann auch sein, dass nur die Investmentvermögen von Kapitalverwaltungsgesellschaften miteinander verglichen werden, die für die Bewertung bezahlt haben.

Ratings können also nur **ein** Faktor unter vielen für die individuelle Anlageentscheidung sein.

Ranking

Rankings stellen ausschließlich eine quantitative Beurteilung hinsichtlich Wertentwicklung und Risiko in der Vergangenheit dar. Über Entwicklungschancen in der Zukunft machen sie keine konkreten Aussagen.

Auch sie können deshalb nur ein Faktor von vielen sein bei der Entscheidung, welches Investmentvermögen die besten Erfolgschancen hat und am besten zum Anleger passt.

Dennoch sind Rankings eine feste Größe in der Marketingstrategie von Kapitalverwaltungsgesellschaften. Rankings erfolgen hier in Form von Buchstabenmodellen, einem Sternesystem beispielsweise mit bis zu fünf Sternen oder jährlichen Awards je nach Anbieter. Auch Fachzeitschriften lassen regelmäßig die Qualität von Kapitalverwaltungsgesellschaften oder Investmentvermögen analysieren und veröffentlichen dann die Ergebnisse.

▶ Praxistipp

Der BVI definiert die beiden Begriffe wie folgt: „Ranking" ist das Ergebnis einer vergleichenden, vergangenheitsbezogenen Betrachtung von Rendite-Risiko-Kennziffern, d. h. rein quantitativen Daten. Ein „Rating" dagegen ist mehr zukunftsgerichtet und beruht auf qualitativen Daten, insbesondere einer Bewertung des Fondsmanagements.

Anbieter von Ratings und Rankings für offene Investmentvermögen sind z. B. die Firmen Morningstar oder auch der deutsche Anbieter Feri EuroRating Services. Beurteilungskriterien können je nach Anbieter unterschiedlich sein.

Gerade bei aktiv gemanagten Investmentvermögen wird schnell klar, wie wichtig die Qualität des Fondsmanagements ist. Der einfachste Weg mehr darüber zu erfahren: Anleger können bei der Kapitalverwaltungsgesellschaft direkt nachfragen, wie lange ein Fondsmanager bereits das Investmentvermögen managt bzw. wie erfahren er als Fondsmanager generell ist. Die Qualität zeigt sich keineswegs nur in guten Börsenphasen, sondern besonders in den Krisenzeiten. Wer sich hier über Jahre kontinuierlich bewährt hat, hat auch gute Chancen für die Zukunft.

▶ **Zusammenfassung**

Ranking	<ul><li>Orientierungshilfe bei der Produktauswahl</li><li>bewertet die Wertentwicklung in der Vergangenheit ohne Garantie für die zukünftige Wert- oder Marktentwicklung</li><li>**quantitative Betrachtung** von mittel- bis langfristiger Wertentwicklung plus Risiko (i. d. R. Volatilität)</li></ul>
Rating	<ul><li>qualitative Orientierungshilfe bei der Produktauswahl</li><li>ermöglicht eine Beurteilung der Rahmenbedingungen für zukünftige Entwicklungen des bewerteten Produktes (jedoch keine Prognose der zukünftigen Marktentwickung)</li><li>**zusätzlich qualitative Komponenten** wie z. B. die Qualität des Fondsmanagements oder die Wirtschaftlichkeit (Struktur / Organisation) der Kapitalverwaltungsgesellschaft</li></ul>

Abb. 117: Ranking und Rating

Ratings und Rankings sind eine gute erste Orientierungshilfe für das riesige Angebot an offenen Investmentvermögen. Ob das Anlagesegment aber noch die gleichen Chancen wie in der Vergangenheit hat und ob das Risikoprofil eines Investmentvermögens überhaupt zum Kunden passt, darüber sagen diese „Schulnoten" nichts aus. Sie sind keine Garanten für zukünftige Wertentwicklungen. Da die Begriffe Rating und Ranking nicht geschützt sind, sollte immer hinterfragt werden, welche Beurteilungskriterien tatsächlich berücksichtigt wurden.

Mehr Details finden sich auf den Internetseiten der Ratingagenturen:

Feri EuroRating Services AG, Bad Homburg: www.feri.de
„Das Feri-Fondsrating"

Morningstar Deutschland GmbH: www.morningstar.de
„Morningstar Rating für Fonds"

Vergleiche offener Investmentvermögen untereinander bzw. mit konkurrierenden Finanzanlageprodukten

Vergleiche offener Investmentvermögen mittels Ranking oder Rating sind nur bei ähnlichen Anlageschwerpunkten aussagekräftig. Sie sind trotzdem einseitig, weil weitere Vergleichsfaktoren wie zum Beispiel die Gesamtkostenquote unberücksichtigt bleiben. Außerdem gibt es keine einheitlichen Ratings für Anleihen, Investmentvermögen usw.

Nicht börsennotierte Wertpapiere oder die klassischen Bankeinlagen haben i. d. R. gar kein Ranking, weil sie keinen Kursschwankungen unterliegen.

Wie kann man dennoch das Risiko von unterschiedlichen börsennotierten Wertpapieren vergleichen? Eine Standardkennzahl ist die Volatilität.

Volatilität

- Kennzahl für das Risiko einer Kapitalanlage
- beschreibt den Schwankungsbereich, in dem sich die Kursentwicklung in einem bestimmten Zeitraum vom Durchschnittswert entfernt hat
- keine Aussage über die Rentabilität
- je höher die Volatilität, desto größer ist die Gefahr / Chance, in Zukunft einen Verlust / Gewinn zu erzielen
- Vergangenheitsbetrachtung und somit keine Aussage über die zukünftige Entwicklung

Es gilt die Faustformel:

Mehr Rendite / Wertentwicklung gibt es nur bei einem höheren Risiko.

▶ Beispiel

So könnte das Informationsgespräch mit Herrn Schöber ablaufen:

Herr Schöber: Mal angenommen ich hätte 5.000 € angespart und möchte diese nun in einen Aktienfonds investieren. Welcher hat denn zur Zeit das beste Rating und wäre somit die beste Wahl für mich?

Frau Klug (Finanzanlagenvermittlerin): Die beste Wahl für Sie ist vor allem ein Investmentvermögen, das zu Ihrem Anlegerprofil passt. D. h. wir würden uns zunächst einmal anschauen, welche grundsätzlichen Anforderungen Sie an eine Anlage haben. Da ist zum Beispiel ein Aspekt wie eine jederzeitige Verfügbarkeit. Und dann ist die Frage nach Ihrer Risikobereitschaft zu klären: wollen Sie Kursschwankungen in Kauf nehmen?

Herr Schöber: Also, erst einmal sehen, ob ich überhaupt ein Aktienfonds-Typ bin?

Frau Klug: Genau. Und wenn das der Fall ist, überprüfen wir Ihre vorhandenen Depotwerte. Wenn es da schon amerikanische Aktien oder internationale Aktienfonds mit Schwerpunkt Amerika gibt, macht es unter Umständen keinen Sinn, nochmal aufs gleiche Pferd zu setzen. Besser ist es da, das Risiko zu streuen und zum Beispiel einen Aktienfonds mit europäischen Aktien zu nehmen.

Herr Schöber: Aber dann nehmen wir den Aktienfonds mit den meisten Sternen.

Frau Klug: Vorher sollten wir noch einen Blick auf die Kostenstruktur werfen und vor allem auf die Anlagestrategie des Aktienfonds. Denn der beste Aktienfonds der Vergangenheit hat vielleicht auf die riskantesten Werte gesetzt. Und da wären wir wieder bei Ihrem Anlegerprofil: wenn für Sie eher ein Aktienfonds mit Topunternehmen in Frage kommt, dann kann auch ein Aktienfonds mit nur 3 Sternen der bessere für Sie sein.

Herr Schöber: Verstehe, und vielleicht ist das ja dann der 5-Sterne-Aktienfonds im nächsten Jahr.

Frau Klug: Das ist durchaus möglich.

Übungen

1. Beim Fondsranking werden verschiedene Faktoren berücksichtigt und bewertet.

    Prüfen Sie, welche Faktoren dazu gehören.
    a) Wertentwicklung
    b) Duration
    c) Volatilität
    d) Bonität
    e) Seriosität
    f) Diversität

2. Beschreiben Sie den Unterschied zwischen den beiden Anleihe-Rating-Segmenten: „Investment-Grade" und „Speculative-Grade".

3. Beschreiben Sie den Unterschied zwischen Ratings und Rankings.

4. Nennen Sie drei Merkmale, die die Volatilität einer Kapitalanlage beschreiben.

5. Gerrit Walter legt neben einer guten Rendite auch Wert auf Sicherheit. Für einen Betrag in Höhe von 5.000 € sucht er einen Rentenfonds, der überwiegend in Wertpapiere mit einem sehr guten Anleiherating investiert.

    Prüfen Sie, was ein solches Rating aussagt.
    a) hohe Fondsausschüttungen und hohe Kreditwürdigkeit des Emittenten
    b) niedriges Zinsniveau mit hoher Schuldnerbonität
    c) hohe Unternehmensgewinne und hohe Dividendenrendite
    d) hohe Bonität der Anleiheemittenten und geringes Ausfallrisiko
    e) Anleihen mit höheren Wertentwicklungen im Vergleich zu anderen Anleihen

3.   Geschlossene Investmentvermögen

3.1   Der Markt für geschlossene Investmentvermögen

Bereits im 19. Jahrhundert wurden Schiffe von Privatpersonen und Banken finanziert.

Grundsätzlich gibt es geschlossene Investmentvermögen in der heutigen Ausgestaltung seit über 40 Jahren. Den Anfang machten Schiffsbeteiligungen, gefolgt von Flugzeugbeteiligungen und geschlossene Immobilienfonds. Insbesondere in den letzten zwei Jahrzehnten kamen dann weitere Anlageklassen dazu, wie beispielsweise Medienfonds, Solarfonds oder Windkraftfonds.

Früher stand die Beteiligung an einem großen Investitionsobjekt im Vordergrund. Dann begann sich das Angebot stark in Abhängigkeit von steuerlichen Vorteilen und Möglichkeiten zum Steuersparmodell zu entwickeln.

Heutzutage haben sich geschlossene Investmentvermögen vor allem wieder zu einer ertragorientierten Kapitalanlagealternative entwickelt. Steuervorteile gibt es nur noch bei den Schiffsbeteiligungen in Form der Tonnagesteuer und bei geschlossenen Investmentvermögen mit teilweise steuerfreien ausländischen Erträgen.

Geschlossene Investmentvermögen unterlagen bislang allerdings kaum gesetzlichen Regelungen und galten so als Anlageform des Grauen Kapitalmarktes. Dies führte dazu, dass die Branche über viele Jahre auch mit „schwarzen Schafen" unter den Produktanbietern zu kämpfen hatte. Seit dem 1. Juni 2012 hat sich dies geändert. Anteile an geschlossenen Investmentvermögen wurden mit dem Inkrafttreten der Novelle des Finanzanlagenvermittler- und Vermögensanlagenrechts zu Finanzinstrumenten im Sinne des Kreditwesen- und Wertpapierhandelsgesetzes. Dies stellte einen ersten verbesserten Anlegerschutz und mehr Rechtssicherheit für die Anbieter und die Vertriebe von geschlossenen Investmentvermögen dar.

KAGB

Den bisher gebräuchlichen Begriff „geschlossene Fonds" gibt es in der Gesetzgebung nicht mehr. Er kann aber noch im Zusammenhang mit einer so genannten Vermögensanlage im Sinne des Vermögensanlagengesetzes (VermAnlG) verwendet werden. Der neue Begriff „geschlossene Investmentvermögen" ergibt sich aus dem am 22. Juli 2013 in Kraft getretenen Kapitalanlagegesetzbuch (KAGB).

Geschlossene Investmentvermögen in der Rechtsform einer geschlossenen Investmentkommanditgesellschaft (geschlossene Investment-KG) oder Investmentaktiengesellschaft (Investment-AG) mit fixem Kapital sind nun auf einem einheitlichen Niveau mit den offenen Investmentvermögen gesetzlich reguliert und gehören damit nicht mehr zum so genannten „Grauen Kapitalmarkt" (Markt der wenig oder unregulierten Anlageprodukte).

Weitere Bezeichnungen für geschlossene Investmentvermögen sind Geschlossene Alternative-Investment-Fonds (AIF) oder, sofern es sich um auch für Privatkunden geeignete Produkte handelt, geschlossene Publikums-AIF.

Die Vorteile dieser umfassenden Regulierung auch für geschlossene Investmentvermögen für den Privatanleger sind:

- Die Bundesanstalt für Finanzdienstleistungsaufsicht (BaFin) prüft die formale Vollständigkeit und die inhaltliche Kohärenz (Widerspruchsfreiheit) von Verkaufsprospekten. Erst mit Billigung des Verkaufsprospektes durch die BaFin ist ein Vertrieb des geschlossenen Investmentvermögens zulässig.

- Die Anbieter von geschlossenen Investment-KGs unterliegen umfangreichen Aufsichts-, Bewertungs- und Berichtspflichten. Dazu zählen unter anderem:
  - die Pflicht zur Zulassung als Kapitalverwaltungsgesellschaft (KVG) bei der Bundesanstalt für Finanzdienstleistungsaufsicht (BaFin),
  - die Pflicht zur regelmäßigen (mindestens jährlichen) Bewertung der verwalteten Vermögensgegenstände. Dazu kommt ab 2015 die Pflicht zur monatlichen Meldung im Rahmen der Bundesbankstatistik über Investmentfonds.
  - die Pflicht, eine unabhängige Verwahrstelle als Kontrollinstanz zu haben,
  - die Pflicht, einen Jahresbericht gegenüber Aufsicht und Anleger abzugeben,
  - sowie ausgeprägte Risiko- und Liquiditätsmanagementsysteme vorzuhalten.

Zum Anlagespektrum geschlossener Investmentvermögen gehören u. a.:

- in- und ausländische Immobilien
- Schiffe
- Windkraft- und Solaranlagen
- Flugzeuge
- Private-Equity-Unternehmensbeteiligungen
- Infrastruktur

In diesem Kapitel geht es um die Grundlagen geschlossene Investmentvermögen. Die Entwicklung der Beteiligungsmärkte und Anlageklassen unterliegt vielfältigen Entwicklungen und kann aktuell den Verkaufsprospekten der Anbieter entnommen werden.

Da es sich bei geschlossenen Investmentvermögen um Sachwertanlagen in Wirtschaftsgüter handelt, spielen sie eine wichtige Rolle für die deutsche Volkswirtschaft.

Dabei stehen auch die zukunftsorientierten Investitionen in energiesparende Technologien wie Wind- oder Solarkraft und zukunftssichernde Investitionen in Infrastrukturen im Vordergrund. Das schafft und sichert Arbeitsplätze im Mittelstand und in innovativen Branchen. Für die Anleger und Investoren bietet sich durch die langen Laufzeiten eine stabile Basis.

Geschlossene Investmentvermögen sind als unternehmerische Sachwertbeteiligung eine spannende und sinnvolle Kapitalanlagealternative, wenn der Anleger bereit ist, sich mit den Initiatoren, dem Produkt und seinen Chancen und Risiken im Vorfeld der Anlageentscheidung zu beschäftigen und vor allem über die entsprechende Risikobereitschaft und -fähigkeit verfügt.

LF
14

SG
4.1

Lernziele

In diesem Kapitel erwerben Sie Fertigkeiten, Kenntnisse und Fähigkeiten, wie geschlossene Investmentvermögen strukturiert sind, welche Vertragsbeziehungen und anlagebezogenen Geldflüsse bestehen, welche Kosten zu beachten sind, wie das Anlegerprofil aussieht, wie der Zweitmarkt funktioniert und welche Unterschiede zwischen offenen und geschlossenen Investmentvermögen bestehen.

Sie

- erklären das Prinzip und den Lebenszyklus eines geschlossenen Investmentvermögens

- stellen die Struktur und Funktionsweise inklusive der Vertragsverhältnisse und Geldflüsse dar

- beschreiben die Aufgaben der Beteiligten (Initiator, Treuhänder, Kapitalverwaltungsgesellschaft, Verwahrstelle, Vermittler, BaFin)

- nennen die Kosten und können Weichkosten von den substanzbildenden Kosten abgrenzen

- beschreiben das Anlegerprofil hinsichtlich Sicherheit / Risiko, Laufzeit, Verfügbarkeit und Rendite

- beschreiben die Funktionsweise des Zweitmarktes

- grenzen offene und geschlossene Investmentvermögen voneinander ab

- stellen den Beratungsprozess bei geschlossenen Investmentvermögen dar und kennen die Abwicklung über die Beitrittserklärung (Zeichnungsschein)

3.2 Geschlossene Investmentvermögen

3.2.1 Das Prinzip geschlossener Investmentvermögen

LF
14

SG
4.1

▶ **Situation**

Ihr Kunde Hubert Maler hat Sie um ein Beratungsgespräch zu geschlossenen Investmentvermögen gebeten. Ein Bekannter hat ihm von dieser Anlageform erzählt.

Sie bereiten sich darauf vor, ihm zunächst einmal das grundsätzliche Prinzip einer Anlage in geschlossene Investmentvermögen transparent zu machen.

▶ **Erläuterung**

Ähnlich wie bei offenen Investmentvermögen bündelt auch ein geschlossenes Investmentvermögen das Geld mehrerer Anleger. Ziel ist es, sich gemeinsam an einem Wirtschaftsgut (Sachwert) wie beispielsweise einer gewerblichen Immobilie, einem Schiff oder einer gewerblichen Solaranlage zu beteiligen. Der Einzelanleger verfügt in der Regel nicht über das notwendige Kapital für diese Art der Investition. Bei einem geschlossenen Investmentvermögen kann sich der Anleger jedoch in der Regel schon mit Summen ab 10.000 € an solchen Sachwerten beteiligen, die sonst nur institutionellen Investoren offenstehen.

Bei geschlossenen Investmentvermögen geht es grundsätzlich um eine langfristige und zeitlich befristete Investition in Sachwerte.

Es handelt sich bei der Anlage in geschlossene Investmentvermögen um eine unternehmerische Beteiligung, d. h., der Anleger wird Unternehmer (Kommanditist einer geschlossenen Investment-KG oder Aktionär einer Investment-AG mit fixem Kapital) mit allen Chancen und Risiken.

Die Verwaltung des Investmentvermögens übernimmt eine Kapitalverwaltungsgesellschaft.

Die ordnungsgemäße Mittelverwendung wird von einer Verwahrstelle kontrolliert.

Zwei Aspekte sind bei der Anlage in geschlossene Investmentvermögen von Vorteil für das Gesamt-Anlageportfolio:

■ Die Entwicklung geschlossener Investmentvermögen erfolgt grundsätzlich unabhängig vom Aktien- und Anleihemarkt und trägt somit zu einer Verbesserung des Risiko-Rendite-Verhältnisses in einem gut gemischten Portfolio bei.

■ Geschlossene Investmentvermögen bieten durch die Anlage in Sachwerte einen Schutz vor Inflation.

Es gibt zwei weitere Unterschiede zu den offenen Investmentvermögen. Eine Investition in geschlossene Investmentvermögen ist nur innerhalb eines bestimmten Platzierungszeitraumes möglich. Danach wird das Investmentvermögen geschlossen. Daher auch der Name dieser Anlageform. Entsprechend begrenzt ist bei geschlossenen Investmentvermögen auch die Anzahl der Anleger, denn nach der Platzierung können keine weiteren Anleger mehr direkt, sondern nur noch über den Erwerb von Zweitmarktanteilen in das geschlossene Investmentvermögen investieren.

Auch eine jederzeitige Rücknahme der Beteiligung gibt es bei geschlossenen Investmentvermögen nicht. Ein Verkauf der Beteiligung über einen Zweitmarkt (Markt für „gebrauchte" Beteiligungsfondsanteile) ist allerdings möglich (vorausgesetzt, es findet sich ein Kaufinteressent).

Die Platzierungsgarantie

Grundsätzlich wird zunächst Eigenkapital während der Platzierungsphase von den Anlegern eingesammelt. Die Gesamtkalkulation des Investmentvermögens basiert darauf, dass dies auch vollständig gelingt. Ansonsten wäre die Finanzierung der Investition nicht sichergestellt.

Der vom Initiator mit dem Vertrieb der Fondsanteile beauftragte Vertriebspartner gibt in der Regel eine Platzierungsgarantie ab. Die Platzierungsgarantie garantiert den Verkauf aller Fondsanteile innerhalb des Platzierungszeitraumes. Gelingt ihm dies nicht, ist er zur Zahlung der Differenz verpflichtet. Den Verkauf der noch nicht platzierten Fondsanteile kann er dann auch über den ursprünglichen Platzierungszeitraum hinaus betreiben.

Durch eine Platzierungsgarantie wird das Rückabwicklungsrisiko für das Investmentvermögen reduziert. Dieses Risiko wird näher im Kapitel 3.3 Chancen und Risiken behandelt.

Die Platzierungsgarantie ist allerdings nur werthaltig, wenn der Vertriebspartner und Garantiegeber über die entsprechende Bonität – also die Fähigkeit / Liquidität, um die Garantie zu erfüllen – verfügt.

Mittelherkunft und Mittelverwendung

Die Herkunft der finanziellen Mittel für die geplanten Investitionen ergibt sich aus dem Investitionsplan. Dieser enthält den Finanzierungsplan und detailliert die Herkunft der Mittel.

Investitionsphase:

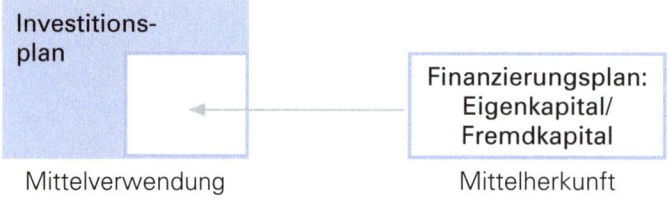

Abb. 118: Mittelherkunft und Mittelverwendung

Der Lebenszyklus eines geschlossenen Investmentvermögens

Der Lebenszyklus eines geschlossenen Investmentvermögens umfasst insgesamt fünf Phasen.

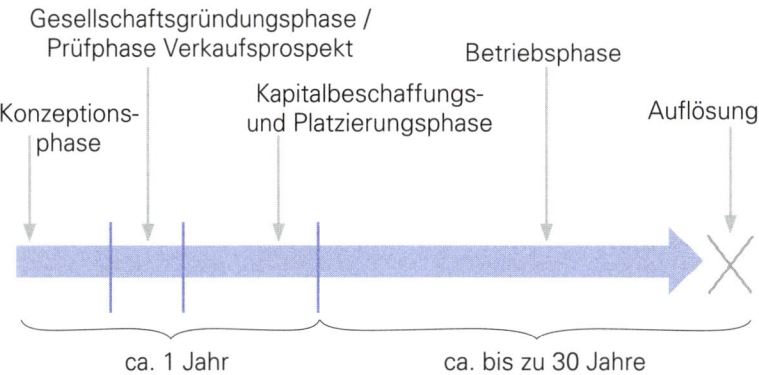

Abb. 119: Der Lebenszyklus eines geschlossenen Investmentvermögens
(eigene Darstellung, angelehnt an
www.fondsvermittlung24.de/geschlossene-fonds-zyklen)

Hat der Initiator ein geeignetes Investitionsobjekt gefunden, beginnt er zunächst mit der Konzeption des Fondsangebotes. Er muss die Kapitalstruktur (benötigtes Eigenkapital bzw. Fremdkapital) festlegen und die zu erwartenden Einnahmen und Ausgaben analysieren.

Als nächstes muss die geschlossene Investment-KG oder Investment-AG mit fixem Kapital gegründet und ein Gesellschaftsvertrag aufgesetzt werden. Zu dieser Phase gehört auch die Erstellung des Verkaufsprospektes und dessen Prüfung auf Vollständigkeit und Schlüssigkeit der gemachten Angaben durch die BaFin.

Dann erst kann mit der Eigenkapitalbeschaffung und der Platzierung der Anteile bzw. Aktien während der festgelegten Platzierungsphase begonnen werden.

Anschließend kann das Investitionsobjekt gekauft und in Betrieb genommen werden (Vermietung, Verpachtung ...).

In der Betriebsphase geht es vor allem darum, den Wert des Investitionsobjektes zu erhalten und laufende Erträge zu erzielen, um dem Anleger regelmäßige Ausschüttungen gewährleisten zu können. Die im Verkaufsprospekt enthaltene Prognoserechnung macht Angaben zur geplanten wirtschaftlichen Entwicklung des geschlossenen Investmentvermögens während der Betriebsphase.

Da geschlossene Investmentvermögen auf eine bestimmte Laufzeit ausgerichtet sind, bildet die Phase der Fondsauflösung den Schlusspunkt. Das Investitionsobjekt wird verkauft und das Kapital zzgl. eines möglichen Wertzuwachses an die Anleger zurückbezahlt.

3.2.2 Funktionsweise und Vertragsbeziehungen

▶ **Situation**

Sie bereiten sich auf eine Vertriebsschulung für neue Mitarbeiter vor, die zukünftig auch geschlossene Investmentvermögen verkaufen dürfen. Als Teilnehmerunterlage möchten Sie eine grafische Darstellung zur Funktionsweise und Aufgabenverteilung bei geschlossenen Investmentvermögen aushändigen. Um diese erstellen zu können, recherchieren Sie selbst noch einmal im Internet alle notwendigen Details.

▶ **Erläuterung**

Auch bei geschlossenen Investmentvermögen gibt es viele Beteiligte, die sich die Aufgaben teilen. Daraus ergibt sich eine für geschlossene Investmentvermögen typische Struktur, die seit Einführung des Kapitalanlagegesetzbuches viele Parallelen zur Struktur offener Investmentvermögen aufweist.

Der Anleger

Der Anleger wird durch seine Kapitalinvestition zum Gesellschafter der geschlossenen Investment-KG, die dann das Investitionsobjekt erwirbt. Dadurch handelt es sich bei dieser Anlageform um eine unternehmerische Beteiligung. Der Anleger erhält laufende Erträge und wird später an einem möglichen Verkaufserlös beteiligt. Umgekehrt haftet er jedoch auch für Verluste (unternehmerisches Risiko).

Die Grundidee geschlossener Investmentvermögen ist also mit der von offenen Investmentvermögen durchaus in ihrer Einfachheit vergleichbar: mehrere Anleger investieren gemeinschaftlich in ein Anlageobjekt. Die Anlageobjekte bei geschlossenen Investmentvermögen sind Sachwerte wie Immobilien, Schiffe oder auch Solaranlagen, wogegen ein offener Immobilien-Sondervermögen nur in Gewerbeimmobilien investiert.

§§ 149–161 KAGB   **Die geschlossene Investment-Kommanditgesellschaft**

Wählt der Produktanbieter für das von ihm entwickelte geschlossene Investmentvermögen die Rechtsform einer Investment-KG, kann sich der Anleger mit einer Kapitaleinlage/Kommanditeinlage als Kommanditist beteiligen.

> Anleger dürfen sich an der geschlossenen Investmentkommanditgesellschaft nur unmittelbar als Kommanditisten beteiligen. Abweichend davon dürfen sich Anleger an der geschlossenen Publikumsinvestmentkommanditgesellschaft auch mittelbar über einen Kommanditisten (Treuhandkommanditisten) beteiligen. Bei mittelbarer Beteiligung über einen Treuhandkommanditisten hat der mittelbar beteiligte Anleger im Innenverhältnis der Gesellschaft und der Gesellschafter zueinander die gleiche Rechtsstellung wie ein Kommanditist. Der mittelbar beteiligte Anleger oder der am Erwerb einer mittelbaren Beteiligung Interessierte gilt als Anleger oder am Erwerb eines Anteils Interessierter im Sinne dieses Gesetzes.

§ 152 KAGB

LF
14

SG
4.1

Die Investment-KG unterliegt grundsätzlich den Regelungen des Handelsgesetzbuches, sofern sich aus den Vorschriften des KAGB nichts anderes ergibt. Der Gesellschaftsvertrag regelt den Unternehmensgegenstand sowie die Rechte und Pflichten der Gesellschafter.

Die Geschäftsführung einer geschlossenen Investment-KG besteht aus mindestens zwei Personen oder einer juristischen Person, die ihrerseits eine Geschäftsführung hat, die von zwei Personen wahrgenommen wird. Die Geschäftsführung handelt ausschließlich im Interesse der Aktionäre und unabhängig von der Verwahrstelle.

Im Falle einer intern verwalteten geschlossenen Publikumsinvestmentkommanditgesellschaft ist zusätzlich ein Beirat zu bilden, der die Geschäftsführung bei der Umsetzung der Anlagebedingungen überwacht. Die geschlossene Investment-KG ist zur Rechnungslegung in Form eines Jahresberichtes gesetzlich verpflichtet. Der Jahresbericht ist durch einen Abschlussprüfer zu überprüfen.

Die geschlossene Investment-Aktiengesellschaft mit fixem Kapital

§§ 140–148 KAGB

Wählt der Produktanbieter für das von ihm entwickelte geschlossene Investmentvermögen die Rechtsform einer Investment-AG mit fixem Kapital, erhält der Anleger durch die Leistung des so genannten Ausgabepreises eine entsprechende Anzahl an Aktien.

Die geschlossene Investment-AG unterliegt grundsätzlich den Regelungen des Aktiengesetzes, sofern das KAGB keine davon abweichenden Regelungen vorsieht.

Die Satzung regelt den Unternehmensgegenstand und die Rechte und Pflichten der Aktionäre. Der Vorstand einer geschlossenen Investment-AG besteht aus mindestens zwei Personen und handelt ausschließlich im Interesse der Aktionäre und unabhängig von der Verwahrstelle. Dieser wird kontrolliert und unterstützt von einem Aufsichtsrat.

Die geschlossene Investment-AG ist zur Rechnungslegung in Form eines Jahresberichtes und eines Lageberichtes gesetzlich verpflichtet.

Der Treuhänder

Der Treuhänder nimmt im Außenverhältnis die volle Rechtsstellung eines Eigentümers wahr, ist jedoch im Innenverhältnis gegenüber seinen Treugebern (Anleger) verpflichtet, über das Vermögen nur gemäß dem Treuhändervertrag zu verfügen. Er vertritt die Anleger auf den Gesellschafterversammlungen und führt die Anlegerkonten. Er ist so in der Lage, für die Auszahlungen der laufenden Erträge und des späteren Verkaufserlöses (abzüglich Kosten) zu sorgen bzw. den Kaufpreis an die Fondsgesellschaft weiterzuleiten. Der Treuhänder kontrolliert die ordnungsgemäße Verwendung der Anlegergelder.

Ausgewählt wird der Treuhänder vom Initiator (dem Emissionshaus).

Der Initiator (Emissionshaus oder auch Produktanbieter genannt)

Zum Aufgabenbereich eines Initiators gehören:

- Auswahl des Treuhänders
- Suche nach dem geeigneten Anlage- / Investitionsobjekt
- Kalkulation der wirtschaftlichen Rahmenbedingungen
- Sicherstellung, dass die wirtschaftlichen und rechtlichen Rahmenbedingungen erfüllt sind
- Koordination externer Rechts- und Steuerberater
- übergeordnete Koordination von Eigen- und Fremdkapitalbeschaffung
- Erstellung des Fondskonzeptes und des Verkaufsprospektes
- Begleitung des Genehmigungsprozesses des Projektes durch die BaFin (z. B. Prospektprüfung)

Der Initiator ist auf die Konzeption geschlossener Investmentvermögen und meist auch bestimmter Anlageklassen – auch Assetklassen genannt – spezialisiert. Seine Expertise beispielsweise zu Schiffen oder Flugzeugen sollte über viele Jahre zurückreichen. Die Initiatoren / Emissionshäuser können inhabergeführt (natürliche Personen) sein, oder eine Bank oder Versicherung als Gesellschafter haben.

§§ 17–67 KAGB   ### Die AIF-Kapitalverwaltungsgesellschaft (AIF-KVG)

Mit dem Inkrafttreten des KAGB müssen auch geschlossene Investmentvermögen von einer von der BaFin zugelassenen und beaufsichtigten inländischen KVG verwaltet werden. Der Geschäftsbetrieb einer KVG ist darauf ausgerichtet, ein oder mehrere Investmentvermögen zu verwalten.

Die Verwaltung eines Investmentvermögens liegt vor, wenn mindestens die Verwaltung des Gesellschaftsvermögens oder das Risikomanagement für ein oder mehrere Investmentvermögen erbracht wird.

LF 14

SG 4.1

> **Die Kapitalverwaltungsgesellschaft ist entweder**
>
> - eine externe Kapitalverwaltungsgesellschaft, die vom Investmentvermögen oder im Namen des Investmentvermögens bestellt ist und auf Grund dieser Bestellung für die Verwaltung des Investmentvermögens verantwortlich ist (externe Kapitalverwaltungsgesellschaft), oder
>
> - das Investmentvermögen selbst, wenn die Rechtsform des Investmentvermögens eine interne Verwaltung zulässt und der Vorstand oder die Geschäftsführung des Investmentvermögens entscheidet, keine externe Kapitalverwaltungsgesellschaft zu bestellen (interne Kapitalverwaltungsgesellschaft). In diesem Fall wird das Investmentvermögen als Kapitalverwaltungsgesellschaft zugelassen.

§§ 17 Abs. 2 KAGB

Für jedes Investmentvermögen kann nur eine Kapitalverwaltungsgesellschaft zuständig sein, die für die Einhaltung der Anforderungen dieses Gesetzes verantwortlich ist.

Die KVG wird von der Investment-KG bzw. -AG bestellt. Zu ihren Aufgaben gehören:

- allgemeine Verwaltungstätigkeiten

- Anlage und Verwaltung der Mittel der Investment-KG bzw. -AG

Als Rechtsform für die externe KVG sind zulässig:

§ 18 Abs. 1 KAGB

- Aktiengesellschaft (AG)

- Gesellschaft mit beschränkter Haftung (GmbH)

- Kommanditgesellschaft in Form einer GmbH & Co.KG

Die AIF-Verwahrstelle

§§ 80–90 KAGB

Auch die Einbindung einer Verwahrstelle ist eine Neuregulierung des KAGB.

Für jedes Investmentvermögen muss die Kapitalverwaltungsgesellschaft eine Verwahrstelle mit der Verwahrung der Vermögensgegenstände und bestimmten Kontrollfunktionen beauftragen. Bei vielen geschlossenen AIF besteht die Möglichkeit, anstelle eines Kreditinstituts, einer Wertpapierfirma oder sonstigen von der BaFin beaufsichtigten Einrichtung einen Treuhänder als Verwahrstelle zu nutzen. Der

Treuhänder nimmt die Aufgaben als Verwahrstelle im Rahmen seiner beruflichen oder geschäftlichen Tätigkeit wahr und muss einer gesetzlich anerkannten obligatorischen berufsmäßigen Registrierung unterliegen (z.B. Wirtschaftsprüfer).

Die AIF-Verwahrstelle eines geschlossenen Investmentvermögens hat grundsätzlich die gleichen Aufgaben wie die Verwahrstelle eines offenen Investmentvermögens.

Aufgaben der Verwahrstelle

Lebenszyklus eines geschlossenen Investmentvermögens				
Beauftragung einer Verwahrstelle (Abschluss des Verwahrstellenvertrages)	Prüfung Kaufvertrag und Darlehensvertrag (zustimmungspflichtig durch die Verwahrstelle)	Überprüfung des Zeichnungsprozesses: Leistung der Kapitaleinlage und Wirksamwerden des Beitritts	Prüfung der laufenden Aktivitäten und Ertragsverwendung und Kontrolle der Einhaltung der vertraglichen und gesetzlichen Anlagebedingungen	Prüfung der Auflösung des Investmentvermögens am Laufzeitende

Abb. 120: Aufgaben der Verwahrstelle

Erlischt das Recht der KVG, das geschlossene Investmentvermögen zu verwalten (z.B. im Insolvenzfall der KVG), so geht das Verfügungsrecht über das Gesellschaftsvermögen auf die Verwahrstelle zur Abwicklung über. Diese Regelung greift nicht, wenn z. B. eine andere externe Kapitalverwaltungsgesellschaft bestellt wird.

Die BaFin

Die Bafin prüft die Vollständigkeit des Verkaufsprospektes hinsichtlich der gesetzlichen Anforderungen und den Inhalt auf seine inhaltliche Schlüssigkeit und Widerspruchsfreiheit (sog. Kohärenzprüfung). Eine inhaltliche Prüfung, ob die Angaben im Verkaufsprospekt richtig und die wirtschaftlichen Prognosen realistisch sind, führt die BaFin nicht durch. Deshalb darf seitens des Produktanbieters beim Anleger nicht der Eindruck vermittelt werden, dass die BaFin-Prüfung ein wirtschaftliches Qualitätsmerkmal ist.

Die BaFin ist darüber hinaus Aufsichtsorgan für die KVG und die Verwahrstelle.

▶ **Exkurs – Plausibilitätsprüfung (objektgerechte Beratung)
   durch den Anlagevermittler**

Seitdem geschlossene Investmentvermögen als Finanzinstrument gem.
§ 1 Abs. 11 KWG klassifiziert sind, sind Berater und Vermittler (sowohl
gewerbliche Finanzanlagenvermittler als auch Banken, Sparkassen etc.)
entsprechend dem WpHG bzw. der FinVermV zu der sog. „Geeignetheitsprüfung" verpflichtet.

Diese beinhaltet auch eine wirtschaftliche Plausibilitätsprüfung. Die Gesetze machen jedoch keine klaren Angaben, welche Prospektangaben
tatsächlich und in welchem Umfang geprüft werden müssen.

Die Prospektprüfung durch die BaFin, auch für Verkaufsprospekte geschlossener Investmentvermögen, ist zwar ein Fortschritt, sie bleibt
aber auf eine rein inhaltliche Prüfung (Vollständigkeit und inhaltliche
Widerspruchsfreiheit / Kohärenz des Prospektes) begrenzt.

Grundsätzlich haftet der Produktanbieter für die Richtigkeit und Vollständigkeit des Verkaufsprospektes und der wesentlichen Anlegerinformati-
on. Übersehen Vermittler offensichtliche Fehler im Prospekt, können sie   § 306 KAGB
in die Haftung genommen werden.

Der Berater / Vermittler

Unabhängig davon, ob der Vermittler geschlossener Investmentvermögen Angestellter einer Bank oder Sparkasse ist oder zu den freien
Finanzanlagenvermittlern gehört, er ist auf jeden Fall verantwortlich
für die Beratung des Anlegers und muss die dazu gesetzlich vorgeschriebenen Regelungen beachten. Dazu gehört beispielsweise die
Zurverfügungstellung des Verkaufsprospektes und der wesentlichen
Anlegerinformationen (WAI). Aber auch die weiteren Vorgaben hinsichtlich der Einholung von Informationen über den Anleger und die Prüfung,
ob die Anlage in ein geschlossenes Investmentvermögen für diesen
überhaupt geeignet ist, muss er beachten, sowie die Erstellung eines
Beratungsprotokolles über die erfolgte Beratung.

Vertragsbeziehungen

Zwischen den verschiedenen Beteiligten bei einem geschlossenen
Investmentvermögen bestehen unterschiedliche Vertragsbeziehungen,
die sich aus der jeweiligen Aufgabenverteilung ergeben.

Der Anleger wird mit dem Erwerb seines Fondsanteils über einen Gesellschaftsvertrag Gesellschafter der Investment-KG bzw. Aktionär der
Investment-AG.

Der Treuhänder kann die Anleger mittels eines abzuschließenden Treuhandvertrages vertreten.

Wird Fremdkapital benötigt und aufgenommen, so wird zwischen der finanzierenden Bank und der Investment-KG bzw. -AG ein entsprechender Kreditvertrag abgeschlossen.

Werden Leistungen von Wirtschaftsprüfern, Rechtsanwälten oder Steuerberatern in Anspruch genommen, so wird ein entsprechender Dienstleistungsvertrag geschlossen.

Auch im Zusammenhang mit dem Investitionsobjekt selbst sind Vertragsabschlüsse notwendig, wie beispielsweise Charterverträge bei Schiffsbeteiligungen oder Mietverträge bei Immobilienfonds.

Die Investment-KG schließt im Falle einer externen Kapitalverwaltungsgesellschaft einen Geschäftsbesorgungsvertrag. Die Kapitalverwaltungsgesellschaft wiederum schließt mit einer Verwahrstelle einen Verwahrstellenvertrag, der die Aufgaben und Vergütung hierfür detailliert festlegt.

Anlagebezogene Geldflüsse

Aus den Vertragsbeziehungen ergeben sich entsprechende Geldflüsse.

Der Anleger zahlt seine Kapitaleinlage ein und erhält dafür während der Laufzeit des Investmentvermögens regelmäßige Ausschüttungen. Wird das Investitionsobjekt verkauft, erhält der Anleger sein eingezahltes Kapital zuzüglich der eventuellen Wertsteigerung zurück.

Der Initiator, die KVG und die Verwahrstelle sowie die anderen Dienstleister erhalten von der Investment-KG bzw. -AG entsprechende Vergütungen.

Ist ein Treuhänder zwischengeschaltet, so kümmert sich dieser um die Weiterleitung der Kapitaleinlage und übernimmt umgekehrt die Weiterleitung der Ausschüttung an die Anleger.

Zwischen der Bank und der Investment-KG bzw. -AG kommt es zu Geldflüssen im Zusammenhang mit der Kreditvergabe (Fremdkapital) wie insbesondere Zins- und Tilgungszahlungen.

▶ **Zusammenfassung**

Nachfolgend als grafische Darstellung die grundsätzliche Funktionsweise eines geschlossenen Investmentvermögens:

Die Funktionsweise geschlossener Investmentvermögen

Abb. 121: Die Funktionsweise geschlossener Investmentvermögen

3.2.3 Die Kosten

▶ **Erläuterung**

Viele Kunden sind sehr kostenbewusst. Aus gutem Grund. Tatsächlich ist dies ein wichtiges Beurteilungskriterium bei geschlossenen Investmentvermögen. Was liegt im Rahmen und was ist unseriös? Den Weichkosten kommt dabei eine besondere Bedeutung zu.

Weichkosten

Für die Beurteilung eines Produktangebotes aus dem Bereich geschlossener Investmentvermögen spielen die Weichkosten eine wichtige Rolle. Weichkosten sind die Kosten, die während der Konzeption und des Vertriebs anfallen:

- Vertriebs- und Marketingkosten
- Vergütungen für den Treuhänder
- Vergütungen für die Vermittlung der Finanzierung
- Kosten für die Beschaffung des Eigen- und Fremdkapitals
- Steuer- und Rechtsberatung
- Verwaltungskosten

Der Kaufpreis des Investitionsobjektes oder weitere Gebühren im direkten Zusammenhang mit dem Objekterwerb (Kosten für die Grundbucheintragung etc.) gehören nicht dazu.

Eine feste Definition für die Weichkosten gibt es allerdings nicht. Die Angabe der Weichkosten ist jedoch eine Pflichtangabe im Verkaufsprospekt. Weichkosten müssen zweckgebunden und hinsichtlich ihrer Verwendung klar ausgewiesen werden.

Eine Vergleichbarkeit ist somit schwierig. Bereits zwischen den verschiedenen Anlageklassen bei geschlossenen Investmentvermögen sind Unterschiede üblich (bei Schiffsfonds im Durchschnitt sehr hohe Weichkosten gegenüber beispielsweise einem geschlossenen Immobilienfonds).

Wichtig ist es, die Weichkosten der Investitionssumme gegenüberzustellen (Weichkostenrelation), um ein aussagekräftiges Ergebnis darüber zu erhalten, ob der Weichkostenanteil eher als hoch oder als niedrig zu bewerten ist. Als Richtwert hat sich hier ein Prozentsatz von ca. 15 % ergeben. Die Höhe der Weichkosten sollte zur Qualität der Leistungen im Verhältnis stehen.

Substanzbildende Kosten

Ein weiterer wichtiger Einflussfaktor auf die Gesamtrendite eines geschlossenen Investmentvermögens sind die substanzbildenden Kosten. Hierzu zählen beispielsweise die Kosten im Zusammenhang mit dem

Erwerb des Investitionsobjektes und tragen vor allem zum Werterhalt des Investmentvermögens und des Investitionsobjektes direkt bei.

Die nachfolgenden Ausgaben zählen zu den substanzbildenden Kosten:

- Investitionskosten (Kaufpreis)

- Erhaltungskosten

- Notarkosten im Zusammenhang mit dem Abschluss eines Kaufvertrages

Auch für diese Kosten gilt eine Veröffentlichungspflicht im Verkaufsprospekt.

Die Auswirkungen auf die Rendite sind indirekter Art, da sie sich auf den Werterhalt und später noch zu erzielende Erträge beziehen.

Agio

Wie der Ausgabeaufschlag bei offenen Investmentvermögen muss der Anleger auch beim Erwerb von Anteilen geschlossener Investmentvermögen mit Vertragsabschluss eine „Kaufgebühr", das so genannte Agio zahlen. Das Agio wird erhoben, um die Vertriebskosten des Vermittlers abzudecken. Die Höhe liegt meist bei 5 %.

Interner Zinsfuß (IRR)

Der Interne Zinsfuß wird mit IRR abgekürzt, da er sich aus dem englischen Begriff „Internal Rate of Return" ableitet. Der Interne Zinsfuß ist die Methode, die meistens für die Berechnung der Rendite von geschlossenen Investmentvermögen verwendet wird. Er unterscheidet sich grundlegend von der Zinsberechnung beispielsweise bei Rentenpapieren, welche die Verzinsung des eingesetzten Kapitals angibt. Der interne Zinsfuß gibt die Verzinsung des jeweils über die Laufzeit des Investmentvermögens im Schnitt gebundenen Kapitals (ändert sich durch Ausschüttungen, Steuerzahlungen oder -erstattungen) an und kommt somit einer durchschnittlichen Jahresrendite gleich.

Dabei unterstellt die Methode die Wiederanlage der zurückgeflossenen Kapitalmittel zu der sich rechnerisch ergebenden Gesamtrendite (daher auch der Begriff „interne Rendite") unabhängig davon, ob dies tatsächlich der Fall ist.

Bei der Bewertung des Ergebnisses ist zu berücksichtigen, dass diese Methode dazu führt, dass gute Ergebnisse in Kombination mit sehr kurzen Laufzeiten zu hohen nominellen internen Renditen führen.

Der IRR eignet sich besonders für die Renditebetrachtung im Durchschnitt und über einen längeren Zeitraum, sofern ein stets wech-

selndes, gebundenes Kapital gegeben ist. Das kann die „normale"
Renditeberechnung nicht gewährleisten und wäre deshalb weniger
aussagekräftig.

▶ Zusammenfassung

> Weichkosten sind notwendige Kosten bei der Auflage eines ge-
> schlossenen Investmentvermögens.
>
> Zum Substanzerhalt des Investitionsobjektes tragen sie jedoch nichts
> bei. Sie bewirken eine Gewinnschmälerung und haben Einfluss auf
> die Gesamtrendite des Anlegers. Da die Weichkosten bis zu 25 %
> erreichen können, wird deutlich, warum die Weichkosten ein so
> wichtiger Faktor bei der Beurteilung des Produktangebotes sind.

3.2.4 Das Anlegerprofil

▶ Situation

Ihre Kunden, das Ehepaar Ulla und Thorsten Borgwart, haben in der
Zeitung einen Artikel über Schiffsbeteiligungen gelesen. Da sie gerne
Schiffsreisen unternehmen, finden sie den Gedanken an eine solche
Kapitalinvestition sehr interessant. Sie sind sich jedoch nicht sicher, ob
diese Anlageform für sie geeignet ist und bitten Sie um mehr Informa-
tionen.

▶ Erläuterung

Geschlossene Investmentvermögen erfordern als unternehmerische
Sachwert-Beteiligung eine erhöhte Risikofähigkeit und Risikobereitschaft.

Sicherheit / Risiko

Da die Investition in ein geschlossenes Investmentvermögen den Anleger in steuerlicher (Einkünfte aus Gewerbebetrieb) und haftungsrecht-
licher Hinsicht zu einem Unternehmer macht, kommt der Auseinander-
setzung mit der Eignung der Anlage für den Anleger eine besondere
Bedeutung zu.

Als Gesellschafter trägt er auch die Risiken und haftet mit seiner Kapitaleinlage in voller Höhe (Totalverlustrisiko).

Somit müssen Anleger vor allem bereit sein, sich ausführlich mit der Anlage zu beschäftigen und sich zu informieren über:

- die Entwicklungschancen und die wirtschaftliche Lage des Marktes, in den das Investmentvermögen investiert,

- den Initiator anhand der jährlichen Leistungsbilanz,

- die Ausgestaltung des Investmentvermögens anhand des Verkaufs-prospektes.

LF
14

SG
4.1

Laufzeit

Anleger benötigen einen langfristigen Anlagehorizont, da die Laufzei-ten geschlossener Investmentvermögen je nach Investitionsobjekt im Durchschnitt 10–15 Jahre, aber auch länger betragen können. Leasing-fonds und Containerfonds bieten zum Teil kürzere Laufzeiten. Hin-tergrund ist die jeweilige Nutzungsdauer der Investitionsobjekte, von denen der Anleger profitieren soll.

Verfügbarkeit

Da geschlossene Investmentvermögen an keiner Börse gehandelt werden, verfügen sie nur über eine eingeschränkte Handelbarkeit (Fungibilität). Dazu kommt, dass die Investment-KG bzw. -AG oder die KVG nicht zur Rücknahme der Anteile bzw. Aktien verpflichtet ist. Dies ist begründet durch die speziellen Merkmale geschlossener Invest-mentvermögen, nämlich fest im Gesellschaftsvermögen verbleibende Investitionsobjekte und ein von vornherein festgelegtes Kapitalvolumen bei einer begrenzten Anzahl von Anlegern.

Der Anleger hat trotzdem einige Möglichkeiten im Hinblick auf den Verkauf seiner Fondsanteile:

- Eigeninitiative: Der Anleger kann seine Anteile an wen er möchte verkaufen, sofern er einen Käufer findet.

- Zweitmarkt über den Initiator: Hier vermittelt der Initiator zwischen den Kauf- und Verkaufsinteressenten. Der Anleger muss ihm dafür allerdings einen Teil seines Verkaufserlöses als „Vermittlungs-provision" bezahlen.

- Geschlossene Investmentvermögen mit Rückgaberecht: Bei einigen Angeboten ist eine Rückgabe nach einer Mindesthaltedauer (i. d. R. mindestens 5 Jahre) möglich.

  Meist erhält der Anleger den Marktpreis abzüglich einer Rückgabege-bühr zurück.

- Fondsbörse Deutschland: Seit einigen Jahren hat sich diese neutra-le Handelsplattform der Börsen Hamburg, Hannover und München geformt.

Mit einer Aktienbörse immer noch nicht vergleichbar, bietet sich hier eine gut organisierte und faire Möglichkeit, Fondsanteile zu kaufen bzw. zu verkaufen. Mehr zum Thema Zweitmarkt finden Sie im Kapitel 3.2.6 Der Zweitmarkt .

Rendite

Für ihre Kapitaleinlage erhalten die Anleger geschlossener Investmentvermögen normalerweise regelmäßige Ausschüttungen. Dies ist möglich, wenn das Investmentvermögen einen Überschuss aus seinen Einnahmen (Mieteinnahmen, Charterraten, Zinsen aus Liquiditätsreserve …) und Ausgaben (Tilgung und Kreditzinsen des Fremdkapitals, Kosten und Rücklagen für Instandhaltungen, Kosten für die Inanspruchnahme externer Dienstleistungen (Treuhänder, Wirtschaftsprüfer …)) erzielt.

Die Renditen der unterschiedlichen Arten von geschlossenen Investmentvermögen sind nicht direkt vergleichbar. Auch hier gilt es für den Anleger, genau zu hinterfragen, wie die Prognosen der Ausschüttungen und Renditeentwicklung kalkuliert sind:

■ Ein wichtiger Faktor ist die Frage, ob die Entwicklung der Inflationsrate möglicherweise zu optimistisch angesetzt wurde (Mietverträge enthalten hier oft eine Kopplung an die Inflationsrate, die im positiven Fall zu Mietanpassungen nach oben führt).

■ Höhe und Entwicklung der Liquiditätsreserve (sollte mindestens 2 % des Investitionsvolumens ausmachen).

■ Werden die Ausschüttungen den Rücklagen entnommen?

■ Fremdkapital: Auch hier lassen sich Spielräume nutzen – Zinsvorauszahlungen, Tilgungsaussetzungen, geringe Anfangstilgung und natürlich auch der Blick auf die Zinsbindungen.

▶ Praxistipp

Beherzigen Sie auch bei der Anlage in geschlossene Investmentvermögen die grundsätzlichen Regeln für Kapitalanleger:

■ Nicht alle Eier in einen Korb: besser ist eine Risikostreuung beispielsweise auf verschiedene Anlageklassen und Initiatoren.

■ Keine Rendite ohne Risiko: Angebote, die hohe Renditen bei geringem Risiko versprechen, sollten misstrauisch machen.

■ Hin und Her macht Taschen leer: Ein langfristiger Anlagehorizont erhöht die Chancen, langfristig eine gute Rendite aufzubauen. Ein funktionierender Zweitmarkt ist von Vorteil, aber nur, wenn man ihn wirklich braucht.

■ Vertrauen ist gut: Sich informieren und ein Grundverständnis für diese Art der Kapitalanlage ist besser und empfehlenswert.

- Das Fundament sichern: Unvorhergesehenes erfordert Liquidität. Deshalb sollte der Anleger in geschlossene Investmentvermögen nur Geld investieren, welches er nicht für seinen kurzfristigen Geldbedarf und die Absicherung von Risiken benötigt. Die Investition in ein geschlossenes Investmentvermögen muss man sich leisten können.

▶ **Zusammenfassung**

> Der Anleger eines geschlossenen Investmentvermögens kann renditeorientiert sein, sollte über einen (sehr) langfristigen Anlagehorizont verfügen und muss darüber hinaus bereit sein, das Risiko vorübergehender Ausfälle von Auszahlungen oder eines Totalverlustes tragen zu können.
>
> Daraus ergeben sich weitere Anlegerprofile:
>
> Vermögende Kunden, die Vorteile aus den steuerrechtlich noch möglichen Steuerbegünstigungen ziehen können.
>
> Vermögende Kunden, die eine breite Streuung ihres Vermögens bevorzugen und ihrem Portfolio zur Risikostreuung ein geschlossenes Investmentvermögen beimischen wollen.

3.2.5 Die Verkaufsunterlagen

▶ **Situation**

Im Beratungsgespräch mit Herrn Matthias Siebmann bittet Sie dieser, ihm bei der Suche nach Informationen über das von Ihnen angebotene geschlossene Investmentvermögen anhand der Verkaufsunterlagen behilflich zu sein. Sie erläutern ihm, auf welche Informationen er besonders achten sollte.

▶ **Erläuterung**

Nachfolgend werden die Verkaufsunterlagen beschrieben, die dem Anleger helfen sollen, die Qualität des ihm angebotenen geschlossenen Investmentvermögens zu beurteilen. Genauso wichtig sind diese Unterlagen aber auch als Informationsgrundlage für den Berater / Vermittler.

Die wesentlichen Anlegerinformationen (WAI)

Auch für geschlossene Investmentvermögen (Publikums-AIF) muss eine Zusammenfassung der wichtigsten Informationen in Form einer

maximal 3-seitigen WAI erstellt und dem Kunden vor Geschäftsabschluss zur Verfügung gestellt werden.

§ 166 Abs. 1, 3 und 5
KAGB

> Die wesentlichen Anlegerinformationen sollen den Anleger in die
> Lage versetzen, Art und Risiken des angebotenen Anlageproduktes
> zu verstehen und auf dieser Grundlage eine fundierte Anlageentschei-
> dung zu treffen … Diese wesentlichen Merkmale muss der Anleger
> verstehen können, ohne dass hierfür zusätzliche Dokumente heran-
> gezogen werden müssen … Die Verwaltungsgesellschaft (AIF-KVG)
> weist in den wesentlichen Anlegerinformationen eine Gesamtkosten-
> quote … unter der Bezeichnung „laufende Kosten" … aus … Sofern
> in den Anlagebedingungen eine erfolgsabhängige Verwaltungsver-
> gütung oder eine zusätzliche Verwaltungsvergütung für den Erwerb,
> die Veräußerung oder die Verwaltung von Vermögensgegenständen
> vereinbart wurde, ist diese darüber hinaus gesondert … anzugeben.

Hinsichtlich der näheren Inhalte gilt Folgendes:

Verordnung (EU)
Nr. 583/2010

- Mindestangaben:

  - Bezeichnung / Name des Investmentvermögens

  - Name der Kapitalverwaltungsgesellschaft

  - Ziele und Anlagepolitik

  - Kosten und Provisionen, die mit der Anlage in geschlossene
    Investmentvermögen verbunden sind

  - praktische Informationen (z. B. Verwahrstelle, Hinweis darauf, wo
    und wie weitere Informationen über das Produkt erhältlich sind)

§ 270 KAGB

- Sofern bereits feststeht, in welche konkreten Anlageobjekte investiert werden soll, ist neben den o. g. Mindestangaben eine Beschreibung dieser Anlageobjekte erforderlich. Stehen die Anlageobjekte
  noch nicht fest, ist ein entsprechender Hinweis erforderlich.

- Anstelle der bei offenen Investmentvermögen vorgeschriebenen
  bisherigen Wertentwicklung sind bei geschlossenen Investmentvermögen die Aussichten für die Kapitalrückzahlung und Erträge unter
  verschiedenen Marktbedingungen in Form einer Illustration, die
  mindestens drei zweckmäßige Szenarien enthält, darzustellen.

- Anstelle des bei offenen Investmentvermögen vorgeschriebenen
  Risiko-Ertrags-Profils hat die WAI bei geschlossenen Investmentvermögen eine Bezeichnung der Risiken und Chancen, die mit der
  Anlage verbunden sind, zu enthalten. Insbesondere sind die Risiken
  der Investitionen in die Vermögensgegenstände, in die das geschlossene Investmentvermögen investiert, zu bezeichnen. Daneben ist ein

Hinweis auf die Beschreibung der wesentlichen Risiken im Verkaufsprospekt aufzunehmen.

- Hinweis auf die fehlende oder nur eingeschränkte Möglichkeit der
Rückgabe von Anteilen

Der Verkaufsprospekt

Auch für den Verkaufsprospekt gelten grundsätzlich die gleichen inhaltlichen Vorgaben, die auch für offene Investmentvermögen gelten
(siehe Kapitel 2.9.4 Verkaufsunterlagen und Dokumentation).

§ 165 KAGB

Er enthält grundsätzliche Angaben über:

- potenzielle Risiken

- das Investitionsobjekt

- den Investitionsmarkt

- die Mittelherkunft

- anfallende Kosten

- rechtliche und steuerliche
Rahmenbedingungen

- langfristige Prognoserechnungen

- die Mittelverwendung

Im Detail muss der Verkaufsprospekt folgende Informationen enthalten:

§ 269 KAGB

- bei geschlossenen Investmentvermögen in Form einer geschlossenen Investment-KG die Angabe, wie die Anteile übertragen werden
können und in welcher Weise ihre freie Handelbarkeit eingeschränkt
ist.

- Gegebenenfalls in Bezug auf den Treuhandkommanditisten:

  - Name und Anschrift der juristischen Person, Firma und Sitz

  - Aufgaben und Rechtsgrundlagen der Tätigkeit

  - seine wesentlichen Rechte und Pflichten

  - der Gesamtbetrag, der für die Wahrnehmung der Aufgaben vereinbarten Vergütung

Stehen die Anlageobjekte bereits fest, in die investiert werden soll, so
sind hierzu entsprechende Angaben zu machen:

- Beschreibung des Anlageobjektes

- dingliche Belastungen des Anlageobjektes

- rechtliche oder tatsächliche Beschränkungen der Verwendungsmöglichkeiten des Anlageobjektes

- Angaben zu erforderlichen behördlichen Genehmigungen und inwieweit diese bereits vorliegen

- welche Verträge die Kapitalverwaltungsgesellschaft über die Anschaffung oder Herstellung des Anlageobjektes geschlossen hat

- den Namen der Person oder Gesellschaft, die ein Bewertungsgutachten für das Anlageobjekt erstellt hat, das Datum des Bewertungsgutachtens und das Ergebnis

- die voraussichtlichen Gesamtkosten des Anlageobjektes:
  - Anschaffungs- und Herstellungskosten
  - sonstige Kosten

- Angaben zur geplanten Finanzierung:
  - Eigenmittel
  - Fremdmittel
  - untergliedert nach Zwischenfinanzierung und Endfinanzierung
  - Angaben der Konditionen und Fälligkeiten
  - Angaben, in welchem Umfang und von wem diese bereits verbindlich zugesagt sind

Der Gesellschaftsvertrag und die Satzung

§ 150 KAGB

Darüber hinaus hat der Gesellschaftsvertrag vorzusehen, dass

- Ladungen zu den Gesellschafterversammlungen unter vollständiger Angabe der Beschlussgegenstände in Textform erfolgen.

- über die Ergebnisse der Gesellschafterversammlung ein schriftliches Protokoll anzufertigen ist, von dem den Anlegern eine Kopie zu übersenden ist.

§ 142 KAGB

Für die Satzung einer Investment-AG mit fixem Kapital gilt ebenfalls die Schriftform und dass diese als festgelegten Unternehmensgegenstand ausschließlich die Anlage und Verwaltung der Mittel nach der festgelegten Anlagestrategie zur gemeinschaftlichen Anlage zum Nutzen der Aktionäre enthalten muss.

§§ 143 und 151 KAGB

Die Anlagebedingungen

Die Anlagebedingungen sind zusätzlich zum Gesellschaftsvertrag bzw. zur Satzung zu erstellen. Eine notarielle Beurkundung ist nicht erforderlich. Verweist der veröffentlichte oder ausgehändigte oder in einer anderen Weise zur Verfügung gestellte Gesellschaftsvertrag bzw. die Satzung auf die Anlagebedingungen, so sind diese ebenfalls zu veröffentlichen, auszuhändigen oder in einer anderen Weise zur Verfügung zu stellen.

Der Jahresbericht

§§ 158 und
§ 135 KAGB

Die gesetzlich vorgeschriebenen Inhalte eines Jahresberichtes für geschlossene Investmentvermögen entsprechen denen für offene Investmentvermögen (siehe Kapitel 2.9.4 Verkaufsunterlagen und Dokumentation)

3.2.6 Der Zweitmarkt

▶ **Situation**

Ihre Kundin Frieda Birkmann ruft ganz aufgeregt bei Ihnen an. Entgegen ihrer ursprünglichen Planung benötigt sie für eine unvorhergesehene Ausgabe kurzfristig Geld. Sie würde gerne ihren Anteil an einem geschlossenen Investmentvermögen verkaufen, den sie vor 4 Jahren bei Ihnen erworben hat. Sie informieren Ihre Kundin über die Möglichkeiten des Zweitmarkthandels.

▶ **Erläuterung**

Für geschlossene Investmentvermögen besteht keine jederzeitige Anteilrücknahmepflicht wie bei offenen Investmentvermögen. Dazu kommt der grundsätzlich langfristige Anlagehorizont. Es hat sich über die Jahre jedoch ein so genannter Zweitmarkt gebildet, der von den Emissionshäusern für ihre Produktanteile organisiert wurde. Früher fanden sich oft nicht genug Kaufinteressenten für die angebotenen „gebrauchten" Anteile und es gab auch keine Qualitätskontrolle für die Preisfindung oder den Handel an sich. Mittlerweile kann man von einem gut funktionierenden Markt sprechen, denn die Emissionshäuser haben ein großes Interesse, diese Art der Flexibilität als zusätzliches Verkaufsargument für ihre Produkte anbieten zu können.

Entscheidende Faktoren für einen funktionierenden Zweitmarkt sind:

- hohe Liquidität,
- adäquate Informationen,
- seriöse Bewertungen zu den angebotenen Anteilen.

Mit den Möglichkeiten und Regulierungen beispielsweise einer Aktienbörse ist der Zweitmarkt für geschlossene Investmentvermögen jedoch nicht vergleichbar.

► Definition

Der Zweitmarkt ist ein Markt, an dem Geschäftsanteile (in der Regel Kommanditanteile) an bestehenden geschlossenen Investmentvermögen während ihrer Laufzeit gehandelt werden. Am Zweitmarkt werden Angebot und Nachfrage zusammengeführt. Einige Anbieter haben hierzu Handelsplattformen im Internet eingerichtet, auf denen die zu verkaufenden Anteile gelistet werden. Es existieren dabei initiatorenabhängige und -unabhängige Betreiber.

Die Fondsbörse Deutschland

Die zu den Börsen Hamburg, Hannover und München gehörende Fondsbörse Deutschland (www.zweitmarkt.de) ist die größte initiatorenunabhängige Handelsplattform in Deutschland. Das Angebot umfasst über 5.500 geschlossene Investmentvermögen.

Die Fondsbörse Deutschland Beteiligungsmakler AG betreut seit über 15 Jahren den Handel mit geschlossenen Investmentvermögen an der Fondsbörse Deutschland. Es gelten eine strenge Marktordnung und eine börsenseitige Handelsüberwachung.

3.2.7 Die Unterschiede zwischen offenen und geschlossenen Investmentvermögen

► Situation

Sie möchten einige Ihrer vermögenderen Anlagekunden, die bei Ihnen bereits in offene Investmentvermögen investiert haben, über die Anlagealternative geschlossener Investmentvermögen informieren. Sie bereiten einen Vergleich dieser beiden Anlageformen für Ihre Gespräche vor.

► Erläuterung

Bei offenen und bei geschlossenen Investmentvermögen werden die Gelder vieler Anleger durch die Ausgabe von Fondsanteilen zuerst eingesammelt, um danach das Geld in Investitionsobjekte weiter anzulegen.

Bei den weiteren Produktdetails finden sich schnell Unterschiede:

LF
14

SG
4.1

Vergleichs-kriterium	offene Invest-mentvermögen	geschlossene Invest-mentvermögen
Anzahl der Anleger	unbegrenzt	begrenzt
Anteilskauf	jederzeit möglich	während des Platzie-rungszeitraums
Abwicklung / Verwahrung	Anteilserwerb über Bankdepot	Erwerb eines Kommanditanteils
Anlageprogramme	Einmalanlage Sparplan Entnahmeplan	i. d. R. Einmalanlage
Risikostreuung	breit	risikogestreut (mind. 3 Objekte) oder nicht risikogestreut (Ein-Objekt-Fonds)
Sicherheit	abhängig vom Anlageschwer-punkt: gering bis hoch	gering
Ertrag	abhängig vom An-lageschwerpunkt	Rendite über und un-abhängig vom Kapital-marktniveau möglich
Verfügbarkeit	börsentäglich	sehr eingeschränkt (über Zweitmarkt möglich)
Transparenz (hinsichtlich Investitions-objekte / Depot-bestand)	keine tägliche Einsicht in Detail-anlagen, nur über Jahresbericht	hoch, da das Investi-tionsobjekt von Anfang an (Infos siehe Verkaufsprospekt) feststeht (Ausnahme: Blind Pools)
Mindestbeteiligung	ab ca. 50 €	ab ca. 10.000 €
Kosten bei Kauf	Ausgabeaufschlag von bis zu 5,5 %	Agio von i. d. R. 5 %
Laufzeit	unbegrenzt	ca. 10–25 Jahre
Prognoserechnung	nein	ja
steuerliche Einkunftsart	Einkünfte aus Kapi-talvermögen	Einkünfte aus Vermie-tung und Verpachtung oder aus Gewerbe-betrieb u. a.

3.2.8 Der Beratungsprozess

▶ Situation

Im Zusammenhang mit Ihrer Qualifizierung zum/zur Finanzanlagen-fachmann/-fachfrau haben Sie zur Vertiefung Ihres bereits erworbenen Wissens die Aufgabe erhalten, den Beratungsprozess noch einmal zusammengefasst darzustellen. Sie nutzen dazu Ihre Teilnehmerunter-lagen und die Verkaufsunterlagen Ihres Produktanbieters.

▶ Erläuterung

Der nachfolgend beschriebene Beratungsprozess greift die wesentli-chen Unterschiede zwischen dem Verkauf geschlossener Investment-vermögen und anderer Anlageprodukte auf. Hinsichtlich der allgemei-nen Bestandteile einer Anlageberatung gelten auch bei geschlossenen Investmentvermögen die Vorschriften des WpHG bzw. der FinVermV.

Der Zeichnungsschein (Beitrittserklärung)

Der Zeichnungsschein – auch Beitrittserklärung genannt – ist das Formular des Initiators, mit dem sich der Anleger am geschlossenen Investmentvermögen formell beteiligt.

Vertraglich passiert Folgendes:

- Mit Treuhänder: zwischen Anleger und Treuhänder wird bei der treuhänderischen Beteiligung ein Treuhandvertrag und ein Geschäfts-besorgungsvertrag geschlossen.

- Zeichnung direkt über den Initiator: Der Anleger erwirbt direkt seine Gesellschafterrechte mit der Zahlung seiner Beteiligungssumme (inkl. Agio) und wird somit Direktkommanditist an der geschlossenen Investment-KG bzw. Aktionär der Investment-AG mit fixem Kapital.

Kommt der Anleger seiner Zahlungsverpflichtung nicht nach, kann der Initiator Verzugszinsen in Rechnung stellen und hat das Recht, die Zeichnungssumme einzuklagen. Der Anleger hat ab Unterzeichnung ein 14-tägiges Widerrufsrecht.

Der Beratungsprozess beim Verkauf geschlossener Investmentvermögen

Mit der Einführung der FinVermV ist der Beratungsprozess bei Ban-ken / Sparkassen und den freien Finanzanlagenvermittlern einheitlich geregelt.

1. Das Erstgespräch

Hierbei holen Sie zunächst alle erforderlichen Informationen über
Ihren Kunden ein, um entscheiden zu können, ob das geschlossene
Investmentvermögen für ihn geeignet ist. Die Geeignetheitsprüfung
sollte auch Fragen enthalten, die den Besonderheiten dieses Produktes Rechnung tragen.

▶ Hier ein Beispiel

Geeignetheitsprüfung gemäß FinVermV

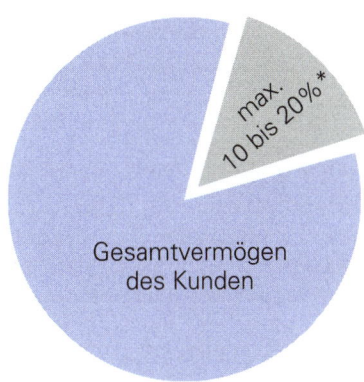

max. 10 bis 20 % *

Gesamtvermögen
des Kunden

geschlossenes Investment-
vermögen (z. B. 50.000 €
Auslands-Immobilienfonds)

Passt die Risikostruktur
des Investmentvermögens
zur Risikobereitschaft/
-fähigkeit des Kunden?

Passt das geschlossene
Investmentvermögen zur
Gesamtvermögensstruktur
des Kunden:

Risikobewusster Anlegertyp,
zu versteuerndes Jahreseinkommen 200.000 €

Gesamtvermögen des Kun-
den (z. B. Festgelder, Aktien,
Anleihen im Gesamtwert von
400.000 €; eigengenutzte
Immobilie im Inland vorhanden; die Altersvorsorge ist
geregelt)

* Empfehlung

- max. 10 bis 20 % Anteil
  am Gesamtvermögen*

- Verbleibt ausreichend
  Liquidität, wenn Aus-
  schüttungen ausfallen?

- Kann der Kunde sich
  einen Totalverlust seines
  geschlossenen Invest-
  mentvermögens leisten?

Bleibt die Risikostreuung
erhalten?

Dann informieren Sie Ihren Kunden über die wichtigsten Merkmale
des angebotenen Produktes und der damit verbundenen Risiken.

Bereits über dieses Erstgespräch muss ein Beratungsprotokoll erstellt werden und eine vom Vermittler unterschriebene Ausfertigung
dem Kunden ausgehändigt werden.

2. **Das Folgegespräch innerhalb des Platzierungszeitraums**

Ein zweiter Gesprächstermin soll Ihrem Kunden die Möglichkeit geben, sich umfassender mit dem Produkt auseinandersetzen zu können (und ggf. steuerliche Fragen mit seinem Steuerberater zu klären). Bei Kunden, die bereits in dieses Anlagesegment investiert haben, kann dieser Schritt möglicherweise entfallen. Sie klären nun die noch offenen Fragen Ihres Kunden, dokumentieren den bisherigen Beratungsprozess und händigen dem Kunden eine Ausfertigung des von Ihnen unterzeichneten Beratungsprotokolls aus.

3. **Die Zeichnung (während des Platzierungszeitraums)**

Nachdem der Kunde sich für ein Produkt entschieden hat, füllen Sie die Beitrittserklärung mit Ihrem Kunden zusammen aus und lassen diese von ihm unterschreiben. Die Unterlagen schicken Sie entweder an den zwischengeschalteten Treuhänder oder direkt an den Produktanbieter.

4. **Annahmebestätigung und Zahlung**

Der Produktanbieter schickt seinerseits eine schriftliche Annahmebestätigung und die Zahlungsaufforderung an den Anleger. Der Anleger muss dann innerhalb der vorgegebenen Frist seinen Beteiligungsbetrag – die Zeichnungssumme – inklusive des Agios überweisen (auch hier ist ggf. der Treuhänder zwischengeschaltet), damit seine Beteiligung rechtsverbindlich wird.

▶ **Zusammenfassung**

Nachfolgend ist der Beratungsprozess und die Abwicklung der Zeichnung bei geschlossenen Investmentvermögen im Überblick zusammengefasst:

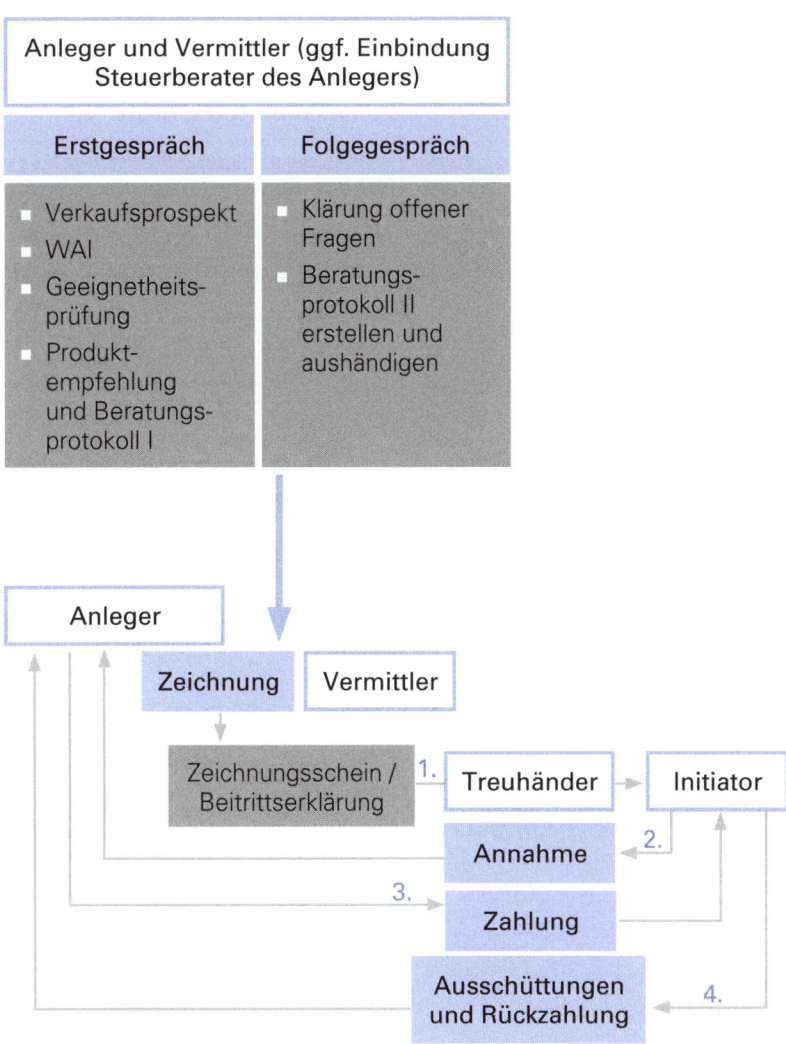

Abb. 122: Der Beratungsprozess bei geschlossenen Investmentvermögen

Übungen

1. Erläutern Sie das Prinzip geschlossener Investmentvermögen.

2. Ordnen Sie die Aufgaben den verschiedenen Beteiligten zu.
   Beteiligte:
   1) Der Anleger …
   2) Die Verwahrstelle…
   3) Die geschlossene Investment-KG …
   4) Der Treuhänder …
   5) Die BaFin …
   Aufgaben:
   a)   … kontrolliert die ordnungsgemäße Mittelverwendung
   b)   … beaufsichtigt die Kapitalverwaltungsgesellschaft
   c)   … ist Eigentümerin des Investitionsobjektes
   d)   … vertritt die Interessen der Gesellschafter
   e)   … beteiligt sich mit seiner Kapitaleinlage als Gesellschafter
        oder Aktionär am geschlossenen Investmentvermögen

3. Sie haben im Seminar den Begriff „Platzierungsgarantie" gehört. Prüfen Sie, welche Aussage diesem Begriff entspricht.
   a)   Der Initiator garantiert den Erwerb des Investitionsobjektes.
   b)   Das geschlossene Investmentvermögen garantiert die Vermittlung der Anteile bzw. Aktien.
   c)   Der Vertriebspartner garantiert die Platzierung der Anteile bzw. Aktien.
   d)   Der Treuhänder bestimmt die Sitzverteilung in der Gesellschafterversammlung.

4. Nennen Sie fünf Phasen des Lebenszyklus eines geschlossenen Investmentvermögens.

5. Prüfen Sie, welche Rechtsformen gemäß Kapitalanlagegesetzbuch für geschlossene Publikums-AIF zulässig sind.
   a)   Sondervermögen
   b)   geschlossene Investment-Kommanditgesellschaft
   c)   geschlossene Investment-Aktiengesellschaft mit fixem Kapital
   d)   geschlossene Investment-Aktiengesellschaft mit variablem Kapital
   e)   Gesellschaft bürgerlichen Rechts (GbR)

6. Prüfen Sie, welche der beschriebenen anlagebezogenen Geld-flüsse dem geschlossenen Investmentvermögen entsprechen.

   a) Der Anleger zahlt den Kaufpreis des Investitionsobjektes an die KVG.

   b) Die Banken stellen das Fremdkapital zur Verfügung.

   c) Der Initiator erhält eine Leistungsvergütung.

   d) Aus dem Investitionsobjekt fließen Einnahmen an das ge-schlossene Investmentvermögen.

   e) Der Treuhänder erhält regelmäßig aus dem geschlossenen Investmentvermögen Ausschüttungen.

   f) Der Rechtsanwalt erhält eine Vertriebsvergütung.

7. Beim geschlossenen Investmentvermögen unterscheidet man zwischen Weichkosten und substanzbildenden Kosten. Prüfen Sie, welche der aufgeführten Kosten den Weichkosten zuzuord-nen sind.

   a) Vertriebs- und Marketingkosten

   b) Investitionskosten

   c) Erhaltungskosten

   d) Vergütung für die Vermittlung der Finanzierung

   e) Steuerberatungskosten

   f) Notarkosten im Zusammenhang mit dem Abschluss des Kaufvertrages

8. Beim geschlossenen Investmentvermögen unterscheidet man zwischen Weichkosten und substanzbildenden Kosten. Prüfen Sie, welche der aufgeführten Kosten den substanzbildenden Kosten zuzuordnen sind.

   a) Vertriebs- und Marketingkosten

   b) Investitionskosten

   c) Erhaltungskosten

   d) Vergütung für die Vermittlung der Finanzierung

   e) Steuerberatungskosten

   f) Notarkosten im Zusammenhang mit dem Abschluss des Kaufvertrages

9. Beschreiben Sie ein typisches Anlegerprofil für geschlossene Investmentvermögen unter Berücksichtigung der Anlagekriteri-en Laufzeit, Rendite, Sicherheit, Verfügbarkeit.

10. Definieren Sie den Begriff Zweitmarkt.

11. Nennen Sie drei Faktoren, die einen funktionierenden Zweit-markt auszeichnen.

12. Nennen Sie drei Verkaufsunterlagen, die für geschlossene Investmentvermögen erstellt werden müssen.

13. In einem Seminar fallen unterschiedliche Aussagen zu offenen und geschlossenen Investmentvermögen. Ordnen Sie die genannten Aussagen

   - dem offenen Investmentvermögen
   - dem geschlossenen Investmentvermögen

   zu.

   a) unbegrenzte Anlegerzahl

   b) nur Einmalanlage möglich

   c) jederzeitiger Anteilskauf möglich

   d) Mindestbeteiligung

   e) befristete Laufzeit

   f) Haftung für Verluste des geschlossenen Investmentvermögens

   g) Einkünfte aus Kapitalvermögen

14. Skizzieren Sie den Beratungsprozess bei geschlossenen Investmentvermögen.

15. Prüfen Sie, wie sich offene von geschlossenen Investmentvermögen hinsichtlich der Merkmale: Anzahl der Anleger, Risikostreuung und Verfügbarkeit unterscheiden.

16. Nennen Sie drei Aufgaben der Verwahrstelle während des Lebenszyklus eines geschlossenen Investmentvermögens

17. Prüfen Sie, welche Aufgaben die BaFin im Zusammenhang mit geschlossenen Investmentvermögen gemäß Kapitalanlagegesetzbuch wahrnimmt.

   a) Aufsicht über die Verwahrstelle

   b) Aufsicht über den Vertriebspartner

   c) Aufsicht über die Kapitalverwaltungsgesellschaft

   d) Erstellung eines Kohärenzgutachtens

   e) Überprüfung des Zeichnungsprozesses

   f) Vollständigkeitsprüfung der Anlagebedingungen und des Verkaufsprospektes

18. Skizzieren Sie Berechnungsmethode Interner Zinsfuß (IRR) für die Renditeberechnung geschlossener Investmentvermögen.

19. Prüfen Sie welche Verkaufsunterlagen gemäß Kapitalanlagegesetzbuch für geschlossene Publikums-AIF erstellt werden müssen.

    a) Verkaufsprospekt

    b) Vermögensanlagen-Informationsblatt

    c) Jahresbericht

    d) Leistungsbilanz

    e) Wesentliche Anlegerinformationen

    f) IDW-S4-Gutachten

20. Nennen Sie drei Fragestellungen, die der Finanzanlagenvermittler bei der Geeignetheitsprüfung im Zusammenhang mit geschlossenen Publikums-AIF beachten sollte.

LF
14

SG
4.1

Lernziele

In diesem Kapitel erwerben Sie Fertigkeiten, Kenntnisse und Fähigkeiten zur Einschätzung von Chancen und Risiken einer Anlage in geschlossene Investmentvermögen.

Sie

- zeigen die Chancen einer Anlage in geschlossene Investmentvermögen auf

- zeigen die Risiken einer Anlage in geschlossene Investmentvermögen auf

- beschreiben die Garantien, um einen Teil der Risiken abzusichern

- kennen die Grundlagen der Haftung hinsichtlich der Nachschusspflicht bei geschlossenen Investmentvermögen in der Rechtsform einer geschlossenen Investment-KG oder -AG mit fixem Kapital

- stellen die wesentlichen Beurteilungskriterien für geschlossene Investmentvermögen heraus

- erläutern die Leistungsbilanz anhand ihrer Inhalte

- nennen Rating-Kriterien für geschlossene Investmentvermögen

- kennen die Kriterien zur Risikoeinschätzung geschlossener Investmentvermögen

3.3 Chancen und Risiken

3.3.1 Chancen und Risiken geschlossener Investmentvermögen

▶ Erläuterung

Wie jede Anlageform bieten geschlossene Investmentvermögen einerseits Chancen und bergen andererseits Risiken.

LF
14

SG
4.3

Die Vorteile / Chancen

Mit dem Erwerb des Anteils an einem geschlossenen Investmentvermögen beteiligt sich der Anleger an Sachwerten, deren Anschaffungskosten üblicherweise für den einzelnen Privatanleger zu hoch sind. Mit der Fondsbeteiligung kann er zusammen mit anderen Anlegern diese Investition tätigen.

Dazu kommt der Vorteil, dass sich eine Kapitalverwaltungsgesellschaft, die der Aufsicht der BaFin unterliegt, um die Verwaltung des Anlageobjektes kümmert. Übernimmt ein Treuhänder die Vertretung der Anleger, so begrenzt dies den Verwaltungsaufwand, denn anstelle des Anlegers wird der Treuhänder ins Handelsregister eingetragen und der Treuhänder vertritt auch die Interessen der Anleger in der Gesellschafterversammlung.

Die hohe Transparenz ist dadurch gegeben, dass das Anlageobjekt von vorneherein durch den Verkaufsprospekt bekannt ist und der Anleger somit jederzeit weiß, wo sein Geld investiert ist (Ausnahme Blind Pools). Dies ist ein Vorteil gegenüber offenen Investmentvermögen, die diese Art der Transparenz nicht bieten können.

Im Vergleich zu anderen Geld- und Kapitalanlagen bieten geschlossene Investmentvermögen die Möglichkeit, höhere Renditen zu erwirtschaften. Werden Einnahmenüberschüsse erzielt, so erhalten die Anleger eine regelmäßige jährliche Ausschüttung auf ihren Anteil.

Geschlossene Investmentvermögen sind zwar keine Steuersparmodelle mehr, steuerliche Vorteile sind dennoch möglich. Bei Schiffsfonds ergeben sich Vorteile durch die Anwendung der Tonnagesteuer bei der Gewinnermittlung, die regelmäßig zu geringeren steuerpflichtigen Einnahmen führt. Bei im Ausland investierten Investmentvermögen können sich Vorteile durch Doppelbesteuerungsabkommen und geringere Steuersätze im Ausland ergeben. Da geschlossene Investmentvermögen dem Betriebsvermögen zugeordnet werden, ergeben sich bei der Vererbung und Schenkung Vorteile durch die entsprechenden Steuerfreibeträge.

Durch die Struktur und den Aufbau der geschlossenen Investmentvermögen sowie den möglichen Fremdkapitalanteil (durch Aufnahme von Krediten von bis zu 60 % des Wertes des geschlossenen Investmentvermögens) sind Ausschüttungen in den ersten Jahren oft zumindest teilweise steuerfrei. Mit vollständiger Kredittilgung sind auch die Ausschüttungen voll steuerpflichtig. Es besteht die Chance, dass das Investmentvermögen gleichzeitig eine verbesserte Ertragslage aufweist und den Steuernachteil durch höhere Ausschüttungen ausgleichen kann.

Der Inflationsschutz besteht, da geschlossene Investmentvermögen in Sachwerte investieren.

Da die Märkte, in die geschlossenen Investmentvermögen investieren, unabhängig von den Kapitalmärkten und teilweise auch von konjunkturellen Entwicklungen sind, kann die Anlage in ein geschlossenes Investmentvermögen, von vermögenden Kunden zur Diversifikation (Beimischung) – also Risikostreuung/-minimierung – eines bereits bestehenden Anlagenportfolios genutzt werden.

Bei geschlossenen Investmentvermögen (Publikums-AIF) in der Rechtsform einer geschlossenen Investment-KG oder AG mit fixem Kapital ist die Haftung des Anlegers auf seine Kapitaleinlage begrenzt. Ausschüttungen, die nicht aus erwirtschafteten Gewinnen vorgenommen werden und im Insolvenzfall zu einer Nachschusspflicht führen können, bedürfen der Zustimmung des Anlegers.

Die besonderen Vorteile einer Kapitalanlage in geschlossene Investmentvermögen im Überblick:

- Beteiligung an Großprojekten
- geringer zeitlicher Verwaltungsaufwand (durch Treuhänder und Initiator)
- hohe Transparenz der Anlageobjekte
- (mögliche) überdurchschnittliche Renditen
- regelmäßige Ausschüttungen
- gesetzlich begrenzte Fremdkapitalquote
- Inflationsschutz durch Sachwertanlage
- steuerliche Optimierung
- Inflationsschutz
- Renditechancen unabhängig vom Auf und Ab des Kapitalmarktes
- keine Nachschusspflicht ohne Zustimmung der Anleger

Die Risiken

Die Fondsanbieter sind verpflichtet, die Risiken der Anlage im Verkaufsprospekt umfassend darzustellen – und das nicht etwa im „Kleingedruckten", sondern weit vorne im Verkaufsprospekt. Je nach Anlageklasse ergeben sich bei den geschlossenen Fonds sehr unterschiedliche Risiken. Deshalb sind hier zunächst die allgemeinen Risiken beschrieben.

Die Risiken einer Kapitalanlage in geschlossene Investmentvermögen lassen sich in vier Kategorien einteilen:

- allgemeine wirtschaftliche und unternehmerische Risiken,

- prognosegefährdende Risiken, d. h. Risiken, die zu einer schwächeren Prognose für die Anleger führen können,

- anlagegefährdende Risiken, d. h. Risiken, die entweder das Anlageobjekt oder die gesamte Vermögensanlage gefährden und somit bis zum Totalverlust der Einlage inkl. des Agios des Anlegers führen können,

- anlegergefährdende Risiken, d. h. Risiken, die nicht nur zu einem Verlust der gesamten Zeichnungssumme inkl. des Agios führen können, sondern auch das weitere Vermögen des Anlegers gefährden.

Zu den allgemeinen wirtschaftlichen und unternehmerischen Risiken gehören:

- fehlende Einlagensicherung

- langfristige Kapitalbindung und fehlende bzw. eingeschränkte Kündigungsrechte:

  Geschlossene Investmentvermögen haben in der Regel eine lange Laufzeit von je nach Anlageobjekt durchschnittlich 15 Jahren oder länger. In dieser Zeit gibt es keine gesetzliche Rücknahmeverpflichtung seitens der Kapitalverwaltungsgesellschaft oder des Initiators.

  Mögliche Kündigungsoptionen stehen derzeit in Diskussion, da sie die Einstufung als geschlossenes Investmentvermögen gefährden könnten.

- eingeschränkte Fungibilität (Handelbarkeit):

  Geschlossene Investmentvermögen werden an keiner Börse gehandelt und eine Übertragung an Dritte ist nur eingeschränkt möglich. Für gebrauchte Fondsanteile gibt es zwar einen Zweitmarkt (anbieterübergreifend sowie durch den Anbieter möglich), der Preis hängt jedoch in starkem Maße von Angebot und Nachfrage ab. Ein geschlossenes Investmentvermögen in einer wirtschaftlichen Schieflage lässt sich dort kaum zu einem attraktiven Preis verkaufen. Ein Wertabschlag bei Verkauf über einen Zweitmarkt ist in jedem Fall die Regel.

- eingeschränkte Mitbestimmungsrechte:

  Der Anleger besitzt Informations-, Kontroll- und Stimmrechte, insbesondere im Rahmen der Gesellschafterversammlung. Der Gesellschaftsvertrag legt fest, welchen Themen die Gesellschafter mittels Mehrheitsbeschluss zustimmen müssen. Zur Geschäftsführung ist der Anleger nicht berechtigt.

Zu den prognosegefährdenden Risiken zählen:

- Wertentwicklung

  In der anfänglichen Konzeptionsphase des Investmentvermögens entstehen Weichkosten, d. h. nicht wertbildende Aufwendungen, die in der Betriebsphase durch entsprechende Wertzuwächse oder Einnahmen erst einmal ausgeglichen werden müssen, bevor das Investmentvermögen einen tatsächlichen Wertgewinn erzielt.

- Prognose / Wirtschaftlichkeit

  Die Prognoserechnung basiert auf Erfahrungswerten aus der Vergangenheit und kann dementsprechend zukünftige Entwicklungen nicht garantieren. Das tatsächliche Anlageergebnis kann somit von der Prognose nach unten aber auch nach oben abweichen.

- Rechtliche und steuerliche Rahmenbedingungen

  Die der Prognoserechnung zugrunde liegenden rechtlichen und steuerlichen Rahmenbedingungen können sich während der Laufzeit ändern und zu negativen Auswirkungen auf den weiteren Ertragsverlauf der Anlage haben.

- Bonitätsrisiko

  Für eine erfolgreiche Durchführung des Beteiligungsangebotes ist es erforderlich, dass die Beteiligten ihren finanziellen Verpflichtungen gegenüber der geschlossenen Investment-KG nachkommen können. Können diese ihren Verpflichtungen nur noch teilweise oder gar nicht mehr nachkommen, kann dies negative Auswirkungen auf die Rendite und Werthaltigkeit der Beteiligung haben.

- Schlüsselpersonenrisiko

  Der Kompetenz des Fondsmanagements kommt eine zentrale Bedeutung zu. Gleiches gilt für die externen Berater und die beauftragten Vertragspartner. Scheiden unternehmenstragende Personen aus, kann sich dies negativ auf die Entwicklung der Beteiligung auswirken. Auch Fehlentscheidungen sind nie ganz auszuschließen.

- Guthabenverzinsung

  Die Liquiditätsreserve kann in verzinsliche Anlagen investiert werden. Es besteht ein Risiko dahingehend, dass die erwarteten und prognostizierten Zinserträge nicht oder nicht dauerhaft erzielt werden können. Dies kann beispielsweise durch Veränderungen am Kapitalmarkt mit der Folge niedrigerer Zinsen eintreten. Negative Kapitalmarkteinflüsse können die Fondsrendite beeinträchtigen.

- Anleger- bzw. Gesellschafterversammlung

  Die Erfahrung zeigt, dass meist nur eine Minderheit der Anleger / Gesellschafter persönlich an den Gesellschafterversammlungen teilnimmt oder konkrete Weisungen zu anstehenden Abstimmungen abgibt. Es kann also zu Abstimmungsergebnissen kommen, die nicht das Interesse aller Anleger repräsentieren, aber dennoch für alle bindend sind.

■ **Versicherungen**

Trotz Abschluss der allgemeinen und marktüblichen Versicherungen für den Versicherungsschutz der Investitionsobjekte können Lücken nicht ausgeschlossen werden. Außerdem kann im Schadensfall die Versicherungsgesellschaft ihren Zahlungsverpflichtungen nicht oder nicht vollständig nachkommen.

■ **Kostenrisiko**

Der überwiegende Teil der anfänglichen und laufenden Kosten fällt in Relation zum Fondsvolumen an. Einige Kostenpositionen (z. B. Kosten für Jahresabschlüsse und laufende Beratungskosten) stehen fest und sind vom Fondsvolumen unabhängig zu entrichten. Fällt das Fondsvolumen niedriger aus als geplant, können diese Festkosten das Anlageergebnis negativ beeinflussen.

■ **Behördliche Genehmigungen**

Insbesondere bei Energie-Fonds besteht ein Ertrags-Ausfallrisiko durch Verzögerungen in der Bauphase oder Stillstandzeiten während der Betriebsphase. Diese können zum einen durch höhere Gewalt (wetterbedingte Einflussfaktoren) oder behördliche Anordnungen bedingt sein. Auch eine erforderliche Registereintragung (Register der Energieerzeuger) kann sich verzögern und verhindern, dass die erzeugte Energie planmäßig in das Versorgernetz eingespeist werden kann.

■ **Höhere laufende Kosten**

Dies kann zu einer Verminderung der Ausschüttungen führen.

■ **Kündigungsrisiko durch die Anleger**

Eine Kündigung ist, wenn überhaupt, meist erst gegen Laufzeitende unter Einhaltung einer Kündigungsfrist möglich. Wird dies von einem überwiegenden Teil der Anleger beantragt, kann die hierzu erforderliche Liquidität unter Umständen nicht ausreichen.

■ **Rückabwicklungsrisiko**

Insbesondere bei Blind Pools kann es vorkommen, dass beispielsweise Zielfonds, in die investiert wird, rückabgewickelt werden. Eventuell entstandene Kosten müssen z. T. nicht zurückbezahlt werden. Insgesamt kann sich dadurch das Investitionsvolumen des Fonds mit der Folge sinkender Renditen und eines veränderten Aufteilungsverhältnisses bezogen auf die verbliebenen Investitionsobjekte ergeben. Grundsätzlich besteht bei jedem geschlossenen Beteiligungsfonds die Möglichkeit, dass er noch in der Investitionsphase rückabgewickelt wird. Der Anleger trägt dann einen Teil der Kosten und muss sich um eine Anlagealternative kümmern.

LF 14

SG 4.3

- Währungsrisiko

  Währungsrisiken betreffen Investitionen und Verbindlichkeiten. Betroffen davon sind Aufwendungen und Erträge, die in Fremdwährung außerhalb des Euro-Währungsverbundes auftreten. Wechselkursveränderungen können die wirtschaftliche Entwicklung der Beteiligung beeinflussen.

- Fremdkapital

  Sofern die geschlossene Investment-KG ihren Zins- und Tilgungsverpflichtungen nicht mehr vertragsgemäß nachkommen kann, ist nicht auszuschließen, dass die fremdfinanzierende Bank von etwaigen Verwertungsrechten Gebrauch macht und es zu Zwangsversteigerungen der Investitionsobjekte kommt. Im Extremfall ergibt sich hieraus ein Totalverlust für den Anleger.

- Anschlussfinanzierung

  Nach Ablauf einer Zinsbindungsfrist kalkuliert die Prognoserechnung mit Annahmen für die Anschlusszinssätze. Liegt der vereinbare tatsächliche Anschlusszins über dem kalkulierten Zinssatz, bedeutet dies eine Verschlechterung der prognostizierten Ergebnisse.

- Fertigstellungsrisiko

  Sofern das Investitionsobjekt des Investmentvermögens zum Beteiligungszeitpunkt noch nicht fertiggestellt ist (z. B. bei Immobilien-, Schiffs- oder Energiefonds), kann nicht ausgeschlossen werden, dass sich bei nicht vertragsgemäßem Verhalten, z. B. der Garantiegeber, Nachteile für den Anleger insbesondere einhergehend mit einer Renditeverschlechterung ergeben.

- Anwendbarkeit ausländischen Rechts

  Bei Investitionen im Ausland sind die Anleger indirekt den rechtlichen und politischen Risiken des Auslandes ausgesetzt. Die abgeschlossenen Verträge unterliegen ausländischem Recht und Gerichtsstand, was u. a. zu höheren Kosten im Falle eines Rechtsstreites führen kann. Auch im Zusammenhang mit dem ausländischen Steuerrecht können sich Nachteile ergeben.

- Renditeprognose

  Die Prognoserechnung trifft Annahmen über die zukünftigen Aufwendungen und Erträge und diese können von den tatsächlichen Werten in ihrer Höhe abweichen. Auch ein nicht vertragsmäßiges Verhalten der Vertragspartner birgt entsprechende Risiken. Die Renditeprognose muss daher in regelmäßigen Abständen hinsichtlich der Finanz- und Liquiditätsplanung angepasst werden. Wesentliche Einflussfaktoren auf die Renditeprognose sind: Mieteinnahmen, die Entwicklung der Schiffscharterraten, Schiffsbetriebskosten, Instandhaltungskosten, der Kaufpreis und die zukünftige Wertentwicklung des Investitionsobjektes, weitere laufende Kosten der geschlossenen Investment-KG, Anschlussfinanzierung und Währungsentwicklung u. a.

- **Ungünstige Entwicklung der Marktgegebenheiten**

  Dies hängt vom jeweiligen Investitionsobjekt ab. Beispielsweise die Entwicklung der Charterraten und die Wettbewerbssituation am Schiffsmarkt.

- **Einlagepflicht der Anleger**

  Für den Fall, dass ein Anleger seine Einlage nicht oder nicht vollständig erbringt, können Verzugszinsen berechnet werden, auch über den Basiszinssatz § 247 BGB hinaus. Auch können diese Anleger aus den Gesellschaften ausgeschlossen werden. Diese Fälle wirken sich negativ auf die Liquiditätssituation des Investmentvermögens aus.

- **Majorisierung**

  Zeichnet ein Anleger eine im Vergleich zu den anderen Anlegern große Summe, kann nicht ausgeschlossen werden, dass die Interessen der kleineren Anleger gegenüber diesem Großanleger nicht durchsetzbar sind (Einfluss auf die Entscheidungen der Gesellschafterversammlung).

- **Mittelbare Beteiligung an Zielfonds**

  Investiert der Anleger in einen Blind Pool, der sich wiederum in anderen Zielfonds investiert, hat der Anleger bei diesen Zielfonds kein unmittelbares Mitbestimmungsrecht und keine unmittelbaren Ansprüche. Der Erfolg der Beteiligung hängt dann wesentlich von der Bonität und Qualität der Geschäftsführung der Zielfondsgesellschaften ab.

- **Interessenkonflikte**

  Es kann grundsätzlich das Risiko des Interessenkonfliktes vorliegen, wenn kapitalmäßige und personelle Verflechtungen zwischen den handelnden Personen bestehen. Hinweise hierauf sind im Verkaufsprospekt zu detaillieren.

- **Verringerung bzw. vollständiger Wegfall kalkulierter Ertragspositionen und höhere als kalkulierte Kosten aus den getätigten Kapitalanlagen**

  Insbesondere bei Blind Pools stehen die Rahmendaten für eine Renditekalkulation noch nicht fest und können deshalb zu erheblichen Abweichungen gegenüber der Prognose führen.

Zu den anlagegefährdenden Risiken gehören:

- **Allgemeine Vertragserfüllungsrisiken**

  Die Gesellschaft trägt das Risiko, dass Vertragspartner ihren vertraglichen Verpflichtungen (z. B. aus Garantievereinbarungen oder Mietverträgen) nicht bzw. nicht vollständig nachkommen oder auch Kündigungsmöglichkeiten wahrnehmen.

- Managementrisiken

  Der Anleger muss sich darauf verlassen, dass die Geschäftsführung ein gutes Management leistet, ansonsten können steigende Ausgaben und sinkende Einnahmen bis hin zu einem Totalverlust der Kapitaleinlage führen.

- **Vertragserfüllungsrisiko aus dem Mittelverwendungsvertrag:**

  Der Mittelverwender hat Prüfungspflichten und die Beteiligungsgesellschaft darf nur im Rahmen der vertraglichen Verpflichtungen über die Mittel verfügen. Kommt es zu einer Fehlverwendung der eingezahlten Kommanditeinlagen droht im Extremfall die Insolvenz der Gesellschaft.

- **Kündigung aus wichtigem Grund:**

  In einer wirtschaftlichen Notlage wird den Anlegern in der Regel ein Kündigungsrecht eingeräumt. Das so genannte Auseinandersetzungsguthaben, welches diesem Anleger ausbezahlt wird, kann unter der ursprünglichen Zeichnungssumme liegen. Insbesondere dann, wenn die Beteiligung einen negativen Geschäftsverlauf genommen hat. Kündigen mehrere Anleger, kann dies zu einer Vermögens- und Liquiditätsreduzierung für die verbleibenden Anleger führen.

Zu den anlegergefährdenden Risiken gehören:

- **Persönliche Anteilsfinanzierung**

  Die Finanzierung der Kapitaleinlage auf der Seite des Anlegers ist in der Prognoserechnung des Fondskonzeptes nicht enthalten. Der Anleger muss berücksichtigen, dass seine Zins- und Tilgungsleistungen unabhängig von der wirtschaftlichen Entwicklung der Fondsbeteiligung von ihm zu leisten sind. Die Zinsen stellen steuerlich Sonderwerbungskosten des Anlegers dar und müssen für eine steuerliche Anerkennung termingerecht (Termin wird im Gesellschaftsvertrag geregelt) vom Anleger an die Fondsgesellschaft gemeldet werden, wenn diese steuerlich wirksam angerechnet werden sollen. Wichtig ist darüber hinaus, dass das Finanzamt auch die Finanzierungszinsen auf Anlegerseite in die Bewertung der Gewinnerzielungsabsicht einbezieht.

- **Risiko der Anrechnung auf Versorgungszahlungen**

  Bei Bezug von Sozialversicherungsrenten und möglicherweise anderen Versorgungsbezügen vor Vollendung des 67. Lebensjahres dürfen bestimmte Hinzuverdienstgrenzen nicht überschritten werden. Auf diesen Hinzuverdienst wird auch das steuerpflichtige Einkommen aus einer Beteiligung an einem geschlossenen Fonds angerechnet. Ein Verlustabzug gemäß § 10 EStG mindert diesen Hinzuverdienst nicht. Es kann somit nicht ausgeschlossen werden, dass im Einzelfall das steuerpflichtige Einkommen aus der Fondsbeteiligung die Hinzuverdienstgrenzen eines Anlegers überschreitet und damit zu einer Kürzung der sozialversicherungsrechtlichen oder anderen Versorgungszahlungen führt.

- **Ausschluss bei Zahlungsverzug**

  Erbringt ein Anleger seine fällige Einzahlung nicht, ist die Geschäftsführung berechtigt, den Anleger entsprechend der Regelungen des
  Gesellschaftervertrages auszuschließen, ohne dass es dafür eines
  Gesellschafterbeschlusses bedarf. Der Anleger trägt in diesem Fall
  die mit seinem Ausscheiden verbundenen Kosten und muss auf
  verspätet geleistete Einlagen ggf. Verzugszinsen zahlen.

- **Ausschüttungsrisiko**

  Höhe und Häufigkeit der Ausschüttung hängen von vielen Faktoren
  ab und können nicht garantiert werden. Möglich ist auch, dass in
  wirtschaftlich schwachen Jahren gar keine Ausschüttung an die
  Anleger erfolgt. Reduzierte oder ausfallende Ausschüttungen stellen
  für den Anleger insbesondere dann ein Risiko dar, wenn er daraus
  seinen Zins- und Tilgungsverpflichtungen für die Anteilsfinanzierung
  nachkommen muss und er diese dann nicht mehr bedienen kann.

- **Haftungsrisiko**

  - als Kommanditist: Stimmt der Anleger einer Ausschüttung zu, die
    nicht aus erzielten Gewinnen erfolgt, ist dies eine Kapitaleinlagen-
    rückgewähr, in deren Höhe im Insolvenzfall eine Nachschusspflicht
    besteht.

  - bei Kreditfinanzierung des Anteils: Der Anleger haftet für die Rück-
    zahlung seines Kredites auch im Falle eines Teil- oder Totalverlus-
    tes seiner Kapitaleinlage

Risikoabsicherung

Nachfolgende Garantien können abgeschlossenen werden, um einen
Teil der Risiken abzusichern:

- Platzierungsgarantie: Der Vertriebspartner garantiert, die benötigten
  Anlegergelder bis zum Ende des Platzierungszeitraums einzusam-
  meln.

- Eigenkapitaleinzahlungsgarantie: Diese Garantie ist von Vorteil, wenn
  es sich um ein Investmentvermögen (häufig bei Schiffsfonds und
  Private Equity Fonds anzutreffen) handelt, bei dem die Einzahlungen
  in Raten erbracht werden können. Der Garantiegeber übernimmt die
  Eigenkapitaleinzahlungen, wenn die Anleger dieser Verpflichtung
  dann nicht nachkommen.

- Fertigstellungsgarantie: Diese ist eine wichtige Garantie, wenn sich
  das Investitionsobjekt noch in Planung oder im Bau befindet und
  Verzögerungen bei der Fertigstellung zu Mehrkosten oder Einnahmeausfällen beim Investmentvermögen führen können.

- Festpreis- oder Höchstpreisgarantie: Eine Garantie für geschlossene
  Immobilienfonds für den Fall, wenn der Bauunternehmer Konkurs anmelden muss. Andere Unternehmen übernehmen zwar den Bau, aber
  oft zu höheren Kosten. Diese Garantie übernimmt die Mehrkosten.

Darüber hinaus gibt es anlageklassenspezifische weitere Garantien, wie beispielsweise die Mietgarantie bei Immobilienfonds oder die Charterratengarantie bei Schiffsfonds. Diese sind in den zugehörigen Kapiteln dieser Fondsarten detaillierter beschrieben.

Risikoabsicherungen bei geschlossenen Investmentvermögen

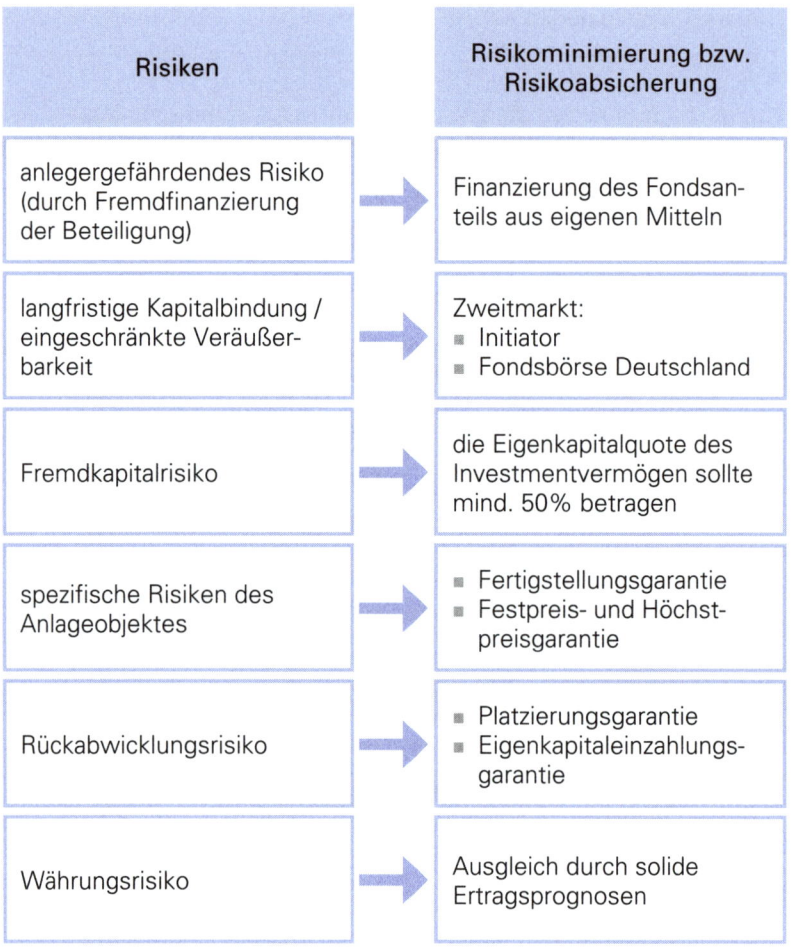

Risiken	Risikominimierung bzw. Risikoabsicherung
anlegergefährdendes Risiko (durch Fremdfinanzierung der Beteiligung)	Finanzierung des Fondsanteils aus eigenen Mitteln
langfristige Kapitalbindung / eingeschränkte Veräußerbarkeit	Zweitmarkt: ■ Initiator ■ Fondsbörse Deutschland
Fremdkapitalrisiko	die Eigenkapitalquote des Investmentvermögen sollte mind. 50% betragen
spezifische Risiken des Anlageobjektes	■ Fertigstellungsgarantie ■ Festpreis- und Höchstpreisgarantie
Rückabwicklungsrisiko	■ Platzierungsgarantie ■ Eigenkapitaleinzahlungsgarantie
Währungsrisiko	Ausgleich durch solide Ertragsprognosen

Abb. 123: Risikoabsicherungen bei geschlossenen Investmentvermögen

▶ Zusammenfassung

Insbesondere die Anlage in ein geschlossenes Investmentvermögen ist mit besonderen Chancen verbunden, denen jedoch erhöhte und umfassende Risiken gegenüber stehen.

Diese sind typisch für eine solche Art der unternehmerischen Beteiligung und gerade deshalb nur für vermögende Kunden mit bereits vorhandenem weiteren Kapital- und Immobilienvermögen.

Chancen geschlossener Investmentvermögen (KAGB)

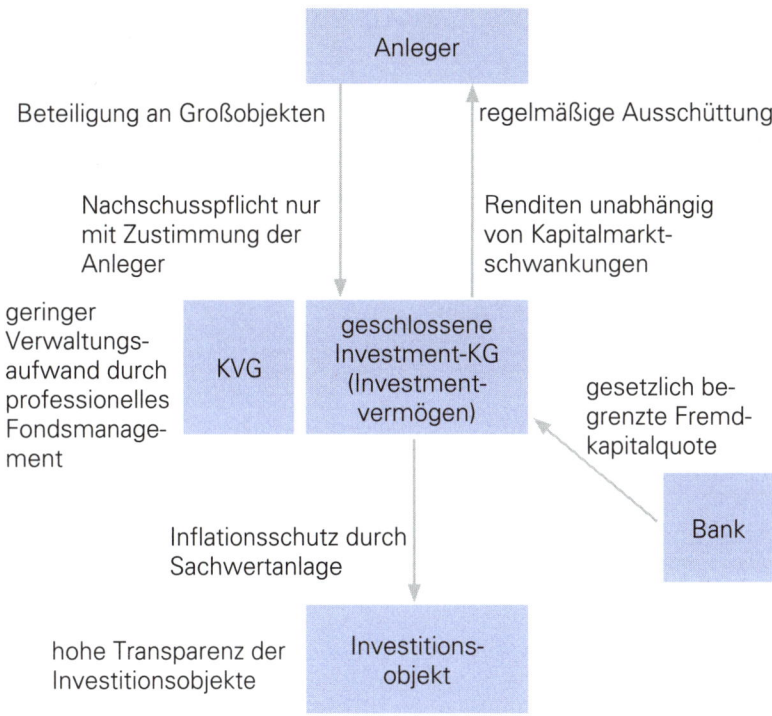

Abb. 124: Chancen geschlossener Investmentvermögen (KAGB)

Risiken geschlossener Investmentvermögen (KAGB)

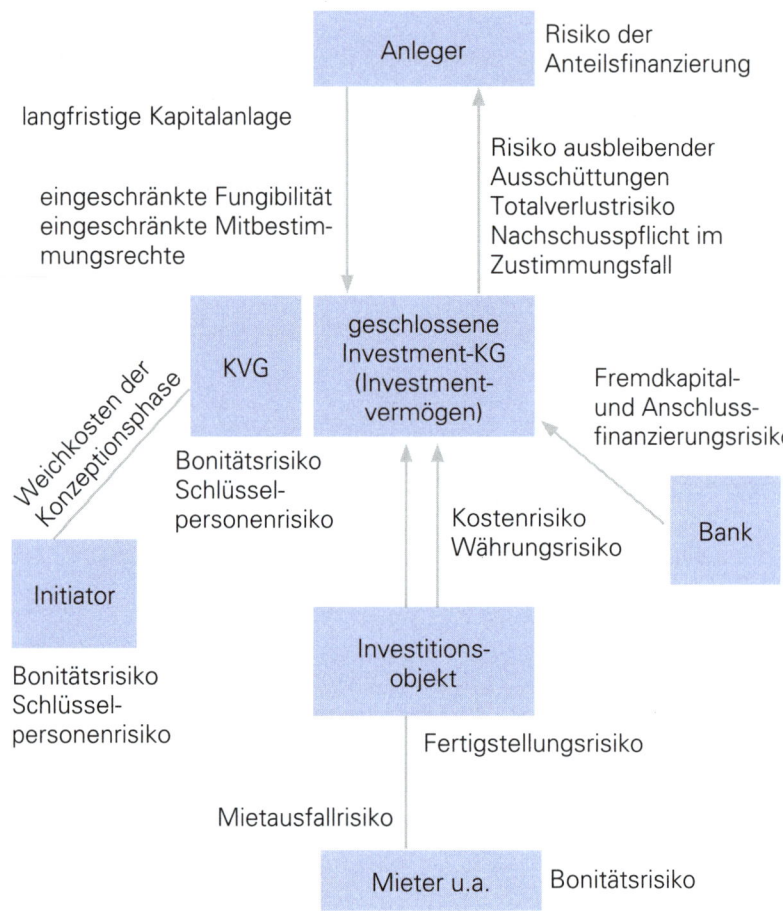

Abb. 125: Risiken geschlossener Investmentvermögen (KAGB)

3.3.2 Die Haftung bei geschlossenen Investmentvermögen in der Rechtsform einer geschlossenen Investment-KG

▶ **Situation**

Sie haben im Internet einen Artikel gelesen, der vor den Haftungsrisiken im Zusammenhang mit der Anlage in geschlossene Fonds warnt.

▶ **Erläuterung**

Bei geschlossenen Fonds, die nicht nach den Regelungen des KAGB aufgelegt wurden, besteht tatsächlich abhängig von der Rechtsform ein Haftungsrisiko in Form einer Nachschusspflicht oder sogar einer Haftung mit dem Privatvermögen.

Bei geschlossenen Investmentvermögen, die nach den Regelungen des KAGB aufgelegt werden, gilt nun ein besonderer Anlegerschutz in Form des gesetzlichen Verbotes einer Nachschusspflicht. Verschlechtert sich die wirtschaftliche Situation des Investmentvermögens, kann der Anleger nicht mehr gegen seinen Willen zur Leistung von Nachschüssen verpflichtet werden.

Das bedeutet, der Anspruch der geschlossenen Investment-KG gegen einen Kommanditisten auf Leistung der Einlage erlischt, sobald der Kommanditist seine Einlage erbracht hat. Werden nun aber Ausschüttungen an die Anleger vorgenommen, die nicht aus einem erwirtschafteten Gewinn stammen, gelten diese als Kapitaleinlagenrückgewähr (§ 172 Abs. 4 HGB) und es würde sich in Höhe dieser Ausschüttungen eine Nachschusspflicht ergeben. Gemäß KAGB bedürfen diese Ausschüttungen zukünftig der ausdrücklichen Zustimmung der betroffenen Kommanditisten. Ebenso haftet ein Kommanditist ab dem Zeitpunkt seines Ausscheidens nicht mehr für Verbindlichkeiten der geschlossenen Investment-KG.

Nachfolgend ein Auszug aus der entsprechenden gesetzlichen Grundlage:

§ 152 Abs. 2, 3 und 6
KAGB

(2) Eine Rückgewähr der Einlage oder eine Ausschüttung, die den Wert der Kommanditeinlage unter den Betrag der Einlage herabmindert, darf nur mit Zustimmung des betroffenen Kommanditisten erfolgen. Vor der Zustimmung ist der Kommanditist darauf hinzuweisen, dass er den Gläubigern der Gesellschaft unmittelbar haftet, soweit die Einlage durch die Rückgewähr oder Ausschüttung zurückbezahlt wird. Bei mittelbarer Beteiligung über einen Treuhandkommanditisten bedarf die Rückgewähr der Einlage oder eine Ausschüttung, die den Wert der Kommanditeinlage unter den Betrag der Einlage herabmindert, zusätzlich der Zustimmung des betroffenen mittelbar beteiligten Anlegers; Satz 2 gilt entsprechend.

(3) Der Anspruch der geschlossenen Investmentkommanditgesellschaft gegen einen Kommanditisten auf Leistung der Einlage erlischt, sobald er seine Kommanditeinlage erbracht hat. Die Kommanditisten sind nicht verpflichtet, entstandene Verluste auszugleichen. Eine Nachschusspflicht der Kommanditisten ist ausgeschlossen. § 707 des Bürgerlichen Gesetzbuchs ist nicht abdingbar. Entgegenstehende Vereinbarungen sind unwirksam.

(6) Scheidet ein Kommanditist während der Laufzeit der Investmentkommanditgesellschaft aus der Investmentkommanditgesellschaft aus, gilt die Erfüllung des Abfindungsanspruchs nicht als Rückzahlung der Einlage des Kommanditisten. Ab dem Zeitpunkt des Ausscheidens haftet der ausgeschiedene Kommanditist nicht für Verbindlichkeiten der Investmentkommanditgesellschaft.

3.3.3 Beurteilungskriterien für geschlossene Investmentvermögen

▶ **Situation**

Herr Brummer ist sehr an der von Ihnen angebotenen Anlage in ein geschlossenes Investmentvermögen interessiert. Er ist auch bereit, Ihrem Rat zu folgen, sich die Unterlagen zunächst in aller Ruhe anzuschauen und vor dem Anteilskauf in einem Folgegespräch die offenen Fragen nochmals mit Ihnen zu besprechen. Angesichts des Umfangs der Unterlagen bittet er Sie, ihm ein paar Tipps zu geben, worauf er besonders achten soll.

▶ **Erläuterung**

Checkliste

Die nachfolgende Checkliste gibt für die Beurteilung geschlossener Investmentvermögen die wichtigsten Anhaltspunkte:

LF
14

SG
4.3

- Verfügen die Beteiligten (Initiator und Treuhänder) über die notwendige Erfahrung und Seriosität?

- Hat der Initiator bereits mehrere Projekte dieser Art konzipiert und betreut? Liegt hierzu eine Leistungsbilanz vor?

- Bietet der Initiator einen Zweitmarkt an?

- Welche Rechtsform liegt vor und welches Haftungsrisiko ergibt sich daraus für den Anleger?

- Wie hoch ist das Rückabwicklungsrisiko (besteht eine Platzierungsgarantie)?

- Enthält der Verkaufsprospekt umfassende Angaben über das Investitionsobjekt und eine klare Darstellung der Risiken?

- Sind die Kosten (insbesondere Weichkostenrelation) transparent und angemessen?

- Wird ein marktübliches Agio verlangt?

- Wie hoch ist die Eigenkapitalquote (Empfehlung mind. 50 %)

- Wird die Faustformel für den Gesamtaufwand eingehalten? (Gesamtaufwand inkl. Agio < 14-faches der erzielbaren Jahresmiete / bei gewerblichen Objekten max. das 12-fache)

- Wie hoch ist die Fremdfinanzierungsquote? (Je wertbeständiger das Investitionsobjekt, umso vertretbarer ist eine höhere Fremdkapitalaufnahme)

- Wird das Fremdkapital von Anfang an getilgt?

- Welche Zinsänderungsrisiken (und ggf. Währungsrisiken) bestehen beim Fremdkapital?

- Wurden langfristige Zinsbindungen für das Fremdkapital abgeschlossen?

- Ist die Prognoserechnung nachvollziehbar und ist die Liquiditätsplanung ausreichend und klar dargestellt?

- Welche Garantien zur Absicherung von Risiken liegen vor?

- Welche Währungsrisiken bestehen?

Darüber hinaus empfehlen sich weitere Fragen, bezogen auf die jeweilige Fondsart. Dies wird hier am Beispiel eines geschlossenen Immobilienfonds verdeutlicht:

- Ist die rechtzeitige Fertigstellung des Objektes sichergestellt?
- Sind langfristige Mietverträge (mindestens 15 Jahre und optima-lerweise mit einer Indexierung auf die Inflationsratenentwicklung sowie abgesichert durch Bankgarantien) abgeschlossen worden?
- Handelt es sich um einen Standort, der die erwarteten Mietein-nahmen und Wertentwicklungen rechtfertigt?
- Verfügen die Mieter über eine erstklassige Bonität?
- Verfügt der Garantiegeber von Mietgarantien über die notwendige Bonität?
- Wird bereits in den Anfangsjahren eine Instandhaltungsrücklage aufgebaut?

Antworten auf diese Fragen lassen sich in den Verkaufsunterlagen finden (siehe Kapitel 3.2.5 Die Verkaufsunterlagen).

Anlegertyp

Unabhängig davon, wie die Beurteilung des Produktangebotes aus-fällt, sollte der Anleger auch bei sich selbst auf Risikostreuung achten. Geschlossene Investmentvermögen bieten viele Chancen, aber eben auch Risiken. Sie eignen sich für vermögende Kunden mit einem ent-sprechenden, bereits vielseitig investierten Vermögen. Geschlossene Investmentvermögen sollten innerhalb des eigenen Portfolios wie eine eigene Anlageklasse behandelt werden. Ein Anteil am Gesamtvermö-gen von ca. 10–20 % gilt als bewährte Faustformel.

▶ **Zusammenfassung**

Die hier dargestellten Kriterien erheben keinen Anspruch auf Vollständigkeit. Sie sollen Anhaltspunkte sein, wie wichtig es ist, Klarheit darüber zu haben, dass es sich bei dieser Anlageform um eine unternehmerische Beteiligung mit dem entsprechenden Risiko-potential handelt.

Dieses Verständnis ist in der Praxis entscheidend, denn es ist unbedingt empfehlenswert als Berater / Vermittler und Anleger die umfangreichen Verkaufsunterlagen zu lesen und zu hinterfragen, bevor eine Anlageentscheidung getroffen wird. Dies auch vor dem Hintergrund, dass das Kapital bei dieser Anlageform langfristig gebunden ist.

Vereinfachte Risikoklassifizierung bei geschlossenen Investmentvermögen

	Risiko gering	mittel	groß
Leistungs-bilanz	positiv	gemischt	nicht vorhanden
Laufzeit	kürzer als 5 Jahre	mittel bis 10 Jahre	länger als 10 Jahre
Investitions-objekte	risikogemisch-te Investment-vermögen mit mind. 3 Investitionsob-jekten	nichtrisikogemischte Invest-mentvermögen mit weniger als 3 Investitionsobjekten	
(weiche) Nebenkosten (inkl. Agio)	10 bis 12 %	12 bis 15 %	> 15 %
Blind Pool*	nein	teilweise	überwiegend
Garantien	langjährige Garantien durch Banken, Staat, zah-lungskräftige Firmen	Garantien durch Initiator und zahlungs-kräftige Firmen	keine oder Garantien unbekannter Garanten
Zweitmarkt	Initiator nimmt Anteile zurück	Zweitmarkt zu fairen Preisen vorhanden	nicht vorhan-den oder nur weit unter Wert

* Investitionsobjekte stehen bei Anteilserwerb noch nicht genau fest.

Abb. 126: Vereinfachte Risikoklassifizierung bei geschlossenen Investmentvermögen

3.3.4 Die Leistungsbilanz

▶ **Situation**

Sie möchten Ihre Angebotspalette an geschlossenen Investmentvermögen um einen weiteren Anbieter erweitern. Dazu haben Sie sich
die Leistungsbilanzen der möglichen neuen Produktpartner schicken
lassen. Die Zeit, die Sie hierfür investieren, können Sie später zusätzlich
im Beratungsgespräch nutzen, um Ihren Kunden bei seiner Risikoeinschätzung zu unterstützen.

▶ Erläuterung

Neben den Informationen über das Anlageobjekt und die Ausgestaltung des Investmentvermögens spielt auch die Qualität und Erfahrung des Initiators eine wichtige Rolle. Denn er ist verantwortlich für die Konzeption des Produktangebotes und viele weitere Aufgaben.

Etablierte und vertrauenswürdige Anbieter erstellen jährlich eine Leistungsbilanz und veröffentlichen diese auch. Die Leistungsbilanz beinhaltet vor allem einen Vergleich der Prognosewerte mit den tatsächlich erreichten Werten (insbesondere Ausschüttungen und Einnahmen) für die von ihm bisher aufgelegten Investmentvermögen.

Besonders hohe Aussagekraft haben die Angaben, wenn auch Misserfolge offen aufgeführt werden. Denn gerade in Krisenzeiten kann der Anbieter seine Qualität beweisen. Marktveränderungen gehören zur Realität und liegen nicht im Verantwortungsbereich des Anbieters. Sie bergen neben den Risiken auch Chancen, wenn das Fondsmanagement in der Lage ist, diese Situationen zu meistern.

Einige Initiatoren lassen ihre Leistungsbilanzen regelmäßig überprüfen: Das Deutsche Finanzdienstleistungs-Informationszentrum GmbH mit Sitz in Hamburg (www.dfi-analyse.de) beurteilt die Leistungsbilanzen nach einem strengen Qualitätsanforderungskatalog und vergibt dafür entsprechende Ratings.

Die Leistungsbilanz ist keine gesetzliche Pflicht für Anbieter geschlossener Investmentvermögen.

▶ Exkurs – Leitlinien des bsi zur Erstellung von Leistungsbilanzen für geschlossene Investmentvermögen

Mit dem Inkrafttreten des Kapitalanlagegesetzbuches (KAGB) zum 22. Juli 2013 treten geschlossene (Sachwert-)Investmentvermögen an die Stelle der bisherigen geschlossenen Fonds. Die ersten Produkte dieser Art werden im Laufe des Jahres 2014 erwartet. Der veränderten rechtlichen Situation entsprechend gelten in Zukunft auch veränderte Berichtspflichten. Der bsi erarbeitet derzeit mit seinen Mitgliedern neue Leitlinien für eine transparente und vergleichbare Darstellung der zu berichtenden Daten. Diese sollen für das Berichtsjahr 2013 erstmals Anwendung finden.

▶ **Praxistipp**

Die Leistungsbilanzen der Mitglieder des bsi sind auf der Internetseite
www.leistungsbilanzportal.de verfügbar.

Wichtige Fragen zur Risikoeinschätzung

Um eine Leistungsbilanz einschätzen zu können, hilft die nachfolgende
Auswahl an Fragestellungen

- Existiert überhaupt eine Leistungsbilanz?

- Ist sie aktuell?

- Sind je Investmentvermögen wesentliche Zahlen für das Berichtsjahr kumuliert enthalten, z. B. Einnahmen, Ausgaben, Überschüsse, Ausschüttungen, Tilgungen, Restdarlehen? Werden Angaben
  etwa zu Investitionen, Finanzierung, Investitionsobjekten, Vermietung gemacht?

- Kennzahlen sollen nicht isoliert, sondern im Kontext gesehen
  werden.

  ▶ Beispiele

  Enthalten die Überschüsse Garantien? Wurden Ausschüttungen aus den Rücklagen subventioniert? Werden
  geringere Ausschüttungen durch erhöhte Reserven oder
  Tilgungen (über-)kompensiert? Sind die Tilgungen „echt"
  oder handelt es sich um Wechselkurseffekte?

- Werden Abweichungen gut erläutert?

- Endet die Darstellung am 31.12. oder werden Entwicklungen und
  Zukunftsaussichten deutlich darüber hinaus beschrieben (letzteres
  ist zu bevorzugen)?

- Widersprechen sich Vorwort und allgemeiner Teil einerseits und
  der Zahlenteil andererseits?

- Falls ein Testat von Wirtschaftsprüfern existiert:
  Was genau wurde geprüft?

Quelle: Magazin des VGF Verband Geschlossener Fonds e.V. Ausgabe 1/2012
„Das kleine Wirtschaftswunder"

3.3.5 Das Rating von geschlossenen Investmentvermögen

▶ **Erläuterung**

Ratings für geschlossene Fonds und geschlossene Investmentvermögen sollen den Anleger bei seiner Anlageentscheidung unterstützen.
Allerdings waren bis zur Einführung des KAGB den rechtlichen und wirtschaftlichen Besonderheiten in der Fondskonzeption kaum gesetzliche
Grenzen gesetzt. Und auch für die Bewertung durch die Ratingagenturen gibt es keine verbindlichen Vorgaben.

In Zusammenarbeit mit dem Branchenverband bsi ist ein unverbind-
licher Ratingkodex entstanden, der als Impuls für eine Initiative zur
Etablierung allgemein gültiger und international anerkannter Standards
für die Analyse und Bewertung von geschlossenen Fonds und deren
Anbieter zu verstehen ist. Die darin genannten Grundsätze beziehen
sich beispielsweise auf die Unabhängigkeit der Analysten, deren Objek-
tivität und Integrität, die Vermeidung von Interessenkonflikten oder die
Beziehung zwischen den Analysten und den Initiatoren geschlossener
Fonds/Investmentvermögen.

Anbieter von Fondsanalysen und Ratings

Derzeit werden Ratings zu geschlossenen Fonds angeboten von

- Feri Rating & Research   - G.U.B.

- Tapir   - Scope

Kriterien der Bewertung geschlossener Investmentvermögen

Zu den Kriterien der Bewertung zählen vor allem qualitative Faktoren,
wie beispielsweise

- Ausschluss von K.O.-Kriterien   - wirtschaftliches Konzept
  (Fondskonzept ist unplausibel
  u. ä.)   - rechtliches Konzept

- Initiator und Management   - Interessenkonstellation

- Investition und Finanzierung   - Prospekt und Dokumentation

Quelle: www.gub-analyse.de „G.U.B. Analyse-Systematik"

Ähnlich den Ratings offener Investmentvermögen arbeiten die Anbieter
auch hier mit unterschiedlichen Bewertungsstufen.

IDW-S4-Gutachten

Der IDW-S4-Standard ist durch das Institut der Wirtschaftsprüfer (IDW) entwickelt worden. Es handelt sich hierbei um ein Gutachten durch einen Wirtschaftsprüfer, das nach diesem Standard erstellt wird. Vor Einführung des KAGB war die Einholung dieses Gutachtens vor Vertriebsstart ein freiwilliger Qualitätsstandard für die Produktanbieter.

Die BaFin führt im Rahmen des gesetzlichen Prospektbilligungsverfahrens nach Vermögensanlagengesetz eine formelle und Kohärenzprüfung des Verkaufsprospektes durch. Das IDW-S4-Gutachten nimmt darüber hinaus auch eine inhaltliche Plausibilitätsprüfung des Verkaufsprospektes vor. Das bedeutet, es wird geprüft, ob für einen durchschnittlichen Anleger alle für die Anlageentscheidung wesentlichen Angaben verständlich, richtig und vollständig enthalten sind. Eine Bewertung dieser Angaben findet aber auch durch das IDW-S4-Gutachten nicht statt.

Im Zuge der Neuerungen des KAGB gelten auch neue gesetzliche Prospektierungsvorgaben. Derzeit wird über die Neufassung des IDW-Standards entschieden. Der neue IDW ES 4 n. F. Standard enthält dann neue Anforderungen an den Inhalt von Verkaufsprospekten von Kapitalanlagen (offene und geschlossene Investmentvermögen).

LF
14

SG
4.3

Übungen

1. Nennen Sie fünf Chancen einer Anlage in geschlossene Investmentvermögen.

2. Zur Risikominimierung bzw. -absicherung werden Ihnen nachfolgende Aussagen gemacht.

   Welche Antworten sind hierfür zutreffend.

   a) Die langfristige Kapitalbindung kann durch einen funktionierenden Zweitmarkt minimiert werden.

   b) Das Rückabwicklungsrisiko kann durch eine Fertigstellungsgarantie abgesichert werden.

   c) Die Fremdkapitalquote sollte mindestens 50 % betragen.

   d) Die Eigenkapitalquote sollte mindestens 50 % betragen.

   e) Das anlegergefährdende Risiko durch ausfallende Ausschüttungen kann vom Anleger durch die Finanzierung seiner Anlage aus eigenen (liquiden) Mitteln minimiert werden.

3. In einer Fachzeitschrift machen Sie sich vertraut mit den Regelungen des KAGB zur Nachschusspflicht bei geschlossenen Investmentvermögen in der Rechtsform einer geschlossenen Investment-KG. Prüfen Sie, welche Aussagen dazu zutreffend sind.

   a) Die Kapitaleinlage ist der Betrag, mit dem der Anleger haftet.

   b) Der Anleger haftet in Höhe der im Verkaufsprospekt festgelegten Haftsumme.

   c) Die Nachschusseinlage wird im Vermittlerregister der IHK eingetragen.

   d) Eine Nachschusspflicht kann entstehen, wenn Ausschüttungen aus nicht erzielten Gewinnen geleistet werden und der Anleger diesen zugestimmt hat.

   e) Der Anleger haftet für Verbindlichkeiten auch nach Verkauf seines Kommanditanteils.

4. Wählen Sie aus den nachfolgenden Kriterien vier aus, die Bestandteil einer aussagekräftigen Leistungsbilanz sind.

   a) Angaben zum Initiator

   b) Selbstauskunft des Treuhänders

   c) Anzahl der bisher angebotenen Vermögensanlagen

   d) Soll-Ist-Vergleich der erzielten wirtschaftlichen Ergebnisse gegenüber den Prospektangaben

   e) Soll-Ist-Vergleich der Einnahmen des Initiators gegenüber den Einnahmen der Fondsgesellschaft

   f) Angaben zu Kapitalmarktaktivitäten

   g) Angaben zu Zweitmarktaktivitäten

5. Zu den Kriterien der Fondsbewertung zählen unterschiedliche Faktoren. Ordnen Sie vier Kriterien den qualitativen Faktoren zu.

a) Qualität des Initiators

b) Alter der Fondsmanager

c) wirtschaftliches Konzept

d) rechtliches Konzept

e) Immobilienmarkt-Konzept

f) Finanzierung

6. Nennen Sie drei Kategorien, in die man die Risiken, die mit geschlossenen Investmentvermögen verbunden sind, einordnen kann.

7. Nennen Sie drei allgemeine Risiken der Anlage in geschlossene Investmentvermögen.

8. Beschreiben Sie das mit einer Anteilsfinanzierung durch den Anleger verbundene Risiko.

9. Beschreiben Sie das mit der Prognoserechnung verbundene Renditerisiko.

10. Erläutern Sie drei Risiken im direkten Zusammenhang mit dem Investitionsobjekt.

Lernziele

In diesem Kapitel erwerben Sie Fertigkeiten, Kenntnisse und Fähigkeiten über die verschiedenen Arten von geschlossenen Investmentvermögen.

Sie

- grenzen gewerbliche von vermögensverwaltenden geschlossenen Investmentvermögen ab
- kennen die Besonderheiten von Blind Pools und Zweitmarktfonds
- beschreiben die aufgeführten Fondsarten
  - geschlossene Immobilienfonds (Inland und Ausland)
  - Schiffsbeteiligungen
  - Containerfonds
  - Leasingfonds (insbesondere Flugzeugleasingfonds)
  - Umwelt- und Energiefonds
  - Infrastrukturfonds
  - Private-Equity-Fonds
  - Medienfonds

  gemäß ihren Anlageobjekten und hinsichtlich ihrer Chancen und Risiken

3.4 Arten geschlossener Investmentvermögen

3.4.1 Zulässige Vermögensgegenstände und Anlagegrenzen

▶ Erläuterung

Das KAGB legt die zulässigen Vermögensgegenstände für geschlossene inländische Publikums-AIF fest. Allerdings ist diese Aufzählung nicht abschließend.

Zulässige Vermögensgegenstände

Zu den zulässigen Vermögensgegenständen gemäß KAGB gehören: § 261 Abs. 1 KAGB

1. Sachwerte,

2. Anteile oder Aktien an ÖPP-Projektgesellschaften: ÖPP-Gesellschaften sind im Rahmen Öffentlich Privater Partnerschaften tätige Gesellschaften, die zu dem Zweck gegründet wurden, Anlagen oder Bauwerke zu errichten, zu sanieren, zu betreiben oder zu bewirtschaften, die der Erfüllung öffentlicher Aufgaben dienen (Krankenhäuser, Finanzämter u. ä.),

3. Anteile oder Aktien an Gesellschaften, die nach dem Gesellschaftsvertrag oder der Satzung nur Sachwerte sowie die zur Bewirtschaftung von Sachwerten erforderlichen Sachwerte oder Beteiligungen an solchen Gesellschaften erwerben dürfen,

4. Beteiligungen an Unternehmen, die nicht zum Handel an einer Börse zugelassen oder in einen organisierten Markt einbezogen sind (Private-Equity-Anteile),

5. Anteile oder Aktien an geschlossenen inländischen Publikums-AIF nach Maßgabe der §§ 261 bis 272 KAGB oder an europäischen oder ausländischen geschlossenen Publikums-AIF, deren Anlagepolitik vergleichbaren Anforderungen unterliegt,

6. Anteile oder Aktien an geschlossenen inländischen Spezial-AIF nach Maßgabe der §§ 285 bis 292 in Verbindung mit den §§ 273 bis 277, der §§ 337 und 338 oder an geschlossenen EU-Spezial-AIF oder ausländischen geschlossenen Spezial-AIF, deren Anlagepolitik vergleichbaren Anforderungen unterliegt,

7. Wertpapiere, Geldmarktinstrumente, Bankguthaben nach den §§ 193 bis 195 KAGB.

Sachwerte

§ 261 Abs. 2 KAGB

Zu den Sachwerten zählen gemäß KAGB:

1. Immobilien, einschließlich Wald, Forst und Agrarland,

2. Schiffe, Schiffsaufbauten und Schiffsbestand- und -ersatzteile,

3. Luftfahrzeuge, Luftfahrzeugbestand- und -ersatzteile,

4. Anlagen zur Erzeugung, zum Transport und zur Speicherung von Strom, Gas oder Wärme aus erneuerbaren Energien,

5. Schienenfahrzeuge, Schienenfahrzeugbestand- und -ersatzteile,

6. Fahrzeuge, die im Rahmen der Elektromobilität genutzt werden,

7. Container,

8. für Vermögensgegenstände im Sinne der Nummern 2 bis 6 genutzte Infrastruktur.

Anlagegrenzen

Das KAGB schreibt die Beachtung folgender Anlagegrenzen vor:

§ 263 KAGB

- Fremdkapitalaufnahme maximal in Höhe von 60 % des Wertes des geschlossenen Investmentvermögens, sofern die Anlagebedingungen eine Kreditaufnahme vorsehen und die Kreditaufnahme zu marktüblichen Bedingungen erfolgt

§ 261 Abs. 4 KAGB

- Maximal 30% des Wertes des geschlossenen Investmentvermögens dürfen Vermögenswerte mit einem Währungsrisiko sein.

- Derivate dürfen nur zur Absicherung gegen einen Wertverlust getätigt werden.

§ 262 KAGB

Darüber hinaus gilt der Grundsatz der Risikomischung, d. h. Investition in mindestens drei Sachwerte, unter der Voraussetzung, dass

- die Anteile jedes einzelnen Sachwertes im Verhältnis zum Gesamtwert des Investmentvermögens im Wesentlichen gleich verteilt sind oder

- bei wirtschaftlicher Betrachtung (Nutzungsstruktur der Werte) die Streuung des Ausfallrisikos gewährleistet ist.

- Die Risikostreuung muss spätestens 18 Monate nach Vertriebsbeginn erreicht sein.

- Ausnahmen:

  - wenn keine Investition in nicht börsennotierte Unternehmen (Private-Equity) erfolgt und

  - nur semiprofessionellen Anleger investieren, wobei abweichend von den sonst geltenden Mindestanlagesummen, für semiprofessionelle Anleger eine Mindestbeteiligung von 20.000 € gilt.

3.4.2 Unterscheidungsmerkmale geschlossener Investmentvermögen

▶ Erläuterung

Der Markt für geschlossene Investmentvermögen unterliegt laufenden Veränderungen. Beispielsweise haben neben den Marktentwicklungen der verschiedenen Anlageklassen insbesondere die steuerlichen Rahmenbedingungen Einfluss auf die Nachfrage durch Privatanleger. Konjunkturelle Entwicklungen wiederum haben Auswirkungen auf Angebot und Nachfrage nach den Investitionsobjekten geschlossener Investmentvermögen.

Unterscheidung nach der Art der steuerlichen Behandlung auf der Seite des Anlegers

Die Konzeption eines geschlossenen Investmentvermögens kann gewerblich oder vermögensverwaltend geprägt sein und hat Auswirkung auf die steuerliche Behandlung der Einkünfte auf Anlegerseite. Ob ein Investmentvermögen eine gewerbliche oder vermögensverwaltende Prägung aufweist, kann dem Verkaufsprospekt entnommen werden.

Gewerblich geschlossene Investmentvermögen

Das Investitionsobjekt bei gewerblichen Investmentvermögen gehört zum Betriebsvermögen und entsprechend werden Einkünfte aus Gewerbebetrieb erzielt, vorausgesetzt der Anleger (= Gesellschafter) wird Mitunternehmer durch Eingehen des unternehmerischen Risikos. Die Veräußerungsgewinne sind ebenso wie die Ausschüttung bei gewerblichen Fonds steuerpflichtig. Zu den gewerblichen Investmentvermögen gehören:

§ 15 Abs. 2 EStG

- Schiffsbeteiligungen

- Energie- und Umweltfonds

- Leasingfonds (Immobilien-Leasingfonds, Flugzeugleasingfonds)

- Medienfonds

Auch bei Containerfonds, geschlossenen Immobilienfonds und Zweitmarktfonds gibt es die Möglichkeit, das Fondskonzept auf eine gewerbliche Prägung auszurichten.

Vermögensverwaltende geschlossene Investmentvermögen

§ 23 EStG und
§ 22 Nr. 3 EStG

Bei den (privat-)vermögensverwaltenden Investmentvermögen bestimmt das Investitionsobjekt die Einkunftsart. Es entstehen entweder Einkünfte aus Kapitalvermögen oder Vermietung und Verpachtung oder sonstige Einkünfte. Die Veräußerungsgewinne sind in der Regel (bzw. unter Wahrung vorgegebener Haltefristen) steuerfrei.

Zu den vermögensverwaltenden Investmentvermögen gehören:

■ Private-Equity-Fonds (Einkünfte aus Kapitalvermögen)

■ geschlossene Immobilienfonds (Einkünfte aus Vermietung und Verpachtung) und Einkünfte aus Kapitalvermögen bei der vorübergehend verzinslichen Anlage der Liquiditätsreserve

■ Zweitmarktfonds, sofern mit vermögensverwaltender Prägung (bei Immobilien-Zweitmarktfonds Einkünfte aus Vermietung und Verpachtung)

Bei Immobilien-Zweitmarktfonds gilt es zu beachten, dass das Risiko besteht, dass der Grundstückshandel unter Umständen vom Finanzamt doch als gewerblicher Grundstückshandel eingestuft wird. Hier zeigt sich, welche steuerlichen Risiken unter anderem bei geschlossenen Investmentvermögen bestehen können.

Unterscheidung nach den Anlageklassen geschlossener Investmentvermögen

Als Investitionsobjekte kommen für geschlossene Investmentvermögen grundsätzlich Immobilien, mobile Objekte (Mobilien), Unternehmen bzw. Unternehmensanteile sowie Rechte in Frage. Nach diesen Anlageklassen ergibt sich die folgende Unterteilung für die verschiedenen Arten von geschlossenen Investmentvermögen:

geschlossene Investmentvermögen	Beispiele
Immobilienfonds	■ Immobilienfonds ■ Infrastrukturfonds (Beteiligung an Infrastrukturanlagen wie beispielsweise Stromanlagen oder Straßennetze) ■ Wald- und Agrarfonds ■ Umweltfonds (Windkraft-, Solarfonds etc.)
Mobilienfonds	■ Schiffsfonds ■ Containerfonds ■ Flugzeugfonds
Unternehmensfonds	■ Private-Equity-Fonds ■ Infrastrukturfonds (Beteiligung an Infrastrukturunternehmen)
Rechtefonds	■ Medienfonds

Unterscheidung nach Art der Risikomischung

Das KAGB lässt verschiedene Konzeptionen hinsichtlich der Risikomischung zu, knüpft das jedoch an Rahmenbedingungen.

LF 14

SG 4.2

	Risiko- gemischter Publikums-AIF	Nicht risiko- gemischter Publikums-AIF	Spezial-AIF
Anlagesumme	keine Vorgaben	mindestens 20.000 €	mindestens 200.000 €
Anlegerkreis	Privatanleger, se- miprofessionelle und professionel- le Anleger	Profil* eines semi- professionellen Anlegers	semiprofessio- neller oder professioneller Anleger
Anlagegegen- stände	gemäß KAGB- Katalog	gemäß KAGB- Katalog	keine Vorgaben (Verkehrswert muss ermittelbar sein)
Risikomischung	mindestens 3 Sachwerte	Einobjektfonds möglich (gilt nicht für Private-Equity- Fonds)	keine Vorgaben
max. Fremd- kapitalquote	max. 60 % des Wertes des Publikums-AIF		keine Vorgaben

* d. h. das sonst für die Enstufung als semiprofessioneller Anleger relevante Mindestinvestitionsvolumen von 200.000 € bleibt hier unberücksichtigt

Blind Pools

Normalerweise steht bei geschlossenen Investmentvermögen von Anfang an fest, in welches Investitionsobjekt investiert wird und der Anleger kann dem Verkaufsprospekt hierzu detaillierte Informationen entnehmen.

Nicht so bei Blind Pools. Der Initiator benennt dem Anleger kein konkretes Investitionsobjekt und auch keine konkrete Sachwert-Anlageklasse.

Für den Initiator ein flexibles Instrument. Für den Anleger jedoch mit erhöhten Risiken verbunden. Auch wenn kurz nach Ende des Platzierungszeitraums das oder die Investitionsobjekte bekannt gegeben werden, muss der Anleger jetzt die Fondslaufzeit abwarten oder auf den Zweitmarkt hoffen, wenn er vom Anlageobjekt oder dessen Standort nicht überzeugt ist.

Zweitmarktfonds

Zweitmarktfonds investieren in günstige, bereits aufgelegte geschlossene Investmentvermögen jeder Art und die Anlagepolitik ist darauf ausgerichtet, diese dann bis zum Laufzeitende zu halten.

Bei diesen Fonds steht die Erzielung attraktiver Renditen durch günstige Einkaufsbedingungen und letztlich natürlich auch Einkünfte aus
den erworbenen Fondsanteilen im Vordergrund. Der Anleger weiß im
Vorfeld nicht, in welche Fonds investiert wird und kauft mit dem Anteil
an einem Zweitmarktfonds einen Blind Pool. Er muss darauf vertrauen,
dass das Fondsmanagement in der Lage ist, die Zweitmarktfonds zu
fairen Preisen mit entsprechenden Wertsteigerungschancen aus dem
Marktangebot auszuwählen.

▶ Zusammenfassung

Nachfolgend eine grafische Darstellung der Unterscheidungsmerkmale
geschlossener Fonds:

Nach Art der steuerlichen Behandlung	Nach Art der Anlageklasse	Nach Art der Risikomischung
▪ gewerbliche Investment-vermögen: Einkünfte aus Gewerbebetrieb ▪ vermögensver-waltende Invest-mentvermögen: je nach Art des Investitions-objekts Einkünf-te aus Kapital-vermögen oder Vermietung und Verpachtung	▪ Immobilien (im In- und Ausland) ▪ Mobilien (Flug-zeuge, Schiffe, Container, Wind-kraftanlagen ...) ▪ Unternehmen (Private-Equity oder Infrastruk-turunternehmen) ▪ Rechte (Filmrechte u. a.)	▪ risikogemischte Investmentver-mögen ▪ nicht risikoge-mischte Invest-mentvermögen (Einobjektfonds) ▪ Blind Pools ▪ Zweitmarkt-objekte

Abb. 127: Unterscheidung geschlossener Investmentvermögen

3.4.3 Geschlossene Immobilienfonds

▶ Situation

Herr Neumann möchte Kunden, die sich für eine Immobilien-Kapital-
anlage interessieren, zukünftig auch geschlossene Immobilienfonds
anbieten können. Anhand aktueller Angebote möglicher Vertriebspartner verschafft er sich zunächst einen Überblick.

▶ Erläuterung

Als Investitionsobjekt für geschlossene Immobilienfonds kommen
grundsätzlich bereits fertiggestellte Immobilien in Frage. Wird dagegen die gesamte Projektentwicklungsphase mitfinanziert, ergeben
sich entsprechend zusätzliche Risiken, beispielsweise hinsichtlich der
Fertigstellung.

Die Unterscheidungsmerkmale bei geschlossenen Immobilienfonds
sind:

- Einobjektfonds oder risikogemischte Immobilienfonds

- Investitionsobjekt in Deutschland oder im Ausland

- Investition in eine fertiggestellte Immobilie oder die gesamte Projekt-
entwicklung

- gewerblich geprägte oder vermögensverwaltende (dies ist die Regel)
Fondskonzepte

Handelt es sich bei dem Immobilienfonds um eine Projektentwicklungs-
gesellschaft, so wird in der Regel die gesamte Wertschöpfungskette
von der Planung über die Errichtung und den Verkauf abgedeckt. Oft
handelt es sich bei Projektentwicklungsfonds um Blind Pools. Vertrauenswürdige Anbieter grenzen die Standorte und Nutzungsarten ein.

Geschlossene Immobilienfonds können darüber hinaus auch als Immo-
bilienhandelsgesellschaft konzipiert sein. Diese Immobilienfonds kaufen
Objekte, werten diese meist auf und verkaufen sie wieder zu einem
höheren Preis. Auch hier zeichnen sich vertrauenswürdige Produktanbieter durch konkrete Angaben zu den Standorten und der Nutzungsart
aus.

Geschlossene Immobilienfonds sind für die langfristige Sachwertanlage
geeignet (durchschnittlich 20 Jahre). Der Anteilserwerb ist meist ab
einer Mindestbeteiligungssumme von 5.000 bis 10.000 € möglich.

Geschlossene Immobilienfonds – Deutschland

Die häufigsten Investitionsobjekte geschlossener Immobilienfonds sind:

- Büroimmobilien
- Hotels
- Einkaufszentren
- Studentenwohnheime/ -appartements

- Senioren- / Pflegeheime
- Einzelhandelsimmobilien
- Wohnimmobilien (Mietwohnanlagen)

Der Anleger erzielt bei einer vermögensverwaltenden Fondskonzeption Einkünfte aus Vermietung und Verpachtung und bei einer gewerblichen Fondsprägung Einkünfte aus Gewerbebetrieb.

Chancen

Bei geschlossenen Immobilienfonds bestehen neben den allgemeinen Chancen einer geschlossenen Fondsanlage, die bereits in Kapitel 3.3 Chancen und Risiken beschrieben wurden, nachfolgende besondere Chancen:

- Wertsteigerung der Immobilie
- höhere Mieterträge bei Anschlussvermietung oder Neuvermietung

Risiken

Bei geschlossenen Immobilienfonds sind grundsätzlich nachfolgende besondere Risiken zu beachten:

- **objektbezogene Risiken**
  - Alter der Immobilie
  - Gebäudequalität
  - eingeschränkte Nutzungsart/-möglichkeit der Immobilie (erschwerte Vermietbarkeit oder Mieterwechsel)
  - unangemessene (d. h. zu niedrig angesetzte) Kalkulation der Instandhaltungskosten, der Instandhaltungsrücklage (Bildung bereits in den Anfangsjahren empfehlenswert) und der nicht umlagefähigen Nebenkosten (optimalerweise können Nebenkosten weitestgehend auf Mieter umgewälzt werden)
  - hoher Fremdkapitalanteil oder später Tilgungsbeginn (frühzeitiger Tilgungsbeginn reduziert das Liquiditätsrisiko bei späteren Zinserhöhungen)

LF
14

SG
4.2

- standortbezogene Risiken

  - Qualität des Standortes (Angebot / Nachfrage / Vergleichs-objekte / Infrastruktur)

  - Kaufkraft und Beschäftigungsentwicklung des Standorts

- vermietungsbezogene Risiken

  - Bonität der Mieter

  - Mieterstruktur

  - Ausfall des Ankermieters
    Bei Einkaufszentren sollte für einen Großteil der zu vermietenden Fläche ein Mietvertrag mit einem namhaften Ankermieter (be-kannter Markenhändler, der wie ein Magnet weitere Mieter und Kunden in das Einkaufszentrum zieht) bestehen. Ist dies nicht der Fall oder fällt der Ankermieter aus, so beeinflusst dies die Einnah-menkalkulation meist negativ.

  - Laufzeit der Mietverträge (empfehlenswert: mindestens 15 Jahre mit Indexvereinbarung)

  - zu optimistisch prognostizierte Anschlussvermietungen

  - fehlende Mietgarantien oder mangelnde Bonität des Mietgaranten

  - unangemessene (d. h. zu geringe) Kalkulation der Mietausfall-risiken

Geschlossene Immobilienfonds – Ausland

Internationale geschlossene Immobilienfonds bieten die Möglichkeit, beispielsweise in die Immobilienmärkte England, Frankreich, Nieder-lande, USA oder Australien zu investieren. Hier kommt für den Anleger insbesondere das Währungsrisiko hinzu. Handelt es sich bei den In-vestitionsobjekten um nachhaltig errichtete Bürogebäude mit bonitäts-starken staatlichen Mietern in einer stabilen Volkswirtschaft, dann sind das gute Voraussetzungen dafür, dass das Eingehen dieses Risikos gerechtfertigt ist.

Für den Anleger nicht immer einfach ist die Einschätzung, ob der jewei-lige internationale Standort noch ausreichend Entwicklungspotenzial bietet oder bereits ausgereizt ist oder sich im schlimmsten Fall eine so genannte Immobilienblase (überzogene und überhitzte Preisforderun-gen) aufgebaut hat.

Chancen

Ergänzend zu den für inländische Investitionsobjekte geltenden Chan-cen, ergeben sich bei den Auslands-Immmobilienfonds folgende zusätzli-che Chancen:

- Risikostreuung des Gesamtvermögens durch ausländischen Immobilienstandort
- Währungschancen
- geringere Zinsbelastung bei einer Anteilsfinanzierung durch niedrigeres Zinsniveau im Ausland
- steuerliche Vorteile durch Doppelbesteuerungsabkommen (siehe Kapitel 3.6.2 Doppelbesteuerungsabkommen)

Risiken

Gegenüber den Inlands-Immobilienfonds bestehen zusätzliche Risiken durch:

- Änderung oder Aufhebung des Doppelbesteuerungsabkommens und dadurch höhere steuerliche Belastung
- Währungsrisiken

Beteiligte – Der geschlossene Immobilienfonds

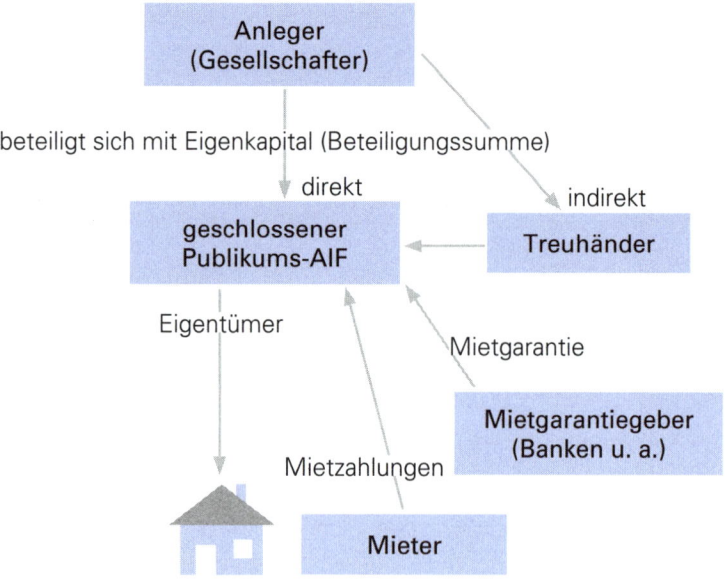

Abb. 128: Der geschlossene Immobilienfonds

Wie bei allen geschlossenen Investmentvermögen, kann – muss aber nicht – ein Treuhänder zwischengeschaltet werden, um die Interessen der Anleger zu vertreten und die Zahlungsströme zwischen Anleger und KVG abzuwickeln.

3.4.4 Schiffsfonds (Schiffsbeteiligungen)

▶ **Situation**

Ihr Kunde Gaston Godermann hat in der Zeitung gelesen, dass sich die Schiffsmärkte von den Überkapazitäten in Folge der Finanzmarktkrise noch immer nicht ganz erholt hätten, es aber interessante Einstiegsmöglichkeiten für antizyklische Investitionen gäbe. Er bittet Sie um weitere Informationen zu diesem Anlagesegment.

▶ **Erläuterung**

Die internationalen Schiffsmärkte sind stark von den konjunkturellen Entwicklungen abhängig. Boomt die Wirtschaft, gibt es eine größere Nachfrage nach Schiffskapazitäten als umgekehrt. Der Neubau eines Schiffes benötigt aber Zeit, und nicht immer steht das Angebot rechtzeitig zur Verfügung. So sind in Folge der Finanzmarktkrise viele Überkapazitäten an Schiffsangeboten entstanden. Das führte zu erheblichem Preisdruck bei den Charterraten (Schiffsmieten). Wenn dann die Mieten die Betriebskosten der Schiffe nicht mehr decken, müssen die Schiffe entweder zeitweise stillgelegt oder weit unter Wert verkauft werden. Sinken am Markt die Schiffspreise, führt das weiter dazu, dass günstigere Charterraten angeboten werden können und der Kostendruck nochmals verstärkt wird.

Für Schiffsfondsanleger bedeutet dies unter Umständen eine vorzeitige Auflösung des Investmentvermögens mit dem Risiko eines Totalverlustes ihrer Kapitaleinlage.

Auch die Fremdkapitalbeschaffung hat sich durch diese Abhängigkeiten und Marktschwankungen für die Branche verschlechtert, bzw. die Banken fordern – nicht zuletzt auch aufgrund der gestiegenen Anforderungen an Banken zur Risikokontrolle – je nach Marktsegment einen höheren Eigenkapitalanteil als früher. Da sind geschlossene Investmentvermögen eine Alternative zur Finanzierung und Eigenkapitalbeschaffung.

Neben den grundsätzlich für geschlossene Investmentvermögen geltenden Auswahlkriterien sollten Anleger bei einer Schiffsbeteiligung darauf achten, dass das finanzierte Schiff aus einem aussichtsreichen Marktsegment (abhängig von der aktuellen Nachfrage am Schiffsmarkt) kommt.

Bei den Schiffsfonds werden hauptsächlich folgende Arten angeboten:

- Containerschiffe und Feeder (kleinere Containerschiffe, die mit eigenen Kränen ausgestattet sind)

- Tanker

- Bulker (auch Schüttgut- bzw. Massengut-Frachter genannt)

- Mehrzweckfrachter

- Passagierschiffe

In den speziellen Segmenten, wie beispielsweise den Massengutfrachtern, besteht darüber hinaus eine starke Abhängigkeit von den Rohstoffmärkten.

Schiffsfonds sind die einzig verbliebene geschlossene Fondsart mit nennenswerten Steuervorteilen durch die steuerlich günstigere Gewinnermittlungsmethode der Tonnagesteuer (Siehe Kapitel 3.6.3 Tonnagesteuer).

Was bei den Immobilienfonds die Mietverträge sind, nennt man bei den Schiffsfonds Charterverträge. Bei den Charterverträgen sollte vor allem auf drei Qualitätskriterien geachtet werden:

- die Laufzeit der Charterverträge (möglichst lange)

- die kalkulierte Anschluss-Charterrate

- die Bonität des Charterers

Beteiligte – Der Schiffsfonds

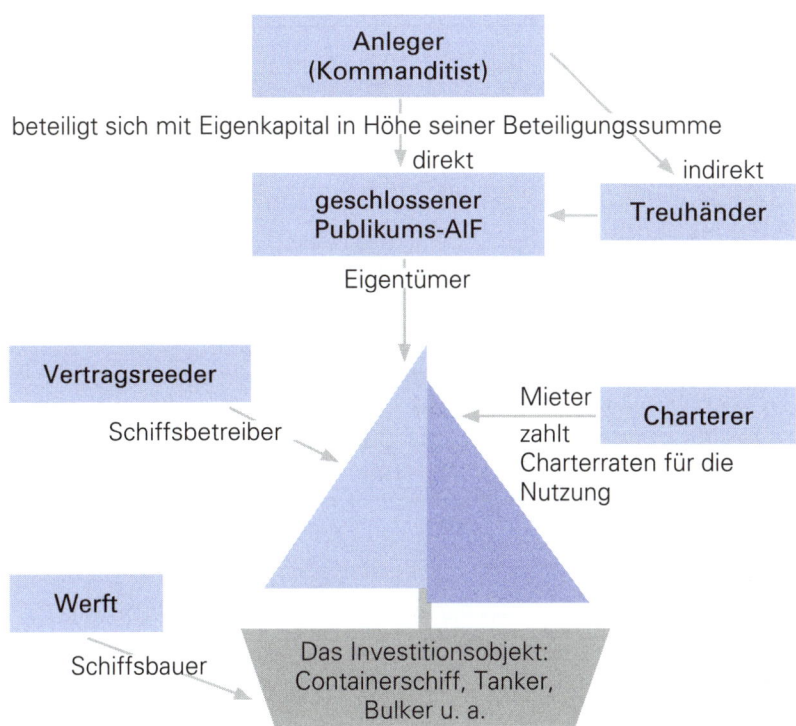

Abb. 129: Der Schiffsfonds

Auch bei Schiffsfonds ist oft ein Treuhänder zwischengeschaltet, der die Anleger vertritt und betreut. Ein weiterer Beteiligter ist wie bei allen geschlossenen Investmentvermögen auch die Bank, die das Fremdkapital zur Verfügung stellt.

Zusätzlich kann die Bereederung an einen Vertragsreeder abgeben werden. Dieser ist dann je nach Vertragsgestaltung für die Wartung und Pflege des Schiffs, die Bemannung und ggf. auch für den Einsatz und die Vercharterung verantwortlich. Dies verursacht allerdings entsprechende Mehrkosten.

Besondere Chancen bei Schiffsfonds

- Renditemöglichkeiten durch hochwertigen (geringe Reparaturanfälligkeit und langfristige Nutzbarkeit) und marktgerechten Schiffstyp
- Steuervorteil durch Tonnagebesteuerung

Besondere Risiken bei Schiffsfonds

- ### Währungsrisiko

  Da Charterratenverträge in US-Dollar vereinbart werden, besteht ein entsprechendes Währungsrisiko. Das Risiko kann etwas abgefedert werden, wenn auch die Betriebskosten und die Fremdkapitalzinsen in US-Dollar zu zahlen sind. Ist dies nicht der Fall, besteht das Währungsrisiko in vollem Umfang.

- ### Betriebskosten

  Über die Laufzeit können sich diese zum Beispiel durch höhere Personalkosten oder auch steigende Versicherungsprämien erhöhen.

- ### Charterraten (Schiffsmieten)

  Die Entwicklung der Charterraten hängt von der Entwicklung der Nachfrage nach dem finanzierten Schiffstyp ab. Einige Fondskonzepte enthalten eine Chartergarantie. Diese gibt es nicht kostenlos vom Garantiegeber, die Werthaltigkeit hängt wie bei allen Garantien von der Bonität des Garantiegebers ab und ersetzt auf keinen Fall echte Charterverträge.

- ### Einkaufspreis

  Ein zu hoher Einkaufspreis verringert die späteren Aussichten auf einen hohen Veräußerungserlös.

- ### Verspätete Auslieferung des Schiffs durch die Werft

  Im schlimmsten Fall tritt der Charterer dann von seinem Chartervertrag zurück, weil er das Schiff nicht wie vereinbart nutzen kann. Entsprechend kommt es zu Einnahmeausfällen für den Schiffsfonds.

- ### Veräußerungserlös

  Der Markt für gebrauchte Schiffsbeteiligungen ist sehr volatil. Eine realistische Prognoserechnung geht beim Verkaufspreis max. von 50 % des ursprünglich bezahlten Kaufpreises aus.

Prozyklische und antizyklische Investmentstrategie

Die Angebote an Schiffsfonds lassen sich in zwei grundlegende Investmentstrategien einteilen:

- Prozyklische Schiffsfonds setzen auf die Entwicklungschancen in einem bestimmten Marktsegment, wie beispielsweise dem Bulkermarkt.

- Antizyklische Schiffsfonds entscheiden sich bei ihrem Investment für Schiffe mit besonders günstigen Einstiegspreisen und setzen auf die späteren überdurchschnittlichen Wertentwicklungen. Gibt es mehr Verkäufer als Käufer von Schiffen, ist dies für diese Schiffsfonds ein günstiger Markteinstiegszeitpunkt.

3.4.5 Containerfonds

▶ **Erläuterung**

LF
14

SG
4.2

Containerfonds investieren in Container, die dann weiter vermietet werden. Diese Fondsart ist in der Regel auf einen Anlagezeitraum von bis zu 10 Jahren ausgerichtet.

Container gibt es bereits seit über 50 Jahren im internationalen Gütertransport. Ihr Vorteil ist, dass sie schnell von einem Schiff auf ein anderes Schiff oder Transportmittel verladen werden können und dabei nur ein geringes Beschädigungsrisiko für die transportierten Waren besteht. Über 4.000 Container pro Schiff können in einem modernen Hafen an einem Tag verladen werden. Das entspricht einem Warengewicht von bis zu 60.000 Tonnen. Neben den Standardcontainern gibt es Kühlcontainer und weitere spezielle Ausfertigungen.

Der Containertransport wies in den vergangenen Jahren hohe Wachstumsraten auf.

Die Eigentümer von Containern sind ein eindeutiger Profiteur der Globalisierung.

Zwei Faktoren beeinflussen das Wachstum des Containermarktes:

- Positive Wachstumsaussichten für die Weltwirtschaft fördern das weitere Wachstum und den Ausbau der Absatzmärkte in Asien und den Schwellenländern.

- Standardisierung der Transportwege fördert das Wachstum des Gütertransportes mit standardisierten Containern.

Container werden für den Seetransport durchschnittlich rund 15 Jahre genutzt. Danach finden sie oft noch Verwendung als Lagerraum oder als Baucontainer.

Container werden neben der Größe nach ihrer Nutzungsart unterschieden

- Standardcontainer
- Kühlcontainer
- Tankcontainer
- Spezialcontainer

Containerfonds sind gewerblich geprägte Fondskonzepte. Der Anleger erzielt somit Einkünfte aus Gewerbebetrieb.

Chancen

Besondere Chancen bei Containerfonds:

- kurze Laufzeiten von ca. 6 bis 12 Jahren

- lange Mietvertragslaufzeiten (meist bis Ende der Fondslaufzeit möglich) mit fest vereinbarten Mieten und dadurch kalkulierbare Einnahmen für regelmäßige Ausschüttungen an den Anleger

- Kostenanteil des Container-Transportes am Warenwert beträgt oft nur ca. 1 %

- leicht verständliche Konzeption: „Container kaufen, mieten, verkaufen"

- Versicherungen gegen Diebstahl und Beschädigung

- bei ausländischen Fonds: Vorteil bei Doppelbesteuerungsabkommen

Diese zusätzlichen Vorteile führen zwar zu vergleichsweise niedrigeren Renditen, die sich aber immer noch auf einem im Vergleich zu anderen Kapitalanlagen attraktiven Niveau befinden und vor allem den Vorteil des Inflationsschutzes durch die Sachwertanlage bieten.

Risiken

Auch bei den Risiken gibt es neben den allgemeinen Risiken für geschlossene Fonds weitere besondere Risiken für Containerfonds. Diese sind:

- Konjunkturrisiko

  - Sinkende Produktions- und Verkaufszahlen bei Waren führen auch zu einer geringeren Nachfrage nach Transportmöglichkeiten.

  - Preisverfall für Containermieten und Verkaufspreise

- Abnutzungsrisiko, das heißt, es besteht ein Verkaufsrisiko bei schlecht erhaltenen Containern

- Währungsrisiko durch Mieteinnahmen überwiegend in US-Dollar

- Zinsrisiko, wenn das Fremdkapital nicht über die gesamte Fondslaufzeit mit einem festen Zinssatz finanziert wurde

Weitere Beurteilungskriterien für Containerfonds

Neben den bereits genannten Chancen und Risiken gibt es weitere Erfolgsfaktoren bei Containerfonds.

- Erfahrung des Initiators im Transportmarkt

- Zusammenarbeit mit so genannten Containermanagern

- Vermietung der Container an große Linienreedereien mit guter Bonität

- Risikominimierung durch größere Containerpools

3.4.6 Leasingfonds

▶ **Situation**

Ihr Kunde David Lutz unternimmt als leitender Mitarbeiter eines internationalen Konzerns häufig Flugreisen. Neulich hat er in einem Zeitungsartikel gelesen, dass die großen Airlines ihre Flugzeugflotten stetig erweitern, um diese möglichst jung zu halten und dass bereits jedes 3. Flugzeug geleast statt gekauft ist. Für seinen diesjährigen Bonus sucht er noch nach einer renditestarken Anlagealternative und interessiert sich für einen Leasingfonds, der in ein modernes Passagierflugzeug investiert.

▶ **Erläuterung**

Eine weitere Art der Konzeption eines geschlossenen Investmentvermögens sind die Leasingfonds.

Ein Leasingfonds erwirbt zunächst mobile oder immobile Investitionsobjekte, die dann zunächst an einen Leasingnehmer vermietet und später wieder verkauft werden. Je nach Art des Leasingvertrages steht der Verkaufspreis bereits bei Vertragsabschluss fest. Der Anleger muss dafür auf weitere Gewinnsteigerungen durch mögliche Marktpreissteigerungen während der Vertragslaufzeit verzichten.

Steuerlich ist bezüglich der Verlustverrechnung während der Anfangsjahre bei dieser Fondsart der § 15 EStG zu beachten.

Die Finanzierungsform Leasing zählt zu den Wachstumsmärkten. Der Grund dafür liegt zum einen in den Wachstumsaussichten der Investitionsobjekte (beispielsweise bei Flugzeugen das prognostizierte höhere Passagieraufkommen im Luftreiseverkehr). Zum anderen vergeben die Banken Fremdkapital nur noch mit höheren Auflagen als in den Vorjahren, wodurch sich das Leasing als Kapitalbeschaffungsalternative etablieren konnte.

Man unterscheidet bei den Leasingfonds allgemein zwischen zwei Anlageklassen:

- Immobilien-Leasing-Fonds
- Mobilien-Leasing-Fonds (Flugzeuge, Container, Schiffe, Büroeinrichtungen, Computeranlagen, Züge …)

Mobilien-Leasing-Fonds

Am häufigsten findet sich diese Fondsart bei den Flugzeug(leasing)-Fonds. Investitionsobjekte sind hier Fracht- oder Passagierflugzeuge.

Der Initiator übernimmt in diesem Fall die Rolle und Aufgaben einer Leasinggesellschaft und legt einen geschlossenen Leasingfonds für den Leasingnehmer auf, um diesem die Finanzierung seines Leasingobjektes zu ermöglichen. Die Leasinggesellschaft erwirbt das Leasingobjekt vom Lieferanten und vermietet es dann für einen bestimmten Zeitraum an den Leasingnehmer.

Die Laufzeit von Mobilien-Leasing-Fonds fällt mit ca. 6–15 Jahren im Vergleich zu anderen geschlossenen Fonds kurz aus. Ein weiterer Vorteil ist, dass nach kurzer Zeit die Leasingobjekte grundsätzlich zu einem guten Preis veräußerbar sind, da ihre Nutzungsdauer wesentlich länger ist.

Besonders wichtig bei dieser Fondsart ist die Bonität des Leasingnehmers. Denn die Leasingraten sind so kalkuliert, dass sie alle Kosten (Ausschüttungen, laufende Betriebskosten, Verwaltungsaufwendungen, Fremdkapitalzinsen und -tilgung) abdecken.

Da auch für Leasingfonds die Verlustverrechnungsbeschränkung des § 15 EStG gilt, haben sie als Steuerstundungsmodelle ausgedient und bieten heute vor allem Rendite mit Investitionsobjekten aus Wachstumsmärkten und mit guten Verkaufschancen.

Mobilien-Leasing-Fonds lassen sich in zwei Kategorien einteilen:

- Finance-Leasing (weitere Bezeichnung: Finanzierungsleasing)
- Operate-Leasing (weitere Bezeichnung: Operatingleasing)

Finance-Leasing

Beim Finance-Leasing übernimmt der Leasingnehmer alle Wartungs- und Instandhaltungskosten. Dafür trägt der Leasinggeber das Kapitalbeschaffungs- und Kreditrisiko. Es wird eine feste Grundmietdauer vereinbart, in der es in der Regel kein Kündigungsrecht für den Leasingnehmer gibt. Danach wird dem Leasingnehmer eine Verlängerungsoption und ein Rückkaufsrecht des Leasingobjektes zum Restwert eingeräumt. Beim Finance-Leasing handelt es sich um eine Vollamortisation, d. h. die Leasingraten decken über die Gesamtlaufzeit nahezu die gesamten Anschaffungskosten ab. Das Leasingobjekt wird in der Regel sehr individuell auf den Bedarf des Leasingnehmers zugeschnitten, was für den Fall, dass der Leasingnehmer die Rückkaufsoption nicht in Anspruch nimmt, die Veräußerung an einen anderen Nutzer erschweren kann.

Operate-Leasing

Da bei dieser Fondskonzeption der Leasinggeber (geschlossenes Investmentvermögen) das Verwertungsrisiko trägt, werden als Leasingobjekte grundsätzlich Standardprodukte gewählt.

Das Operate-Leasing kann ganz grob mit einem zivilrechtlichen Mietvertrag verglichen werden. Der Leasingvertrag wird nur auf wenige Jahre abgeschlossen und kann jederzeit gekündigt werden, meist ohne

Einhaltung von Kündigungsfristen. Üblicherweise werden auch hier Verlängerungsoptionen für den Leasingnehmer vereinbart.

Somit kann das Leasingobjekt mehrfach vermietet werden und die Chance auf bessere Anschlussmieten gewahrt bleiben. Das Risiko der Anschlussvermietung und auch der Verwertung am Laufzeitende (so genanntes Restwertrisiko) trägt allerdings der Leasinggeber. Den Leasingnehmern hilft diese Fondskonzeption dabei, Engpässe in der Produktion der von ihnen benötigten Leasingobjekte zu überbrücken.

Die Leasingraten decken die Anschaffungskosten über die Gesamtlaufzeit nur zum Teil ab (Teilamortisation). Die Wartungs- und Instandhaltungskosten trägt der Leasinggeber.

Am Leasingvertragsende übergibt der Leasingnehmer das Flugzeug wieder dem Leasinggeber und zwar in einwandfreiem und neutralem Zustand (keine firmenspezifischen Sonderlackierungen u. ä.).

Beteiligte – Leasingfonds

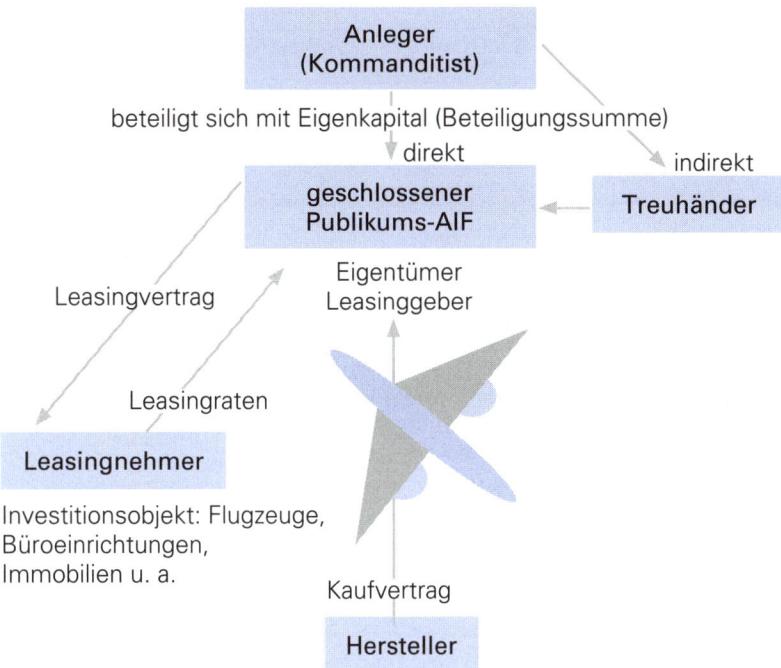

Abb. 130: Leasingfonds

Es gibt auch die Variante, dass zunächst der spätere Leasingnehmer das Leasingobjekt vom Hersteller kauft und dann an die Fondsgesellschaft weiterverkauft und sofort zurückmietet. Dies wird auch als „sale-and-lease-back" bezeichnet.

Neben den hier dargestellten Beteiligten gibt es weitere Beteiligte, wie die KVG, Bank, Verwahrstelle sowie Gutachter, Wirtschaftsprüfer, Steuerberater und Rechtsanwälte. Dies ist aber keine Besonderheit der Leasingfonds, sondern gilt für alle geschlossenen Investmentvermögen.

Chancen und Risiken

Allgemein gelten die bereits im Kapitel 3.3 Chancen und Risiken dargestellten Chancen und Risiken.

Besondere Chancen bestehen bei länger laufenden Leasingverträgen durch die damit verbundene erhöhte Kalkulationssicherheit. Das Investitionsobjekt verbleibt als ggf. verwertbare Sicherheit bis zum Ende des Leasingvertrages im Eigentum der geschlossenen Investmentvermögen. Besteht ein Andienungsrecht oder Bankgarantien, so sorgt dies für zusätzliche Sicherheit.

Besondere Risiken im Vergleich zu anderen geschlossenen Investmentvermögen bestehen bei Leasingfonds nicht. Die Bonität des Leasingnehmers und ein am Markt nachhaltig nachgefragtes Leasingobjekt sind wichtige Erfolgsfaktoren, da nur ein relativ kurzer Zeitraum zur Verfügung steht, um in die Gewinnzone zu kommen. Beim Operate-Leasing ist das Restwertrisiko zu beachten.

Immobilien-Leasing-Fonds

Bei Immobilien-Leasing-Fonds beteiligt sich der Anleger an einer so genannten Leasing-Objektgesellschaft. Investitionsobjekt ist eine Immobilie. Ob Einkünfte aus Gewerbebetrieb oder Einkünfte aus Vermietung und Verpachtung erzielt werden, hängt von der jeweiligen Fondskonzeption ab (siehe Angaben im Verkaufsprospekt).

Der Vorteil beim Immobilien-Leasing ist, dass die Immobilien langfristig und grundsätzlich unkündbar vermietet werden. Dazu kommt die Möglichkeit, dass eine Verkaufsgarantie vereinbart wurde. Die Mindestanlagesummen liegen teilweise allerdings bei 50.000 €.

Hinweis

Nach KAGB nur als Spezial-AIF möglich. Ansonsten Risikostreuung von mindestens 3 Objekten.

3.4.7 Infrastrukturfonds

▶ Situation

Ihr Kunde Florian Buschmann wohnt in der Nähe von Augsburg und arbeitet in München. Jahrelang hat er den 6-spurigen Ausbau der A 8 mitverfolgt, der nicht von der öffentlichen Hand, sondern von einem Pri-

vatunternehmen finanziert und durchgeführt wurde. Fast täglich konnte
er den Baufortschritt sehen und jetzt profitiert er von der kürzeren
Fahrtzeit zu seinem Arbeitsplatz. In der Zeitung hat er gelesen, dass es
auch für vermögende Kunden die Möglichkeit gibt, in Verkehrswege zu
investieren. Dazu möchte er von Ihnen mehr erfahren.

▶ Erläuterung

Immer öfter wird die Möglichkeit der Kapitalbeschaffung über geschlossene Fonds auch für Investitionen in die Infrastruktur eines Landes, wie
beispielsweise Verkehrswege (Flughäfen, Hafenanlagen, Straßen u. a.)
oder Energieverteilungssysteme, genutzt.

Der Finanzierungsbedarf für den Neu- und Ausbau, beziehungsweise
die Instandhaltung und Modernisierung wird immer größer, die Bud-
gets der öffentlichen Haushalte werden im Gegensatz immer knapper.
Oft kommt es deshalb zur Privatisierung der Infrastrukturprojekte und
Anleger haben dann über einen Infrastrukturfonds die Möglichkeit, sich
an einem Projekt zu beteiligen.

**Infrastrukturfonds weisen zwei jeweils unterschiedliche
Ausrichtungen auf:**

- Investition in neue Infrastrukturen
- Investition in bestehende Infrastruktureinrichtungen

Wird in neue Infrastrukturen investiert, sind grundsätzlich höhere Renditen erzielbar, allerdings weist die Investition in bestehende Infrastrukturen die Sicherheit auf, dass diese Anlagen bereits fertiggestellt sind.

Chancen	Risiken
■ langfristige und konstante Nutzung der Infrastruktur-einrichtungen	■ Technischer Fortschritt oder neue alternative Metho-den können vorhandene Infrastruktureinrichtungen überflüssig machen und lassen diese veralten.
■ Unabhängigkeit von kon-junkturellen Einflüssen	■ Im Vergleich zu anderen Arten geschlossener Fonds sind aufgrund der sehr hohen Anfangskosten der Investitionsprojekte entspre-chend sehr hohe Fremdkapi-talquoten üblich.
■ Monopolstellung mancher Infrastruktureinrichtungen mit staatlicher Regulierung (steigende Kosten oder In-flationseinflüsse können auf den Preis umgelegt werden)	■ politisches Risiko bei Inves-titionen in Infrastrukturen insbesondere im Ausland

3.4.8 Private-Equity-Fonds

▶ **Situation**

Clarissa Mangwald zeigt Ihnen die aktuelle Ausgabe eines Private-Equity-Infobriefes, den sie von einem Bekannten erhalten hat.

- Investitionsvolumen von Private-Equity-Gesellschaften in deutsche Unternehmen im Jahr 2011: 5,92 Mrd. € in ca. 1.200 Unternehmen

- Zahl der Private-Equity-finanzierten Unternehmen, in die deutsche Beteiligungsgesellschaften derzeit investiert haben: > 5.000

- Anteil der Umsätze von Private-Equity-finanzierten Unternehmen am Bruttoinlandsprodukt: ca. 8 %

- Anzahl der Beschäftigten in Private-Equity-finanzierten Unternehmen: ca. 1 Mio.

- weltweit stehen Private-Equity-Gesellschaften über 700 Mrd. € für Investitionen zur Verfügung

Quelle: Private-Equity Brief Ausgabe 17 März / April 2012 des BVK e.V.

Frau Mangwald möchte von Ihnen wissen, ob sie als Privatanlegerin in diesen Markt investieren könnte und worauf sie dabei achten müsste.

▶ **Erläuterung**

Zu Private-Equity (privates, außerbörsliches Eigenkapital) gehört auch das Marktsegment des Risikokapitals (engl. venture capital). Jungen, innovativen Unternehmen mit Wachstumsaussichten, die noch nicht an der Börse notiert sind, wird von Investoren Geld zur Verfügung gestellt. Der Investor investiert in einem solchen Umfang, dass er auch Managementaufgaben übernehmen kann, um das Unternehmen in seiner Entwicklung zu unterstützen. Das macht Sinn, denn der Unternehmenserfolg bedeutet auch, dass der Investor sein eingesetztes Kapital zurückerhalten kann.

Private-Equity-Fonds investieren in junge Unternehmen in verschiedenen Entwicklungsphasen:

Private-Equity-Fonds

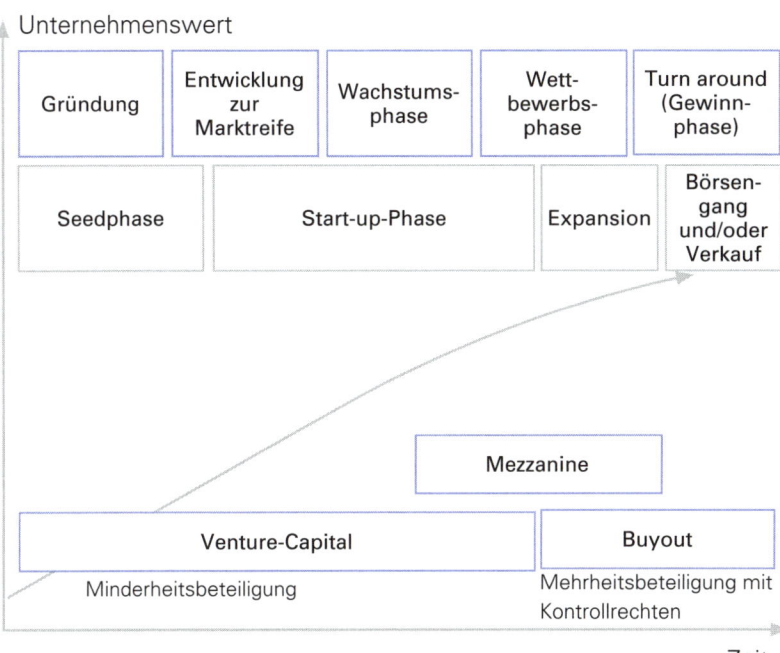

Abb. 131: Private-Equity-Fonds

Das höchste Risiko besteht in den Anfangsphasen (Seed- und Start-up-Phase). Das Risiko bei Private-Equity-Fonds kann etwas breiter gestreut werden, wenn in mehrere Unternehmen investiert wird.

Dieses Segment der geschlossenen Investmentvermögen ist vor allem für institutionelle Anleger wie Banken, Versicherungen oder Pensionskassen, aber auch für vermögende Privatkunden interessant. Im Falle eines Misserfolges haften sie nur mit ihrer Kapitaleinlage, außerdem bietet die Investition über einen Private-Equity-Fonds zusätzlich Anonymität.

Für den Initiator ist diese Fondsart mit dem Zusatzvorteil ausgestattet, dass er überdurchschnittliche Erfolgsbeteiligungen vereinbaren kann. Die KVG hat für diese Art der Investitionen ebenfalls einen erhöhten Aufwand und kann diesen über entsprechende Gebühren vom Anleger bezahlen lassen.

Private-Equity-Fonds werden unterschieden nach

- Venture-Capital-Fonds

- Buyout-Fonds

- Mezzanine-Fonds, die in Private-Equity-Unternehmen in allen Entwicklungsstadien investieren.

Wichtigste Auswahlkriterien bei einem Private-Equity-Fonds sind:

- unternehmerische Expertise

- Managementkompetenz

- genaue Marktkenntnis

3.4.9 Umweltfonds: die Investition in erneuerbare Energien

▶ Erläuterung

Fonds, die in alternative bzw. erneuerbare Energien wie beispielsweise Windkraft, Solaranlagen, Wasserkraft investieren, werden unter Bezeichnungen wie Umweltfonds, Energiefonds, Solarfonds oder auch New-Energy-Fonds vertrieben.

Diese Fondsart verbindet die renditeorientierte Kapitalanlage mit ökologischem Engagement.

Das Fondskonzept sieht bei dieser Anlageklasse vor, dass die Fondsgesellschaft zunächst in ein Grundstück investiert, auf dem dann beispielsweise die entsprechende Solaranlage errichtet wird, einschließlich des entsprechend notwendigen Anschlusses an das Stromnetz. Mit Inbetriebnahme erfolgt die so genannte Einspeisung des erzeugten Stroms in das Stromnetz mit der entsprechend gesetzlich geregelten Vergütung an die Fondsgesellschaft.

Chancen	Risiken
- Festpreisbindungen und Abnahmegarantien durch das Erneuerbare Energien Gesetz (EEG)	- Preisverfall bei Solarmodulen durch Überangebot aus China
	- Änderung oder Wegfall staatlicher Förderungen (zuletzt zum 1.4.2012 deutliche Reduktion der Einspeisevergütungen)

Besondere Auswahlkriterien für Umweltfonds

Für die Beurteilung eines Umweltfonds sind folgende Kriterien wichtig:

- die Qualität der technischen Anlagen
- die Lage des Investitionsobjektes (Einstrahlungs- bzw. Windgutachten)
- Darstellung der Gesamtfinanzierung

Bei der Auswahl eines geeigneten Umweltfonds sollte der Anleger auf weitere Punkte achten

- **Zum Projektstand**
  - Liegen Bau- und Betriebsgenehmigungen vor?
  - Ist die Energieabnahme zeitnah gesichert? (Trotz der gesetzlichen Verpflichtung zur Stromabnahme kann sich die Erstellung eines Netzanschlusses verzögern.)
  - Wie ist der Baufortschritt und die Inbetriebnahme sichergestellt?
- **Zum Anlageobjekt**
  - Handelt es sich um einen soliden Hersteller und eine bereits erprobte Serienanlage? (Liegen ggf. Herstellergarantien vor?)
  - Liegen Service-, Wartungs- und Instandhaltungsverträge vor, damit ein störungsfreier Betrieb sichergestellt ist?

Der Markt für erneuerbare Energien ist derzeitig starken Schwankungen unterworfen: Energiewende einerseits, reduzierte staatliche Förderungen andererseits bringen manche Unternehmen dieser Branche ins Schwanken. Nicht zu unterschätzen sind bei den Fondskalkulationen die Reparaturkosten. Das Objekt ist oft von einer Naturgewalt wie beispielsweise Wind abhängig, dann ist teilweise kaum eine nachhaltig realistische Kalkulation möglich.

Umweltfonds können unterschieden werden nach Art der Anlage zur Erzeugung oder Speicherung von Energie (Photovoltaik, Windenergie, Solartherme, Biomasse, Wasserkraft) und nach Lage (Freifläche, Offshore u. a.).

3.4.10 Medien- und Games-Fonds

▶ **Erläuterung**

Medien- und Games-Fonds gehören eher zu den Randprodukten im Markt. Das liegt bei den Medienfonds daran, dass die Steuervergünstigung in Form der unbegrenzten Verrechenbarkeit von Verlustzuweisungen weggefallen ist und es seither kaum Anbieter gab, die ein renditeorientiertes Konzept gestalten konnten.

Games-Fonds sind eine noch junge Fondskategorie in einem derzeit noch engen Marktsegment.

Medienfonds

Medienfonds investieren in Filmprojekte, Fernsehproduktionen (Producer-Fonds) oder in Filmlizenzen (Leasing- oder Buyer-Fonds). Einnahmen werden aus den finanzierten Film- und Fernsehprojekten (sog. Einspiel-Ergebnisse) erzielt. Prognoserechnungen können sich als unrealistisch erweisen und den für die steuerliche Anerkennung wichtigen Nachweis der Gewinnerzielungsabsicht gefährden. Das liegt zum einen daran, dass der Geschmack des Kinopublikums eine der schwierigsten Kalkulationsgrößen bei Medienfonds darstellt. Zum anderen ist eine technische und künstlerisch erfolgreiche Projektumsetzung notwendig, die aber auch unvorhersehbaren Umständen unterliegen kann, die zu Produktionsverzögerungen führen und damit die Vermarktung des Filmprojektes verzögern können.

Selbst wenn sich die angenommenen Prognosen realisieren lassen, bleibt das Risiko bestehen, zu welchen Preisen die Film- und Nebenrechte verwertet werden können.

Bei Medienfonds greift in besonderer Weise das Schlüsselpersonenrisiko. Das bedeutet, dass der Produktionserfolg gefährdet ist, wenn der Hauptdarsteller oder Regisseur ausfällt.

Risiken von Medienfonds

- Erfolgsrisiko (Publikumserfolg)
- Produktionsrisiko
- Verwertungsrisiko
- Währungsrisiko
- Schlüsselpersonenrisiko

Games-Fonds

Games-Fonds sind eine recht junge Fondsart. Investiert wird in die Entwicklung und Vermarktung von Online-, Tablet-, PC-, Smartphone- und / oder Videospielen. Viele Games-Fonds bieten vergleichsweise geringe Mindestbeteiligungssummen von ca. 5.000 €. Doch es handelt sich um einen sehr spezialisierten Markt und die Investition ist deshalb mit einem wesentlich erhöhten Risiko verbunden. Zurzeit bilden Games-Fonds trotz ihres Entwicklungspotenzials eher ein Randsegment unter den geschlossenen Fondsarten.

Übungen

1. Grenzen Sie gewerbliche Investmentvermögen von vermögensverwaltenden Investmentvermögen ab.

2. Was versteht man unter einem Blind Pool?

3. Zweitmarktfonds investieren unter anderem in gebrauchte geschlossene Immobilienfonds.

   Prüfen Sie, welche Aussage zu Zweitmarktfonds zutrifft.

   a) Ein Zweitmarktfonds investiert in gebrauchte Lebensversi-
      cherungspolicen.

   b) Ein Zweitmarktfonds ist am Zweitmarkt notiert.

   c) Ein Zweitmarktfonds investiert in gebrauchte Schiffe.

   d) Ein Zweitmarktfonds investiert in bereits bestehende
      geschlossene Investmentvermögen.

4. Erläutern Sie, welche vermietungsbezogenen Risiken bei geschlossenen Immobilienfonds bestehen.

5. Nennen Sie vier Schiffstypen, die in einen geschlossenen
   Schiffsfonds investiert werden können.

6. In einer Kundenveranstaltung diskutieren Sie mit den Interes-
   senten auch über Schiffsbeteiligungen.

   Welche der nachfolgenden Aussagen sind hierzu richtig?

   a) Die Bank finanziert die Charterraten des Charterers.

   b) Der Charterer ist der Mieter des Schiffes.

   c) Die Verwahrstelle ist Eigentümer des Schiffes.

   d) Die geschlossene Investment KG ist Eigentümer des
      Schiffes.

   e) Der Anleger erwirbt Anteile am Charterer.

7. Nennen Sie drei typische Risiken bei Schiffsbeteiligungen.

8. Schiffsbeteiligungen bieten sowohl Chancen wie auch Risiken.

   Nennen Sie zwei Chancen, die sich besonders für diese Beteiligungen ergeben.

9. Fluggesellschaften kaufen nicht nur Flugzeuge, sondern leasen sie auch. Stellen Sie fest, welche Aussage richtig beschrieben ist.

   a) feststehende Leasingraten, Restwerte, Vertragslaufzeit und Nutzungsdauer

   b) feststehende Charterraten, Rückkaufswert und Passagierprognosen

   c) feststehende Kerosinpreise, Betriebskosten und Leasingraten

   d) feststehende Flugpreise, Vertragslaufzeit und Leasingnehmer

   e) feststehende Restwerte, Rückkaufswerte und Anschlussobjekt

10. Nennen Sie zwei Ausrichtungen für einen Infrastrukturfonds, in die ein Kunde sein Geld anlegen sollte.

11. Private-Equity-Fonds nehmen laut Medienberichten an Bedeutung zu.

    Welche Aussage zu Private-Equity-Fonds ist richtig?

    a) Diese Fonds investieren in private Verkehrsprojekte.

    b) Diese Fonds investieren in Zweitmarktaktienfonds.

    c) Diese Fonds investieren in junge, nicht börsennotierte Unternehmen.

    d) Diese investieren in Venture Kapital.

    e) Diese investieren in günstiges Fremdkapital.

12. Grenzen Sie risikogemischte und nicht risikogemischte geschlossene Investmentvermögen hinsichtlich des Anlegerkreises, der Mindestanlagesumme und der Risikomischung ab.

13. Nennen Sie drei Objekte, in die ein Umweltfonds investiert.

14. Die Risiken von Medienfonds sind vielfältig.

    Welche Aussagen treffen für den Medienfonds zu?

    a) Medienfonds investieren in Kinocentren.

    b) Medienfonds investieren in Film- und Fernsehproduktionen.

    c) Medienfonds bieten Steuervorteile.

    d) Medienfonds bieten die Sicherheit einer Kinopreisgarantie.

    e) Medienfonds haben ein vergleichsweise hohes Schlüsselpersonenrisiko.

15. Containerfonds nehmen im Rahmen der Globalisierung an Bedeutung zu. Diese Fondsanlage bietet sowohl Risiken als auch Chancen.

Welche Chancen bietet die Investition in einen Containerfonds?

a) vergleichsweise kurze Laufzeiten

b) lange Laufzeitgarantien

c) Versicherungsschutz gegen Diebstahl und Beschädigung

d) fest vereinbarte Mieten über die gesamte Fondslaufzeit

e) laufzeitabhängige Mietstaffeln

LF 14

SG 4.2

Lernziele

In diesem Kapitel erwerben Sie Fertigkeiten, Kenntnisse und Fähigkeiten zu den rechtlichen Grundlagen geschlossener Investmentvermögen

Sie

- erläutern die Regulierungen des Kapitalanlagegesetzbuches für geschlossene Investmentvermögen

- erklären die Prospekthaftung für geschlossene Investmentvermögen

3.5 Rechtliche Grundlagen für geschlossene Investmentvermögen

LF
14

3.5.1 Allgemeine Regelungen des Kapitalanlagegesetzbuch (KAGB)

▶ Erläuterung

SG
4.5

Die alte Welt der geschlossenen Fonds in Form einer GmbH & Co. KG bzw. nach den Übergangsregelungen des Vermögensanlagengesetzes wurde am 22. Juli 2013 durch die neue Welt des Kapitalanlagegesetzbuches für neue Produkte abgelöst.

Mit Einführung des KAGB gilt ein neuer Begriff: Geschlossene Investmentvermögen bzw. Alternative Investment Funds.

Das neue Gesetz setzt die EU-Richtlinie für alternative Investments (AIFM) um. Die Abkürzung AIFM ist aus der ursprünglich englischen Bezeichnung Alternative Investment Funds Manager (Verwalter alternativer Investmentfonds) abgeleitet.

Das KAGB gilt sowohl für offene als auch für geschlossene Investmentvermögen. Ob ein Investmentvermögen offen oder geschlossen ist, hängt im Wesentlichen von den Rückgaberechten ab. Hierzu stehen noch weitere Standarddefinitionen seitens der europäischen Kommission aus.

Darüber hinaus muss derzeit bei den geschlossenen Investmentvermögen noch unterschieden werden zwischen:

- geschlossenen Investmentvermögen, die nach den Regelungen des KAGB aufgelegt wurden

- geschlossenen Fonds, die als unregulierte Vermögensanlagen nach den Regelungen des Vermögensanlagengesetzes aufgelegt wurden.

Diese Unterscheidung betrifft auch die Erlaubnis für die Vermittlung dieser Produkte. Je nachdem, um welche Art von geschlossenem Investmentvermögen / Fonds es sich handelt, benötigt der Vermittler die entsprechende Teilerlaubnis oder beide.

Durch die neuen Regelungen des KAGB werden die Kontrollmechanismen verstärkt. Aber auch der Anlegerschutz wird weiter ausgebaut, insbesondere bei den Informationspflichten. Die Verkaufsunterlagen müssen zukünftig umfassende Informationen zu den Strategien sowie Zielen und Risiken des Produktes enthalten. Ferner muss ein Jahresbericht künftig innerhalb von sechs Monaten nach Geschäftsjahresende vorliegen und für Transparenz des laufenden Geschäftsbetriebes sorgen.

Die Regulierungen des KAGB für Publikums-AIF im Überblick

Mit Ausnahme der Produktaufsicht gab es bisher keine gesetzlichen Regulierungen zu den nachfolgend näher beschriebenen Bereichen des KAGB.

§§ 29 und 30 KAGB

Risiko- und Liquiditätsmanagement

Die Kapitalverwaltungsgesellschaft (KVG) muss eine von den operativen Bereichen hierarchisch und funktionell unabhängige Risikokontrollfunktion einrichten. Sie muss über Risikomanagementsysteme verfügen, die insbesondere gewährleisten, dass die für die jeweilige Anlagestrategie wesentlichen Risiken des geschlossenen Investmentvermögens erfasst, gemessen, gesteuert und überwacht werden können.

Die KVG muss ebenso über ein Liquiditätsmanagementsystem für jedes von ihr verwaltete Investmentvermögen verfügen, mit dem sie Liquiditätsrisiken überwachen und gewährleisten kann, dass eine ausreichende Liquidität für die Verbindlichkeiten des Investmentvermögens zur Verfügung steht. Für geschlossene Investmentvermögen, die keine Kredite aufnehmen, besteht keine Verpflichtung für ein Liquiditätsmanagementsystem.

Berichtspflichten

Anlegern und BaFin muss jährlich ein Jahresbericht zur Verfügung gestellt werden. Ab Januar 2015 kommt eine monatliche Meldung zur statistischen Erfassung über Investmentvermögen an die Deutsche Bundesbank hinzu.

Bewertung

Mindestens 1 x jährlich müssen die Anteile und die Vermögensgegenstände und maßgebliche Veränderungen, die das Anlageobjekt betreffen, bewertet werden.

Unabhängige Verwahrstelle

Diese überprüft als externe Kontrollinstanz die Geldflüsse und das Eigentum an den Vermögensgegenständen.

Kapitalverwaltungsgesellschaft (KVG)

Das KAGB beinhaltet besondere aufsichtsrechtliche Anforderungen an den Geschäftsbetrieb der KVG:

- Die Geschäftsführung muss aus mindestens 2 Personen bestehen, die von der BaFin als zuverlässig und fachlich geeignet beurteilt sein müssen.

- Abberufungsrecht der BaFin bei Anhaltspunkten der Unzuverlässigkeit und nachhaltigem Verstoß gegen das KAGB oder das GWG.

Dazu kommen spezielle Anforderungen an eine intern verwaltete Investment-KG:

- zwingende Bildung eines Beirates

- getrennte Verwahrung des Betriebsvermögens und des Anlagevermögens

Aufsicht des Produktanbieters

Der Produktanbieter muss eine von der Bundesanstalt für Finanzdienstleistungsaufsicht (BaFin) zugelassene Kapitalverwaltungsgesellschaft sein. Diese wird darüber hinaus auch laufend von der BaFin überwacht.

Aufsicht des Produktes

Jedes geschlossene Investmentvermögen benötigt die Zulassung durch die BaFin. Für das Vertriebszulassungsverfahren müssen folgende Unterlagen vorliegen:

- Verkaufsprospekt

- Wesentliche Anlegerinformation (WAI)

- Anlagebedingungen

Die BaFin überprüft die formelle Vollständigkeit, d. h., ob die gesetzlichen Vorgaben eingehalten wurden, und die Widerspruchsfreiheit (Kohärenz). Eine umfassende inhaltliche Prüfung durch die BaFin erfolgt nicht.

Produktregeln

Mit Einführung des KAGB gelten für nach dem KAGB neu aufgelegte geschlossene Investmentvermögen verschiedene neue Produktregeln, u. a.:

- Vorgabe der zulässigen Vermögensgegenstände und Assetklassen (Anlageklassen wie z. B. Immobilien)

- Fremdkapitalquote: max. 60 %

- Sieht das Produkt eine Mindestbeteiligungssumme von weniger als 20.000 € vor, muss eine gesetzlich vorgegebene Risikomischung eingehalten werden:

  - mindestens 3 Sachwerte zzgl. gleichmäßiger Verteilung oder Streuung des Ausfallrisikos durch die Nutzungsart

§ 261 Abs. 4 KAGB
- Währungsrisiko: max. 30 % des Wertes des AIF

3.5.2 Haftung und Widerrufsrechte im Zusammenhang mit den Verkaufsunterlagen

▶ **Erläuterung**

Den Verkaufsunterlagen kommt im Rahmen der Informationspflichten zum Anlegerschutz eine wichtige Bedeutung zu. Das KAGB sieht hier unterschiedliche Anlegerrechte im Zusammenhang mit der Prospekthaftung vor.

§ 306 KAGB
Prospekthaftung und Haftung für die wesentlichen Anlegerinformationen

Die Kapitalverwaltungsgesellschaft haftet als Prospektersteller (Haftungsschuldner) sowie gesamtschuldnerisch zusammen mit gewerbsmäßigen Anteilsverkäufern bzw. -vermittlern. Die Haftung des KAGB besteht im Falle eines unrichtigen oder unvollständigen Verkaufsprospektes bzw. im Falle von irreführenden, unrichtigen oder nicht mit den einschlägigen Stellen des Verkaufsprospektes vereinbarten Angaben in den wesentlichen Anlegerinformationen. Im Unterschied zum Vermögensanlagengesetz (§§ 22 Abs. 1 Nr. 2 und 20 Abs. 1 Satz 2 VermAnlG) gibt es beim KAGB keine Regelungen zur Beschränkung oder Verjährung der Haftung.

Widerrufsrecht bei Nachträgen

§ 316 Abs. 5 KAGB
Das KAGB enthält die Pflicht zur Veröffentlichung von Nachträgen zu Verkaufsprospekten.

Darüber hinaus besteht ein Widerrufsrecht im Zusammenhang mit Nachträgen:

§ 305 Abs. 8 KAGB
Anleger, die vor der Veröffentlichung eines Nachtrages zum Verkaufsprospekt eine auf den Erwerb eines Anteils oder einer Aktie eines geschlossenen Publikums-AIF gerichtete Willenserklärung abgegeben haben, können diese innerhalb einer Frist von 2 Werktagen nach Veröffentlichung des Nachtrages widerrufen, sofern noch keine Erfüllung eingetreten ist. Der Widerruf muss keine Begründung enthalten und ist in Textform gegenüber der im Nachtrag als Empfänger des Widerrufs bezeichneten Verwaltungsgesellschaft oder Person zu erklären; zur Fristwahrung reicht die rechtzeitige Absendung.

Übungen

1. Prüfen Sie, für welche Bereiche das KAGB Regelungen enthält.
   a) Verwahrstelle
   b) Statusbezogene Informationspflichten
   c) Vertrieb von Investmentvermögen
   d) Kapitalverwaltungsgesellschaft
   e) Beratungsprotokoll
   f) Prospekthaftung

2. Welche Widerrufsfrist gilt im Zusammenhang mit Nachträgen bei Verkaufsprospekten?
   a) 2 Wochen
   b) 2 Monate
   c) 1 Woche
   d) 2 Tage
   e) 2 Jahre

Lernziele

In diesem Kapitel erwerben Sie Fertigkeiten, Kenntnisse und Fähigkeiten zu den steuerlichen Grundlagen geschlossener Fonds

Sie

- wenden die Grundlagen der einkommensteuerlichen Behandlung von Einkünften aus geschlossenen Investmentvermögen an

- stellen die Gewinnerzielungsabsicht und die Verlustverrechnungsbeschränkungen dar

- erläutern die Auswirkungen der Doppelbesteuerungsabkommen auf die Besteuerung von geschlossenen Investmentvermögen mit Auslandsobjekten

- stellen die Tonnagesteuer als Gewinnermittlungsmethode bei Schiffsbeteiligungen dar

- erläutern den Begriff stille Reserven und beschreiben die Auswirkungen der Auflösung stiller Reserven

- beschreiben die erbschafts- und schenkungssteuerliche Behandlung geschlossener Investmentvermögen

3.6 Steuerliche Grundlagen

3.6.1 Die einkommensteuerliche Behandlung von geschlossenen Investmentvermögen

▶ **Erläuterung**

Noch vor einigen Jahren galten die meisten geschlossenen Investmentvermögen als Steuersparmodelle bzw. Steuerstundungsmodelle. Der Hintergrund war, dass die hohen Anfangskosten und Abschreibungen als Verlustzuweisungen unbegrenzt mit anderen Einkünften des Anlegers verrechnet werden konnten.

Seit Einführung des § 15 b EStG im Jahr 2005 ist bei Steuerstundungsmodellen die Verlustrechnung mit Einkünften aus Gewerbebetrieb oder anderen Einkunftsarten nicht mehr möglich, sondern nur noch innerhalb der einzelnen Einkunftsquelle.

> Ein Steuerstundungsmodell im Sinne des § 15 b Absatz 1 EStG liegt vor, wenn auf Grund einer modellhaften Gestaltung steuerliche Vorteile in Form negativer Einkünfte erzielt werden sollen. Dies ist der Fall, wenn dem Steuerpflichtigen auf Grund eines vorgefertigten Konzepts die Möglichkeit geboten werden soll, zumindest in der Anfangsphase der Investition Verluste mit übrigen Einkünften zu verrechnen.

§ 15 b Abs. 2 EStG

Gewinnerzielungsabsicht

Damit Verluste überhaupt noch anrechenbar sind, muss seit Einführung des § 15 b EStG gegenüber dem Finanzamt die Gewinn- und Überschusserzielungsabsicht – auch Einkunftserzielungsabsicht genannt – nachgewiesen werden. Das bedeutet, dass die Anlage getätigt wird, um zumindest über einen längeren Zeitraum einen Überschuss zu erzielen. Kann dies nicht nachgewiesen werden, stuft das Finanzamt die Anlage als Liebhaberei ein. Dann können entweder Verluste steuerlich nicht angerechnet werden oder es werden eventuell bereits gewährte Steuervorteile vom Anleger zurückgefordert.

Das Finanzamt erkennt die Gewinnerzielungsabsicht an, wenn

- die Prognoserechnung des Investmentvermögens über die geplante **Gesamtlaufzeit einen Totalüberschuss der Einnahmen über die Ausgaben** vorsieht.

- auf Anlegerseite auch bei einer Finanzierung der Beteiligungssumme die Erzielung eines Totalüberschusses gewährleistet ist.

Verlustverrechnungsbeschränkung gemäß § 15 b EStG

§ 15 b EStG besagt, dass Verluste im Zusammenhang mit Steuerstundungsmodellen (Erwerb nach dem 11.11.2005) nicht mehr mit den übrigen Einkünften im Jahre der Verlustentstehung, sondern lediglich mit Gewinnen aus späteren Veranlagungszeiträumen aus derselben Einkunftsquelle verrechnet werden können, wenn die prognostizierten Verluste mehr als 10 % des gezeichneten und aufzubringenden oder eingesetzten Kapitals betragen.

> Verluste im Zusammenhang mit einem Steuerstundungsmodell dürfen weder mit Einkünften aus Gewerbebetrieb noch mit Einkünften aus anderen Einkunftsarten ausgeglichen werden; sie dürfen auch nicht nach § 10 d (Verlustrücktrag bzw. -vortrag) abgezogen werden. Die Verluste mindern jedoch die Einkünfte, die der Steuerpflichtige in den folgenden Wirtschaftsjahren aus derselben Einkunftsquelle erzielt.

Zu den hiervon betroffenen Steuerstundungsmodellen gehören auch die geschlossenen Fonds, unabhängig davon, ob sie der Einkunftsart Gewerbebetrieb, Vermietung und Verpachtung oder Kapitalvermögen zugeordnet werden.

Die Verlustverrechnungsbeschränkung gemäß § 15 b EStG ist nur anzuwenden, wenn innerhalb der Anfangsphase die Summe der prognostizierten Verluste 10 % des gezeichneten und nach dem Konzept aufzubringenden Kapitals übersteigt.

Als Anfangsphase versteht der Gesetzgeber den Zeitraum, in dem gemäß der Fondskonzeption noch keine positiven Einkünfte erzielt werden. Somit kann die Anfangsphase vereinfacht mit der Verlustphase des geschlossenen Investmentvermögens gleichgesetzt werden.

Wichtig ist auch, dass für die Berechnung der 10 %-Verlustgrenze nicht die tatsächlich erzielten Verluste zugrunde gelegt werden, sondern die im Verkaufsprospekt modellhaft prognostizierten Verluste. Es spielt keine Rolle, ob darüber hinaus nach Inbetriebnahme des Investitionsobjektes während dieser steuerlich relevanten Anfangsphase beispielsweise zusätzliche oder geringere Instandhaltungskosten anfallen.

Als aufzubringendes Kapital gilt das gezeichnete Eigenkapital durch die Anleger.

Abzuziehen sind:

- als Ausschüttung gestaltete planmäßige Eigenkapitalrückzahlungen, soweit sie die aus dem normalen Geschäftsbetrieb planmäßig erwirtschafteten Liquiditätsüberschüsse übersteigen.

- die modellhafte Fremdfinanzierung eines Teils des Eigenkapitals.

- Teilbeträge auf die Kapitaleinlage, die nicht während der Anfangsphase zu erbringen sind.

Die Regelungen des § 15 b EStG gelten nicht für ausländische Immobilienfonds. Hier regelt § 2 a EStG die Beschränkung negativer Auslandseinkünfte. Diese Einkünfte dürfen ebenfalls nur mit positiven Einkünften der selben Art und aus demselben Staat ausgeglichen werden.   § 2 a EStG

Jede Beteiligung an einem geschlossenen Investmentvermögen zählt steuerrechtlich als separate Einkunftsquelle und der § 15 b EStG ist jeweils separat anzuwenden.

Verlustverrechnungsbeschränkung gemäß § 15 b EStG

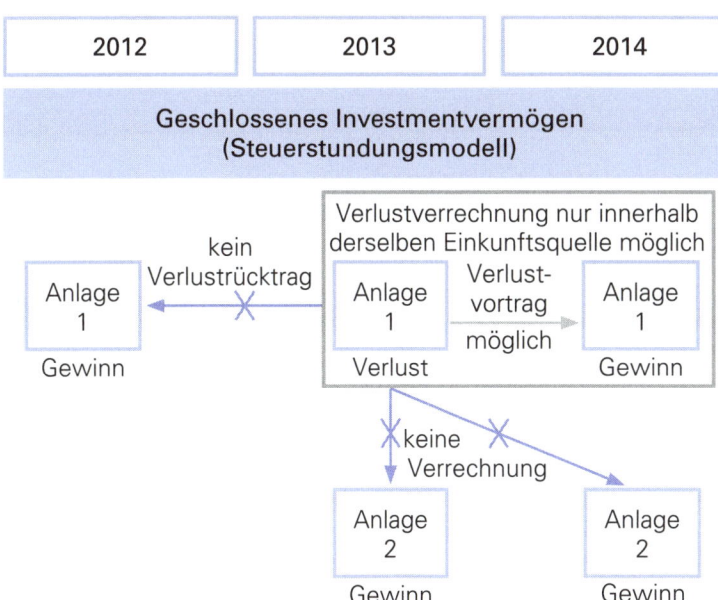

Abb. 132: Verlustverrechnungsbeschränkung gemäß § 15 b EStG

Verlustabzug auf Anlegerebene

Erzielt der Anleger aufgrund seiner Beteiligung an einem geschlossenen Investmentvermögen insgesamt (bezogen auf seine Gesamteinkünfte) negative Einkünfte, so ist unter Beachtung des § 15 b EStG ein Verlustrücktrag auf das Vorjahr oder ein Verlustvortrag auf die Folgejahre möglich.

Für den Verlustabzug gelten folgende Grenzen:

- Verlustrücktrag (auf Vorjahr) max. 1 Mio. € (Ledige)
- Verlustvortrag (zeitlich unbegrenzt):
  - unbeschränkt bis zu 1 Mio. €
  - darüber hinaus bis zu 60 % der die 1 Mio. übersteigenden Einkünfte
- Für zusammen veranlagte Ehegatten gelten die doppelten Euro-Beträge.

Verlustabzug gemäß § 10d EStG

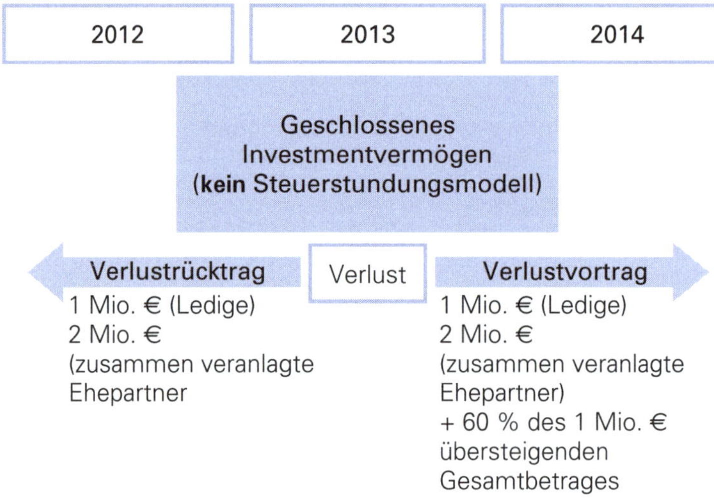

Abb. 133: Verlustabzug gemäß § 10 d EStG

Einkunftsarten bei geschlossenen Investmentvermögen

Die einkommensteuerliche Behandlung geschlossener Investmentvermögen hängt vor allem von der Konzeption ab. Da bei den verschiedenen Arten von geschlossenen Investmentvermögen durchaus unterschiedliche Konzeptionen zulässig sind, hilft ein Blick in die steuerlichen Informationen des Verkaufsprospektes, um festzustellen, um welche steuerlich relevante Konstruktion es sich bei dem jeweiligen Investmentvermögen handelt.

Grundsätzlich ist die gewerbliche oder vermögensverwaltende Konzeption ausschlaggebend.

Zu den eindeutig gewerblichen Beteiligungen zählen: Schiffsbeteiligung, Medien- und Gamesfonds sowie Umweltfonds. Daraus ergibt sich die Zuordnung zur jeweiligen Einkunftsart und die steuerliche Behandlung der Einkünfte (laufende Ausschüttungen und Veräußerungsgewinne):

Einkommensteuerliche Behandlung von Einkünften aus geschlossenen Investmentvermögen bei privaten Kapitalanlegern (unbeschränkt steuerpflichtig, Beteiligung im Privatvermögen)

**geschlossenes Investmentvermögen
(geschlossener Publikums-AIF)**

gewerblich	vermögensverwaltend
■ Einkünfte aus Gewerbebetrieb gem. § 15 EStG Abs. 2 (z. B. Schiffsbeteiligungen, Umweltfonds)	■ Einkünfte aus Vermietung und Verpachtung (z. B. vermögensverwaltende geschlossene Immobilienfonds) gem. § 21 EStG
■ laufende Gewinne und Veräußerungsgewinne unterliegen dem individuellen Steuersatz zzgl. Solidaritätszuschlag und ggf. Kirchensteuer	■ Einkünfte aus Kapitalvermögen (z. B. vermögensverwaltende Private-Equity-Fonds) gem. § 20 EStG
■ Steuervorteile	■ Sonstige Einkünfte gem. § 22 Ziff. 3 EStG (z. B. vermögensverwaltende Containerfonds)
■ Gewinnermittlung nach Tonnagesteuer (Schiffsbeteiligungen)	■ laufende Gewinne unterliegen dem individuellen Steuersatz oder der Abgeltungssteuer (bei Einkünften aus Kapitalvermögen) zzgl. Solidaritätszuschlag und ggf. Kirchensteuer
■ beim Veräußerungsgewinn gilt ein Freibetrag (1 × im Leben) von 45.000 € (Mindestalter des Anlegers: 55 Jahre oder berufsunfähig) vermindert um den Betrag, um den der Veräußerungsgewinn 136.000 € übersteigt	■ Steuervorteile
■ ggf. verminderter Steuersatz auf den Veräußerungsgewinn	■ Veräußerungsgewinne sind in der Regel steuerfrei, wenn die entsprechenden Haltefristen beachtet werden (z. B. 10 Jahre bei Immobilien)

Abb. 134: Einkommensteuerliche Behandlung geschlossener Investmentvermögen im Privatvermögen

Im Gegensatz zu Einkünften aus Vermietung und Verpachtung von Immobilien entstehen sonstige Einkünfte bei der Vermietung beweglicher Güter oder Gegenstände (beispielsweise Container).

Bezüglich der Veräußerungsgewinne gilt

- bei vermögensverwaltenden geschlossenen Immobilienfonds:
  - Die Veräußerung der Immobilie ist steuerfrei, wenn sie mindestens 10 Jahre im Fondsvermögen gehalten wird. Der Anleger kommt in den Genuss dieses Vorteils, wenn er seine Fondsbeteiligung ebenfalls mindestens 10 Jahre gehalten hat.
- bei vermögensverwaltenden Container- und Flugzeugleasingfonds:
  - Bei einer Haltedauer (sowohl der Investitionsobjekte auf Fondsebene als auch der Fondsbeteiligung auf Anlegerebene) von mindestens 10 Jahren können Veräußerungsgewinne steuerfrei vereinnahmt werden.
- bei Einkünften aus Gewerbebetrieb:

  § 34 EStG
  - Veräußerungsgewinne zählen bei Privatanlegern zu den außerordentlichen Einkünften, auf die nach § 34 EStG ein ermäßigter Steuersatz (sogenannte ⅕-Regelung) anzuwenden ist. Unter

  § 34 Abs. 3 Satz 2 EStG
  bestimmten Voraussetzungen kann der ermäßigte Steuersatz 56 % des Durchschnittssteuersatzes, mindestens jedoch 15 %, betragen (§ 34 Abs. 3 Satz 2 EStG).

Bei Immobilien-Zweitmarktfonds ist ein besonderes steuerliches Risiko zu beachten: Es droht die Einstufung als gewerblicher Grundstückshändler, wenn das Investmentvermögen innerhalb von 10 Jahren mindestens 3 Fondsanteile oder mittelbar 3 Immobilien im Wert von jeweils über 250.000 € – entscheidend ist der Wert der dahinter stehenden Immobilie bei Veräußerung – verkauft. Dann muss der Anleger mit Einkommensteuer-Nachforderungen rechnen.

3.6.2 Doppelbesteuerungsabkommen und die Auswirkungen auf die Besteuerung von geschlossenen Auslandsfonds

▶ Erläuterung

Im Hinblick auf den anzuwendenden Steuersatz können geschlossene Auslandsfonds steuerliche Vorteile bieten. Bei der Anlageentscheidung sollte nicht der Steuervorteil den Ausschlag geben, entscheidender ist die Qualität des Investitionsobjektes und vor allem, ob dies zu einem günstigen Preis mit ausreichenden Wertentwicklungsaussichten erworben werden kann. Gerade in den letzten Jahren sind im europäischen Ausland die Preise an den Immobilienmärkten gestiegen und „Schnäppchen" selten geworden. Dies gilt es zu berücksichtigen.

Bei Mieteinnahmen und Veräußerungsgewinnen beim Verkauf von ausländischen Immobilien liegt das Besteuerungsrecht in der Regel im Ausland (Belegenheitsprinzip).

Die Vorteile für den deutschen Anleger sind die in der Regel geringeren Eingangssteuersätze und die Freibeträge für die dort erzielten Einkünfte. Letztere können natürlich pro Anleger nur einmalig ausgeschöpft werden.

Dieser Steuervorteil – sog. Optimierung der Nettorendite – greift bei einem bestehenden Doppelbesteuerungsabkommen und macht sich dann vor allem bei Anlegern mit einem höheren Einkommen und einem Steuersatz über dem ausländischen Niveau bemerkbar.

Das Risiko hierbei: Doppelbesteuerungsabkommen können sich ändern oder ganz aufgehoben werden. Dann zeigt sich, ob die Anlage auch ohne den Steuervorteil eine rentable Entscheidung war.

Genauso darf das Währungsrisiko bei Investitionen außerhalb der Euro-Länder nicht unberücksichtigt bleiben. Viele Auslandsfonds investieren beispielsweise in den Vereinigten Staaten von Amerika.

Der Progressionsvorbehalt

Sind im Ausland erzielte Einkünfte in Deutschland durch ein Doppelbesteuerungsabkommen von der Besteuerung befreit, ist der so genannte Progressionsvorbehalt zu beachten.

§ 32 b Abs. 1 Nr. 3 EStG

Ein Progressionsvorbehalt bedeutet, dass sich das zu versteuernde Gesamteinkommen als Berechnungsgrundlage für den individuellen Steuersatz um die im Ausland erzielten Einkünfte erhöht. Die Auslandseinkünfte bleiben durch das Doppelbesteuerungsabkommen im Inland unversteuert. Die weiteren Einkünfte werden jedoch mit dem erhöhten Steuersatz besteuert.

▶ **Beispiel für die Wirkung des Progressionsvorbehaltes**

Veranlagungsjahr:	2014
Einkommensteuertarif:	Grundtarif (lediger Steuerpflichtiger)
Zu versteuerndes Einkommen:	75.000 €

Zusätzliche Einkünfte, die dem Progressionsvorbehalt unterliegen: 10.000 €

Berechnung der Einkommensteuer:

fiktives zu versteuerndes Einkommen (Summe aus zu versteuerndem Einkommen und Progressionseinkünften):	85.000 €

Einkommensteuer auf das fiktive zu versteuernde Einkommen:	27.461 €

Progressionssteuersatz:
$$(27.461 \text{ €} \times 100/85.000 \text{ €}) = 32,3070 \text{ %}$$

Einkommensteuer auf
zu versteuerndes
Einkommen: (75.000 € x 32,3070 %) = 24.230 €

Zum Vergleich:

Einkommensteuer auf zu versteuerndes Einkommen, wenn keine zusätzlichen Progressionseinkünfte vorliegen:	23.261 €

Differenz durch die Belastung der Progressionseinkünfte:	969 €

Quelle: Progressionsvorbehalt-Rechner des Finanzamtes Bayern
www.finanzamt.bayern.de; Startseite/Steuerinfos/Steuerberechnung/
Progressionsvorbehalt

Doppelbesteuerungsabkommen (DBA)

Wer in Deutschland steuerpflichtig ist, muss grundsätzlich sein gesamtes – auch international – erzieltes Einkommen in Deutschland versteuern. Doch auch im Ausland gelten Regeln, die vorsehen, dass dort erzielte Einkünfte im Land der Entstehung besteuert werden können. Um doppelte Steuerbelastungen zu vermeiden oder zu verringern, haben viele Länder untereinander Doppelbesteuerungsabkommen abgeschlossen.

Es gilt zwischen zwei Methoden zu unterscheiden:

- **Die Freistellungsmethode**

  Diese Methode sieht vor, dass bei einer Besteuerung der Einkünfte im Ausland in Deutschland keine weitere Besteuerung erfolgt. Allerdings werden die erzielten Einkünfte dem Gesamteinkommen trotzdem zugerechnet und können den Steuersatz für die anderen Einkünfte so erhöhen. Dies ist der so genannte Progressionsvorbehalt. Dieser Nachteil wirkt sich jedoch kaum mehr aus, wenn der Anleger bereits einen hohen Steuersatz hat.

  Die Freistellungsmethode ermöglicht es dem Anleger, für seine Auslandseinkünfte, sofern er dort keine weiteren nennenswerten Einkünfte erzielt, die oft niedrigeren Eingangssteuersätze und Freibeträge zu nutzen.

■ **Die Anrechnungsmethode**

Diese Methode sieht vor, dass im Ausland erzielte Einkünfte auch
in Deutschland voll versteuert werden müssen. Die ausländischen
Steuern werden zwar angerechnet, aber sofern im Ausland höhere
Steuern entrichtet werden mussten, gilt umgekehrt kein Rücker-
stattungsanspruch auf positive Differenz. Vereinfacht gesagt: diese
Methode sorgt dafür, dass der Anleger auf jeden Fall den jeweils höheren Steuersatz zu zahlen hat; ein wesentlicher Nachteil für Privatanleger bei Doppelbesteuerungsabkommen, die auf dieser Methode
basieren.

▶ **Praxistipp**

Anleger sollten bei der Anlage in einen geschlossenen Auslands-Immobilienfonds Zielländer bevorzugen, mit denen ein Doppelbesteuerungsabkommen nach der Freistellungsmethode existiert. Ist dies der Fall,
gilt es zu prüfen, ob die Steuersätze tatsächlich im Ausland niedriger
sind und ob Freibeträge ausgenutzt werden können. Als Letztes sollte
sich der Anleger erkundigen, ob eine Änderung des Doppelbesteuerungsabkommens geplant ist. Dies alles bespricht der Anleger am
besten mit seinem Steuerberater.

Informationen und Details zu den aktuellen Doppelbesteuerungsabkommen finden Sie im Internet unter www.bundesfinanzministerium.de
unter Themen/Steuern/Internationales Steuerrecht/staatenbezogene
Abkommen.·

3.6.3 Tonnagesteuer

▶ **Situation**

Ihr neuer Mitarbeiter bittet Sie, ihm nochmal den steuerlichen Vorteil
bei Schiffsbeteiligungen aufgrund der Tonnagesteuer zu erklären. Sie
bereiten sich auf dieses Gespräch vor, indem Sie sich den Verkaufsprospekt einer aktuellen Schiffsbeteiligung besorgen, um ihm den Sachverhalt anhand der dort beschriebenen steuerlichen Grundlagen und
Angaben zu den steuerlichen Risiken zu verdeutlichen.

▶ **Erläuterung**

Die Tonnagesteuer ist keine eigene Steuerart, sondern eine Methode
zur steuerlichen Gewinnermittlung bei Schiffsbeteiligungen. Grundsätzlich erfolgt die Gewinnermittlung durch den so genannten Betriebsver-
mögensvergleich (bilanzieller Gewinn). Der Initiator hat jedoch die Möglichkeit, die pauschale Gewinnermittlung nach der Tonnage zu wählen,
deren Grundlage die Größe des Schiffes (Nettoraumzahl) ist.

§ 4 Abs. 1 und 5 EStG

§ 5a Abs. 1 EStG	Anstelle der Ermittlung des Gewinns nach § 4 Absatz 1 oder § 5 ist bei einem Gewerbebetrieb mit Geschäftsleitung im Inland der Gewinn, soweit er auf den Betrieb von Handelsschiffen im internationalen Verkehr entfällt, auf unwiderruflichen Antrag des Steuerpflichtigen nach der in seinem Betrieb geführten Tonnage zu ermitteln, wenn die Bereederung dieser Handelsschiffe im Inland durchgeführt wird. Der im Wirtschaftsjahr erzielte Gewinn beträgt pro Tag des Betriebs für jedes im internationalen Verkehr betriebene Handelsschiff für jeweils volle 100 Nettotonnen (Nettoraumzahl)

0,92 €	bei einer Tonnage bis zu 1.000 Nettotonnen,
0,69 €	für die 1.000 Nettotonnen übersteigende Tonnage bis zu 10.000 Nettotonnen,
0,46 €	für die 10.000 Nettotonnen übersteigende Tonnage bis zu 25.000 Nettotonnen,
0,23 €	für die 25.000 Nettotonnen übersteigende Tonnage.

Die Tonnagesteuer wurde 1999 eingeführt und bietet einen klaren Vorteil für steuersensible vermögende Anleger.

Seit 2012 neu aufgelegte Schiffsbeteiligungen müssen sich von Anfang an für oder gegen die Tonnagebesteuerung entscheiden.

Voraussetzungen

Es gibt einige Voraussetzungen, um die Tonnagebesteuerung überhaupt wählen zu können. Dazu gehören:

- Das Schiff muss im internationalen Verkehr betrieben werden.
- Die Geschäftsleitung der Schiffsgesellschaft sowie die Bereederung des Schiffes muss in Deutschland erfolgen.
- Das Schiff muss im Wirtschaftsjahr überwiegend in einem inländischen Schifffahrtsregister eingetragen sein.

Auswirkungen

Wird die Tonnagebesteuerung gewählt, so ist die Schiffsgesellschaft für mindestens 10 Jahre an diese Form der Gewinnermittlung gebunden. Danach entscheidet die Gesellschafterversammlung über die weitere Form der Gewinnermittlung.

Bei der Tonnagebesteuerung bleibt ein eventueller Veräußerungsgewinn unberücksichtigt.

§ 5a Abs. 5 Satz 1 EStG

LF 14

SG 4.6

Steuerlich unberücksichtigt bleiben auch alle Aufwendungen der Schiffsgesellschaft und eventuelle Verluste bei negativer Entwicklung des Schiffsbetriebes.

Auch der Anleger kann bei einer Schiffsbeteiligung mit Tonnagebesteuerung eventuell entstehende Ausgaben (Sonderbetriebsausgaben) steuerlich nicht geltend machen. Eine Ausnahme besteht im Falle von Sonderbetriebsausgaben im Zusammenhang mit entsprechenden Sonderbetriebseinnahmen. Beruht dieser Vorabgewinn allerdings auf einer gesellschaftsrechtlichen Vereinbarung, gilt wieder, dass dieser mit dem anteiligen Tonnagegewinn abgegolten ist.

Risiken

Wie bei jeder steuerlichen Regelung können sich auch die Regeln zur Tonnagesteuer im Verlauf der Fondslaufzeit ändern oder abgeschafft werden. Ist dies der Fall, so hat das negative Auswirkungen auf die Prognoserechnung.

Auch besteht grundsätzlich die Möglichkeit, dass die Finanzverwaltung entscheidet, dass die Voraussetzungen für die Tonnagebesteuerung von der Schiffsgesellschaft nicht erfüllt werden.

Steuerlicher Effekt für den Anleger

Die Tonnagebesteuerung macht eine Schiffsbeteiligung für den Anleger nach wie vor zu einem Steuersparmodell. Im Schnitt sind dadurch lediglich rund 3 % der gesamten Erträge zu versteuern. Damit ist die Rendite vor und nach Steuern nahezu identisch.

▶ Zusammenfassung

Anstelle der tatsächlich erzielten Gewinne zählt bei der Tonnagebesteuerung nur die Größe des Schiffes. Der Anleger hat damit während des Schiffsbetriebes eine geringere Steuerlast. Demgegenüber steht die Einschränkung, dass kein Sonderwerbungskostenabzug mehr möglich ist (z. B. Fahrtkosten zur Gesellschafterversammlung) und auch reale Verluste steuerlich nicht anrechenbar sind.

3.6.4 Stille Reserven

▶ Erläuterung

Stille Reserven sind Eigenkapital, das nicht in der Bilanz ersichtlich ist. Zunächst wirkt sich die Bildung stiller Reserven gewinnmindernd aus. Bei ihrer Auflösung erhöhen sie jedoch den Gewinn.

Stille Reserven entstehen beispielsweise durch die Wertsteigerung des Investitionsobjektes. Solange kein Verkauf stattfindet, bleibt es beim bilanzierten Buchwert, und die Differenz zum real erzielbaren Objektwert läuft als stille Reserve auf. Gleiches gilt auch für erfolgte Abschreibungen auf das Investitionsobjekt. Insbesondere bei Immobilien ist dies oft der Fall.

Wird das Investitionsobjekt verkauft, müssen die stillen Reserven aufgedeckt werden und müssen, sofern es sich bei dem Investitionsobjekt um Betriebsvermögen (gewerblich geprägte geschlossene Immobilienfonds) handelt, auch voll vom Anleger (Privatinvestor / natürliche Person) mit seinem persönlichen Steuersatz versteuert werden.

Entstehung stiller Reserven

Unterbewertung von Vermögensgegenständen (Aktiva)	Überbewertung von Schulden / Verbindlichkeiten (Passiva)
▪ der bilanzierte Buchwert ist niedriger als der tatsächliche Wert ▪ Abschreibungen, die höher sind als die tatsächliche Abnutzung ▪ Wertsteigerungen, die noch nicht durch z. B. einen Verkauf realisiert wurden	▪ der bilanzierte Buchwert ist höher als die tatsächlichen Kosten ▪ Rückstellungen für in ihrer Höhe noch nicht feststehende Kosten, die dann später niedriger ausfallen als geplant

Abb. 135: Entstehung stiller Reserven

Übertragung stiller Reserven bei der Veräußerung bestimmter Wirtschaftsgüter gemäß § 6 b EStG

Um die Schmälerung des Veräußerungsgewinns durch die Auflösung und Steuerpflicht stiller Reserven zu vermeiden, regelt der § 6 b EStG mögliche Begünstigungen im Falle der Veräußerung bestimmter Wirtschaftsgüter (Grund und Boden, Gebäude oder Binnenschiffe u. a.). Diese Begünstigung besteht darin, dass der angefallene Gewinn (aus stiller Reserve) auf ein anderes Investitionsobjekt (Reinvestition nur innerhalb der gleichen Wirtschaftsgüter-Art) übertragen (d. h. mit den Anschaffungs- und Herstellungskosten steuerneutral verrechnet werden) oder vorübergehend als Rücklage eingestellt werden kann.

Am Ende ist im Falle einer 6 b-Begünstigung zumindest die Reduzierung der Steuerlast möglich.

Die steuerfreie Rücklage kann am Schluss des Wirtschaftsjahres, in dem die Veräußerung stattfand, in Höhe des Veräußerungsgewinns gebildet werden. Diese sog. Reinvestitionsrücklage neutralisiert zunächst den Veräußerungsgewinn. Nach Ablauf der vorgesehenen Reinvestitionsfrist ist sie gewinnerhöhend aufzulösen.

Nachfolgend ein Auszug aus dem Gesetzestext:

„Soweit Steuerpflichtige den Abzug nach Absatz 1 nicht vorgenommen haben, können sie im Wirtschaftsjahr der Veräußerung eine den steuerlichen Gewinn mindernde Rücklage bilden. Bis zur Höhe dieser Rücklage können sie von den Anschaffungs- oder Herstellungskosten der in Absatz 1 Satz 2 bezeichneten Wirtschaftsgüter, die in den folgenden 4 Wirtschaftsjahren angeschafft oder hergestellt worden sind, im Wirtschaftsjahr ihrer Anschaffung oder Herstellung einen Betrag unter Berücksichtigung der Einschränkungen des Absatzes 1 Satz 2 bis 4 abziehen.

Die Frist von 4 Jahren verlängert sich bei neu hergestellten Gebäuden auf 6 Jahre, wenn mit ihrer Herstellung vor dem Schluss des vierten auf die Bildung der Rücklage folgenden Wirtschaftsjahres begonnen worden ist. Die Rücklage ist in Höhe des abgezogenen Betrags gewinnerhöhend aufzulösen.

Ist eine Rücklage am Schluss des vierten auf ihre Bildung folgenden Wirtschaftsjahres noch vorhanden, so ist sie in diesem Zeitpunkt gewinnerhöhend aufzulösen, soweit nicht ein Abzug von den Herstellungskosten von Gebäuden in Betracht kommt, mit deren Herstellung bis zu diesem Zeitpunkt begonnen worden ist; ist die Rücklage am Schluss des sechsten auf ihre Bildung folgenden Wirtschaftsjahres noch vorhanden, so ist sie in diesem Zeitpunkt gewinnerhöhend aufzulösen."

§ 6b Abs. 3 EStG

Die so genannten 6b-Fonds sind allerdings überwiegend nur für institutionelle Anleger interessant.

▶ Zusammenfassung

Grundsätzlich führen stille Reserven dazu, dass

■ bis zum Zeitpunkt ihrer Bilanzaktivierung (beispielsweise Verkauf des Investitionsobjektes) ein Steuerstundungseffekt besteht.

■ eine Steuerersparnis entstehen kann, wenn die stillen Reserven in einem Jahr aufgelöst werden, in dem die Gesellschaft insgesamt einen Bilanzverlust aufweist.

Kann eine Begünstigung im Rahmen des § 6 b EStG in Anspruch genommen werden, so können die aufgelösten stillen Reserven im Falle der Veräußerung des Investitionsobjektes entweder mit den Anschaffungs- und Herstellungskosten eines neuen Investitionsobjektes verrechnet oder für einen begrenzten Zeitraum als Rücklage zunächst steuerneutral eingestellt werden.

3.6.5 Erbschafts- und schenkungssteuerliche Behandlung geschlossener Investmentvermögen

▶ Erläuterung

Grundsätzlich gilt bei der Berechnung des Steuersatzes für die Vererbung bzw. Schenkung auch bei Anteilen geschlossener Investmentvermögen die Abhängigkeit vom Verwandtschaftsgrad und vom Wert (siehe Kapitel 2…Erben und Schenken).

Einige der geschlossenen Investmentvermögen fallen jedoch unter die Begünstigung für Betriebsvermögen. Ob und in welchem Umfang diese Begünstigung für ein geschlossenes Investmentvermögen gilt, kann dem Verkaufsprospekt entnommen werden.

Die Basis für die steuerliche Wertberechnung (Bemessungsgrundlage) bildet das bereits seit dem 1. Januar 2009 geltende Erbschaftssteuerreformgesetz. Für Vererbungen und Schenkungen ab diesem Stichtag gilt einheitlich der Verkehrswert, auch gemeiner Wert genannt, und zwar zum Zeitpunkt der Übertragung.

Der Gesetzgeber sieht hier

■ Vergleichsverkäufe vor, die nicht mehr als 1 Jahr vor dem Übertragungszeitpunkt liegen oder eine

■ Verkehrswertermittlung nach einem im allgemeinen wirtschaftlichen Verkehr üblichen Verfahren vor.

Verschonungsregelungen für Betriebsvermögen

LF
14

SG
4.6

Zunächst einmal müssen die Voraussetzungen erfüllt sein, um die Begünstigung für Betriebsvermögen zu erreichen.

- **Vorliegen von grundsätzlich begünstigtem Vermögen:** § 13 b Abs. 1 ErbStG

  - inländisches sowie europäisches land- und forstwirtschaftliches Vermögen

  - inländisches und europäisches Betriebsvermögen

  - Anteile an Kapitalgesellschaften, die ihren Sitz in Deutschland oder im europäischen Ausland haben, sofern der Schenkende/Verstorbene zu mehr als 25 % an diesen Kapitalgesellschaften beteiligt war.

- **Bestehen des Vermögensverwaltungstests:**

  - Verwaltungsvermögen kleiner/gleich 50 %: Regelverschonung von 85 %

  - Verwaltungsvermögen kleiner/gleich 10 %: Verschonungsoption von 100 %

Zum schädlichen Verwaltungsvermögen gehören: § 13 b Abs. 2 ErbStG

- fremdvermietete Immobilien

- Anteile an Kapitalgesellschaften kleiner/gleich 25 %

- Anteile an Unternehmen, die über mehr als 50 % Verwaltungsvermögen verfügen

- Wertpapiere, Pfandbriefe, Geldmarktfonds

Zu den begünstigten geschlossenen Investmentvermögen gehören in der Regel:

- Schiffsbeteiligungen

- Waldfonds, sofern sich die Waldflächen im Inland oder europäischen Ausland befinden

- gewerblich geprägte geschlossene Investmentvermögen (Produktivvermögen wie beispielsweise die Beteiligung an einem Solarpark)

Die Finanzverwaltung hatte zunächst eine direkte Beteiligung mit Eintragung im Handelsregister für die Gewährung der Vergünstigung für Betriebsvermögen vorausgesetzt. Aktuelle Urteile der Finanzgerichte gewähren diese nun auch bei treuhänderisch gehaltenen Betriebsvermögen. Der Anleger muss auch aus diesem Grund die Angaben im Verkaufsprospekt beachten und ggf. seinen Steuerberater kontaktieren.

Um die Begünstigung zu behalten, müssen weitere Voraussetzungen erfüllt sein.

- Der Erbe bzw. Beschenkte muss sich für 5 bzw. 7 Jahre verbindlich verpflichten, die Anteile zu behalten. Ein nachträglicher Wechsel zwischen diesen beiden Behaltensfristen ist nicht möglich.

- Es müssen Mindestlohnsummen eingehalten werden, bezogen auf die Ausgangslohnsumme bei Übertragung für die jeweilige Dauer der gewählten Behaltensfrist. Da geschlossene Investmentvermögen in der Regel die hierfür geltende Grenze von mindestens 20 Arbeitnehmern unterschreiten, hat diese Voraussetzung (bei geschlossenen Investmentvermögen) hier keine Bedeutung.

- Bei der Regelverschonung von 85 % gilt, dass die verbleibenden steuerpflichtigen 15 % von der Besteuerung befreit werden, wenn diese nicht mehr als 150.000 € betragen (sog. Abzugsbetrag). Bei einem höheren Wert reduziert sich dieser Abzugsbetrag um die Hälfte des übersteigenden Betrages (sog. gleitende Freigrenze). Der Abzugsbetrag kann innerhalb von 10 Jahren für von der selben Person anfallende Erwerbe nur einmal berücksichtigt werden.

§ 13a Abs. 2 ErbStG

Variante	Regel-verschonung	Verschonungs-option
Abschlag	85 %	100 %
Behaltensfrist	5 Jahre	7 Jahre
Lohnsummenklausel	400 %	700 %
Abzugsbetrag	150.000 €	0 €
Verwaltungsvermögen	max. 50 %	max. 10 %
steuerpflichtig	15 %	0 %

Sind die Voraussetzungen für begünstigtes Betriebsvermögen erfüllt, kommt es bis zu einer Beteiligungshöhe von 1.000.000 € aufgrund des Verschonungsabschlages in Höhe von 85 % und des Abzugsbetrages in Höhe von 150.000 € zu keiner Steuerbelastung.

Ein weiterer Vorteil gegenüber der Besteuerung von geschenktem oder vererbtem Kapitalvermögen: Der persönliche Freibetrag für Schenkung/Erbschaft wird bei begünstigtem Betriebsvermögen bis 1.000.000 € nicht verbraucht, sondern bleibt unberührt und steht für weitere Übertragungen durch Schenkung oder Erbschaft zur Verfügung.

Ab einer Beteiligungshöhe von 3.000.000 € greift der Vorteil des Abzugsbetrages nicht mehr, es gilt jedoch weiterhin die Verschonung in Höhe von 85 %.

Wegfall des Verschonungsabschlages und des Abzugsbetrages

Wird das geschlossene Investmentvermögen vor Ablauf der Behaltensfrist liquidiert, kann der Verschonungsabschlag dennoch anteilig für den Zeitraum der Übertragung bis zur Liquidation in Anspruch genommen werden oder komplett, wenn der Veräußerungserlös innerhalb von 6 Monaten wieder in ein begünstigtes Betriebsvermögen investiert und bis zum Ablauf der Behaltensfrist gehalten wird (Reinvestitionsklausel). Der Abzugsbetrag entfällt dagegen in diesem Fall vollständig.

Zum Wegfall des Verschonungsabschlages führen auch Überentnahmen von mehr als 150.000 € innerhalb der Behaltensfrist. Überentnahmen sind Entnahmen, die die geleistete Einlage und zugewiesene Ergebnisanteile übersteigen.

Anzeigepflicht, Gewinnerzielungsabsicht und Übertragung auf Minderjährige

Eine Erbschaft muss vom Erben grundsätzlich innerhalb von 3 Monaten, nachdem er hiervon Kenntnis erlangt hat, an sein zuständiges Finanzamt gemeldet werden. Bei einer Schenkung müssen Schenker und Beschenkter diese Frist beachten.

Die Gewinnerzielungsabsicht muss im Falle einer Schenkung weiterhin beachtet werden, d. h., die Gewinnerzielungsabsicht muss auf Seiten des Schenkenden bestehen. Werden zunächst steuerliche Verluste in Anspruch genommen und erfolgt dann eine Übertragung, um die Versteuerung positiver Erträge zu vermeiden, könnte das Finanzamt die Gewinnerzielungsabsicht anzweifeln.

Die Übertragung einer Beteiligung auf Minderjährige ist nur mit Zustimmung des gesetzlichen Vertreters und des Familiengerichtes möglich.

LF
14

SG
4.6

Übungen

1. Die Finanzämter erkennen Verluste nur dann an, wenn auch eine Gewinnerzielungsabsicht nachgewiesen wird.

   Prüfen Sie, welche Aussage eine Gewinnerzielungsabsicht darstellt.

   a) Der Anleger unterschreibt eine Erklärung, dass er mit seiner Beteiligung an einem geschlossenen Investmentvermögen die Absicht hat, einen Gewinn zu erzielen.

   b) Der Initiator erstellt dem Anleger eine Gewinnerzielungsabsichtserklärung für die Einkommensteuererklärung.

   c) Die Anlage wird getätigt, um über einen längeren Zeitraum einen Überschuss / Gewinn zu erzielen.

   d) Die Gewinnerzielungsabsicht gilt als nachgewiesen, wenn nach der Anfangsphase Gewinne ausgeschüttet werden.

2. Das Einkommensteuergesetz schreibt Voraussetzungen für die Verlustverrechnungsbeschränkung vor.

   Welche Sachverhalte sind in diesem Zusammenhang zutreffend?

   a) Verluste bei Steuerstundungsmodellen können mit den Einkünften anderer Einkunftsarten aus vorangegangenen Jahren unbeschränkt verrechnet werden.

   b) Verluste bei Steuerstundungsmodellen können nur mit Gewinnen aus späteren Veranlagungszeiträumen aus derselben Einkunftsart verrechnet werden.

   c) Liegen die Verluste der Anfangsphase unter 10 % des gezeichneten Kapitals, gilt die Verlustverrechnungsbeschränkung nicht.

   d) Liegen die Verluste der Anfangsphase über 10 % des gezeichneten Kapitals, gilt die Verlustverrechnungsbeschränkung.

   e) Als Anfangsphase versteht der Gesetzgeber den Zeitraum, in dem gemäß Fondskonzeption noch keine positiven Einkünfte erzielt werden.

LF
14

SG
4.6

3. Um doppelte Steuerbelastungen zu vermeiden oder zu verringern, haben Länder untereinander ein Doppelbesteuerungsabkommen geschlossen. Prüfen Sie, welche Aussagen zu den Methoden bei Doppelbesteuerungsabkommen zutreffend sind.

   a) Die Freistellungsmethode sieht umfassende Sparerfreibeträge bei der Besteuerung in Deutschland vor.

   b) Die Freistellungsmethode befreit den Anleger vor der Besteuerung im Ausland.

   c) Die Freistellungsmethode sieht vor, dass bei einer Besteuerung der Einkünfte im Ausland in Deutschland keine weitere Besteuerung erfolgt.

   d) Bei der Anrechnungsmethode gilt der so genannte Progressionsvorbehalt.

   e) Bei der Anrechnungsmethode gilt, dass im Ausland erzielte Einkünfte auch in Deutschland voll versteuert werden müssen.

   f) Bei der Anrechnungsmethode werden die Sparerfreibeträge im In- und Ausland zusammengerechnet.

4. Im Jahre 1999 wurde die Tonnagesteuer bei Schiffsbeteiligungen eingeführt. Prüfen Sie, welche Aussagen auf die Tonnagesteuer anzuwenden sind.

   a) Die Tonnagesteuer ist eine Steuerart bei Schiffsbeteiligungen.

   b) Die Tonnagesteuer ist eine Methode zur steuerlichen Gewinnermittlung bei Schiffsbeteiligungen.

   c) Die Tonnagesteuer fällt auf die tatsächlich ermittelten Gewinne an.

   d) Bei der Tonnagesteuer handelt es sich um eine pauschale Gewinnbesteuerung.

   e) Die Tonnagebesteuerung muss für mindestens drei Jahre gewählt werden.

   f) Die Tonnagebesteuerung muss für mindestens zehn Jahre gewählt werden.

5. Definieren Sie den Begriff „Stille Reserve".

Lernziele

In diesem Kapitel erwerben Sie Fertigkeiten, Kenntnisse und Fähigkeiten zu den Vermögensanlagen gemäß § 1 Abs. 2 des Vermögensanlagengesetzes (VermAnlG) und können die rechtlichen und steuerlichen Grundlagen dieser Vermögensanlagen (im Sinne des § 1 Ab. 2 des Vermögensanlagengesetzes) darstellen.

Sie

- grenzen die verschiedenen Arten von Anteilen, die eine Beteiligung am Ergebnis eines Unternehmens gewähren, voneinander ab

- stellen die Merkmale, Chancen und Risiken von Genussrechten heraus

- grenzen Genussrechte zu Aktien, verzinslichen Wertpapieren und Genussscheinen ab

- stellen die Merkmale, Chancen und Risiken von Namensschuldverschreibungen heraus

- grenzen Namensschuldverschreibungen von Inhaberschuldverschreibungen ab

- stellen die Merkmale, Chancen und Risiken der stillen Beteiligung heraus

- unterscheiden die typisch und die atypisch stille Beteiligung

- beschreiben geschlossene Fonds in der Rechtsform einer KG nach VermAnlG, einer OHG, einer Limited Partnership und eines Treuhandvermögens

- grenzen geschlossene Fonds in Form einer KG nach VermAnlG zu geschlossenen Investmentvermögen nach KAGB ab

- stellen Merkmale, Chancen und Risiken der geschlossenen Fonds nach VermAnlG heraus

- stellen die Merkmale, Chancen und Risiken von Genossenschaften und Genossenschaftsanteilen heraus

- ordnen die jeweiligen Regelungen des Vermögensanlagengesetzes, BGB, HGB, GmbH-Gesetzes und des Genossenschaftsgesetzes den jeweiligen sonstigen Vermögensanlagen zu

- beschreiben die speziellen steuerlichen Grundlagen für Vermögensanlagen und die erbschafts- und schenkungssteuerliche Zuordnung zu Kapital- bzw. Betriebsvermögen

4. Vermögensanlagen nach § 1 Abs. 2 Vermögensanlagengesetz (VermAnlG)

4.1 Arten von Vermögensanlagen

4.1.1 Geschlossene Fonds im Sinne des Vermögensanlagengesetzes

▶ **Situation**

Mit Inkrafttreten des Kapitalanlagegesetzbuches zum 22. Juli 2013 hat die Branche der geschlossenen Fonds / Investmentvermögen die Chance, Produkte aufzulegen, die regulatorisch auf Augenhöhe mit offenen Investmentvermögen stehen. Die neuen Zulassungshürden und der sehr hohe neue organisatorische und regulatorische Aufwand verursachen entsprechend hohe Zusatzkosten. Nicht jeder Produktanbieter wird dazu in der Lage sein. Vor dem 22.7.2013 aufgelegte Produkte dürfen vorübergehend noch nach den Vorschriften des Vermögensanlagengesetzes vertrieben werden. Diese Produkte sind Fondskonzepte ohne Kapitalverwaltungsgesellschaft oder Verwahrstelle. Auch die weiteren Anforderungen – wie zum Beispiel Anforderungen an eine Mindestrisikostreuung bzw. gesetzlich vorgeschriebene Mindestbeteiligung bei nichtrisikogestreuten Fonds oder auch eine Begrenzung des zulässigen Fremdkapitals – des KAGB bleiben hier unberücksichtigt. Ihnen liegt von Ihrem Produktgeber ein solches Angebot vor und Sie informieren sich über die Details der Ausgestaltung.

▶ **Erläuterung**

Geschlossene Fonds, die nach den Regelungen des Vermögensanlagengesetzes aufgelegt wurden, unterscheiden sich von geschlossenen Investmentvermögen, die zukünftig nach den Regelungen des KAGB aufgelegt werden können und sind wie folgt voneinander abzugrenzen:

Geschlossene Investmentvermögen nach KAGB	Geschlossene Fonds nach Vermögensanlagengesetz

Zulässige Rechtsformen:
■ Investment-AG mit fixem Kapital
■ geschlossene Investment-KG
■ Spezial-AIF
	Zulässige Rechtsformen:
	■ Kommanditgesellschaft (KG)
	■ Andere Rechtsformen:
	  ▪ GbR
	  ▪ OHG
	  ▪ Limited (Ltd.)

■ unabhängige Verwahrstelle ■ Aufsicht des Anbieters durch BaFin ■ gesetzliche Produktregeln (z. B. Fremdkapitalquote)	■ keine Verwahrstelle ■ keine Aufsicht des Anbieters durch BaFin ■ keine Produktregeln

Für den Anleger ist diese Abgrenzung im Detail nicht unbedingt klar erkennbar und mit dem KAGB neu eingeführte Begrifflichkeiten, wie der der operativ tätigen Unternehmen, sind von den verantwortlichen Behörden für die Praxis noch näher einzugrenzen. Der Verkaufsprospekt und die für den Vertrieb erforderliche Billigung des Verkaufsprospektes durch die BaFin enthalten letztlich eindeutige Angaben, unter welche gesetzlichen Regelungen das angebotene Produkt gehört. Durch die umfassenderen Regelungen bieten geschlossene Investmentvermögen nach KAGB für den Anleger grundsätzlich den größeren Schutz.

Anlagemärkte

Die Anlagemärkte und Anlageobjekte der geschlossenen Fonds decken sich grundsätzlich mit den zulässigen Vermögensgegenständen der geschlossenen Investmentvermögen gemäß KAGB, sind allerdings gesetzlich nicht geregelt.

Das Anlagespektrum umfasst in der Regel Sachwertanlagen wie beispielsweise Immobilien, Schiffe, Flugzeuge, Container, Wald, Investitionen in Infrastruktur oder Private Equity (Unternehmensbeteiligungen).

Beteiligungsstruktur

Der Produktanbieter (Initiator / Emissionshaus) gründet eine Fondsgesellschaft in der Rechtsform einer Personengesellschaft. Diese investiert das Geld der Anleger in ein oder mehrere Investitionsobjekte und bewirtschaftet dieses über eine – je nach Anlageobjekt – Laufzeit von durchschnittlich ca. 15 Jahren. Danach wird das Objekt verkauft und ein möglicher Veräußerungsgewinn anteilig an die Anleger ausbezahlt. Während der Fondslaufzeit erhalten die Anleger je nach Einnahmen-/Ausgabensituation regelmäßige Ausschüttungen. Diese sind jedoch nicht garantiert und können in der Höhe schwanken oder ganz ausgesetzt werden.

Aus Sicht des Anlegers handelt es sich um eine unternehmerische Beteiligung an der Fondsgesellschaft. Das heißt, er ist am wirtschaftlichen Erfolg, aber auch am Verlustrisiko der Gesellschaft beteiligt. Im schlimmsten Fall kann der Anleger sein gesamtes eingesetztes Kapital verlieren und je nach Rechtsform kann es zu Nachschusspflichten oder einer Haftung bis hin zum Privatvermögen bestehen. Der Anleger kann also nicht nur das Risiko eines Totalverlustes, sondern unter Umständen auch das einer Privatinsolvenz mit seiner Beteiligung eingehen.

Vertragsbeziehungen bei geschlossenen Fonds

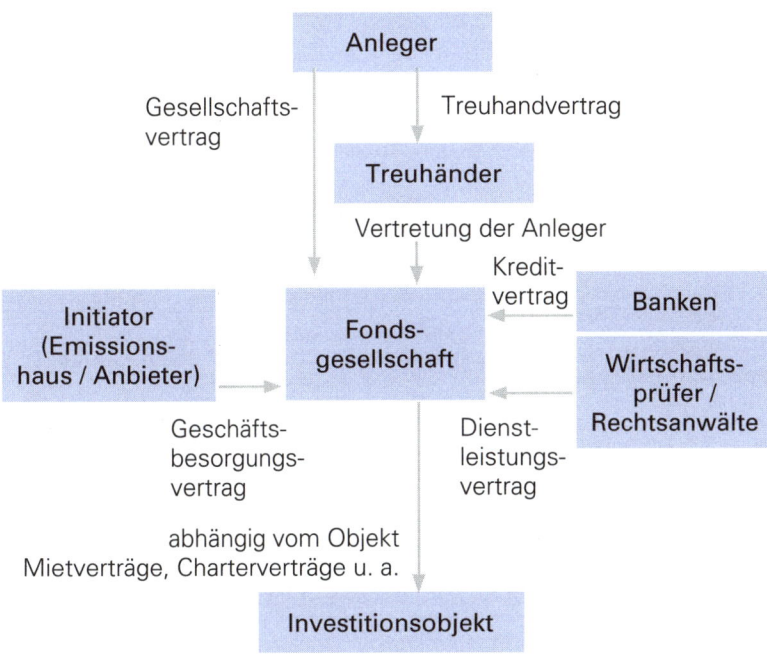

Abb. 136: Vertragsbeziehungen bei geschlossenen Fonds (angelehnt an die Darstellung des VGF www.vgf-online.de)

Anlagebezogene Geldflüsse

Aus den Vertragsbeziehungen ergeben sich entsprechende Geldflüsse.

Der Anleger zahlt seine Kapitaleinlage ein und erhält dafür während der Fondslaufzeit regelmäßige Ausschüttungen. Wird das Investitionsobjekt verkauft, erhält der Anleger sein eingezahltes Kapital zuzüglich der eventuellen Wertsteigerung zurück.

Der Initiator und die anderen Dienstleister erhalten von der Fondsgesellschaft entsprechende Vergütungen.

Ist ein Treuhänder zwischengeschaltet, so kümmert sich dieser um die Weiterleitung der Kapitaleinlage an die Fondsgesellschaft und übernimmt umgekehrt die Weiterleitung der Ausschüttung von der Fondsgesellschaft an die Anleger.

Zwischen der Bank und der Fondsgesellschaft kommt es zu Geldflüssen im Zusammenhang mit der Kreditvergabe (Fremdkapital) und der Zahlung der Kreditzinsen.

Anlagebezogene Geldflüsse

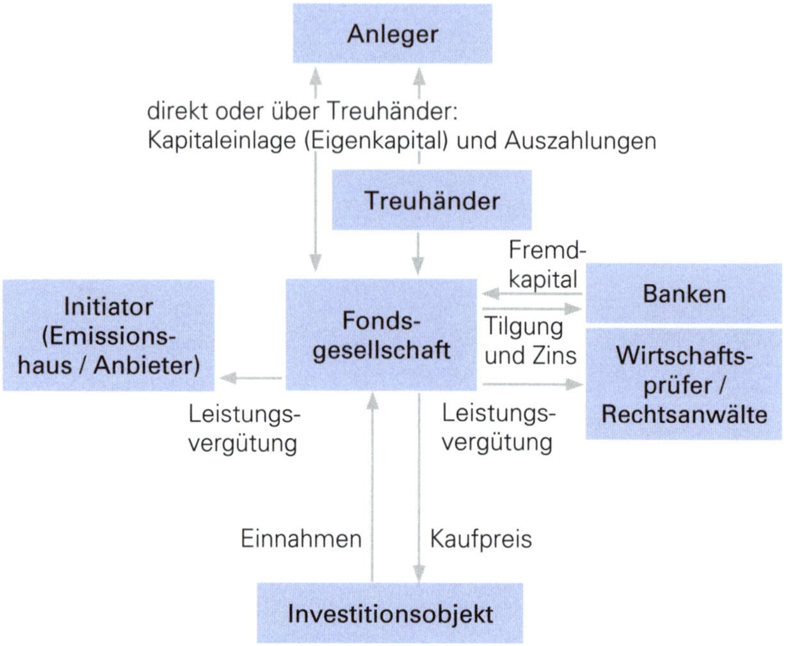

Abb. 137: Anlagebezogene Geldflüsse (angelehnt an die Darstellung des bsi www.sachwerteverband.de)

Geschlossene Fonds in der Rechtsform einer GbR

Die Gesellschaft des bürgerlichen Rechts (GbR) – auch BGB-Gesellschaft genannt – ist die „Urform" der Gesellschaftsformen und im Bürgerlichen Gesetzbuch (BGB) geregelt. Sie kann sich aus natürlichen und juristischen Personen als Gesellschafter zusammensetzen. Die Gesellschafter schließen einen Gesellschaftsvertrag mit der Verpflichtung, einen gemeinsamen Zweck in der vertraglich geregelten Art und Weise zu fördern und zu erreichen. Insbesondere gehört dazu die Leistung, d. h. Einzahlung der vereinbarten Beiträge / Kapitaleinlagen.

Der Hauptunterschied dieser Gesellschaftsform im Vergleich zu anderen Personengesellschaften, wie insbesondere der Kommanditgesellschaft, ist der Haftungsumfang. Die GbR hat keine eigene Rechtspersönlichkeit, sondern wird nach außen durch alle Gesellschafter / Anleger vertreten, die sowohl mit ihrer Kapitaleinlage als auch mit ihrem gesamten Privatvermögen haften. Kann der geschlossene Fonds in der Rechtsform einer GbR seine wirtschaftlichen Ziele nicht erreichen, kann es zu einer entsprechend umfangreichen Nachschusspflicht über die bereits geleistete Kapitaleinlage hinaus kommen. Dazu kommt das Risiko, dass der Anleger das bereits einbezahlte Kapital nicht zurück erhält. Aus diesem Grund ist die GbR eine sehr seltene Rechtsform bei geschlossenen Fonds, vor allem wenn die Anlegerzielgruppe Privatanleger sind.

Der Unterschied liegt vor allem in der Haftung. Die Zwischenschaltung eines Treuhänders ist nicht möglich, der Anleger kann sich also ausschließlich direkt beteiligen.

LF
14

SG
5.1

▶ Zusammenfassung

Die nachfolgende grafische Darstellung fasst die Funktionsweise geschlossener Fonds nach den Regelungen des Vermögensanlagengesetzes zusammen.

Weitere Details zu den Fondskosten, der Verfügbarkeit, den Mitbestimmungsrechten, den verschiedenen Anlageschwerpunkten entnehmen Sie bitte dem Kapitel 3 Geschlossene Investmentvermögen .

Die Funktionsweise geschlossener Fonds

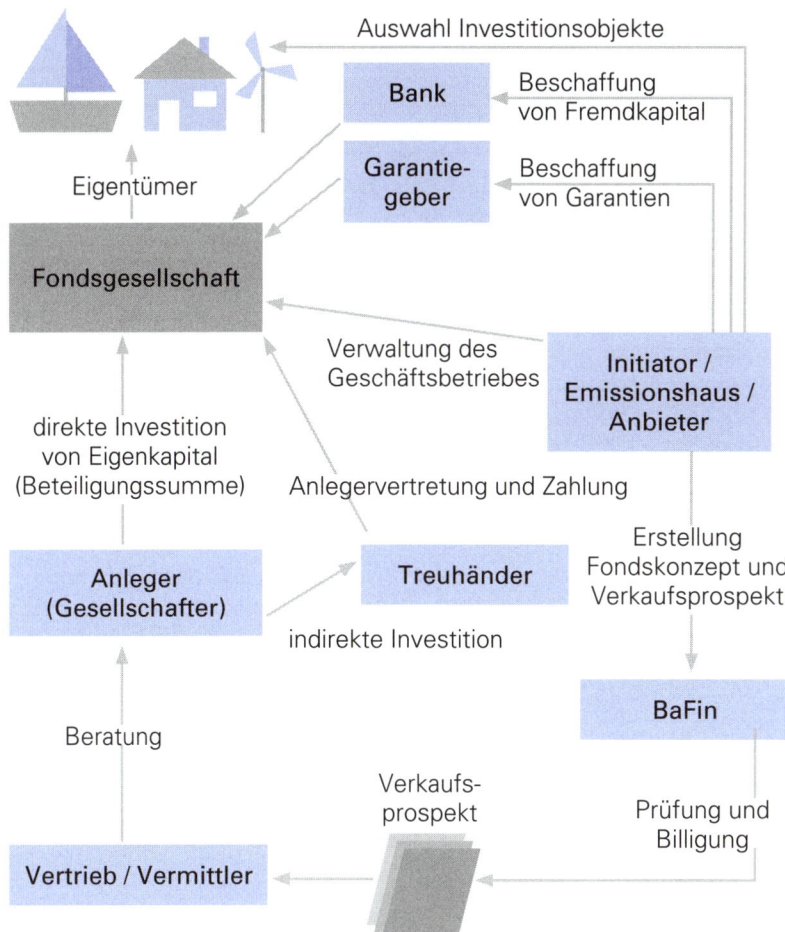

Abb. 138: Die Funktionsweise geschlossener Fonds (VermAnlG)

4.1.2 Treuhandvermögen

▶ Erläuterung

Zu den Vermögensanlagen im Sinne des § 1 Abs. 2 des Vermögensanlagengesetzes gehören u.a.:

> „Anteile an einem Vermögen, das der Emittent oder ein Dritter in eigenem Namen für fremde Rechnung hält oder verwaltet (Treuhandvermögen)".

Bei den Anteilen handelt es sich um Beteiligungen an einem geschlossenen Fonds in der Rechtsform einer GmbH & Co. KG oder KG. Der Anleger kann sich entweder als Direktkommanditist an dem geschlossenen Fonds beteiligen, wird dann entsprechend selbst ins Handelsregister eingetragen und nimmt selbst an den Gesellschafterversammlungen teil.

Die zweite Möglichkeit, sich an einem geschlossenen Fonds zu beteiligen, ist der Weg über einen Treuhänder, den Treuhandkommanditisten. Der Treuhandkommanditist wird vom Anleger beauftragt, auf seinen Namen, aber auf Rechnung und Verantwortung des Anlegers die Kapitaleinlage in den geschlossenen Fonds zu leisten. Darüber hinaus vertritt er die Interessen dieser Anleger in der Gesellschafterversammlung und der Treuhandkommanditist wird anstelle des Anlegers ins Handelsregister eingetragen.

Der Produktanbieter entscheidet, ob er eine Beteiligung über einen Treuhänder anbieten möchte, wählt diesen aus und schließt einen entsprechenden Vertrag, der auch eine einmalige Anfangsvergütung (siehe Investitionsplan) und laufende Vergütung (siehe Prognoserechnung) für die Leistung des Treuhänders beinhaltet. Als Treuhandkommanditist kommen beispielsweise Steuerberater in Frage.

Die Einbindung eines Treuhänders ist vor allem dann von Vorteil, wenn es sich um eine Vielzahl von Anlegern handelt, die sich beispielsweise aus niedrigen Mindestzeichnungssummen ergeben. Der Verwaltungsaufwand entsteht aus Namens- und Adressänderungen, Anteilsübertragungen usw., sowie Kontoverbindungen für die Zahlung der Ausschüttungen, die ansonsten von der Fondsgesellschaft selbst erfasst werden müssten. Dieser Verwaltungsaufwand wird auf den Treuhänder verlagert.

Treuhandkommanditist

Der Treuhandkommanditist hält die Beteiligungen der Anleger im eigenen Namen, aber für fremde Rechnung der Treugeber / Kapitalanleger. Die Rechtsbeziehungen zwischen der Treuhandkommanditistin und den Treugebern werden durch einen Treuhandvertrag bestimmt.

Der Treuhandkommanditist vertritt die Anleger im Außenverhältnis. Wirtschaftlich und steuerrechtlich bleibt der Anleger im Innenverhältnis gleichberechtigter Kommanditist zu den anderen Direktkommanditisten. Der Anleger bleibt nach außen anonym und spart sich die Kosten der notariellen Beglaubigung seiner Beteiligung und Eintragung ins Handelsregister. Die Zahlungsströme (z.B. Kapitaleinzahlung und Ausschüttungen) werden über den zwischengeschalteten Treuhänder abgewickelt. Der Treuhänder nimmt die Gesellschaftsrechte für seine Treugeber wahr. Das sind die Informations-, Kontroll- und Stimmrechte, die der Anleger – wenn auch in eingeschränktem Umfang – insbesondere in der Gesellschafterversammlung ausüben kann.

Beteiligungsstruktur bei Treuhandvermögen

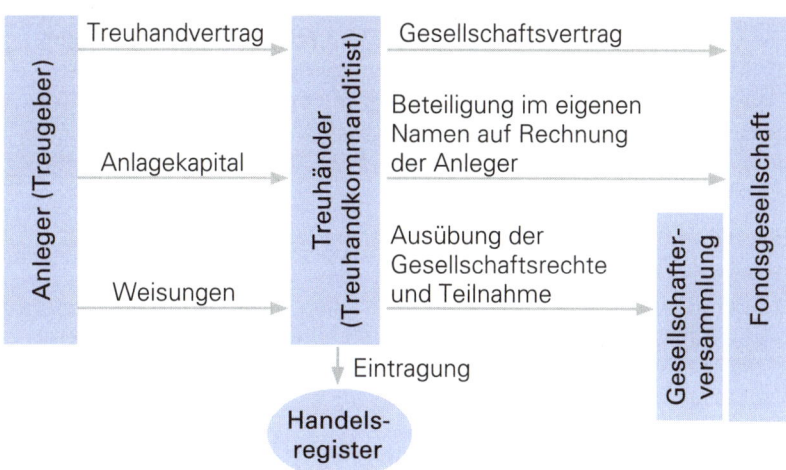

Abb. 139: Beteiligungsstruktur bei Treuhandvermögen

4.1.3 Stille Beteiligung

▶ Erläuterung

Die stille Gesellschaft wird formlos durch einen Vertrag zwischen dem stillen Gesellschafter und der Handelsgesellschaft, an der sich der stille Gesellschafter mit seiner Kapitaleinlage beteiligt, geschlossen. Ein schriftlicher Gesellschaftsvertrag ist sinnvoll, aber nicht zwingend gesetzlich vorgeschrieben. Oft reicht die Unterzeichnung eines Zeichnungsscheines und die Überweisung der Kapitaleinlage auf das Konto der Handelsgesellschaft. Zuvor nimmt das Handelsunternehmen den Antrag an.

§§ 230–237 HGB

Die rechtliche Grundlage bildet das Handelsgesetzbuch. Allerdings sind hier nur Grundzüge geregelt. Eine stille Beteiligung kann somit im Einzelfall sehr individuell ausgestaltet werden.

§ 231 HGB

Stiller Gesellschafter können eine oder mehrere natürliche oder juristische Personen sein. Für seine finanzielle Beteiligung am Unternehmen erhält der stille Gesellschafter eine gesetzlich vorgeschriebene und nicht ausschließbare Gewinnbeteiligung. Die Höhe wird vertraglich individuell festgelegt. Mitspracherechte erhält der stille Gesellschafter

§ 231 Abs. 2 HGB

grundsätzlich keine. Eine Verlustbeteiligung kann vertraglich ausgeschlossen werden.

Werden dem stillen Gesellschafter über die gesetzlichen Rechte hinausgehende Rechte eingeräumt, wie beispielsweise eine Beteiligung an der Geschäftsführung, so handelt es sich um eine atypisch stille Gesellschaft.

§§ 705 ff. BGB

Die Bezeichnung „stille Beteiligung" steht dafür, dass diese Unternehmensbeteiligung nur intern relevant und bekannt ist, man spricht deshalb auch von einer so genannten Innengesellschaft (rechtliche Unterform der BGB-Innengesellschaft). Die stille Beteiligung wird weder veröffentlicht noch ins Handelsregister eingetragen (Ausnahme: Bei einer Aktiengesellschaft müssen auch die stillen Gesellschafter bekannt und eingetragen sein).

Für das Handelsunternehmen bietet eine stille Beteiligung nachfolgende Vorteile:

- unkomplizierte und einfache Kapitalbeschaffung, die beispielsweise für Neuinvestitionen oder Forschungen genutzt werden kann

- von einer Bank unabhängige Kreditaufnahme bei kurzfristigem oder langfristigem Kapitalbedarf, für die keine Sicherheiten zu hinterlegen und keine Kreditzinsen (nur Beteiligung im Falle eines Unternehmensgewinns) zu zahlen sind

- keine Änderung der Rechtsform oder des Firmennamens erforderlich

- bei der typisch stillen Gesellschaft: keine Einräumung von Geschäftsführungsrechten

- nicht erforderliche Veröffentlichung der stillen Beteiligung

- geeignet für ein Unternehmen, das ein Handelsgewerbe betreibt, z.B. Personengesellschaften (OHG, KG), GmbH & Co. KG, AG

Merkmale der typisch stillen Beteiligung

Eine stille Beteiligung weist weitere grundsätzliche Merkmale auf:

- keine Mitbestimmungsrechte

- Kontrollrecht in Form eines Bucheinsichtsrechts (Jahresabschluss). Ein Qualitätsmerkmal guter stiller Beteiligungsmodelle ist eine unabhängige jährliche Mittelverwendungskontrolle.

- steuerliche Behandlung: Einkünfte aus Kapitalvermögen

- Beteiligung am Gewinn und ggf. Verlust (Basis in der Regel: Jahresabschluss des Unternehmens): Die Höhe der Gewinnbeteiligung (bzw. Verlustbeteiligung) und der Verteilungsschlüssel werden vertraglich festgelegt und beziehen sich auf die eingezahlte Nominal-Kapitalsumme.

- Für typisch stille Beteiligungen sollten ertragsstarke Handelsunternehmen bevorzugt werden, vor allem im Fall von Verlustzuweisungen. Diese können in der Regel steuerlich nicht ohne Einschränkungen geltend gemacht werden.

- in der Regel mittlere Laufzeiten (ca. 5 Jahre)

Merkmale der atypisch stillen Beteiligung

- Mitunternehmereigenschaft durch Beteiligung am Unternehmensvermögen und auf jeden Fall an den Verlusten

- aktives Interesse eines gemeinsamen Betriebes des Handelsgewerbes

- steuerliche Behandlung: Einkünfte aus Gewerbebetrieb

- Gewinn- und Verlustbeteiligung mit der Möglichkeit, die Verlustzuweisung umfassend steuerlich als negative Einkünfte aus Gewerbebetrieb geltend zu machen

- Zusatzerträge durch Beteiligung an der Entwicklung der stillen Reserven und des Unternehmenswertes

- Diese Art der stillen Beteiligung ist für Unternehmen interessant, die noch am Anfang ihrer Entwicklung stehen und einen hohen Kapitalbedarf für Investitionen, aber die Gewinnphase noch nicht erreicht haben.

- in der Regel langfristige Investition

▶ **Exkurs – partiarisches (= gewinnabhängiges) Darlehen (Beteiligungsdarlehen)**

Die Abgrenzung des partiarischen Darlehens zur atypisch stillen Beteiligung ergibt sich insbesondere aus nachfolgenden möglichen Merkmalen:

- Beteiligung zum rein wirtschaftlichen Zweck der Kapitalanlage in Form einer Unternehmensbeteiligung
- Anleger ist Darlehensgeber in der Regel mit Besicherung und erzielt Einkünfte aus Kapitalvermögen

- Vereinbarung einer festen Verzinsung – neben der Gewinnbeteiligung – möglich
- Ausschluss der Verlustbeteiligung
- Kündigungsrecht
- keine Mitbestimmungsrechte

Chancen der stillen Beteiligung

- anonyme Beteiligungsmöglichkeit an einem Handelsunternehmen
- Ausschluss der Verlustbeteiligung möglich
- gesetzlich vorgeschriebene Gewinnbeteiligung

- Renditen über dem Kapitalmarktniveau möglich
- einfache (kein notarieller Vertrag erforderlich) und vergleichsweise kostengünstige Beteiligungsform

Risiken der stillen Beteiligung

Totalverlustrisiko der Kapitaleinlage und der Gewinnansprüche

Diese Art der unternehmerischen Beteiligung ist mit einem hohen Verlustrisiko bis hin zum Totalverlust der Kapitaleinlage und der Gewinnansprüche verbunden. Der Ertrag ist abhängig von zukünftiger Unternehmensentwicklung und wirtschaftlichem Erfolg der Handelsgesellschaft und kann nicht garantiert werden.

§ 232 Abs. 2 HGB

Verlustbeteiligung (sofern vertraglich nicht ausgeschlossen)

Der stille Gesellschafter nimmt an dem Verlust nur bis zum Betrag seiner eingezahlten oder rückständigen Einlage teil. Er ist nicht verpflichtet, den bezogenen Gewinn wegen späterer Verluste zurückzuzahlen – jedoch wird, solange seine Einlage durch Verlust vermindert ist, der jährliche Gewinn zur Deckung des Verlustes verwendet.

Fungibilitätsrisiko

Es findet kein Börsenhandel statt und auch gibt es keinen Markt für „gebrauchte" stille Beteiligungen. Der Verkauf bzw. die Vererbung an Dritte kann mit Zustimmung der Handelsgesellschaft möglich sein.

Liquiditätsrisiko

In der Regel sind stille Beteiligungen mit einer Mindestvertragsdauer ausgestattet und eine Kündigung ist erst mit Ablauf dieser Frist möglich. Möchte der Anleger trotzdem vorzeitig Zugriff auf sein Kapital, handelt es sich um eine vertragswidrige Beendigung und das Handelsunternehmen kann eine Entschädigung verlangen.

Haftung

§ 236 HGB

Im Insolvenzfall ist der stille Beteiligte den anderen Gläubigern gleichgestellt. Es besteht keine Nachschusspflicht für den typisch stillen Beteiligten.

Sofern die Kapitaleinlage in Teilen noch nicht geleistet ist, muss dies im Insolvenzfall nachgeholt werden. Bei der atypisch stillen Beteiligung kann es zu einer Haftung über die Kapitaleinlage hinaus kommen.

Kreditrisiko

Der stille Gesellschafter ist Darlehensgeber, allerdings ohne dass das darlehensnehmende Unternehmen ihm hierfür eine Besicherung gewährt.

Kosten

Meist wird zusätzlich zur Kapitaleinlage ein Agio (Aufgeld) in Höhe von ca. 4–8 % der nominalen Kapitaleinlage vereinbart. Weiterhin können laufende Verwaltungsgebühren entstehen. Dies muss vertraglich im Detail festgelegt sein. Der stille Gesellschafter hat die Pflicht, seine Einlage (ggf. ratierliche Zahlung vertraglich vereinbar) und das Agio zu zahlen.

Anspruch auf Kapitalrückzahlung

Die Rückzahlung erfolgt in Form einer Abfindung. Diese setzt sich zusammen aus dem eingezahlten Kapital, ggf. abzüglich eines Verlustanteils, zuzüglich noch nicht ausgezahlter Gewinnanteile und ggf. abzüglich zugelassener Privatentnahmen.

LF 14

SG 5.1

SG 5.2

Der atypisch stille Gesellschafter erhält zudem einen auf seinen Kapital-
anteil bezogenen Anteil an der Entwicklung der stillen Reserven und /
oder der Unternehmenswertentwicklung.

Anlegerkreis

Die stille Beteiligung ist eine unternehmerische Beteiligung mit Totalverlustrisiko und setzt eine dementsprechende Risikobereitschaft und
Risikofähigkeit des Anlegers voraus.

▶ **Zusammenfassung**

	Stille Beteiligung
Ausge-staltungs-merkmale (typisch stille Beteiligung	Anonyme Unternehmensbeteiligung ohne Eintragung ins Handelsregister (Ausnahme: AG), gesetzlich vorgeschriebene Gewinnbeteiligung, vertraglich ausschließbare Verlustbeteiligung, keine Mitbestim-mungsrechte, keine Nachschusspflicht
Chancen	Renditen über Kapitalmarktniveau, einfache (keine notarielle Vertragsschließung) und vergleichsweise kostengünstige Beteiligungsform, Gewinnbeteili-gung, Anspruch auf Kapitalrückzahlung in Form einer Abfindung
Risiken	Totalverlustrisiko der Kapitaleinlage und der Gewinn-ansprüche, Verlustbeteiligung (sofern nicht vertrag-lich ausgeschlossen), Fungibilitätsrisiko, Liquidi-tätsrisiko, Kreditrisiko, Haftung im Insolvenzfall mit Kapitaleinlage
Kapitalart	Mezzanine-Kapital, da Eigenschaften von Eigenkapi-tal (Gewinn- und Verlustbeteiligung) und Fremdkapi-tal (Anspruch auf Kapitalrückzahlung)
Anlegerkreis	Unternehmerische Beteiligung mit Totalverlustrisiko, die nur für dementsprechend risikobereite und risikofähige Anleger geeignet ist.
Formen stiller Beteiligung	Typisch und atypisch stille Beteiligung und partiarisches Darlehen

4.1.4 Genossenschaftsanteile

▶ Situation

Christian Mutz, langjähriger Kunde von Frau Schupf, hat seine Hausbank gewechselt. Diese hat ihm nun Genossenschaftsanteile angeboten. Er fragt seine Finanzanlagenvermittlerin, ob es sich aus ihrer Sicht um eine lohnende Investition handelt. Auf der Internetseite des DGRV – Deutscher Genossenschafts- und Raiffeisenverband e.V. hat sie einen Link zu einer umfassenden Infoseite gefunden: www.genossenschaften.de und bereitet sich damit auf das Gespräch mit ihrem Kunden vor.

▶ Erläuterung

Genossenschaftliche Betriebe können Genossenschaftsanteile ausgeben. Mit dem Kauf eines Genossenschaftsanteils wird der Anleger Mitglied und Miteigentümer der Genossenschaft. Das Wesen einer Genossenschaft ist im Genossenschaftsgesetz (GenG) definiert:

„Gesellschaften von nicht geschlossener Mitgliederzahl, deren Zweck darauf ausgerichtet ist, den Erwerb oder die Wirtschaft ihrer Mitglieder oder deren soziale oder kulturelle Belange durch gemeinschaftlichen Geschäftsbetrieb zu fördern (Genossenschaften), erwerben die Rechte einer „eingetragenen Genossenschaft" nach Maßgabe dieses Gesetzes."	§ 1 Abs. 1 GenG

Die Genossenschaft

Bei einer Genossenschaft handelt es sich um eine in ein Genossenschaftsregister (bei dem Gericht, in dessen Bezirk die Genossenschaft ihren Sitz hat) eingetragene Gesellschaft in der Rechtsform einer „eingetragenen Genossenschaft" (eG). Die Genossenschaft muss aus mindestens 3 Mitgliedern bestehen. Für Verbindlichkeiten haftet den Gläubigern nur das Vermögen der Genossenschaft.

§ 1 GenG

§ 2–5 GenG

Die Satzung der Genossenschaft muss Bestimmungen darüber enthalten, ob die Mitglieder für den Fall, dass die Gläubiger im Insolvenzverfahren über das Vermögen der Genossenschaft nicht befriedigt werden, Nachschüsse zur Insolvenzmasse unbeschränkt oder beschränkt auf eine bestimmte Summe (Haftsumme) oder überhaupt nicht zu leisten haben.

Genossenschaftsregister

§ 10 GenG

Die Satzung sowie die Mitglieder des Vorstands sind in das Genossenschaftsregister einzutragen. Dieses Register wird bei dem Gericht geführt, in dessen Bezirk die Genossenschaft ihren Sitz hat.

Die wichtigsten Arten von Genossenschaften

- Genossenschaftsbanken: Genossenschaftliche FinanzGruppe Volksbanken Raiffeisenbanken
- Wohnungsgenossenschaften: aktuell (2012) bieten diese durch rund 2,2 Mio. Wohnungen für mehr als 5 Millionen Menschen bezahlbares und sicheres Wohnen. Das entspricht einem Anteil der Genossenschaftswohnungen am Mietwohnungsbestand in Deutschland von ca. 10 %.
- Raiffeisen-Genossenschaften: Genossenschaften in der Landwirtschaft, so genannte landwirtschaftliche Waren- und Dienstleistungsgenossenschaften, die die meisten Landwirte, Gärtner und Winzer als Mitglieder umfassen.
- gewerbliche Genossenschaften: Waren- und Dienstleistungsgenossenschaften für den Mittelstand
- Konsumgenossenschaften: Genossenschaften nach dem Motto: „von Bürgern für Bürger" zum gemeinschaftlichen Einkauf von Lebenshaltungs- oder Wirtschaftsbedürfnissen, wobei die eigene Produktion Teil dieses Konzeptes ist.

§§ 15 und 16 GenG

Mitgliedschaft

Zunächst muss die Satzung zum Genossenschaftsregister angemeldet werden. Danach können Mitgliedschaften

- durch eine schriftliche unbedingte Beitrittserklärung und
- die Zulassung des Beitritts durch die Genossenschaft

erworben werden.

Dem Antragsteller ist vor Abgabe seiner Beitrittserklärung eine Abschrift der Satzung in der jeweils geltenden Fassung zur Verfügung zu stellen.

Darüber hinaus ist das Mitglied unverzüglich vom Vorstand in die Mitgliederliste einzutragen und hierüber unverzüglich zu benachrichtigen.

Lehnt die Genossenschaft die Zulassung als Mitglied ab, so hat sie dies dem Antragsteller unverzüglich unter Rückgabe seiner Beitrittserklärung mitzuteilen.

Die Beitrittserklärung muss vor allem eine ausdrückliche Verpflichtung enthalten, die auf die nach Gesetz bzw. Satzung geschuldeten Einzahlungen auf den Geschäftsanteil zu leisten und – sofern dies in der Satzung bestimmt ist – die zur Befriedigung der Gläubiger erforderlichen Nachschüsse unbeschränkt oder bis zu der in der Satzung bestimmten Haftsumme zu zahlen.

Ein Verkaufsbericht oder ein Vermögensinformationsblatt ist für Genossenschaftsanteile nicht gesetzlich vorgeschrieben. Hier greift die Ausnahmeregelung des Vermögensanlagengesetzes, wonach u. a. für Genossenschaftsanteile im Sinne des § 1 Genossenschaftsgesetzes die Pflicht zur Veröffentlichung eines Verkaufsprospektes, eines Vermögensinformationsblattes und eines Jahresberichtes sowie die hierauf bezogene Pflicht zur Anlegerinformation nicht besteht. — § 2 VermAnlG

Die Mitgliedschaft endet durch

- Kündigung der Mitgliedschaft — § 65 GenG

- Tod des Mitglieds (Ausnahme: die Satzung sieht eine Fortsetzung der Mitgliedschaft durch den Erben vor) — § 77 GenG

- Übertragung des Geschäftsguthabens ganz oder teilweise auf ein anderes Mitglied oder einen Erwerber, der anstelle des Mitglieds der Genossenschaft neu beitritt. — § 76 GenG

- Aufgabe des Wohnsitzes — § 67 GenG
  (sofern die Satzung die Mitgliedschaft an den Wohnsitz innerhalb eines bestimmten Bezirks knüpft. Die Kündigung erfolgt zum Geschäftsjahresende, ohne dass eine Kündigungsfrist berücksichtigt werden muss.)

Rechte und Pflichten der Mitglieder

Der Anleger wird Mitglied und Miteigentümer der Genossenschaft und erwirbt Rechte und Pflichten.

Zu den Rechten gehören:

- Inanspruchnahme der Förderleistungen der Genossenschaft

- Stimmrecht in der Generalversammlung (Jedes Mitglied hat unabhängig von der Zahl der erworbenen Geschäftsanteile eine Stimme. Die Satzung kann eine hiervon abweichende Regelung vorsehen.)

- Wahlrecht des Aufsichtsrates und des Vorstandes (aktives Wahlrecht)

- Recht auf Berufung zum Aufsichtsrat oder Vorstand (passives Wahlrecht, gilt nur für natürliche Personen)

- Gewinnausschüttung

Zu den Pflichten gehören:

- Einzahlung auf den Geschäftsanteil entsprechend der in der
Satzung festgelegten Mindest-
höhe

- Einhaltung der sich aus der
Satzung oder den Beschlüssen
der Generalversammlung ergebenden Pflichten

- Haftung für die Verbindlichkeiten der Genossenschaft

- Nachschusspflicht im Insolvenzfall im Innenverhältnis der
Genossenschaft (nicht direkt
gegenüber den Gläubigern, diesen haftet nur das Vermögen
der Genossenschaft)

Prüfungsverband

§ 53 GenG

Dieser überprüft mindestens alle 2 Jahre bei einer Bilanzsumme bis
2 Mio. € den Jahresabschluss und die Ordnungsmäßigkeit der Geschäftsführung. Bei einer Bilanzsumme die 2 Mio. € übersteigt, muss
die Prüfung in jedem Geschäftsjahr stattfinden.

§ 54 GenG

Da der Prüfungsverband nichts anderes als ein Genossenschaftsver-
band mit Prüfungsrechten ist, betreut er darüber hinaus seine Mitglieder in allen betriebswirtschaftlichen, rechtlichen und steuerlichen
Fragen. Jede Genossenschaft muss Mitglied eines Verbandes sein,
dem das Prüfungsrecht verliehen ist.

Vorstand

§§ 9 und 24 GenG

Dieser muss aus mindestens 2 natürlichen Personen bestehen (Ausnahme: Bei Genossenschaften mit weniger als 20 Mitgliedern kann die
Satzung auch nur 1 Vorstandsmitglied vorsehen), die von der Generalversammlung gewählt werden. Er ist für die laufende Geschäftsführung
verantwortlich und vertritt die Genossenschaft nach außen gerichtlich
und außergerichtlich. Mitglieder des Vorstandes müssen Mitglieder der
Genossenschaft und natürliche Personen sein.

Mitgliederliste

§ 30 GenG

Der Vorstand hat die Pflicht, eine Mitgliederliste zu führen, in die jedes
Mitglied der Gesellschaft mit folgenden Angaben einzutragen ist:

- Familienname,
Vorname

- Anschrift

- Zahl der übernommenen Geschäftsanteile

- Ausscheiden aus der Gesellschaft

Aufsichtsrat

Dieser muss aus mindestens 3 natürlichen Personen bestehen (sofern die Satzung keine höhere Anzahl vorsieht) und wird ebenfalls von der Generalversammlung gewählt. Ein Aufsichtsrat kann nicht gleichzeitig auch Vorstand sein. Er ist das interne Kontrollorgan der Genossenschaft, überwacht den Vorstand und nimmt bestimmte Zustimmungsrechte wahr. Auf diese Weise unterstützt er den Vorstand bei der Geschäftsführung. Auch die Aufsichtsratmitglieder müssen Mitglieder der Genossenschaft und natürliche Personen sein.

§§ 9, 36 GenG

LF
14

SG
5.1

Bei weniger als 20 Mitgliedern in der Genossenschaft, kann die Satzung den Verzicht auf einen Aufsichtsrat bestimmen. Dessen Aufgaben werden dann von der Generalversammlung wahrgenommen.

Generalversammlung

Diese setzt sich aus allen Mitgliedern zusammen.

Vertreterversammlung

Verfügt die Genossenschaft über mehr als 1.500 Mitglieder, können diese eine aus ihrem Kreise zusammengesetzte Vertreterversammlung wählen, die aus mindestens 50 Mitgliedern bestehen muss. Dies muss die Satzung vorsehen.

Aufbau und Aufgabenverteilung einer Genossenschaft

Nachfolgend sehen Sie den grundsätzlichen Aufbau und die Aufgabenverteilung bei einer Genossenschaft.

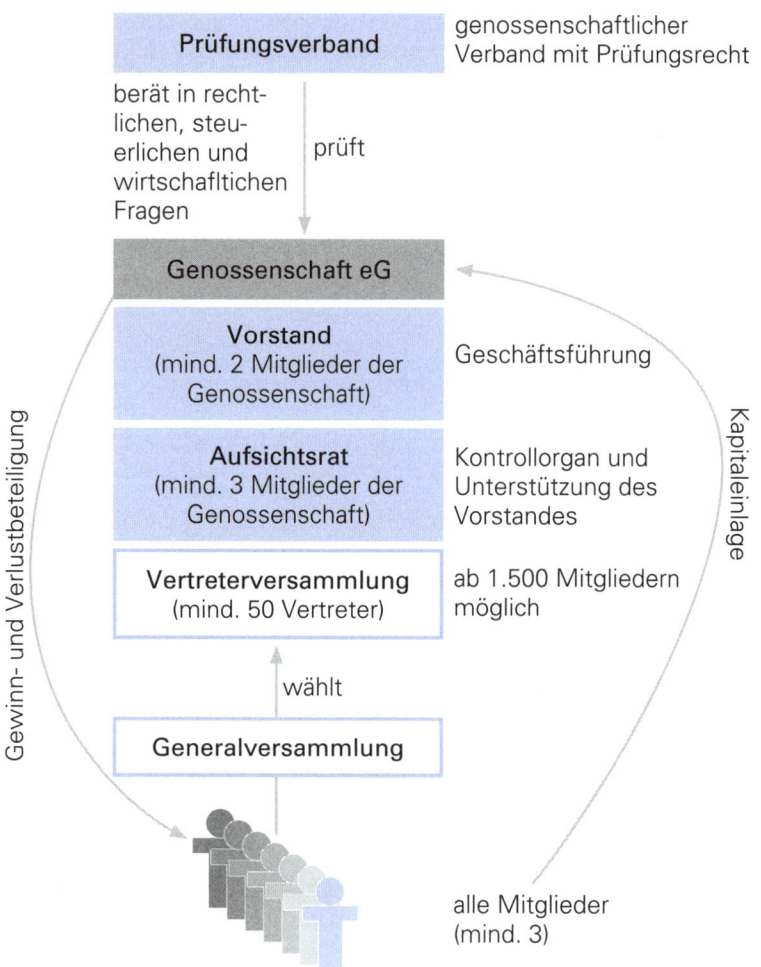

Abb. 140: Aufbau und Aufgabenverteilung einer Genossenschaft

Die Gewinn- und Verlustverteilung

Der Gewinn oder Verlust, der mit dem Geschäftsjahresabschluss
festgestellt wird, ist auf die Mitglieder zu verteilen. Die Verteilung
geschieht für das erste Geschäftsjahr nach dem Verhältnis ihrer auf den
Geschäftsanteil geleisteten Einzahlungen, in den Folgejahren nach dem
Verhältnis ihrer durch die Zuschreibung von Gewinn oder die Abschrei-
bung von Verlust zum Schluss des vorhergegangenen Geschäftsjahres

ermittelten Geschäftsguthaben. Die Zuschreibung des Gewinns erfolgt so lange der Geschäftsanteil nicht erreicht ist.

Die Satzung kann einen anderen Maßstab für die Verteilung von Gewinn und Verlust aufstellen und bestimmen, inwieweit der Gewinn vor Erreichung des Geschäftsanteils an die Mitglieder auszuzahlen ist. Bis zur Wiederergänzung eines durch Verlust verminderten Guthabens findet eine Auszahlung des Gewinns nicht statt.   § 19 Abs. 2 GenG

Ermittlung des Geschäftsguthabens

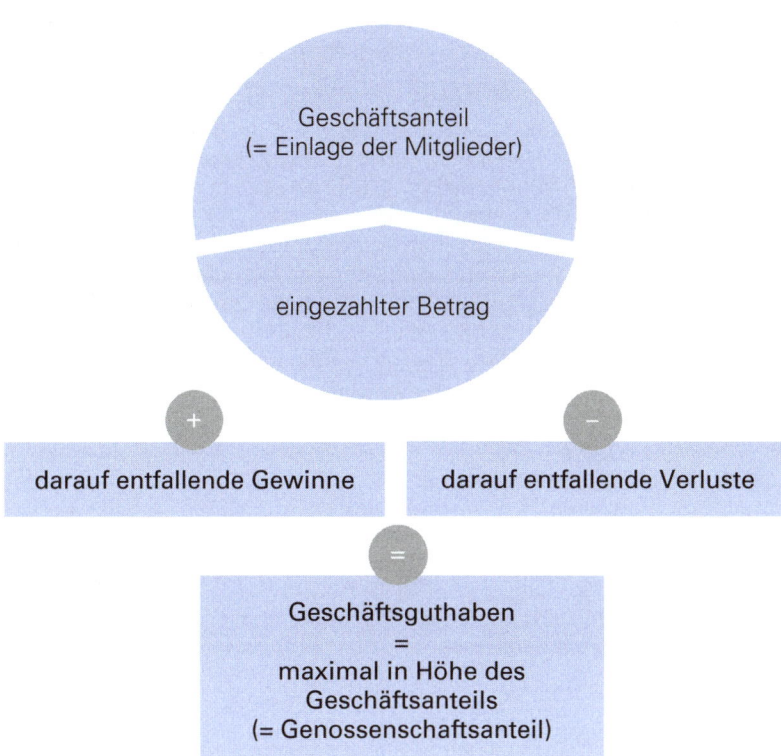

Abb. 141: Ermittlung des Geschäftsguthabens

Jahresabschluss und Lagebericht

Der Vorstand ist für die Berichterstattung verantwortlich. Jahresabschlussbericht und Lagebericht sind unverzüglich nach ihrer Aufstellung dem Aufsichtsrat und der Generalversammlung vorzulegen.   § 33 GenG

Chancen von Genossenschaftsanteilen

Gewinnzuschreibung

Die Genossenschaft ist verpflichtet, ihre Mitglieder am Gewinn zu beteiligen und einen erzielten Gewinn auf seine Mitglieder zu verteilen. Die Gewinnzuschreibung erfolgt solange, bis die Höhe des Geschäftsanteils (= Genossenschaftsanteil) erreicht ist.

Verzinsung des Geschäftsguthabens

§§ 21, 21a GenG

Das Genossenschaftsgesetz sieht grundsätzlich keine Zinsvergütung in bestimmter Höhe für das Geschäftsguthaben vor.

Nur per Satzung kann die Genossenschaft bestimmen, dass die Geschäftsguthaben verzinst werden. Bestimmt die Satzung keinen festen Zinssatz, muss sie einen Mindestzinssatz festsetzen. Die Zinsen berechnen sich nach dem Stand der Geschäftsguthaben am Schluss des vorhergegangenen Geschäftsjahres. Sie sind spätestens sechs Monate nach Schluss des Geschäftsjahres auszuzahlen. Ist in der Bilanz der Genossenschaft für ein Geschäftsjahr ein Jahresfehlbetrag oder ein Verlustvortrag ausgewiesen, der ganz oder teilweise durch die Ergebnisrücklagen, einen Jahresüberschuss und einen Gewinnvortrag nicht gedeckt ist, so dürfen in Höhe des nicht gedeckten Betrags Zinsen für dieses Geschäftsjahr nicht gezahlt werden.

Genossenschaftliche Förderung

Der eigentliche Vorteil von Genossenschaftsanteilen liegt in den weiteren Rechten, die vom Geschäftsbetrieb der Genossenschaft abhängen. Häufig sind dies Wohnungsgenossenschaften, die ihren Mitgliedern den Vorzug bei der Anmietung von Wohnungen, die der Genossenschaft gehören, einräumen.

Rückgabe von Anteilen

§ 65 GenG

Eine Rückgabe der Anteile durch Kündigung der Mitgliedschaft zum Geschäftsjahresende ist möglich. Die Rückerstattung der Einlage erfolgt zum Ende des Geschäftsjahres der Genossenschaft. Die Kündigungsfrist muss mindestens 3 Monate betragen und kann durch die Satzung auf bis zu 5 Jahre erhöht werden.

Tod des Mitglieds

§ 77 GenG

Die Mitgliedschaft geht auf den Erben über und endet mit dem Schluss des Geschäftsjahres, in dem der Erbfall eingetreten ist. Die Satzung kann davon abweichend die Fortsetzung der Mitgliedschaft durch den Erben bestimmen.

Risiken von Genossenschaftsanteilen

Geringe Rendite

Bei einer Genossenschaft steht der Fördergedanke und nicht ein Gewinnstreben im Vordergrund. Die Mitglieder werden zwar am Gewinn beteiligt, die Gewinnausschüttung kann aber auch unterbleiben, um Investitionen zur Sicherung des Geschäftsbetriebes zu finanzieren oder um Rücklagen zu bilden.

Verlustrisiko

Bei einer Mitgliedschaft in einer Genossenschaft handelt es sich um eine unternehmerische Beteiligung, d. h. die Mitglieder sind einerseits am Gewinn beteiligt, haften andererseits aber auch für die Verbindlichkeiten der Genossenschaft. Im Insolvenzfall kann es zum Totalverlust der bereits geleisteten Einzahlung auf den Geschäftsanteil und zu einer darüber hinausgehenden Nachschusspflicht kommen.

- Bei gewerblichen Genossenschaften besteht das größte wirtschaftliche Risiko; hier ist das Risiko eines Totalverlustes des Anlagebetrages am höchsten.

- Weniger riskant ist die Beteiligung an einer Bau- oder Wohnungsgenossenschaft. Die regelmäßige Nachfrage nach Wohnraum bietet hier einen gewissen Schutz.

- Anteile von Genossenschaftsbanken bieten eine gute Sicherheit durch die bankseitige Absicherung.

Haftung

Für die Verbindlichkeiten der Genossenschaft haftet den Gläubigern nur das Vermögen der Genossenschaft. Im Innenverhältnis der Genossenschaft kann die Satzung eine Haftung der Mitglieder auch über ihren Geschäftsanteil hinaus vorsehen. Mindestens haften die Mitglieder auf jeden Fall in Höhe ihres Geschäftsanteils. Die Haftung für Verbindlichkeiten der Mitglieder gilt auch für Verbindlichkeiten, die vor Beitritt von der Genossenschaft eingegangen wurden. § 23 GenG

In der Regel müssen die Mitglieder nicht sofort den vollen Betrag eines Geschäftsanteils (Genossenschaftsanteil) einzahlen. Der Differenzbetrag wird in Folge durch Zurechnung von Gewinnanteilen aufgefüllt. Im Falle der Insolvenz gilt jedoch mindestens die Höhe des gesamten Geschäftsanteils als Haftsumme (Geldbetrag, bis zu dessen Höhe die Genossenschaftsmitglieder im Innenverhältnis im Insolvenzfall maximal haften), d. h. der Anleger hat eine Nachschusspflicht. Die Satzung kann auch eine über den Geschäftsanteil hinausgehende Haftsumme festlegen.

Die durch die Satzung festgelegte Haftsumme darf nicht niedriger als die Höhe des Geschäftsanteils sein. § 119 GenG

LF 14

SG 5.1

SG 5.2

Nachschusspflicht im Insolvenzfall

§ 105 GenG

Das Genossenschaftsgesetz sieht eine Nachschusspflicht im Insolvenzfall vor. Dies ist insbesondere zu beachten, wenn beim Kauf nur ein Teil der Beteiligung auch tatsächlich einbezahlt werden musste.

Soweit die Ansprüche der Massegläubiger oder die bei der Schlussverteilung nach § 196 der Insolvenzordnung berücksichtigten Forderungen der Insolvenzgläubiger aus dem vorhandenen Vermögen der Genossenschaft nicht berichtigt werden, sind die Mitglieder verpflichtet, Nachschüsse zur Insolvenzmasse zu leisten, es sei denn, dass die Nachschusspflicht durch die Satzung ausgeschlossen ist. Im Falle eines rechtskräftig bestätigten Insolvenzplans besteht die Nachschusspflicht insoweit, als sie im gestaltenden Teil des Plans vorgesehen ist.

Die Nachschüsse sind von den Mitgliedern nach Köpfen zu leisten, es sei denn, dass die Satzung ein anderes Beitragsverhältnis bestimmt.

Beiträge, zu deren Leistungen einzelne Mitglieder nicht in der Lage sind, werden auf die übrigen Mitglieder verteilt.

Nachschusspflicht ausgeschiedener Mitglieder

§ 115b GenG

§ 75 GenG

Wird die Genossenschaft binnen sechs Monaten nach Beendigung der Mitgliedschaft eines Mitglieds aufgelöst, gilt die Beendigung der Mitgliedschaft als nicht erfolgt. Wird die Fortsetzung der Genossenschaft beschlossen, gilt die Beendigung der Mitgliedschaft als zum Schluss des Geschäftsjahres erfolgt, in dem der Beschluss über die Fortsetzung der Genossenschaft in das Genossenschaftsregister eingetragen ist.

§ 115b GenG

Sobald mit Sicherheit anzunehmen ist, dass die Insolvenzgläubiger auch nicht durch Einziehung der Nachschüsse von den Mitgliedern Befriedigung oder Sicherstellung erlangen, sind die hierzu erforderlichen Beiträge von den innerhalb der letzten 18 Monate vor dem Antrag auf Eröffnung des Insolvenzverfahrens oder nach diesem Antrag ausgeschiedenen Mitgliedern nach Maßgabe des § 105 zur Insolvenzmasse zu leisten.

Eingeschränkte Anlegerschutzbestimmungen

Genossenschaftsanteile fallen unter die Ausnahmeregelungen des VermAnlG d. h. ein Verkaufsprospekt oder VIB muss nicht erstellt werden. Gemäß FinVermV muss aber dennoch eine Geeignetheitsprüfung vorgenommen und ein Beratungsprotokoll erstellt werden.

Bei Genossenschaftsbanken muss mit der Kontoeröffnung auch ein Genossenschaftsanteil erworben werden.

▶ **Zusammenfassung**

Eine Genossenschaft bietet vor allem die Möglichkeit, gemeinsame wirtschaftliche Ziele innerhalb der genossenschaftlichen Kooperation zu verfolgen. Dabei behält der Einzelne seine Selbstständigkeit. Der gemeinsame Marktauftritt erhöht beispielsweise die Absatzmöglichkeiten für die eigenen Produkte.

Die Mitglieder werden über den Erwerb von Genossenschaftsanteilen zu Eigentümern der Genossenschaft.

Bei den Genossenschaftsbanken, Wohnungsbaugenossenschaften und Konsumgenossenschaften sind sie auch Kunden bzw. Mieter. Bei den gewerblichen Genossenschaften sind die Mitglieder gleichzeitig auch die Unternehmer (Einzelhändler, Landwirte, Handwerker) der Genossenschaft.

Im Vordergrund steht der genossenschaftliche Förderzweck (wirtschaftliche Förderung der Mitglieder) und nicht die Zahlung einer fest vereinbarten Rendite.

	Genossenschaftsanteile
Ausge-staltungs-merkmale	Mitgliedschaft als Miteigentümer an einer Genossenschaft, Gewinnbeteiligung, keine feste Laufzeit, Recht auf Kündigung (unter Beachtung einer Kündigungsfrist) und Übertragung, kein Börsenhandel
Chancen	Gewinnzuschreibung, Mitspracherecht (Generalversammlung), genossenschaftliche Förderrechte (abhängig von der Art der Genossenschaft z. B. Anspruch auf vergünstigten Wohnraum)
Risiken	Geringe Rendite (Genossenschaft ist auf Förderung der Mitglieder und nicht auf Gewinnstreben ausgerichtet), Verlustrisiko, Bonitätsrisiko, Nachschusspflicht im Insolvenzfall, fehlende Anlegerschutzbestimmungen (Genossenschaften sind von den diesbezüglichen Regelungen des Vermögensanlagengesetzes ausgenommen)
Kapitalart	Eigenkapital
Anleger-kreis	Abhängig von der Art der Genossenschaft. Als Unternehmensbeteiligung mit Gewinn- und Verlustbeteiligung sollte sich der Anleger der mit dieser Anlage verbundenen Risiken bewusst sein und diese tragen können
Verkaufs-unterlagen	Beitrittserklärung und Satzung. Während der Mitgliedschaft: Jahresabschluss und Lagebericht

4.1.5 Genussrechte

▶ **Situation**

Im Erstgespräch mit einem Neukunden haben Sie erfahren, dass er auch ein Wettbewerbsangebot in Form eines Genussrechtes vorliegen hat. Da Ihr Vertriebspartner keine solchen Produkte anbietet, informieren Sie sich im Internet unter dem Stichwort Genussrechte. Sie finden so die Anhaltspunkte, um sich für das Folgegespräch mit Ihrem Neukunden vorzubereiten.

▶ **Erläuterung**

Genussrechte

§ 221 Abs. 3 AktG
§ 8 Abs. 3 Satz 2 KStG

Genussrechte sind rechtlich betrachtet ein schuldrechtliches Kapitalüberlassungsverhältnis (Abschluss eines Genussrechtsvertrages). In Gesetzen findet sich zwar eine Erwähnung des Begriffs, aber keine Definition.

Dem Anbieter von Genussrechten (Genussrechtsemittent) bietet diese Form der Unternehmensfinanzierung Vorteile gegenüber anderen Finanzierungsformen im Rahmen von:

- Mitarbeiterbeteiligungen
- Projektfinanzierungen
- Unternehmenssanierungen

Genussrechte können grundsätzlich von jedem Unternehmen und unabhängig von dessen Rechtsform ausgegeben werden.

Durch die Übertragung von Genussrechten werden dem Anleger Vermögensrechte gewährt, nicht aber Verwaltungsrechte (wie bspw. ein Stimmrecht) und auch keine Mitwirkungsrechte (wie bspw. die Teilnahme an einer Haupt- oder Gesellschafterversammlung).

Genussrecht

Abb. 142: Genussrechte

Zu den Vermögensrechten, mit denen ein Genussrecht ausgestaltet werden kann, gehören:

- Feste oder variable, gewinnabhängige Verzinsung (Ausschüttung), d. h. der Anleger wird am Reingewinn (entspricht dem Jahresüberschuss bzw. dem positiven Ergebnis der Gewinn- und Verlustrechnung) beteiligt. Erzielt das Unternehmen keinen Gewinn, erhält der Anleger auch keine Ausschüttung. Die Genussrechtsbedingungen können vorsehen, dass die Gewinnbeteiligungen in folgenden Jahren mit Gewinn nachgefordert werden können.
- Beteiligung am Erlös der Liquidation (d. h. Verkauf oder Auflösung des Unternehmens) des Unternehmens
- Optionsrechte (z. B. Umtauschrecht in Aktien des Genussrechtsemittenten). Diese Variante kommt in der Praxis jedoch sehr selten vor.

Merkmale

Genussrechte können aufgrund der fehlenden gesetzlichen Grundlage von den Anbietern sehr flexibel und individuell ausgestaltet werden. Zu den wichtigsten Merkmalen können gehören:

- Laufzeit: fest oder als Mindestlaufzeit (in Form einer Kündigungsausschlussfrist, d. h. unter Beachtung der in den Genussrechtsbedingungen festgelegten Kündigungsfrist ergibt sich diese Mindestlaufzeit, nach der eine Kündigung möglich ist). In der Praxis sind dies meist ca. 5 Jahre.
- Kapitalrückzahlung: Die Rückzahlung des eingezahlten Kapitals erfolgt zum Buchwert (der in der Bilanz ausgewiesene Wert des Genussrechtes), d. h in der Regel in Höhe des eingezahlten Kapitals (Ausnahme sind bspw. ertragsthesaurierende Genussrechte).
- Es gibt in der Regel keine Mindestanlagesummen.
- Feste oder variable, gewinnabhängige Verzinsung. Werden in Einzeljahren oder über die Gesamtlaufzeit des Genussrechtes keine Gewinne erzielt, besteht das Risiko, dass die Kapitalanlage nur eine geringe oder gar keine Verzinsung aufweist.
- Verlustbeteiligung, d. h. erzielt das Unternehmen einen Jahresfehlbetrag (Verlust / negatives Ergebnis der Gewinn- und Verlustrechnung), dann wird dieser anteilig vom in der Bilanz ausgewiesenen Genussrechtskapital abgezogen. Sofern in den Folgejahren wieder Gewinne erzielt werden, werden diese zunächst zur Wiederauffüllung des Genussrechtskapitals verwendet. Überwiegen die Verluste über die Gesamtlaufzeit des Genussrechtes betrachtet, erhält der Anleger nur einen Teil seines Kapitals zurück und muss im schlimmsten Fall komplett auf eine Kapitalrückzahlung verzichten (Totalverlustrisiko).
- Beteiligung am Gewinn im Falle einer Liquidation (Verkauf oder Auflösung der Gesellschaft), d. h. auch über seine Kapitaleinlage hinaus kann es hierdurch für den Anleger zu einem Zusatzertrag kommen.
- Nachrangabrede: Im Konkursfall (aber auch bei jeder anderen Form der Liquidation) werden die Ansprüche des Genussrechtsanlegers erst nachrangig nach allen anderen Gläubigern berücksichtigt.
- Verbriefung als Genussschein: dies ist möglich aber für den Genussrechtsemittenten nicht verpflichtend und bedeutet, dass die

Forderungen aus Genussrechten als Genussscheine verbrieft werden können (in Form von Inhaber- oder Namenspapieren möglich) und somit übertragbar und an der Börse handelbar werden – unabhängig von der Laufzeit und der Kündigungsfrist des Genussrechtes. Ohne die Verbriefung als Genussrecht gibt es außerhalb der Laufzeit und der Kündigungsfristen keine Übertragungs- oder vorzeitigen Verfügungsmöglichkeiten bei Genussrechten.

Genussrechte kombinieren in der Regel demzufolge Schuldrechte (Anspruch auf Kapitalrückzahlung) und haben dadurch einerseits einen Fremdkapitalcharakter mit Vermögensrechten (Gewinn- und Verlustbeteiligung) und andererseits auch einen Eigenkapitalcharakter. Sie zählen deshalb im Bereich der Unternehmensbeteiligungen/-finanzierungen zu den Mezzanine-Finanzierungen.

▶ Exkurs – Nachrangabrede

Die Nachrangabrede bedeutet, dass ein Gläubiger bzw. dessen offene Forderungen im Insolvenzfall erst nach allen anderen Gläubigern bedient und berücksichtigt werden.

Nachrangabrede (vereinfachte Darstellung)

	Rechte (Mitsprache- bzw. Vermögensrechte)	Bedienung im Insolvenzfall (Reihenfolge/Rang)	Bedienung im Insolvenzfall (Reihenfolge/Rang) Nachrangabrede!
Inhaber	umfassend	3.	4.
Eigenkapitalgeber (Teilhaber)		2.	3.
Fremdkapitalgeber (Anleger)		1.	2.
Fremdkapitalgeber (sonstige Gläubiger wie bspw. Banken, Lieferanten)	gering	1.	1.

Abb. 143: Nachrangabrede (vereinfachte Darstellung)

► **Exkurs – hybride Finanzierungsformen (Mezzanine-Finanzierungen)**

Mezzanine-Finanzierungen (italienisch „mezzo" = halb) sind Unternehmensfinanzierungen, die wirtschaftlich (und auch rechtlich) betrachtet eine Mischung aus Eigenkapital und Fremdkapital sind. Weitere Beispiele für Mezzanine-Finanzierungen sind:

- Vorzugsaktien
- Stille Gesellschaft
- Partiarisches Darlehen
- Wandel- und Optionsanleihen

Die handelsrechtliche Bilanzierung beim Emittenten

Grundsätzlich wird Genusskapital als Fremdkapital bilanziert.

Ein Ausweis als Eigenkapital ist gemäß einer Stellungnahme des IDW (Institut der Wirtschaftsprüfer) möglich, wenn das Genussrecht nachfolgende Voraussetzungen erfüllt:

- Erfolgsabhängigkeit der Vergütung an den Genussrechtsinhaber,

- Teilnahme am Verlust bis zur vollen Höhe und

- Langfristigkeit der Kapitalüberlassung (mind. 5 Jahre),

- Nachrangabrede, d. h. Nachrangigkeit der Forderung im Insolvenz- oder Liquidationsfall gegenüber allen Gläubigern.

Kreditinstitute haben die Möglichkeit, Genusskapital als haftendes Eigenkapital auszuweisen, wenn $\quad$ § 10 Abs. 5 KWG

- es bis zur vollen Höhe am Verlust teilnimmt und das Institut berechtigt ist, im Falle eines Verlustes Zinszahlungen aufzuschieben,

- vereinbart ist, dass es im Falle des Insolvenzverfahrens über das Vermögen des Instituts oder der Liquidation des Instituts erst nach Befriedigung aller nicht nachrangigen Gläubiger zurückgezahlt wird,

- es dem Institut für mindestens fünf Jahre zur Verfügung gestellt worden ist,

- der Rückzahlungsanspruch nicht in weniger als zwei Jahren fällig wird oder aufgrund des Vertrags fällig werden kann.

Pflichten des Anbieters – Verkaufsprospekt und Vermögensinformationsblatt $\quad$ §§ 6–15 VermAnlG

Als Vermögensanlage im Sinne des § 1 Abs. 2 VermAnlG besteht für Genussrechte die Pflicht zur Erstellung eines Verkaufsprospektes, der von der BaFin zu billigen ist. Der Verkaufsprospekt muss unter anderem ausführliche Risikohinweise und die detaillierten Genussrechtsbedingungen enthalten. Ausnahmen sind nur erlaubt, soweit dies das Vermögensanlagengesetz vorsieht. Details zu den Ausnahmeregelungen siehe Kapitel 4.2.1 Vermögensanlagengesetz . Ebenso muss dem Anleger vor Geschäftsabschluss ein Vermögensinformationsblatt (VIB) zur Verfügung gestellt werden.

Chancen von Genussrechten

Rendite über Marktzinsniveau

Insbesondere im Vergleich zum Zinsniveau von Einlagen bei Banken, aber auch zum Kapitalmarktzinsniveau weisen Genussrechte die Chance auf höhere Renditen auf.

Sicherheiten je nach Vertragsgestaltung

In Verlustjahren entfällt eine Ausschüttung oder Zinszahlung und der Buchwert des Genussrechtskapitals wird reduziert. Für den Anleger von Vorteil ist eine Vereinbarung, die vorsieht, dass ein in Folgejahren erzielter Gewinn zu einem Nachforderungsanspruch bei den Ausschüttungen und zu einem Wiederauffüllen des Genussrechtskapitals führt.

Risiken von Genussrechten

Bonitätsrisiko

Die Bonität des Genussrechtsemittenten spielt eine wesentliche Rolle bei Genussrechten.

Ausschüttungsrisiko (Totalverlustrisiko der Zins- bzw. Ausschüttungsansprüche)

Wird kein Unternehmensgewinn erzielt, kann die Zinszahlung an den Genussrechtsinhaber reduziert oder ausgesetzt werden. Das ist ein wesentlicher Nachteil gegenüber einem verzinslichen Wertpapier.

Rückzahlungsrisiko (Totalverlustrisiko der Kapitaleinlage)

Erleidet das Unternehmen anhaltende Bilanzverluste, die nicht durch erzielte Gewinne wieder ausgeglichen werden, so erfolgt ggf. nur eine teilweise oder gar keine Rückzahlung des Kapitals an den Genussrechtsinhaber.

Haftungsrisiko (Nachrangabrede)

Genussrechte werden im Insolvenzfall erst nachrangig zu allen anderen Gläubigern bedient. Nur der Unternehmensinhaber wird nach dem Genussrecht bedient.

Kündigungsrisiko

Sofern ein Kündigungsrecht für den Genussrechtsemittenten vorgesehen ist, trägt der Anleger bei Ausübung das Risiko, dass es am Markt
keine Anlagealternative zu vergleichbaren Konditionen gibt.

Liquiditätsrisiko

Ein Genussrecht, das nicht in Form eines Genussscheins verbrieft ist,
bietet keine vorzeitige Verfügungsmöglichkeit, außer im Falle einer
eingeräumten – in der Regel mehrjährigen – Kündigungsfrist.

Anlegerkreis und Qualitätsmerkmale

Genussrechte sind Unternehmensbeteiligungen, die sich nicht für
sicherheitsorientierte Anleger und auch nicht für die klassische Vermögensbildung und Altersvorsorge von Privatanlegern eignen. Nur für
entsprechend risikobereite Anleger, die eine Alternative zu verzinslichen
Anlagen in einer Niedrigzinsphase suchen, eignen sich Genussrechte
solider Anbieter.

Ein grundsätzliches Qualitätsmerkmal ist die Erfahrung des Emittenten
mit Genussrechten und ob in der Vergangenheit Zinsen und Ausschüttungen regelmäßig gezahlt wurden und ob es zu Kapitalverlusten kam.

Ein Qualitätsmerkmal ist auch eine seriöse Werbung mit Hinweis auf
die Risiken.

Genussrechte werden Privatanlegern u. a. von Unternehmen angeboten, die auf dem Gebiet erneuerbarer Energien tätig sind. Die Renditen
liegen meist über dem Geld- und Rentenmarktniveau. Der Anleger sollte unbedingt die Hinweise zu den Risiken beachten, die im Verkaufsprospekt beschrieben werden müssen.

Genussrechte im Vergleich zu Aktien, verzinslichen Wertpapieren und Genussscheinen

Genussrechte sind eine Form der Unternehmensbeteiligung, die Eigenschaften von Aktien und verzinslichen Wertpapieren enthält. Dazu
kommt die verbriefte Form als Genussschein. Im Detail unterscheiden
sich Genussrechte wesentlich von Aktien, verzinslichen Wertpapieren
und Genussscheinen.

LF
14

SG
5.1

SG
5.2

	Genussrecht	Genuss-schein	Aktie	Verzinsliches Wertpapier
Ertrag	Gewinn-abhängige Verzinsung/ Ausschüt-tung	Gewinn-abhängige Verzinsung/ Ausschüttung	Dividende (ab-hängig vom Gewinn und der Dividen-denstrategie des Unterneh-mens)	i. d. R. fest vereinbarter Zinssatz
Laufzeit	feste Laufzeit oder Min-destlaufzeit mit Kündi-gungsfrist	feste und unbegrenz-te Laufzeit möglich	unbegrenzt	fest vereinbarte Laufzeit; durch Börsenhandel vorzeitige Ver-fügbarkeit über Kapital möglich
Kapitalrück-zahlung	zum Lauf-zeitende oder bei Liquidation unter Berück-sichtigung der Verlust-beteiligung	jederzeit in Höhe des aktuellen Bör-senkurses	jederzeit in Höhe des aktuellen Bör-senkurses	zum Laufzeiten-de in Höhe des Anlagebetrages, bei börsenno-tierten verzins-lichen Wertpa-pieren jederzeit zum aktuellen Börsenkurs
Börsen-handel	nein	ja	ja	ja, sofern es sich um börsennotiere verzinsliche Wertpapiere handelt
Haftung im Insolvenzfall	Totalverlust-risiko des Kapitals	Totalverlust-risiko des Kapitals und-Kursverluste bei sinkender Bonität des Unterneh-mens	Totalverlust-risiko des Kapitals und Kursverluste bei sinkender Unterneh-mensbonität oder Ver-schlechterung sonstiger Aktienkursbe-stimmender Faktoren	begrenzt auf den Anlage-betrag
Nachrangab-rede	ja	ja	nein	nein
Teilhaber am Unternehmen mit Stimm-rechten	nein	nein	ja	nein

▶ Zusammenfassung

	Genussrecht
Mögliche Ausgestaltungs-merkmale	gewinnabhängige Verzinsung, feste Laufzeit oder Mindestlaufzeit mit Kündigungsfrist, Gewinn- und Verlustbeteiligung, Beteiligung am Liquidationserlös, Optionsrechte, Vermögens-rechte ohne Mitbestimmungsrechte, börsenfä-hig bei Verbriefung als Genussschein
Chancen	feste Laufzeit oder Mindestlaufzeit mit Kündi-gungsfrist
Risiken	Nachrangabrede im Insolvenzfall, Rückzahlungs-risiko (Totalverlust), Ausschüttungsrisiko, Kündi-gungsrisiko, Bonitätsrisiko, Liquiditätsrisiko
Anlegerkreis	Risikobereiter und -fähiger Anleger, der die hö-heren Renditechancen nutzen möchte und die damit verbundenen erhöhten Risiken einschät-zen kann.
Verkaufs-unterlagen	Verkaufsprospekt, Vermögensinformationsblatt (VIB), beratungsprotokollpflichtig

4.1.6 Namensschuldverschreibungen

▶ Erläuterung

Eine Namensschuldverschreibung wird auf den Namen einer bestimm-ten Person, d. h. den Namen des Gläubigers ausgestellt.

Für den Emittenten der Namensschuldverschreibung hat dies den Vorteil, dass er seine Gläubiger namentlich kennt. Auch für den Anleger bedeutet dies einen zusätzlichen Schutz, da eine Übertragung der mit der Namensschuldverschreibung verbrieften Rechte nur durch eine ausdrückliche schriftliche Abtretung an den neuen Gläubiger möglich ist. Der Nachteil hiervon ist, dass Namensschuldverschreibungen nicht an der Börse gehandelt bzw. notiert werden können.

Namensschuldverschreibungen gibt es u. a. in zwei Varianten bezogen auf den Emittentenkreis:

■ Der von Banken und Sparkassen angebotene Sparbrief bzw. Sparkas-senbrief hat regelmäßig die rechtliche Form einer Namensschuldverschreibung und bietet hier dem Anleger den zusätzlichen Vorteil der Einlagensicherung.

- Namensschuldverschreibungen können auch von jedem anderen Unternehmen als Möglichkeit der Unternehmensfinanzierung über Fremdkapital emittiert werden. Eine Einlagensicherung besteht bei diesen Namensschuldverschreibungen nicht.

Namensschuldverschreibungen sind aus Sicht des Emittenten Fremdkapital. Der Anleger ist Gläubiger des Emittenten und erhält die für eine Schuldverschreibung typischen Forderungsrechte (Verzinsung und Kapitalrückzahlung). Mitsprache- oder Mitbestimmungsrechte erhält der Anleger nicht.

Merkmale

Wie bei allen Unternehmensbeteiligungen entscheiden über die individuelle Ausgestaltung im Detail die Anlagebedingungen oder Vertragsbedingungen. Zu den wesentlichen Merkmalen von Namensschuldverschreibung gehören:

- feste Verzinsung
- in der Regel Mindestanlagesummen
- namentlich erfasste Anleger und Übertragung nur durch Abtretung
- kein Börsenhandel
- in der Regel feste Laufzeit ohne vorzeitige Verfügungsmöglichkeit
- Anleger ist Fremdkapitalgeber und wird Gläubiger des emittierenden Unternehmens
- keine Mitsprache- oder Mitwirkungsrechte
- Haftung nur in Höhe der Kapitaleinlage
- keine Nachrangabrede

Chancen

Die Chancen leiten sich aus den jeweiligen Ausgestaltungsmerkmalen und sind insbesondere

- feste Verzinsung
- Einlagensicherung bei von Banken oder Sparkassen herausgegebenen Sparbriefen in Form einer Namensschuldverschreibung

Risiken

Bonitätsrisiko

Die Bonität des Emittenten ist ein wesentliches Kriterium bei der Risikobeurteilung einer Namensschuldverschreibung. Da der Anleger Gläubiger ohne weitere Sicherheiten wird, entscheidet die Zahlungsfähigkeit des Emittenten darüber, ob die Zins- und Kapitalrückzahlungsvereinbarungen eingehalten werden können.

Fehlende Einlagensicherung

Bei Namensschuldverschreibungen, die nicht in Form von Sparbriefen und von einer Bank oder Sparkasse herausgegeben werden besteht keine Einlagensicherung.

Liquiditätsrisiko

Da Namensschuldverschreibungen nicht an der Börse gehandelt werden, besteht nur eine eingeschränkte Verfügbarkeit. Die Übertragung ist nur durch Abtretung möglich.

▶ **Exkurs – Zession (Abtretung)**

Als Abtretung – auch Zession genannt – wird die Übertragung einer Forderung mittels eines Vertrages vom ursprünglichen Gläubiger (Zedent) auf einen neuen Gläubiger (Zessionar) genannt.

Abgrenzung Namens- und Inhaberschuldverschreibung

	Namensschuld-verschreibung	Inhaberschuld-verschreibung
Inhaber der verbrieften Rechte	wird namentlich erfasst	der Inhaber ohne namentliche Erfassung
Übertragung	durch Abtretung	durch Einigung und Übergabe
Börsenhandel	nein	ja
Einlagensicherung	nein (Ausnahme Sparbriefe von Banken/Sparkassen, sofern diese der gesetzlichen oder einer individuellen Einlagensicherung unterliegen)	nein
Laufzeit	i. d. R. fest vereinbart ohne vorzeitige Verfügungsmöglichkeit	fest vereinbart, bei Börsenhandel börsentägliche Verfügbarkeit zum jeweils aktuellen Tageskurs
Rückzahlung	erfolgt in Höhe des eingesetzten Kapitals	erfolgt in Höhe des eingesetzten Kapitals oder zum aktuellen Börsenwert bei vorzeitigem Verkauf

Verkaufsunterlagen

Auch für Namensschuldverschreibungen (Vermögensanlagen im Sinne des Vermögensanlagengesetzes) besteht die Pflicht zur Erstellung eines Verkaufsprospektes und eines Vermögensanlagen-Informationsblattes (VIB). Eine Anlageberatung muss in Form eines Beratungsprotokolls dokumentiert werden.

▶ Zusammenfassung

	Namensschuldverschreibungen
Mögliche Ausgestaltungs- merkmale	lauten auf den Namen des Anlegers (Gläubigers), feste Verzinsung, in der Regel feste Laufzeit, kein Börsenhandel, übertragbar nur durch Abtretung
Chancen	feste Verzinsung, erhöhte Rendite im Vergleich zum Geld- oder Kapitalmarktzinsniveau möglich
Risiken	Bonitätsrisiko, keine Einlagensicherung (Ausnahme Sparbriefe von Banken/Sparkassen), Liquiditätsrisiko
Kapitalart	Fremdkapital
Anlegerkreis	Bei Unternehmensfinanzierung (Nicht-Banken): Risikobereiter und -fähiger Anleger, der die höheren Renditechancen nutzen möchte und die damit verbundenen erhöhten Risiken einschätzen kann.
Verkaufs- unterlagen	Verkaufsprospekt, Vermögensanlagen-Informationsblatt (VIB), beratungsprotokollpflichtig

Übungen

1. Mit dem Erwerb von Genussrechten erwirbt der Kunde auch gewisse Rechte.

   Prüfen Sie, welche Aussagen zu Genussrechten zutreffend sind.

   a) Vermögensrechte

   b) Mitwirkungsrechte

   c) Stimmrechte

   d) Verwaltungsrechte

   e) gewinnabhängige Verzinsung

2. Nennen Sie drei Risiken von Genussrechten.

3. Prüfen Sie, welche Risiken bei Namensschuldverschreibungen bestehen.

   a) Optionsrisiko

   b) Liquiditätsrisiko

   c) Emittentenrisiko

   d) Ausschüttungsrisiko

   e) Kostenrisiko

4. Prüfen Sie welche Art von Kapital einem Unternehmen durch die Ausgabe von Namensschuldverschreibungen zur Verfügung gestellt wird.

   a) Sondervermögen

   b) Eigenkapital

   c) Investmentvermögen

   d) Anlagekapital

   e) Fremdkapital

5. Nennen Sie mindestens drei Vorteile der stillen Beteiligung.

6. Im Rahmen eines Seminars diskutieren Sie auch stille Beteiligungen an Unternehmen.

   Prüfen Sie, welche Aussage zur Abgrenzung der typisch von der atypisch stillen Beteiligung korrekt beschrieben ist.

   a) Die typisch stille Beteiligung erfolgt rein zum Eigenzweck der Umsatzbeteiligung und die atypisch stille Beteiligung sieht eine patriarchische Beteiligung am Geschäftsbetrieb vor.

   b) Der atypisch stille Gesellschafter erhält eine Gewinnbeteiligung ohne Mitbestimmungsrechte; der typisch stille Gesellschafter erhält zusätzlich zur Gewinnbeteiligung auch Kontroll- und Mitspracherechte.

   c) Der typisch stille Gesellschafter erhält eine Gewinnbeteiligung ohne Mitbestimmungsrechte; der atypisch stille Gesellschafter erhält zusätzlich zur Gewinnbeteiligung auch Kontroll- und Mitspracherechte.

   d) Der typisch stille Gesellschafter ist am Gewinn und der atypisch stille Gesellschafter am Verlust beteiligt.

7. Im Genossenschaftsgesetz sind gewisse Anforderungen über die Genossenschaft gesetzlich festgelegt.

   Prüfen Sie, welche Aussagen nach dem Genossenschaftsgesetz richtig beschrieben sind.

   a) Eine Genossenschaft verfügt über einen Vorstand, einen Aufsichtsrat und eine Hauptversammlung.

   b) Eine Genossenschaft verfügt über einen Vorstand, einen Aufsichtsrat und eine Generalversammlung.

   c) Der Prüfungsverband kontrolliert die Zuverlässigkeit der Mitglieder.

   d) Der Vorstand vertritt die Genossenschaft gerichtlich und außergerichtlich.

   e) Der Aufsichtsrat ist ein internes Kontrollorgan.

   f) Die Generalversammlung setzt sich aus dem Vorstand, dem Aufsichtsrat und dem Prüfungsverband zusammen.

8. Nennen Sie mindestens drei Vorteile von Genossenschaftsanteilen.

9. Nennen Sie drei Risiken der Anlage in Genossenschaftsanteile.

10. Nennen Sie mindestens drei Fälle in denen die Mitgliedschaft an einer Genossenschaft enden kann.

4.2 Rechtliche Grundlagen von Vermögensanlagen

4.2.1 Vermögensanlagengesetz (VermAnlG)

▶ Situation

Sie bereiten sich auf eine Schulung für neue Vertriebsmitarbeiter zum
Vermögensanlagengesetzbuch, das erstmals die Regulierungen und die
Beaufsichtigung der Anlageprodukte des sogenannten „Grauen Kapital-
markts" geregelt hat, vor.

Als „Grauen Kapitalmarkt" bezeichnet man den markt für Kapitelan-
lagen, die nur geringen gesetzlichen Regelungen unterliegen. Dazu
gehörten in der Vergangenheit insbesondere die geschlossenen Beteiligungsfonds.

Erstellen Sie dazu eine Zusammenfassung der wesentlichen Regelungen.

▶ Erläuterung

Dieses Gesetz ist auf Vermögensanlagen anzuwenden, die im Inland
öffentlich angeboten werden. Vermögensanlagen im Sinne des Vermögensanlagengesetzes sind:

§ 1 Abs. 2 VermAnlG

■ Anteile, die eine Beteiligung am Ergebnis eines Unternehmens
  gewähren (geschlossene Fonds, die nicht nach den Regelungen des
  KAGB aufgelegt wurden, stille Beteiligung, Genossenschaftsanteile)

■ Anteile an Treuhandvermögen

■ Genussrechte und

■ Namensschuldverschreibungen

die nicht in Wertpapieren verbrieft sind.

Das Gesetz regelt zudem Ausnahmen für einzelne Arten von Vermögensanlagen, wie beispielsweise

§ 2 VermAnlG

■ Genossenschaftsanteile

■ Angebote, bei denen

  ■ von derselben Vermögensanlage nicht mehr als 20 Anteile angebo-
    ten werden,

  ■ der Verkaufspreis der im Zeitraum von 12 Monaten angebotenen
    Anteile insgesamt 100.000 € nicht übersteigt,

  ■ der Preis jedes angebotenen Anteils mindestens 200.000 € je
    Anleger beträgt.

Für diese Vermögensanlagen gelten die §§ 6–26 VermAnlG nicht.

§§ 6–26 VermAnlG   Für Anbieter von Vermögensanlagen, die nicht unter die Ausnahmeregelungen fallen, entfällt

- die Pflicht zur Erstellung und Veröffentlichung eines Verkaufsprospektes,

- die Pflicht, ein Vermögensanlagen-Informationsblatt (VIB) zu erstellen,

- die Haftung bei fehlendem oder fehlerhaftem Verkaufsprospekt,

- die Pflicht zur Erstellung und Bekanntmachung von Jahresabschlüssen.

Zielsetzung

Das Vermögensanlagengesetz verfolgt die nachfolgenden Ziele:

- Stärkung des Anlegerschutzes (das frühere Verkaufsprospektgesetz wurde durch das Vermögensanlagengesetz [VermAnlG] ersetzt):

  - Pflicht zur Veröffentlichung eines Verkaufsprospektes

  - strenge Vorgaben an die Inhalte des Verkaufsprospektes und weiterer Anlegerinformationen

  - Haftung für fehlenden, fehlerhaften Verkaufsprospekt.

- Die Produktregulierung beinhaltet, dass geschlossene Fonds und sonstige Vermögensanlagen als Finanzinstrumente im Sinne des KWG und des WpHG gelten und somit auch der BaFin-Aufsicht unterliegen.

Anforderungen an Verkaufsprospekte

§ 7 Abs. 1 VermAnlG   Verkaufsprospekte für Vermögensanlagen müssen u. a. nachfolgende Angaben enthalten:

- alle tatsächlichen und rechtlichen Angaben, auf deren Grundlage der Anleger sich ein Bild über die Zuverlässigkeit der auf Emittentenseite beteiligten Personen (ggf. Angaben über bestimmte Vorstrafen) und der Vermögensanlagen selbst machen kann

§ 2 VermVerk-ProspV   - Mindestangaben gemäß der Vermögensanlagen-Verkaufsprospekte-Verordnung wie beispielsweise

  - gesonderte Darstellung einzelner Risiken

  - Darstellung der Kostenstruktur

  - Angaben zu Gründungsgesellschaften, Leitungspersonal, Treuhänder, Mittelverwendungskontrolleuren, Anbieter und sonstigen Personen

  - Angaben zum Anlageobjekt, insbesondere bei zwischengeschalteten Objektgesellschaften

  - Finanzinformationen

  - Prognosen

Bevor der Verkaufsprospekt veröffentlicht werden darf, muss eine Billigung der Bundesanstalt für Finanzdienstleistungsaufsicht (BaFin) vorliegen.

§ 8 Abs. 1 VermAnlG

Die BaFin prüft:

- formelle (d. h. Übereinstimmung mit der Vermögensanlagen-Verkaufsprospekte-Verordnung) Vollständigkeit des Verkaufsprospektes (Vollständigkeitsprüfung)

- Kohärenz (innere Widerspruchsfreiheit) und Verständlichkeit der Inhalte (Kohärenzprüfung und Verständlichkeitsprüfung)

Die BaFin prüft nicht:

- inhaltliche Richtigkeit des Verkaufsprospektes

- Plausibilität der angebotenen Kapitalanlage auf wirtschaftliche Tragfähigkeit

Die Produktaufsicht durch die BaFin gilt unabhängig davon, ob die Produkte durch Banken oder freie Finanzanlagenvermittler vertrieben werden.

Für die Verkaufsprospekte von Vermögensanlagen gilt eine Prospekthaftung: Für fehlende oder fehlerhafte Verkaufsprospekte wurde der Haftungszeitraum mit der neuen gesetzlichen Regelung verlängert.

§§ 20–22 VermAnlG

Die Neuregelung der Prospekthaftung in § 20 VermAnlG beträgt für die Ausschlussfrist nach dem ersten öffentlichen Angebot zwei Jahre. Dazu kommt eine Verlängerung durch die regelmäßige Verjährungsfrist auf drei Jahre. Diese Frist beginnt aber erst am Ende des Jahres zu laufen, in dem der Anleger von der Unrichtigkeit des Prospekts Kenntnis erlangt hat. Unabhängig von einer Kenntniserlangung beträgt die Verjährungsfrist nun zehn Jahre.

Eine Prospekthaftung ist auch für das VIB eingeführt worden (§ 22 VermAnlG). Im Unterschied zur Prospekthaftung wird allerdings beim VIB die Kausalität zwischen einem unrichtigen VIB und dem Schaden nicht vermutet, der Anleger muss also die Kausalität beweisen. Ferner besteht naturgemäß auch keine Haftung für die Vollständigkeit des VIB.

Die neuen Verjährungsfristen gelten für Verkaufsprospekte, die nach dem 1. Juni 2012 bei der BaFin zur Billigung eingereicht werden.

Anforderungen an das Vermögensanlagen-Informationsblatt (VIB)

§ 13 Abs. 2 VermAnlG

Das Vermögensanlagen-Informationsblatt darf nicht mehr als 3 DIN-A4-Seiten umfassen. In übersichtlicher und leicht verständlicher Weise muss es die wesentlichen Informationen über die Vermögensanlagen enthalten, so dass der Anleger insbesondere

- die Art der Vermögensanlage,

- die Anlagestrategie, Anlagepolitik und Anlageobjekte,

- die mit der Vermögensanlage verbundenen Risiken,

- die Aussichten für die Kapitalrückzahlung und Erträge unter verschiedenen Marktbedingungen,

- die mit der Vermögensanlage verbundenen Kosten und Provisionen

einschätzen und mit den Merkmalen anderer Finanzinstrumente bestmöglich vergleichen kann.

§ 13 Abs. 3 VermAnlG

Darüber hinaus müssen folgende Angaben enthalten sein:

- Angaben über die Identität des Anbieters

- Ein Hinweis darauf, dass das VIB nicht der Prüfung durch die BaFin unterliegt (gemeint ist hier die Richtigkeit der wirtschaftlich relevanten Angaben).

- Ein Hinweis auf den Verkaufsprospekt und darauf, wo und wie dieser erhältlich ist und dass er kostenlos angefordert werden kann.

- Ein Hinweis darauf, dass der Anleger eine etwaige Anlageentscheidung bezüglich der betroffenen Vermögensanlagen auf die Prüfung des gesamten Verkaufsprospektes stützen sollte.

- Ein Hinweis darauf, dass Ansprüche auf der Grundlage einer in dem VIB enthaltenen Angabe nur dann bestehen können, wenn die Angabe irreführend, unrichtig oder nicht mit den einschlägigen Teilen des Verkaufsprospektes vereinbar ist. Die Vermögensanlage muss dazu während der Dauer des öffentlichen Angebots, spätestens jedoch innerhalb von 2 Jahren nach dem ersten öffentlichen Angebot der Vermögensanlagen im Inland, erworben worden sein.

Die Anforderungen an den Inhalt eines Vermögensanlagen-Informationsblatts sind vergleichbar mit den inhaltlichen Anforderungen an die „wesentlichen Anlegerinformationen" für den Vertrieb offener und geschlossener Investmentvermögen gemäß KAGB.

Haftung für Verkaufsunterlagen

§ 20 Abs. 1 VermAnlG

Die Haftung bei fehlerhaftem Verkaufsprospekt ist gesetzlich wie folgt geregelt:

- Anspruch besteht bei Unrichtigkeit und Unvollständigkeit der für die Beurteilung der Vermögensanlagen wesentlichen Angaben in einem Verkaufsprospekt.

- Anspruch besteht seitens des Erwerbers der Vermögensanlage (Anleger) gegenüber denjenigen, die für den Verkaufsprospekt die Verantwortung übernommen haben (u. a. Vermittler), und von denen der Erlass des Verkaufsprospekts ausgeht (Anbieter / Intiator), als Gesamtschuldner.

- Anspruch auf Übernahme der Vermögensanlagen gegen Erstattung des Erwerbspreises, soweit dieser den ersten Erwerbspreis der Vermögensanlagen nicht überschreitet, und der mit dem Erwerb verbundenen üblichen Kosten.

- Voraussetzung: Das Erwerbsgeschäft wurde nach Veröffentlichung des Verkaufsprospekts und während der Dauer des öffentlichen Angebots, spätestens jedoch innerhalb von zwei Jahren nach dem ersten öffentlichen Angebot der Vermögensanlagen im Inland abgeschlossen.

Ist der Erwerber nicht mehr Inhaber der Vermögensanlagen, so kann er die Zahlung des Unterschiedsbetrags zwischen dem Erwerbspreis, soweit dieser den ersten Erwerbspreis nicht überschreitet, und dem Veräußerungspreis der Vermögensanlagen sowie der mit dem Erwerb und der Veräußerung verbundenen üblichen Kosten verlangen.	§ 20 Abs. 2 VermAnlG
Nicht in Anspruch genommen werden kann, wer nachweist, dass er die Unrichtigkeit oder Unvollständigkeit der Angaben des Verkaufsprospekts nicht gekannt hat und dass die Unkenntnis nicht auf grober Fahrlässigkeit beruht.	§ 20 Abs. 3 VermAnlG
Der Anspruch besteht nicht, sofern:	
1. die Vermögensanlagen nicht auf Grund des Verkaufsprospekts erworben wurden,	
2. der Sachverhalt, über den unrichtige oder unvollständige Angaben im Verkaufsprospekt enthalten sind, nicht zu einer Minderung des Erwerbspreises der Vermögensanlagen beigetragen hat oder	
3. der Erwerber die Unrichtigkeit oder Unvollständigkeit der Angaben des Verkaufsprospekts beim Erwerb kannte.	§ 20 Abs. 4 VermAnlG

Diese Regelungen gelten entsprechend auch in Bezug auf die Haftung bei fehlendem, d. h. nicht veröffentlichtem Verkaufsprospekt. — § 21 VermAnlG

Wer Vermögensanlagen aufgrund von Angaben in einem Vermögensanlagen-Informationsblatt erworben hat, für den gilt ebenfalls die oben genannte Haftung, wenn: — § 22 VermAnlG

1. die in dem Vermögensanlagen-Informationsblatt enthaltenen Angaben irreführend, unrichtig oder nicht mit den einschlägigen Teilen des Verkaufsprospekts vereinbar sind und

2. das Erwerbsgeschäft nach Veröffentlichung des Verkaufsprospekts und während der Dauer des öffentlichen Angebots, spätestens jedoch innerhalb von zwei Jahren nach dem ersten öffentlichen Angebot der Vermögensanlagen im Inland abgeschlossen wurde.

LF 14

SG 5.2

SG 5.4

Nicht in Anspruch genommen werden kann:

- wer nachweist, dass er die Unrichtigkeit des Vermögensanlagen-Informationsblatts nicht gekannt hat und dass die Unkenntnis nicht auf grober Fahrlässigkeit beruht,

- wenn der Erwerber die Unrichtigkeit der Angaben des Vermögensanlagen-Informationsblatts beim Erwerb kannte oder

- wenn der Sachverhalt, über den unrichtige Angaben im Vermögensanlagen-Informationsblatt enthalten sind, nicht zu einer Minderung des Erwerbspreises der Vermögensanlagen beigetragen hat.

▶ Praxishinweis

Auch wenn nun die Anlegerschutzbestimmungen für Finanzinstrumente im Sinne des KWG insbesondere im Hinblick auf die Informationen rund um die Anlagen aneinander angepasst sind, ist dies kein gesetzlicher Anlegerschutz in Bezug auf die Tragfähigkeit des angebotenen Anlagekonzeptes.

Auch die Pflicht zur Erstellung von Jahresabschlüssen verhindert noch nicht die Möglichkeit unseriöser Angebote. Es gilt also nach wie vor, dass der Anleger sich insbesondere bei den Vermögensanlagen alle Unterlagen genau anschauen und über ein entsprechendes Markt-Knowhow verfügen sollte bzw. dazu in der Lage sein sollte, die wirtschaftliche Tragfähigkeit des Konzeptes einzuschätzen.

▶ **Zusammenfassung**

Vermögensanlagengesetz

Anzuwenden u. a. auf freie Vermittler (§ 34 f GewO), Banken und Finanzdienstleistungsinstitute, die Vermögensanlagen vertreiben bzw. darüber beraten

Vermögensanlagen = geschlossene Fonds (nicht KAGB-konform), Genussrechte, Namensschuldverschreibungen, Genossenschaftsanteile, stille Beteiligung

Pflichtinformationen

Vermögens-anlagen-Informationsblatt VIB	Verkaufs-prospekte	Jahresabschluss

Prüfung durch BaFin

- Vollständigkeitsprüfung
- Kohärenzprüfung
- Verständlichkeitsprüfung

Keine Pflichtinformationen:

- für Genossenschaftsanteile
- Beteiligungsangebote, wenn:
  - weniger als 20 Anteile ausgegeben wurden
  - wenn der Gesamtverkaufspreis innerhalb von 12 Monaten 100.000 € nicht übersteigt
  - wenn der Preis pro Anteil mindestens 200.000 € je Anleger beträgt

Abb. 144: Vermögensanlagengesetz (VermAnlG)

4.2.2 Grundlagen des Gesellschaftsrechts

Bürgerliches Gesetzbuch (BGB) und Handelsgesetzbuch (HGB)

Das BGB regelt die Grundlagen des Gesellschaftsrechts und definiert eine Gesellschaft als private Personenvereinigung, deren Mitglieder sich rechtsgeschäftlich zusammengeschlossen haben, um einen bestimmten Zweck zu verfolgen.

Das BGB und das HGB enthalten Regelungen für Personengesellschaften:

- Gesellschaft bürgerlichen Rechts
  (GbR oder auch BGB-Gesellschaft genannt)

- Offene Handelsgesellschaft (OHG) als Zusammenschluss
  von Kaufleuten

- Kommanditgesellschaft (KG)

- Stille Gesellschaft (auch stille Beteiligung genannt)

- GmbH & Co. KG

Das BGB beinhaltet Grundsätze zum Gesellschaftsrecht:

- Grundsatz der freien Rechtsformauswahl

- Grundsatz der Vertragsfreiheit / Typenfreiheit

- Rechtsformzwang

Im Handelsgesetzbuch finden sich – sofern nicht die Regelungen des KAGB Anwendung finden – weitere Vorgaben für geschlossene Investmentfonds nach den Regelungen des VermAnlG (z. B. in der Rechtsform einer GmbH & Co.KG).

Die Gesellschaft bürgerlichen Rechts (GbR)

Die GbR ist die Grundform der Personengesellschaften.

§§ 705–740 BGB   Das BGB regelt die Rahmenbedingungen für eine GbR:

- mindestens 2 Gesellschafter

- keine Eintragung ins Handelsregister

- keine eigene Rechtspersönlichkeit

- keine Formvorschriften

- gemeinschaftliche Geschäftsführung durch alle Gesellschafter

- Vermögensgegenstände der Gesellschaft gehören allen Gesellschaftern und eine Verfügung hierüber ist nur gemeinschaftlich möglich.

- Gegenüber den Gläubigern haftet das Gesellschaftskapital und die Gesellschafter unbeschränkt mit ihrem Gesamtvermögen (inkl. Privatvermögen). Die Haftung besteht gesamtschuldnerisch (zu gleichen Teilen).

- Die Besteuerung erfolgt auf Gesellschafterebene.

Für Personengesellschaften gilt jedoch eine darüber hinausgehende weitgehende Freiheit und Flexibilität in der Gestaltung des Gesellschaftsvertrages.

Die offene Handelsgesellschaft (OHG)

Regelungen für die OHG: §§ 161 HGB

- Es gelten die für die GbR gesetzlichen Regelungen mit folgenden Ausnahmen:
  - Die OHG muss als Handelsgesellschaft ins Handelsregister eingetragen werden.
  - Die OHG ist buchführungspflichtig und muss eine Bilanz und Gewinn- und Verlustrechnung erstellen.
  - Die Gewinne der OHG werden den Gesellschaftern anteilig zugerechnet und sind im Rahmen der Einkommensteuer als Einkünfte aus selbstständiger Arbeit zu versteuern.
- Die Rechtsform der OHG für ein Handelsgewerbe hat für die Gesellschafter den erheblichen Nachteil der persönlichen Haftung und wird deshalb nur selten gewählt.
- Eine OHG kommt in der Praxis vor, wenn die Gesellschafter noch nicht über genügend Geldmittel verfügen, um das Stammkapital für eine GmbH aufzubringen.

Abgrenzung GbR und OHG

Schließen sich mehrere Personen mit dem Zweck einer nicht gewerblichen Tätigkeit (wie beispielsweise die Zusammenarbeit zwischen Freiberuflern (Ärzte, Architekten u. a.), Ärzte-Praxisgemeinschaften, Erbengemeinschaften oder auch Arbeitsgemeinschaften im Bau oder bei der Nutzung bestimmter Anlagen) zusammen, kann die Rechtsform der GbR gewählt werden. Möchten mehrere Personen jedoch zusammen ein Handelsgewerbe betreiben (kommerzielle Gewinnerzielungsabsicht), müssen sie mindestens die Rechtsform einer OHG wählen.

Die GmbH & Co. KG

Bei einer GmbH & Co. KG handelt es sich um eine KG, deren Komplementär eine GmbH ist. Die GmbH & Co. KG ist also eine Mischgesellschaft und verfügt selbst über keine eigenen gesetzlichen Regelungen:

- GmbH ist eine Kapitalgesellschaft gemäß GmbH-Gesetz
- KG ist eine Personenhandelsgesellschaft gemäß HGB

Zunächst muss die GmbH gegründet werden, die dann Gesellschafterin einer bestehenden oder ebenfalls zu gründenden KG wird.

Die GmbH als Komplementär ist vollhaftender Gesellschafter. Die Haftung ist allerdings auf das Gesellschaftsvermögen begrenzt.

Die GmbH & Co. KG wird gerichtlich und außergerichtlich durch einen Geschäftsführer (Recht des Komplementärs) vertreten.

Der Anleger beteiligt sich als Kommanditist und haftet grundsätzlich nur in Höhe seiner Kapitaleinlage (sofern es sich nicht um eine geschlossene Investment-KG nach dem KAGB handelt, ist eine eventuelle Nachschusspflicht im Insolvenzfall der Gesellschaft möglich).

Die Gesellschaft mit beschränkter Haftung (GmbH)

Gesetzliche Regelung für die Gesellschaft mit beschränkter Haftung (GmbH) ist das GmbH-Gesetz.

Die wesentlichen Regelungen für eine GmbH sind:

- Stammkapital, festgelegt durch einen Gesellschaftsvertrag, von mindestens 25.000 €

- Eintragung ins Handelsregister macht die GmbH zu einer eigenen Rechtspersönlichkeit (juristische Person)

- Die Haftung gegenüber Gläubigern ist auf das Stammkapital begrenzt.

- vorgeschriebene Organe:

  - Geschäftsführung (wird von der Gesellschafterversammlung bestellt bzw. abberufen)

  - Gesellschafterversammlung (Beschlüsse sind Mehrheitsbeschlüsse und für alle Gesellschafter verbindlich)

  - Bei Gesellschaften mit mehr als 500 Mitarbeitern: Gründung eines mitbestimmenden Aufsichtsrates erforderlich

Die Kommanditgesellschaft (KG)

§§ 161 ff. HGB

Die HGB-Anforderungen an eine KG sind grundsätzlich:

- Vertragliche Vereinigung von mindestens zwei oder mehr Personen (auch juristische Personen sind möglich) zum Betrieb eines Handelsgewerbes unter gemeinschaftlicher Firma (Name der Firma), wobei den Gläubigern gegenüber mindestens ein Gesellschafter (Komplementär) unbeschränkt (bei Privatpersonen auch mit dem Privatvermögen, bei Kapitalgesellschaften haftet das volle Gesellschaftskapital) und mindestens ein Gesellschafter (Kommanditist) beschränkt (begrenzt auf die Kapitaleinlage) haftet.

- Haftet keine natürliche Person, muss dies aus der Firmenbezeichnung heraus klar erkennbar sein (beispielsweise GmbH & Co.KG).

- Durch die Eintragung der KG ins Handelsregister wird sie rechtsfähig als juristische Person.

- Eintragung aller Kommanditisten (Ausnahme nur mittelbar über einen Treuhandkommanditisten Beteiligte) ins Handelsregister mit der Höhe ihrer jeweiligen Kapitaleinlage (Transparenz gegenüber Gläubigern hinsichtlich des haftenden Kapitals)

- Einlagen der Kommanditisten sind Eigenkapital

- Eine Mindesteinlage ist gesetzlich nicht vorgeschrieben.

Im internationalen Recht entspricht die L.P. (Limited Partnership) der deutschen KG. Der General Partner ist hier vollhaftender Komplementär und der Limited Partner ist der nur auf seine Kapitaleinlage beschränkt haftende Kommanditist.

Das HGB enthält darüber hinaus Regelungen zur stillen Beteiligung   §§ 230 ff. HGB
(siehe Kapitel 4.1.3 Stille Beteiligung)

Limited

- Vergleichbar mit einer Kapitalgesellschaft

Limited-Partnership	Limited-Liability-Company
<ul><li>vergleichbar mit der Kommanditgesellschaft (KG)</li><li>Abkürzung als LP oder L.P.</li><li>mind. 2 Gesellschafter</li><li>Komplementär = General Partner</li><li>Kommanditist = Limited Partner</li></ul>	<ul><li>Kombination von Haftungsbegrenzung der Gesellschafter mit der Wahlmöglichkeit einer Behandlung als Personengesellschaft.</li><li>Vergleichbar mit einer GmbH</li><li>Abkürzung als LLC</li></ul>

LF
14

SG
5.4

▶ Zusammenfassung

Gesellschaftsformen im Überblick

Personengesellschaften	Kapitalgesellschaften
■ persönlich haftender Gesellschafter ■ alle (persönlich haftenden) Gesellschafter sind grundsätzlich zur Geschäftsführung berechtigt ■ persönlicher Einsatz der Gesellschafter zum Erreichen des Gesellschaftszwecks	■ Den Gläubigern gegenüber haftet nur das Gesellschaftskapital. ■ Gesellschaft besteht unabhängig von Wechsel der Mitglieder / Gesellschafter. ■ Im Vordergrund steht der Einsatz von Kapital und die Geschäftsführung durch einen Geschäftsführer.

keine Eintragung ins Handelsregister	Eintragung ins Handelsregister = juristische Personen	Eintragung ins Handelsregister = juristische Personen
GbR	OHG	**Aktiengesellschaft (AG)**
Stille Gesellschaft	KG	GmbH
	GmbH & Co. KG	Eintragung ins Genossenschaftsregister = juristische Personen
	L.P. (Limited Partnership) internationale Form der KG	**Eingetragene Genossenschaft (eG)**

Abb. 145: Gesellschaftsformen

4.2.3 Weitere rechtliche Grundlagen für Vermögensanlagen

▶ Situation

Ihre Kollegin Stefanie Dahlmann bereitet sich auf die Teilprüfung zur Finanzanlagenvermittlung „Vermögensanlagen im Sinne des § 1 Abs. 2 Vermögensanlagengesetz" vor. Dazu erstellt sie sich eine Übersicht der weiteren rechtlichen Grundlagen über das Vermögensanlagengesetz hinaus.

▶ **Erläuterung**

LF 14

Für die einzelnen Vermögensanlagen gelten über das Vermögensanlagengesetz hinaus weitere gesetzliche Grundlagen.

Eine Ausnahme bilden die Genussrechte, für die es keine weiteren rechtlichen Regelungen gibt.

SG 5.4

Weitere gesetzliche Regelungen für Namensschuldverschreibungen

Namensschuldverschreibungen fallen unter den Sammelbegriff Schuldverschreibungen, die wiederum im Bürgerlichen Gesetzbuch (BGB) geregelt sind.

§§ 793 ff. BGB

Aufgrund der Besonderheit bei einer Namensschuldverschreibung, dass der Schuldner nur an den in der Urkunde benannten Gläubiger seine Leistungen erbringen darf, ist eine Übertragung der Rechte nur durch eine Abtretung möglich. Der bisherige Gläubiger (Zedent) tritt seine Rechte schriftlich an den neuen Gläubiger (Zessionar) ab.

§ 952 Abs. 2 BGB und
§ 985 Abs. 1 BGB

Weitere gesetzliche Regelungen für stille Bteiligungen

Die Regelungen zu dieser Art der Eigentumsübertragung sind ebenfalls im BGB geregelt. Die besonderen gesetzlichen Regelungen für stille Beteiligungen finden sich im Handelsgesetzbuch (HGB).

§§ 230–237 HGB

4.2.4 Rechtliche Grundlagen für Genossenschaftsanteile

▶ **Erläuterung**

Bestimmte Regelungen (vor allem die Erstellung eines Verkaufsprospektes und eines Vermögensanlagen-Informationsblattes (VIB), die Haftung für fehlerhafte oder fehlende Verkaufsprospekte sowie die Erstellung von Jahresabschlüssen) des Vermögensanlagengesetzes gelten nicht für Genossenschaftsanteile.

Anforderungen an Informationen über die Genossenschaft gemäß Genossenschaftsgesetz (GenG)

§ 6 und 7 GenG

An die Stelle eines Verkaufsprospektes tritt bei einer Genossenschaft die Satzung. Deren Mindestinhalt ist gesetzlich festgelegt. Dazu gehören beispielsweise

- die Firma und Sitz der Genossenschaft
- der Gegenstand des Unternehmens
- Bestimmungen über Nachschusspflichten im Insolvenzfall
- Bestimmungen über die Form für die Einberufung der Generalversammlung der Mitglieder, die Beurkundung ihrer Beschlüsse und über den Vorsitz in der Versammlung

- Bestimmungen über die Form der Bekanntmachungen der Genossenschaften
- der Betrag, bis zu welchem sich die einzelnen Mitglieder mit Einlagen beteiligen können (Geschäftsanteil), sowie die Einzahlungen auf den Geschäftsanteil
- die Bildung einer gesetzlichen Rücklage zur Deckung eventueller Bilanzverluste

§ 10 GenG und
§ 12 GenG

Diese Satzung sowie die Mitglieder des Vorstandes sind in das Genossenschaftsregister bei dem Gericht einzutragen, in dessen Bezirk die Genossenschaft ihren Sitz hat. Die Satzung ist von diesem Gericht in Auszügen zu veröffentlichen.

§ 33 GenG und
§ 147 GenG

Für die erforderliche Buchführung und die Erstellung eines Jahresabschlusses inklusive Lagebericht ist der Vorstand der Genossenschaft verantwortlich. Für falsche Angaben oder unrichtige Darstellungen sieht das Genossenschaftsgesetz Geld- und Freiheitsstrafen vor.

Das Genossenschaftsgesetz regelt die Rahmenbedingungen für Genossenschaften und von diesen ausgegebene Genossenschaftsanteile:

- Errichtung der Genossenschaft
- Rechtsverhältnisse der Genossenschaft und ihrer Mitglieder
- Verfassung der Genossenschaft
- Prüfung und Prüfungsverbände
- Beendigung der Mitgliedschaft

- Auflösung und Nichtigkeit der Genossenschaft
- Insolvenzverfahren, Nachschusspflicht der Mitglieder
- Haftsumme
- Straf- und Bußgeldvorschriften

4.2.5 Rechtliche Grundlagen für geschlossene Fonds in der Rechtsform einer GbR, OHG oder KG

▶ Erläuterung

LF
14

SG
5.4

Bei den geschlossenen Fonds im Sinne des Vermögensanlagengesetzes sind grundsätzlich die geschlossenen Fonds zusammengefasst, die nicht nach den Regelungen des KAGB aufgelegt wurden und eine von der geschlossenen Investment-KG abweichende Rechtsform aufweisen. Neben den bereits beschriebenen Besonderheiten der einzelnen Rechtsformen muss sich der Anleger vor allem der für diese geschlossenen Fonds eingeschränkten Regulierung (z.B fehlende Aufsicht durch die BaFin) bewusst sein. Außerdem können diese Rechtsformen zusätzliche Haftungsrisiken aufweisen wie beispielsweise die persönliche Haftung des Anlegers bei einer GbR.

Die besonderen rechtlichen Grundlagen für geschlossene Fonds in der Rechtsform einer Gesellschaft bürgerlichen Rechts (GbR) finden sich im Bürgerlichen Gesetzbuch (BGB). Denn bei der GbR handelt es sich um keine Handelsgesellschaft, sondern vielmehr um eine Vereinigung natürlicher und juristischer Personen, die für einen gewerblichen oder nicht gewerblichen Zweck gegründet werden kann. §§ 705 ff. BGB

Eine unbegrenzte Anzahl von Gesellschaftern finanziert durch ihre Beiträge die Gesellschaft. Grundsätzlich ist jeder Gesellschafter zur Geschäftsführung und Vertretung gegenüber Dritten gemeinschaftlich berechtigt, die Geschäftsführung kann aber auch einzelnen Gesellschaftern mittels eines Gesellschaftsvertrages übertragen werden (geschäftsführende Gesellschafter).

Die Beiträge der Gesellschafter und die durch die Geschäftsführung für die Gesellschaft erworbenen Gegenstände werden gemeinschaftliches Vermögen der Gesellschafter (Gesellschaftsvermögen).

Für die Verbindlichkeiten haften alle Gesellschafter unmittelbar, unbeschränkt und gesamtschuldnerisch.

Bezüglich der Nachschusspflicht bei Verlust regelt das BGB:

„... reicht das Gesellschaftsvermögen zur Berichtigung der gemeinschaftlichen Schulden und zur Rückerstattung der Einlagen nicht aus, so haben die Gesellschafter für den Fehlbetrag nach dem Verhältnis aufzukommen, nach welchem sie den Verlust zu tragen haben. Kann von einem Gesellschafter der auf ihn entfallende Beitrag nicht erlangt werden, so haben die übrigen Gesellschafter den Ausfall nach dem gleichen Verhältnis zu tragen." § 735 BGB

▶ Zusammenfassung

Hier die Rechtsgrundlagen der Vermögensanlagen nochmal im Gesamt-überblick:

Besondere Rechtsgrundlagen von Vermögensanlagen

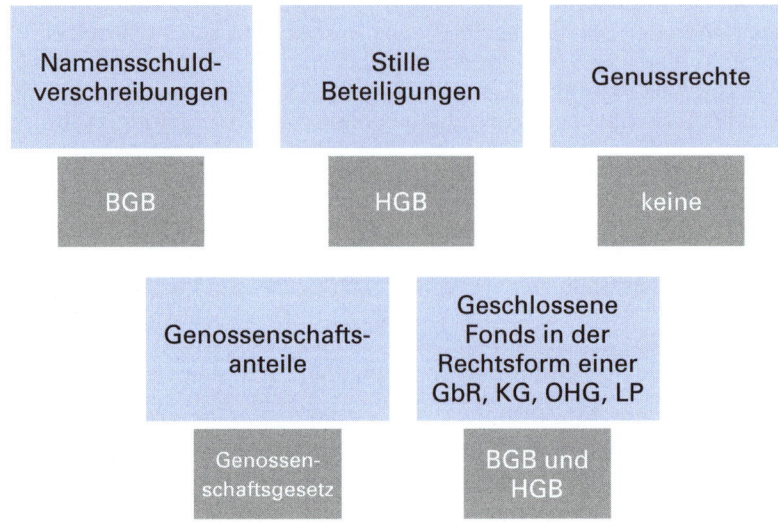

Abb. 146: Besondere Rechtsgrundlagen von Vermögensanlagen

Übungen

1. Rechtliche Grundlagen für Vermögensanlagen befinden sich außer im Vermögensanlagegesetz in weiteren Gesetzen. Ordnen Sie die nachfolgend aufgeführten Gesetze den Vermögensanlagen zu.

   Vermögensanlagen

   (1) Genussrechte

   (2) Namensschuldverschreibungen

   (3) Stille Beteiligungen

   (4) Geschlossene Fonds in der Rechtsform einer GbR, OHG

   (5) Genossenschaftsanteile

   Gesetze

   a) BGB

   b) HGB

   c) Genossenschaftsgesetz

   d) keine weitere rechtliche Grundlage

2. Prüfen Sie, welche Aussagen für den Vertrieb von Genossenschaftsanteilen korrekt beschrieben sind.

   a) Anforderungen an Verkaufsprospekte

   b) Erstellung einer Satzung

   c) Erstellung eines Jahresberichtes inklusive Lagebericht

   d) Erstellung eines Vermögensanlagen-Informationsblattes (VIB)

3. Nennen Sie drei Angaben, die die Satzung einer Genossenschaft mindestens beinhalten muss.

4. Prüfen Sie welche Anforderungen Angebot von Vermögensanlagen erfüllen müssen, damit sie unter die Ausnahmeregelung des Vermögensanlagengesetzes fallen.

   a) von derselben Vermögensanlage werden nicht mehr als 200.000 Anteile angeboten

   b) der Verkaufspreis der im Zeitraum von 24 Monaten angebotenen Anteile übersteigt insgesamt nicht 200.000 €

   c) von derselben Vermögensanlage werden nicht mehr als 20 Anteile angeboten

   d) der Preis jedes angebotenen Anteils beträgt mindestens 200.000 € je Anleger

   e) Der Verkaufspreis der im Zeitraum von 12 Monaten angebotenen Anteile übersteigt insgesamt nicht 100.000 €

   f) der Preis jedes angebotenen Anteils beträgt mindestens 100.000 € je Anleger

5. Nennen Sie drei Regelungen die für Anbieter von Vermögensanlagen entfallen, die unter die Ausnahmeregelung des Vermögensanlagengesetzes fallen.

4.3 Steuerliche Grundlagen von Vermögensanlagen

4.3.1 Die einkommensteuerliche Behandlung von Vermögensanlagen

▶ Erläuterung

Die nachfolgenden Darstellungen geben die grundsätzliche einkommensteuerliche Behandlung der hier beschriebenen Vermögensanlagen wieder. Ausführliche Beschreibungen zur Abgeltungssteuer, Gewinnerzielungsabsicht u. a. finden sich im Kapitel 2.8 Steuerliche Grundlagen für offene Investmentvermögen .

Wie immer gilt für die Finanzanlagenvermittlung, dass eine umfassende Steuerberatung den Steuerberatern vorbehalten ist. Auch bei der Anlageentscheidung sollte die steuerliche Seite nur ein ergänzendes Kriterium sein.

Typisch stille Beteiligung

Diese liegt grundsätzlich vor, wenn keine umfassenderen Mitspracherechte und keine Beteiligung am Unternehmenswert eingeräumt sind.

§ 20 Abs. 1 Nr. 4 EStG

Zu unterscheiden ist die Besteuerung des Unternehmens an sich (nicht Gegenstand dieses Buches) und der stillen Gesellschafter. Der private typisch stille Gesellschafter erzielt mit seiner Einlage Einkünfte aus Kapitalvermögen (hier Zinsen). Die Besteuerung erfolgt mit dem Ausschüttungszeitpunkt.

§ 20 Abs. 2 Nr. 4 EStG

Auch die Erträge aus einem partiarischen Darlehen zählen zu den Einkünften aus Kapitalvermögen. Gewinne aus der Veräußerung von stillen Beteiligungen und partiarischen Darlehen sind als Einkünfte aus Kapitalvermögen zu versteuern.

Atypisch stille Beteiligung

Die Mitspracherechte und die Beteiligung am Unternehmenswert führen bei der atypisch stillen Beteiligung dazu, dass auch die stille Beteiligung steuerlich – analog zu einer Beteiligung als Kommanditist – als echte Mitunternehmerschaft eingestuft wird.

§ 15 Abs. 1 Nr. 2 EStG

Erträge aus einer atypisch stillen Beteiligung werden deshalb als Einkünfte aus Gewerbebetrieb behandelt. Eine Verlustbeteiligung kann bis zur Höhe der Kapitaleinlage als Werbungskosten abgesetzt werden.

Der Gewinnanteil einer atypisch stillen Beteiligung ist im Gegensatz zur stillen Beteiligung keine Betriebsausgabe / Aufwand, sondern aufgrund der Mitunternehmereigenschaft eine Ergebnisverwendung.

Der ermittelte Gewinnanteil unterliegt der Einkommensteuer (bei Personengesellschaften) bzw. der Körperschaftsteuer (bei Kapitalgesellschaften).

Abweichend im Vergleich zur stillen Beteiligung ist auch der Besteuerungszeitpunkt: nicht der Zeitpunkt der Gewinnausschüttung an sich, sondern das Jahr der Ausschüttung ist steuerlich relevant und zwar unabhängig davon, ob der Gewinn ganz, teilweise oder gar nicht an den stillen Gesellschafter ausgeschüttet wurde.

Auch der Anteil an einer eventuellen Unternehmenswertentwicklung ist für den atypisch stillen Gesellschafter steuerpflichtig. Allerdings erst in dem Jahr, in dem er seine Beteiligung beendet.

Im Rahmen der Ermittlung der Gewerbesteuer des Unternehmens sind die Gewinnanteile des stillen Gesellschafters in voller Höhe dem Gewerbeertrag zuzurechnen. Eine Besonderheit ist, dass gemäß dem Gewerbesteuergesetz (GewStG) hierfür ein Freibetrag (für natürliche Personen und Personengesellschaften in Höhe von 24.500 €) berücksichtigt werden kann.

§ 11 Abs. 1 Nr. 1 GewStG

Werden dem stillen Gesellschafter Unternehmensverluste zugewiesen, so stellen diese negative Einkünfte dar und können mit den positiven Einkünften verrechnet werden. Allerdings nur bis zur Höhe des tatsächlich einbezahlten Beteiligungsbetrages.

§ 15a EStG

Zu beachten ist nachfolgende Verlustabzugsbeschränkung:

§ 15 Abs. 4 Satz 6–8 EStG

„Verluste aus stillen Gesellschaften an Kapitalgesellschaften, bei denen der Gesellschafter oder Beteiligte als Mitunternehmer anzusehen ist, dürfen weder mit Einkünften aus Gewerbebetrieb noch aus anderen Einkunftsarten ausgeglichen werden; sie dürfen auch nicht nach § 10 d abgezogen werden. Die Verluste mindern jedoch nach Maßgabe des § 10 d die Gewinne, die der Gesellschafter oder Beteiligte in dem unmittelbar vorangegangenen Wirtschaftsjahr oder in den folgenden Wirtschaftsjahren aus derselben stillen Gesellschaft bezieht. Dies gilt nicht, soweit der Verlust auf eine natürliche Person als unmittelbar oder mittelbar beteiligter Mitunternehmer entfällt."

Namensschuldverschreibungen

Als eine Form der Anleihe unterliegen die Zinseinkünfte aus Namensschuldverschreibungen als Einkünfte aus Kapitalvermögen der Abgeltungssteuer zuzüglich dem Solidaritätszuschlag. Entsprechend gilt auch der Sparerpauschbetrag. Allerdings entfällt in der Regel die automatische Abführung der Abgeltungssteuer durch den Emittenten und der Anleger muss deshalb die Erträge im Rahmen seiner Einkommensteuererklärung angeben und versteuern.

Üblich ist bei Namensschuldverschreibung die Rückzahlung des Kapitals zum Nominalwert. Ein Kursgewinn ist somit eher theoretischer Natur und wäre ebenfalls als Einkünfte aus Kapitalvermögen zu versteuern. Verluste können in der Regel mit anderen Einkünften aus Kapitalvermögen verrechnet werden. Voraussetzung ist ein Erwerb der Namensschuldverschreibung nach dem 1.1.2009.

Genussrechte

§ 20 Abs. 1 Nr. 1 und Abs. 2 Satz 1 Nr. 1 Satz 2 EStG

Grundsätzlich werden Genussrechte steuerlich als Fremdkapital eingestuft, wenn die Vertragsgestaltung vorsieht, dass der Genussrechtsinhaber nicht am Liquidationserlös des Unternehmens beteiligt ist. Dies hat zur Folge, dass die Ausschüttungen vom Unternehmen als Betriebsausgaben abgesetzt werden können und den körperschaftsteuerpflichtigen Gewinn reduzieren.

§ 20 Abs. 1 Nr. 7 und Abs. 2 Satz 1 Nr. 7 EStG

Steuerlich handelt es sich auf der Seite des Anlegers auf jeden Fall um Einnahmen aus Kapitalvermögen und die Ausschüttungen unterliegen der Abgeltungssteuer und dem Solidaritätszuschlag. Gleiches gilt für einen Veräußerungsgewinn, sofern die Genussrechte nach dem 1.1.2009 erworben wurden. Verluste können im Fall der steuerlichen Einstufung als Fremdkapital mit anderen Einkünften aus Kapitalvermögen verrechnet werden. Als Ausnahme hiervon gilt, wenn das Genussrecht vor dem 1.1.2009 erworben wurde.

Ist der Anleger am Liquidationserlös beteiligt, wird das Genussrecht als Eigenkapital und somit aktienähnlich eingestuft. Das hat zur Folge, dass ein eventueller Veräußerungsverlust nur mit Gewinnen aus Aktien nicht jedoch mit anderen Einkünften aus Kapitalvermögen verrechnet werden kann.

Genossenschaftsanteile

Die Erträge und Gewinne aus dem Verkauf von Genossenschaftsanteilen sind Einkünfte aus Kapitalvermögen und unterliegen der Abgeltungssteuer.

Geschlossene Fonds in der Rechtsform einer GbR

Vorausgesetzt, dass die Ausgestaltung des Gesellschaftervertrages den Gesellschafter / Anleger zum Vermieter (bei geschlossenen GbR-Immobilienfonds) oder zum Mitunternehmer (bei gewerblichen GbR-Fonds) macht, sind Einnahmen aus geschlossenen Fonds in der Rechtsform einer GbR Einnahmen aus Gewerbebetrieb. Abhängig vom vergleichbaren Anlageobjekt gelten die steuerlichen Grundlagen, die auch für die anderen geschlossenen Fondsarten gelten.

Geschlossene Fonds in der Rechtsform einer KG

Die Einkünfte aus der Beteiligung als Kommanditist zählen grundsätzlich zu den Einkünften aus Gewerbebetrieb. Etwas anderes gilt nur für Einkünfte aus Immobilienbeteiligungen, die zu den Einkünften aus Vermietung und Verpachtung zählen.

LF
14

SG
5.5

4.3.2 Die Übertragung, Vererbung und Schenkung von Vermögensanlagen

▶ Erläuterung

Grundsätzlich gelten die gleichen Rahmenbedingungen hinsichtlich der Erbschafts- bzw. Schenkungssteuerklassen und der zugehörigen Steuersätze, die bereits an anderen Stellen dieses Buches dargestellt wurden (Kapitalvermögen siehe Kapitel 2.8.6 Erben und Schenken oder Betriebsvermögen siehe Kapitel 3.6 Steuerliche Grundlagen).

Hier werden deshalb nur noch besondere Regelungen für die sonstigen Vermögensanlagen genannt.

Die erbschafts- und schenkungssteuerlichen Regelungen für Kapitalvermögen gelten für:

- typisch stille Beteiligung
- Genussrechte
- Namensschuldverschreibung
- Genossenschaftsanteile

Namensschuldverschreibungen werden mit dem Nennwert angesetzt. Bei der typisch stillen Beteiligung, den Genussrechten und den Genossenschaftsanteilen kann entweder ein steuerlicher Wert aus anderen Verkäufen des Jahres abgeleitet werden oder es gilt der anteilige Ertragswert des Unternehmens.

Die Regelungen für begünstigtes Betriebsvermögen (siehe Kapitel 3...) gelten für

§ 13b Abs. 1 Nr. 2 ErbStG

- atypisch stille Beteiligung. Bei einer atypisch stillen Beteiligung an einer Kapitalgesellschaft muss für die Begünstigung eine Mindestbeteiligung in Höhe von 25 % vorliegen.

- Beteiligungen an geschlossenen Fonds in der Rechtsform einer Personengesellschaft, wie beispielsweise der GbR, OHG, KG, GmbH & Co. KG.

Übungen

1. Ordnen Sie die beschriebenen Vermögensanlagen den verschiedenen Einkunftsarten (bezogen auf deren laufende Erträge) zu.

   Einkünfte

   1) Genussrechte
   2) Namensschuldverschreibungen
   3) typisch stille Beteiligungen
   4) atypisch stille Beteiligungen
   5) geschlossene Fonds in der Rechtsform einer GbR
   6) Genossenschaftsanteile

   Einkunftsarten

   a) Einkünfte aus Kapitalvermögen
   b) Einkünfte aus Gewerbebetrieb

2. Ordnen Sie die Vermögensanlagen der Vermögensart zu, die für die erbschafts- und schenkungssteuerliche Behandlung grundsätzlich ausschlaggebend ist.

   1) Genussrechte
   2) Namensschuldverschreibungen
   3) typisch stille Beteiligungen
   4) atypisch stille Beteiligungen
   5) geschlossene Fonds in der Rechtsform einer GbR
   6) Genossenschaftsanteile

   a) Kapitalvermögen
   b) Betriebsvermögen

Glossar

Agio

Bei geschlossenen Investmentvermögen ist es üblich, eine Gebühr in Form eines Aufgeldes/Aufschlages zur Beteiligungssumme beim Kauf der Anteile zu berechnen. Mit dem Agio werden die Kosten gedeckt, die mit dem Vertrieb der Anteile entstehen. Handelt es sich um einen Gebührenabzug, so wird dieser als Disagio bezeichnet.

Andienungsrecht

Eine gebräuchliche Regelung insbesondere bei geschlossenen Leasingfonds. Bezeichnet das Recht, einen Gegenstand verkaufen („andienen") zu dürfen, beispielsweise, um einen Restwert zum Laufzeitende des Leasingfonds zu realisieren.

Anlagebedingungen

Die gesetzlich vorgeschriebenen Anlagebedingungen bestimmen das vertragliche Rechtsverhältnis zwischen der Kapitalverwaltungsgesellschaft und den Anlegern eines inländischen offenen Investmentvermögens. Sie sind in schriftlicher Form festzuhalten. Sie müssen gesetzlich vorgeschriebene Mindestangaben enthalten, beispielsweise zur Auswahl der Vermögensgegenstände, zu Anlagegrenzen und zur Zulässigkeit der Kreditaufnahme.

Anleiherating

Rating-Agenturen bewerten im Zusammenhang mit dem Anleiherating das Ausfallrisiko bezogen auf die Zinszahlungen und Kapitalrückzahlung im Hinblick auf die Bonität des Schuldners einerseits (Emittentenrating) und die Anleihe selbst andererseits. Das Anleiherating kann vom Emittentenrating abweichen, wenn für die Anleihen beispielsweise eine Besicherung vereinbart ist. Der Emittent der Anleihe wird neben seiner individuellen wirtschaftlichen Situation auch hinsichtlich der gesamtwirtschaftlichen Situation des Landes, in dem der Emittent seinen Sitz hat und speziellen Branchenrisiken beurteilt. Die Einschätzung wird in der Regel durch Buchstabenschlüssel von A bis D ausgedrückt. Man unterscheidet zwei Hauptkategorien, den „Investment Grade" (gute bis sehr gute Ratings) und den „Speculative Grade" (schlechte Ratings).

Annuität

Bezeichnet die Kreditrate, die sich aus Zinsen und Tilgung zusammensetzt. Üblicherweise bleibt die Annuität hinsichtlich des Betrages über die Laufzeit unverändert. Das Verhältnis zwischen Zins und Tilgung verändert sich jedoch mit abnehmendem Restkreditbetrag. Der Zinsanteil wird geringer zugunsten des in der Annuität enthaltenen Tilgungsanteils.

Ansparplan (Investment-Sparplan)

Weitere Bezeichnung für einen (Investment-)Sparplan. Gestaltungsmöglichkeit bei offenen Investmentvermögen um mit regelmäßigen beispielsweise monatlichen Sparraten mittel- bis langfristig ein Vermögen aufzubauen.

Anteilswert

Weitere Bezeichnung für den Rücknahmepreis oder Nettoinventarwert eines Investmentvermögens.

Der Anteilswert eines offenen Investmentvermögens (Publikumsinvestmentvermögen) wird börsentäglich von der Verwahrstelle unter Mitwirkung der Kapitalverwaltungsgesellschaft (KVG) ermittelt. Er muss zusammen mit dem Ausgabepreis mindestens 2x im Monat veröffentlicht werden. Bei Ausschüttung der Erträge an die Anteilinhaber vermindert sich der Anteilswert einmalig um den Ausschüttungsbetrag.

Arbitrage

Als Arbitrage bezeichnet man das Ausnutzen von Kurs- oder Preisunterschieden für gleiche Waren (beispielsweise Aktien) auf verschiedenen Märkten bzw. Handelsplätzen (Börsen).

Ausgabeaufschlag

Einmalige Gebühr, die der Anleger nur beim Kauf von Anteilen entrichten muss. Der Ausgabeaufschlag wird zumeist in Prozent des Rücknahmepreises ausgedrückt und auf diesen aufgeschlagen. Er dient in der Regel der Deckung der Vertriebskosten der Kapitalverwaltungsgesellschaft und beträgt je nach Fondsart i. d. R. 0–6 %.

Ausgabepreis

Zu diesem Preis können Anteile an offenen Investmentvermögen gekauft werden. Der Ausgabepreis muss dem Nettoinventarwert (Rücknahmepreis) zuzüglich eines eventuellen Ausgabeaufschlages entsprechen.

Die Berechnung erfolgt nach der Formel:
Anteilswert (Rücknahmepreis) + Ausgabeaufschlag = Ausgabepreis

Ausschüttung (offene Investmentvermögen)

Als Ausschüttung werden die an den Anleger ausgezahlten Erträge eines Investmentvermögens bezeichnet. Die Ausschüttung kann jährlich oder beispielsweise auch vierteljährlich erfolgen. Je nach Anlageschwerpunkt des Investmentvermögens setzt sich die Ausschüttung aus ordentlichen Erträgen, wie z. B. Dividenden, Zinsen und ggf. außerordentlichen Erträgen, wie z. B. Gewinne aus Wertpapierverkäufen, zusammen. Werden diese Erträge nicht ausgeschüttet, sondern im Sondervermögen belassen, so spricht man von der Thesaurierung. Darüber hinaus hat der Anleger bei einem ausschüttenden Investmentvermögen die Möglichkeit, die Kapitalverwaltungsgesellschaft zu beauftragen, die Ausschüttungen automatisch wieder für ihn in neue Anteile anzulegen (Wiederanlage).

Auszahlplan (Entnahmeplan)

Gestaltungsmöglichkeit bei offenen Investmentvermögen, beispielsweise für die zusätzliche private Altersvorsorge in Form von regelmäßigen Auszahlungen durch Verkauf entsprechender Anteile.

Basispunkt

Ein Basispunkt ist eine Maßgröße zur Bezeichnung von Zinsveränderungen. 1 Basispunkt = 0,01 %. Ändert sich beispielsweise ein Marktzins von 1,27 auf 1,25 % so spricht man auch von einem Rückgang um 2 Basispunkte.

Benchmark

Vergleichsmaßstab für die Messung des Anlageerfolges eines offenen Investmentvermögens. In der Regel wird dafür ein marktüblicher Index wie beispielsweise der DAX für einen deutschen Aktienfonds ausgewählt. Die Anlageschwerpunkte des Investmentvermögens sollten dabei mit der Zusammensetzung des Index vergleichbar sein.

Bonität

Bezeichnung für die Zahlungsfähigkeit einer Person oder Firma, d. h. ob für einen aufgenommenen Kredit, den daraus resultierenden Zinszahlungen und am Laufzeitende der Rückzahlung des Kredits nachgekommen werden kann. Auch bei Emittenten von Wertpapieren ist dies der Maßstab für Zahlungsfähigkeit und -willigkeit.

BRIC-Fonds

Ein BRIC-Fonds gehört zu den Länderfonds und investiert hauptsächlich in die Länderkombination: Brasilien, Russland, Indien und China. Die Abkürzung BRIC wurde erstmals 2001 von einem Chefvolkswirt der Großbank Goldman Sachs verwendet. Die BRIC-Staaten zählen zu den so genannten Schwellenländern und sollen das Potenzial haben die bisherigen größten Wirtschaftsnationen, die so genannten G8-Staaten bis 2050 zu überholen. Seit 2011 wird auch Südafrika dieses Potenzial zugeordnet und so entstand der erweiterte Begriff BRICS.

Bruttoinlandsprodukt (BIP)

Das Bruttoinlandsprodukt gilt als Wachstumsindikator einer Volkswirtschaft und erfasst die wirtschaftliche Leistung in einer Volkswirtschaft unabhängig davon, wer sie erbracht hat. Das BIP ist somit die Summe aller Güter und Dienstleistungen von In- und Ausländern, abzüglich der Vorleistungen (d. h. Waren, die für den Endverbrauch und nicht als Vorleistung für die Produktion anderer Waren gedacht sind) in einem bestimmten Zeitraum – in der Regel 1 Jahr – die innerhalb der Landesgrenzen einer Volkswirtschaft hergestellt werden (Inlandsprinzip).

Bulker

Bezeichnung für Massengutfrachter. Transportiert werden feste (nicht flüssige) Massengüter wie beispielsweise Getreide oder Kohle.

BVI-Methode

Anerkannte Methode zur Berechnung der Wertentwicklung von offenen Investmentvermögen, die vom BVI, dem Bundesverband Investment und Asset Management e.V., entwickelt wurde.

Die BVI-Methode vergleicht den Wert der Anlage zu Beginn des Betrachtungszeitraums mit dem Wert der Anlage am Ende des Betrachtungszeitraums. Dabei werden nachfolgende Berechnungsannahmen zugrunde gelegt:

- Einmalanlage
- sofortige Wiederanlage der Ausschüttungen zum Rücknahmepreis
- Berücksichtigung von laufenden Gebühren auf Fondsebene wie u. a.
    - Verwaltungsvergütung und Verwahrstellenvergütung
    - Rücknahmepreise als Berechnungsgrundlage

Nicht berücksichtigt werden bei der Berechnung der Ausgabeaufschlag, Konto- und Depotführungsgebühr sowie steuerliche Aspekte.

Cost Average Effekt

Engl. für Durchschnittskosteneffekt. Dieser Effekt kann bei Investment-Sparplänen und Auszahlplänen genutzt werden. Durch regelmäßig (z. B. monatlich) gleichbleibende Anlagebeträge erwirbt der Sparer bei höheren Preisen weniger, bei niedrigeren Preisen jedoch mehr Anteile. Am Ende kann ein günstigerer Durchschnittspreis herauskommen als durch einen einmaligen Kauf. Der positive Effekt ist bei stark schwankenden Kursen – wie sie insbesondere bei Aktienfonds i. d. R. vorkommen – besonders ausgeprägt. Auch bei einem Auszahlplan kann dieser Effekt auftreten. Hier besteht jedoch bei anhaltend sinkenden Preisen die Gefahr eines sog. negativen Cost Average Effektes. Durch sinkende Preise werden die für die Auszahlungen zur Verfügung stehenden Anteile schneller aufgebraucht.

Deckungsstockfähigkeit

Der Begriff stammt aus dem Versicherungsbereich. Der Deckungsstock ist das Vermögen einer Versicherungsgesellschaft, welches für die Begleichung der Versichertenansprüche haftet. Deshalb können nur Wertpapiere in den Deckungsstock aufgenommen werden, die von der BaFin als deckungsstockfähig erklärt wurden. Ähnlich wie das Sondervermögen einer Kapitalverwaltungsgesellschaft ist dieser Deckungsstock getrennt vom Vermögen der Versicherungsgesellschaft zu halten. Auch Investmentfonds können zu den deckungsstockfähigen Wertpapieren gehören.

Depotführungsgebühr

Sie wird von den Kreditinstituten für die Verwahrung und Verwaltung der Wertpapiere ihrer Kunden erhoben und wird dem Kunden direkt belastet.

Weitere Bezeichnung: Depotgebühr

Derivate

Derivate sind Finanzinstrumente bzw. Wertpapiere, deren Wert sich aus der Preisentwicklung eines oder mehrerer zugrunde liegender Anlageformen ableitet. D.h. der Anleger investiert nur indirekt in beispielsweise Aktien. Beispiele für Derivate sind Zertifikate und Optionen.

Devisen

Devisen sind ausländische Währungen in Form von Guthaben. Ausländisches Bargeld wird dagegen als Sorten bezeichnet.

Diversifikation

Die Diversifikation beschreibt die breite Risikostreuung eines Investmentvermögens oder Portfolios durch die Aufteilung in verschiedene Anlageinstrumente (Wertpapiere, Immobilien u. a.), Märkte (national, international u. a.) und Titel (Aktien des Unternehmens A, Bundesanleihe, Aktien des Unternehmens B u. a.) zwecks Risikostreuung.

Duration

Mit der Duration wird ermittelt, nach welchem Zeitraum (in Jahren) das eingesetzte Kapital in Form von Zins- und Tilgungszahlungen (der Zinseszinseffekt wird hierbei berücksichtigt) wieder für den Anleger verfügbar ist. Die Duration wird deshalb auch als durchschnittliche Kapitalbindungsdauer bezeichnet.

Die Duration ist der gewichtete Mittelwert der Zeitpunkte, zu denen der Anleger Zahlungen (Zinsen, Kapitalrückzahlung) aus seinem Wertpapier erhält. Je niedriger der vereinbarte Zinssatz und umso länger die (Rest-)Laufzeit der Anleihe, umso höher fällt die Duration aus. Dies liegt daran, dass dann die Kapitalrückzahlung länger dauert. Die Duration gibt auch an, um wie viele Prozentpunkte der Kurs einer Anleihe schwanken kann, wenn sich die Zinsen um einen Prozentpunkt verändern. Je höher die Duration umso höher die wahrscheinliche Kursschwankung und somit Zinssensitivität (Auswirkung von Zinsschwankungen auf den Wert einer Anleihe). Steigen die Zinsen beispielsweise um 1 % und weist die Anleihe eine Duration von 6 Jahren auf, dann beträgt der erwartete Kursrückgang für diese Anleihe 6 %.

Einmalanlage

Als Einmalanlage wird die einmalige Anlage eines Geldbetrages in Anteile bezeichnet. Weitere Anlageprogramme bei offenen Investmentvermögen sind der Investment-Sparplan oder der Auszahlplan (Entnahmeplan).

Emittent

Ein Emittent ist der Herausgeber von Wertpapieren. Wird auch Schuldner / Kreditnehmer genannt, da durch die Ausgabe von Wertpapieren quasi ein Kredit beim
Anleger aufgenommen wird, für den Zinsen zu zahlen sind und der am Laufzeitende zurückbezahlt werden muss. Bei Aktien handelt es sich um Unternehmen; bei
Anleihen kann es sich um Unternehmen, öffentliche Körperschaften, den Staat und
andere Institutionen handeln.

Entnahmeplan (Auszahlplan)

Weitere Bezeichnung für den Auszahlplan.

Ertrag

Entgelt für die Kapitalüberlassung. Je nach Art der Geldanlage, z. B. Zinsen, Dividenden oder Kursgewinne. Man unterscheidet zwischen ordentlichen Erträgen (steuerpflichtige Erträge wie Zinsen und Dividenden einschließlich eventuelle Zwischengewinne) und außerordentlichen Erträgen (Kursgewinne und Bezugsrechtserlöse).

FiFo

Die Abkürzung FiFo steht für „first in first out". Es handelt sich hierbei um eine steuerliche Methode im Zusammenhang mit der Ermittlung von Veräußerungsgewinnen
von Wertpapieren innerhalb eines Depots. Besitzt der Anleger mehrere Aktien eines
Unternehmens und lässt diese in einem Depot verwahren, so wird im Falle eines
Aktienverkaufs der Kurs der am frühesten ins Depot eingebuchten Aktien herangezogen, um den steuerpflichtigen Veräußerungsgewinn zu ermitteln. Es gilt also: Die
Aktien die zuerst gekauft wurden, gelten auch als zuerst verkauft.

Floating Rate Notes (Floater)

Floating Rate Notes sind Anleihen mit variabler und somit nicht über die Laufzeit
festgeschriebener Verzinsung. Der Zinssatz wird in regelmäßigen Abständen, beispielsweise vierteljährlich der Entwicklung eines Referenzzinssatzes, beispielsweise
dem Euribor angepasst. Dem Nachteil des fehlenden Festzinssatzes steht der Vorteil
geringerer Kursschwankungsrisiken gegenüber, da sich die Verzinsung der Floating
Rate Notes der Veränderung des Marktzinsniveaus anpasst.

Fondsmanagement

Verantwortliches Team oder Einzelperson (Fondsmanager), das / der die Entscheidungen trifft, wie das Sondervermögen im Einzelnen investiert wird. Dabei müssen die gesetzlichen und vertraglichen Anlagebedingungen und Anlagegrenzen beachtet werden.

Fungibilität (Handelbarkeit / Börsenfähigkeit)

Wenn Waren, Wertpapiere o. ä. so ähnlich sind, dass sie untereinander austausch-
bar und damit fungibel (= vertretbar) sind, so ist dies gleichzeitig die wesentliche
Voraussetzung für die Handelbarkeit an einer Börse. Bei geschlossenen Investmentvermögen besteht dagegen eine in der Regel eingeschränkte Fungibilität, weil ein
Börsenhandel nicht möglich ist.

Futures

Futures sind Terminkontrakte, die für beide Vertragsseiten einen verbindlichen Bör-
senvertrag (Kontrakt) darstellen. Der Verkäufer liefert an den Käufer (Abnehmer) einen genau bestimmten Vertragsgegenstand (Basiswert), in einer bestimmten Menge
und Qualität, zu einem festen Zeitpunkt in der Zukunft (Termin) und zu einem konkreten, bei Vertragsabschluss festgelegten Preis. Die Zahlung einer Prämie entfällt, da
Käufer und Verkäufer in gleichem Maße Verpflichtungen tragen. Die Vertragspartner
müssen allerdings Vorschusszahlungen als Sicherheitsleistung zahlen (abhängig von
der Volatilität des Basiswertes als Bruchteil des Vertragswertes). Futures auf Waren
werden als „Commodity Futures" und solche auf Aktien, Anleihen, Indizes und Währungen als „Financial Futures" bezeichnet.

Genussscheine

Genussscheine gewähren Vermögensrechte (Gewinnbeteiligung), aber keine Mitspracherechte. Sie sind verbriefte und damit handelsfähige Genussrechte.

Gewinnerzielungsabsicht

Die Gewinnerzielungsabsicht (auch Einkunftserzielungsabsicht genannt) ist die Voraussetzung dafür, dass die mit einer Anlage verbundenen Steuervorteile bei der Einkommensteuerberechnung vom Finanzamt anerkannt werden. Über die Gesamtlaufzeit einer Anlage muss die Erzielung eines Überschusses der Einnahmen über die Ausgaben möglich sein. Kann dies nicht nachgewiesen werden, so stuft das Finanzamt die Anlage als Liebhaberei ein und kann bereits erlangte Steuervorteile vom Anleger zurückfordern.

Gläubiger

Anleger in verzinsliche Wertpapiere, leihen dem Emittenten ihr Geld und werden somit zu seinem Kreditgeber = Gläubiger.

Haftsumme

Als Haftsumme wird der Teil der Kapitaleinlage eines Gesellschafters bezeichnet, der im Handelsregister eingetragen ist und die betragsmäßige Begrenzung der Haftung gegenüber Dritten darstellt.

Halbjahresbericht

Ergänzend zum Jahresbericht muss ein Halbjahresbericht von der Kapitalverwaltungsgesellschaft veröffentlicht werden. Gesetzlich vorgeschriebene Inhalte sind u. a. eine aktuelle Vermögensaufstellung, Angaben zu Kosten, Erträgen und der Wertentwicklung.

Hedging

Engl. für Absicherung. Mit dem Instrument des Hedging können beispielsweise bestehende Depots oder auch ein Sondervermögen gegen Kursänderungsrisiken – beispielsweise Wechselkursrisiken oder Aktienkursrisiken – abgesichert werden. Diese Absicherung gelingt durch den Eínsatz von derivaten Finanzinstrumenten (z. B. Optionen). Der Anleger, der sein Depot absichern möchte, erwirbt durch den Kauf der Option oder eines Optionsscheins das Recht seine Aktien zu einem festgelegten Zeitpunkt zu einem fest vereinbarten Preis zu verkaufen. Dieses Recht kann, muss aber nicht in Anspruch genommen werden. Der Anleger ist so vor fallenden Kursen geschützt und zahlt dafür lediglich die Optionsprämie. Der synonyme Begriff für Hedging ist Kurssicherung.

Index

Ein Index ist eine Kennziffer, die die Entwicklung einer bestimmten Auswahl beispielsweise von Aktien oder Rentenpapieren abbildet.

Indexierung

Bei Mietverträgen empfiehlt sich eine sogenannte Indexierung der Mieten, d. h. dass sich die Mieten automatisch anpassen, wenn sich ein bestimmter Basiswert (z. B. Lebenshaltungskostenindex, Inflationsrate) erhöht. Dies soll einen teilweisen Schutz vor der Inflation ermöglichen.

Initiator

Bei geschlossenen Investmentvermögen ist der Initiator der Produktanbieter. Das heißt, er ist für die Konzeption verantwortlich, lässt den Verkaufsprospekt von der BaFin prüfen und genehmigen und unterstützt die Kapitalverwaltungsgesellschaft bei der späteren Verwaltung des Investitionsobjektes und des Investmentvermögens. Weitere Bezeichnung: Emissionshaus

International Securities Identification Number (ISIN)

Seit 2000 gibt es auch für deutsche Wertpapiere diese internationale Identifikationsnummer. Sie setzt sich aus einer 12-stelligen Zahlen-Buchstaben-Kombination zusammen und wird für jedes Wertpapier individuell vergeben.

Investment Grade

Anleiherating für gute bis sehr gute Bonität und geringstes Ausfallrisiko bei hoher Wahrscheinlichkeit, dass den Zahlungsverpflichtungen (Zins und Tilgung) nachgekommen werden kann.

Jahresbericht

Der Jahresbericht ist ein jährlich erscheinender Bericht über das Investmentvermögens.

Der konkrete Depotbestand in Zahlen und Einzelwerten ist ebenso ersichtlich, wie die dem Sondervermögen belasteten Gebühren wie z. B. die Verwahrstellenvergütung für die Depotverwaltung durch die Verwahrstelle oder die Verwaltungsvergütung für das Fondsmanagment.

Der Jahresbericht gehört zu den Verkaufsunterlagen, die dem Kunden auf Wunsch kostenlos zur Verfügung gestellt werden müssen.

Kapitalverwaltungsgesellschaft (KVG)

Die Kapitalverwaltungsgesellschaft ist ein Unternehmen mit Sitz in Deutschland, dessen Geschäftsbetrieb darauf ausgerichtet ist, inländische Investmentvermögen, EU-Investmentvermögen oder ausländische AIF zu verwalten. Eine Verwaltung liegt vor, wenn das Fondsmanagement für ein oder mehrere Investmentvermögen erbracht wird. Die KVG unterliegt der Aufsicht durch die BaFin.

Kohärenzprüfung

Erstmals mit der Einführung des Vermögensanlagegesetzes wurden die Verkaufsunterlagen geschlossener Fonds von der BaFin auf ihre inhaltliche Richtigkeit geprüft (Prospektprüfung). Außerdem dürfen sich die Inhalte nicht widersprechen (Kohärenzprüfung). Eine Qualitätsprüfung, ob beispielsweise die Annahmen der Prognoserechnung realistisch sind, erfolgt jedoch nicht durch die BaFin.

Kommanditist / Komplementär

Bei Personengesellschaften in der Rechtsform einer KG oder GmbH & Co. KG gibt es persönlich haftende Gesellschafter (Komplementär. Bei einer GmbH & Co. KG ist das die GmbH) und nur mit ihrer Kapitaleinlage haftende Gesellschafter (Kommanditist).

Konjunktur

Wirtschaftliche Auf- und Abwärtsbewegungen einer Volkswirtschaft.

Korrelation

Wie hängen die Kursentwicklungen verschiedener Märkte oder einzelner Wertpapiere zum Gesamtmarkt voneinander ab? Diese Kennzahl bewegt sich im Bereich minus 1 bis plus 1. Beträgt die Korrelation plus 1 so bewegt sich z. B. eine Aktie ziemlich exakt mit der Entwicklung des Marktindex. Eine Korrelation von minus 1 besagt, dass diese Aktie sich eher gegenläufig zum Gesamtmarkt bewegt. Eine Korrelation von 0 ist signifikant für die Unabhängigkeit vom Marktverlauf. Praktische Bedeutung erlangt die Korrelation, wenn das Depot eines Risikos gesenkt werden soll.

Da sich z. B. Immobilien i. d. R. unabhängig von den Entwicklungen am Aktienmarkt entwickeln, kann das Risiko eines aktienlastigen Depots durch ein Immobilieninvestment gesenkt werden.

Kurs

Der Kurs bildet sich durch Angebot und Nachfrage für Wertpapiere, Devisen oder Waren an einer Börse. Im Gegensatz zum Preis, der sich aus den tatsächlichen Werten (wie z. B. Kurse) bildet, z. B. Ausgabe- und Rücknahmepreis von offenen Investmentvermögen.

Laufende Kosten (ongoing charge)

Gesamtkostenbelastung des Investmentvermögens im Verhältnis zum durchschnittlichen Gesamtfondsvermögen. Gegenüber der TER werden zusätzlich auch die in Zielfonds verrechneten Gebühren mit einbezogen.

Leerverkauf

Beim Leerverkauf besitzt der Verkäufer die von ihm verkauften Waren (Wertpapiere, Devisen u. a.) noch gar nicht, sondern „leiht" sich die Wertpapiere zunächst nur von einem Dritten aus. Der Verkäufer spekuliert auf fallende Kurse und hofft die Wertpapiere zum vereinbarten (Rück-)Lieferzeitraum günstiger kaufen zu können als zum Zeitpunkt des Vertragsabschlusses. Der synonym verwendete Begriff lautet Short-Verkauf. Der Wertpapierverkauf aus vorhandenem eigenen Depotbestand wird als Long-Verkauf bezeichnet.

Leistungsbilanz (geschlossener Investmentvermögen)

Die Leistungsbilanz eines Anbieters geschlossener Investmentvermögen gibt Auskunft über den Verlauf bestehender Produkte und insbesondere darüber, inwieweit die in der Prognoserechnung gemachten Annahmen tatsächlich eingetroffen sind.

Leverage

Als Leverage wird eine Kreditaufnahme zum Zweck der Erhöhung des Anlagekapitals bezeichnet. Das Risiko besteht unter anderem darin, dass die Zinsen und Tilgungen unabhängig von der Kursentwicklung der mit dem Kreditbetrag erworbenen Wertpapiere vom Kreditnehmer an die kreditgebende Bank bezahlt werden müssen. Aus diesem Grund begrenzt das Kapitalanlagegesetzbuch grundsätzlich die Möglichkeit des Leverage für Investmentvermögen.

Liebhaberei

Siehe Gewinnerzielungsabsicht

Liquidität

Hier im Sinne der Veräußerbarkeit oder Verfügbarkeit. Die Möglichkeit mehr oder weniger schnell und mit mehr oder weniger hohen Transaktionskosten oder Werteinbußen, ein Wertpapier in Bargeld oder Bankguthaben umwandeln zu können.

Maklergebühr

Deutsche Bezeichnung für courtage. Der Kursmakler kann für die Vermittlung von Wertpapiergeschäften eine Gebühr – die so genannte Courtage (Maklergebühr) verlangen.

Management-Fee (Managementgebühr)

Engl. für Verwaltungsvergütung

Jährliche Gebühr, die direkt aus dem Fondsvermögen bezahlt (d. h. abgezogen) wird und die Kosten der Fondsgesellschaft deckt.

Marktkapitalisierung (Börsenkapitalisierung)

Anzahl aller Aktien eines Unternehmens multipliziert mit dem aktuellen Kurs.

Unternehmen mit geringer Marktkapitalisierung können schneller zum „Spielball" von Großanlegern (z. B. Kapitalverwaltungsgesellschaften) werden, da große Anlagebeträge direkt kursbeeinflussend sein können. Umgekehrt muss ein Aktienverkauf u. U. in mehreren Teilschritten erfolgen, damit sich der Verkäufer nicht selbst seinen Kurs negativ beeinflusst.

Mündelsichere Papiere

Zur Anlage von Mündelgeldern geeignete, vom Gesetzgeber als mündelsicher erklärte festverzinsliche Wertpapiere. Dazu zählen z. B. Anleihen des Bundes, der Länder oder Kommunalobligationen, also Anleihen von Emittenten mit besonders guter Bonität.

Nachrangabrede

Eine Nachrangabrede bedeutet für den Anleger, dass die Berücksichtigung seine Ansprüche im Insolvenzfall des Unternehmens, an dem er beteiligt ist (z. B. über ein Genussrecht) erst nach allen anderen Gläubigern (Lieferanten, Banken u. a.) erfolgt.

Nachschusspflicht

Ein Gesellschafter kann beschränkt oder unbeschränkt verpflichtet sein, anteilig das Gesellschaftskapital - insbesondere im Verlustfall- durch Nachschusszahlungen zu erhöhen.

Nettoinventarwert (Rücknahmepreis)

Der Nettoinventarwert eines offenen Investmentvermögens setzt sich aus dem Wert der im Sondervermögen befindlichen Investitionsobjekte und den Barmitteln zusammen.

Nominalwert

Als Nominalwert wird die Wertangabe z. B. in Euro bezeichnet. Im Gegensatz zu einer prozentualen Darstellung. Weitere Bezeichnung: Nennwert.

Nominalzins

Auf den Nennwert bezogener Ertrag eines Wertpapieres. Wird auch als Realzins bezeichnet.

OGAW

Organismus für gemeinsame Anlagen in Wertpapiere im Sinne der europäischen Richtlinie 2009/65/EG. Diese so genannten richtlinienkonformen offenen Investmentvermögen werden durch die vorgenannte geltende Richtlinie europaweit unter ein einheitliches gesetzliches Regelwerk gestellt.

Optionen

Bei Optionen handelt es sich um Terminverträge. Dabei beinhaltet der Kauf einer Kauf- bzw. Verkaufsoption das Recht – aber nicht die Pflicht –, einen bestimmten Basiswert für einen festgelegten Preis an einem zukünftigen Zeitpunkt innerhalb einer bestimmten Frist zu kaufen oder zu verkaufen. Hierfür ist eine Optionsprämie zu entrichten, die unabhängig davon anfällt, ob die Option ausgeübt wird oder nicht. Der Verkauf einer Kauf- bzw. Verkaufsoption, für die der Verkäufer eine Optionsprämie erhält, beinhaltet dagegen die Verpflichtung, einen bestimmten Basiswert zu einem festgelegten Preis an einem zukünftigen Zeitpunkt oder innerhalb einer bestimmten Frist zu verkaufen oder zu kaufen.

Optionsschein

Beim Optionsschein handelt es sich um ein Wertpapier, das das Recht – aber nicht die Pflicht – verbrieft, einen bestimmten Basiswert zu einem bestimmten Preis zu kaufen (Call) oder zu verkaufen (Put). Traditionelle Optionsscheine werden im Zusammenhang mit einer Optionsanleihe herausgegeben. Der Emittent der Optionsanleihe ist gleichzeitig auch der Emittent des Basiswertes des Optionsscheins (z. B. BMW-Optionsanleihe mit einem Optionsschein auf BMW-Aktien). Anleihe und Börsenschein werden unabhängig voneinander an der Börse gehandelt. Bei so genannten „Naked Warrants" gibt es keine Optionsanleihe, der Optionsschein wird alleine emittiert.

Performance

Engl. für Wertentwicklung

Unter Performance versteht man die Wertentwicklung einer Anlage. Sie wird meist auf eine bestimmte Referenzperiode (z. B. 1, 5 oder 10 Jahre) bezogen und in Prozent ausgedrückt. Als Referenz kann ein Vergleichsmaßstab (Benchmark) herangezogen werden, um die Wertentwicklung im Vergleich z. B. zum Gesamtmarkt darzustellen (sog. Relative Performance). Übersteigt die Wertentwicklung die Wertentwicklung des Vergleichsmaßstabes, so spricht man von einer Outperformance. Wird kein Vergleichsmaßstab außer der absoluten Entwicklung der Anlage an sich zugrunde gelegt, spricht man von absoluter Performance.

Performance-Fee

Englischer Begriff für eine erfolgsabhängige (Wertentwicklung) Vergütung für das Fondsmanagement. In der TER oder den laufenden Kosten sind diese Gebühren nicht enthalten.

Platzierungsgarantie

Bei geschlossenen Investmentvermögen kann das Investitionsobjekt nur dann erworben werden, wenn neben dem Fremdkapital (Kreditaufnahme) auch ausreichend Eigenkapital (Beteiligung der Kapitalanleger) eingesammelt wird. Der Initiator oder ein bonitätsstarker Vertriebspartner können eine Platzierungsgarantie abgeben, die sicherstellt, das dem Fonds ausreichend Kapital für die Anschaffung des Investitionsobjektes zur Verfügung steht.

Portfolio

Englischer Begriff für den Gesamtbestand der Anlage in Wertpapieren, die ein Kunde oder ein Unternehmen besitzt. Ein Portfolio dient hauptsächlich dem Zweck der Risikostreuung.

Preis

Ein Preis ergibt sich aus den tatsächlichen Werten (wie z. B. Kurse). Ein Beispiel sind Ausgabe- und Rücknahmepreis von offenen Investmentvermögen. Dagegen ergibt sich der Kurs eines Wertpapiers oder einer Ware aus Angebot und Nachfrage am jeweiligen Handelsplatz (Börse)

Privatanleger

Privatanleger sind alle Anleger, die weder professionelle noch semiprofessionelle Anleger sind.

Professionelle Anleger

Professionelle Anleger sind u.a. institutionelle Anleger (Rechtspersönlichkeiten wie beispielsweise eine GmbH) oder Kunden, die auf Antrag als professionelle Anleger behandelt werden können.

Real Estate Investment Trust (Reit)

Als Reit wird eine Aktiengesellschaft bezeichnet, deren Vermögen aus Immobilien (engl. Real Estate) besteht. Ein Reit ist jedoch kein Unternehmen, das selbst mit Immobilien handelt (Erwerb, Veräußerung, Vermietung oder Verpachtung).

Rendite

Gesamterfolg einer Kapitalanlage, gemessen als tatsächliche Verzinsung (Effektivverzinsung) des eingesetzten Kapitals. Bei Rentenpapieren unterscheidet man die Umlaufrendite (schon herausgegebene und damit im Umlauf befindliche Wertpapiere) sowie die Emissionsrendite (bei der Herausgabe neuer Wertpapiere). Bei Aktien errechnet sich die Rendite aus den ausgeschütteten Dividenden (Dividendenrendite) plus / minus eingetretener Kursgewinne / Kursverluste, bezogen auf den Aktienkurs.

Rentabilität

Bei Investmentvermögen machen die Erträge (Zinsen, Dividenden), die aktuelle Börsenkursentwicklung der Wertpapiere, in die das Sondervermögen investiert ist, sowie mögliche Währungskursentwicklungen die Rentabilität der Anlage aus. Die BVI-Methode ist für offene Investmentvermögen die gebräuchliche Formel zur Berechnung dieser Wertentwicklung.

Research

Als Research beschreibt man die systematische Untersuchung (Analyse) wert- und kursbestimmender Faktoren in Bezug auf Wertpapiere.

Risiko-Ertrags-Indikator (SRRI)

Jedes offene Investmentvermögen muss in eine siebenstufige Risiko-Ertrags-Klassifizierung eingestuft werden. Diese Einstufung basiert wiederum auf dem synthetischen Risiko-Ertrags-

Indikator (engl. Synthetic Risk and Reward Indicator SRRI). Bei der Berechnung des SRRI wird u. a. die Volatilität der Fondsrendite über die letzten 5 Jahre betrachtet. Die Angabe dient der Verbesserung des Anlegerschutzes und soll verschiedene Investmentprodukte in ganz Europa vergleichbar machen.

Die Kategorie 1 steht dabei für das geringste Risiko bei potenziell niedrigen Erträgen.

Der Indikator kann sich jederzeit ändern und ist stark von der Volatilität der Märkte abhängig. Da die Grenzen festgelegt sind, kann selbst ein Festgeld theoretisch schnell einmal in eine höhere Kategorie rutschen und ein Aktienfonds bei einer ruhigen Marktphase zu einem vergleichsweise sicheren Produkt werden. Deshalb ist der SRRI nur einer von vielen Faktoren bei der Anlageentscheidung!

Rücknahmeabschlag (Rückgabegebühr)

Ein Rücknahmeabschlag wird nur von wenigen KVG´s bzw. teilweise bei Hedgefonds erhoben und zwar einmalig bei Verkauf der Anteile. Er entspricht der Differenz zwischen Rücknahmepreis und Ausgabepreis.

Rücknahmepreis (Nettoinventarwert, Anteilswert)

Der Rücknahmepreis ist der Preis, den ein Anleger beim Verkauf seiner Anteile erhält. Er wird auch als Nettoinventarwert bezeichnet, da er sich aus dem Sondervermögen, geteilt durch die ausgegebenen Anteile, errechnet.

Schuldner

Als Schuldner bezeichnet man den Kreditgeber. Bei Anleihen ist dies der Emittent.

Semiprofessionelle Anleger

Semiprofessionelle Anleger sind Anleger, die die gesetzlichen Voraussetzungen an eine Mindestanlagesumme erfüllen und über von der KVG oder einer von ihr beauftragten Vertriebsgesellschaft zu bewertenden Sachverstand, Erfahrungen und Kenntnisse verfügen.

Sharpe Ratio

Ist eine nach dem Nobelpreisträger William F. Sharpe benannte Kennzahl, die zum Vergleich des Rendite-Risiko-Verhältnisses von Kapitalanlagen herangezogen werden kann. Vergleichbar sind nur identische Zeiträume in denselben Märkten (z. B. europäische Standardaktien). Sharpe Ratio misst die Überschussrendite, die der Fondsmanager gegenüber dem risikolosen Marktzinssatz (Geldmarktzins) für den Anleger erzielen konnte. Hohe positive Werte stehen für deutliche Mehrrendite bei geringerem Risiko. Eine negative Sharpe Ratio verdeutlicht, dass noch nicht einmal die Geldmarktverzinsung erreicht wurde.

Sondervermögen

Als Sondervermögen wird die Gesamtheit aller vom Geld der Anleger erworbenen Vermögensgegenstände (Wertpapiere, Immobilien u. a.) zzgl. der Liquiditätsreserve und abzüglich der Verbindlichkeiten und aufgelaufener Kosten eines offenen Investmentvermögens bezeichnet. Das Sondervermögen muss vom Vermögen der Kapitalverwaltungsgesellschaft getrennt verwahrt werden. Auf diese Weise ist der Anleger vor einem möglichen Konkurs der Kapitalverwaltungsgesellschaft und einem Verlust seiner Einlage in diesem Fall geschützt. Dieser besondere Anlegerschutz ist gesetzlich vorgeschrieben.

Sparvertrag

Von Banken angebotener Sparvertrag mit regelmäßigen (meist monatlichen) Einzahlungen über einen längeren Zeitraum. Neben der regelmäßigen Verzinsung zahlen die Banken am Ende der Laufzeit einen Bonus, dessen Höhe sich nach der Laufzeit des Sparplanes richtet.

Speculative Grade

Anleihe-Rating für weniger gute Bonität mit einem erhöhten bis hohen Ausfallrisiko. Zahlungsverpflichtungen sind nur bei stabilem Marktumfeld wahrscheinlich. Akuter Zahlungsverzug kann bereits bestehen.

SRRI (Synthetic Risk and Reward Indicator)

Siehe Risiko-Ertrags-Indikator

Swaps

Unter einem Swap versteht man ein Tauschgeschäft, bei dem die dem Geschäft zugrundeliegenden Bezugsgrößen zwischen den Vertragspartnern ausgetauscht werden. Es gibt zins-, währungs-, aktien-, renten- und geldmarktbezogene Swapgeschäfte. Swaps kommen im Zusammenhang mit ETFs oder zur Absicherung von Kreditrisiken (so genannte Credit-Default-Swapgeschäfte) vor. Der Vertragspartner wird im Falle im Vorfeld festgelegter Ereignisse, wie z. B. der Zahlungsunfähigkeit des Emittenten, zur Abnahme des Basiswertes zu einem vereinbarten Preis oder zum Barausgleich verpflichtet. Als Ausgleich für die Übernahme des Kreditausfallrisikos zahlt der Käufer des Credit-Default-Swaps eine Prämie an den Vertragspartner. Bei ETFs kann durch den Abschluss von Swap-Geschäften die Nachbildung des zugrundeliegenden Index und insbesondere dessen Wertentwicklung auf einen Dritten übertragen werden. Der ETF erwirbt also nicht selbst die im Index enthaltenen Wertpapiere, sondern kauft sich lediglich die Wertentwicklung von einem Vertragspartner ein (sog. synthetische Replikation). Auch hierfür ist eine entsprechende Prämie zu zahlen.

Thesaurierung

Im Gegensatz zur Ausschüttung von Erträgen verbleiben bei der Thesaurierung die erzielten Erträge (Zinsen, Dividenden, Veräußerungsgewinne) im Sondervermögen und können so für die Investition in neue Vermögensgegenstände genutzt werden.

Total Expense Ratio (TER)

Die TER bezeichnet das Verhältnis der Gesamtkosten in einem Jahr zum durchschnittlichen Fondsvermögen und spiegelt wider, inwieweit sich die jährliche Rendite um die Kosten (zusätzlich zum Ausgabeaufschlag) in % reduziert. Dabei werden gleichbleibende Märkte und eine gleichbleibende Zusammensetzung des Fondsvermögens angenommen. Eventuell anfallende performanceabhängige Gebühren sind in der TER nicht berücksichtigt und müssen dem Anleger separat ausgewiesen werden. Ebenfalls nicht enthalten sind Transaktionskosten und Maklergebühren.

Transaktionskosten

Jeder Geschäftsvorfall (Transaktion), wie z. B. ein Aktienkauf oder Aktienverkauf, verursacht Kosten, die als so genannte Transaktionskosten dem Sondervermögen belastet werden.

Treuhänder

Der Treuhänder vertritt bei geschlossenen Investmentvermögen die Anleger gegenüber der Kapitalverwaltungsgesellschaft. Er stellt auch den Geldfluss von Beteiligungskapital der Anleger, Ausschüttungen und Veräußerungserlös zwischen Anleger und Kapitalverwaltungsgesellschaft sicher. Ist ein Treuhänder zwischengeschaltet, wird der Anleger zwar kein Direktkommanditist, wird diesem aber steuerlich gleichgestellt und ist genauso unternehmerisch Beteiligter wie ein Direktkommanditist.

Umlaufrendite

Aktuelle Rendite bereits umlaufender festverzinslicher Papiere, die täglich von der Bundesbank ermittelt wird. Die durchschnittliche Umlaufrendite dient als Kennzahl für Renditeveränderungen am Kapitalmarkt. Sie wird aus den Renditen umlaufender (bereits bestehender) Anleihen mit einer Laufzeit von 3, 5 und 10 Jahren ermittelt.

Venture Capital

Als Venture Capital bezeichnet man so genanntes außerbörsliches Risiko- oder Wagniskapital. Investiert wird in meist noch junge Wachstumsunternehmen mit innovativen Ideen, aber noch ungesicherten Zukunftsaussichten. Diese Unternehmen erfüllen noch nicht die Voraussetzungen, um sich über die Börse Kapital besorgen zu können.

Verkaufsprospekt

Der Verkaufsprospekt eines Investmentvermögens enthält alle Angaben, die dem Anleger eine Beurteilung seiner Anlage in den vorliegenden Investmentvermögens möglich machen. D. h. Angaben zur KVG, Verwahrstelle sowie die gesetzlich vorgeschriebenen Angaben der Anlagebedingungen und individuelle Anlagegrundsätze und Anlagepolitik. Der Verkaufsprospekt ist dem Anleger beim Kauf auf Wunsch kostenlos zur Verfügung zu stellen.

Verwahrstelle

Eine Kapitalverwaltungsgesellschaft (KVG) darf ein von ihr aufgelegtes Sondervermögen nicht selbst verwahren, sondern muss damit eine unabhängige Verwahrstelle beauftragen. Dadurch bleibt das Sondervermögen strikt vom Vermögen der KVG getrennt. Die Aufgaben der Verwahrstelle sind die Ausgabe und Rücknahme von Anteilscheinen sowie die Prüfung der von der KVG ermittelten Ausgabe- und Rücknahmepreise, die Durchführung der Ausschüttung an die Anteilinhaber, aber auch die Abwicklung des Sondervermögens im Falle der Auflösung des Sondervermögens. Die Verwahrstelle muss bei der Verwahrung und Verwaltung stets im Interesse der Anleger handeln.

Verwahrstellenvergütung

Für die Verwahrung des Sondervermögens erhält die Verwahrstelle aus dem Sondervermögen in der Regel jährlich eine Vergütung.

Verwaltungsvergütung (Management Fee)

Für die Verwaltung von Investmentvermögen (Fondsmanagement) steht der Kapital-verwaltungsgesellschaft eine Vergütung zu, die in den Vertragsbedingungen festgelegt werden muss. Diese Gebühr wird direkt dem Sondervermögen belastet und ist ein Prozentwert, der i. d. R. jährlich vom Durchschnittswert des Sondervermögens ermittelt und dem Sondervermögen entnommen wird.

Volatilität

Die Volatilität ist das Maß für die Schwankungsbreite eines Investments (z. B. Aktie) um einen Vergleichswert (z. B. DAX) innerhalb eines bestimmten Betrachtungszeitraumes (z. B. 3 Jahre). Eine hohe Volatilität bedeutet z. B., dass der Kurs einer Aktie stark schwanken (erhebliche Kursgewinne wie auch Kursverluste sind möglich) kann – bezogen auf den jeweils betrachteten Zeitraum. Die Volatilität ist eine wichtige Kennzahl zur Beurteilung des Risikos, z. B. bei der Anlage in offene Investmentvermögen.

Weichkosten

Als Weichkosten werden die Nebenkosten eines geschlossenen Investmentvermögens bezeichnet, die keine substanzbildende Wirkung haben. Das sind beispielsweise Kosten für Vertrieb, Wirtschaftsprüfung, Steuerberatungen, das Agio oder für die Verkaufsprospekterstellung.

Wertpapierkennnummer (WKN)

Die Wertpapierkennnummer dient in Deutschland der eindeutigen Identifikation von Wertpapieren. Sie setzt sich aus einer 6-stelligen Zahlen-Kombination zusammen. Ergänzt wird die WKN seit 2000 im Rahmen der Harmonisierung der internationalen Finanzmärkte um die ISIN.

Wesentliche Anlegerinformation (WAI)

Dem am Erwerb eines Anteils oder einer Aktie an einem OGAW-Interessierten sind rechtzeitig vor Vertragsschluss die wesentlichen Anlegerinformationen in der geltenden Fassung kostenlos zur Verfügung zu stellen. Sie muss wichtige Informationen für die Anlageentscheidung des Anlegers enthalten, wie insbesondere über die Ziele und Anlagepolitik des Investmentvermögens, das Risiko-Ertrags-Profil des Investmentvermögens, Kosten (einmalige, laufende, performanceabhängige Gebühren), bisherige Wertentwicklung des Investmentvermögens und weitere Informationen.

Gesetzlich vorgeschrieben ist ein knapper, kurzer und leicht verständlicher Aufbau und Aufbereitung der Informationen für Anleger auf max. 2 DIN-A-4 Seiten.

Wiederanlage

Möglichkeit eines Anlegers, an ihn ausgeschüttete Fondserträge wieder in neue Anteile (i. d. R. ohne oder mit reduziertem Ausgabeaufschlag) anzulegen.

Zins

Preis für die zeitweilige Überlassung von Geld oder Kapital.

Zinseszins

Zinsen, die auf nicht ausgezahlte Zinsen berechnet werden. Sie werden dem Kapital hinzugefügt (kapitalisiert) und dann mit diesem verzinst.

Zweitmarkt

Der Zweitmarkt ermöglicht einen Handel von gebrauchten geschlossenen Investmentvermögen. Er kann beispielsweise vom Produktanbieter für dessen aufgelegte Investmentvermögen organisiert werden. Produktanbieterunabhängig bieten die Börsen Hamburg–Hannover–München mit der Fondsbörse Deutschland seit einigen Jahren eine transparente Handelsplattform für geschlossene Fonds und geschlossenen Investmentvermögen.

Stichwortverzeichnis

BWV
Bildungsverband

Die Bildungsarchitektur
der Versicherungswirtschaft

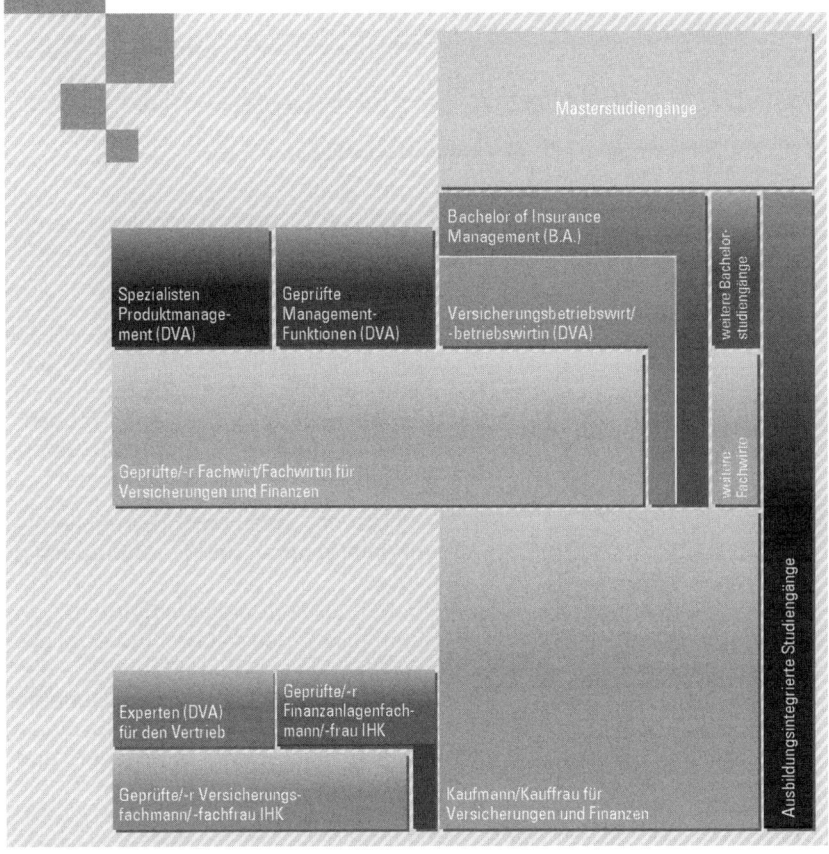

Masterstudiengänge

Bachelor of Insurance Management (B.A.)

Spezialisten Produktmanagement (DVA)

Geprüfte Management-Funktionen (DVA)

Versicherungsbetriebswirt/-betriebswirtin (DVA)

weitere Bachelorstudiengänge

Geprüfte/-r Fachwirt/Fachwirtin für Versicherungen und Finanzen

weitere Fachwirte

Ausbildungsintegrierte Studiengänge

Experten (DVA) für den Vertrieb

Geprüfte/-r Finanzanlagenfachmann/-frau IHK

Geprüfte/-r Versicherungsfachmann/-fachfrau IHK

Kaufmann/Kauffrau für Versicherungen und Finanzen

= Berufspraxis

Legende zum Bildungssystem der Versicherungswirtschaft

■ **B.A. = Bachelor of Arts**

■ **Experten für den Vertrieb:**
Experte/-in Bausparen und Immobilienfinanzierung (DVA)
Experte/-in Betriebliche Altersversorgung (DVA)
Experte/-in Kranken- und Pflegeversicherung (DVA)
Experte/-in Private Altersvorsorge (DVA)
Experte/-in Sach-/Vermögensversicherung
im Gewerbekundengeschäft (DVA)

■ **Spezialisten Produktmanagement (DVA):**
Haftpflicht Underwriter (DVA)
Spezialist/-in Betriebliche Altersversorgung (DVA)
Spezialist/-in Betrugsbekämpfung (DVA)
Spezialist/-in Kranken- und Pflegeversicherung (DVA)
Spezialist/-in Personenversicherung (DVA)
Spezialist/-in Schaden (DVA)
Spezialist/-in Transportversicherung (DVA)
Technischer Underwriter der gewerblichen und
industriellen Sachversicherung (DVA)

■ **Geprüfte Management-Funktionen (DVA):**
Certified Compliance Officer Solvency II (DVA)
Certified Insurance Risk Manager Solvency II (DVA)
Certified Internal Auditor Solvency II (DVA)
Geprüfte/-r Agenturmanager/-in (DVA)
Geprüfte/-r Berater/-in Vorsorge- und Vermögensnachfolge (DVA)
Geprüfter Coach (DVA)
Geprüfte/-r Controller/-in in Versicherungsunternehmen (DVA)
Geprüfte/-r Datenschutzbeauftragte/-r der Versicherungswirtschaft (DVA)
Geprüfte/-r Facharchitekt (DVA)
Geprüfte Führungskraft im Versicherungsvertrieb (DVA)
Geprüfte/-r Interne/-r Unternehmensberater/-in (DVA)
Geprüfte/-r IT-Sicherheitsbeauftragte/-r der Versicherungswirtschaft
Geprüfte/-r Maklerbetreuer/-in (DVA)
Geprüfte/-r Marketing-Professional (DVA)
Geprüfte/-r Projektleiter/-in (DVA)
Geprüfte/-r Prozessmanager/-in (DVA)
Geprüfte/-r Strategische/-r Prozessverantwortliche/-r (DVA)
Geprüfte/-r Trainer/-in (DVA)
Geprüfte/-r Vertriebsmanager/-in im Agenturvertrieb (DVA)

Weitere Informationen
unter: www.bwv.de

V Eine Branche
macht Bildung

 BWV
Bildungsverband

 DVA
Deutsche
Versicherungsakademie

Geprüfte/r Fachwirt/Fachwirtin für Versicherungen und Finanzen
Die klassische Fortbildung in der Assekuranz

Weil Ihre Zukunft heute beginnt

Sie haben Ihre Ausbildung Kaufmann/Kauffrau für Versicherungen und Finanzen erfolgreich abgeschlossen und wollen jetzt noch mehr für sich und Ihre berufliche Zukunft tun. Werden Sie zum „Meister der Branche":

- Passgenauer Aufbau auf Ihre Ausbildung Kaufmann/Kauffrau für Versicherungen und Finanzen
- Modulare Struktur bietet individuelle Wahlmöglichkeiten mit breiter beruflicher Perspektive
- Vorbereitung auf typische Tätigkeitsfelder im: Produktmanagement, Vertriebsmanagement, Risikomanagement, Schaden- und Leistungsmanagement
- Abschluss, der weitere Qualifikationsmöglichkeiten bis hin zum Hochschulstudium eröffnet
- Berufsbegleitend als Präsenzfortbildung an 39 BWV Regional in Deutschland oder als online-gestützter Fernlehrgang bei der Deutschen Versicherungsakademie (DVA)

Weitere Information und Beratung:

Berufsbildungswerk der Deutschen
Versicherungswirtschaft (BWV) e.V.
Arabellastraße 29
81925 München
Tel. 089 922001-848
info-bb@bwv.de
www.bwv.de

**Informieren Sie sich
unter www.fachwirt-welt.de!**

 Eine Branche
macht Bildung